U0934203

人力资源管理风险防控

中国人事科学研究院　组织编写
余兴安　主编

中国人事出版社

图书在版编目(CIP)数据

人力资源管理风险防控/余兴安主编. —北京：中国人事出版社，2017
ISBN 978-7-5129-1161-1

Ⅰ.①人… Ⅱ.①余… Ⅲ.①人力资源管理-风险管理 Ⅳ.①F241

中国版本图书馆 CIP 数据核字(2017)第 074535 号

中国人事出版社出版发行

(北京市惠新东街 1 号　邮政编码：100029)

*

保定市中画美凯印刷有限公司印刷装订　新华书店经销

787 毫米×1092 毫米　16 开本　31 印张　548 千字

2017 年 5 月第 1 版　　2017 年 5 月第 1 次印刷

定价：85. 00 元

读者服务部电话：(010) 64929211/64921644/84626437

营销部电话：(010) 64961894

出版社网址：http://www.class.com.cn

主　　编　余兴安

副主编　范　巍

撰稿者（按姓氏笔画排序）

朱国成　孙一平　肖鹏燕

余兴安　范　巍　袁迎珍

葛　婧　鲁志峰　熊　亮

编校人员　乔立娜　郭越君　朱　蕾

前　言

人力资源是组织的重要资源，是各类组织获取竞争优势的关键。根据美国《财富》杂志在对1000家组织进行调查后得出的结论，人力资源问题是影响组织运营结果的前五位因素之一，是潜在风险来源的前三位之一。因此，及时识别组织中存在的人力资源管理风险，分析其存在的原因并进行有针对性的防控，是保证组织有效运行的重要工作。

当今时代，社会变革在加剧，人力资源管理面临的风险点位增多，因素更为复杂，对组织可能造成的影响也更大。人力资源管理工作者一方面要根据组织战略和实际需要对管理的组织体系、制度规范、运行机制和技术手段进行不断创新，另一方面要进一步确立“底线思维”，更加有效地识别和防控风险，使人力资源管理这项具有战略意义的工作建立在更加稳固的基础之上。

近年来，人力资源管理理论与实践领域的工作者们对人力资源管理风险点位的分析与防控手段的探索给予了越来越多的关注。但我们也看到，仍然较少有研究者或实际工作者从问题梳理及风险防控的视角对人力资源管理的组织架构、人力规划、招募选拔、培训开发、绩效考核、薪酬福利和劳动关系管理等进行全流程分析，更少有将人力资源管理相关理论、制度和方法与各类组织实际运行中存在的管理难点和风险点进行关联分析和系统研究。

中国人事科学研究院作为专门从事人才队伍建设、人事制度改革及人力资源管理科学化研究的国家级科研机构，长期以来致力于各类组织人力资源管理理论和实践问题研究。有鉴于人力资源管理在当下日益激烈的市场竞争中发挥的关键作用及新形势下面临的和新机遇新挑战，在两年前，我就提出要对人力资源管理各环节的风险点进行系统梳理，对各风险点产生的原因及防控策略开展深入研究，并提出了这部《人力资源管理风险防控》的框架结构和编写体例。此议得到同事们的响应。于是组建写作团队，分工合作，反复讨论，终成全稿，后又几番修改，方付梓印行。

本书的作者包括了中国人事科学研究院内外的多名专家。朱国成同志、范巍同志分别在前期和后期协助我做了编写组织工作，范巍同志作为副主编，又协助我进行全稿的通审修改。具体执笔分工如下（无特别注明者均系中国人事科学研究院专家）：第一章由朱国成执笔，第二章由肖鹏燕执笔，第三章由袁迎珍（人力资源和社会保障部规划财务司）执笔，第四章由范巍执笔，第五章由葛婧（人力资源和社会保障部教育培训中心）执笔，第六章由孙一平执笔，第七章由熊亮执笔，第八章由鲁志峰（中国劳动保障报社）执笔。中国人事科学研究院乔立娜副处长、郭越君和朱蕾同志负责组织联络与审校工作。

对人力资源工作领域层出不穷的新问题做出科学解释并提供行之有效的方案，是人力资源理论研究工作者的职责所在，当然也是中国人事科学研究院的使命。本书是从风险防控的角度为人力资源管理新问题的解决所做的探索，期盼着能在实际工作领域产生积极的效果。当然，由于学术水平和实践经验所限，尽管我们认真吸收了已有的研究成果，并较广泛地吸取了有关专家的意见，但书中仍将难免存在诸多不当之处，恳请广大同行及读者朋友们批评指正。

余兴安

2017 年 4 月 20 日

目　录

第一章
人力资源管理风险防控概述

随着竞争的加剧，人力资源管理在各类型组织中的重要性越来越突出，管理理论和实践飞速发展。在这个过程中，人力资源管理面临的风险也更多、更复杂，对组织可能造成的影响也更大。一方面，我们要根据组织战略和实际情况对人力资源管理实践不断进行探索；另一方面，要确立“底线思维”，更加有效地识别和防控风险，守住组织人力资源管理的“底线”，让组织人力资源管理在更加稳固和坚实的基础上探索和发展。

本章将从人力资源管理风险的基本概念、类别入手，对人力资源管理风险的基本特征进行分析，特别是要对造成人力资源管理风险的原因进行深入分析，通过对人力资源自身的特殊性、人力资源管理系统的复杂性、个人和组织目标之间的差异性以及信息不对称、环境剧烈变化等的讨论引导读者建立全面深入的认识。在此基础上，进一步按照问题发现、风险识别、风险分析、风险防控的步骤对人力资源管理风险防控的基本框架进行介绍，提出人力资源管理风险防控的基本策略，根据不同类型的人力资源管理风险，有差异地采取风险回避、风险保护、风险减轻、风险转移、风险自担等不同策略。

第一节　人力资源管理风险的特征及原因

一、人力资源管理风险的概念

风险理论认为，所谓风险，就是不确定性。由此，可以进一步做出推论，所谓人力资源管理风险，就是指组织在进行人力资源管理中遭受损失的可能性。

由于人力资源管理的复杂性，特别是在剧烈的内外部变化情况下，“人”作为活的要素的特性更增强了这一复杂性，因此，当今人力资源管理较以往面临更多的不确定性。比如，招聘过程中的人员甄选风险，培训过程中的培训需求错位风险，绩效管理中的执行力低下风险，薪酬管理中的薪酬缺乏市场竞争力风险等多种问题。面对这些问题，如果处理不当，将给组织带来不可估量的损失，而人力资源管理理论和教科书虽然提出了一般性的指导，但并没有提供现成的答案，这就需要广大人力资源管理者在实践中不断探索和实践。

二、人力资源管理风险的类别

对于人力资源管理风险的类别，依据不同标准有多种划分方法，具体来说：

（一）按人力资源管理环节划分

按照人力资源管理各个环节，可将风险划分为人力资源规划风险、岗位管理风险、招聘风险、绩效管理风险、薪酬管理风险、员工培训风险、员工管理风险等多种。

当然，有些人力资源管理风险并不能严格地按照上述方式简单地归类到某一个具体的环节之中，因为很多风险具有一定的综合性。但是，这种分类方法更加符合一般的认知习惯。另外，如果某一风险过于综合，从风险防控的角度也应当进行适当分解，否则将很难采取有针对性的措施，也就是要坚持系统性思维和问题导向之间的平衡和兼容，既要避免“头痛医头、脚痛医脚”，也要避免眉毛胡子一把抓，迷失重点和关键。

（二）按照风险的可预测程度划分

从人力资源管理风险不确定性的可预测程度，又可把风险分为可预测风险、部分可预测风险和不可预测风险三类。其中，可预测风险和部分可预测风险是组织人力资源管理风险管理的重点。

风险的可预测程度是相对的，各项人力资源管理制度越完善，人力资源管理数据掌握越充分，人力资源管理者的经验越丰富、能力越强，那么人力资源管理风险的可预测程度就越高。当然，任何风险之所以称其为风险，就是因为其不可能被完全预测和防控。

三、人力资源管理风险的特征

（一）客观性

所谓客观性，是指人力资源管理风险是客观存在的，组织人力资源管理总是面临着各种各样的风险。从整体而言，整个组织经营管理都具有较高的不确定性，人力资源管理作为其中的一个子系统，正是通过有效地辨识和防控这种不确定性，才能支撑组织整体发展战略的实现。反之，如果各个子系统都无法有效地进行风险防控，那么整体经营管理势必面临更大的风险。这是人力资源管理风险防控之所以必要的根本前提，这就要求人力资源管理者能够树立起风险防控意识。

（二）动态性

所谓动态性，是指人力资源管理风险会随着组织发展、内外部环境变化等诸多因素而发展变化。现有风险得到了有效防控并不代表将来不再产生，同一个风险将随着组织发展而表现出不同情状，而且随着组织发展还将产生出各种新的风险。换言之，只要组织仍然存续和发展，那么组织始终无法彻底摆脱人力资源管理风险。正如很多知名企业家不断地向组织员工灌输危机意识一样，人力资源管理者也应当树立起危机意识。特别是在内外部环境快速变化的情况下，从自满心态、故步自封开始的那一天起，人力资源管理就已经暴露在更大的风险之中。

（三）损害性

所谓损害性，是指人力资源管理风险一旦发生势必会给组织带来不同程度的损害，特别是随着人力资源在组织中作用日益突出的情况下，这种损害性的范围和严重程度也会增强。

人力资源管理风险的损害性分为显性和隐性，对于一些显性的损害，容易被认知、评估和认真对待，而一些隐性的损害却没有得到足够的重视。比如，某一骨干员工流失，造成组织无法在短期内填补空缺岗位，这将给组织带来非常大的影响，这种损害是显而易见的。因此，从任何角度而言，所有组织都非常重视骨干员工离职的风险，采取了非常多的措施。相对，一些隐性的损害却因为没有得到足够重视而扩展开去。比如，在组织绩效管理中普遍存在着在导入初期受到各方重视而执行较为到位，随着时间的推移以及绩效管理中各种矛盾冲突的显现，形式化问题越来越突出。这种损害是隐性的，虽然绩效管理系统仍然在形式化地运行着，但实际上危害巨大，因为这实际上架空了绩效管理而且产生了不良的组织文化，从根本上破坏了组织的绩效导向。

（四）可知可控性

所谓可知可控性，是指人力资源管理风险在损害实际发生前可以被识别出，而且如果采取措施得当是可以防控乃至避免的。正是由于可知可控性，才使得人力资源管理风险防控成为可能。组织一方面要树立起对人力资源管理风险防控的意识，同时要将人力资源管理风险防控作为一项重要工作定期地组织检讨和总结，也可以针对特定问题采取专题检讨活动，增强预见性、采取针对性措施、防患于未然，从而有效地防控组织人力资源管理风险。

四、人力资源管理风险原因分析

（一）人力资源自身的特殊性

人力资源管理的对象是特殊的，是具有主观能动性的“活”的人。同一个人，既可以因为管理措施得当而表现出高度的责任心、积极性、创造性，反过来，也可能因为某些原因导致出工不出力、业绩低下。因此，组织人力资源管理仍然要回归到“人”的层面来考虑问题，而不可以用物化的眼光将“人”仅仅看作成本、工具。

“人”又是非常复杂的。首先，在我们看待员工的时候，他们并非是一群同质化的个体，而是每个个体都各不相同，特别是随着价值观日益多元化，这种差异会更加显著。其次，就单个员工而言，也并非一成不变，而是随着个人成长和内外部环境变化而发展变化。最后，一些偶然性因素也会在短期内给员工带来巨大影响，会让这个问题变得更加复杂。

举例来说，在对待离职问题上，不同员工显然存在较大差异。一般情况是，对于20世纪70年代及以前出生的员工来说，其成长过程和所受教育受到计划经济模式的较多影响而更倾向于稳定；而对于80后、90后员工，却可能表现得比较“任性”，出现所谓的“世界那么大，我想去看看”的裸辞行为。对于同一个员工，在其职业发展的不同阶段，其个人要求和导向也会随之变化。比如，在职业发展初期的年轻员工非常重视能够在组织中得到更多能力提升机会，而将薪酬水平放到相对次要的地位；随着个人能力和经验的增长，其对薪酬水平的要求会逐步提高，同时会对组织所能提供的职业发展空间提出较高要求；当其发展成为组织骨干人员、在业内具有一定知名度的时候，所追求的除了具有市场竞争力的薪酬，更重要的是追求个人成就感，诸多知名组织的高级管理人员离职创业就是这种情况的表现。

以上例子，还是从单一方面进行简单分析，并没有考虑到更为复杂的个人情况，但不管怎样，在这样一个快速变化、价值观日益多元的环境中，员工也会快速发展变化，因而无论怎样强调“人”的差异性和复杂性都不为过，因为任何的管理措施总是要作用于每一个具体的员工才会发挥作用。而只有从这个角度，才有助于我们理解为何众多强调人的创造性的新兴行业组织，不遗余力地通过更加开放、人性化的管理手段来适应员工的差异化，从而保障和提升其创造性和积极性，比如我们所熟知的 Google 为员工提供的非常自由的工作氛围和管理方式。

（二）人力资源管理系统的复杂性

人力资源管理也是一个非常复杂的系统。一方面，人力资源管理系统内部存在多个模块，各模块之间存在复杂的关联关系。从正向来说，这种关联关系要求组织在人力资源管理过程中明确统一的理念和策略，以保证各模块具体管理行为的一致性，从而保证人力资源管理系统内部的自洽性。从反向来说，发生在一个模块的问题，也会因此而迅速传导到其他模块中去而带来更大范围、更大程度的风险和损失。比如，组织招聘中过度强调招聘具有丰富经验、能力较高的人员，而不是从应届大学毕业生中选择“高潜力”的候选人，久之这样就会造成新进人员入职定级工资较高，进一步带来人工成本上涨以及新老员工薪酬平衡的问题。

同样，某个模块上的问题，其根本原因也往往不会局限在该模块内部，而往往会在其他模块上找到根源。比如，有些组织在薪酬分配上存在较严重的平均主义问题，无法体现绩效差异，其根源却往往不在于薪酬管理，而是存在于绩效管理之中。

另外，组织人力资源管理中的问题还会表现出非常强的综合性，这也是由人力资源管理各模块之间的紧密关联性决定的。比如，组织人员流失严重，可能是组织薪酬缺乏竞争力，也可能是组织中人员发展空间受限，还可能是组织氛围的问题，或者是多种因素综合作用的结果。

另一方面，人力资源管理系统非常紧密地与组织发展战略结合到一起，受到组织整体发展方向和经营状况的影响。人力资源管理从一般的事务工作上升到战略伙伴层面，并日益紧密地和各业务部门的业务运作结合到一起，发展出人力资源业务伙伴（HRBP），人力资源管理地位提升和工作模式的转变使人力资源管理在组织中的重要性日益凸显，由此进一步决定了人力资源管理也必须从战略的高度和业务的实际需求去思考和行动。组织的薪酬管理不再是简单的薪酬计发和核算工作，而应当从人才激励和保留的角度去考虑问题，比如，如何保证组织薪酬水平的竞争力，如何针对组织内不同类别人员制定合理的薪酬晋升策略，如何针对骨干人员制定中长期激励政策等。人力资源管理的战略伙伴定位极大地提高了组织人力资源管理的地位，同时进一步增强了人力资源管理的复杂性。

（三）个人和组织目标差异

个人目标与组织目标之间往往存在巨大差异，这造成人力资源管理以组织目标为导向的各项决策必然存在一定风险。比如，在绩效管理中，大量组织都宣称绩效管理的根本目的在于改善员工绩效，但在实际操作中又将员工薪酬与绩效结果紧密挂钩，在这种情况下就等于将员工置于一种两难的境地：究竟是将关注点放到能力和绩效改善上，还是放到薪酬上呢？最终的实际结果往往告诉我们，在这个两难选择中，薪酬最终成为员工考虑的首要因素，能力发展和绩效改善被放到一个次要的位置上。同样是绩效管理中，部门负责人在一定程度上存在着“讨好”下属的倾向，即上级打分松弛而让所有下属都得到一个“好”的绩效结果。

这告诉我们，在人力资源管理决策中必须充分兼顾组织利益和员工利益的平衡，而且要深入地研究员工利益以获得真实信息，并通过有效的激励手段尽可能地将员工利益与组织利益统一到相同的方向上来。这就需要在人力资源管理风险识别和防控中不能只是从组织立场出发，还需关注到具体、复杂而多变的员工利益诉求。

（四）信息不对称

信息不对称是人力资源管理风险的重要根源。在组织内，个人与组织、组织内的不同层级之间，都存在着巨大的信息不对称现象。

首先看个人与组织之间的信息不对称问题。个人与组织之间的信息不对称会发生在人力资源管理的各个环节。比如招聘环节，应聘者简历造假的现象越来越多，组织人力资源部门简单的背景调查已经难于应付，以至于美国早在 20 世纪 50 年代就出现了专业的背景调查机构，国内的背景调查机构也在 21 世纪初出现。再如绩效管理环节，在中国的文化背景下，西方组织常用的 360 度评估在中国组织中应用的效度却非常低，很少有人乐于坦率地对评估对象提出中肯的意见和建议，哪怕人力资源部门反复强调 360 度评估的匿名性。当然，究其根源，又涉及不同文化背景下的管理差异问题。虽然在雇佣关系中，组织居于强势一方，但单就信息不对称问题，组织却可能处于劣势一方，人力资源部门常常成为很多问题的最后知情者。

其次看组织内部不同层级之间的信息不对称问题。组织的不同层级之间的信息不对称也非常严重。比如，薪酬总额管理中，下级单位会采取多种方式向上级单位争取更多的额度，而且会列举出看似非常合理的理由，以至于上级单位根本无法做出判断，这种现象就来自于信息不对称情况下的内部人员控制。在人力资源管理相关的各种预算管理中，这种现象普遍存在着。

在信息不对称条件下，人力资源部门怎样才能够制定符合实际情况的管理制度和措施，这是一项非常严峻的挑战。

（五）外部环境剧烈变动

当今世界唯一不变的就是快速的变化，组织内外部环境的剧烈变动进一步扩大了人力资源管理的风险。具体来说，人力资源管理所面临的外部环境风险因素很多，从总体上看主要包括：

一是人口年龄结构变化。我国人口年龄结构正在发生着巨大变化，劳动力人口供给从快速增长到逐渐减速，并在 2012 年首次出现了负增长，人口老龄化不断加剧。这一调整对我国大量劳动密集型组织产生了深刻的影响，人工成本上涨、劳动力短缺是一个不可逆的过程，这一影响将进一步扩散到所有组织。

二是法律环境的变化。目前我国劳动法律法规处在一个不断完善的过程中，特别是从 2007 年《中华人民共和国劳动合同法》（以下简称《劳动合同法》）颁布以来，我国劳动法律法规趋于完善，这要求组织人力资源管理制度从制定的程序到具体规则都必须注意不要与现行劳动法律法规相违背，而且要跟踪劳动法律法规的修订做出必要修改。与此同时，劳动者法律意识进一步增强。近年来，全国范围内员工要求集体谈判争取合法权益的事件快速增多。这两者共同作用的结果就是组织必须更加注意各项管理制度与劳动法律法规相一致，否则将面临严峻的劳动纠纷风险。

三是日益变化的技术环境。这里所说的技术变革的影响是指技术变革对管理，特别是人力资源管理产生的深刻影响，这一点尤其体现在信息技术对于人力资源管理的影响上。举例来说，最近十余年来信息技术对于招聘管理产生了深刻影响：传统上招聘一般是通过报纸、杂志以及电视等传统媒体发布信息，接受应聘者当面或者邮寄简历报名；随着 20 世纪 90 年代中后期网络的逐步普及，网络成为最主要的招聘方式，催生出了智联招聘、51job、中华英才网等招聘网站；而到 2013 年前后，随着移动互联网的兴起，基于移动互联网的社交招聘成为新的选择，大量的基于移动社交应用的招聘应用成为新宠，拉钩网、大街网等成为招聘行业新贵。今天，如果组织不使用网络招聘手段甚至根本无法实施招聘，如果不能跟上技术变革的节奏，或者不能合理有效地使用新技术，那么组织就将面临各种风险。

四是经济环境。中国经济不可逆转地纳入到全球化进程之中，任何组织都面临着宏观经济环境的剧烈变动。从 1997 年亚洲金融风暴、2008 年的世界金融危机以及延续至今的宏观经济波动，20 年来，中国组织持续面临着宽幅的经济波动，特别是中国经济进入所谓的新常态，即从高速增长转为中高速增长，经济结构不断优化升级，从要素驱动、投资驱动转向创新驱动，在这种情况下，组织人力资源管理也不可能置身事外。比如，组织需要根据宏观经济状况调整经营预算，进而对于人力资源需求及预算进行调整，甚至大规模裁员也将成为很多传统行业组织转型中不得已的断腕之举。

第二节 人力资源管理风险防控框架与基本策略

人力资源管理风险防控框架主要包括问题发现、风险识别、风险分析、风险防控和效果评估五个方面，如图 1—1 所示。

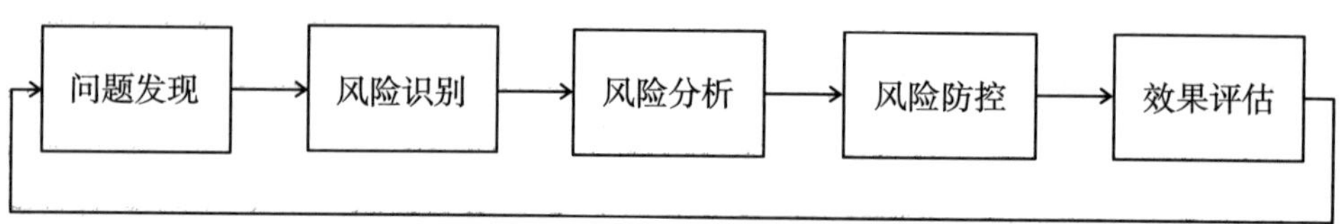

图 1—1 人力资源管理风险防控流程

一、问题发现

人力资源管理风险防控往往是从某一具体问题的发现开始的，可以说在组织里这样那样的问题是层出不穷的，人力资源部门的很大一部分时间和精力都花在收集和处理各种具体问题上，以维护人力资源管理体系的正常运转。一些问题只是人力资源管理中的日常事务，而有一些问题则背后或许隐藏着潜在的风险，这就需要建立风险识别机制。

人力资源管理问题的发现有多种方法，最常见的包括：

（一）人力资源管理报表

为了掌握人力资源管理运行状况，在各类组织里都有多种多样的报表系统，如定期的离职人员报表、员工绩效结果报表、人工成本报表等，这些报表的制作和分析是一个非常重要的问题发现渠道。比如，通过离职人员报表可以检测到主动离职率的变动情况，一旦该值超出了常规水平，那么就说明在某些方面发生了问题。

知识链接

人力资源部门常用的表单

（1）组织人员统计表：反映组织现有人力资源数量、年龄、学历状况以及部门分布等基本状况。

（2）人员变动表：反映组织人员变动情况。

（3）考勤表：反映组织员工出勤情况。

（4）招聘情况统计表：反映招聘岗位数量、到场候选人、各面试环节以及最终录用人员情况。

（5）培训情况统计表：反映组织培训人次及培训支出情况。

（6）绩效情况统计表：反映组织各部门绩效结果情况。

（7）薪酬统计表：反映组织薪酬发放情况，特别是不同类别人员薪酬状况以及每月薪酬总额情况。

（8）社保统计表：反映组织各项社保及住房公积金的缴费情况。

（二）各类调查

组织还会为了了解问题定期或不定期地进行一些调查，比如年度的员工满意度、敬业度调查或者薪酬满意度调查等，也有组织常年接收员工就组织人力资源管理的问题提出意见和建议。这些调查既有利于组织了解人力资源管理的各种问题，也有利于让员工感受到组织对他们的重视和开放的沟通意愿。

（三）访谈与座谈

组织也可以采取多种多样的访谈与座谈方式收集和发现各种问题，比如新员工座谈、离职访谈，或者人力资源部门就某一方面问题组织相关人员进行访谈等。比如，离职访谈得到越来越多组织的重视和使用，离职员工由于不再有直接的利益关联，因而表现出更多的开放性，从而能更加坦率地揭示问题和表达意见。

（四）日常观察

日常观察是组织人力资源管理者的日常功课，大量问题不是来自于制度化、结构化的报表、调查和访谈，而是来自于人力资源管理者的观察。比如，每年年终都会产生大量的人员离职，特别是在组织发放完年终奖金之后，离职人员更会相对集中；再如，每年的招聘旺季也往往从春节前后开始、延续到5月前后，如果不能抓住这段时间加强人员招聘，在其他时间段的招聘难度会很大。这些问题都来自于日常观察，这也是人力资源管理对经验要求较高的原因所在。

作为人力资源部门负责人或者某一专业模块的负责人，主要工作之一就是监控人力资源管理体系的运行状况、识别其中问题，并在系统思考的指导下解决问题。

二、风险识别

人力资源管理风险识别是组织人力资源管理风险管理的基础和起点。它的任务是辨识组织所面临的人力资源管理风险的种类、性质，分析各种可能的结果。整个人力资源管理风险识别需要回答如下几个问题：

（一）单一事件还是普遍性、趋势性事件

是否人力资源管理中的问题一定构成风险呢？可以肯定地说，任何可能产生损害的不确定性都是风险，但是由于人力资源管理的特殊性，有些问题产生的原因完全来自于少数员工，而且其影响限定于较小范围，而有些则具有一定的普遍性、趋向性，影响的范围较大，而且会随着时间推移而扩大。

仍然以人员离职为例，如果某一员工的离职仅仅是其个人原因，比如员工因为家庭原因而离职，则不构成风险。但如果员工离职表现出普遍性，出现某一年龄段或某一层级的员工相对集中地离职，或者这一问题表现出逐步扩大的倾向，个别问题随着时间而逐渐扩大，这很可能就构成了人力资源管理风险。

人力资源管理风险防控关注的焦点应当是带有普遍性和趋势性的问题。但是，在问题开始的初期，很多普遍性和趋势性问题往往以单一问题的形式出现，因此，在单一问题发现之后需要作进一步的跟踪观察和关联性分析，掌握这一问题的发生范围和发展趋势，这样才能够相对准确地判断某一问题究竟是单一事件还是具有普遍性和趋向性的风险。

（二）风险可能性与损害性分析

如果已经确认某一问题具有一定的普遍性和趋势性，这时就需要对其进行风险可能性与损害性分析，即要对这一风险发生的概率以及可能造成损害的程度进行判断。在人力资源管理中，既不可能也没有必要将所有风险都降低到零，这种做法所带来的管理成本是无法承受的，因此理性的选择是将关注的重点分配到存在较大可能性和较强损害性的风险上去。当然，随着时间的变化以及随之而来的内外部条件变化，各种风险的可能性和损害性也是不断变化的，这就要求组织能够动态而非静态地进行分析，避免刻舟求剑的错误。

具体来说，风险可能性和损害性分析的方法主要包括如下步骤：

1. 建立风险可能性与风险损害程度分级定义

也就是将风险可能性与风险损害程度分别分为若干等级，一般为三级或五级。这种等级区分的主要目的是建立起组织内部各类人力资源管理风险的可能性和损害程度的相对比较关系。具体见表 1—1 和表 1—2。

表 1—1　　风险发生可能性分级

等级	分值	等级定义
很大	5	风险事件极有可能发生，几乎无法避免
较大	4	风险事件发生的可能性非常大
中等	3	风险事件发生的可能性处于中等水平
较小	2	风险事件发生的可能性不大，且可以避免
很小	1	风险事件发生的可能性很小，是一个小概率事件

表 1—2　　风险影响程度分级

等级	分值	等级定义
很大	5	风险事件的发生将给组织带来非常大的影响和损失
较大	4	风险事件的发生将给组织带来较大的影响和损失
中等	3	风险事件的发生将给组织带来中等程度的影响和损失
较小	2	风险事件的发生将给组织带来一定程度的影响和损失
很小	1	风险事件的发生只是对组织略有影响，带来很小的影响和损失

2. 风险可能性与损害程度配对比较

这里就是采用配对比较法，确定识别出各类人力资源管理风险相对的可能性与损害程度位置，从而进一步从全局的角度识别出哪些风险发生的可能性较高、造成的损害程度较大，这样也就确定了组织人力资源管理风险防控的重点。

所谓配对比较法，就是对多个不同的对象就其在某一指标上的表现进行两两比较，从而确定出各对象在这一指标上相对的表现。具体操作如下：将同属于某一模块的各类风险建立如表 1—3 和表 1—4 所示的配对比较表，然后两两进行比较。例如，风险 A 相对于风险 B 其发生的可能性为极大，那么就记为 1，如果极小则记为 0，依此类推。然后再计算各风险项目的总数值，从而确定出哪些风险项目处于较高的可能性水平。对于风险损害程度也可以采用完全相同的方法处理。

为了更加全面地反映组织中各方面的意见，可以组织人力资源部门负责人以及各专业模块负责人参与到打分评价中来，并在相关参与者中分配权重，从而得到各方面共同认可的综合意见。

总之，通过配对比较法就得出了组织中各人力资源管理风险的相对发生可能性及损害程度的相对位置。

表 1—3　　风险可能性配对比较表

	风险 A	风险 B	风险 C	风险 D	风险 E	风险 F	总分
风险 A		1	0	1	0	1	3
风险 B	0		1	1	0	0	2
风险 C	1	0		1	0	0	2

续表

	风险 A	风险 B	风险 C	风险 D	风险 E	风险 F	总分
风险 D	0	0	0		1	1	2
风险 E	1	1	1	0		1	4
风险 F	0	1	1	0	0		2

表 1—4　　风险损害程度配对比较表

	风险 A	风险 B	风险 C	风险 D	风险 E	风险 F	总分
风险 A		0	1	1	1	1	4
风险 B	1		1	1	1	1	5
风险 C	0	0		0	1	0	1
风险 D	0	0	1		0	1	2
风险 E	0	0	0	1		1	2
风险 F	0	0	1	0	0		1

3. 制作人力资源管理风险热度矩阵

所谓人力资源管理风险热度矩阵，就是以风险可能性和损害程度分别作为横轴和纵轴，将前述配对比较方法得出的各类风险相对值定位到这个坐标系中，这样就可以非常清晰地看到组织内各类风险的特征和分布情况，从而可以明确差异化的管理措施。人力资源管理风险热度矩阵见图 1—2 所示。

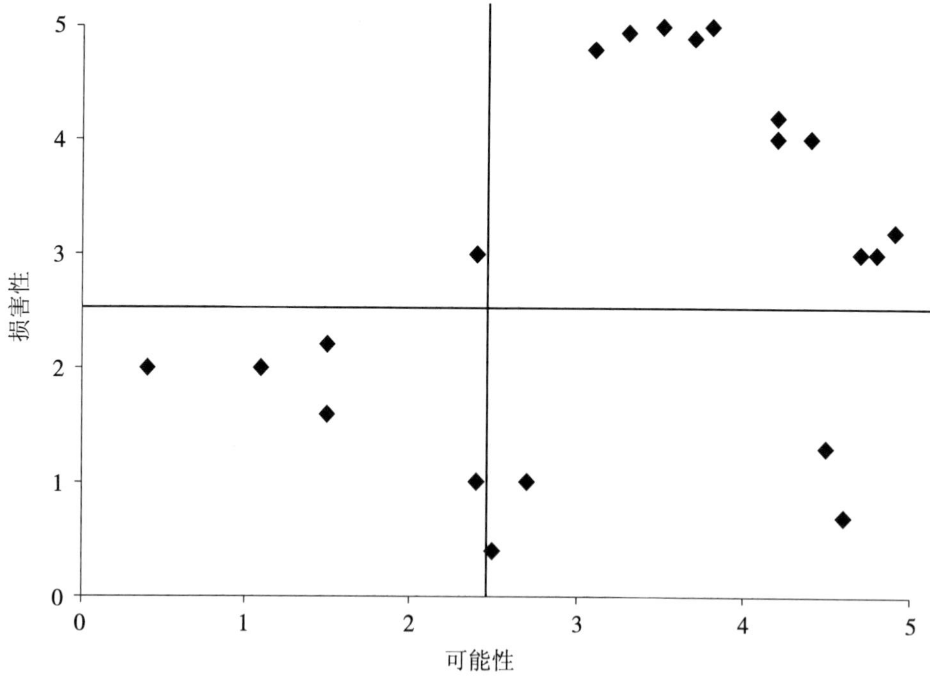

图 1—2　人力资源管理风险热度矩阵

通过上述矩阵，我们可以清晰地、全局性地了解组织中各类人力资源管理风险的分布情况及基本特征，哪些风险属于高可能性和高损害性，哪些属于高可能性而低损害性，哪些属于低可能性而高损害性，哪些属于低可能性和低损害性，从而可以根据不同风险的特征和轻重缓急、管理资源等条件综合确定具体的风险防控策略。

三、风险分析

风险分析就是在前述明确了组织当前各项人力资源管理风险分布以及特征的基础上，进一步寻找造成风险的原因，而只有找到了导致人力资源管理风险的真正原因，才可能采取有针对性的措施。

对人力资源管理风险的分析是一项具体的工作，既需要综合地运用人力资源管理专业知识，又需要从组织发展战略的全局角度，并注意结合组织实际情况、外部环境的变化，才能真正找到风险产生的原因。对人力资源管理各具体模块进行具体风险分析将陆续在本书的后续章节展开，这里的主要任务不是对具体的人力资源管理风险进行分析，而是提出风险分析的总体原则。

（一）系统性

人力资源管理是一个整体系统，各个模块之间存在着相互关联、相辅相成的关系，因此在进行风险原因分析的时候，应当特别注意人力资源管理的系统性，不应当只是就事论事，头痛医头、脚痛医脚，一个问题的表面化解决往往会为后续问题的产生埋下伏笔。

（二）动态性

永远不要期待能够将某一人力资源管理风险彻底清除，更不要企图有一种一揽子解决方案可以彻底规避各种人力资源管理风险，因为组织的发展、环境的变化都会时时刻刻产生出新的风险，已经解除的旧的风险也会重新出现。正确的思维应当是着眼长远、逐步推进，动态地在发展变化的环境中解决问题。

（三）注重沟通协作

人力资源部门是组织中人力资源体系的建设者和顺畅运行的维护者，但不要忽略直线经理才是人力资源管理的主体，他们在组织人力资源管理中发挥着重要作用。因此，要将直线经理纳入人力资源管理风险分析过程之中，通过他们收集到直接、鲜活的一线信息以及发掘造成各种风险的原因，这样也有利于直线经理更好地与人力资源部门一起进行风险防控。一般来说，直线经理由于更加贴近一线实际而能够更加直接地掌握具体情况及其原因。还要注意吸收组织高层的意见，他们更能够从组织全局和战略的高度思考问题。

四、风险防控

风险防控是指组织对经过风险识别和风险分析之后的风险问题，根据自身的情况采取相应的策略，降低风险可能性或损害性的过程。根据不同风险发生的可能性和所造成的损害性建立起人力资源管理风险管理矩阵，可以帮助我们选择人力资源管理风险防控策略，并提供解决问题的基本方向。常见的风险防控策略包括风险回避策略、风险保护策略、风险减轻策略、风险转移策略和风险自担策略。

在进行决策前，管理者还应当充分考虑各种管理对策的成本—效益情况。也就是说，如果要实施某种对策，它需要多少人力、物力的支持，包括间接成本；另外，这种对策实施后能把损失发生的频率和严重程度降低到何种水平。以下专门对风险防控策略进行介绍。

五、基本防控策略

（一）人力资源管理风险防控矩阵

人力资源管理风险防控主要包括五种策略，需要根据不同的情况进行选择，为了表述的清晰与方便，这里构建一个人力资源管理风险防控矩阵（见图1—3）。人力资源管理风险防控矩阵实际上是对上述人力资源管理风险热度矩阵的具体应用，在人力资源管理风险热度矩阵里明确了不同风险发生的可能性和损害性的相对位置，根据人力资源管理风险大致分解到四个象限里，再根据不同象限采取有针对性的防控策略。

（二）人力资源管理风险防控策略选择

如何选择人力资源管理风险防控策略呢？选择人力资源管理风险防控策略时应当遵循怎样的原则呢？

1. 成本收益最优原则

任何管理行为都必然遵循着成本收益最优的原则，换言之，组织的人力资源管理风险防控策略的运用一定会产生额外的成本，这些新增成本相对于风险

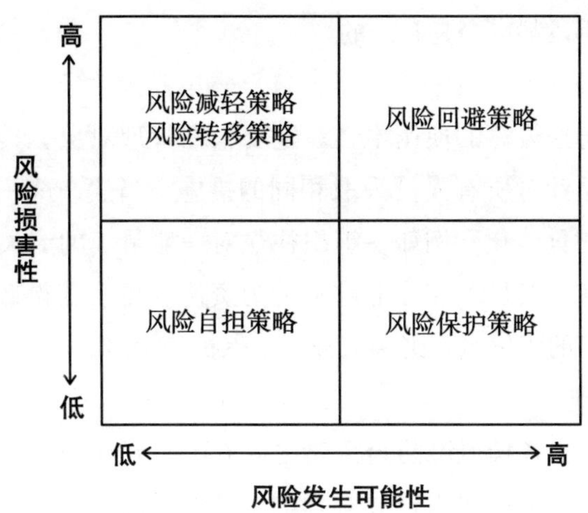

图 1—3 人力资源管理风险防控策略

可能性及损害性降低带来的收益，应当是有利的，否则没有组织会做这种“赔本的买卖”。

比如，组织会通过提高薪酬的竞争力来达到降低员工离职率的目的，但是任何组织都不可能将薪酬水平提高到非理性的水平，这个限度就有由于薪酬提高带来的成本增加部分等于由于人员流失降低带来的成本降低部分。同时，组织也不会机械地提高所有人员的薪酬，而是采取差别化的策略，对于关键岗位的人员采取更具竞争力的薪酬水平，将薪酬定位在 75 分位及以上；而对于一般人员则可能采取跟随策略，将薪酬定位在 50 分位上。很显然，这种降低员工流失率风险的做法非常精巧地考虑成本收益最大化原则。

2. 风险最小原则

风险防控的根本目的在于综合使用多种措施和手段降低人力资源管理的风险以及风险发生带来的损害，因此，风险最小是人力资源管理风险防控追求的终极目标。但是，风险最小原则必然受到成本收益最优原则的制约，在成本收益关系的制约下，也就排除了单纯为了风险最小而不计成本地采用各种措施和手段。

3. 合法合规原则

随着我国劳动法律法规的逐步完善，人力资源管理风险防控策略也必须符合法律规范。

比如，在 20 世纪 90 年代早期及以前，很多组织在签订劳动合同的时候要求员工缴纳一定数额的押金，或者扣押员工的学历证书等证明文件，以此来达到降低员工流失率风险的目的。显然这种做法侵害了劳动者的合法权益。还有一些组织，与员工签订了竞业禁止协议，但没有向离职员工按时足额支付专门的补偿金，于是离职员工就有理由不履行竞业禁止条款。也就是说，任何人力资源管理风险防控手段都应当是合法的。

4. 差异化原则

在各种风险防控策略的使用中，一定要根据管理对象、具体情境采取差异化的策略，而不是针对所有人员采取相同的措施。当然，这一原则也可以看作是成本收益原则的具体化。例如，组织往往对一般员工的流失风险采取风险自担策略，这是因为一般员工往往能够从人力资源市场上获得低成本、快捷的满足；对于关键员工的流失风险则采取减轻、保护等策略。

5. 综合性原则

综合性原则是指各种风险防控策略之间并不是互斥的，而是可以根据具体情形综合使用的。这是由人力资源管理的复杂性所决定的，单一的防控策略可能并不能达到理想的防控效果。

仍然以人员流失为例，组织既可以采用风险保护策略，比如通过提高薪酬水平、改善组织氛围、提供更广阔的职业空间等措施来降低人员流失风险的可能性；组织还可以采用风险减轻策略，通过继任计划最大限度地降低关键人员流失给组织带来的损失；当然，组织也可以在用人源头上采取风险回避策略，从一开始的招聘就注意招聘那些与岗位任职资格要求和组织文化匹配度更高的候选人。

（三）人力资源管理风险防控策略分析

应当说明的是，任何人力资源管理风险的防控都需要进行具体分析并采取有针对性的措施，而从方法论的角度，存在一般性的策略，这些基本策略能够帮助我们思考并进一步找到具体的防控措施，这就是一般方法分析的价值所在。下面对五种人力资源管理风险防控策略进行具体介绍。

1. 风险回避策略

风险回避策略就是在发现人力资源管理风险后，通过暂时放弃目标、停止相关操作，从而达到避免损害发生、回避管理风险的目的。这是风险防控策略中最为简单也是较为消极的一种。比如，组织在招聘过程中发现某位应聘者的能力、经验等条件都符合岗位任职资格要求，但在背景调查中发现其曾经有过严重的作假行为。在这种情况下，组织如果雇佣此人就面临着将来可能发生的道德风险；如果不雇佣此人，则风险因素消失。很多组织往往会决定不录用此人，这就是风险回避策略的应用。

但需要注意的是，不是对任何风险都可以采用风险回避策略，因为组织不可能在识别出风险的时候就停止相关管理行为，那样管理恐怕就不能继续存在了。就前面所举的人员雇佣的例子来说，其实每次雇佣决策都面临着一定的风险，除了这种因作假而导致的明显风险之外，还存在大量由于测评工具、面试等的信度效度问题导致的人岗不匹配等风险，而组织不可能因此停止全部招聘。

因此，风险回避策略一方面可以应用于组织具有较多选择空间的事项上，也就是说，如果组织面临着多种选择的话，那么就可以放弃高风险的选择而转向低风险选择；另一方面组织虽然没有较多选择，但由于该项风险发生的概率极大且造成的损害极大，那么组织只能被迫选择放弃。

2. 风险保护策略

风险保护策略就是通过各种措施降低风险发生的可能性，从而达到减小损害的目的。风险保护策略是组织经常采用的措施，降低风险发生的可能性是从风险发生的根源上采取行动，从根本上阻断风险发生的链条。

比如，对员工实施针对性、多样化的培训，以保证员工能力素质动态地符合组织对人员的要求，从而从根本上降低各类岗位短缺合格人员的风险；科学合理地采取激励约束机制进行人力资源管理，提高员工对组织的忠诚度，就会减少人力资源流失的可能性等。

风险保护策略对组织人力资源管理风险预测和识别能力都提出了更高的要求，它需要人力资源部门能够更加精准地预测各种风险，并采取相对应的风险保护策略措施，未雨绸缪、曲突徙薪，才能防患于未然。但要充分意识到，风险保护策略不可能将所有人力资源管理风险都降低到零，这是由人力资源管理的复杂性和人们认识能力的局限性所决定的。

3. 风险减轻策略

风险减轻策略是指无法有效地降低风险发生的可能性，但可以通过降低损害的严重程度实现风险的减轻。打一个比方，到目前为止都无法准确预测地震，也无法通过人工干预降低地震震级，但是人们可以通过设计更加抗震的建筑结构、进行地震减灾训练，从而达到降低地震灾害损失的目的。

在人力资源管理中也存在着大量的这类事项。最为典型的就是继任者计划，简而言之，组织为关键岗位人员配备随时可以接替他们的多个“接班人”，进行持续的培养发展和评估，一旦关键岗位人员离职或晋升，组织立即可以从诸多继任者中选择一位最为合适的填补到空缺岗位上，这就避免了关键岗位人员离职而无人替补的风险，从而减轻了组织中关键人员离职的影响。再如，仍然与离职相关，为了减轻人员离职或者跳槽到竞争对手那里而给组织带来的损失，很多组织与关键人员签订了竞业禁止条款，规定这些人员在离职后的一定时间内不得到存在竞争关系的组织中从事类似工作。竞业禁止条款虽然不能避免员工离职，但却降低了组织可能的损失。

风险减轻策略一般运用在那些风险发生的可能性虽然较低而一旦发生则会

造成巨大损害的风险上。正是由于其发生的可能性较低，所以没有必要将精力放到降低风险发生可能性上，而是将关注点投放到降低风险带来的损失上。

4. 风险转移策略

风险转移策略是指组织将可能遭受的人力资源管理风险后果转移给其他组织或个人。风险转移策略的应用最典型的例子是组织通过人力资源外包将自己的某一风险转移给另一组织完成。比如，大量国有组织愿意选择劳务派遣方式，除了有人工成本方面的考虑，另一个重要因素就是降低组织劳动纠纷风险。通过劳务派遣，组织除了向劳务派遣企业支付劳务费用外，与劳务派遣人员不会产生劳动纠纷风险。而作为外包提供者，他们有更加专业和规范的合同管理能力，也大大降低了劳动纠纷风险。

这里需要注意的是，任何风险的转移都不可能无成本地实现，风险转移一定会产生新的成本，组织怎么可能只享受到风险的降低而不付出任何成本呢？前面所举的通过人力资源外包而实现风险转移的行为，也必然会产生外包成本，当然，新增的成本相对于组织风险降低的收益是划算的。

5. 风险自担策略

风险自担意味着可能遭受损失的组织自己承担风险发生的损失后果。一般对发生可能性较小且造成的损害相对也较小的人力资源管理风险可以采取风险自担策略。风险自担并不是简单的消极策略，而是组织综合根据风险可能性和损害危害程度做出的理性选择，换言之，风险自担策略下能够达到成本收益最优状态。

当然，风险自担也并非对人力资源管理风险的发生采取完全听之任之的态度，还是要密切关注，并根据情况的变化采取相应的策略。比如，在2010年之前，很少有“用工荒”的发生，大多数对一般技能型劳动者的需求都可以得到完全的满足，这是由我国丰富的农村劳动力供给所决定的，但是，随着近年来我国人口年龄结构的变化，东南沿海地区连年发生用工荒问题，大量劳动密集型组织在春节前后展开了用工争夺战，竞相采取多种福利措施吸引员工在春节后仍然回到组织，并将招工延伸到劳动力流出地区，从源头抢夺技能工人。这表明，人力资源管理风险是动态地随着内外部环境变化而变化的，组织的人力资源管理风险防控策略也必须随之进行调整。

但是，这里需要声明的是，不管组织采取了怎样严密的风险防控措施，也不可能将人力资源管理风险降低到零，因为在持续动态、快速变化的内外部环境中，人力资源管理风险会层出不穷，而且也没有必要奢望这一点，因为从成本收益最优原则来看，将风险降低到最低必然需要耗费更多的成本。组织人力资源管理正是在不断进行的风险防控中逐步走向成熟和完善。

六、角色与职能

组织人力资源管理风险防控绝不是人力资源部一个部门的事情，而是要明确组织高层、部门经理、人力资源部门以及外部专家的角色和职能定位，充分注意协调各方并发挥作用。具体见表 1—5。

表 1—5　　人力资源管理风险防控中的角色和职能

	确定目标 制订计划 建立制度	风险预测及评估	风险防控策略和措施	效果评估检讨和反馈	修正和改进
总经理	召集讨论，最终拍板决定，推动执行和落实	组织、领导预测和评估工作，最终确认预测和评估结果	组织、领导制定防控策略和措施，推动策略和措施的执行和落实	组织、领导效果评估，根据反馈信息做出改进决策	方案和措施的最终审定，督促各部门执行改进方案，落实改进措施
直线经理	参与讨论，提出建议，执行和落实	参与预测和评估，搜集和提供相关基础数据和真实情况	参与讨论，提出与自己部门相关的具体策略和措施建议，负责具体落实和实施	提供执行、落实情况的相关数据和资料，填报评估表	提供反馈信息和修正改进的对策建议，落实改进措施
人力资源经理	草拟，参与讨论，负责监督和协调各部门执行和落实	负责资料和数据的综合汇总，掌握技术、工具和方法，在分析和评估过程中提供帮助和指导	初步制定具体策略和措施，交由委员会讨论，监督协调落实和实施	数据资料汇总，对管理效果进行评估，并撰写评估报告，反馈信息，提出改进意见，交付讨论	提出修正改进方案，制定修正改进措施
外聘专家	参与讨论，提供行业相关数据和标杆组织的相关信息作为决策参考	参与预测和评估，提供技术、工具和方法，在分析和评估过程中提供帮助、指导和具体建议	参与讨论，提供标杆组织的先进经验和好的做法以及相关意见和建议	帮助设计评估工具和方法	帮助提供改进对策和建议

第二章 组织结构设计风险分析与防控

从具体的管理运行组织来说，无论哪个级别的员工，其工作的正常开展都离不开科学、有效的组织结构体系。组织高层会思考：在现有的组织战略下，什么样的组织结构与之匹配？既定组织结构框架内设计多少岗位合适？招聘多少人？该付每人多少报酬？哪些人是能够很好胜任职位的？部门领导考虑的是：要完成本部门的工作，需要多少个岗位？需要多少人？什么样的人合适？这些人来了之后，如何培训？如何辅导？如何评价？可以提供什么样的指导以帮助下属在组织内发展？作为基层的员工，他们会想：完成这些工作，承担的责任是什么？用什么方法开展工作？是否有改进的空间？如果有，将如何改进？工作的最终目标是什么？标准是什么？在这个企业里如何发展？归纳来看，组织从上至下所关心的问题无外乎三方面：组织部门如何设计？部门工作如何分配？该配备什么样的员工来完成这些工作？这三个方面正是组织结构设计关注的核心。

因此，组织结构在内的岗位体系的设计和变化意义重大。组织架构、工作设计等方面变革失败可能带来致命性的损失。这一章，我们将系统梳理组织架构等方面的变化给组织带来的管理风险，在了解这些风险的基础上，探讨如何尽早、尽可能地规避风险。

第一节 组织结构设计准备工作风险与防控

对组织结构的设计主要是将支撑组织目标完成的工作进行分解，并根据专业化分工、有效协调和精简节约的原则进行部门设计，以规范组织成员的工作及其相互间的联系，使组织成员能在一定的组织规范内既分工又协作地为实现组织目标而共同努力。

一、组织结构设计准备工作风险点

（一）组织结构变化时机选择不当

组织变革已经成为世界趋势，组织结构的变化是组织变革的主要内容之一。在潮流面前，是否只有变革组织结构才能求得生存和发展？如果是，则组织结构变化的时机该如何选择？如何规避这些风险？

一般来说，组织结构变化时机受多种因素的影响，这些因素的信息掌握不充分或者未得到及时处理，极有可能引发变革时机选择不当，或者错失结构调整时机，从而不利于推进组织结构设计，甚至丧失通过组织结构变化来提升组织绩效、进一步巩固组织发展基础的机会，同时也为组织未来的发展埋下隐患。

（二）人员准备不充分

组织结构调整工作并不是一项简单、短期就可以完成的工作，这项工作涉及战略目标的了解、权力责任的重新分配等，会涉及整个组织的每一个成员。因此，进行组织结构调整并不是某一领导或者单一部门或者组织内部的成员便可以科学、有效地完成。如果组织结构调整工作人员准备不充分或者不合理，带来的直接后果是组织结构调整开展困难或者设计的组织结构不科学、不合理。比如，如果组织结构调整项目成员中未包括高层人员，则组织结构调整与战略的关系就可能被忽略，从而导致组织结构调整无助于组织未来发展。如果各个部门的负责人未及时了解组织结构调整的意义以及方向，无论是在进行组织结构调整前的信息了解还是在后期的新架构推进时，均会有相应的阻力，从而不利于组织结构调整的推进和有效实施。

（三）宣传动员不到位

人们往往会因为担心组织变革的后果而抵制变革。在组织变革中，人们需要从熟悉、稳定和具有安全感的工作任务转向不确定性较高的工作和环境，这种不确定性容易引发抵制。另外，对于变革的抵制，还来源于变革带来的经济收入方面的影响[①]。

---

① 李慧. MS公司组织结构及业务流程调整的研究与再设计［D］. 成都：四川大学硕士学位论文，2006.

二、组织结构设计前准备工作风险分析

（一）外部环境信息调查不够

分析组织结构是否需要变化，需要对组织外部环境进行考察。考察外部环境需要考虑方方面面。外部环境信息调查不够主要表现在以下几个方面：

1. 国家政治经济环境信息掌握不足

组织投资国的政治经济环境决定了组织对投资所在国设立组织的架构，一旦这些信息判断失误，不仅可能会造成组织利益受损，还可能会带来相应的社会风险，比如大量外派员工的人身安全受到威胁等。

2. 市场环境信息掌握不足

包括国内外市场的信息，主要有：

（1）新的竞争对手情况。从某种程度上来说，组织运行的风险取决于市场竞争程度，竞争程度取决于市场内竞争对手的情况，国内龙头企业关注国外企业的进入，国际企业关注全球龙头企业的情况。举一个简单的例子，我国加入WTO之后，世界著名企业纷纷在中国设立分公司、子公司，比如诺基亚、惠普、摩托罗拉等巨型跨国公司。这些公司拥有强大的研发投入实力，还拥有巨大的资本实力和强大的营销广告“轰炸”战略，并高薪聘用本土化人才。面对这一新的市场竞争情况，国内企业必须及时根据市场变化，以这些大公司市场信息为基础，通过组织变革，调整市场方向或者巩固已有的市场。美国管理学家詹姆斯·厄特巴克在《精通创新动力学》中指出：“当面临一种新的竞争威胁打破现状的某种东西、非连续性创新时，大多数公司倾向于做他们早已做过的、他们确实擅长做的事情。不幸的是，尽管这样做也许能解燃眉之急，然而，从长远的观点来看却是死路一条。”①

（2）市场竞争规则的变化信息。组织面向的市场规则受两个因素的影响，国内行业规则以及新加入市场的规则。这些规则信息掌握不充分，没有及时应对，组织生存都可能受到威胁。市场竞争规则变化的典型例子是，加入到新的市场、市场引入新的规则。我国加入WTO意味着要遵守WTO相应的规则，质量标准规则引入中国后，我国企业需要按照质量标准进行管理、生产。具体反映到组织架构上，则意味着需要配备相应的工作人员甚至部门来处理新规则带来的新工作。如果管理者没有捕捉到这一信息，带给组织的极有可能是致命打击。直到现在，我国仍有很多组织仍然处处碰壁，甚至因为商事纠纷仲裁失败

① 齐振宏. 企业组织变革研究［D］. 武汉：华中农业大学，2002.

而引发个别企业倒闭。

（3）客户需求信息的变化情况。一方面，随着生活水平的提高，产品已经不再是消费者关注的主要对象，组织信誉、品牌，销售过程中的服务，销售后的服务品质成为现代消费者更加关注的方面。从国外的一些消费者运动推动的主题来看，客户除了对上述组织、产品以及服务方面有要求，甚至还强调组织的管理方式是否人性化，产品附着的理念是否环保，是否符合自然伦理（比如是否使用动物皮毛）等，这些毫无疑问给组织提供产品甚至其直接管理提出了相应的要求。比如，相对传统的大批量、标准化的工厂时代，“为了满足今天客户的需要，今天的组织必须进行变革，变大规模、标准化生产为小规模、定制化柔性生产，从而满足每个消费者不同的个性需求。”[①] 一旦这些要求信息掌握不充分，从而在组织层面未做相应的处理，极容易带来组织风险。

3. 劳动力市场环境信息掌握不足

（1）劳动力供需情况。对这类信息的判断涉及组织架构是否需要加大人力资源部门人员的投入。人力资源的岗位结构该如何设计才能更好地配合劳动力市场的情况。比如，组织所需劳动力在劳动力市场很容易获取，各类岗位的替代性很强，则可以考虑减少人力资源部门的人员投入，甚至直接外包。相反，如果很难获取，有些甚至需要在外地甚至国外招聘，而且此类劳动力对组织来说至关重要，则组织需要考虑是否在加大招聘投入的基础上增加长远的人才培训储备，反映到组织架构的变化上，则需要考虑是否增加岗位和人员。

（2）政府出台的劳动力法律法规情况。组织对相关法律法规如果缺乏充分的了解可能引发违法风险，其带来的成本有时是致命性的。而单从经济成本来看，也是不可忽略的。据统计，《劳动合同法》出台的2008年，劳动争议调解仲裁组织受理的案件数量比上一年增长了将近一倍。再对比案件最后的处理结果，从2006年到2013年，用人单位完全胜诉的案件比例均在15%以下，而劳动者胜诉的案件比例基本上都在30%以上[②]。这一对比也充分反映出组织不了解劳动力法律法规所带来的成本。

4. 技术市场的信息掌握不足

（1）互联网、信息技术的应用情况。首先，信息技术对组织的影响已经受到广泛关注。其中最直接的反映是，组织内不得不进行办公设备的更新，不得不引入新的办公系统，甚至是组织工作流程体系也要发生改变。这些方面的变化要求企业在组织结构变化、工作岗位设计方面予以考虑。其次，信息时代的到来，缩短了人们之间的距离，提高了工作效率，同时要求组织对顾客需求的

---

① 齐振宏. 企业组织变革研究［D］. 武汉：华中农业大学，2002.

② 笔者根据相应年度的劳动统计年鉴整理而得。

反应更加快速、敏捷。因此，如果你的组织正面临着市场变化太快、客户要求迅速反应的情景，应当考虑是否需要调整组织架构，以增强人员的活力、组织的灵活性。

（2）技术对销售市场的影响情况。由于产品（服务）市场受物流、交通等方面的影响，因此，在互联网技术发展之前，市场总有边界。随着互联网技术的发展，信息和知识可以不受限制地在全球范围内流动，因此，产品交易的成本大大减少，市场可以无边界。技术手段或者所处市场已经进入到无边界电子经济时代，就需要考虑是否要进行组织变革。

（3）知识在企业中的重要性日益凸显。随着市场竞争的加剧，在价格、产品质量等已经不能算作是企业的核心竞争优势时，创新成为企业占领市场制高点的关键因素之一。企业的传统竞争优势一旦难以为继，突出创新、技术研发的位置也成为必然之事。突出创新、技术研发的重要性，需要组织在各方面予以调整。比如，在组织投入上，强调技术研发投入，强调研发人员的重要角色等；在组织结构上，强化研发、创新等部门的重要性；在组织文化上，强调学习型组织的建立，强调知识管理、知识共享等。

（4）信息技术对组织内部信息流动的影响情况。信息技术在企业中的运用程度，需要相应的组织结构与之相适应。信息技术在企业内大规模的普及使用，使得企业内部的信息沟通方式发生变革。“信息的收集和处理不再是传统的层级传递形式。这种信息沟通方式的变化必然引起企业中的权力运用的方式以及领导者的管理控制方式发生相应的变化，也必然会引起企业组织结构形式的相应变化。”①

（二）组织内部信息掌握不充分

一个组织的组织结构是否需要变化，组织工作是否需要进行重新设计，根本出发点在于提高组织绩效。也就是说，组织变革前需要综合考虑组织内部的各种环境信息，以便了解企业内部的绩效水平情况。市场内部环境信息也涉及多个方面，每一个方面发生变化的信息如果没有引起足够重视，或者被过度估计，则有可能引发相应的组织结构设计风险，比如该变而未变、不该变的变了的风险。

1. 组织层面的变化信息未及时掌握

（1）组织战略的变化。组织战略需同外部环境、组织结构协调一致，相互适应。因此，组织的战略一旦发生变化，相应的组织结构也需要变化。组织战略的变革也必然要求组织结构的调整与适应。在这三者之中，一般环境变化速

---

① 周艳春. 信息技术环境下组织创新的模式选择［J］. 科技管理研究，2007（3）.

度最快，战略次之，组织结构的变化往往滞后。现实中，很多企业都是依靠战略变革下的组织变革为企业赢得竞争优势，其中著名的便是“联想”在21世纪初的战略变化。

（2）组织价值观的变化。组织价值观反映的是一个组织在实现愿景时，该组织所持有的价值观。不同的价值观需要不同的组织结构形式支撑。比如，“人是组织机器的一颗螺丝钉”“人是工具”等价值理念是支撑行政组织机构运行的文化氛围。相反，“以人为本”的组织价值观往往与扁平化的组织结构相对应。所以，一旦组织价值观发生变化，就需要对组织结构进行变革，以支撑、传播相应的价值观。

通用电气公司的前COE杰克·韦尔奇曾以尖锐的方式指出，现今的等级使首席执行官能控制战略、机构和信息，从而创建一个“脸朝着首席执行官，屁股冲着客户”的组织。韦尔奇认为，多年来通用电气公司创建了“一种适逢其时的管理方法”，为美国商学院推崇备至。部门战略单位、小组、部门都被指定做出一些细致、经计算的决策，然后再稳稳地将这些决策推出、上报。这个系统产生极度完美的工作。①

（3）治理结构的变化。治理结构实际上是组织结构的一部分，但治理结构的变化有时会引起组织结构的变化。“如在治理结构中设立决策权力的监督机构，在董事会中设立各种专门委员会等。有些治理结构的变革需要调整组织结构以配合。”②

（4）组织发展阶段的信息。组织在不同的发展阶段，其关注点不一样。组织为了完成其核心任务，组织工作的运行需以核心目标为中心，其组织结构也必须与之相适应。不同的发展阶段对应的组织结构的形式和关注点均不一样（见表2—1）。在世界500强的公司中，回顾其发展历史，都在深刻认识企业发展阶段的基础上，对企业组织结构进行了相应的变革。

表2—1　组织发展阶段、结构变化的原因及组织结构变化

发展阶段	组织结构变化的原因	组织结构的变化
创业阶段	领导危机	规范化的职能部门，职业经理人的引入
成长阶段	底层管理者的自主危机	授权，寻求一种机制去控制和协调各部门而不是直接受高层监督

① 迈克尔·弗拉德特，史蒂夫·米肖. 能动型公司［M］. 上海：上海译文出版社，2001：7.

② 李刚. 企业组织结构创新的治理与方法研究［D］. 武汉：武汉理工大学，2007.

续表

发展阶段	组织结构变化的原因	组织结构的变化
发展阶段	规模增大引发的对企业的控制危机	通过梳理流程，强调战略和分层以及规范化的制度来实现控制
成熟阶段	官僚作风危机	打破部门边界，组织扁平化，矩阵式
革新阶段	未知危机	适应团队式、工作组等工作单元的权变管理

2. 组织运行的健康状况信息掌握不足

组织运行过程中，由于组织结构落后的原因，可能引发系列问题，这些问题也正是组织运行不健康的直接原因。所以，组织结构变化时机的考察，除了考虑上述大背景的信息之外，还需要关注组织运行的健康情况。但组织运行出现以下问题时，说明组织结构需要调整。这方面的信息如果没有得到及时诊断，会对组织生存和发展造成负面影响。

（1）组织领导忙于开会和协调。按照以往的管理制度和工作流程，组织领导被问题和请示所围绕，且这种状态长时间不见好转，这就需要考虑现有的组织结构是否分权不够。这个时候，如果未引起充分注意，长此以往，组织领导越来越累，组织的问题也越来越多，组织的竞争力可能也会逐步减弱。

（2）部门职能界定不清晰，扯皮、推诿或者抢工作的事情常有发生。当一项工作的权力和责任无法形成明晰的边界时，部门之间就会经常“打架”，造成效率降低，工作氛围紧张，从而影响企业的发展。如果组织领导对这些信息无动于衷，长此以往，组织也会被拖向失败的边缘。

（3）信息传递困难。在横向上，部门之间的沟通如果不顺畅的话，同样容易带来扯皮、推诿、拒绝合作，从而影响企业绩效。在纵向上，企业信息传递失真严重，容易造成谣言，影响士气。这些问题的原因都在组织结构层面。组织结构在面临这些问题的时候，必须及时进行调整，否则问题爆发，最终影响产品（服务）产出、质量。

三、组织结构设计前准备工作风险防控

（一）充分掌握组织内外部的信息

组织结构调整时机的选择、调整方案的设计等，需建立在组织内外部信息收集充分的基础上。如果组织结构能够以低资源耗费实现组织的目标，则可以说是有效的，短期内不需要变革；反之，则需要进一步评估组织结构的状态。为了更有效地评估组织结构的状态，往往需要借助一些指标体系。

概括来看，评估组织结构的状态可以从以下指标入手：

1. 组织机构设置状况监测

主要包括四个分指标：管理层级和管理幅度合理性、职责分工合理性、集权程度合理性和人员配备合理性。[①]

2. 组织运行状况监测

主要包括五个分指标：业绩状况、管理状况、决策效率、组织动荡性、组织员工状况。[②]

3. 组织沟通状况监测

主要包括六个分指标：信息传递速度、信息传递质量、指令失效率、人际沟通障碍、部门间沟通障碍和个人与组织沟通障碍。[③]

（二）组建一支知识结构合理、有利于推进组织结构调整的项目团队

组织结构设计是一项专业性和经验性要求都比较高的工作。如果仅由内部的领导、人力资源管理领导和人员负责，则在熟悉内部情况，对组织过往历史和未来发展方面有比较充分的了解，但是对一些具体的分析技术的掌握可能并不完备。而引入外部专家，一方面拥有大量的技术和案例经验，另外一方面，其提供的建议和方案也能够超脱于组织的各种利益。

因此，综合来看，组织结构设计工作的团队成员应包括高层领导、人力资源部门、各业务单位负责人，以及外部专家团队及部分职工代表。

高层领导成员对组织结构调整的必要性要取得一致认识，对组织结构的方案要有一致性的意见。如果领导层内部对组织结构调整都存在分歧，组织结构调整将会很难推行下去。

另外，必须从决策层避免阻力的产生。领导者要以身作则。“提高领导者的自身素质，完善领导行为方式，对克服个人和组织方面的阻力有较大影响。领导者若作风正派、大公无私、秉公办事，具有较高的群众威信，他们的言行就易于对广大普通员工产生较大影响力和积极的心理效应，提出的调整方案也易于为他们接受和肯定。[④]”反之，则会引起广大普通员工的反感，加大心理差距，由他们提出的创新措施就难于产生积极响应，甚至引起抵触。

人们承担责任的大小与人们对某事的参与程度有关，人们对某事的参与程度越大，就越愿意承担相关责任，支持工作的进程。因此，当有关人员能够参与有关变革的设计讨论时，参与会导致承诺，抵制变革的情况就显著减少。参与讨论方法在管理人员所得信息不充分或者岗位权力较弱时使用比较有效，但是，这种方法常常比较费时间，在变革计划不充分时，有一定风险。

---

①②③　向专. 工程机械企业国际化组织结构的创新与选择［D］. 长沙：中南大学，2009.

④　李刚. 企业组织结构和创新的机理与方法研究［D］. 武汉：武汉理工大学，2007.

（三）听取组织员工的意见，进行宣传培训

组织结构调整核心围绕组织的业务发展。在确定调整方案前，组织领导同管理团队一起，对组织未来的业务方向予以明确，最好能对业务方向以及与之相匹配的组织结构调整方案形成一个一致的结论。但结论的达成不能过于强调少数服从多数，更不能从平衡所有人利益的角度出发。最后的结论应该是组织最高层基于对问题有清晰的理解，并且真正有利于组织的业务发展，但同时，在细节上能够听取大家的意见。

另外，加强教育和沟通，是克服组织变革阻力的有效途径。这种方法在信息缺乏和对环境未知的情况下尤为实用。通过教育和沟通，让群体成员了解组织变革的每个阶段、步骤以及未来走向，同时积极引导他们对自己工作任务的变化，并努力营造员工积极参与并发挥作用的氛围。在组织变革中加强培训和信息交流，对于成功实现组织变革是极为重要的。这既有利于及时推进变革的各个步骤的实施，也使得决策者能够及时发现新问题、新情况，获得有效的反馈。这样才能随时排除变革过程中遇到的抵制和障碍。

另外，组织结构调整有可能对员工的工作提出新要求时，组织可以承诺提供一些对于新的技能或新的工作方式的培训。这样也有利于员工的自我调整，消除员工的不良情绪，增强其安全感和信心。

知识链接 1

彼得·德鲁克关于组织工作的七项原则[①]

（1）要明晰，不是简单。哥特式大教堂在设计上并不简单，但在里面，你的位置是显而易见的；你知道站在何处，应该走向何方。一座现代化的办公大楼在设计上非常简单，但在里面很容易迷路；它不是分明的。

（2）努力用经济来维持管理，并把摩擦减至最小限度。用于控制、监督、引导人们取得成绩的力量应该保持在最低限度。组织结构应该使人们能够自我控制，并鼓励人们自我激励。

（3）眼光直接投向产品，而不是投向生产过程；投向效果，而不投向所做的努力。组织可以比作一种传输带，这种传输带越“直接”，各个活动取得成绩时的速度越快、方向的改变越小，组织就越有效率。必须使意愿和能力为成果

① 资料来源：［美］彼得·德鲁克. 管理：任务、责任、实践［M］. 孙耀君，等，译. 北京：中国社会科学出版社，1987：684-688.

而工作，而不是为工作而工作；为未来而工作，而不是躺在过去的成绩上；为了增强实力，而不是为了虚胖。

（4）每一个人都要理解自己的任务，以及组织总体的任务。组织的每一个成员，为了把他的努力同共同的利益联系起来，需要了解如何使他的任务适应整体的任务，以及整体的任务要求他自己的任务与贡献是什么。组织结构需要促进而不是阻碍信息交流。

（5）决策把注意力集中在正确问题上时要面向行动，而且尽可能使最底层的管理人员做出决策。

（6）要稳定，反对僵化，以求在动乱中生存下来；要有适应性，以便从动乱中学到东西。它必须在其周围的世界处于动乱时代仍能进行工作。稳定性并不是僵硬性，一个极其僵化的组织是不稳定的，而是脆弱的。只有一个组织结构能使自己适应新的情况、新的需求、新的条件，以及新的面孔和新的个性时，它才能继续存在。

（7）要能永存和自我更新。一个组织必须能够从内部产生未来的领导者。为此，一个基本条件是组织不应该有太多的层次；组织结构应该帮助每一个人在他担任的每一个职位上学习和发展，应该设计得使人能够继续学习；必须接受新思想并愿意和能够做新事情。

知识链接 2

企业衰退的七个信号

美国 AT&T 公司的前任总经理在《企业成长的哲学》一书中指出，大企业的衰败并非没有征兆，这种预兆经常表现出以下 7 个明显的信号：第一，固守陈旧的作业方法，总认为旧的方法最好而不愿意革新；第二，没有设定新的企业目标，决策带有很大的盲目性；第三，反省思考能力逐渐减退，整日纠缠于外部事务；第四，制度主义过于根深蒂固，无法用宽松而有弹性的制度来适应日益变化的社会环境；第五，进取的积极性逐渐消失，使得无数千载难逢的好机会从眼前溜走；第六，新人被老人的经验所束缚，新来的年轻人尽管敢闯能干，但却得不到升迁的机会，因为职位都被原来“有经验的”人占据了；第七，无法宽容批评，缺乏虚心接受意见的心胸。①

① 梁新良，黄牧怡. 企业衰退的七个信号［J］. 通信企业管理，1998（3）：72-72.

第二节　新架构设计风险与防控

一、新架构设计风险点

（一）组织架构形式无法支撑企业的现实需求

组织结构的调整或者重新设计的原始动力之一是现实的需求。现实中的管理或者组织运营出现极大问题，除了调整组织结构之外，无其他方法能解决现实中的一些问题。但往往由于系列原因，组织大费周折，在新架构设计完成之后，仍然不能解决现实存在的问题，致使架构设计工作“打水漂”，甚至会产生“屋漏偏逢连夜雨”的效果。

（二）组织架构形式与战略脱钩

组织架构形式设计最核心的关注点之一是与组织战略的关系。现实中，调整组织架构形式来满足战略实现的案例举不胜举。毕竟组织架构调整属于组织大动作，而不是人事调动，或者简单的部门增设、岗位增设等局部的组织调整，因此，对于战略的影响可谓是“动全身而牵一发”。不同的战略需要有不同的产业布局、地域分布和经营管理工作的支撑，从而影响组织结构中各部门的设置、核心职能的设计、岗位的设置以及责权利的分配等。比如，当一个组织实行“增长型战略”时，就需要增设相关的业务部门；当一个组织由传统的“低成本战略”转向“创新产品”战略时，相应的核心职能也会发生变化。如果组织架构未及时反映组织战略的变化，或者战略的变化没有传导至组织架构上，则战略的实现可能会打折扣，甚至直接将组织导向偏离战略的轨道，不利于组织按照既定的计划发展。

（三）组织权力分配形式不符合企业的现实需求

集权还是分权是组织架构设计过程中绕不开的一个重要议题。集权是把组织经营管理权限较多集中在组织上层的一种组织形式。[①] 分权是把组织的经营管理权适当地分散在组织中下层的一种组织形式。集权是将组织的经营决策权大

① 汪濡．横向整合企业分支机构权力机制研究：社会资本的调节［D］．广州：华南理工大学，2013.

多数集中在高层领导手中，实行统一经营、统一核算。其最大的优点是，利于集中领导，协调各部门的活动，且有利于管理工作的专业化，提高管理活动的效率。分权的体制则与之相反，中下层有较多的决策权，上级对下级的控制较少，实行独立核算，下级有自主的预算权。

随着组织规模的扩大、组织产品种类的增多，分权成为很多组织分配权力的选择。集权还是分权并不仅仅取决于组织规模、组织产品多寡，而是取决于其是否符合现实需求，是否能解决现实的问题。

（四）将扁平化视同为压缩组织层级

管理幅度、管理层级是组织架构设计必须涉及的另外一个关键问题。

同分权体制的使用一样，扁平化组织形式也是相对垂直官僚式组织比较新潮、热点的一个管理手段。但很多组织错将组织扁平化约等于组织层级的压缩，而忽略组织扁平化的根本目的在于规避层级过多带来的效率低下、信息传递失真等。要实现规避这些组织问题的组织扁平化，压缩层级是其手段之一，但也有可能需要根据实际增设相应的部门或者层级。

另外，结构扁平化的程度或者说压缩层级是否可行还取决于管理者的能力素质、员工的能力素质。如果管理者的能力素质很好，则通过压缩层级来达到扁平化可以解决现实中的一些问题，但如果相反，管理者的素质无法与扁平化后的管理幅度相匹配，则扁平化不能仅仅依靠压缩层级来实现。

因此，组织架构设计过程中，一旦采用扁平化的组织架构形式，需要结合组织的现实问题，而不能仅仅将手段和目标颠倒。

（五）错将总经理、经理等视为岗位而非部门

从一般的组织架构图当中，我们可以看到，总经理、经理等一些类似职位的称呼放入了组织架构图中。但在进行组织架构设计过程中，往往也将总经理、职能经理等视为岗位，而非组织层面的内容。但总经理、职能经理放入组织架构图中代表的是整个部门，代表的是部门与部门之间的关系，代表的是部门的权限责任。

将总经理、职能经理等视同为岗位，则组织中无论有多少个经理都可视同为一个经理，这样也就无法反映组织的责权关系。

二、新架构设计风险分析

（一）劳动分工不合理

一个组织需要达成相应的目标，围绕目标而诞生的工作需要分工。分工不

仅是对工作任务进行横向上的分解，还是对工作任务纵向上的分解。因此，劳动分工是组织设计的前提和关键。管理者在这一阶段的主要任务是决定如何进行分工和分工到何种程度[①]。劳动分工一旦不合理，所得到的工作任务也有可能不合理，对后续的工作归类、工作纵向汇报关系设计产生误导。

（二）部门化不合理

组织在劳动分工的基础上，才能对各类相同相似的工作进行归类，这个过程也就是组织工作部门化的过程。工作部门化的形式有很多种，不同形式下部门分工会带来不同的组织结构形式。部门化方式一旦存在偏差，也就决定了后续的组织架构框架可能存在失误。

另外，在一些特殊的组织形态里，其组织架构的设置是受法律规范的，比如有限责任公司里的董事会的设置等。一旦这些部门划分不合理或者被忽略，则可能会引发相应的法律风险。

（三）管理幅度与层次等级设计不合理

有效管理幅度是指一个领导者（主管人员）所能直接而有效地管理和指挥其下属的数量，或者是指上级机构可以直接有效管理其下级机构的数目。换句话说，管理幅度指的是有多少人、多少机构共同向同一上司汇报工作。因为个人知识、能力、精力的限制，任何一个领导者所能管辖的下属人数必定有所限制。也就是说，拥有最高权力的领导人，要实现无限制直接管理和指挥很多人而又使他们的活动相互配合，存在一定的难度。即使能够实现，也会有成本高于效益的可能性。从这个角度讲，管理幅度的确定决定了管理效率。

与此同时，一个组织的人员规模到达一定数量时，就有可能超过管理幅度的限制，此时，就需要划分出不同的管理层次。也正是有各种阶层的单位，才构成了最后的组织，这也形成了组织的纵向层次结构。

管理的层次结构决定了一定范围内的信息传递的方式，也代表了一定范围内的人才梯队层次，代表了一定范围内的人员职业发展的阶梯。因此，层次过多，影响信息传递效率；层次过少，影响人员职业发展。

（四）协调关系设置不合理

组织过程的最后一个要素就是协调，既包括横向协调，也包括纵向协调。协调的目标在于使管理者的工作方向保持一致，并确保整个组织过程有助于组

---

① 劳动分工是提高工作效率的有效手段，但同其他经济现象一样，分工过细会因为协调难度的加大而产生不经济性。

织目标的最后达成。[①]

协调的最终目标是，将独立的、分散的个体活动以及单位活动，通过整合，使其成为实现单位的共同目标而齐心努力的活动。组织中的每个员工都是一个螺丝钉，都被仅仅分配从事一小部分工作，如果不予以协调和整合，个人活动或者部分组织活动就会朝四面八方发展，个体与个体之间也可能会产生裂痕，甚至产生分歧和冲突。但管理协调活动能够对这些问题予以回避，通过管理协调活动对组织中不同个人和部门的活动予以整合，以实现群体的最高效能，最后实现组织目标。

三、新架构设计风险防控

（一）新架构设计的法律风险防控

我国对组织架构设计，尤其是组织的法人治理结构有明确的规定，所以组织进行组织架构设计的时候，如果忽略法律规范，则可能给组织带来法律风险。涉及组织架构设计的法律主要是公司法，而公司法中又主要对董事会、有限责任公司、上市公司的组织结构进行了规范。这些规范应当成为组织架构设计过程中不可碰触的底线，也是董事会设置或者相关公司进行组织设计时的依据。

（二）新架构设计的管理风险防控

1. 充分理解组织的现实问题和战略要求

组织结构调整的两大动因：解决现实问题的需求和实现战略的要求。只有在充分理解、把握组织现实的需求和战略要求的基础上，才能选择合适的组织架构形式，从而让现实和战略相互匹配，达到组织架构设计的根本目的。

2. 进行有效的关键活动分析，有效地识别组织的基本单位

关键活动是对组织成长和发展具有重要影响的活动。企业的关键活动跟企业的业务、人员现状以及战略等密切相关。有些企业可能具有同种类的职能，如研发、生产、销售、财务、广告等，但并不一定具有相同的关键活动。

关键活动分成以下几类：

第一类关键活动是组织目标达成依赖于此类活动的出色业绩。这类活动直接影响战略目标的实现。例如，有的企业的宗旨是“为顾客提供最便宜的产品”，那企业的中心应当在生产职能等直接影响产品价格的部门。只有生产成本不断下降，才能确保产品的价格达到最低。有的企业的目标是“为顾客提供最好的

① 李斌云. 参照人体组织规划企业组织初探［J］. 经济师，2007（5）.

产品"，那它的研发部、质量控制部等直接影响产品质量的部门应是企业的中心。

第二类关键活动是指那些一旦不注意就有可能制约企业发展的关键活动，也被称为企业的短板。木桶由许多长短不一的木条围起来，其中最短的木条决定了木桶的真实容积，这也就是我们常说的"短板效应"。组织中也有许多活动，但组织整体的绩效水平可能会受制于绩效差的活动。也就是说，某一项活动的绩效水平不提升将会直接导致组织整体绩效水平的低下。在现实中，相同的人、财、物和管理投入到企业的某一领域活动中，比投入到其他领域活动中会产生更大的效果，这个领域就是企业的弱项，这类活动往往是该企业的第二类关键活动。

第三类关键活动不能直接产生效应，但是特别有价值。这类活动对企业的运营来说至关重要，比如火药厂的安全活动、化工企业的环保活动等。

当一个组织处于新建时期，其第一类、第三类关键活动往往比较稳定，不会发生太大变化，只有在一种情况下可能会有所变化，也就是外部环境或公司战略发生重大变化的时候。当企业处于快速成长的阶段，迅速识别出短板活动，也就是上文所说的第二类关键活动非常重要。这些活动限制甚至阻碍了企业的发展，识别出它们，可以有效地避开发展雷区。一旦发现这些雷区，应当予以重视并且改善。一旦这些活动得到改善，不再影响企业的成长，这类活动的关键性也需要重新定位，同时关注新出现的限制其增长的活动。

识别出关键活动是确定部门分工的前提和基础，因为组织不可能为每个活动设立一个部门。在关键活动无法确定以前，部门的重要性也无法得到体现，从而对部分分工产生影响。

3. 选择合适的部门分工形式

要避免部门分工发生错误而引发相应的风险，需要对部门分工的各种方法和形式的利弊有所了解。一般来说，部门分工的方式主要有以下几种：

（1）功能部门化。对于职能机构而言，按照其具体功能进行设计，这是最常见的一种部门化组织形式。功能部门化主要是指按照组织的各项主要业务工作和主要管理职能来划分和设置组织的横向部门。比如说，企业的主要业务和管理职能包括计划、人事、生产、销售和财务等。① 那么组织结构的设计也按照这些职能来统一设计。例如，在厂部设立职能科室，在车间设立职能组，在生产班组设立职能人员等，如图 2—1 所示。

功能部门化组织架构一般具有以下特点：一是职能部门主管可以为各级行政领导提供参谋意见，协助主管人员搞好决策、指挥和监督工作，成为领导的得力助手。二是企业的一切资源和环节（人、财、物、产、供、销等环节）的管理工作均围绕组织的核心生产运营进行，为生产运营创造必要的条件。

① 李斌云. 参照人体组织规划企业组织初探［J］. 经济师，2007（5）.

三是上级职能机构承担着对下一级部门和机构进行业务指导的任务。四是职能机构在处理对外业务关系方面也承担重要作用。在企业领导层的授权下，职能机构可以对外代表企业，开展正常的业务往来，处理各种对外联系和关系。

但是，这种组织形式也有一定缺陷，如协调困难，缺乏灵活性和弹性，以及高层领导负担过重等。但这种部门化组织形式，在稳定的技术与环境等条件下比较有效。

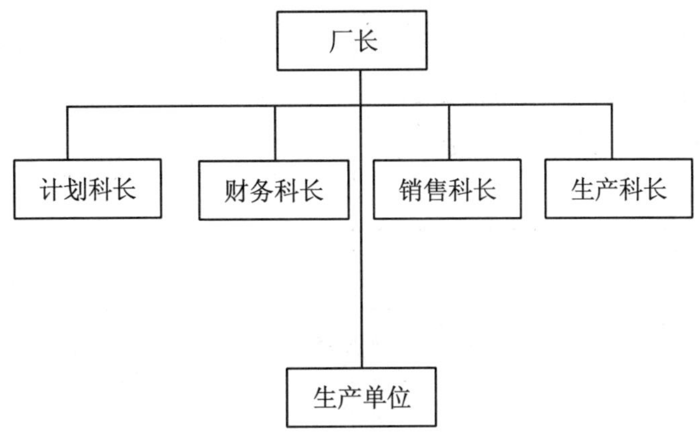

图 2—1 功能部门化组织

（2）过程部门化。过程部门化是指将企业的产品生产或制造过程予以分解，按照顺序阶段来设置部门和机构。对应的，每个部门只负责整个过程链条中的一个阶段的工作。例如在机械制造企业中，生产过程常被分为铸造、锻压、机加工和装配等阶段，则在这一机械制造企业中，就可以按阶段来设立车间和部门。按过程部门化划分横向系统的价格表如图 2—2 所示。

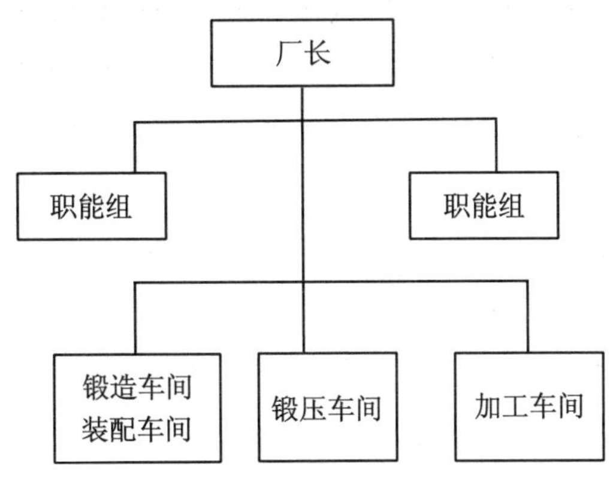

图 2—2 过程部门化组织

按过程部门化原则进行组织架构设计，是一种组织结构设计形式。它的优点是有利于提高工作效率，缺点是增加上层协调的困难。

（3）产品部门化。一个组织生产的产品可能会多种多样，按不同的产品或者相似产品来设置组织结构是产品部门化的特点。这种部门化组织形式适合于多样化生产经营的大型企业，它属于分权化的组织形式。按产品划分的组织系统如图 2—3 所示。

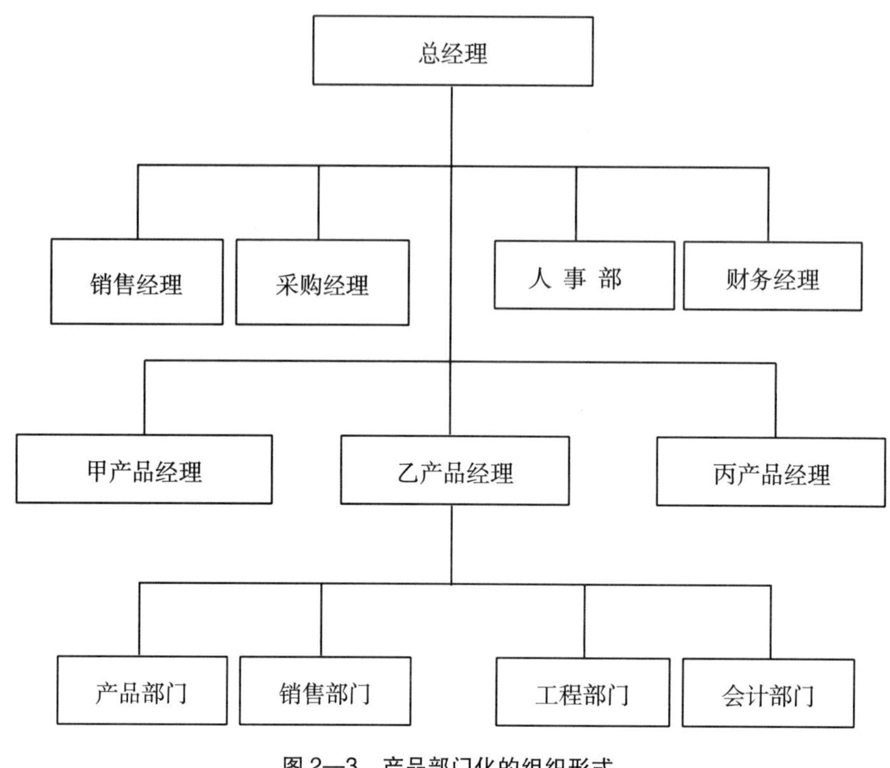

图 2—3　产品部门化的组织形式

产品部门化组织形式的优点主要表现在：以利润为中心，便于对成本、利润和绩效的控制；强调分权，更利于创新活动，对产品部门内部的协调提供更有利的条件；同时，这种组织形式是锻炼产品部门最佳的形式。其缺点主要表现在：各产品部门强调其自主发展，增加了上级主管部门的控制难度；由于其下设产品部门经理对产品生产、销售等链条进行全面管理和控制，因此这种组织形式要求更多的通才；同时，不同的产品部门都设置类似的职能部门，增加了纵向层次部门之间的重复度，造成专业力量分散。在平衡其利弊的条件下，这一组织形式更适用于经营环境多变以及实行多种品种与多系列生产经营的大型企业和联合企业。

部门化组织形式多种多样，除上述三种之外，还有诸如地区部门化组织、顾客部门化组织和销售渠道部门化组织，等等。在现代企业中，采取一种纯粹的部门化形式的组织是罕见的，绝大部分企业的组织结构都采用混合的部门化形式。例如，在功能部门化的基础上同时加之其他部门化形式。

4. 进行有效的决策分析和关系分析

决策活动贯穿于企业的各项活动。决策分析是指分析决策的性质，明确其是战略意义上的还是战术意义上的，哪个层次上的人员享受哪些决策权，哪些人员必须或可以参与决策。决策分析应重点考虑四方面：①涉及时间长短；②涉及领域多少；③与组织的宗旨和使命的相关程度；④是否重复发生。这四个方面关系到决策的重要程度，关系到决策层次和参与决策的人员分布。

决策所用的时间越长，涉及的领域越广，与目的和使命的关联程度越高，越是关键。越关键的决定，相应的权力应该分布在更高的水平。理论上，所有的决策重点都应该集中在高层次。但组织一旦处于这样的决策生态下，就可以被认定为高度集权化，这一决策形式会导致组织僵化、缺乏灵活性。与之相对应的是分权化组织，但分权也要考虑分权到何种层次。分权越彻底，则相应的决策权应尽可能处在接近活动现场的最底层。但是，如果你需要一个决策，但基层一线人员不具备相应的知识，那么决策失误的风险就越大，将其放置在一个基本水平是不合适的，可以放在中间，如果中间有效，就没有必要放在顶部。这一规则不仅决定了决策层的权力应该放在哪里，而且还决定了相应的活动应放在什么级别。

5. 控制好管理幅度

一个领导者的管理幅度不可能无限制地扩大，绝大多数管理学著作都引用了格兰丘纳斯公式：

$$N=n\ (2n-1+n-1)$$

式中，N 表示管理者与其下属之间相互交叉作用的最大可能数，n 表示下属人数。

两个下属之间的关系就可能存在三类关系、六种情况，即 C（管理者）分别和 A（下属）、B（下属）建立的两种关系，C 与 A 和 B 同时建立的两种关系［即 C 与（A+B）、C 与（B+A）］两种情况，表现在现实中就可能是，C 和 A 谈话而 B 在场，或者和 B 说话而 A 在场，这样可能就会有两种直接群体关系；此外，交叉关系可能存在于 A 和 B 之间，表现为 A 找 B 和 B 找 A。这三类关系加到一起，就存在了 6 种可能的相互作用。当下属增加到 3 个时，这种可能的相互作用总数则增加到 18。以此类推，越来越大。当下属人数达到 100 人时，上面公式中的 N 便成为一个十分“巨大”的数字。虽然格兰丘纳斯没有说明 N 以多少为宜，但他给予的警告是清楚的——哪里增加一个下属，他就是一根能压断经理的骆驼脊背的稻草。

事实上，决策管理的范围不仅是成员之间的相互作用，还与以下因素有关：①需要解决的问题出现的频率；②管理人员与下属员工之间的关系；③管理者的能力；④工作本身的标准；⑤工作人员集中和分散程度；⑥需要努力协调员工与管理层之间的关系；⑦工作的类别。

那么，管理幅度的确定是否有一个通用的方案？无论是在管理实践过程中，还是在不同的管理理论学派中（传统或古典管理学派对待领导人管辖人数问题的态度和研究方法，一直是倾向于把有效的管辖人数普遍化，就是想找出一个通用方案，并加以普遍推广），都未发现一个通用的方案，不同人的说法仍然不一致。

6. 处理好组织层次和组织架构形式之间的关系

组织层次的确定是组织架构设计必不可少的部分。在实践过程中，一般组织层次的划分可以分为扁平式组织结构和垂直式组织结构。

在企业人员数量确定的情况下，在数量上，组织层次与管理幅度构成反比例关系。也就是说，在组织管理过程中，管理幅度和组织层次两者的确定是相辅相成的。比如说，企业可以扩大管理幅度但减少组织层次，或者说减少管理幅度但增加组织层次。前者被称为扁平式的组织结构，后者被称为垂直式组织结构。

相对来说，垂直式组织结构倾向于集权。这一组织形式具有高度的权威性和统一性，因此，决策效率和行动速度相对也比较迅速。但这种垂直式的组织形式也有其缺点。比如，由于其组织层次的增多，纵向的信息传递存在失真的可能性增加，从而导致纵向沟通困难；也正因为其信息传递的层次增多，因此组织对外界的变化更不容易感知和反应。也就是说，这种组织形式相对而言缺乏灵活性和适应性。另外，组织层次的增加也增大了管理人员的需求，增加了管理成本，管理费用增加。但垂直式组织结构在特定条件下仍然发挥极大效用，一般来说，垂直式组织结构只在特定条件下有效：①工作任务、职责要求不明确；②下属的决策权过大；③短期内无法衡量工作绩效，绩效衡量期限长；④成果难以测定或测量；⑤部属之间工作依赖性强。在此情况下，缩小管理幅度更有利于实行有效控制。

扁平式组织结构属于分权型组织。其特点是：层次少，上下信息交流较为便利，下级人员的才能更容易被激发；对组织外部环境的变化反应更为灵活而且弹性较好；也正是因为管理层次少，其所需的管理人员也较少，最大限度地减少了管理费用。其缺点是：有效监督和控制比较难，交叉联络的负担较重，容易突出下属的特权和部门的利益。

知识链接 3

关系分析是分析活动之间的关系，根据各种活动分成不同的子系统。划分的规则是使子系统之间的关系尽可能少，并且每个关系都能起到作用，从而简化了整个系统的协调与管理。

20世纪初期，美国将军伊恩·汉密尔顿根据他作为一个军官的经验总结了对管理幅度大小的认识。他发现，一般人的头脑在管理3~6个人时能处于最佳的工作状态。一个军士在仅仅指挥3个士兵时并不十分忙碌，一个陆军中将难以指挥6个师长的活动。伊恩·汉密尔顿最后建议，越接近于整个组织的最高领导人，他的管理幅度越接近6个人越好。

亨利·法约尔指出，合适的管理幅度应该是最高经理管理4~5名部门经理，部门经理管理2~3名管理人员，管理人员管理2~4名工长，工长管理25~30名工人。

英国著名的管理顾问林德尔·厄威克提出了他观察到的心理现象：一个人的"注意力跨度"——能够同时给予注意的事项的数目——是有限的，并以此为依据讨论管理幅度的大小。他的研究结论是："没有一个管理者能够直接管理超过5个或者至多6个工作紧密相关的下属的工作。"

美国管理学会的研究报告（1952年）介绍了当时141家"公认的具有良好组织实践"公司的调查结果，该项调查的主题是这些公司中的总经理的管理幅度实践情况。结果发现总经理的管理幅度为1~24人不等。①

知识链接4

九条好汉一个班

纳尔逊将军（英国杰出的海军将领，曾打败不可一世的拿破仑，使英国一跃成为19世纪的世界强国），他的经验是"一艘主力舰队出航时要八艘巡航舰护舰""一艘巡航舰出航，要有八艘驱逐舰护航"，这样一来，火力在配备及指挥调度上都是协调的，在实际海战中互为支援、照应，其协同作战的整体效果尽可能发挥到极致。

再看法国葛雷可拉斯的"从属理论"：一个人管理八个人是最适当的。现在许多军队中"九条好汉一个班"，一个班长带八个兵，便是如此。

---

① ［美］亨利·西斯克. 工业管理与组织［M］. 段文燕，等，译. 北京：中国社会科学出版社，1985：234.

第三节 部门设置与调整风险防控

在对组织战略、外部环境、组织在生命周期曲线上所处的阶段以及技术要素等方面进行充分分析，选择合适的组织结构类型以及管控模式之后，组织设计的下一步工作就是部门的设置与整合，也就是做好以下工作①：

需要设置哪些部门；各部门的定位是什么。

部门与高层管理的纵向联系是什么；应赋予部门什么权力；高层管理如何实现对部门的有效控制。

组织结构与业务流程如何实现有机衔接；部门间如何联系以提高组织运作效率。

设计的组织机构如何与管理制度、程序等其他管理手段有效衔接。

落实到每个部门，具体的职责有哪些；如何描述。

部门设置与调整需要遵循一些基本要求、原则、方法，否则容易带来部门间的扯皮、部门职能重叠、部门之间协调不力，或者上下权责不明确等方面的问题。这些问题也是给组织带来风险的重要因素，也即部门设置过程中的风险点。

一、部门设置与调整风险点

（一）与战略脱钩

无论组织结构设计的哪一个步骤都离不开与“战略”保持一致，即使部门设置与调整这样组织结构设计的小环节。所有的组织结构设计必须跟随战略，否则会很盲目。

组织部门设置是保证战略实现的必备环节。如果将战略、组织以及组织的有效运营三个环节做一个连接的话，战略驱动组织发展的力量视为战略力，但战略力并不能直接发力，只能通过“管理模式、治理结构、功能定位、责权体系、核心管理流程、整合机制以及业绩管理、组织文化和领导风格”等要素构

① 赵长红，郭京生，袁家海，朱国成. 定机构定岗定员［M］. 北京：中国劳动社会保障出版社，2009：55.

成的组织力等因素来间接实现，最后执行组织力的是“业务流程、技术、信息管理、人力资源”等要素，这些要素也构成组织执行力，组织执行力最后将战略落地，将战略无声地体现在组织运营的点滴环节中。

由此，部门设置与调整是组织力的重要构成部分，少了这一环节与战略力的承接和配合，则会影响战略最后的落地。

（二）部门协调任务繁重且效果不理想

在组织结构设计过程中，比较理想的状况是，各部门各司其职，上级领导协调有序，横向配合到位、纵向协调顺畅，从而实现组织运行的高效、有序。但现实中，我们常常看到，公司总经理常常为协调部门之间的工作开会、审批，总经理一时不在，企业将陷入瘫痪。总经理累得喘不过气，但类似的工作似乎是永远没有结束的线头，扯也扯不完。另外，总经理的重要事项工作——思考企业的未来发展方向、重要战略时机的把握等，却没办法抽出时间来思考。这种本末倒置的现象产生的根本原因是部门设置存在一定的问题。

部门设置需要围绕组织的战略、功能、业务等来进行，但在不同的情况下，完成组织某项功能的部门设置可以有多项选择。比如，是设置单一的部门完成某项功能还是设置多个部门完成某项功能，部门之间的职责在多大程度上形成关联，等等。这些问题的答案取决于某项职能在战略上的重要地位，某项职能在组织运行链条上的地位和作用等。但现实的情况是，部门的职能往往存在交叉、重复，或者部门的职能出现空缺，从而引起组织工作运行不畅，部门之间推诿扯皮现象严重，从而加大上级领导的协调任务。

另外，部门设置与调整时一个很关键的任务是部门的职责与权力的匹配，如果仅有职责而没有权力，则在完成相应责任的时候，迫使部门领导不得不总是请示总经理，从而增加总经理的任务。

（三）部门管理困难，一管就死，一放就乱

部门管理属于部门设置和调整不得不考虑的问题之一。涉及部门管理的问题主要是放权和集权的问题，这个问题处理不好就会出现部门管理“一管就死，一放就乱”的现象。另外，部门与部门除了正常的协调、沟通之外，组织的一些关键职能往往需要通过别的职能或者部门予以相互监督和制约，这种监督制约的程度没有把握好，或者说某项关键职能的监督职能缺失，就会带来“一放就乱”的乱象。而另一方面，过于强调对某项职能的监督，将“人性本恶”等理论假设过分发挥，应用于组织的监督管理上，比如，除了设置独立部门

予以监督某项职能之外，还将监督职能分别设置于各个不同的部门，这样就有可能带来部门管理“一管就死”的现象，且容易带来部门之间的职责重复、重叠。

（四）管理措施、制度难以在部门内实施

管理、制度是辅助部门有序运营的关键要素，甚至是唯一要素（实行“人治”化的组织另当别论）。因此，部门设置之后，管理制度、措施在部门内或者部门间的推行也成为检验部门设置成功与否的一个重要因素。现实中，往往可能会由于部门设置的一些因素，造成管理措施、制度难以在部门内推行。这种现象的典型表现是：领导在上面声嘶力竭，部门内部仍然无动于衷。领导有新的点子或者策略，但部门要么完全不予以执行，要么“打折扣”推进，最后结果是任何好的方案或者制度都难以起到应有的效果。

二、部门设置与调整风险分析

（一）关键职能识别错误导致执行战略不力

一般处于价值链增值活动中的部门被称为主要职能部门，其承担的职能也被称为主要职能。此外，一些对组织未来发展至关重要的职能或者说制约组织未来发展的职能也应被看作是组织的关键职能。

只有识别出组织的关键职能，才能明确承担这些职能的部门的地位和作用。但在现实操作中，往往很多组织并不能综合考虑战略、现实生存和未来发展的需要，兼顾优势和短板效应，进而造成部门定位发生偏差，导致组织的优势逐渐丧失，组织的短板长期得不到弥补，从而制约组织的发展。

（二）行业相关分析不到位

行业相关分析不到位引发组织职能缺失或者冗余。一般从组织的整体运营过程来说，组织通用的生产经营方面的职能有研发产品、制造产品、销售产品等生产经营方面的职能，而通用的管理包括战略管理、行政管理、人力资源管理、财务管理等。不论这些职能由什么样的职能单元来承担，因为组织所处行业的不同，在职能范围、职能集合方面则会表现出很大的差异。一旦这种差异没有被识别出来，没有综合考虑企业所处的行业特点、组织本身的战略、技术特点等，就有可能使得部门职能设置缺失或者冗余。

（三）职能依赖关系分析不到位

无论是从业务流程还是从战略的分解来看，组织部门职能存在不可避免的交叉。因此，一旦职能之间的交叉关系、依赖关系没有得到很好的分析，则有可能：①导致职能重叠交叉过多，部门分工不合理；②部门职能交叉合适，但无人负责；③部门之间的沟通不畅。

（四）缺乏权力分层体系

无论是上文提到的部门协调任务繁重，还是部门管理上的困难，其最重要的另外一大原因是，相对应的部门责任缺乏相应的权力匹配体系，即组织权力缺乏与部门设置相匹配的分层体系，从而导致授权不足，导致管理措施难以执行落地。

（五）部门之间的监督制约职能设计失败

上文已经提到，部门职能的缺失会带来部门之间的扯皮，但针对部门管理的乱象，其中的一个重要原因就是部门之间的监督、制约职能设计失败。设计失败的主要表现是，缺失某一重要的针对关键职能进行监督、管控的专门管理部门，或者将某一监督制约职能过分强调、多重监控、分散设计，从而导致部门管理“一放就乱，一管就死”，而且也影响组织整体的效率和人文氛围。

三、部门设置与调整风险防控

（一）遵循部门设置与调整的四大原则

1. 战略导向原则

战略导向原则是第一原则，一切部门设置与调整都需要围绕战略来进行。没有战略为牵引，部门设置与调整往往会南辕北辙。换句话说，部门的设置与调整应当利于战略的实施和执行。

2. 分工协作的原则

组织的效率取决于部门之间的相互分工和协作。分工直接产生了不同的部门设置，但部门设置与调整另外一个更重要的因素是协作。因此，分工与协作是部门设置和调整的直接决定因素。

3. 权力制衡原则

如果说在履行职责方面，部门设置与调整的直接驱动力是分工与协作，那么与职责相匹配的权力体系分配，则更应该遵循权力制衡原则。部门承担的执行职能与监督职能应当分开设置，以免核心职能的监督职能出现真空状态，出现道德风险，从而给组织带来不可预估的影响。

4. 客户导向原则

无论是何种组织架构形式，其最后的产品或者服务都是面向客户。因此，快速地满足客户需求应当是部门设置与调整的终极考量因素。古今中外的组织结构调整，或者说部门设置和调整最后几乎都与客户的需求直接或者间接相关。

（二）对组织进行行业、技术和环境方面的详细分析

在进行职能设计的过程中，一般需要对组织所处的行业进行以下几个方面的分析，以明确组织在开展各种业务活动时所需要的职能：

（1）组织主要产品的品种、主要用途以及其他附加价值；

（2）组织主要产品的生产过程工艺性质和所需要的关键技术水平；

（3）目标客户的需求种类、可能持续时间、发展趋势以及在整个产品市场中所占的比例；

（4）行业常规的销售和服务方式，组织准备采用的销售和服务方式。

技术的发展在为管理提供各种新的管理手段和工具的同时，要求组织提供与之相匹配的管理方式和职能集合对其进行有效管理，以保证其有效性。

组织的技术差异一般反映在技术类型、技术水平、技术更新速度、技术实力和技术系统等方面在组织战略实现过程中的地位上的差异。

外部环境对组织职能集合的影响表现在：

首先，分析组织在外部环境中应增加或者强化对外联络职能的必要性。

其次，分析各种职能应丰富哪些业务活动，以加强组织和外部环境的各种因素的联系和协调。

（三）识别出组织的增值活动、非增值活动以及无效活动

1. 增值活动

增值活动主要指能够为组织带来价值的活动。例如，在房地产公司，一些工作的价值是能够使土地增值，这些活动被称为增值活动。增值活动是组织价值链中的主要环节，或者说，缺少了一个环节，组织便不会增值。

2. 非增值活动

非增值活动对应增值活动而言，是指对组织价值增加无直接作用，但是组织中必不可少的一些工作活动。比如，企业中的一些服务职能，例如人力资源、

财务、行政后勤保障、审计监察、办公事务等活动。比如说，在房地产公司中，财务做账并不能直接增加企业的价值，人力资源的内部培训也不能对土地的价值增加带来影响，但这些工作活动确实是企业重要的服务和支持业务。这些活动是非增值的，但却是有价值的。

3. 无效活动

无效活动是对企业没有任何意义，不会给企业带来任何附加价值的活动。识别出的无效活动越多，对组织架构设计风险规避也就越成功。

知识链接 5

职能依赖关系

根据汤普森的职能依赖关系模型，组织内部各职能之间的相互依赖性可以划分为并列式、顺序式和交互式三种。

并列式依赖关系是职能间依赖关系的最低形态。在这种依赖关系中，工作不在各职能间流动。每一个职能都是组织的一个组成部分，都对组织的共同利益做贡献，但是彼此的工作是相互独立的。并列式依赖关系存在于中介型技术的业务环节中。中介型技术单位所生产的产品或服务是作为联结外部环境中的顾客的媒介。在提供这些产品或服务时，每个职能都可以彼此独立地工作，这些职能之间很少需要进行协调。

顺序式依赖关系是一种序列联结的方式，也就是一个职能的工作结果是另一个职能的工作投入。为了使后继职能能够顺利地工作，前面工序的职能必须正确地执行工作。它的依赖程度高于并列式依赖关系，因为职能之间相互交换资源，并且依靠其他职能才能够做好工作。顺序式依赖关系发生在以长链型技术为主要特征的业务环节中。所谓长链型技术，是指一个组织中连贯进行的一系列生产步骤的集合，其中每一个生产步骤都使用前一个步骤的产品作为投入，同时又为下一个步骤提供投入。

最高程度的依赖关系是交互式依赖关系。交互式依赖关系是组织所面临的最为复杂的一种依赖关系。当 A 职能的产出成为 B 职能的投入，而 B 职能的产出又反过来成为 A 职能的投入时，它们之间就存在交互式依赖关系。这时，一个职能的产出会以交互作用的形式影响所有的职能。交互式依赖关系通常存在于以密集型技术为主要特征的业务环节。通常认为，技术密集型是指以集结的方式为某一顾客提供各种产品或服务，企业的新产品研发属于典型的交互式依赖关系。

第四节　部门职能设计与分解风险防控

组织的职能集合、核心职能、基本职能一旦确定，组织的基本结构形式也就形成了。比如，业务系统设置、事业部设置以及部门设置等初步框架基本定型。但这些框架还无法保证组织的执行力能够得到有效提升，主要是因为组织中各项架构的职能还未分解，职能单元内部的工作还未进行分配和指派，而这些任务就是部门职能分解所要解决的。总括来看，职能分解主要处理三方面的问题：一是如何划分组织职能部门的职能，二是如何划分上、下级的职能，三是如何划分集团公司和下属子公司的职能。这两方面处理不妥当，就容易带来相应的问题，从而引发组织风险。

一、部门职能分解风险点

职能分解失败便是职能分解最大的风险，而职能分解的风险点可能出现在各个环节和方面，所以，要总体判断职能分解失败是比较困难的，但我们可以反向观察对比一项成功的职能分解的结果具备什么特征。一旦最后的结果与之有相差，我们便可认为此项职能分解是失败的，其中间环节的风险点未控制好。一般来说，职能分解应当把握标准化，以流程为中心，按照流程搭接以及权力让而责任不让的原则。在这些原则的指导下，一项成功的职能分解的结果最后呈现出以下特点：分解最后的职能是使完成此项职能工作的工作者或者团队有明确的目标且以此为考核标准；依流程为中心来设计的职能一定是以顾客为中心的，是组织获得最大经济效益、顾客获得最好服务的保证；流程之间的搭接口是各部门的工作边界划分，这个接口不会引发职责不清、职责缺失、职责重复等问题；上下级的职能划分应当是权力的划分，但责任不下放。因此，对比这些成功的标准，我们发现部门职能涉及的风险点主要有：

（一）职能分解目标脱离战略方向

战略决定组织的结构，决定组织的业务流程，同时决定组织的关键价值链条。组织职能分解的第一个任务就是对组织的关键价值链的主流程进行分解，以分析出完成这一主流程所需要的职能配备。所以，分解各个关键价值链条上的职能尽管不直接与战略方向发生联系，但其必须紧扣战略方向，对识别出既定战略目标下的关键职能进行分解。离开了战略，则组织的关键价值链条就有可能发生变化。比如说，一个实施低成本战略的制造公司，其关键链条应当成立成本控制等部门，则成本控制这一职能应当考虑倾向于设立单独的部门。相反，如果公司是以研发创新见长，且处于发展的初级阶段，则过分注重成本控制则有可能不利于创新氛围的营造，所以，成本控制这一职能应分散于各部门，作为一个参考指标来考核。组织设计一旦忽略或者不考虑战略框架，直接就组织的职能来考虑职能分解，则极有可能造成组织职能冗余或者缺失等问题。

（二）部门关键职能识别出现错误，影响组织整体运行效率

部门组织结构设计过程中，承担重要职能的部门应当置于中心地位，有些甚至会在权力体系上配备高于同等部门级别的权力。关键职能的识别对组织目标的完成往往具有举足轻重的作用，因此，如果进行组织设计时忽略关键职能和非关键职能的区分则可能无法实现组织目标，或者影响实现组织目标过程的效率。

（三）部门模块职能划分错误，影响工作的完整性和连续性

组织职能分配到各个部门的第一个步骤是将组织职能划分成相互之间联系并不太紧密但却需要相互配合的工作部门模块职能。模块职能的划分是准确划分部门职能的第一步，也是基础。工作部门模块职能划分出现失误，也就是组织职能的第一次分解出现失误，主要有以下表现：

第一，模块职能交叉重叠。主要是指各个模块职能职责的界限不清晰，模块之间的职能交叉重叠过多，影响工作的连续性，这也为模块职能被划分成各个具体部门职能带来隐患。

第二，模块职能之间出现“真空地带”。也就是组织职能分解过程中忽略某一特殊职能，使得某些模块的职能缺失，从而影响工作的完整性。

（四）部门具体职能划分错误，影响任务完成

部门具体职能划分错误是指部门内部的职能归类、划分出现错误。部门具体职能划分错误的主要表现是部门职能缺位和部门职能交叉重叠。部门职能缺位直接导致企业某项具体的任务无法完成，有些关键职能的缺失甚至会导致企业长期处于无序状态。比如说，在一个非常重视战略的组织中，仅有领导层进行战略定夺，但缺乏战略规划、战略推进、战略调整等一系列后续职能的跟进。没有承担这些职能的部门，则组织战略无疑会始终流于“形式”，甚至是“虎头蛇尾”，从而影响战略规划任务的高效完成。

同时我们也看到，组织内部职能如果划分不合理，还容易导致部门职能之间的交叉重叠，增加部门之间沟通协调的难度，甚至出现好的任务不同部门争抢、不好的任务无人问津的现象。

（五）部门纵向职能划分错误，影响权责利的匹配

部门纵向职能划分错误主要有以下表现：

第一，职能层次划分不合理，对组织目标的实现产生影响。理想情况下，组织职能层次的划分应该与组织目标的分解紧密相关。如果组织职能的层次划分出现高层次职能部分置于低层次职能中，意味着组织目标的分解过程中需要高层次决策者支持的目标被分解至低层次职能中，这不仅对这一层级的工作者带来压力，对组织目标的实现也带来负面影响。

第二，职能层次的错位直接导致权责利的不匹配，从而引发职责体系的混乱。相应的职能必然形成相应的职责体系，无论是高层次职能划入低层次职能，还是低层次职能划入高层次职能，都会引发职责体系的混乱，而职责体系混乱会影响工作运行，进而产生扯皮、推诿、懈怠等问题。

第三，错位的职能导致人员能力与岗位不相匹配。职能意味着相应的责任和权力以及对负责这些职能运行的人的要求，也即人的能力要求。如果部门职能层次错位，可能导致人的能力与职责要求不匹配。如果能力与职责不匹配，势必会造成很多管理问题。

二、部门职能分解风险点分析

（一）职能分解目标导向不清晰

组织职能分解的目标导向决定了组织绩效、组织绩效与战略的对接程度，决定了组织发展方向与战略方向是否一致，决定了与竞争对手的差距。因此，一旦这一环节出现问题，则带来的风险是方向性的风险。比如，部门设置过多或过少，单个部门职能过多或者过少，部门之间职能错乱等。

一般来说，职能分解需综合考虑三个导向：以战略为导向、以流程为导向、以外部标杆为导向。以战略为导向是指在分解职能时首先要考虑各个战略单元的落实，以及落实这些战略单元需要的资源估计；以流程为导向是明确各个不同的部门在组织运行中扮演什么角色，承担什么责任以及完成何种目标，享有何种权限等；以外部标杆为导向是指在进行职能分解时，适当参考、掌握行业标杆的做法，为职能分解的某些责任目标等具体职能提供参照，激发组织最大效能。

部门职能分解在源头上如果能够坚持这三大导向，则能够帮助组织定位更为精准、职能描述更为清楚、部门之间的职能分工更为有序。

（二）一级职能分解失误

一级职能描述的是部门在组织的定位和存在的价值，其必须立足于组织的战略规划和总体职能，主要分析组织的价值链流程，分解出的是组织的关键职能，这些职能就形成了部门的一级职能。

在这一环节中，最主要的问题是，关键职能的部门划分出现错误，从而影响组织整体的运行效率。举一个简单的例子，在一些规模比较大的企业，采购、行政等职能往往作为企业的单独部门进行处理，但这一情况并非适应于所有的企业，在一些采购职能比较少或者规模比较小的企业，采购职能可能包含于其他部门职能中，不单独设立这一部门。同样，在规模比较小的情况下，行政职能往往与人力资源管理或者办公室其他职能合并，不单设部门来履行。因此，部门一级职能的归类事关部门设置，进而影响企业运行成本、运行效率。

一般来说，部门职能划分时需要结合组织的实际情况，综合考虑以下几方面的因素：组织运营的历史情况、组织所处的发展阶段、组织高层对职能的重视程度和人事上的考虑、职能本身的重要程度和复杂程度。

（三）二级职能分解失误

二级职能是在部门一级职能分解下形成的不同模块职能，其主要目标是实现组织赋予部门的总体职能，体现部门存在的价值。在分解二级职能时容易产生的问题有：在分解一级职能时把相同子职能模块割裂成不同部门的子模块职能，破坏工作的完整性和连续性，也带来同一件工作出现在两个不同的部门中。一级职能和二级职能定位不清，导致部门设置不合理。举一个简单的例子，“资金筹措”这一职能可作为部门的一级职能，也就是单独设置一个部门来处理，但也可能是某一个部门的二级职能。对于一家中小企业，它可能只是一个子模块，只需进行职能细则的描述；而对于一家上市公司，则可能是一个较大的职能模块，可以列为部门的一级职能，在这一职能下进一步分解为多项工作职责，构成其二级职能。

在现实操作中，一级职能分解出的子模块职能的职能细则与细则之间的关联度较大，通常表现为同一件事情不同的工序或步骤，一般情况下，不宜分拆或者说调整，否则就会破坏一件工作的完整性和连续性。同样，一项职能作为一级职能还是二级职能往往需要结合此职能的重要程度或者工作的复杂程度来处理。一般来说，越重要的职能，比如对战略实现具有直接推动效应的职能往往作为一级职能；越复杂的职能，涉及的职责和人员越广泛，也应当作为一级职能进行处理。

（四）三级职能分解失误

三级职能应当落实到组织从事的关键业务活动，但在分解部门的三级职能时往往也会产生一些问题，主要有：①分解的任务活动不具备可操作性，任务活动的结果无法考核。三级职能既然是指向任务活动的，则其每项任务都应该是可以指导员工具体操作的，且这些活动的结果都是可以考量的，这样负责该项活动任务的人才能对此项活动负责。现实中，可能会由于二、三级职能混淆，导致三级职能分解后的职责并不能落实到任务活动中，从而影响职能的可操作性。②形成的任务活动未形成记录文档。无论是三级职能还是一、二级职能，其最后的形式都是以职能分解表的形式呈现出来，最后固定成企业某一个时期的制度文本，以指导企业在一段时期内的运行，防止企业高层因人事变动而引发不必要的部门调整。另外一方面，职能分解表形成的三级结果更是对其给定的任务完成结果考核的依据，这些结果也是需要记录的。

三、部门职能分解风险防控

（一）遵循职能分解的原则

在进行职能分解的过程中，需要遵循以下几个基本原则：

（1）完全穷尽原则。要搞清组织内部各职能单元所应该承担的所有的具体职能范围，避免出现组织内部的职能真空。消除了职能真空，才可以落实组织在战略实现过程中的所有工作的责任单元。

（2）相互独立原则。各个职能单元所承担的职能范围相互之间要保持一定的独立性，避免组织内部出现职能重叠。消除了职能重叠，可以降低组织在战略实现过程中所出现的内耗。

（3）业务活动的可操作性。

（二）按照职能分解表进行职能分解

以人力资源管理职能为例，一般组织在进行职能分解的时候，会将组织职能集合中的每一个职能分解到三级职能（见表2—2）。其基本要求是：一级职能界定的是职能单元的功能定位，反映该职能单元存在的价值，通常只用一句话概括；二级职能反映的是各个职能单元需要开展的管理活动的内容，也即完成一级职能所需要做的最重要的几项工作；三级职能反映的是各个职能单元为承担相应的管理功能所需要完成的各项具体业务活动，也就是完成二级职能要做的一些具体的业务工作。

表 2—2　　人力资源管理职能分解

一级	二级	三级
人力资源管理与组织文化建设	1. 人力资源规划	1.1 收集、整理国家人事政策法规 1.2 起草并修改人力资源管理制度 1.3 负责拟定与执行人力资源规划
	2. 组织结构的效能分析	2.1 根据公司发展，对公司组织结构的适应性进行分析 2.2 负责提出公司组织结构、人员编制和岗位设置调整意见 2.3 完善公司组织结构、人员编制和岗位设置 2.4 负责组织理顺各部门间相关工作流程
	3. 招聘管理	3.1 起草招聘制度，并负责实施和完善 3.2 根据各部门人员需求，编制年度人员招聘计划 3.3 拟定招聘方案，选择招聘渠道，对应聘人员进行初试 3.4 组织需求部门复试（业务、技能、素质等）并与需求部门确认录用对象 3.5 办理新员工入职手续
	4. 培训管理	4.1 拟定培训制度 4.2 进行培训需求调查，拟定培训计划 4.3 培训师队伍的选择和建设 4.4 建立和完善培训课程体系 4.5 组织培训并对培训效果进行跟踪评估
	5. 薪酬管理	5.1 建立薪酬体系，拟定薪酬制度 5.2 编制年度工资计划 5.3 保险与福利管理 5.4 薪酬调整管理 5.5 薪资的日常管理
	6. 绩效管理	6.1 建立完善考核体系，拟定考核管理制度 6.2 组织并监督各部门定期进行考核 6.3 统计分析考核结果，受理投诉 6.4 根据考核结果提出奖惩意见
	7. 员工关系管理	7.1 拟定员工手册等管理制度 7.2 负责办理人员任免、晋升、奖惩、调动、辞退等相关手续 7.3 劳动合同管理和劳务纠纷处理 7.4 员工档案管理
	8. 组织文化建设	8.1 负责组织文化设计（包括价值观、理念和企业精神等） 8.2 组织文化建设的组织实施
	9. 内部管理	9.1 拟定和执行本部门相关管理流程 9.2 拟定和执行本部门月度工作计划 9.3 编制部门预算，控制部门成本 9.4 负责部门团队的建设、培训、考核等 9.5 档案管理等其他部门内部事务

（三）动态调整职能分解表

职能分解表编制完成后，隔一段时间就要根据市场形势的变化、产品的变化、组织任务的变化重新核对，核查职能是否需要调整。一般来说，一年会有一些小调整，三年一个大调整。调整主要根据职能表的变化，职能表变化大则可能引起组织结构的变化，组织手册也必须重新制定。

组织各业务部门完善的职能分解表是组织管理文件的一部分，是组织结构中的组织手册。组织手册包括组织结构图和职能分解表。组织以外的人或员工通过组织手册，对每一个职能部门及其一级职能、二级职能、三级职能都非常清楚，有利于组织的规范化管理。

（四）结合实际，依据原则进行上下级职能划分

无论是横向部门之间的职能划分还是上下级职能的划分，都需要结合组织实际的情况来进行，但也有一些通用的可参考的经验，比如职能一般按照高层、中层、基层功能分为三个层次（见图 2—4）。战略管理这一级，主要是指组织的领导人，如公司董事、总经理、副总经理等，他们负责一些企业的重大问题；企业的中层是指各职能部门负责人。中间分为两类：计划和控制部门。价值链上的部门都是计划控制型部门，或增值服务部门和支持服务部门，该部门负责支持服务、咨询和监督等。而基层，是指每一个部门的书记员基层领导，他们都负责落实企业的具体任务。

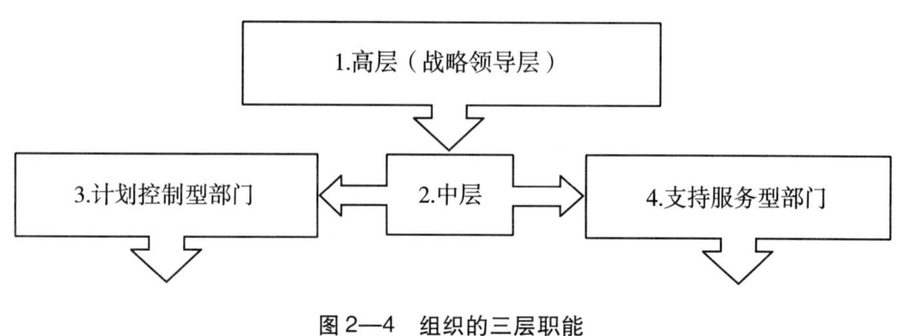

图 2—4　组织的三层职能

第五节　定岗定编风险与防控

职位是组织结构的基本单位，是实现组织的总体目标的最小集，是维持组织业务流程的基本单元，具体如图 2—5 所示。从图 2—5 中可以看出，纵向和横向组织结构的战略目标、各种业务流程，互相贯穿于各个部门，而各部门的存在，又很好地体现了战略目标、组织结构和业务流程，为市场提供优质的产品和服务。

因此，岗位设置是实现组织目标、激发员工潜能、提高组织效率、为其他人力资源工作提供工作岗位优化配置的基础。岗位是组织的基本结构单位，是

组织的细胞，它通过岗位职责体现价值，确保组织业务战略的最终落实和实施。图 2—5 从横向角度对业务进行描述，然后从纵向角度看各部门间和部门内部岗位间的功能划分，最后确定岗位和职责。

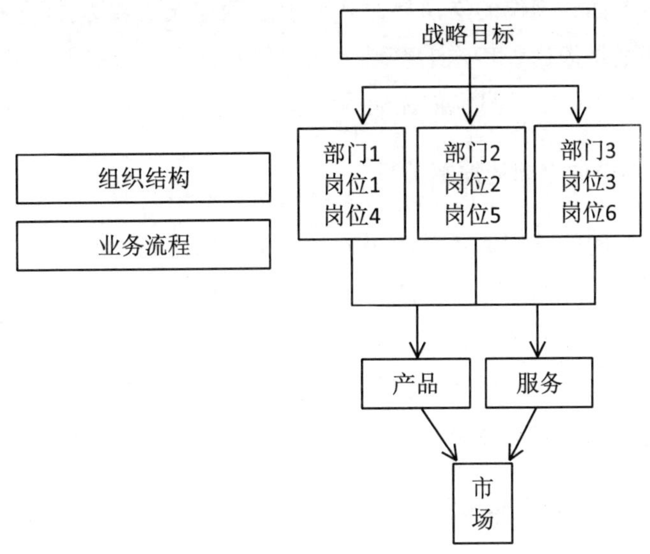

图 2—5 部门职能和岗位划分流程

一、定岗定编风险点

在明确各个部门职能之后，需要将各项职能工作进行进一步分解，分解到相应的岗位，从而确定岗位的数量和大概的工作内容。在这一过程中，容易带来风险的点位主要有以下几个：

（一）岗位数量不能满足组织需求

工作设计、工作评价不充分，导致实际工作量不全；反过来，确定位置时，也没有对工作职责、完成时间和工作内容进行分析，导致实际工作量太大或不充分，尤其是企业片面压缩编制，虽然降低了成本，但由于不合理，导致一些职责不能完全履行，影响工作的实际产出。虽然降低了人工成本，但也降低了人工效率。

（二）岗位体系缺乏层次性

岗位体系的层次性表现在两方面，一方面是关键岗位与非关键岗位的区分，另一方面是拥有不同权责的岗位层次。好比组织有关键部门和非关键部门，岗位也分关键岗位和非关键岗位。关键岗位与非关键岗位的区分有助于识别出岗位的不同价值，识别出关键岗位和非关键岗位是组织招聘、组织人力资源规划、薪酬体系设计、绩效管理等环节的基础。因此，如果关键岗位和非关键岗位不加区分，其影响的是组织认同的关键价值的确定，进而影响组织目标的达成。

而另外一方面，岗位的层次体系实质上是确定人员权力体系、指挥体系的基础，是纵向信息沟通、传送的基础。如果忽略这一环节则影响组织的权责利体系的划分，同样影响信息纵向流通的效率。

（三）忽略岗位之间的控制关系

岗位设置之间的结构关系除了纵向的结构关系之外，还有横向之间的控制关系。比如，不同的部门之间也许考虑监督控制关系。在岗位层面上同样如此，岗位层面上的监督控制关系，有些是有法律规定的，比如会计岗位和其他岗位之间的监督控制关系等。但在岗位设计过程中往往很容易忽视岗位之间的控制监督关系，这种忽略甚至会给组织带来法律风险。

（四）岗位职责缺乏结构性

岗位职责缺乏结构性是指确定的某岗位的职责缺乏结构性。这一结构性主要表现在对日常性岗位职责、阶段性岗位职责、临时性岗位职责等进行区分。做这一区分也是为了进一步确定岗位的价值，同时也是明确编制人数的基础。但是，在工作分析和工作设计过程中，往往容易将岗位职责进行罗列，但忽视这些职责的结构性。

（五）人员编制与现实需求不符

确定了岗位数量，并不代表人员数量就已经确定了。确定人员数量就是定编的过程。在定编过程中产生的最大风险是：人员编制与现实需求不符。这种不符又典型地表现在：①确定的人员编制数量大于组织需求，从而造成人员冗余、人浮于事、工作效率降低等问题；②确定的人员数量不足以满足组织工作需求，从而造成人手不足，工作人员加班加点，甚至超负荷工作也无法完成相关的工作任务。长此以往，员工士气将受到影响。这两种情况都会对组织工作、组织氛围带来深刻影响。

二、定岗定编风险分析

（一）岗位层次体系设计不合理

企业的岗位体系有不同层级和不同类别，在进行岗位体系设计和管理时，必须结合管理的“二八原则”，对企业战略发展需求的核心岗位进行识别与规划。没有核心岗位的识别，就无法建立核心人才的培养、储备与职业发展体系。

（二）岗位职责的结构分析错误

岗位工作结构分析主要是指在确定岗位职责后所进行的进一步分析。从日常性、阶段性和临时性工作对岗位职责进行划分，判断各项工作的工作量占总工作量的比例。岗位职责结构分析与岗位价值、工作量大小、工作权限直接相关，因此，这一环节一旦出错，对后续的岗位评估、定员等方面都有重大影响。

（三）忽略岗位与岗位之间的关系

岗位设置与分工要考虑控制与不兼容原则，进行必要的职责分离与相互监督制约。有些岗位的职责分离是法律规定的。例如，财政部发布的《内部会计控制规范》中提出了“不相容职务分离”的问题。所谓不相容职务，是指那些如果由一个人担任，既可能发生错误和舞弊行为，又可能掩盖其错误和舞弊行为的职务。不相容职务分离的核心是“内部牵制”，它要求每项经济业务经过两个或两个以上的部门或人员的处理，使得单个人或部门的工作必须与其他人或部门的工作相一致或相联系，并受其监督和制约。

因此，如果岗位之间的职能和职责的风险控制关系未引起重视，很容易引发相应的风险，有些甚至会带来法律风险。

（四）影响定编的因素考虑不全面

员工需要科学合理的配置，实现“精简”。科学合理的分配和动态管理也需要根据外部环境的变化。随着市场的变化、商业环境的变化，提高企业的管理水平、员工的能力和技能，确保劳动生产率总是可以反映合理有效的控制。但在现实中，往往存在以下问题：①考虑历史经验，忽视未来规划。在人力资源规划过程中，确定人员数量是根据历史经验（比如人员的历史增长率）来推算年度人员数量。定编在某种程度上与人力资源规划存在相似之处。但根据历史数据来确定编制的数量，会忽视未来的规划。为了组织的稳定，编制确定下来之后一般不允许反复修改，所以，如果将编制的确定依托于历史经验，则带来的结果就是频繁进行编制数量的确定，从而不利于组织的稳定。②只考虑总人工成本最小，忽略整体人工效率和效益最大。组织招聘人才的根本宗旨是在培养人的基础上，提升组织绩效，使组织效率达到最大化。但在进行编制确定时，往往会关注编制带来的人工成本，忽略组织成本大概念，从而因小失大。③只考虑组织内部情况，忽略行业与外部环境因素。编制的确定既要考虑历史，又要考虑未来。同时，编制的确定起源于组织内部的需要，但组织效率目标的确定却不能一味只考虑企业内部的情况。与市场上的竞争对手进行标杆对比，也可以在确定编制数量的时候便将组织效率置于市场环境中进行对比。

（五）定编方法使用不合理

一般来说，不同的岗位适用的定编方法也不一样。比如，直接生产类、经营管理类、专业技术类等不同类别的岗位，定编时使用的方法不一样。有些可以用定量方法直接计算，有些需要专家的意见。如果硬将定量的方法套用又找不到合适的参考指标数据，可能会适得其反，从而导致最后结果不准确。

找不到合适的定量方法的岗位类别，选择定编方法的过程实际上是考虑其定编要素的过程。比如职能保障类岗位，其定编时可能需要分析相关的管理精细程度、人员的胜任力、领导对下属的授权及其分工清晰程度等，这些因素一旦发生变化，相应的定编的结果也会不一样。人员胜任力越高，则编制数量相对一般情况下可能需要减少。领导干部对下属分工越清晰，工作越有秩序，则相对分工不清晰的情况下，其编制数量也不一样。另外，还需要考虑的一个重要因素，即信息技术的引入。比如人力资源信息系统（ERP）的引入，这对提升工作效率有很大帮助。一个公司在运用和不运用 ERP 情况下的编制数量完全不同。

综上所述，无论是不同岗位类别的方法选择上，还是在同一类别岗位考虑的因素选择上，其一旦出现误差，会直接导致定编结果的不同。

三、定岗定编风险防控

（一）定岗定编的法律风险防控

在一些公共组织中，其编制数量的确定是有明文规定的，编制总额的确定和程序需严格按照相应的规定来进行，否则就会带来违法风险。除此之外，在岗位之间的控制关系上，我国有专门的法规予以规定。比如《内部会计控制规范》（财会〔2001〕41 号）规定：内部会计控制应当保证单位内部涉及会计工作的机构、岗位的合理设置及其职责权限的合理划分，坚持不相容职务相互分离，确保不同机构和岗位之间权责分明、相互制约、相互监督。

（二）定岗定编的管理风险防控

1. 遵循定岗的“一原则三依据”

一个原则是指岗位可缺、职责不可缺原则。企业的发展同样是一个组织的演变和发展的过程，在这个过程中，随着企业规模、业务范围、营业收入、市场地位、竞争环境的变化，企业将变得越来越复杂，工作也越来越艰巨。它可以很好地解释为什么有许多中小企业都不设置大企业里的职位，如薪资福利经理、员工关系经理。这些职位（职能）对于中小企业尤其是非上市公司来说，几乎没有必要专门设立，因为规模小、幅度小、管理难度也小，完全可以由人力资源总监、经理、专员兼管。

可以缺岗、不可缺职责这一原则并非要求企业在职责上面面俱到，而是将对企业的运营管理产生影响的要素进行提前预判，然后结合实际情况来确定究竟是设立专职还是由某个岗位兼管。对于不那么重要、影响较小的职能，出于控制成本的考量和效率的角度，最简单的办法是将该项职能转由关联性强的岗位来兼管。

三个依据主要是指组织成熟度、工作相关度和工作强度。组织发展越成熟，其员工/岗位的专业化分工程度也就越高，岗位设置也就越细致；反之，组织规模越小，其员工/岗位的专业化分工程度也就越低，就会大量存在“一个萝卜几个坑”的情况。这完全符合企业的发展规律。

对于岗位的设置或职责的划分与定编，最需要考虑的还是工作相关度和工作强度。一个简单实用的方法是：根据专业化分工，各岗位之间的工作相关度应该越小越好，否则可以直接将相关度高的工作职责合并同类项到一个岗位中。而工作强度不能太高，否则员工吃不消；工作强度太低了，不仅会增加成本，还会导致“龙多不治水”的局面。但影响工作强度的因素很多，最主要的是员工素质技能、工作流程、工作内容、信息化程度四个因素，因此，评价工作强度需要从多个角度分析，不能简单地将员工所表现出来的忙碌或多次、长时间的加班就认为是工作强度大，要增加编制，这很不科学。

2. 充分考虑岗位设置的要素

主要考虑以下几方面的因素：①将岗位工作划分为两大类。一般来说，岗位工作职责可以分成日常性工作和阶段性工作。日常性工作是指在一定时期内岗位职责保持不变的工作内容。阶段性工作是指阶段性的部门内部工作、部门项目或公司项目阶段性工作，这些工作一般可以按照月度或者年度等不同周期来划分。②对日常性的工作展开分析。主要是工作对象、内容、发生频率（次数），以及单位工作时间、全年工作量、工作量饱满度等。③分析阶段性工作内容。主要是工作内容、工作或项目周期、工作量发生的特点等。④确定指标和标准进行评价。涉及的指标主要有：一是岗位工作内容。工作内容要与岗位目标相匹配，岗位目标应与组织的关键职能相匹配。二是岗位工作结构比。日常性工作量占总工作量的百分比比值在70%以上，说明岗位设置依据充分。三是岗位工作量饱满度。岗位年实际工作量与年有效工作日（250 天）的百分比，饱满度达到 80%以上时，说明岗位工作量饱满。四是岗位工作分布强度。因技能不达标，每天持续工作时间在 10 小时以上，且这样的工作日占全年有效时间的 30%以上，则可认为工作强度分布不均。

3. 遵循定编的原则

首先，以企业经营目标为中心，科学、合理地进行定编。

第一，定编工作一般是确定组织某个时间段内的编制数量和不同层次、种类编制的结构比例关系。编制确定的宗旨或者效果的最后考量因素是企业目标业务量的高效完成，以及各类人员的工作效率是否达到最大化。

第二，企业人员效率最大化的考量还需与同行业的其他企业进行比较。企业无时无刻不处于严峻的市场竞争氛围中。一方面，企业人员效率的最大化要遵循人力资源管理的一般规律，做到“精简有效”。另一方面，与同行业比较的是行业标准或条件相同的企业的情况，如果比较的结果能体现出组织机构精干、用人相对较少、劳动生产率相对较高的特点，则说明定编是科学的。

第三，定编除了遵循科学原则，还要考虑企业的实际，即其合理性。所谓合理，就是要从企业的实际出发，结合本企业的技术、管理水平和员工素质，考虑到提高劳动生产率和员工潜力的可能性来确定人员数。

其次，企业各类人员的比例关系要协调

第一，正确处理企业直接与非直接经营人员的比例关系。

第二，合理安排管理人员与全部员工的比例关系。管理人员占员工总数的比例与企业的业务类型、专业化程度、自动化程度、员工素质、企业文化以及其他一些因素有关。

第三，正确处理直接与非直接经营人员内部各种岗位之间的比例关系。

最后，以专家为主，走专业化道路的原则。

定编是一项专业性、技术性强的工作，它涉及业务技术和经营管理的方方面面。从事这项工作的人员，应具备比较高的理论水平和丰富的业务经验。

4. 深入理解各种方法的利弊

（1）劳动效率定编法。这种方法适用于以手工操作为主的工种定编。劳动效率定编是指根据生产任务、工人的劳动效率和出勤率等因素来计算编制人数的方法。其本质是通过确定工作量和劳动定额来计算人员的数量。其计算公式如下：

$$N=[\sum(T\cdot P)+H+L]/(t\cdot g\cdot a)$$

式中 N——效率定编人数；

T——单位产品工时定额；

P——产品产量；

H——计划期允许的废品工时最高限量；

L——零星任务工时；

t——制度工时（此处是指一个工人在一年内的制度工日数乘以法定工作日长度）；

g——工时利用率（或平均出勤率）；

a——工时定额完成率。

该公式简化如下：

定编人数=计划期生产任务总量/工人劳动效率×出勤率

（2）设备定编法。设备定编法主要适用于机械操作为主并且使用同类型设备、采用多机床看管的工种。该方法先确定机器数量、设备数量，然后再确定编制人数。确定设备之后，考虑设备数量、设备利用率、开动班次以及工人看管定额和出勤率等综合因素，最后确定编制人数。事实上，这种定编方法属于按效率定编的一种特殊表现形式。设备的开动台数和班次，应根据劳动定额和设备利用率来核算单台设备的生产能力，再根据生产任务来计算开动台数和班次。其计算公式如下：

$$N=\sum (e\cdot m\cdot s)/K$$

式中 N——设备定编人数；

e——同类型设备开动台数；

m——单机定编标准；

s——该型设备平均开动班次；

K——出勤率。

（3）岗位定编法。岗位定编法主要适用于自动流水线生产的岗位、看管大型联动设备的人员，也适用于不需要看管设备且不能进行劳动定额的人员，如检修工、质检工、电工、水泵和空压机的运行工、警卫人员、茶炉工、清洁工、收发员、门卫等。前者为设备岗位定编，后者为工作岗位定编。岗位定编法是根据工作岗位的多少、各岗位工作量大小、工作班次等因素来确定编制人数的方法。在计算时，还要考虑生产班次、倒班及替班方法，对于采用连续生产、实行轮休制的单位，还要根据轮班形式考虑轮休人数。其计算公式如下：

$$N=\sum (n\cdot m\cdot s)\cdot E/K$$

式中 N——岗位定编人数；

n——同类岗位数；

m——岗位定编标准；

s——班次；

E——轮休系数；

K——出勤率。

（4）比例定编法。这种方法主要适用于企业内各种辅助性生产或服务性工作单位的定编。在组织中，如果知道某一类别岗位的编制数量，而且这类岗位与待确定编制的岗位类别存在一定的比例关系，则可以使用比例定编方法。由于劳动分工，某一类人员与另一类人员之间总是存在着一定数量的比例关系，两者的变化是相辅相成的。该方法是按照企业员工总数或某一类人员总数的比例来确定某类人员编制人数的方法。企业对这些人员定编时，可严格根据国家、主管部门、行业标准确定比例，其计算公式如下：

$$N=T\cdot R$$

式中 N——某一类人员的定编数；

T——服务对象人数；

R——定编的标准比例。

以炊事员为例，其编制数量按就餐人数的一定比例就可确定。这种方法也可用于生产车间中无法精确考核劳动量的某些辅助性生产工人的定编，即按辅助生产工人与基本生产工人的比例关系来确定人员需要量。对于企业中的政治思想工作人员，工会、妇联、共青团脱产人员，以及某些从事特殊工作的人员，也可以参照此种方法确定人员数。

（5）组织结构、职责范围和业务分工定编法。这种方法主要适用于企业管理人员和工程技术人员的定编。

管理人员的定编是一项比较复杂细致的工作，难度较大。它受很多因素的影响：

①管理人员的个人因素。包括管理人员的个人偏好、管理人员的能力、下属的能力、是否受过良好的训练。

②工作因素。包括工作标准化程度或相似程度、工作的复杂程度、下属工作之间的关联程度。

③环境因素。包括技术因素、空间因素、组织结构。

（6）专家综合调整法。所谓专家综合调整法，就是由熟悉企业内部定编管理的专家来综合确定企业总体定编和各层各类岗位定编的方法。

在岗位确定的基础上，一般来说，在定编过程中，总量的确定与分层分类的编制之和可能存在误差，但这种误差是常态。在一般状态下，都是后者大于前者。在这一情形下，需要组织专家采用德尔菲法对总量控制和分层分类编制总数、不同类别不同专业人员比例关系进行综合考虑，协调确定编制。

（7）预算控制法。预算控制法是通过人工成本预算控制在岗人数，也是西方企业流行的定编方法。一般情形下，它不是对某一部门内的某一岗位的具体人数做硬性规定。部门负责人在获得批准的预算范围内，自行决定各岗位的具体人数。预算控制正是通过建立各部门的自我约束机制，从而达到控制编制、规范人工成本增长的目的。

5. 注重定编后的评估

公司在进行各部门编制设定的同时，还需从宏观上进行定编控制与平衡，以利于企业战略总目标的实现。宏观定编的目标是在满足公司内外部的约束条件下，实现总体编制结构合理、人工成本最低、人工效率与效益最大。主要考查以下几方面：

（1）总体编制数量与结构合理。主要考查公司各类人员的数量与比例关系。数量的控制包括员工总量控制、总体编制结构控制。公司各类人员的比例关系主要是指管理人员、技术人员、生产人员及辅助人员之间的比例关系。

（2）总体人工成本最低。顾名思义，即控制公司的人力资源成本，也即进行人力成本预算与控制。通过预算来调整新设定编制下的人工成本情况，主要是对比原来编制下的人工成本或将实际人工成本数据与预算成本数据进行对比，分析新的定编方案。如果跟预算方案有出入，最终需要对照人力成本预算进行编制调整，如果人力成本远高于预算，则需对总编制数进行调整。

（3）整体人工效率与效益最大。即编制调整后应当有利于提升公司的人均销售额与人均创利额，提升公司的劳动效率与经济效益。因此，需要进行组织绩效、人员绩效分析。在指标选择上，可以从人均产值和人均物量两个方面进行考量。考量过程中最好能与同行业其他企业的组织效率、人工效率与效益等进行对比分析。

第六节　工作分析风险与防控

对于房子来说，每一块砖都必不可少；对于组织来说，每一个岗位都非常重要。把砖砌在一起，上万块砖就变成一栋房子。一个个岗位通过组织一系列的工作组合在一起，就为组织带来巨大的增值。如果砖头不规则，要浪费大量水泥才能把砖头黏结在一起；如果岗位职责区分不清晰，工作时耗费精力还不一定能把事情做成。如果砖头之间没有砌水泥，房子稍遇压力就会倒塌；如果各岗位人员之间没有沟通、理解和团结合作，组织碰到困境会顷刻瓦解。如果组织是房子、各个工作岗位是砖头，那么工作分析就是做出规则的砖头，并在做好砖头之后和上水泥，把砖头一块块牢牢地砌在一起，建造成坚不可摧的房子。

另外，组织架构设计完后，部门的设置以及职能分配也已确立，同时，各个部门在定岗定编的情况下已经明确各部门大概的岗位数量、岗位所需要配备的人员数量。尽管从上至下的流程已经明确了岗位数量和岗位所需配备的人员数量，但岗位之间的职责是否有交叉，岗位所需人员的质量如何确定等问题还未明确。这些问题的进一步解决离不开工作分析。而且，在现实的管理实践中，这种需要从组织架构设置或者调整而引发的系列变动并不常发生，更常发生的是人员、岗位方面引发的问题，这个时候从最基本单元入手分析原因，即从分析岗位开始查找管理实践中的问题，也就是所谓的工作分析。

具体来看，工作分析主要起到以下作用。

通过工作分析，我们可以为每一个岗位确定：清晰的岗位职责（有怎样的职能范围，负怎样的责任），详细的工作内容（具体做哪些工作，所遵循的法规、制度），应有的岗位权限（为了做好工作，权力范围是怎样的），明确的工作关系（确保组织信息、指令传递及时、准确、通畅，使组织成员清晰地知道在整个组织中所处的地位，向谁汇报，同哪些岗位协调工作、共享信息等），确切的岗位要求（岗位需要什么样的人能符合岗位的需要），岗位员工所需的培训及发展途径（现岗位人员需要何种方式的培训来提高自己以满足岗位的需要，岗位员工职业生涯发展是怎样的）。

做好工作分析是确保组织工作高效、有序开展的前提。在以工作分析为管理基础的组织内部，工作分析一旦出现偏差，将会对后续的培训开发、绩效管理、薪酬等决定企业命脉的管理流程带来不利影响。因此，工作分析最大的风险是工作分析过程中采用的不当方法，以及程序不当、组织不当带来的工作分析结果偏差。

一、工作分析风险点

工作分析最后的结果是形成工作说明书和工作规范。工作说明书是描述某一岗位的任务、职责和责任，确定做什么、如何做、在哪里做以及在什么样的条件下做的正式的书面文件。工作规范则是工作分析提供的信息，确定能令人满意地完成工作所需要的资格条件，列举并说明适合从事某一工作的任职者所必须具备的个人特质、条件、所受培训和教育经历等，用于招聘、任用和职业培训等活动。我们往往将工作说明书和工作规范都统一称为工作说明书。

在工作分析过程中最大的风险点就是工作说明书和工作规范出现失误，从而导致工作分析结果不可靠。

（一）工作说明书的编写存在较大的随意性和盲目性

系统性的工作分析往往是在整个组织架构有较大调整的时候。在进行系统性工作分析的时候，采取的工作分析方法主要是访谈、问卷等并不能保证高客观性的方法，因此，形成的工作说明书并不能保证百分之百的科学。无论是访谈还是问卷，甚至是现场观察等方法也掺杂着个人的经验因素，从这个角度讲，工作分析形成的工作说明书往往存在较大的随意性和盲目性。

（二）对工作说明书的整体结构认识不清

工作说明书的制定有特定的结构模式，其中包括工作识别、工作综述、工作内容、岗位关系、工作权限、其他信息、教育程度、工作经历、技能要求、能力要求、心理素质、身体条件等结构要素。但现实中的工作说明书往往并不能从整体结构上把握，从而不利于工作说明书提供精准的信息。

（三）对有些工作职责界定不清

工作分析的另外一大风险点是对工作职责界定不清，从而导致工作说明书提供的信息不够具体，使得阅读者无法根据工作说明书掌握其承担的工作包括的职责，这也是工作分析过程中最大的风险。

二、工作分析风险分析

（一）工作分析小组团队成员选择不当

工作分析的推进、取得的支持和工作开展均依靠工作分析小组，因此，工作分析小组成员的选择至关重要。团队成员选择不当的情况主要有：

（1）团队成员中缺少组织领导。缺少组织领导将直接影响工作的推进以及工作分析结果的运用等。

（2）团队成员中缺少职能管理部门、业务部门领导成员。部门领导对其所管职能的运行情况以及出现的问题都掌握得比较清楚，因此，他们的参与和加入对搜集信息和找到进一步完善的对策都具有重要作用。

（3）团队成员中缺少内部专家。内部专家是指熟悉组织人力资源管理并在组织内部的专家，比如人力资源管理部门的人员。这部分人员有着外部专家所不具备的优势。

（4）团队成员中缺少外部专家。外部专家可以跳出组织复杂的关系，完全从专业角度进行分析，所以，缺少这部分人员，工作分析技术即使再先进，也会受到内部复杂关系的干扰。

（二）技术准备不充分

所谓技术准备，就是要选择适当的工作分析的方法和工作程序，并引进或制作配备相应的工作分析工具。除此之外，相应的资料和舆论准备也是技术准备必不可少的内容。技术准备不充分主要是指：

（1）工作方法选择不当。搜集并评估岗位信息必须依靠相应的方法。已经发明的工作分析工具有很多种，但这些工具方法均有相应的适用范围，比如管理人员的岗位分析工具与一般人员的有所不同。因此，方法、工具选择不恰当就意味着搜集的信息不准确，影响工作分析的结果准确性。

（2）舆论和培训准备不充分。工作分析的推进将会涉及组织的各个层面，因此，宣传开展工作分析的动机和激励员工积极参与并提供真实信息是推进工作分析的必要条件。一旦舆论准备不足，这样大规模的信息收集势必引起员工的猜测。在这种环境下，一方面，容易让小道消息滋生，从而引发相应的负面恐慌；另一方面，员工为了保护自己的利益，可能在填写信息过程中夸大对自己有益的信息而极力避免对自己有负面影响的信息，如此收集得来的信息容易失真。

（3）资料准备被忽视。无论是方法技术还是工作分析具体推进计划，都离不开资料性文件的准备。比如岗位说明书、组织架构等，为后续推进工作分析起到了基础性作用。

（三）信息来源范围选择不当

信息来源范围的确定决定了工作分析信息的层次性和代表性。特别是对于大型组织的工作分析来说，工作分析不可能在整个组织展开，因此，选择典型性职位进行分析可以使得工作分析事半功倍。但是，典型性职业的选择一旦出现错误，则搜集的信息所反映的问题可能会出现偏差，从而影响工作分析整个过程及其结果的正确性和科学性。

（四）工作分析调查表信息失真

上文已经提到，调研对象极有可能夸大对自己有利的信息，或者省略对自己不利的信息，从而引发信息失真。在填写工作分析调查表过程中，沟通不当或者解释不到位同样可能带来信息失真。另外，工作调查表信息忽略上级主管的审核，也可能发生信息失真。

（五）访谈失误

访谈过程中可能出现的问题有：

（1）访谈内容选择不当。在工作分析过程中，访谈跟工作分析调查表有紧密关系，访谈是在工作分析调查表基础上进行的，主要针对还未了解到的信息或者调查过程中有疑问的一些信息进行二次调研。访谈的第三个功能是，对未填写工作调查表的员工进行群体访谈，以印证或者扩充调查信息。因此，访谈的内容如果超过或者未包括这些内容，则访谈的效率将受到影响或者访谈的结果仍不能满足需要。

（2）缺乏访谈技巧。要获得真实全面的信息，访谈过程中有系列技巧需要注意。工作分析者如果问些含糊不清的问题，会影响信息收集。

（六）职位标识不完备

职位标识包括的内容很多，一般来说需要将这些内容都一一列出，并且用简洁明了的语句来描述。职位标识不完备的情况主要是缺失以下内容的一项或者多项：①职位编号；②职位名称；③所属部门；④直接上级；⑤职位薪点。

（七）职位概要描述不清

职位概要是对该职位的工作内容的简要概括，主要提供关于职位的初步认识。所以，职位概要描述不清楚、不容易理解，会影响员工对自己职位职责的认识，进而影响工作的开展。

（八）履行职责部分描述不清

先来看几个例子，“负责公司的预算工作”“负责公司的培训工作”“负责公司的保卫工作”，这些是国内大多数企业在编写工作说明书时常用的语句，虽然也使用了动宾短语的格式，但是由于动词的使用不准确，因此并没有清楚地揭示出任务应当如何来完成。“负责”这个动词表面上看起来比较清楚，但是深究起来问题很多。拿“负责公司的培训工作”来说，什么是负责？是指导别人来完成培训叫负责，还是自己亲自完成培训叫负责，根本没有说清楚。因此，要尽量避免使用“负责”这类模糊不清的动词，应根据实际情况来准确地选择和使用动词。

三、工作分析风险防控

工作分析的风险防控中不仅包括管理风险，还包括一些法律风险。比如有些公共组织的某些岗位，对岗位任职资格有明确规定，最后形成的工作说明书应以此为基础，不能省略这部分内容。

工作分析过程中要特别注意管理层面的风险防控，具体如下：

（一）正确组建工作分析小组

在确认了组织对工作分析的需求、明确了工作分析目的后，组织应成立工作分析领导小组，其组成人员包括领导者、职能管理部门、技术与业务管理部门和人力资源部门的有关人员，必要时聘请外部人力资源管理专家。人力资源部门负责工作实施的计划、指导与资料的汇总审定，其他成员负责工作计划的具体落实，包括资料的收集、审核，并形成电子文档。除此之外，还应当建立工作分析小组，小组成员通常由工作分析专家构成。所谓工作分析专家，是指掌握工作分析技术，具有工作分析专长，并对组织各项工作有明确概念的人员。上述专家既可以是内部专家，也可以是外部专家。

（二）在组织内部进行舆论引导

组织或者工作分析专家想要更为成功地实施工作分析，就必须首先克服员工对工作分析的恐惧，从而使其提供真实的信息。一个较为有效的解决方法就是尽可能将员工及其代表纳入到工作分析过程之中。

在工作分析开始之前，应该向员工解释清楚以下几方面的内容：实施工作分析的原因；工作分析不会对员工的就业和薪资福利等产生任何负面影响；员工提供的信息资料对工作分析是十分重要的。只有员工了解了工作分析的实际情况，并且参与到整个工作分析过程中，才会忠于工作分析，也才会提供真实可靠的信息。最后，也是最重要的，工作分析小组应该做出书面的承诺，企业绝对不会因工作分析的结果而解雇任何员工，绝不会降低员工的工资水平，也绝不会减少整个企业岗位的总数。

（三）仔细了解各类信息搜集方法的优缺点

1. 工作实践法

工作实践法是工作分析人员亲自从事所需研究的工作，在实践中了解和收集各类工作相关信息。

2. 直接观察法

直接观察法即通过观察获得员工的职务信息的过程。在不影响员工正常工作的条件下，通过对被调查员工的观察，将有关工作的全部信息真实地记录下来，然后对所收集的信息进行分析、归纳，制作出职务说明书。

无论是问卷法还是访谈法，都有一个较大的问题，即有经验的员工并不总是很了解自己完成工作的方式，许多工作行为已成习惯，干工作时并未意识到工作程序的细节。因此，研究者主张采用观察法对工作人员的工作过程进行观察，记录工作行为的各方面特点。这种方法一般适用于工作周期比较短的员工。为对所分析工作取得真实了解，分析人员可进行实地观察。分析人员在观察工作时，必须注意工作分析要素“做什么”“如何做”“为何做”，以及工作中所包含的“技术”，以此来探求工作的内容。

观察时，可以笔录，也可以用事先预备好的观察项目表，一边观察，一边核对。在运用观察项目表时，须事先对该工作有所了解，这样，制定的观察项目表才比较实用。

观察前先进行访谈将有利于观察工作的进行。一方面有利于把握观察的大体框架，另一方面使双方相互了解，建立一定的合作关系。这样，随后的观察就能更加自然、顺利地进行。

观察法要求观察者有足够的实际操作经验，其虽可了解到广泛、客观的信息，但观察法不适于工作循环周期很长的脑力劳动工作，偶然、突发性工作也不易观察，且不能获得有关任职者要求的信息。

3. 工作日志法

工作日志法就是按照时间顺序记录工作过程，然后经过归纳、整理、提炼，取得所需工作信息的一种工作信息提取方法。

这种方法的优点在于信息的可靠性很高，适合于确定有关工作职责、工作内容、工作关系、劳动强度等方面的信息，所需要投入的费用也比较低。

但是，工作日志法的使用范围较为狭窄，只适合工作循环周期较短、工作状态稳定无较大起伏的职位，而且信息整理工作量很大，费时费力。同时也应看到，工作人员在填写工作日志时，会影响其正常的工作，往往还会遗漏很多工作内容。

4. 职位分析问卷法

职位分析问卷法（简称 PAQ）是由心理学家麦考密克耗费十年时间所设计的一种利用清单的方式来确定工作要素的方法。

它可以将工作按照维度的得分提供一个量化的分数顺序，这样就可以对不同的工作进行比较。

这种方法的缺点是：只对体力劳动性质的职业适用性强，对管理性质、技术性质的职业适用性较差；PAQ 由于没有对职位的特殊工作活动进行描述，所以无法体现工作性质的差异，如警察和家庭主妇这两个截然不同的职位，但经过 PAQ 职位分析之后，其最后的结论有可能是一致的。此外就是 PAQ 比较复杂，无论是最后呈现的结果还是实施的过程，都需要一定的教育背景才可理解。

5. 管理岗位描述问卷法

管理岗位描述问卷法是由托纳（W. W. Tornow）和平托（P. R. Pinto）在1976年提出的，它与PAQ方法非常相似，包括208个用来描述管理人员工作的问题。这种问卷由管理人员自己填写，也是采用6分标准对每个项目进行评分。208个问题可被划分为13个类别。这些类别包括：

（1）产品、市场和财务战略计划。指的是进行思考并制订计划以实现业务的长期增长和公司的稳定性。

（2）与组织其他部门和人事管理工作的协调。指的是管理人员对自己没有直接控制权的员工个人和团队活动的协调。

（3）内部业务控制。指的是检查与控制公司的财务、人事和其他资源。

（4）产品和服务责任。指的是控制产品和服务的技术方面以保证生产的及时性并保证质量。

（5）客户和公众关系。指的是一般通过与人们直接接触的办法来维护公司在用户和公众中的名誉。

（6）高层次的咨询指导。指的是发挥技术水平来解决企业中出现的特殊问题。

（7）行动的自主性。指的是在几乎没有直接监督的情况下开展工作活动。

（8）财务审批权。指的是批准企业大额的财务投入。

（9）雇员服务。指的是提供诸如查清事实和为上级保持记录这样的雇员服务。

（10）监督。指的是通过与下属员工面对面的交流来计划、组织和控制这些人的工作。

（11）复杂性和压力。指的是在很大的压力下工作在规定的时间内完成所要求的工作任务。

（12）重要财务责任。指的是制定对公司的绩效构成直接影响的大规模的财务投资决策和其他财务决策。

（13）广泛的人事责任。指的是从事公司中对人力资源管理和影响员工的其他政策具有重大责任的活动。

在应用管理岗位描述问卷方法时，工作分析人员以上述的每一种要素为基础来分析和评价管理工作。

6. 职能工作分析法

该方法有两种，一种是美国劳工部（DOL）的FJA系统，另一种是范纳

（Fine）的 FJA 系统。

FJA 系统主要目的在于找到一种能够对不同工作进行量化的等级划分以及分类比较的标准化方法。这种方法假设每种工作都包括三种最基本的工作职能：数据（data）、人员（person）、事务（task），每种职能都划分出了若干难度等级。

7. 弗莱希曼工作分析系统法

该系统认为能力是引起个体绩效差异的原因，因此在分析时主要是对与工作有关的 52 个能力维度进行评价。

企业在运用这种方法时，需要将 52 个维度都展示给专家，由专家指出每一个尺度图中的哪一个点数能够最恰当地代表某一特定工作所要求的能力水平，最后根据评价的结果绘制出某种工作所要求的能力的全图。

8. 关键事件法（CIT）

关键事件法是通过一定的表格，专门记录工作者工作过程中那些特别有效或特别无效的行为，以此作为将来确定任职资格的一种依据。记录的内容大致如下：导致事件发生的原因；有效和无效行为的特征现象；行为的后果；工作者可以控制的范围及努力程度的评估。

以上一些方法的优缺点比较如图 2—6 所示。

方法	优点	缺点
观察法	能较多、较深刻地了解工作要求	不适用于管理类职位、研究工作、耗时长或技术复杂的工作、不确定性工作
面谈法	效率较高	面谈对象可能持怀疑、保留态度；对提问要求高；易失真
问卷调查法	费用低；速度快，调查面广；可在业余进行；易于量化；可对调查结果进行多方式、多用途的分析	对问卷设计要求高；可能产生理解上的不一致
实践法	短期内可掌握的工作	不适合需进行大量训练或危险的工作
关键事件法	可揭示工作的动态性，生动具体	费时；难以形成对一般性工作行为的总的概念

图 2—6　岗位分析方法的优缺点比较

（四）辅助员工进行调查表的填写

为了避免收集信息的失真，调研人员需注意以下方面的问题：

第一，在员工填写工作分析调查表之前，应当向员工就工作分析的目的、调查表指标体系的含义进行讲解。

第二，员工完成调查表填写后，部门主管应该对调查表进行审核。其审核的依据是本部门的职责，超出部门职责的工作任务或工作活动应被视为无效信息。如果认为信息有误，应当进行标注，以便在访谈时进行了解。

第三，对工作分析调查表的内容进行更正，保证内容的准确。员工的直接主管应当要求员工对不恰当的信息进行修正，同时，主管应当在与岗位任职者完全沟通的基础上，对一些不切合实际的信息进行修改。

（五）掌握访谈方法的技巧

1. 访谈对象的选择

选择最了解工作内容、最能客观描述职责的员工。

2. 与访谈对象建立融洽的感情

尽快建立融洽的感情，说明访谈的目的及选择对方进行访谈的原因，目的是不要让对方有正在进行绩效考核的感觉。

3. 规范性与灵活性相结合

事先准备一份完整的访谈问题表，重要的问题先问，次要的问题后问。如果工作不是每天都相同，就请对方将各种工作责任一一列出，然后根据重要性排出次序，以避免忽略那些虽不常见但却是很重要的问题。

（六）职位标识内容完备且用词通俗易懂

完整的职位标识应该包括职位编号、职位名称以及职位薪点方面的内容。职位标识如同职位的一个标签，让人们能够对职位有一个直观的印象，一般要包括以下几项内容：职位编号、职位名称、所属部门、直接上级和职位薪点。

职位编号主要是为了方便职位的管理，企业可以根据自己的实际情况来决定应包含的信息。例如在某个企业中，有一个职位前编号为 HR-03-06，其中，HR 表示人力资源部，03 表示主管级，06 表示人力资源部全体员工的顺序编号；再比如 MS-04-TS—08，其中，MS 表示市场销售部（market 和 sales 的首字母缩写），04 表示普通员工，TS 表示职位属于技术支持类，08 表示市场销售部全体员工的顺序编号。

确定职位名称时应当简洁明确，尽可能地反映职位的主要职责内容，让人一看就能够大概知道这一职位主要是干什么的。职位名称还要反映出这一职位的职务，如销售部总经理、人力资源经理、招聘主管、培训专员等。在确定职位名称时，最好依照社会上通行的做法，这样既便于人们的理解，也便于在薪资调查时进行比较。

职位薪点是工作评价所得到的结果，反映了这一职能在企业内部的相对重要性，是这一职位基本工资确定的基础依据。

（七）一目了然的职位概要

职位概要就是要用一句或几句比较简练的话来说明这一职位的主要工作职责，要让一个对这一职位毫无了解的人一看职位概要就知道大概要承担哪些职责。例如，人力资源部经理的职位概要可以这样描述：制定、实施公司的人力资源战略和年度规划，主持制定完善人力资源管理制度以及相关政策，指导解决公司人力资源管理中存在的问题，努力提高员工的绩效水平和工作满意度，塑造一支敬业、团结协作的员工队伍，为实现公司的经营目标和战略意图提供人力资源支持。而公司前台的职位概要则要这样描述：承担公司前台服务工作，接待安排客户的来电、来访，负责员工午餐餐券以及报纸、杂志的发放和管理等行政服务工作，维护公司的良好形象。

（八）详细且精准的职责描述

它是职位概要的具体细化，要描述这一职位承担的职责以及每项职责的主要任务和活动。在实践中，这一部分是相对较难的，要经过反复的实践才能准确地把握。首先要将职位所有的工作活动划分为几项职责，然后再将每项职责进一步细分，分解为不同的任务。

将职位的活动分解完之后，就要针对每项任务来进行描述。描述时一般要注意下面几个问题：

1. 注重动宾搭配

要按照动宾短语的格式来描述，即按照“动词+宾语+目的状语”的格式来进行描述。

2. 准确使用动词

要准确使用动词。使用动宾短语进行描述时，动词的使用是最为关键的部分，一定要能够准确地表示出员工是如何进行该项任务的，以及在这项任务上的权限，而不能过于笼统。表 2—3 列出了一些描述行为用语的常见搭配。

表 2—3　　描述行为用语的常见搭配

对象或主体	动词
针对计划、控制	编制、制定、起草、审定、审查、转交、提交、存档、提出意见
针对信息、资料	调查、收集、整理、分析、归纳、总结、提供、汇报、通知、发布、维护管理
思考行为	研究、分析、评估、发展、建议、参与、推荐、计划
直接行动	组织、实行、执行、指导、控制、采用、生产、参与、提供、协助
上级行为	主持、组织、指导、协调、指示、监督、控制、牵头、审批、审定、批准
下级行为	核对、收集、获得、提交、制作、维持、保持、建立、开发、处理、翻译
其他	操作、保证、预防、解决

（九）合适、合规的业绩标准

业绩标准就是职位上每项职责的工作业绩衡量要素和衡量标准。衡量要素是指对于每项职责应当从哪些方面来衡量；衡量标准则是指这些要素必须达到的最低要求，这一标准可以是具体的数字，也可以是百分比。

例如，对于销售经理这一职位，工作完成好坏主要表现在销售收入、销售成本方面，因此它的业绩衡量要素就是销售收入和销售成本。一旦规定收入、成本的数量，则这一数量就属于衡量标准的范畴。比如，可以规定销售收入每月 100 万元，销售成本每月 30 万元。再比如对于人力资源的薪酬主管，衡量其工作完成好坏主要看薪酬发放是否准确、及时，因此其业绩要素就是薪酬发放的准确率和及时性。至于准确率要达到多少，及时性如何表示，属于衡量标准的范畴，可以规定准确率要达到 98%，薪酬迟发的时间最多不能超过 2 天。

第三章 人力资源规划风险分析与防控

任何资源，特别是稀缺资源，都需要系统的规划，使得资源的数量、质量符合组织要求，确保组织业务运转和战略目标的实现。人力资源作为组织第一关键资源，更加需要得到系统的规划。所谓人力资源规划，是指在组织战略和发展目标指引下，根据其内外部环境的变化，通过人力资源供需分析，预测组织未来发展对人力资源的需求，以及为满足这种需要提供人力资源，将宏观的人力资源战略转化为未来一个时期实用的、可指导管理职能活动的人力资源行动计划的过程。

虽然人力资源规划是组织开展各项后续人力资源管理活动的依据，对于整个人力资源管理活动的成效具有决定性的意义，但是，当前我国组织，特别是中小型组织人力资源规划还存在很多问题，主要体现在规划缺失风险、人力资源短缺风险、人力资源冗余风险、人力资源结构失调风险、人力资源更新风险、人力资源能力不足风险、组织核心员工规划风险、集团公司人力资源规划风险等方面。

第一节 人力资源规划方法不科学风险与防控

一、人力资源规划风险点

（一）部分组织对人力资源规划重要性认识不到位

人力资源规划是事关组织战略的重要问题，但部分组织习惯于把资金和技术看作组织发展的唯一动力，一切经营活动均围绕吸收资金和引进技术来展开，而人力资源的核心地位被忽略。大多数组织虽然也设立了人事部或人力资源部，但这些部门的工作职能还属于低层次的人力资源管理内容，如人员招聘、档案管理等，真正意义上的人力资源开发和管理在这些组织基本不存在，作为人力资源管理基础和前提的人力资源规划更是如此。即使在做人力资源规划，他们也存在着一些普遍性的质疑和困惑：明明投入了不少时间和精力，人力资源规划却没有取得应有的回报，人力资源规划到底重要与否，等等。正是这种主观认识不到位，最终导致部分中小型组织人力资源规划缺失。

（二）人力资源规划制定缺乏科学性

一些组织特别是小型组织的人力资源规划脱离组织发展实际。在人力资源管理研究领域，现有理论基本是来自于对管理比较规范的大型组织的经验研究，中小型组织的人力资源管理长期以来很少受到研究者的关注，在人力资源规划方面更是如此。在诸多的人力资源规划的理论研究与实践操作中，主要是针对规模大、组织结构健全以及人力资源职能完善的大型组织或组织集团，针对中小型组织人力资源规划的研究成果以及方法技术很少。这就造成了中小型组织人力资源规划过程中缺乏科学的指导与借鉴，使得人力资源规划的技术应用容易出现偏差。这主要体现在以下两个方面：一方面不顾小型组织实际情况机械照搬大型组织人力资源规划方法与技术，致使中小型组织制定的人力资源规划不适用于该组织环境，脱离组织实际，生命期短，甚至无法执行；另一方面盲目进行人力资源规划，不清楚组织发展战略，不了解组织内外部人力资源供给与需求状况，缺少基本的人力资源规划技术与方法的指导，最终导致整个人力资源规划不具有可操作性。

（三）人力资源规划的实施障碍重重

完善的人力资源规划制定程序应该是先进行组织战略确定、内部人力资源现状分析和各部门岗位定编状况和需求分析，据此制定组织 1~3 年人力资源规划、人力资源规划执行计划及评估。当前，由于一些组织的人力资源规划支撑体系不够完善，致使人力资源规划工作无法实施。这主要体现在两个方面：一是组织战略模糊，使人力资源规划受到方向性的制约；二是组织人力资源管理基础相对薄弱，人力资源规划缺乏有力的支撑。因此，战略的不确定性会带来相对频繁的组织结构调整，使得人力资源的基础性工作（如职位分析、考核等）更为复杂多变。同时，中小型组织一般存在“重业务、轻管理”的情况，再加上人力资源管理相对滞后于业务管理，资源配置也不够充分，从而人力资源管理很难形成系统、完整、成熟的支撑体系。在这种情况下，组织人力资源规划的实施障碍重重。

在特定时期内和特定条件下，组织对人员需求，包括对人员结构和人员总量的需求都是一定的。由于科学技术日新月异，经济形势起伏不定，竞争环境也是变幻莫测，在进行预测的过程中就可能会存在一定的偏差或风险，因为任何组织都处在一定的外部环境之中，各种因素均处于不断变化和运动的状态。根据这种变化，对组织中未来人员的需求量、技术组合、内外部劳动力的供给量做出预测，就成为人力资源规划的重要任务。例如对人才需求预测失误，可能会造成组织不需要的人员大量过剩，而组织所需要的特殊人才紧缺。就结构（包括专业技术结构、年龄结构、性别结构等）来说，比如某公司目前对大数据人才、某些复合型人才有一定需求，对这些专业的人才有适合的岗位，但不需要的人员如果进入组织，他们就可能或明或暗地被闲置起来，这不仅造成人力资源的浪费，也使公司人工成本上升。年龄和性别结构的不合理产生的后果也是如此，而人员总量的失控导致的诸如人浮于事和成本上升的危害更是显而易见的。

二、人力资源规划风险分析

导致组织人力资源规划困境的原因是多方面的，既有组织外部的原因，也有组织内部的原因，但其根本的原因在于组织内部。从我国组织特别是中小型组织内部原因讲，主要体现在以下 4 个方面：

（一）组织发展战略的多变性及模糊性，使得人力资源规划缺少应有的目标条件

在人力资源开发与管理活动中，应从战略目标出发，以战略为指导，确保人力资源政策的正确性与有效性。因此，人力资源规划的前提是组织发展与组织战略首先要明晰，而后才能分解到人力资源方面，随后才会有人员需求计划、招聘计划、薪资福利计划等与之相配套。而一些组织特别是中小型组织，一般缺乏较明确的发展战略，尤其在快速扩张阶段，往往涉足于不同的业务领域，特别是热衷于许多新兴产业，而这些新兴产业在研发、营销、管理、服务等各个环节没有成熟的经验可以借鉴，尤其是一些新开拓的项目，定岗定编工作不像传统业务那么成熟。因此，它们在人力资源管理方面也不可能有明确的规划，只能是走一步看一步，在工作中摸索总结经验，逐步提高完善。

（二）部分组织对人力资源规划认识不全面，造成人力资源规划脱离实际

组织对人力资源规划认识不全面主要体现在两个方面：

（1）对人力资源规划的主要内涵，包括重要性、内容及制定方法、程序、原则等认识不全面。人力资源规划是组织发展战略规划的重要组成部分，同时

也是组织各项人力资源管理工作的基础和依据。做好人力资源管理有 3 个重要的步骤：一是明确战略规划，二是进行人力资源规划，三是做好人力资源管理体系与具体的执行计划。组织的整体发展战略目标决定了人力资源规划的内容，而这些内容又为建立人力资源管理体系，制订具体的人员补充计划、人员使用计划、人员接替与晋升计划、教育培训计划、评估与激励计划、劳动关系计划、退休解聘计划等提供了方向指引和依据。而中小型组织的决策者和人力资源管理者往往没有充分认识到人力资源规划的重要性，或者没有掌握制定人力资源规划的关键技术与方法，因而在有关人力资源规划具体制定和实施过程中缺乏足够的重视，各级部门主管和职业经理也未能有效配合。

（2）对当前我国组织人力资源规划制定的内外部环境不清楚，对人力资源规划制定的复杂性多变性认识不足。当前，组织特别是一些企业组织的经营环境十分复杂，主要表现为市场变化更加迅速，产品生命周期越来越短，消费者偏好的多元化趋势更加明显，企业因之而进入白热化竞争阶段。在整个市场竞争过程中，自主知识产权或核心技术、管理与市场营销能力以及创新能力构成了组织的核心竞争能力，优秀的人力资源绝对是这场战争中制胜的关键。这就对企业的人力资源管理，尤其是处于基础性的、计划性的中长期人力资源规划提出了更严峻的挑战。如何使组织的中长期人力资源规划既能适应市场变化导致的人力需求，又能摆脱固定人力架构造成产品成本过高的缺陷，则是人力资源规划所面临的核心问题。

（三）当前一些组织人力资源管理的缺陷，限制了人力资源规划的制定、实施、执行与进一步发展

当前我国各类组织在人力资源管理制度上的缺陷，是造成组织人力资源规划危机的主要因素。当前，我国的一些组织特别是中小型组织人力资源管理的缺陷主要存在以下几个方面：首先，由于组织规模中等偏小，组织职能部门的划分较粗略，部分组织甚至没有独立的人力资源管理部门来履行人力资源管理的职能，有的组织虽然设了独立的人事部门，但往往分工较粗、人员不足。其次，组织的人力资源管理制度可能是健全的，但受传统思想或家族式组织管理方式的影响，领导的个人意志往往凌驾于制度之上，使得制度形同虚设。最后，中小型组织在人力资源管理上普遍存在着人力资源使用的短视现象，只追求人力资源的产出而忽视人力资源的有效投入和能力储备，即只强调人力资源的使用与管理，不注重人力资源的培训、开发与激励。在这种人力资源管理方式下，员工是被动的，他们特长和潜能的充分发挥以及员工职业的进一步发展受到限制，直接结果就是中小型组织员工流动率较高。组织在人力资源管理制度

存在缺陷的情况下，人力资源规划不可避免地出现缺失、不全面、无法实施等状况。

（四）中小型组织专门的高素质人力资源管理者短缺，员工素质相对较低，限制了人力资源规划制定与执行的效果

当前，我国大部分组织都成立了人力资源管理部门，但是在人力资源部门行使部门职能的时候普遍存在一些问题，主要表现在两个方面：一是规划工作人员整体素质不高，精通专业的人员很少，专业知识储备不足，专业技能不够；二是许多人力资源工作者土生土长，缺乏系统的职业培训，没有经过正规大单位的熏陶，眼界不高。人力资源管理是一项非常独特的工作，对个人素质、领悟能力和学习能力要求都很高，尤其是人力资源规划的制定，更需要战略眼光与沟通协调能力，而单纯的理论、原理、技术或数据处理方面的培训不能满足人力资源工作者制定人力资源规划的可行性需求。因此，高素质高层次人力资源管理者的缺乏也是中小型组织人力资源规划危机的重要影响因素。除此之外，当前我国一些组织特别是中小型组织员工整体素质相对较低，也是造成组织人力资源规划执行不力的一个重要方面。

三、人力资源规划风险防控

能否科学制定并有效实施人力资源规划并不取决于组织规模的大小，最关键的是依据组织的发展战略和经营管理特点制定出适当政策。针对组织人力资源规划不科学的现状与原因，消解组织人力资源规划困境的策略建议主要包括以下几个方面：

（一）明确发展战略，增强人力资源规划科学认识，促进人力资源规划与组织战略融合

解决组织人力资源规划缺失与脱离组织发展实际问题的主要措施就是要明确组织发展的战略。明确组织发展战略，主要是指根据组织发展生命周期与实际情况，明确组织发展的分时期战略。如果长时期战略由于市场外部环境的变化难以确定，也应该确定短期或年度组织发展的方向。科学全面认识人力资源规划是化解组织人力资源规划危机的一个有效途径。具体包括，提高组织领导决策层对人力资源规划战略重要性的认识，并将人力资源规划纳入组织发展战略中；加强人力资源规划内容、方法技术以及组织人力资源规划制定特殊性的培训，促进先进人力资源规划发展与组织发展的有效结合。人力资源规划与组织发展战略的融合是组织人力资源规划发展的最高境界，人力资源规划的实施最终将促进组织的发展与壮大，避免了组织内部各种人力资源问题的产生。

（二）加强人力资源管理变革，健全人力资源管理体系，完善人力资源规划的支撑平台

组织特别是中小型组织要加强人力资源管理的变革，健全人力资源管理体系，主要是改善组织人力资源管理，为人力资源规划的制定与实施创造良好的运行环境。组织人力资源规划包含着对人力资源管理旧模式的否定，有时甚至包括模式的重新构建，这一过程就是人力资源管理变革和发展的过程。伴随着对既得利益的调整以及对原有习惯的冲击，人力资源管理变革工作往往会遇到较大的阻力，只有实施有效的变革管理才能为中小型组织人力资源规划打造完善的支撑平台。完善的人力资源规划支撑平台除了人力资源部门相关的职能工作，如职位分析、职位设置、绩效管理、激励机制、职业规划等外，有些甚至超出了人力资源管理的领域，如计划与预算管理体系、组织目标管理体系等，这就要求组织高层管理者的统筹把握与相关部门的有效配合。

（三）加强人力资源管理者队伍的培养，提高组织员工整体素质

加强部分组织特别是中小型组织人力资源管理者队伍的培养也是避免组织人力资源规划危机的重要途径。组织人力资源规划由于组织所面临的外部环境的强竞争性，使得人力资源规划的制定更为复杂，这样就要求人力资源规划的制定者具有很高的战略思维与实际操作经验。因此，加强培养中小型组织人力资源高层管理者，提高人力资源管理者队伍的整体素质至关重要。除此之外，改善部分组织员工素质较低的状况，也能大大促进组织员工对人力资源规划工作的认可与执行。

（四）探索适合人力资源规划发展的新思路，建立灵活、多变、动态的人力资源规划创新模式

由于运行环境的多样性与复杂性，避免中小型组织人力资源规划的危机，我们应该积极探索适合中小型组织人力资源规划发展的新思路，建立中小型组织灵活、多变、动态的人力资源规划创新模式。例如，建立弹性人力资源规划制度与建立多层次、多视角的人力资源规划主线。所谓弹性人力资源规划，就是基于组织的核心竞争能力，重新评估并规划组织的人力资源，形成一个一般性的人力资源组合，以便在保证组织核心竞争优势需要的条件下，达到满足因外部经营环境变化导致的临时性人力需求的目标。所谓建立多层次、多视角的

人力资源规划主线，主要是指随着关注视角和重点问题的变化，人力资源规划可以同时在多条主线进行，这些主线可以独立平行，也可以相互交叉，例如人才招聘、人才培养、薪金福利、利益协调、人力资源变革管理都可以作为人力资源规划的主线条。当一条主线的工作完成，形成规范的可复制的方法之后，就会形成一条测试组织人力资源管理准备效率的有效方法。

第二节　人力资源短缺风险分析与防控

一、人力资源短缺风险点

知识经济和信息经济时代，人才对于一个组织的生存和发展起着至关重要的作用。特别是对于正在高速成长的中小型组织而言，人才成了组织发展的重要推动力之一。然而，由于各种原因，使组织不同程度面临着人才短缺的问题，人才短缺已经成为制约中小型组织发展的瓶颈。例如民营经济是当前我国经济发展的主要支撑力量，而民营企业的人才短缺问题已成为其进一步发展壮大的掣肘。人力资源短缺主要体现在数量短缺和质量不高两个方面。

（一）数量短缺

人力资源短缺问题在中小型组织中的表现可以从范围和层次两方面分别来看，以企业为例，中小型企业的员工从一线车间操作人员到各层级的技术员、工程师再到组织行政管理人员都存在程度不同的短缺，这是人力资源短缺问题在不同层次上的表现；从范围角度来看，组织所有岗位和部门都有不同程度的人力资源短缺问题。大部分从事第二产业的中小型企业，管理人才、营销人才、技术人才和技能型人才都存在不同程度的短缺现象，其中，技能型人才短缺是最大的困扰。

（二）质量不高

大部分中小型组织在近几年的组织发展中也一改曾经的家族式、姻亲式等不规范的组织管理模式，组织管理力图向现代组织制度转变。特别是中西部地区一些发展态势良好、发展潜力巨大的民营经济，对高素质的人力资源需求已经非常迫切，但受当地经济社会发展程度的影响，要招聘到急需的高级人才非常困难，无奈之下只能维持低层次的发展，如此循环下去，很可能使大批民营经济失去本次经济发展的良机。从更高一个层面讲，也不利于我国的经济复苏和经济结构改革。所以说，原有的较低层次的人力资源已成为组织发展的主要瓶颈，组织要想得到突破发展，必须要着力解决这一问题。

二、人力资源短缺风险分析

（一）实力不强导致招人难

从组织自身的状况来看，部分组织特别是中小型组织存在规模相对小、实力较弱、待遇一般、个人发展空间较小等问题，已成为吸引人才的绊脚石，使得真正的人才不愿意加入到这样的组织当中。比如，刚刚成立的中小型企业在业内不具知名度，规模较小，实力也有所欠缺，薪资待遇方面的竞争力也不足，更重要的是人才在中小型组织中看不到长远的发展空间。正是由于这些劣势，高端人才一旦得到大型组织录用会毫不犹豫选择跳槽，中小型企业成了人才暂时的避风港。中小型组织在招聘时很难招到有丰富工作经验和创新意识的高级研发人才，人才即使加盟也只把组织作为临时的职场跳板。中小型组织在招聘时，不得不把关注的目光转向应届大学毕业生，但是大部分应届大学毕业生缺乏长远职业规划，存在走一步看一步的心理，稳定性欠缺，跳槽率高，流动性大，这使它们对招聘应届大学毕业生心存犹豫，陷入了人才招聘的两难境地。

（二）经营理念落后导致用人难

一些组织往往以自身利益作为出发点，对人才的需求大多只注重短期效应，认为员工就是为组织赚钱的工具，而忽视了对员工的有效激励。这就使得员工工作被动，缺乏对组织的认同感和主人翁意识，不能调动起工作积极性和使命感，普遍缺乏担当精神，许多员工特别是有专长的高素质人才不会为组织尽其所能。同时，有些中组织对人才有贪大贪好的心态，高薪聘用一些与组织不匹配的人才，造成人才浪费。加之一些中组织自身的管理机制和用人机制不完善，使得许多人才对组织缺乏归属感，因而在组织待不长久。据统计，中小型组织普通员工有20%~50%的年度流动率，中高级管理人员、技术人员每年也有20%在流动。如此高的人才流动率对于正在快速发展中的中小型组织而言无疑是非常不利的。

（三）管理不科学导致留人难

一是组织对人力资源战略重视不够，没有将人力资源规划战略放在应有的位置上。一些组织在发展前期存在目光短浅、急功近利等不良心态，一心想吸引高素质的工程技术和研发专业人才，只重视组织的技术革新发展和营销业绩，并没有重视人力资源规划战略对组织发展的影响。二是人力资源配置不科学，制度不健全。受规模和传统观念限制，一些组织在管理过程中过多依赖个人能力、经验和权威，而没有完备系统的制度体系，或有制度但执行过程中随意性很大。同时，很难摆脱“家族统治”和“裙带管理”，从而在制度的适用和资源的配置上缺乏规范，导致制度成本过高、人力资源成本过大。三是组织在人力资源方面投入不足，缺乏远见。对于一些规模小、资金少的组织，由于在人力资本上的投入有限，固定的、长期的培训预算难以落实，培训时间和计划也难以保证。特别是一些中组织的培训规划只重短期效应，很少有长远发展规划，在培训方面也没有固定的培训预算。尤其是对新聘的没有工作经验的应届大学毕业生来说，完善系统的岗前业务培训相当重要，但在前期，这项培训预算一直没有得到很好落实，应届生没有受到系统培训就匆忙上岗，发现难以适应工作后往往选择离职。四是激励机制不完善，报酬结构不科学。一些组织对员工进行绩效评估的依据多是组织短期既定目标内完成的工作量，缺乏长远的全方位的考虑，难以发挥员工的积极性和创造性。同时，在薪酬分配上具有相当的灵活性和随意性，有时甚至不跟员工的贡献挂钩。中小型组织多以目标工作量的完成、工时统计量等作为对员工绩效考评的依据，在绩效考评的指标方面单一化、物质化，在薪酬福利方面随意化、灵活化，缺乏长远的全方位考虑，挫伤了员工的积极性和创造性。五是组织文化缺乏。大型组织一般具有独特的组织文化，但中小型组织难以形成自身的组织文化，管理层和员工之间缺乏有效的沟通渠道和交流过程，导致员工对组织前途漠不关心，不能以同舟共济的心态对待组织的发展。

（四）家族式管理使人力资源短缺状况雪上加霜

一些家族式管理在用人上存在的“任人唯亲、近亲繁殖”现象，让人力资源短缺状况雪上加霜。家族式组织的“近亲繁殖”式人力资本增长模式，对整个组织员工绩效评估的公正性产生一定影响，家族成员和非家族成员在工资、福利、晋升机会等方面存在不平等，使得部分员工产生边缘化思想，不利于组织的创新和发展。家族组织中的亲缘关系，容易造成工作的依赖性和懒惰性，缺乏有活力的竞争机制，也使得外来人员的才能和潜力的发挥受到限制，使其工作积极性不高、效率下降，人才流失严重，让人力资源短缺状况雪上加霜。

三、人力资源短缺风险防控

在整个组织的发展过程中，从总量上看，组织人力资源的供求失衡是一种常态，真正意义上的供求完全平衡是没有的。平衡是一种状态，平衡不是相等，而是供给和需求在动态上的一种均衡趋势。从结构上看，组织所需的人员结构与供给结构总会有这样那样的偏差，常常是组织急需的人员招聘不到、供给不足，而不太需要或根本不需要的人员供给过剩。综合结构和总量两种因素，组织经常处于人力资源供求失衡状态。组织处于人力资源的供需失衡状态，可以分为供不应求、供过于求和结构性失衡等几种情况。

表 3—1　　组织发展不同阶段的人力资源供需状态

组织发展阶段	人力资源需求状况	人力资源供给状况
成长期	人力资源需求旺盛	供给不足
成熟期	需求数量稳定	结构和数量失衡可能同时存在
衰退期	人力资源需求量减少	供给过剩

实现人力资源供需平衡是人力资源规划的目的之一，无论人力资源需求预测还是人力资源供给预测都是为了实现未来一段时期的人力资源供需平衡。人力资源的供给趋于平衡的过程，是人力资源有效配置和流动的过程，也是检验人力资源规划具体实施的过程。只有尽力实现人力资源的供需平衡，组织才能提高人力资源使用效率，开源节流，降低人力资源成本。

（一）完善组织内部管理机制

没有健全的职能部门，组织内部管理混乱，缺乏规范的管理制度，管理的随意性很大。混乱的管理体系更难吸引和留住人才。因此，建立健全组织的内部管理机制成了组织的当务之急，是解决组织人力资源难题的重要突破口。

（二）开拓多渠道引才环境

对于组织来说，留才始于得才，而获得人才的重要手段就是招聘。据某研究机构调查，如果采取的招聘方法不科学，将会导致近 50%的新员工在入职后的 6 个月内考虑跳槽。因此，组织若能够使用正确有效的招聘方法，不仅能招到适合组织的人才，而且也能降低组织员工的离职率。在招聘的过程中，要尽可能全面了解应聘者的资料，将其与组织所需要的岗位要求进行对比，看是否合适再做出是否录用的决策。在组织招聘过程中，要坚持“适合的才是最好的”原则，避免对人才的过高消费或低消费。例如对企业来讲，当生产工人或技术人员供不应求时，从外部招聘可以较快地得到熟练的员工，及时满足组织需要。在调整关键岗位员工的时候，如果组织有内部调整、人员晋升等计划，则应优先考虑人力资源的内部招聘。内部招聘是指当组织出现职务空缺时，从组织内部调整员工到该岗位，以弥补空缺的职位。内部招聘可以节约组织的招聘成本，丰富员工的工作经验，特别是产生激励机制，激发员工的工作热情。但对于比较复杂的工作，内部招聘的员工可能需要一段时间的培训。当较高层次的职务出现空缺时，这时有内部晋升和外部招聘两种手段，组织一般应优先考虑提拔组织内部员工，因为在许多组织里，内部晋升是员工职业生涯规划的重要内容，对员工有较大的激励作用；而且，内部员工比较了解组织的情况，比外部招聘人员能够更快地适应工作环境，能够提高工作效率，同时节省了外部招聘成本。但是，如果组织缺乏生机和活力，可以适当考虑从外部招聘人员，以增强组织内部活力。在组织急缺人员或组织需要某些退休员工来支持时，可以考虑对退休或即将退休的员工进行返聘。

（三）制定科学的激励机制

大多数的中组织普遍注重物质激励，而忽视了精神激励对员工的激励作用，在一定程度上压抑了员工的积极性，容易产生激励与需要的错位。对于一般员工而言，物质激励可能是比较有效的方式，而对于组织的核心员工和高级人才而言，在已经满足了基本的需求之后，他们更注重于尊重和自我满足的需求，因而单一的物质激励已经不能满足他们的需要了。这就要求组织必须制定多样化的激励措施，才能更有效地激发员工的潜能，进而推动组织的发展。

（四）加大对人才的长期培养力度

组织发展不能只注重短期效应，不愿对员工进行培训，应该对人才进行长期职业规划。特别是中小型组织，要把人才的培训工作放在重要的位置上，建立完善的教育培训体系，使人才能真正看到在组织中的长远发展空间。对公司现有的员工进行必要的技能培训，使之不仅能适应当前的工作，还能适应更高层次的工作，为内部晋升政策的有效实施提供强有力的支撑保障。如果组织即将出现经营转型，组织应该及时对员工进行工作知识和工作技能培训，以保证组织在转型后，原有的员工能够符合任职资格的要求，这一措施的最大好处是避免了组织的冗员现象和保持了员工队伍的稳定。

（五）充分利用人力资源外包形式

有些情况下，组织在不能及时招聘到某一方面急需的专业人才时，人力资源外包成为中小型组织解决人才难题的重要手段之一。由于许多人才不愿到中小型组织工作，或者是对于某些高级人才中小型组织无力承担其薪金，也可以采用人力资源外包的形式。因此，对于适合组织的人才，可以做到“不求所有，但求所用”，利用专业的外包服务机构，与相关高校和科研机构合作等人力资源外包方式加以补充。另外，一些高级人才既不愿放弃现有的工作，又希望能够更好地发挥自身才能，需要此类人才的组织就可以抓住这种机遇，寻找合适的兼职人才为自己的组织服务。

（六）利用其他方式解决人力资源短缺问题

1. 聘用临时工

聘用临时工是从外部招聘员工的一种特殊形式。聘用临时工可以减少组织的福利开支，而且临时工的用工形式比较灵活，组织在不需要员工的时候，可以随时与之解除劳动关系。组织产品季节性比较强或组织临时进行专项生产时，采用招聘临时工的方式比较适合。

2. 延长劳动时间

延长劳动时间也称加班，在组织工作量临时增加时，可以考虑延长工人的工作时间。延长工作时间具备聘用临时工的优点，可节约福利开支、减少招聘成本，而且可以保证工作质量。但延长工作时间会降低员工的工作质量，也受到政府政策法规的限制。

3. 扩大工作范围

当某类员工紧缺，在人才市场上又难以招聘到相应的人员时，可以通过修改职务说明书，扩大员工的工作范围或责任范围，从而达到增加组织工作量的目的。需要注意的是，扩大工作范围必须与提高待遇相对应，不然会造成员工的不满情绪，影响组织的生产活动。扩大工作范围可以与组织的业务流程重整结合使用，在调整过程中，利用先进的管理技术在扩大员工的工作范围时减轻员工的工作量。

4. 提高技术水平

当市场工资上升时，可以考虑提高技术含量，以降低组织对人力资源的需求。采取各种激励措施，鼓励员工对自身工作岗位进行各种技术改革，提高岗位的技术含量，以解决人力资源供不应求的问题。当然，提高技术水平还要与员工技术培训相结合。

第三节 人力资源冗余风险与防控

当实际拥有的人力资源总量超过现有业务需要量时，就产生了人力资源冗余。它实质上是组织在生产一种给定水平的产出时，超出当时最低必需的人力资源投入所产生的人力资源存积。在“大众创业、万众创新”的战略指导下，面对日益激烈的国际国内竞争和资源约束的巨大压力，如何将人力资源冗余转化为竞争优势，对于处于转型经济环境中的我国各种组织管理者而言，是当前面临的一个巨大挑战。

一、人力资源冗余风险点

（一）增加了组织成本

人力资本聚集理论认为，组织的人力资源由两部分构成，一部分是满足现有生产经营所必需的人力资源；另一部分是超过现实需要的人力资源，也即人力资源冗余。从理论上来讲，若能够及时、精确地从组织内部或外部识别、获取生产经营所需的个体人力资本，一直保持组织人力资源总量恰好满足现有业务需要，即保持零人力资源冗余，则组织绩效最高，但这只是理想状态，很难成为现实。为了应对问题，如需求的波动，就必须保持一定的人力资源冗余，这就增加了成本；为了履行对员工的承诺、承担一定的社会责任、保持组织的和谐稳定，组织必须保持一定的人力资源冗余，这也增加了成本。

（二）降低了组织效率

为了追求新目标和新战略，组织必须保持一定的人力资源冗余，如人才储备、面向未来的人力资源培训等。新战略启动之前，人力资源的冗余还处于一种沉淀与积蓄的状态，尚不能给组织带来与投入相匹配的产出，也表现不出足够高的绩效，从短期来看只是增加了组织的人才成本，所以在某一时间段观察时，人力资源冗余与组织绩效负相关。

（三）阻碍了组织创新能力

人力资源冗余是难以识别的，我们可以识别某人是否具有某种知识、技能，但无法确定其拥有量的大小。我们很难弄清每位员工真正拥有的各种知识、技能以及员工自身的习性等，也就很难让每位员工真正能从事与自身特点完全匹配的业务，很难完全发挥组织个体的才能。因此，人力资源冗余是组织里的客观现象，只是不同组织的人力资源冗余程度不同而已。保持适度的人力资源冗余能有效地促进组织创新，但由于一些组织盲目追求高学历和人力资源的高消费，结果造成人力资源的高浪费，则使组织存在过多的人力资源冗余，不利于技术创新。

二、人力资源冗余风险分析

从组织的个体看，如果个人潜力巨大，而专业分工的岗位只能发挥个体的部分才能，人力资源冗余就可看成是组织个体能够发挥的知识、技能、能力与已发挥的知识、技能、能力之间的差额，是员工的知识、技能和能力未能充分发挥的潜在部分。在生产经营过程中，组织根据发展需要，常常引进人才和有组织地对个体进行教育、培训，这样就使得组织拥有的个体的知识、技能超过了现实需要，产生了人力资源冗余；员工在生产经营过程中通过自我提升学习和“干中学”使个人的知识、经验、技能不断提高，超过了现实需要，从而形成人力资源冗余；由于组织个体的知识、技能内隐在特定任务和组织情景中，从而限制在狭小的知识领域，随着社会的发展和环境的变化，如顾客需求的变化、激烈竞争、技术变化，组织个体的现有岗位知识、技能逐渐被淘汰，从而形成人力资源冗余。从组织方面来讲，由于人力资源规划不够科学，对人才的需求把握不准确，可能造成人力资源的冗余；由于单位人力资源部门对组织经营战略不熟悉，与其他部门沟通不到位，也可能招聘到多余的人力资源；或者有的部门为了享受就业政策优惠、减少裁员给组织形象造成的影响，也会从主观上选择人力资源冗余；还有一种可能的情况是，一些组织由于管理层的裙带关系，使得想辞退不适合组织发展的冗余人员比较困难，也造成了组织冗余人员的产生和长期存在。

当组织的人力资源冗余适度时，组织有能力开发利用环境提供的机会。有冗余的组织比没有冗余的组织有更多的战略选择，如可选择能有效利用人力资源冗余的战略机会来提高绩效。我国具有丰富的人力资源，人力资源冗余问题是一个非常重要且十分敏感的问题。20 世纪 90 年代以来我国进行的国有企业减员增效改革，实质上就是基于人力资源冗余对组织发展有害的假设。其实，一些组织盲目“减员”，特别是“一刀切”式的减员并非有效率的方法。越来越多的组织实践与研究表明，人力资源冗余并非一定与组织发展负相关。现实所需的人力资源只能保证现有战略的完成和维持现有绩效，而人力资源冗余，则能有效地应对问题和利用外部机会，如创新、缓冲环境的动荡、追求新目标和新战略，以提高组织绩效。

三、人力资源冗余风险防控

创新与冗余是组织理论中非常核心的概念。应该结合我国组织管理实际，深入研究人力资源冗余与组织创新的关系，以期提高我国各种组织充分开发利用冗余资源进行技术创新的能力，这对加速老工业基地改造和建设和谐社会也具有十分重要的意义。

（一）适度发展人力资源冗余

增加与组织竞争相关的人力资源冗余，将强化组织的竞争优势，提高组织绩效。通过人力资源培训、非物质激励、过程控制等人力资源的开发管理，增加组织的人力资源冗余，促进组织的技术创新和绩效提高。总之，适度的人力资源冗余允许管理者积极追求提高组织绩效的新目标和新战略。基于资源理论观点，人力资源冗余越多，一个组织的发展潜力就越大，组织的绩效越好，故适度的人力资源冗余与组织绩效正相关。由于人力资源要与物质资源相结合才能发挥作用，过多的人力资源冗余因缺乏相应的物质资源支撑，一方面会造成一些人力资源冗余闲置，增加成本，另一方面会造成人岗不匹配、资源争夺激烈、过度的内部冲突、生产经营效率下降，故过多的人力资源冗余与组织绩效负相关。因此，当组织的人力资源冗余太少时，人力资源冗余与组织绩效负相关；当组织的人力资源冗余适度时，人力资源冗余与组织绩效正相关；当组织的人力资源冗余过多时，人力资源冗余与组织绩效负相关。当组织人力资源冗余不足时，组织应加快人力资源的引进、培训与开发，不断增加人力资源冗余，促进组织发展。但当人力资源冗余太多时，组织应削减人力资源冗余，这为裁员提供了理论依据，丰富了人力资源理论。冗余是相对需要而言，一方面组织应根据发展需要，加大对人力资源的引进、培训和开发，发展人力资源冗余；另一方面组织应不断开发新业务，同时通过整合内、外部资源，如不同岗位转换、内外冗余共享，使人力资源冗余不断适应新需要，以削减人力资源冗余，始终把人力资源冗余控制在适度范围内，不断促进组织的创新和发展。

（二）调整不必要的人员冗余

1. 提前退休

组织可以适当放宽退休的年龄和条件限制，促使更多的员工提前退休。如果将退休条件修改得有足够吸引力，会有更多的员工愿意接受提前退休。提前退休使组织减少员工比较容易，但也会因此背上比较重的包袱，而且退休也受到政府政策法规的限制，特别是在我国人口红利已经消失，延迟退休政策即将出台的情况下，研究人员冗余的问题非常有必要。

2. 减少人员补充

减少人员补充是人力资源供过于求时最常用的方式。当组织出现员工退休、离职等情况时，对空闲岗位不进行人员补充，这样做可以通过不紧张的气氛减少组织内部的人员供给，从而达到人力资源供求平衡。但采取减少人员补充的方式往往数量有限，而且难以得到组织所需要的员工。

3. 增加无薪假期

当组织出现短期人力资源过剩的情况时，采取增加无薪假期的方法比较适合，这样做使组织可以暂时减轻财务上的负担，而且可以避免组织需要员工时再从外部招聘员工。

4. 裁员

裁员是一种“没有办法的”办法，但是这种方法相当有效。组织进行裁员时，要制定优厚的裁员政策，一般应裁减那些主动希望离职的员工和工作考评成绩低下的员工。裁员会降低员工对组织的信心，挫伤员工的积极性，而且被裁减的员工有时会做出诋毁组织形象的行为，所以采取裁员方式之前一定要慎重考虑。

第四节　人力资源结构失调风险分析与防控

组织设立的主要目标是解决资源利用最大化的问题，也就是在保持资源总量不变的情况下，安排产品的数量、质量，实现组织效益最大化，其中最重要的问题是按照产品的数量、质量将生产原材料与劳动力进行合理分配，保持它们之间的合理比例。然而，在制定人力资源平衡措施的过程中，往往出现结构性失衡。

一、人力资源结构失调风险点

（一）缺少科学的定机构、定岗位、定编制的“三定”制度

有些组织的人力资源部门没有本着科学合理、因事设岗的原则进行人力资

源规划，没有根据实际工作需要和要求设置工作岗位，然后根据确定的岗位数再核定各部门的人员编制，往往可能造成人力资源结构失调的情况，主要是：高层次人员供不应求，低层次人员供过于求；管理层人才供过于求，技术型人才供不应求；一般水平技术人才供过于求，高级技术人才供不应求，等等。

（二）缺少一套干部能上能下、职工能进能出、充满活力的管理机制

没有建立劳动用工制度是人力资源结构失调的主要原因之一。有些组织坚持传统的劳动人事管理，忽视现代人力资源管理，难以为人力资源管理提供制度保障。一些组织在人力资源规划过程中，不能严把人员进出关；在招聘全日制高校毕业生时唯学历论，没有按照专业需求、个人素质、工作态度等进行进一步甄选，确保符合单位需要的人员进入。有些人力资源部门甚至照顾关系“走后门”，存在无条件、无标准或降低条件和标准进人的问题。同时，一些组织缺乏职工出口通道，不能按照精简、高效、科学、合理的原则精简职工队伍，把定员后的富余人员，素质低、能力差、不适合岗位工作的人员稳妥地分流。

（三）缺乏必要的岗位分析

人力资源规划是一项非常重要的基础工作，就是制定“职务标准”（每个岗位每项工作的内容和要求）和“职能标准”（每个岗位的工作对人的素质的要求，包括德行、知识、经验、技能等）。一些组织由于缺乏科学管理、防范风险的意识和能力，往往忽视了这项重要工作，不能充分了解每一位员工的德、能、勤、绩状况，特别是德和能的情况，没有建立健全人事考评制度，不能通过科学、严格的考评，掌握人与事的适应状况、人的优势和不足，并予以及时、合理的调配，往往造成有岗无人、有人无岗、人岗不适的情形，导致人力资源结构失调。

二、人力资源结构失调风险分析

（一）由于组织自身因素造成人员需求发生变化

一方面，职工的自然流动会带来人员需求和供给的变动，比如职工的调动、辞职、各种原因的休假（如病假、产假、探亲假等）都会产生工作岗位的空缺，需要招聘正式或临时调动的职工来补充。另一方面，还可能是内部职工的数量和素质不能满足工作岗位的需要而引发的招聘需求。这种情况下，往往会出现员工的需求大于供给。

（二）对于高素质人才缺乏科学的选拔任用机制

一些组织的人力资源管理部门缺乏对高级管理人员的选拔任用制度，没有综合考虑其专业、学历、职称、工龄、业绩、职业道德等条件，严格资格审查标准，择优推荐，实行公推公选、公平竞争、择优聘用，而是采用常规方法进行考核，因此难以招到需要的高素质人才。这种情况下，可以对部门正、副领导等职位采取公开竞聘，其他职工采取双向选择、竞争上岗的方式进行聘用，从而拓宽人才晋升的渠道和通途，防止出现组织急需的人才流失。要积极创造条件疏通“出口”，逐步做到“能进能出”，达到良性的动态平衡。

（三）经济转型对人才的需求与劳动人员自身素质存在矛盾

在科技和信息时代，社会经济的发展对劳动力质量的要求日益提高，对劳动力数量的要求逐渐减少，一种新的劳动力结构组合将出现。当市场经济的基本内容发展为竞争机制的时候，组织和求职者之间的双向选择变得公平公开。目前人力资源需求与供给之间的矛盾更加显化，一方面是很多处于发展阶段的组织招不到合适的人才，另一方面是失业大量存在，就业已经成为影响社会稳定的一大因素。有效地优化人力资源结构，有利于进一步调动职工工作积极性，创造更大的经济和社会效益，也有利于提高劳动人员自身素质，提高人力资源的利用效率，促进建立公平有序的劳动力竞争机制。

（四）人力资源结构适度失衡对组织发展具有一定积极作用

保持一定的人力资源结构失衡能够激活劳动力资源，给人力资源整体素质带来提升，并且能够积极改善全社会劳动者的主动性和积极性，提高其自身素质和劳动技能。适度的人力资源结构失衡有利于促进组织和经济的健康发展，并有利于组织实施科学管理。影响组织经济效益的核心要素之一就是管理，管理的主要对象是人，就是要发挥每个劳动者的潜力和创造力。对人的管理既有在数量上的要求，也有在质上的培养提高，包括合理分配以及优化人力资源结构。

三、人力资源结构失调风险防控

组织应该根据实际情况，对供不应求和供过于求的员工采用相应的调整方法。制定出台合理的人力资源规划，使各部门人力资源在数量和结构等方面趋于平衡协调。

（一）优化人力资源结构应坚持“三个结合”的原则

一是整体性与独立性相结合。应根据整体发展战略、经营策略和业务需求，按照结构、经营管理体制和内部控制相协调的原则，建立统筹配置与调控、引进与使用、激励与保障相结合的人力资源管理机制，实现人力资源整体配置与单位可持续发展相适应。二是经济性与合规性相结合。要坚持人力资源配置的成本核算，将人力资源成本量化到所有机构、部门和岗位。三是先进性与现实性相结合。要以现代人力资源管理理论为依据，着眼未来的发展，符合单位经营管理的需要，制定具有先进性和前瞻性的人力资源管理规划。

（二）建立人力资源结构失衡的预警机制

人力资源结构与战略能否和谐发展，在实质上是组织管理的一种状态，但这不是说组织的人力资源结构可无限地接近战略实现的需要，适度的失衡符合逻辑和事实的管理状态。通过组织人力资源结构失衡管理的研究，既能满足组织实现战略目标，也可以解决人力资源结构过度失衡的问题。当前，可以通过组织人力资源结构预警来调整失衡的程度，从而解决失衡的问题。所谓人力资源结构失衡预警，就是借助数据测量形成对组织内部人力资源结构可能失衡的预期性判断，对组织即将面临的人力资源结构失衡的风险进行识别与判定，以便提前发现未来可能出现的人力资源结构过度失衡的问题，进而针对人力资源结构的失衡采取一定的措施。根据科学的预警理论和方法，结合人力资源结构失衡系统的特点，并在历史数据的定性分析和定量评价的基础上制定一系列人力资源结构失衡预警指标，通过对人力资源结构失衡的现状和未来的测度，及时发布警情，在有关理论的指导下，合理设定预警指标的警限。

一般说来，组织人力资源结构失衡预警指标体系，主要内容就是关注人力资源结构失衡的环境、过程和结构的动态变化，在科学研究基础上，实现对其发展趋势进行识别。如果忽视预警征兆，则可能造成过度失衡危机，甚至造成组织崩溃。在通常情况下，要是指标体系不正常，则表明人力资源结构有过度失衡的可能性；在预警指标一切正常的情况下，说明人力资源结构系统只存在适度失衡发展的趋势，如果及时纠正，将回到适度失衡发展的轨道上。所有的信息最终还是会反馈到人力资源结构失衡预警系统中，要依据信息进行适当性更正，保证预警的精确性达到要求。从实践中看，一般的组织人力资源结构失衡预警过程应该包括以下基本步骤：

第一，预警信息的收集与筛选。预警过程的基础是收集预警信息，其是产生警报的基础，是预警过程的起点，也是进行组织人力资源结构失衡预警的第一步，称为“寻找警源”。组织人力资源结构失衡预警系统的警源，就像是导致人体生病的病原、引起火灾的火种一样，是组织人力资源结构失衡警情发生的起点。

第二，合理全面地设计预警指标体系内容。人力资源结构失衡预警指标组成内容是定量描述警情的指标系统，在选择具体的指标内容时，要选择那些能够确切地表现出人力资源结构失衡的相关指标，这是组织人力资源结构失衡预警过程中比较关键的环节。

第三，设定人力资源结构失衡预警的警度。所谓人力资源结构失衡预警的警度，就是与警素指标的警限变化相对应的警情程度。

第四，确定人力资源结构失衡预警模型。确定人力资源结构失衡预警模型的方法可以是多样的，在选定的时候主要根据预警指标的要求，参考预警模型建立的目的预计复杂程度来确定。

第五，公布预警指示和警度预报。这就需要按照所有的预警指标因素进行判断，判断其是否突破人力资源结构失衡风险的预警线，从而决定有无必要发出警报，还要决定发出的警报程度和形式。

（三）针对组织特点选择适当的人力资源结构调整方式

如果组织不是缺乏生气，应以内部调整为主，把某类富余职工调整到需要人员的岗位上。如果组织比较僵化，应招聘一些外部员工，给组织带来一些新的生产技术和新的管理措施等，这时应以外部调整为主。人力资源结构调整涉及职工的切身利益，在实际工作中要注意做好政策的宣传解释和耐心细致的思想政治工作，把握好改革的力度、发展的速度和职工的承受程度。优化人力资源结构工作政策性强、工作量大，对其艰巨性、复杂性和困难性要予以充分估计，及时化解各类矛盾。单位职能部门要按照审慎规则，督促基层单位合理安排职工结构、配置人力资源、健全人力资源管理内控制度。

第五节　人力资源流失风险与防控

一、人力资源流失风险点

很多组织在招聘人才时求贤若渴、不惜重金，但真正把人才引入组织后，对人才缺乏整体的职业生涯导向及设计，没有为他们充分发挥才能提供舞台；

未能鼓励员工向更高的职位挑战，并建立增长工资、晋升职务的激励机制；没有改进和完善工资福利，员工的工资长期变动不大，特别是国有性质的单位组织往往搞“大锅饭”，只要单位有效益，员工一般都能提升工资，而且提升幅度相差不大；对员工的业绩考核，往往情高于法，很难发挥激励机制的有效作用。上述种种原因，造成了组织人才队伍极不稳定，特别是一些高技能人才、技术人才流失严重。

二、人力资源流失风险分析

（一）对人才重视不够

虽然近些年越来越多的组织管理者认识到人力资源管理在生产经营管理中的重要作用，也提出了“以人为本，尊重人才”的口号，但在具体工作实施中却与之背道而驰。组织中官本位思想和官僚主义作风严重，论资排辈、任人唯亲的现象普遍存在，影响制度的严肃性和公平性，严重影响和挫伤了优秀人才的积极性。

（二）绩效考核不能很好体现“等价性”

薪酬是组织向所聘人才支付其人力资源价值最基本的价格。这个价格不仅是人力资源所有者赖以生存和发展的经济基础，更是代表了组织对人才价值的评价。但是，当组织对员工做出不合适的价格评估时，员工们自然会做出一个新的选择，这也成为人才流失的主要原因。

（三）人才培训机制匮乏

人力资源作为组织一项非常重要的资源，在于其可以不断被开发，并可持久利用。许多组织管理者意识不到人力资本投资的重要性，对人才往往只注重引进不注重培养。目前，相当一部分组织的培训机制弱化，加之对成本问题和员工忠诚度的考虑，迟迟不肯制定出科学、有效、公平、能够符合组织未来发展需要的人才培养规划，没有一套成型的人才培养规划，更谈不上人才的职业生涯规划设计。因此，组织中的人才看不到自身发展的前途和晋升的机会，渐渐失去了工作的热情与激情。

（四）文化建设脱离人力资源建设

要使人力资源最大限度地发挥作用，就需使其对所在组织的文化有高度的认同感，如果两者之间不统一，员工的价值观与组织不一致，员工奋斗目标与组织追求目标不同，则组织将对员工缺乏感召力和吸引力，员工对组织更缺乏归属感和责任感，长此以往，自然造成人才的流失。

三、人力资源流失风险防控

优秀人才的流失，不仅使组织的投入付诸东流，也让大量行业信息和科研技术成果被带走，甚至会给组织造成重大的损失。因此，组织应着重从以下几个方面入手，最大限度地吸引人才、留住人才，发挥人才潜能。

（一）树立科学的人力资源管理理念，提升组织领导管理水平

首先，树立“人力资源是组织拥有的最为重要的资源”这一理念，建立一个良好的内部竞争机制，畅通内部聘选渠道，实现组织人才的合理流动与优化配置，进而推动组织综合实力的不断提高。其次，提升组织领导管理水平，留人靠环境，更要靠好的领导。好领导不仅会用权，更要发挥其人格魅力，使组织上下同心、形成群力，这样，组织才能有凝聚力，员工心理上才能真正靠近团队。领导要善于激发每一位员工的潜力，这样的团队才有创新力。领导只有不断地加强修为，才能安人；只有安人，才能留人。

（二）深化薪酬制度改革

组织应按照同行业的薪资标准和组织的自身经营状况，建立合理的薪酬体系，利用强化岗位责任和绩效考核制度，实行责任与收入挂钩、绩效与效益挂钩。力求提升一线技术人才、管理人才的福利待遇，鼓励技术、专利、成果等生产要素参与分配，整个过程要充分体现出劳动质量、劳动成果的差距，但这种差距要保持在适度的范围内，以激发组织人才长期工作的激情。

（三）加大人力资源开发力度，完善员工教育培训体系

教育和培训是提高人员素质、开发人力资源的一条重要途径，也是促进组织经济发展、推动组织进步的重要措施。要努力把员工培训列入组织重要议事日程，全方位、多层次地进行员工培训，提高员工的综合素质，增强人力资源的再生能力。美国管理学家达尔伯格曾经说过，在人才开发上适当地投入金钱是一种立足于未来经营的投资。通过教育和培训的方式，可以帮助员工进行职业生涯规划，向员工提供发挥个人专长的契机，努力使他们的职业成长与组织发展目标及其实现过程协调一致、融为一体。只有这样，人才流失现象才能大大减少。

（四）提高组织知名度，加强组织文化建设，营造良好的工作氛围

一个组织要实施人才战略，首先，要营造出自己的优势，用组织自身的实力和地位去吸引人。其次，要做好组织文化引导，营造组织文化的向心力，让员工理解组织的发展目标；不断引导员工既要重视个人价值的实现，又要兼顾组织的整体利益。最后，建立良好的人际关系，努力做到以心换心、以情感人。良好的人际关系是组织内聚力的基础，内聚力是员工工作效率发挥的前提。良好的人际关系，能促进员工之间互相信任、尊重、支持、谅解，使组织中的人才得到精神上和情感上的满足，从而产生积极的工作热情；良好的人际关系，可增加上下级之间相互交流的机会，增进彼此的关心和了解，尤其可以使员工明白，组织不仅是员工靠劳动领取工资的场所，还是满足员工各种需求的一个温暖的大家庭。

一个组织要想发展，首先应在“人”上多下功夫。市场竞争归根到底就是人才的竞争，拥有了人才优势，就拥有了组织的竞争资本与底气。“善于育人，善于用人，善于留人”是一个组织成功的关键与保证。组织人力资源管理部门要不断深入探寻抑制人才流失的对策，建立起适应市场经济高速发展的用人机制，解决好由市场发育而带来的一系列问题，引进吸纳人、培养使用人、绩效留住人。努力改变人力资源管理中忽视个人作用重要性及论资排辈的思想，建立一套人才选拔、培养和利用客观、有效、科学的机制，营造人才工作、生活、发展的良好环境。只有这样，才能实现构筑人才优势的目标，推动组织快速发展。

第六节　人力资源能力不足风险与防控

一、人力资源能力不足风险点

（一）人力资源能力不能满足组织可持续发展的需要

组织要持续发展，需要不断更新老产品、研发新产品、开拓更广阔的市场，这就需要有一支懂业务、精技术、能吃苦、愿奉献的高素质员工队伍作保证。在当前激烈的市场竞争环境里，市场的主导权永远掌握在拥有高素质员工队伍的组织手中。组织的可持续发展要求组织必须从战略的高度去规划，而员工素质的整体提升就是实现组织可持续发展所迫切需要考虑的战略问题。

管理学中有个著名的“木桶理论”：木桶盛水高度并非取决于最高的那块木板，而是最低的一块。这个原理的含义是，组织的持续发展和兴盛，仅靠优秀组织家和高层管理人员是不够的，还需要组织员工整体素质的全面提高。

（二）人力资源能力不能满足组织实现战略目标的需要

组织所有战略目标的贯彻实施和完成，需要每个员工去具体落实，也就是说，归根结底要有符合岗位要求的员工和大批优秀的管理、营销人才来实现。因而，提升员工素质也必须与实施这一系列战略措施同步进行，这是一项艰苦、繁重的工作，而且为了确保这些措施的效果，员工素质的提升有迫在眉睫和具有长远性双重性质。

在过去相当长的时间内，人们曾经热衷于片面追求产值和利润，却忽视了创造产值、创造财富的人和使用产品的人。在生产经营实践中，人们越来越认识到，决定一个组织、一个社会发展能力的因素，主要并不在于机器设备，而在于人们拥有的知识、智慧、才能和技巧。人是社会经济活动的主体，是一切资源中最重要的资源。归根结底，一切经济行为，都是由人来进行的；人没有活力，组织就没有活力和竞争力。因而，必须树立依靠人的经营理念，通过提高员工整体素质来实现组织的发展目标，创造组织的辉煌。

二、人力资源能力不足风险分析

当前，我国组织员工能力素质与经济社会发展的客观需求相比还有一定的差距，这既有社会的原因，也有组织的因素。

社会方面的客观原因有以下几个方面：一是我国当前劳动年龄人口平均受教育水平还不够高。虽然近年来我国致力于普及义务教育，但很大一部分农村青年还是早早离开校园进城务工，而他们是一些经济组织特别是中小型经济组织的主要力量。二是虽然高校扩招政策使更多的学生进入高校校园，但高校毕业生就业难、毕业即失业等问题促使很多年轻人还是选择早就业。三是虽然政府从中央层面大力推广职业教育，但基层实际情况使职业教育普及程度并不乐观，很多员工在入职前并未受到过专业系统的职业技能培训，只能从事最简单的、技术含量非常低的工作。四是一些年龄较大的员工虽然具有丰富的工作经验，但随着近年来科技发展及设备更新的加快，特别是“互联网+”的兴起，逐渐老化的专业知识让他们无所适从，而理论基础的先天薄弱成为他们进行知识拓展的最大障碍。

组织方面的原因主要是培训不系统，对人力资源开发与员工素质培养重视不够。在组织培训中，很多组织只注重组织自身的需求，忽视员工自我发展的需要，对员工的培训仍停留在岗位与技能方面，缺乏长远培训规划。培训开发工作没有系统性和连续性，受训内容与工作内容相互脱节，对培训与开发过程缺乏必要的考核、控制与反馈。培训的计划性、针对性不强，不注重开发人的能力及培育有潜在能力的高级管理人才，致使员工缺乏学习的积极性，因而员工的能力素质不能适应组织的发展需要，人才也得不到充分发掘。

三、人力资源能力不足风险防控

在实际的工作中，组织需要努力提高人力资源规划的科学化水平，将人力资源规划问题放到与组织发展战略性问题同等重要的位置来考虑。针对目前我国大部分组织的人力资源能力水平提升模式来说，不仅要从组织管理上加强培训，还应当利用个人自主性学习的优点，鼓励员工发挥自身的能动性。

（一）加大职工教育培训力度

首先，应逐步建立科学化、制度化的培训教育体系，强化职工的岗位培训。根据工作岗位的性质、职责和任务，分层次、有针对性地采取多种形式对职工开展包括上岗、在岗、转岗、晋级在内的岗位专业知识和技能培训，提高职工的业务素质和工作适应能力。其次，要鼓励职工参加资格认证考试、专业理论学习、在职学历教育等，提高职工的专业水平和学历层次，优化职工的专业结构、学历结构和职称结构。再次，对职工进行扩展知识的继续教育，重点培养复合型人才、核心人才，提高单位的总体创新能力和经营管理能力。最后，有组织、有计划地开展对职工的政治思想教育和职业道德教育，鼓励其学习新业务和新技能，真正建设一支具有高水准政治素质、文化素质和业务素质的职工队伍。树立“人力资源是第一资源”的理念，各级领导要高度重视，争取上级部门人才引进的优惠政策和对劳动纠纷处理的指导。

组织培训又可以分为两种，一种是岗前培训，另一种是在职培训。现代大中型组织尤其注重这两方面的培训工作。岗前培训是对新入职员工的技能培训，主要的目的是使新入职员工能够在短时间内迅速融入组织的正常运营轨道中去。岗前培训的内容一般包括组织文化、组织规章制度、工作规范、职位介绍等，这些基本的信息是新入职员工了解组织的“窗口”。岗前培训主要向员工介绍组织的发展目标和使命，并对各种规章制度进行详细解释，有利于提高员工对组织的心理认同感，提高规范自身行为的意识。在职培训是组织在当今发展日新月异的大环境下提升员工知识结构水平和技能的重要手段。员工通过短期的集训或知识讲座等形式的学习，能够更新观念、增长知识，在已有知识基础上，对新型的工作方法和技术能力有充分的认识和掌握。一般大中型组织都对在职培训的时间和讲师有明确的规定，从组织内部选拔富有经验的员工或从外部聘请知识经验丰富的专家等。这种培训方式在一定程度上提高了员工的技能，但还是比较被动，员工很难自主选择适合自己的培训项目。

（二）鼓励个人层面的主动学习

人力资源能力水平提升不能只依靠组织的培训，要积极鼓励员工进行自主学习，对于学习效果可以采取考核的模式，有明显效果的员工应当予以奖励。个人层面的主动学习，不受组织的约束，可以让员工自主选择学习时间和地点。最为关键的是，员工可以针对自己业务或能力上的不足，选择适合自己的学习内容，有利于在有限的时间内提升学习的效果。任务型学习强化了组织的监督功能，制定一定的目标和任务，有利于员工确定学习的方向。比如，“怎样对客户进行日常维护”这一问题的提出，可以使员工有明确的学习目标，通过自主探究的方式并结合自身的工作经验，找到较为有效的方法。

人力资源能力水平始终是组织发展的重要动力。现代组织应当结合组织的实际情况，从组织培训和员工自主学习的角度进行能力提升。组织始终应当在生产经营过程中贯穿“终身学习”的理念，营造积极的学习环境，督促每一位员工参与，这样才能最终提高经济效益。

（三）建立能力评价机制

通过建立评价机制，可以最大限度提高人力资源管理部门的价值，同时发挥人力资源管理工作的功能。最重要的是，这种人力资源评估体系的构建可以为以后人力资源管理部门做出各类决策提供相应的依据。另外，人力资源能力评估体系的构建符合组织可持续发展经营管理方式的基本要求和原则。

人力资源在某种程度上也是一种资本的表现形式，可以通过货币来进行计算。可见，人力资源本身也具备资产的相关特性，可以为组织的发展提供相应的经济利益和服务功能。在组织的发展中，领导者和决策者在整个过程中起到主导和灵魂的作用。进行人力资源能力评估，需要结合组织发展的现状以及市场经济的发展趋势来进行。可见，组织人力资源管理部门开展能力评估工作也具有一定的现实意义，可采用的方法主要包括：

1. 市场价格法

市场价格法实现的基础主要是市场供求理论。其存在和发展主要依靠市场的合理性和完善性。具体过程就是组织获得一定数量的促进自身发展的人才资源，在市场发展过程中，对相应组织领导人的能力价值进行高效的评定。评估机构对组织领导人的价值进行评估，要在满足市场竞争的基础上。另外，组织领导人的能力和价值也需要通过市场的运行规律来实现。在实际的工作中，组织的管理方式各异，组织领导人的价值也不尽相同，因此，人力资源能力评估体系的构建需要根据市场价格法来完成。

2. 收益现值法

所谓收益现值法，就是在实际的人力资源能力评估工作中，将组织领导人放置在组织中，在既定的时间和空间范围内制订一种组织经济收益的计划，用这一方式来定位组织领导人的价值。计算组织领导人的价值，需要根据其创造的未来经济效益以及在持续经营和发展的前提下获得的预期收益，将其转化为相应的分配系数进行具体的计算。

（四）政府、组织合力形成人力资源能力建设的支撑体系

加强人力资源能力建设，需要各级政府、组织共同努力，以形成人力资源能力建设的支撑体系。在现代社会，人的能力建设是一个庞大的系统工程，需要动员社会各种力量共同投入。首先是政府的作用，特别是在相对落后的西部地区，政府的作用更为重要。西部地区各级地方政府应提出自己的发展方向，制定长远战略规划，创造公平竞争环境，整合社会资源，帮助弱势群体，提供政策保证。其次，组织对人力资源能力建设也应当承担一定职责。新经济和经济全球化对组织家竞争能力提出了新的要求，要求组织领导人拥有国际市场开拓和运作的知识与能力。目前，很多组织由于领导人缺少相应的知识和能力而导致竞争力下降，迫切需要为组织领导人特别是中小型组织领导人提供经营能力和创新能力方面的学习培训。在组织发展的同时，员工也要得到共同发展，组织应建立一套完整的培训机制，提高员工的能力。总之，政府、组织应加强合作，形成合力，共同构建人力资源能力建设的支撑体系。

第七节　组织核心员工规划风险与防控

意大利著名经济学家帕累托（Pareto）提出了著名的“二八法则"，该法则认为：在任何特定的群体中，不重要的因子占多数，而真正重要的因子通常只占少数，只要控制具有重要性的少数因子即可控制全局。对于组织员工群体来讲，20%的重要因子即为组织的核心员工。组织的核心员工掌握着组织的核心资

源，创造了组织的大部分财富，是组织核心竞争力的源泉，因此，对组织核心员工的良好管理和运用是组织在激烈的市场竞争中求得生存与发展的根本所在。核心员工作为组织的一个特殊群体，是组织的稀缺资源。不管是在理论上还是在实践中，核心员工人力资源风险管理问题都应该引起更多关注。

组织的核心员工需满足以下几个特点：首先，核心员工须是公司里关键岗位上的各类人才（包括经营管理、专业技术或操作技能型人才），其中关键岗位是指影响组织核心竞争能力的岗位。其次，核心员工须是所在专业领域中的技术或技能带头人，工作经验非常丰富，实际工作能力非常强，对组织的生产经营活动发挥非常重要的作用，是公司可持续发展不可缺少之人才。同时，核心员工还须具备很强的职业素养和执业能力，能够明白组织的未来发展目标和管理者意图，根据发展目标制订有效的行动计划并予以实施。

一、组织核心员工规划风险点

（一）对有形资产的危害

无论哪种人力资源风险发生，都会对组织的有形资产造成损害，如道德风险发生。组织高层管理人员贪污、挪用公款会引起组织货币资产的损失，一些组织的负责人贪污数额动辄几百万、上千万甚至数亿，不但直接引起货币资产的减少，还造成组织资金周转困难、资产亏空，进而导致组织不能正常运转，利润减少甚至亏损破产。组织管理人员，尤其是一些经济组织的高层管理人员，出卖组织的利益也会导致组织的有形资产遭受损害，特别是在项目投标、物资采购、产品定价和技术转让等关键管理环节，对有形资产损害很大。例如，权力寻租导致豆腐渣工程，造成固定资产等的损害；低价转让即将升值的土地使用权和房产，低价出售闲置机械设备，都会造成资产的损失。在销售产品时，违反定价原则，低价销售产品，造成销售收入的减少。为了提高业绩，急功近利，盲目投资。玩忽职守，发生意外事故和人为损害。公款消费，挥霍浪费造成组织资金损失。组织的资源是有限的，而需求则是多样和变化的，组织核心员工人力资源风险还会降低资源配置的效率。由于人为因素的干扰，造成资源配置大权部分旁落，条块分割，严重阻碍资源向高效益方向转移，信息误导使资源配置决策失误，资源配置没有得到优化，造成了有形资产的损失。

（二）对无形资产的损害

组织的信誉属于无形资产，它如同组织的生命。损害组织的信誉，无异于侵蚀组织的生命。因为组织信誉的损害而导致组织损失惨重甚至破产的例子比比皆是。首先，组织核心员工人力资源风险会对品牌造成很大的损害。在21世纪，品牌无疑已经成为组织最有价值的无形资产，同样的组织生产的同样产品，借助于知名的品牌销售，其价值便会成倍增加，有些组织的品牌价值甚至超过其有形资产的价值。有些组织高管为了个人利益，允许产品质量不符合该组织产品质量标准的其他组织以该组织的品牌贴牌生产和销售。由于人力资源管理不到位，引起员工不满，导致产生诋毁品牌的言行。这些情况都会造成品牌价值的损害。有些核心员工离开组织以后，由于不满组织的管理，可能会造谣生事，如果不及时采取措施，组织的声誉便会受到伤害。

（三）对技术保护造成损害

组织技术是一种十分重要的无形资产，是组织的核心竞争力。许多组织特别是高科技企业，能在市场中占据垄断地位，是因为掌握着某些关键技术，这些技术包括注册的专利技术和未经注册的技术。如可口可乐公司因为掌握着可乐的配方，多年来一直维持着饮料市场的霸主地位，有人甚至说，即使可口可乐的所有工厂在一夜之间化为灰烬，它也能很快重建一个可口可乐公司，因为它靠的就是无形资产，即品牌和技术。可见，作为无形资产的技术具有高风险性，它可以是几张纸、一个磁盘，甚至完全无形地存在于人的脑海中。这种技术流失后，不同于实物，尽管组织的技术还在组织手中，并未减少，但是其价值会随着流失次数增加而大大减少，因为技术的垄断性消失了。技术流失还具有高度隐蔽性，因为技术可能是在组织完全不知情的情况下流失的。由于核心技术是由组织核心员工所掌握的，所以当核心员工人力资源风险发生时，会对技术这种无形资产造成巨大损害，降低组织的竞争力。如果不能有效激励核心员工努力工作，致使组织不能发挥技术优势，没有创造技术应有的价值，或者技术过时或贬值，都会造成组织无形资产的损害。

（四）对组织文化的损害

文化是一个组织的灵魂和宝贵的精神财富，是组织竞争力的重要源泉，是一种十分重要的无形资产。组织核心员工人力资源风险对组织文化有很大的损害。如果组织文化遭到人为破坏，利益关系被扭曲，价值取向发生偏离，工作氛围和人际关系恶化，使人的积极性和创造性受到压制，群体优势难以发挥，结果是整个组织缺乏竞争力，甚至危及组织的生存。核心员工对于组织的作用十分巨大，是组织核心竞争力的源泉，其掌控着组织的核心资源，创造了组织的大部分财富。组织的核心员工一般是组织的高层管理者、主要的技术人员、主要的业务人员等，不管什么样的风险发生，造成的损失往往都比普通员工人力资源风险要大得多。组织核心员工人力资源风险的高破坏性还体现在风险对组织影响的长期性上，如主要管理人员为了一己私利做出了不利于组织的决策。由于高层管理者所做的决策往往是具有战略意义的长期决策，这样的决策失误对组织的影响会持续很长时间，很多组织因此而一蹶不振。核心员工人力资源风险对组织的影响有可能是致命的，现实中很多案例也充分说明了这一点。正因为如此，组织要特别重视对核心员工的管理，提高核心员工的忠诚度和满意度，并采取相关风险防范措施，以减少风险的发生，降低风险对组织造成的损害。

二、组织核心员工规划风险分析

根据不同的分类方法，可以把人力资源风险分成不同的类型。根据风险产生的原因，将核心员工人力资源风险分为四类：

（一）核心员工人力资源主观存在的风险

美国管理学家德鲁克指出，人力资源和其他所有资源相比较而言，唯一的区别就是他是人，也正是由于人的特殊性决定了人力资源本身的风险。造成此类风险的原因主要有人的心理及生理的复杂性、人力资源的能动性等。人力资源是生产力诸要素中最为活跃并唯一具有主观能动性的因素，而组织的核心人力资源由于具有较高的能力素质水平与社会阅历，他们对组织的要求不仅仅限于物质报酬，而是更看重个人意愿和抱负的实现、个人才华能力的施展。当核心人力资源的主观意愿与组织的目标不一致时，就有可能造成组织目标难以实现，并给组织带来损失。同时，核心人力资源对组织的忠诚与认可还与其政治、社会、信仰等满足程度有关，与组织文化、环境、制度，特别是人力资源的管理、开发、激励等手段有直接关系。

（二）组织对核心员工管理不善

例如一个经济组织的核心员工包括董事长、总裁、总经理、经理等高级管理人员，他们都属于自然人属性的个体，身上存在的道德风险显然是代理人风险的延伸，他们的行为表现隐藏着真正意义上的道德风险，如合作程度、影响重大决策的动机、职业操守等。道德风险更具有潜伏性。组织文化是组织生存发展的灵魂，是组织的核心竞争力之一，但组织文化所面临的被改变或者被破坏的风险却是极易发生的，其危害是无穷的。之所以说文化风险存在于高级经营管理层，是因为组织文化的建立、发展、成熟，决定于经营管理层对建立长青基业的愿望及其推进的力度。反过来说，改变或者破坏一个组织已经形成的组织文化，可能是朝夕的事情，而具有这种改变或者破坏能力的，几乎只有经营管理高层。

造成核心员工流失的组织方面因素还可能包含以下几个方面：薪酬不能反映贡献或不公平的薪酬结构，看不出组织的长远目标和战略意图，缺乏教育培训和事业发展的机会，得不到充分的尊重、信任和认可，组织不兑现承诺；缺乏融洽的人际关系和良好的沟通，等等。

（三）由于信息不对称产生的核心人力资源风险

一般认为，在交易活动中，如果信息在交易双方的分布是不对称的，则交易活动的风险就会出现。人力资源管理的各个环节都存在信息不对称，如招聘时组织要获得员工各方面素质的信息，通常要进行笔试、面试和验证相关学历证书、证件，但要获得员工真实的能力和态度、品德方面的信息却存在一定困难。美国经济学家威廉姆森认为，与信息相关的交易中的风险问题必须考虑以下三个条件：一是仅仅是信息的不对称还不构成风险产生的条件，还必须考虑与信息不对称相关的两个因素，即获得信息需花费较高的成本以及信息不对称所引起的机会主义倾向问题。二是即使交易双方拥有相同的信息，信息所带来的机会主义行为仍然存在，这是因为相同的信息对于双方来说在运用时是有差异的，如对个人的能力理解上的差异等。三是信息分布在少数条件下的缔约活动中尤其重要，也就是说，在少数条件下的信息不对称会产生更大的风险。实质上组织对核心员工的管理过程是一个反复博弈的过程，由于双方各自掌握的信息往往是不对称的，而且在做决策时往往都有最大化自己效用的动机，结果双方的目标容易发生偏离而导致人力资源风险的产生。在这样一种博弈的过程中，影响决策的各种因素最终都要通过影响人的心理进而影响行为人的决策。所以，要有效地防范组织核心员工的人力资源风险，就要充分考虑影响核心员工心理及其行为的各种因素，通过改变影响其心理的各种变量，改变其在博弈过程中的决策选择，从而使核心员工的行为逐渐趋向组织所预期的行为，减少人力资源风险的发生及其损失程度。在成本允许的原则下对引发风险的诱因加以消除，组织核心员工人力资源风险是可以在一定程度上得到化解的。

（四）忽视核心人员规划而产生的风险

在人力资源总体规划的基础上，按照管理的“二八原则”重点关注组织关键人才规划。关键人力资源在组织内部培养所需周期长、培养难度大，替代者难以在短时间内培养出，而在外部市场此类人才又属稀缺资源，在短时间内难以获得，因此关键人才一旦流失，公司需支付更大成本重新获得，否则可能会影响公司生产稳定或组织的市场竞争力。鉴于关键人才在组织中的重要性，在制定集团人力资源规划时需重点关注关键人才规划问题，制定关键人才规划的思路是：在关键人才能力标准化的基础上，按照规范的工作程序，借助计算机数据标准的统计方法，将集团公司内所有的关键人才进行统一规划运作。

三、核心员工规划风险防控

引起核心员工人力资源风险的因素是客观存在的，核心员工人力资源风险也是客观存在的。虽然风险是客观存在的，但是组织面对风险却并不是无能为力的，即风险是可化解的。正因为风险是可化解的，研究组织核心员工人力资源风险管理才有实际的意义。只有认识到核心员工人力资源风险存在的客观性，正视风险的存在，组织才能以更加积极的态度面对风险的发生并加以解决。

（一）建立全面的激励机制

组织应该按照核心人员的人力资本的贡献，建立合理的价值分享体系，将核心人员人力资本对组织财富创造的贡献体现出来，让核心人员有权参与组织剩余价值的索取。同时，在设计薪酬体系的时候不仅要体现内部公平、外部竞争力，还要将薪酬与核心员工的知识、技能紧密挂钩，承认人力资本在价值分配中的地位，也就是要确立人力资本在组织中的产权地位，这样才能真正全面地激励核心员工。

1. 文化激励

增加核心员工对组织高度的认同感和忠诚感，缺乏这种认同感，组织只能留得住人而留不住心。要营造良好的组织文化氛围，促进竞争与合作。

2. 职业发展激励

很多核心员工的离开是因为在原有组织感觉缺少发展机会，所以，让核心员工在组织中有良好的发展前景和规划，是有效防范人力资源风险的重要措施。首先，为核心员工设计详细的职业生涯规划，帮助员工设定合理的职业生涯目标，制定具体的行动计划和措施，在组织与员工互动的过程中营造组织与员工共同成长的组织氛围，使核心员工清楚地看到自己在组织中的发展道路和方向，对未来充满信心和希望，而不至于为自己目前所处的地位和未来的发展感到迷茫，从而使核心员工的个人目标和组织目标有机结合起来，提高核心员工的忠诚度，降低风险发生的可能性。国外不少组织都建立了员工个人职业发展档案，为员工设计了经过努力可以达到个人目标的规划，这个档案中包含了核心员工个人情况、阶段性的目标及为实现目标所需要的技能等条件，有效地将公司发展和个人目标实现结合起来。比如，惠普公司在互联网上为员工提供技能和需要自评工具，帮助员工制订详细的职业发展计划。

3. 工作内容激励

让一位才华出众的核心员工长期从事没有挑战性的工作会使其对工作失去兴趣，也很可能因才华未能充分施展而导致人才的损失。用晋级来奖励在技术上有重大贡献的研究人员，也不能达到理想的激励效果。哈佛组织管理顾问公司的离职原因调查显示，“想尝试新工作以培养其他方面的特长”被列于众多原因之首。减少这种原因引起的核心员工流失及能力贬损可采用的激励措施有：通过工作内容丰富化和工作内容扩大化，消除他们对单调乏味工作的厌烦情绪，激发核心员工的积极性和创造性；定期在公司内部实行轮岗，实施内部流动制度，这样既有利于个人在不断尝试的过程中发现自己的特点并发掘潜能，找到自己最适合的岗位，也有利于发挥工作中的创造性，最终实现人岗的最佳匹配。在这方面做得比较好的是SONY公司。SONY公司会定期公布各种职位的空缺情况，员工可以不通过本部门主管而直接去应聘，即使应聘不成功，也不必担心会受到原主管的偏见和刁难，因为整个应聘过程是保密的。事实证明，通过内部劳动力市场的公开招聘，愿意从事更具挑战性、重要性工作的员工能有机会获得新的职位，从而满足了其流动意愿，也使得核心员工对工作成就感的需求得到满足，降低了流失的风险和能力贬值的风险。

4. 物质激励

虽然说核心员工的需求层次比较高，更关注物质需求以外的东西，但是前提是核心员工的物质需求已经得到了满足。所以，组织必须为核心员工提供合理的薪酬待遇，满足核心员工的物质需求。为此，组织首先应该为核心员工提供对外具有竞争力、对内具有公平性的薪酬。支付员工薪酬是为了对其产生激励作用，让员工更加努力地工作，而薪酬要产生激励作用，必须建立在公平的基础之上，这也是核心员工在心理契约上的要求之一。根据公平理论，公平感来源于比较，比较中产生差距感，公平与否是员工经过比较之后产生的主观心理感受。所以，引起员工心理反应的是薪酬的相对值。一旦核心员工感觉薪酬失去公平性，就会产生很多相关的感受，比如不被重视、能力被低估等，这些心理感受都容易导致核心员工的离职或者是减少付出。另外，薪酬还必须具有外部竞争力，因为核心员工是稀缺的资源，组织之间互相挖墙脚的现象并不少见，很多核心员工的离去都是因为其他组织的待遇更为丰厚。因此，在组织价值创造体系中，核心员工的作用不容忽视。物质资本创造了组织的价值，人力资本也创造了组织的价值，资本所有者和劳动者的关系再也不是简单的物用关系，而是货币资本和人力资本的对等关系。根据这一关系，核心员工所获薪酬应该包括两部分，一部分是劳动报酬，另一部分是人力资本价值。

（二）激发核心人力资源的团队精神

打破在人事管理中存在的论资排辈、任人唯亲的管理模式，切实发挥人才的个性化作用。同时通过一定的方式，使员工充分认识到组织生产经营中团队协作的意义，了解个体行为和整体利益协调的重要性，使自己所追求的个性自由发展以接受团队所有成员遵循的共同信念为前提。通过相互学习、优势互补形成更强的创造力，实现自身价值和组织价值的相互融合，更好地形成组织的凝聚力和向心力。营造自主、创新和团队的组织文化氛围。核心员工不同于组织的一般员工，他们的需要不仅仅停留在薪酬层次上，而更多地体现于社交、自尊、自我实现的需要，实现自我价值。组织作为实现自我价值的载体，有责任为核心员工的发展创造机会，实现其事业追求，这就需要组织实行充分授权，建立开放式的沟通渠道，营造健康和谐的工作环境和自主创新、具有团队精神的组织文化氛围。

（三）重视核心员工的多层次需求

组织与员工要共同创造、相互信任和尊重，共享成长，感情管理正是在这一基础上提出来的。员工不是完成任务的工具，他们的情绪、情感都影响着个体在组织中的思想和行为。因此，感情管理强调把员工当成人来看待，用信任、赞美和关心代替机械的组织管理，设身处地为员工着想，加强与员工的沟通与交流，了解他们的需求和期望，及时发现问题并给予解决，创造良好的工作环境，于无形中提高核心员工对组织的认同感与忠诚度。

重视建立核心员工和谐的工作家庭关系。家庭对一个人的影响是很大的，稳定的家庭是安心工作的保障。核心员工是组织核心竞争力和财富的主要来源，组织应该关注核心员工非工作因素方面的诉求，解决核心员工的后顾之忧，如安排核心员工配偶的工作，安排子女上学等，让核心员工在心理上对组织产生感激之情。

此外，还应帮助核心员工建立组织内部社会关系网。人具有社会性，人只有在交往中才能感到被重视、被需要、被尊重。核心员工更加看重社会交往中被尊重的需要。从行为科学的角度来讲，核心员工可以背叛公司，但是很难背叛他们的社会关系网，因此，在他们想要离开公司或者做出不利于公司的事情的时候，都会考虑是否会影响在公司的关系网。

（四）采取措施防范核心员工人力资源风险

防范核心员工人力资源风险的约束措施，主要是通过各种方式对核心员工进行一定范围的约束，增加其与组织目标不一致行为的成本，从而降低人力资源风险的发生以及风险发生时的损失程度。

1. 通过契约进行制度约束

"先小人后君子"，签订一份明确双方权利、义务的契约，可以避免很多麻烦。由于信息不对称的存在，组织在招聘和使用核心员工的过程中会碰到诸如道德风险之类的人力资源风险，因此，组织在与核心员工签订契约的时候应尽量明确双方的权利义务，将可能发生的风险预先写进契约中，并规定违约责任，在法律上对核心员工给予一定的约束。如对管理者约定业绩的最低目标，与技术人员签订竞业禁止协议等，让核心员工在违约时承担经济上的责任。

2. 通过分权进行团队约束

此举如同鸡蛋不能全部放在一个篮子里一样，组织需要建立工作团队，通过工作分担机制进行适当的分权，以减少风险。例如，公司进行研发时采用技术小组或研发团队的形式，不能让某一个核心员工在较长时间内拥有或控制组织的全部关键技术和重要权力，注意技术开发人员的相互协调。通过建立这一机制，每个成员都不可能单独完成整个项目，也不可能掌握全部技术，这样就能有效降低伴随核心员工流失或者泄露公司机密而带来的关键技术泄露的风险。同样，对于某些掌握大量客户资源和业务的职位和部门，也应建立相互监督制约的工作分担机制，如将获取客户资源和业务的某些重要环节和关键权力交由公司统一管理。公司要注重客户关系管理，建立公司客户信息，并定期对客户进行后续的服务和维护。组织还可以定期地举行一些客户联谊活动或以组织的名义给客户寄去问候的明信片，以突出组织的形象而削弱个人的色彩，避免因某个核心员工离职而造成大量重要客户随之流失。

3. 通过引导进行情感约束

人是社会性的动物，是感性和理性的结合体。人们在做选择的时候，往往都会考虑到情感方面的因素。因此，加强对核心员工的情感管理，对于减少核心员工给组织带来的伤害显得尤为重要。

4. 通过收益进行长期约束

此举在于防止组织管理者的短期行为。对于上市公司来讲，可以通过延期支付核心员工的年薪或者股票期权，让其收入不能在短期内实现，从而增加其风险行为的成本，降低人力资源风险。海信集团的做法值得参考，其经理年薪分成四部分，当年年底年薪只能拿走30%，其余70%沉淀下来，5年之后才能兑现，如果在5年之内因为个人的原因离开公司，其沉淀工资是不能拿走的。对核心员工所拥有的股权一般也采取延期支付的办法，就是股票在规定的年限内是不能变现的，如果提早离开公司，公司将以较低的价格回收股票。

（五）减少核心员工人力资源风险损失的后备方案

“未雨绸缪”，在风险发生前就为风险的发生准备一些应急方案可以在风险发生时更好地应对，降低风险对组织造成的损害。

1. 建立人力资源风险准备金

人力资源风险准备金就像会计账上的坏账准备金一样，是为了应对可能发生的人力资源风险而持有的一定量的预备资金。这笔预备资金可从组织资金中专门立项，作为组织的一项长期投资项目。组织将用这笔资金应对核心员工人力资源风险发生时的资金需求，以降低人力资源风险带来的损失。

2. 培养潜在的组织核心人员

对组织中的中高层管理人员和主要岗位技术人员，随时配备可以接替他们的接班人，平时为副手，必要的时候可以马上接任。这样一旦这些“一把手”发生意外或者离开组织时，副手可以在短时间内接手工作，缩短风险发生后的真空期，从而减少损失。但是，这其中有一个关键问题，就是这些正手并不一定愿意培养副手，因为这涉及他们在公司的垄断地位。对于这个问题，有些公司的做法值得参考，那就是将副手培养成果计入考核结果中，将这个结果与他们的升迁、待遇等挂钩。有些公司规定，如果一个管理者还没有培养可以接替他的人，那么他是不可能升职的。事实上，储备和培养接班人还有一个好处，就是可以对现有核心员工形成一定的压力，也能使核心员工与组织交易中的少数条件得到改变，也就是如果核心员工发生违约，组织可以很快和副手进行新的契约交易，从而降低了核心员工在双方博弈中的优势地位，增强了组织在核心员工人力资源管理中的主动性，最终降低人力资源风险发生的概率和程度。

第八节　集团组织人力资源规划风险与防控

集团化作为当今社会经济组织发展的主要形式，集团组织的人力资源规划必然要提上重要议程，而其人力资源规划管理更需要关注的问题是对整个集团人力资源的管控问题，即如何将人力资源提上战略层面来考虑。因此，如何根据集团组织发展战略，运用科学合理的理论方法对组织人力资源进行规划，为集团组织各项工作提供人才支撑，确保集团组织生存发展过程中各项任务的完成和目标的实现，对集团组织具有重要意义。

一、集团组织人力资源规划风险点

（一）人力资源规划与组织战略衔接不紧

有些集团组织对人才的招聘、培训、使用缺乏一定的规划和实战能力，在人力资源管理上视野不够开阔，战略意识比较淡薄。各级人力部门对组织战略缺乏及时、充分的了解和深入的认识，人力资源管理与组织战略存在脱节，难以为组织战略目标提供强有力的人力资源保障。

（二）人力资源规划的系统性不强

有些集团组织的人力资源管理还存在忙于应付的现象。这样，在组织发展改革过程中，由于集团之间缺少整体性、系统性规划，总组织人力资源部门难以对各子组织人力资源部门进行统筹管理，各子组织人力资源部门之间也缺少沟通协商，且与其他业务部门的衔接机制也不够顺畅，人力资源管理工作的系统性也经常受到干扰，影响工作成效。

（三）集团组织内部冗员与缺员现象并存

部分集团组织人才管理精细化程度不高。集团组织内部，有的单位存在冗员现象，其他单位对此类人员的需求却得不到满足。特别是一些关键岗位的人才，有时集团组织内部为了局部利益，即使在人员有冗余的情况下也不愿意让其流动到其他组织，直接影响集团整体效益的进一步提升。

二、集团组织人力资源规划风险分析

（一）管控模式把握不准造成的风险

由于管控模式不同，集团组织对下属组织人力资源管理的职能定位是不同的。现有集团组织一般有财务管控型、战略管控型和经营管控型。对于财务管控型模式，集团组织对集团内各组织单位只进行财务方面的管控，这些单位具有自主经营权，因此人力资源管理内容集中在重大人事管理决策等问题。这样集团组织在制定人力资源规划时，对各子组织的人力资源规划内容比较少，并且集团组织里管理人员的管理幅度也相对较小。如果管控模式是战略管控型，就会要求集团子组织的人力资源战略要与总部的人力资源战略保持一致，如果是经营管控型就更加一致了。可以说，除了财务管控型模式，集团组织的人力资源规划制定，其内涵都包括组织总部及子组织两个层面。

集团管控模式实质就是集团总部与所属单位集权与分权的一个博弈。如果总部相对比较集权，那么必然带来其职能部室的管理人员管理工作量增大，与较分权的管控模式下的管理人员数量会有不同。另外，所属单位的一部分管理决策职能由母组织行使，那么所属单位的管理人员在较集权的管控模式和较分权的管控模式下显然也会不同。但是，有些集团组织在制定人力资源规划时，没有充分分析本集团目前的管控模式，未能根据实际情况制定和调整人力资源规划。

（二）组织现状分析不透造成的风险

人力资源规划的内涵有对人员数量、素质、结构三方面的规划，但是有些集团组织在进行人力资源规划时没有考虑组织组织机构设置、定编定员、劳动定额等因素，也没有据此对员工结构分专业、分层次、分门类地进行分析，进而把各类员工的技能水平、文化结构、年龄结构等基本情况掌握准确、分析透彻，造成对人员数量、素质、结构方面的规划工作导向错误，未能为人力资源具体配套制度提供评估参考依据。

（三）人力资源需求预测不准造成的风险

在组织管理实践中，很多集团组织感觉外部急需人才引不进来，自身培养的人才又难留下，这说明组织在人力资源开发管理的政策上、机制上有弊端，不能发挥人力资源的价值，造成了人力资源的浪费。因此，在制定人力资源规划时，对组织的人力资源需求应该有充分的把握。由于集团组织在集团中处于核心主体地位，因此在制定集团组织的人力资源规划时，要以“精简、高效”为原则来控制人力资源成本，防止人力资源的浪费。如果不能按集团组织各职类各岗位需求制订科学合理的需求计划，将需求把握准，势必会造成整个集团的人力资源浪费。

（四）具体措施落实不力造成的风险

制定人力资源规划是为了满足组织战略对人力资源管理的需要，是为了组织发展目标的达成。但是，如果仅有人力资源规划没有相应具体可行的措施来保证，或者尽管制定了详细的措施却没能落到实处，都将使人力资源规划成为“纸上谈兵”。所以，集团组织在制定人力资源规划时，一定要结合组织的发展战略、组织的规模和实力制定相应的具有可操作性的具体措施并加大落实力度，如引进人员的薪酬政策、福利待遇、员工成长环境等。

（五）人力资源规划评估缺乏造成的风险

制定人力资源规划是为了实现人力资源对集团战略的支撑作用，制定的人力资源规划科学合理与否还需要进行人力资源规划评估。进一步讲，即使当初制定的人力资源规划评估是科学的、合理的，而随着组织环境及诸多因素变化，人力资源规划在实施过程中也可能与当初计划相背离，这就需要进行人力资源规划的再评估。但在实际操作过程中，集团组织的人力资源规划很大程度上还缺少评估和再评估，或者缺少在评估基础上适时的调整和完善，使得集团组织人力资源规划与战略规划难以保持一致性。

三、集团组织人力资源规划风险防控

相较于其他组织形式，集团组织的人力资源规划更需要关注的问题是对整个集团人力资源的管控问题，这是实现集团组织人力资源合理规划的重要前提。只有通过对所属单位人力资源管控机制进行科学合理的设计，才能有效防范各类潜在管理风险，也只有通过合理的权责划分，才能实现集团总部与所属单位的政策统一，进而实现总部对分部的有效监督。其中，最重要的就是通过解决集团组织人力资源管控问题来实现其合理的人力资源规划。

（一）根据集团总部职能定位选择人力资源管控模式

一般情况下，集团总部和所属单位均设有人力资源部门，两者的分工协作关系是集团总部人力管控体系设计的出发点。概略而言，所属单位主要处理战术层面的事务性工作，总部则更多地担负起战略层面的职责。政策中心、管理中心、服务中心是母组织三大职能定位，这个定位明确了总部进行人力资源规划的方向，即集团总部站位于整个集团高度，根据各子分组织的人员特点统筹规划，进行人力资源的总体规划，并具体分解到各组织。

一是进行组织战略分解。组织战略目标是人力资源规划的基础，制定人力资源规划的目的是实现组织的战略目标，任何组织的成功都依赖于在合适的时间有合适的人员在合适的岗位上。因此，组织总体战略的实现要依靠相应的人力资源战略来支撑，人力资源规划是对人力资源战略的进一步延伸，它随人力资源战略变化而变化。人力资源战略规定了组织人力资源管理与开发的方向，战略内容发生变化，紧随其后的人力资源规划就要及时变化，适应战略的调整，促进人力资源战略落实。

二是预测和规划本集团未来人力资源的供给状况。通过对组织内部现有各类人力资源存量的盘点，并根据历史经验数据及专家评议本组织在某一段时期内人员流动的情况，即可预测出本组织在未来某一时期里可能提供的各种人力资源状况。

三是预测人力资源需求。在现有人力资源存量盘点分析的基础上，根据组织的战略规划和业务发展目标解析，从人员总量、人员结构、人员素质来预测本组织在未来某一时期对人力资源的需求。人力资源需求的预测和规划应根据组织业务特点、各类人员特点，相应地采用定性和定量相结合、有针对性的预测方法。

四是进行人力资源供需方面的分析比较。在现有人员盘点和需求预测基础上，将本组织人力资源需求的预测数与在同期内组织本身仍可供给的人力资源数进行对比分析。

经比较分析，测算出对各类各层级人员的净需求量。在进行本集团组织在未来某一时期内可提供的人员和相应所需人员的对比分析时，不但要测算出某一时期内人员的短缺或过剩情况（即总量），还需具体地分析各类岗位人员余缺情况，进而明确关键岗位、紧缺型专业人才的情况，从而可以有针对性地引进或培训，为组织制定专项人才规划、建设专家库等有关人力资源政策和措施提供数据与事实依据。

（二）根据集团组织发展需要打造复合型人才团队

鉴于集团组织的发展特点，其内部人才储备不足令不少组织束手无策。集团要持续发展，必须未雨绸缪，通过接班人计划、岗位培训、轮岗锻炼、AB 角制度等多种方式，针对不同层级员工设计能力培养重点，对分级后备人才库进行动态管理，打造一支高度认同组织文化又具备管理和专业技能的高素质精英团队。科学合理的人员需求及供给分析预测，可以使相关人员随时了解内部人才储备情况，及时做出对策响应，为此，明确组织进行人力资源规划的目标和规划具体内容显得尤为重要。

编制人力资源规划方案就是要根据组织人力资源战略目标的要求，科学地预测组织在变化的环境中对人力资源的供给和需求情况，做出组织人力资源的数量规划、结构规划、素质规划及相应配套的人力资源支持计划，从而全面提升组织整体素质和核心竞争能力，建设数量充足、素质优良、结构合理、效能优先，与组织发展相适应的、具有竞争力的人才队伍。

从目标上说，人力资源规划可分为总量目标、结构优化目标和素质提升目标，进而“控制总量，盘活存量，优化增量”。这就需要集团组织总部在进行人力资源规划时，切实按照集团的发展战略要求，统筹各子分组织进行具体计划的制订。

（三）优化集团组织人力资源管理制度

集团组织的成长进入到成熟阶段，制约发展的关键就是人力资本管理配备的博弈。而只有对各种人力资源管理机制进行统一完善、不断优化，才能达到高效管控，才能有助于集团的长远发展。为此，集团组织在进行人力资源规划时，不能仅仅局限于对人员供给、需求的分析预测，要立足于管理的高度，出台配套的支持办法与制度，优化集团集约化发展和计划统筹实施机制，建立集团人力资源计划管理体系，进行人力资源规划评估与动态调整。

通过建立集团组织自下而上、自上而下的人力资源计划，编制、报批、分解、执行、监督考核的计划统筹管理流程，在此基础上建立并落实人力资源计划管理指标体系及指标测算评估模型，逐步构建并完善人力资源计划“PDCA”循环实施管理机制，从而实现组织各项管理工作的有序、可控、稳步开展，不断完善人力资源管理机制。

无论对何种性质的组织来说，人力资源规划都是一项系统工程。它以组织发展战略为指导，以全面核查现有人力资源状况、分析组织内外部条件为基础，以预测组织对人员的未来供需为切入点，通过配套支持措施、政策的制定，培养、发展适应组织快速发展的高素质人才梯队，持续优化、提升、夯实组织员工队伍。它对人力资源管理活动产生持续和重要的影响，为实现组织战略目标提供了强有力的人力资源后盾与人才保障。

制定规划时要争取集团组织内部各方面的支持。将人力资源管理战略理念在集团中进行宣导，争取高层领导的重视、中层及普通员工的参与。在规划过程中，最重要的是获得集团高层领导的重视与推动。在实际运作中，是由组织中层初步规划，人力资源部汇总、综合集团发展战略与目标考核及劳动生产力、薪酬预算等因素，经与各部门协调并达成共识后向高层呈报。

第四章
招聘甄选风险分析与防控

招聘甄选是人力资源管理的第一环节，也是人力资源管理的难点所在，其中隐藏着诸多风险。本章深入分析招聘甄选各个环节中潜在的风险，重点对招聘规划、人才测评、招聘面试、入职审查、入职流程、试用期管理和特殊人员招聘等环节的风险点进行分析并提出相应的防范措施。

第一节　招聘规划风险与防控

成功的招聘必然需要健全的招聘体系作为后盾，因此，规避招聘风险的第一步就是制定周密的招聘规划，做到招聘工作有的放矢。

一、招聘需求分析与进度控制中的风险与防控

（一）问题表现

招聘工作作为人力资源管理的基础和关键环节之一，直接关系到组织各级人员的质量和各项工作的展开，而招聘需求分析又是招聘工作的第一步，在整个招聘工作中具有重要作用。

招聘需求分析，就是通过对本组织人力资源配置状况和需求进行分析，根据内外部环境的变化，确定人员需求。招聘需求分析是一项系统工作，要求在特定的发展阶段和文化背景下，根据变动的市场环境和弹性的岗位要求及特点，实现组织对人员需求的及时调整。

组织的招聘需求通常通过如下流程制定：用人部门按照本部门产生的职位空缺向人力资源部门申报招聘需求，人力资源部门在整个人力资源规划的限制和约束下，经上级领导审批，决定最终需要招聘的员工人数。

对人力资源部门来说，这样的招聘需求制定流程往往较为被动。我们需要

随时应对突发的人员空缺，这往往会打乱我们既有的工作计划，也常常导致组织真正的空缺岗位无法得到及时补充。

（二）问题根源

出现以上问题的根源在于人力资源部门对于组织的人员需求缺乏主动掌控的意识，缺乏必备的配套政策制度。

通常组织会在以下几种情况产生招聘需求：

（1）新的组织或组织业务成立时；

（2）组织发展、规模扩大；

（3）现有岗位空缺，岗位人员不称职；

（4）突发离职造成的缺员；

（5）岗位原有人员晋升；

（6）机构调整时的人员流动；

（7）为使组织管理风格、经营理念更具活力，必须从外部招聘新人；

（8）为组织发展而进行的人力资源储备。

关于招聘数量的确定，需要注意以下问题：

第一，在实际工作中，会出现某些用人部门为了本部门的利益，有意虚报或隐瞒真实的用人需求，从而不利于招聘数量的最终确定。

第二，在招聘过程中，由于应聘人员素质等不可掌控因素，导致招聘成效不高。

（三）解决之道

为了更为精准地进行招聘需求分析，人力资源部门需要为此制定更为完善的配套制度，如人员晋升流程与规划、人力资源储备规划等。应对人员离职造成的突发性招聘需求，需要人力资源部门与用人部门密切配合。

针对以上问题，人力资源部门应该在招聘规划和控制方面做好以下几方面工作：

（1）根据组织近期发展的战略规划，提前预估并综合规划招聘需求，制定年度、季度、月度工作计划，做到运筹帷幄、有条不紊。

（2）对于用人部门提出的招聘申请，人力资源部门应在工作分析及历史数据分析基础上，比对组织运营现状及发展规划，进行相关数据的整合和综合平衡。对用人部门的用人需求做到心中有数，用数据说话。

（3）招聘进度控制是招聘过程中相当重要的环节。在日常工作中，做好精确的招聘数据统计工作，如每一招聘环节的通过率、间隔时间等，能帮助我们相对精确地把控招聘进度，并随时调整招聘行为。

二、招聘标准制定中的风险与防控

（一）问题表现

一些组织招聘时由于没有明确的招聘标准，往往被应聘者优秀的个人条件所吸引，引进人才时存在盲目消费现象。

有些组织虽然有学历、专业等基本招聘标准，但人员入职后无法适应组织环境，这不仅造成到岗后无法达到应有的工作成效，还为以后的人员流失埋下了伏笔。

有些组织强调工作经验和技能，招聘到能力极强的人员，但由于品行不佳或目的不纯，带给组织很大危害，如携款潜逃、泄露组织机密等。

更多的组织既制定了全面的招聘标准，也考虑组织文化等软性标准，但所招用人员入职后表现平平，无法达到预期的工作成效。

（二）问题根源

招聘标准是整个招聘工作的灵魂，缺乏标准的招聘是无用招聘，而招聘标准的精准度更是招聘成败的关键。

总的来说，招聘标准可分为两类，基本标准与关键标准。基本标准能确定应聘者能不能干这项工作，而关键标准则决定了应聘者能不能干好这项工作。

1. 人员选拔的基本标准

基本标准是指应聘者能够胜任应聘职位的最基本要求。它可从以下三个方面来制定：

（1）应聘者素质与岗位职责的匹配度。为了胜任岗位要求，应聘者需要具备的基本技能，包括学历、专业、经验等。具备这些技能是做好工作的前提。对组织来说，进行工作分析，明确岗位职责，把招聘职位的工作内容、特点和对应聘者的技能要求编制成职位说明书，让应聘者知道岗位的职责及任职条件。这样做，也能让招聘者做到心中有数。

（2）应聘者个性与团队特点的匹配度。随着现代专业化分工越来越细，团队合作越来越重要。如果应聘者以自我为中心、合作能力不强，就无法在团队中工作，因此，团队合作能力是绝大部分岗位的基本要求。此外，由于工作性质、领导风格不同，招聘中我们还需要考虑每个部门、每个团队的特点。对于组织的高管、质检等岗位来说，坚持原则的人更有用武之地，而对于设计、策划部门来说，特立独行的人有可能随时冒出独特的创意。

（3）应聘者价值观与组织文化的匹配度。价值观支配着个体的行为，员工对组织的忠诚度与其对组织价值观的认同度有着密切关系。认同组织价值观的员工能够与组织文化很好地融合，提高组织绩效。因此，向应聘者开诚布公地讲明本组织的优劣势，介绍组织文化的特点，让应聘者权衡选择，这样组织虽然有可能错失一些优秀人员，但更能确保员工队伍的稳定性。此外，对应聘者的道德品质考查应得到充分重视。不论应聘者学历多高、能力多强、资历多闪耀，一旦发现有道德品质问题就应该一票否决。

2. 人员选拔的关键标准：关键胜任力

按同样标准选拔的人员，他们的实际绩效可能相差甚远。因此，在招聘标准的制定中，除基本标准之外，决策能力、激励能力、人际交往能力、自我控制能力等非技能性因素，也是决定招聘成效的关键。这些因素就是岗位关键胜任力，其决定了人员能否出色地完成某项工作。关键胜任力也就是工作所需的核心素质。

（三）解决之道

1. 确定招聘标准的方法

（1）根据职位说明书，列出目标职位的基本招聘标准。

（2）根据离职面谈结果，分析员工离职的内在原因。

（3）结合以上两方面信息，对职位说明书中的任职条件进行细化和调整，确定具体招聘标准。

2. 明确关键胜任力的步骤

（1）与任职者及其关联职位进行访谈，对该职位典型的成功和失败事例进行分析，再加上经验积累和同行参考，列出某一职位的关键性胜任特征。

（2）对职位胜任特征进行定义分级，明确界定。

（3）针对具体职位要求，为各项胜任力设定权重。

（四）知识链接

1. 组织文化

组织文化（Organizational Culture），指组织成员共有的一套意义共享的体系，它使组织独具特色，区别于其他组织。进一步考察，这个意义共享体系实际上是组织所看重的一系列关键特征。①

（1）创新与冒险。员工在多大程度上受到鼓励进行创新和冒险。

（2）注意细节。员工在多大程度上被期望做事缜密、仔细分析和注意细节。

（3）结果取向。管理层在多大程度上重视的是结果和效果，而不是为了实

---

① 斯蒂芬·P. 罗宾斯，蒂莫西·A. 贾奇. 组织行为学［M］. 关培兰，译. 北京：中国人民大学出版社，2006.

现这些结果所使用的技术与过程。

（4）人际取向。管理决策在多大程度上考虑到决策结果对组织内成员的影响。

（5）团队取向。工作活动在多大程度上以团队而不是以个体进行组织。

（6）进取心。组织成员的进取心和竞争性（而不是随和性）程度如何。

（7）稳定性。组织活动在多大程度上强调维持现状，而不是成长和发展。

2. 团队角色理论

剑桥产业培训研究部前主任梅雷迪思·贝尔宾博士和他的同事们经过多年在澳大利亚和英国的研究与实践，提出了著名的贝尔宾团队角色理论，即一支结构合理的团队应该由 8 种人组成。

并不是说一个团队必须包含 8 个成员，贝尔宾认为 6 人组成的团队是小团队中最有效的。一个团队成员在团队中可能扮演多个角色，以保持团队的平衡，每种角色都有其优势、可接受劣势，并且某些角色的结合可能会非常有效，而某些角色的结合则会导致冲突。

表 4—1 展示了 8 种团队角色的典型特征、优势、可接受劣势及其在团队中的作用。

表 4—1　　各种团队角色的特征描述①

	实干家 CW	协调员 CO	推进者 SH	智多星 PL	外交家 RI	监督员 ME	凝聚者 TW	完美主义者 FI
典型特征	保守 顺从 务实 可靠	沉着 自信 有控制局面的能力	思维敏捷 开朗 主动探索	有个性 思想深刻 不拘一格	性格外向 热情 好奇 联系广泛 消息灵通	清醒 理智 谨慎	擅长人际交往 温和 敏感	勤奋有序 认真 有紧迫感
优势	有组织能力 有实践经验 工作勤奋 有自我约束力	对各种有价值的意见不带偏见地兼容并蓄 看问题比较客观	有干劲 随时准备向传统、低效率、自满自足挑战	才华横溢 富有想象力 智慧 知识面广	有广泛联系人的能力 不断探索新的事物 勇于迎接新的挑战	判断力强 分辨力强 讲求实际	有适应周围环境以及人的能力 能促进团队的合作	追求完美 持之以恒
可接受劣势	缺乏灵活性 对没有把握的主意不感兴趣	在智能以及创造力方面并非超常	好激起争端 爱冲动 易急躁	高高在上 不重细节 不拘礼仪	时过境迁，兴趣马上转移	缺乏鼓动和激发他人的能力 自己也不容易被别人鼓动和激发	在危急时刻往往优柔寡断	常常拘泥于细节 容易焦虑 不洒脱

① ［英］R. 梅雷迪思·贝尔宾. 管理团队——成败启示录［M］. 郑海涛，译，北京：机械工业出版社，2001.

续表

	实干家 CW	协调员 CO	推进者 SH	智多星 PL	外交家 RI	监督员 ME	凝聚者 TW	完美主义者 FI
团队中的作用	把谈话与建议转换为实际步骤 考虑什么是行得通的、什么是行不通的 整理建议，使之与已经取得一致意见的计划和已有的系统相配合	明确团队的目标和方向 选择需要决策的问题，并明确它们的先后顺序 帮助确定团队中的角色分工、责任和工作界限 总结团队的感受和成就，综合团队的建议	寻找和发现团队讨论中可能的方案 使团队内的任务和目标成形 推动团队达成一致意见，并朝向决策行动	提供建议 提出批评，并有助于引出相反意见 对已经形成的行动方案提出新的看法	提出建议，并引入外部信息 接触持有其他观点的个体或群体 参加磋商性质的活动	分析问题和情景 对繁杂的材料予以简化，并澄清模糊不清的问题 对他人的判断和作用做出评价	给予他人支持，并帮助别人 打破讨论中的沉默 采取行动扭转或克服团队中的分歧	强调任务的目标要求和活动日程表 在方案中寻找并指出错误、遗漏和被忽视的内容 刺激其他人参加活动，并促使团队成员产生时间紧迫感

3. 领导风格与下属风格（见表4—2）

表4—2　　　　领导风格与下属风格①

美国组织心理学巴斯（Bass）研究指出了个体在组织情境中最有可能采用的风格。领导风格一般指习惯化的领导方式所表现出的种种特点。习惯化的领导方式是在长期的个人经历、领导实践中逐步形成的，并在领导实践中自觉或不自觉稳定地起作用，具有较强的个性化色彩。每一位领导者都有其与工作环境、经历和个性相联系的与其他领导者相区别的风格。领导风格研究的理论价值和实践意义在于它更能反映现实的领导活动，解释领导有效性的差异	
领导风格	下属风格
指导型领导：指导型领导的特征是对事情该怎样做以及何时做有坚定的观点。他们几乎没有留给下属展现自主权的余地，相信下属应该坚持最初制定的方法和进度。指导型领导有很高的目标定向，特别关注结果，倾向于密切注意他人的行为和表现。这可能会使他们显得有点冷漠，这种印象可能被下面的事实强化，即他们更愿意听从自己的观点，而不是鼓励他们提出想法。作为一个特别自我定向的领导者，他们可能会不考虑他人的想法，代价是自己的想法也可能会被拒绝。当然，只是在他们自己的判断和能力被质疑时，这才会成为一个问题	接受型下属：接受型下属一般是很典型的随和的个体，他们渴望按照预先指定的程序完成分配给他们的工作。传统和缺乏某些独立必然意味着他们很少提出自己创新的想法，更愿意在他人的指导下工作。他们很少批评或质疑他们工作的本质，相信自己的职责就是尽其最大能力执行他人的决定

① 资料来源：“China Select 善择©”，www.chinaselect.cn

续表

授权型领导：授权型领导的特征是把工作授权给下属。由于他们的风格不是非常的民主，授权的过程可能没有商量。因此，下属通常是被分配给任务，而不是积极参与决定项目应该如何进行。然而，一旦工作分配下去，领导几乎不再提供任何指导，在很大程度上会期待下属的工作只需最少的监督即可。尽管不是人人都喜欢这样的领导风格，但是那些天性独立的人可能会喜欢由这样的领导所给予的自由	独立型下属：在允许独立型下属自由表达自己想法的环境里，他们往往最能发挥作用。他们通常是革新主义的个体，也关注取得结果；这样，他们的想法一般会充满想象力但又是适合解决特殊问题的。如果要求这样的个体在需要严格遵守已有程序和方法的环境中工作时，就会有问题。在有些情形下，独立型下属往往会感觉他们的个性被扼杀了，因而会不满和易怒。因此，不适合让他们与指导型风格的管理者一起工作，因为这往往是一个管理者和下属的不当搭配
参与型领导：参与型领导主要关注团队作为一个整体能做出的最佳表现。因此，他们鼓励团队的所有成员做贡献，并且相信群策群力自然会找到解决问题的最好办法。他们不大可能把自己的愿望和观点强加给其他成员，只会充当民主过程中的带头者。这会确保给每个成员都有表达自己观点的机会，没有一个人会对团队决定施加不成比例的影响	合作型下属：合作型下属相信团队解决问题的能力大于个人的能力，同样，他们会倾向于降低个人的地位和重要性。这类个体喜欢集体讨论，一般会提出他们自己的革新想法，也更喜欢讨论他人的想法。他们强烈相信建设性的批评有益，所以在指出他人想法中的不足时，很少犹豫；同样的，在理解了首要关注的应该是团队实现目标时，他们通常也乐于接受同伴的批评。在同团队成员分享想法的管理者手下工作时，合作型下属最能发挥作用。因此，最好是把他们放在鼓励合作而不是指导型风格的管理者手下工作
咨询型领导：咨询型领导的风格集中了民主型和指导型的一些要素。他们看重集体讨论，并且倾向于鼓励单个成员做贡献。然而，尽管集体讨论本质上是很民主的，但当有多个可接受的提议时，到底选哪个一般由咨询型领导做最后决定。因此，这种领导风格的效力取决于个人权衡成员提出的每个观点利弊的能力。最终的决定不必要是大多数人都赞成的	信息型下属：管理者通常在知识上认可信息型下属，认为他们的想法和见解可靠而有见地。信息型下属一般能提出创造性的想法和革新的解决方案。他们详细严格地分析自己和他人想法的能力通常意味着他们提议的办法几乎没有大的缺陷。咨询型领导会看重团队中这样的个体，认为他们是有用的、可靠的人才
谈判型领导：谈判型领导通过激励手段等方法来激发下属朝着共同的目标努力。通过谈判，努力达成某种相对于其他团队成员对双方都公平的安排，激发成员以特定的方式工作。谈判型领导非常依赖他们自己的说服技巧去实现既定目标。他们也会运用自己非常成熟的形象管理技巧根据所处情境使他们的方式缓和下来。这种能力，配合着对成就的渴望，意味着有时他们可能采取非传统的方法去达成他们渴望的目标	交换型下属：交换型下属往往是那些有着在情绪上很成熟的人生观的人，他们很少会因为批评或挫折变得心烦意乱。同样，他们也不会害怕向管理者推销自己的观点或与其协商有关完成项目的最好方法。因此，他们和谈判型领导可能是最互补的，因为交换型下属通常有强烈的自我观念，在下属和管理者之间的任何交换都将会是特别有效的

4. 人力资源经理胜任力模型示例（见表4—3）

表4—3　　人力资源经理胜任力模型示例

领导驾驭	计划控制：设定富有成效的工作计划，确定最适合的方法和合理的资源，并管理这些资源，以达到预定目标 组织协调：有合作观念和合作意识，明确角色和责任，面对困难和冲突能有效沟通和协调
决策创新	战略决策：从战略角度分析和理解问题的关键矛盾，分析形势，做出恰当、合理、及时和实际的判断并采取行动 应变掌控：对所发生问题的轻重缓急有清醒的认识，善于掌握主动，提出迅速应对的措施 工作创新：创造或引进新观念、方式，提高工作绩效
人员发展	团队引领：创建高度合作的团队，促进知识、想法和资源的共享，增强团队的凝聚力 辅导激励：提供恰当的需求分析、辅导和其他支持，帮助他人学习与进步

5. 组织协调能力层级描述（见表4—4）

表4—4 组织协调能力层级描述①

级别	行为表现
0	与上级沟通不够，无法说服上级对计划给予认可与支持；横向沟通不畅，无法得到有关部门的大力配合；对参与者的激励不够，往往没能获得参与的热情；过程控制中也无法及时应对各种障碍
1	能做好与上级和其他部门的沟通，能获得上级对计划的认可与支持；计划推行时，也能获得同级部门的一部分支持，但是计划推动力还不够，无法调动好所有的资源，在计划推行的过程中也无法及时处理各种问题
2	善于发现利益共同点，能够说到对方心坎里，赢得对方案的支持，激发参与的热情
3	能够让每个参与者明确自己所扮演的角色，澄清目标、职责与价值；有始有终，完成后给予参与者积极的反馈，从而在下次继续获得他们的支持；熟悉相关部门的业务流程与特点，以便在计划推行时使得阻力最小
4	拥有卓越的推动能力，能做好各方面的沟通协调工作；优势的说服力，使得他人支持与参与，遇到任何阻碍都毫不留情地破除

三、招聘渠道选择中的风险与防控

（一）问题表现

招聘渠道是组织招聘行为的辅助之一。良好的招聘渠道应该具备以下特征：

（1）招聘渠道具有目的性。指招聘渠道的选择是否能够达到招聘的要求。

（2）招聘渠道的经济性。指在招聘到合适人员情况下所花费的成本最小。

（3）招聘渠道的可行性。指选择的招聘渠道符合现实情况，具有可操作性。

在目前的人力资源市场中，组织会根据自己的喜好和经验来选择相应的渠道发布招聘信息。目前，招聘市场中常见的招聘渠道包括现场招聘、网络招聘、校园招聘、传统媒体广告、人才介绍机构、内部招聘、员工推荐、人事外包等。

然而，应聘资源的不足仍然是困扰一线招聘人员的大问题。虽然有那么多渠道可选，但在实际招聘中，招聘效果却总不理想。

那么，究竟应该如何有效选择招聘渠道呢？

（二）问题根源

想了解招聘渠道的有效性，我们首先得全面了解招聘渠道的分类及特点。总体来说，招聘渠道可分为内部与外部两大类。

① 冯颖．HR招聘实务手册［M］．北京：化学工业出版社，2012.

1. 内部招聘

内部招聘是指当组织出现职位空缺时，优先考虑组织内部员工，将其调整到目标岗位上。

（1）内部招聘的优势

①可信性高。从选拔的有效性和可信度来看，管理者和员工之间的信息是对等的，因为员工的历史资料有案可查，管理者也对内部员工的性格特征、工作态度、沟通能力、工作能力、工作动机、业绩评价以及发展潜能等方面有较为客观、准确的认识，提高了决策的成功率。

②忠诚度高。从组织文化角度来说，员工与组织在同一个目标基础上形成的共有价值观、信任观和创造力，体现了员工与组织的集体责任及整体关系。员工在组织中工作过较长一段时间，已融入组织文化中，认同组织的价值观念和行为规范，因而对组织的忠诚度较高。

③适应能力强。从运作模式看，现有的员工更了解本组织的运作模式，与从外部招聘的新员工相比，他们能更好地适应新工作。

④组织效率高。从组织的运行效率来看，现有的员工更容易接受指挥和领导，易于沟通和协调，易于消除边际摩擦，易于发挥组织效能。

⑤激励性更佳。从激励角度来看，内部选拔能够给员工提供一系列的晋升机会，使组织的成长与员工的成长同步，有美好的愿景，容易鼓舞员工士气，形成积极进取、追求成功的氛围。

⑥费用低。内部招聘可以节约高昂的招聘费用，如广告费、人员差旅费等，同时还可以省去一些不必要的培训。此外，内部候选人已经认可组织现有的薪酬体系，其工资待遇要求会更符合组织现状。

（2）内部招聘的劣势

①可能造成内部矛盾。内部选拔需要竞争，而竞争的结果必然有成功与失败，并且失败者居多。竞争失败的员工可能会心灰意冷、士气低下，不利于组织的内部团结。内部选拔还可能导致部门之间“挖人才”现象，不利于部门之间的协作。

②容易造成“近亲繁殖”。同一组织内的员工有相同的文化背景，可能产生“近亲繁殖”“团队思维”“长官意志”等现象，抑制了个体创新，可能会给组织带来灾难性后果。尤其是当组织内的重要职位由基层员工提拔，容易僵化思维意识，不利于组织的长期发展。

③导致不公平。内部选拔有可能是按资历或人际关系或者领导喜好而非业绩、能力，形成不正之风，给有能力者的职业生涯发展设置了障碍，导致优秀人才外流或被埋没，削弱组织的竞争力。

④形成小团体。有可能出现“裙带关系”等不良现象，滋生组织中的“小团体”，引发组织内的“政治集团”斗争，削弱组织效能。

⑤增加选取外部优秀人才的机会。一般情况下，外部优秀人才是比较多的，一味寻求“内部制造”，减少了外部“新鲜血液”进入本组织的机会，表面上看是节约了成本，实际上是对机会成本的巨大浪费。

⑥成本更高。除非有很好的发展培训计划，内部晋升者不会在短期内达到预期的要求，内部发展计划的成本甚至比雇佣外部直接适合需要的人才还要高。

2. 外部招聘

外部招聘是根据一定的标准和程序，从组织外部的众多候选人中选拔符合空缺职位工作要求的人员。它是最为常见的人力资源招聘渠道。

（1）外部招聘的优势

①更大的选择空间。人才市场广阔的人力池为外部招聘提供了广大的选择空间，组织更有可能选择到合适的人选，特别是某些稀缺的复合型人才，这样可以节省大量的内部培养费用。

②带来新的活力。新员工会带来不同的价值观和新观点、新思路、新方法，有利于组织的发展和创新。从外部招聘优秀的技术人才、营销专家和管理专家，这些技术知识、客户资源和管理技能是一种沉默知识，须言传身教才能获得，这种特有的人力资本对组织来说是一笔巨大的财富。

③有利于树立组织形象。外部招聘也是一种十分有效的交流方式，会起到广告的作用。在外部招聘的过程中，组织可以借此在潜在的员工、客户和其他外界人士中树立积极进取、锐意改革的良好组织形象，从而形成良好的口碑。

④促进良性竞争。通过从外部招聘优秀人才，在无形中给组织原有的员工施加压力，形成危机意识，激发他们的斗志与潜力，促进共同进步。

⑤平息缓和内部竞争者之间的紧张关系。内部竞争者由于彼此机会均等，可能在同事之间产生互相竞争的局面，进而可能因为同事的晋升而产生不满情绪，消极懈怠，不服管理，从而不利于组织的运作和管理，而外部员工的引入对此种情况会产生平衡作用。

⑥宏观社会意义。从宏观意义上说，外部招聘可以在全社会范围内优化人力资源配置，促进人才合理流动，加速全国性人才市场和职业经理市场的形成，节约整个社会的教育和培训成本，具有明显的外部经济性，具有巨大的社会效益。

（2）外部招聘的劣势

①筛选时间长，难度大。组织希望能够比较准确地测量应聘者的能力、性格、态度、兴趣等素质，从而预测他们在未来的工作岗位上能否达到组织的要求。而研究表明，这些测量结果只有中等程度的预测效果。为此，一些组织还

采取诸如推荐信、个人资料、自我评定、工作模拟等方法。这些方法各有各的优势，但也都存在着不同程度的缺陷，这就使得录用决策耗费的时间较长。

②进入角色状态慢。对外部招聘的员工需要花费较长的时间来进行培训和定位，才能使其了解组织的岗位职责、工作流程和运作方式，增加了培训成本。从外部招聘的人员还有可能出现“水土不服”的现象，很难融入组织文化中，导致人际关系复杂、工作不顺，影响积极性和创造力的发挥。

③引进成本高。外部招聘需要在信息发布时支付一笔不小的费用，而且由于外部应聘人员相对较多，后续的选拔过程也非常烦琐复杂，不仅花费了较多人力、财力，而且占用了大量的时间。

④决策风险大。外部招聘只通过几次短时间的接触，就必须判断候选人是否符合本组织空缺岗位的要求，而不像内部招聘那样经过长期接触和考查，因此，很有可能因为一些原因而做出不准确的判断，进而增加了决策风险。

⑤影响内部员工的积极性。外部招聘容易挫伤有上进心、有事业心的内部员工的积极性和自信心。如果组织中有胜任的人未被选用或提拔，即内部员工得不到相应的晋升和发展机会，内部员工的积极性可能会受到打击。

⑥“中转站”的风险。即外聘人才的潜力、个人发展空间能否与组织发展同步的问题。能够与组织发展趋于同步成长的人才，长期留下来“为我所用”的可能性较大。而个人超前于组织太多或滞后于组织，都会埋下难以长期留任的隐患。有许多民营组织花费巨大引进人才，但真正能为组织创造价值的却寥寥无几。

表4—5可以让我们更加清晰地了解内部招聘与外部招聘的优缺点。

表4—5　　内部招聘与外部招聘优缺点比较

内部招聘	外部招聘
优点： ①组织对候选人的能力有清晰的认识 ②候选人了解工作要求和组织 ③鼓励高绩效，有利于鼓舞员工士气 ④组织仅仅需要在基本水平上雇佣 ⑤更低的成本	优点： ①更大的候选人选择空间 ②会把新的技能和想法带入组织 ③比培训内部员工成本低 ④降低徇私的可能性 ⑤激励老员工保持竞争力，发展技能
缺点： ①会导致“近亲繁殖”状态 ②会导致为了提升的“政治性行为” ③需要有效的培训和评估系统 ④可能会因操作不公或心理因素导致内部矛盾	缺点： ①增加与招聘和甄选相关的难度和风险 ②需要更长的培训和适应阶段 ③内部的员工可能感到自己被忽略 ④新的候选人可能并不适应组织文化 ⑤增加搜寻成本

（三）解决之道

1. 选择招聘方式应遵循的原则

鉴于内外部招聘各自的优缺点，大多数组织在实际招聘过程中都采用内外招聘相结合的方式。

组织在选择招聘方式的时候应该考虑以下原则：

第一，高级管理人才选拔应遵循内部优先原则。

当今，人力资本已成为组织核心竞争力的重要组成部分，高级管理人才对于任何组织的发展都是不可或缺的。组织在高级管理人才的选拔过程中应当遵循内部优先原则。

第二，外部环境剧烈变化时，组织必须采取内外结合的人才选拔方式。

当行业的经济技术基础、竞争态势和整体游戏规则发生根本性变化时，知识老化周期缩短，原有特长、经验会成为学习新事物新知识的一种包袱。在这种情况下，从组织外部、行业外部吸纳人才和寻求新的资源，成为组织生存的必要条件之一。

第三，处于外速成长期的组织应该广开外部渠道。

对于处于成长期的组织来说，由于发展速度较快，仅仅依靠内部选拔与培养无法跟上组织的发展。同时受组织人员规模的限制，选择余地相对较小，无法得到最佳的人选。这种情况下，组织应当采取更为灵活的措施，广开渠道，吸引和接纳需要的各类人才。

第四，组织文化类型的变化决定了选拔方式。

如果组织要维持现有的强势组织文化，不妨从内部选拔，因为内部员工在思想、核心价值观、行为方式等方面对于组织有更多的认同，而外部人员要接受这些需要较长的时间，而且可能存在风险。如果组织想改善或重塑现有的组织文化，可以尝试从外部招聘，新的人员带来的新思想、新观念，可以对组织原有的事物造成冲击，促进组织文化的改进完善。

内部选拔优先还是外部招聘优先，对于不同层次的人才、不同环境和阶段的组织有不同的选择，必须视组织的实际情况而定。这需要组织在既定的战略规划前提下，在对组织现有人力资源状况进行分析和未来情况预测的基础上，制定详细的人力资源规划，明确组织的用人策略，建立内部培养和选拔体系，同时有目的、有计划、分步骤地展开招聘选拔工作，给予组织内外部人才公平合理的竞争机会，以形成合理的人才梯队，保证组织未来的发展。

2. 内部招聘方式

（1）提拔晋升。将较低职位的优秀员工提拔至较高职位，是最为常见的内部招聘方式。给员工升职、发展的机会，对激励员工非常有利。

（2）工作调换。工作调换也叫“平调”，即将某一职位员工调至另一不同职位，这样做的目的是为了填补空缺。同时，还能使内部员工了解其他部门的工作，与更多人员有深入接触、了解的机会。

（3）工作轮换。工作轮换与工作调换有些相似，但也有不同。工作调换从时间上来说是较长的，而工作轮换则通常是短期的、有界限的。工作调换往往是独立的，而工作轮换往往是两个以上的、有计划进行的。工作轮换可以使内部人员有机会了解不同的工作，给那些有潜力的人员提供以后可能晋升的条件，同时也可以减少部分人员由于长期从事某项工作而带来的烦躁与厌倦感。

（4）人员重聘。有些组织会由于某些原因而存在一些下岗人员、长期休假人员、已在其他地方工作但关系还在本单位的人员。在这些人员中，有的恰好是内部空缺需要的人。他们中有的人素质较高，对这些人员的重聘会使他们获得再为组织效力的机会。

3. 外部招聘方式

外部招聘渠道有着丰富的选择，包括常见的猎头公司推荐、网络招聘、校园招聘、招聘会等。在此以表格的形式来了解各类外部招聘渠道（见表4—6）。

表4—6　外部招聘渠道比较

招聘方式	优势	劣势
猎头公司	①在高级人才招聘中优势明显，能让组织一开始就接触到高素质的应聘者 ②拥有大量并无明显求职意愿的潜在应聘者 ③承担初期广告工作及初选工作，为组织节约大量时间	①收费昂贵，大大增加招聘成本 ②猎头公司善于说服组织雇用某个候选人，而不是去寻找一个真正适合职位要求的人
网络招聘	①速度快，效率高 ②成本低，费用省 ③覆盖面广 ④可获得更大规模的求职储备库	①人才层次的局限性 ②信息处理的复杂性 ③虚假信息的大量存在
校园招聘	①有数量巨大的高素质合格申请者 ②招聘录用手续相对简便 ③年轻毕业生充满活力，富有工作热情，可塑性强	①优秀毕业生往往会多头应聘，入职率不高 ②毕业生对工作和职位易产生不现实期望 ③毕业生缺乏经验，需要大量培训和融合 ④校园招聘成本较高、费时较长
人才交流市场、招聘会	①应聘者集中，选择余地较大 ②招聘费用较低 ③用人组织与应聘者可直接交流，节省时间	①应聘者素质不高，招聘到高级人才几乎不可能
媒体广告（广播、电视、报纸等）	①覆盖面广 ②地域指向明确 ③可起到形象宣传作用	①人群针对性不强 ②费用不低

这些不同的招聘渠道各有特色，对组织来说，应根据不同的招聘需求来选择适合的渠道：

第一，对于基层员工的招聘，一般可以选择当地的电视和报纸媒体。往往这些员工需求人数较多，素质要求也不高，采用这些渠道影响面宽，效果会更好。

第二，对于知识型员工和中层管理人员，可选择网上招聘和人才市场。网上招聘现在已经成为很多组织的主要招聘渠道，不仅影响面广，而且人才储备量非常大。而各地人才市场的一些专场招聘会，专业人员较为集中，也能让组织寻找到需要的人才。

第三，对于高级管理和专业技术人才，建议选择资质和信誉较好的猎头公司。它们的招聘针对性强、有保障，每个职位都能提供四五个候选人，不仅会提供候选人的详细简历，而且可以协助组织对候选人进行素质测评和背景调查等。

第四，同事、朋友介绍和推荐也是一个很好的途径，他们往往更可靠。

（四）知识链接

1. 校园招聘计划（见表4—7）

表4—7　　校园招聘计划①

阶段	任务	细节
筹备期	确定学校数量	4所
	圈定学校范围	北京市内，综合类本科院校
	锁定具体学校	A、B、C、D
	联系就业办老师	电话、传真/Email、确认函
	商定宣讲会细节	时间、场地、设备、宣传
	公司内人员协调	HR、用人部门，预约时间
	公司内工具准备	海报、横幅、宣传册、易拉宝、小礼物、PPT
演练期	PPT宣讲人员培训	
	学校老师拜访	现场看场地、定细节，宣传资料送达
	公司内人员协调	HR、用人部门，时间敲定
	公司内工具到位	PPT、电脑、小礼物、面试邀请单、求职登记表、面试评估表
宣讲会	PPT人员演练，着装准备	熟练度、渲染力、信心
	面试安排	时间、场地、面试官、协调人
	现场人员分工	布置场地，确定主持人、宣讲人，面试邀请单发放

① 冯颖. HR招聘实务手册［M］. 北京：化学工业出版社，2012.

续表

阶段	任务	细节
面试期（补充招聘期）	宣讲会物品准备	列好清单，确保不遗漏一物
	面试	根据达成率状况追加面试量
	补充招聘	随时与通过面试的候选人保持联系
行政工作期	行政工作	发 OFFER，签“三方协议”，确认毕业证书，签订劳动合同，入职

2. 职务潜在候选人主要来源（见表 4—8）

表 4—8　　职务潜在候选人主要来源①

来源渠道	优点	缺点
内部搜寻	①花费少 ②有利于提高员工士气 ③候选人了解组织情况	①供应有限 ②不能有效保护团体内部员工比例
广告应征	①辐射广 ②可以有目标地针对某一特定群体	有许多不合格的应聘者
员工推荐	①可通过现有员工提供对组织的认识 ②基于推荐者的认真推举，可能产生高素质的候选人	可能不会增加员工的类别
公共就业机构	正常费用或免费	通常为非熟练或受过很少训练的候选人
私人就业机构	①广泛接触 ②仔细甄别 ③通常给予短期的担保	花费大
学校分配	大量、集中的候选人	仅限于初入者级别的职位
临时性支援服务	仅满足临时的需要	①成本高 ②通常限于常规或只需范围狭小的确定技能的工作

3. 常见职业招聘网站

（1）前程无忧。http：//www. 51job. com. cn。

（2）智联招聘网。http：//zhaopin. com。

（3）中华英才网。http：//chinahr. com。

四、招聘广告发布中的风险与防控

（一）问题表现

招聘广告主要指用来公布招聘信息的广告，它主要为应聘者提供一个获得

① 斯蒂芬·P. 罗宾斯，玛丽·库尔特. 管理学（第 9 版）[M]. 孙健敏，等，译. 北京：中国人民大学出版社，2008.

更多信息的渠道。人才招聘广告是组织员工招聘的重要工具之一，其设计好坏直接影响到应聘者的素质和组织的竞争。

可以这样说，招聘广告是应聘者认识组织的第一步。

有些组织的招聘广告对岗位职责描述不清，导致吸引不到合适的人才前来应聘。

有些组织为了吸引更多的优秀人才前来应聘，会在招聘广告中做出高薪、住房、出国培训等承诺。

另有一些组织不太在意招聘广告的用词，从而引发就业歧视风险。

这些不规范的招聘广告会给组织造成麻烦，甚至带来法律纠纷，需要人力资源从业者谨慎对待。

（二）问题根源

组织发布的招聘广告，其性质如何，存在争议。有人认为其为要约，而有人认为其为要约邀请。“要约”是指期望他人与自己订立合同的意思表示，而“要约邀请”则是期望他人向自己发出要约的意思表示。两者的区别在于以下四个方面：

第一，要约是订立合同的必经程序，要约邀请则不是。

第二，要约通常只能向特定的受要约人发出，要约邀请则不受此限制。

第三，要约的内容应当具体明确，包含拟订立合同的主要条款，而要约邀请则不包含。

第四，要约的目的是希望和他人订立合同，而要约邀请则是希望他人向自己发出要约。

总而言之，要约与要约邀请之间最大的区别在于，要约人与要约邀请人的法律地位是不同的。招聘广告的法律性质应为要约邀请而非要约，即组织发出招聘广告后并不具有受约束的地位，而是通过招聘广告吸引应聘者前来应聘，组织则享有是否与应聘者建立劳动关系的权利。

但是，组织应该对招聘广告中的承诺予以慎重考量。其原因有三个：

第一，招聘广告的内容如果明确，从形式上符合要约的要求，并且应聘者对于要约邀请的内容产生了合理的信赖，也可能被认为具有法律约束力。

第二，诚信原则是订立劳动合同的基本原则，如果善意的应聘者对于招聘广告中的内容产生了合理的信赖并因此递交简历、求职申请，甚至自费“长途奔袭”参与面试等支出一定的费用，而组织却因过失甚至恶意的行为导致应聘者损失，则应该承担相应的赔偿责任。

第三，在劳动合同的协商订立阶段，双方当事人都应该遵守诚信原则，如果组织违背诚信原则进行虚假的陈述则有可能构成欺诈，应承担相应的法律责任。

（三）解决之道

组织在发布招聘广告时应注意以下问题：

第一，招聘广告发布的信息应该真实。

真实是招聘广告的首要原则。各地对于招聘广告的发布都有明确的管理规定。如：用人单位公开发布人才招聘广告，应出具有关部门批准其设立的有效证明文件或营业执照以及其他相关证明文件，如实公布拟聘用人员的数量、岗位、条件和待遇等相关信息；广告经营者及广告发布者设计、制作、代理、发布人才招聘广告，应当依据有关法律、法规查验组织有关证明文件或者营业执照，核实招聘广告内容；对于内容不实或证明文件不全的招聘广告，广告经营者不得提供设计、制作、代理服务，广告发布者不得发布；组织发布人才招聘广告，不得超出有关部门核准的经营范围或许可范围；广告发布者不得为超出业务范围或许可范围的组织或委托单位发布人才招聘广告。

第二，招聘广告内容应该契合招聘岗位的需求。

尽管招聘广告是要约邀请，原则上对组织并不具有约束力，但是招聘广告中的岗位信息以及应聘人员的基本条件等则是可能产生法律效力的。岗位信息实际上是确定人员招聘的前提条件，而且应聘者通常会针对招聘广告所公示的某个具体岗位提出求职申请。因此，当组织经过面试选拔确定录用人员时，其岗位的确定原则上应该符合招聘广告的要求。

对应聘人员基本条件的要求，对于组织考核录用人员具有重要的意义。《中华人民共和国劳动法》（以下简称《劳动法》）第二十五条规定，在试用期间被证明不符合录用条件的，用人单位可以解除劳动合同。但相关司法解释规定，如果辞退员工，应由用人单位一方举证证明员工不符合录用条件。而何谓录用条件，尽管存在争议，但是组织的招录条件通常被视为录用条件的重要内容。因此，组织应该尽量明确录用条件。

第三，招聘广告中岗位职责的细化问题。

招聘广告中岗位职责的细化问题，不仅关系到组织招聘什么样的员工、具体工作职责等，还是日后考核、解除劳动合同的重要依据。《劳动法》第二十六条和《劳动合同法》第四十条都规定劳动者不能胜任工作是组织解除劳动合同的法定依据。因此，在招聘广告中清晰表述岗位职责的要求，可以减少劳动合同争议，降低组织人力资源管理风险。

第四，招聘广告应避免就业歧视。

就业歧视是对劳动者平等权的侵害，如果组织想避免其招聘广告所确定的条件构成就业歧视，就应该承担证明其招聘条件具有正当性和合理性的责任。招聘广告中关于招聘条件的用语要尽量趋于缓和，尽量不要采用刚性条件，如多使用“优先”“择优”等字眼。对于招聘广告中的部分内容，组织如果无法确定是否可能涉及就业歧视时，应该慎重表述或者不表述。

（四）法律法规

《就业服务与就业管理规定》第十一条　用人单位委托公共就业服务机构或职业中介机构招用人员，或者参加招聘洽谈会时，应当提供招用人员简章，并出示营业执照（副本）或者有关部门批准其设立的文件、经办人的身份证件和受用人单位委托的证明。招用人员简章应当包括用人单位基本情况、招用人数、工作内容、招录条件、劳动报酬、福利待遇、社会保险等内容，以及法律、法规规定的其他内容。

《就业服务与就业管理规定》第十四条　用人单位招用人员不得有下列行为：

（一）提供虚假招聘信息，发布虚假招聘广告；

（二）扣押被录用人员的居民身份证和其他证件；

（三）以担保或者其他名义向劳动者收取财物；

（四）招用未满16周岁的未成年人以及国家法律、行政法规规定不得招用的其他人员；

（五）招用无合法身份证件的人员；

（六）以招用人员为名牟取不正当利益或进行其他违法活动。

《就业服务与就业管理规定》第二十条　用人单位发布的招用人员简章或招聘广告，不得包含歧视性内容。

《就业服务与就业管理规定》第六十七条　用人单位违反本规定第十四条第（二）、（三）项规定的，按照《劳动合同法》第八十四条的规定予以处罚；用人单位违反第十四条第（四）项规定的，按照国家禁止使用童工和其他有关法律、法规的规定予以处罚。用人单位违反第十四条第（一）、（五）、（六）项规定的，由劳动保障行政部门责令改正，并可处以一千元以下的罚款；对当事人造成损害的，应当承担赔偿责任。

《中华人民共和国劳动法》第二十六条　有下列情形之一的，用人单位可以解除劳动合同，但是应当提前三十日以书面形式通知劳动者本人：

（一）劳动者患病或者非因工负伤，医疗期满后，不能从事原工作也不能从事由用人单位另行安排的工作的；

（二）劳动者不能胜任工作，经过培训或者调整工作岗位，仍不能胜任工作的；

（三）劳动合同订立时所依据的客观情况发生重大变化，致使原劳动合同无法履行，经当事人协商不能就变更劳动合同达成协议的。

《中华人民共和国劳动合同法》第三十九条 劳动者有下列情形之一的，用人单位可以解除劳动合同：

（一）在试用期间被证明不符合录用条件的；

（二）严重违反用人单位的规章制度的；

（三）严重失职，营私舞弊，给用人单位造成重大损害的；

（四）劳动者同时与其他用人单位建立劳动关系，对完成本单位的工作任务造成严重影响，或者经用人单位提出，拒不改正的；

（五）因本法第二十六条第一款第一项规定的情形致使劳动合同无效的；

（六）被依法追究刑事责任的。

（五）知识链接

招聘广告示例①

××网络科技有限公司是国内优秀的INTERNET软件开发商，主要从事网络安全软件产品开发及跨平台颁式异构网络环境下的软件开发。经某市高新区人才交流服务中心批准，特诚招精英人士加盟。

职位一：测试工程师（人数：4名；工作地点：总部）

任职资格：

（1）计算机及相关专业本科以上学历。

（2）全面的软件技术知识。

（3）有较丰富的数据以及网络知识与经验。

（4）参加过大型软件系统的开发。

（5）两年以上软件开发、测试、支持、维护经验。

工作职责：

（1）编写测试计划及测试用例。

（2）进行集成测试和全面测试。

（3）为公司提供项目测试报告。

职位二：技术支持工程师（人数：2名；工作地点：总部）

任职资格：

（1）计算机及相关专业本科以上学历。

---

① 何立．人力资源风险控制与管理（图解版）［M］．北京：人民邮电出版社，2014.

(2) 充分理解 OSI 网络参考模型及 TCP/IP 协议集。

(3) 熟练使用各种主流网络操作系统 (如 NT、UNIX 等)。

(4) 对网络安全有一定了解。

(5) 能独立完成集成项目的方案制定。

(6) 一年以上系统集成项目售前支持经验。

(7) 具有较好的人际交往及团队协作能力。

(8) 具有 CNE 和 MCSE 认证者优先。

工作职责:

负责网络安全产品的技术支持。

职位三: 组织发展部经理 (人数: 1 名; 工作地点: 总部)

任职资格:

(1) 计算机及相关专业, 或经济类、管理类本科以上学历。

(2) 精通各种管理方法, 包括作业控制、产品管理等。

(3) 了解 IT 行业管理特点。

(4) 有相关经验者优先。

工作职责:

(1) 公司作业控制、产品管理等管理方案的制定和控制。

(2) 对本部门其他岗位行使管理职能。

有意者请将个人简介、学历证明复印件及其他能证明工作能力的资料寄送至 (或 E-mail) 公司人力资源部 (E-mail: 略)。

总部地址:

电话: 传真:

邮编:

五、招聘中就业歧视的防控

(一) 问题表现

在招聘过程中, 组织可能因歧视性的录用条件与应聘者产生纠纷被告上法庭。这些歧视性内容包括身高歧视、性别歧视、地域歧视、身份歧视、疾病歧视、相貌歧视、属相歧视等。

虽然我国劳动法明令禁止招聘录用中的歧视行为, 但对招聘者来说, 有时很难辨别出歧视行为。我们会根据招聘要求来选拔人员, 但何种待遇会成为歧视呢?

并且, 一旦涉及就业歧视, 因为涉诉牵扯过多精力, 会影响组织生产经营。更严重的是, 媒体的广泛报道也会影响组织的社会形象评价。

（二）问题根源

1. 就业歧视的表现形式

（1）招聘广告中明确含有歧视内容。

（2）招聘广告中虽然没有具体写明歧视性内容，但在招聘过程中明确告知应聘者不符合歧视性的录用条件。

2. 就业歧视的分类

（1）差别性对待。这类形式的歧视指的是，尽管没有刻意明文规定，但招聘者在对待不同的人群时适用了不同的标准。例如，在其他条件相同的情况下，我们更倾向于录用一名未婚女性，而非一名已婚未孕的女性。

（2）差别性影响。招聘方对所有求职者制定了统一的标准，但运用这些标准会导致不同人群产生不同的录用比率。例如，要求普通话标准，这一要求看似合理，不存在歧视，但这一要求大大降低了南方、偏远地区、少数民族人群的应聘可能性。除非组织能够证明招聘岗位必须具备这一条件，如播音、主持等，否则也可能会涉及就业歧视。

3. 就业歧视的后果

（1）如果就业歧视是在招聘时针对不特定人群提出的，劳动行政部门可以对该组织进行处罚。

（2）如果组织在进行一对一招聘时，以含有就业歧视的理由拒绝应聘者，那么该应聘者可以向法院提起诉讼，要求获得平等就业的机会。

（三）解决之道

如果应聘者的某些缺陷并不影响其在组织的正常工作，组织完全不必将其拒之门外。一方面，为了自身的长远发展，组织应该不拘一格录用人才，不能因为应聘者某方面的缺陷而拒绝录用，这对组织而言也是一个巨大损失；另一方面，组织要勇于承担社会责任，聘用此类人员既缓解了具有某些缺陷的社会弱势群体的就业难问题，也为构建和谐社会贡献了力量，树立了良好的社会形象。

为避免涉及就业歧视，在招聘过程中应注意：

第一，组织的招聘广告中不得含有歧视性字眼。

组织面试后拒绝应聘者，不要当面（或电话）明确告知其被拒绝的原因是其不符合组织带有歧视性内容的招聘条件。

第二，组织不要因为歧视性条件而解聘员工。

（四）法律法规

《中华人民共和国宪法》第三十三条　凡具有中华人民共和国国籍的人都是

中华人民共和国公民。中华人民共和国公民在法律面前一律平等。国家尊重和保障人权。任何公民享有宪法和法律规定的权利，同时必须履行宪法和法律规定的义务。

《中华人民共和国就业促进法》第二十五条　各级人民政府创造公平就业的环境，消除就业歧视，制定政策并采取措施对就业困难人员给予扶持和援助。

《中华人民共和国就业促进法》第二十六条　用人单位招用人员、职业中介机构从事职业中介活动，应当向劳动者提供平等的就业机会和公平的就业条件，不得实施就业歧视。

《中华人民共和国就业促进法》第二十七条　国家保障妇女享有与男子平等的劳动权利。用人单位招用人员，除国家规定的不适合妇女的工种或者岗位外，不得以性别为由拒绝录用妇女或者提高对妇女的录用标准。用人单位录用女职工，不得在劳动合同中规定限制女职工结婚、生育的内容。

《中华人民共和国就业促进法》第二十八条　各民族劳动者享有平等的劳动权利。用人单位招用人员，应当依法对少数民族劳动者给予适当照顾。

《中华人民共和国就业促进法》第二十九条　国家保障残疾人的劳动权利。各级人民政府应当对残疾人就业统筹规划，为残疾人创造就业条件。用人单位招用人员，不得歧视残疾人。

《中华人民共和国就业促进法》第三十条　用人单位招用人员，不得以是传染病病原携带者为由拒绝录用。但是，经医学鉴定传染病病原携带者在治愈前或者排除传染嫌疑前，不得从事法律、行政法规和国务院卫生行政部门规定禁止从事的易使传染病扩散的工作。

《中华人民共和国就业促进法》第三十一条　农村劳动者进城就业享有与城镇劳动者平等的劳动权利，不得对农村劳动者进城就业设置歧视性限制。

《中华人民共和国就业促进法》第六十二条　违反本法规定，实施就业歧视的，劳动者可以向人民法院提起诉讼。

《中华人民共和国就业促进法》第六十八条　违反本法规定，侵害劳动者合法权益，造成财产损失或者其他损害的，依法承担民事责任；构成犯罪的，依法追究刑事责任。

（五）知识链接

1. 美国就业歧视相关案例

因就业歧视所引发的民事案件案例在我国实属少数，下面列举美国 1970—1995 年间多起就业歧视案例分析（见表 4—9）。

从表 4—9 可以看到，法院的判决结果都是对某项招聘决定可以接受还是不可以接受做出认定。对招聘人员来说，不幸的是，大多数判决都是“不可接受”。因此，我们只能了解哪些不能做，而不是哪些能做，这多少有点令人不安。如果法院能够将“可以接受”的甄选实践汇编成册，那就方便多了。法院和执法机构的主要责任是促使组织早日解决相关社会问题，而正是由于这些社会问题，才推动了公平就业机会相关法律的制定。

表 4—9　　主要的甄选法院案例中的关键问题①

案例	关键问题
格里格斯对杜克电力公司案（1971）	①缺乏歧视意图，辩护方理由不充分 ②如果存在负面影响，甄选测验必须是与职位相关的 ③当存在明显的负面影响时，雇主负有举证的责任
美国对佐治亚电力公司案（1973）	①效度检验策略必须遵守公平就业机会委员会的《规范化指南》 ②效度检验必须包括受影响的群体 ③效度检验必须反映甄选决策实践 ④必须在标准化的条件下施行检测
斯珀洛克对联合航空案（1972）	①对学历和工作经验的要求必须是与职位相关的 ②随着员工工作危险的增加，公司的举证责任弱化
康涅狄格州对蒂尔案（1982）	公司必须确保多步骤甄选方案的每个部分都不存在差别性影响
沃林对FT. 财产信托银行案（1988）	①争论焦点为主观性甄选工具（例如面试和判断）的案件，可以作为差别性影响案件来审理 ②组织可能需要像对客观性测验进行的效度检验那样对面试进行效度检验
联邦合同执行程序办公室对欧扎克航空公司案（1986）	①在残疾的案例中，组织必须证明个人不能胜任职位 ②必须对残疾人进行合理的调整
汽车工人对江森公司案（1991）	①真正的职业资格要求辩护下的安全例外应限制在一定范围内，即性别和怀孕的确影响了员工工作的能力 ②公司对未来小孩子健康的道德关切不能成为不雇用妇女的充分理由 ③有关孩子的决定权归未来的父母
拉德对哥伦比亚特区案（1995）	①采用内容效度为负面影响辩护是可接受的 ②在工作分析时确保少数民族具有充分的代表性是至关重要的 ③必须证明工作分析信息、测验问题和正确答案三者之间存在着明确的联系 ④注意测试安全及其实施是很重要的

① ［美］罗伯特·D. 盖特伍德，休伯特·S. 菲尔德. 人力资源甄选（第5版）［M］. 薛在兴，等，译. 北京：清华大学出版社，2005.

2. 与面试相关的歧视案例（见表4—10）[1]

表4—10 与面试相关的歧视案例

被判歧视的案件	法院意见
斯坦普斯对底特律·爱迪生公司案（1973）	所有面试官都是白人 面试官主观判断求职者的个性 没有采用结构化面试或书面面试 没有客观的录用标准
韦纳对奥克兰县案（1976）	所有面试官都是男性 面试问题对女性构成偏见 没有具体说明甄选规则
金对TWA公司案（1984）	女性求职者的面试问题与男性求职者不一致 面试官存在性别偏见的历史
罗宾斯对怀特-威尔逊诊所案（1981）	没有确定进行面试或计分的规则 面试官任意根据自己的意见做出评价
吉尔伯特对阿肯色州小石城案（1986）	面试不具有测量心智过程的恰当的内容效度 没有提供知识、技术和能力的操作化定义　面试的问题与实际工作情形不一致
贝利等人对东南部联合学徒制案（1983）	问题的内容对女性构成歧视 辩护不符合公平就业机会委员会《规范化指南》的要求 没有明确说明如何评估求职者的业绩 对面试中所采用的具体问题证据不足
琼斯对密西西比劳教局案（1985）	没有计分标准 没有设定甄选及格分
被判没有歧视的案件	**法院意见**
哈利斯对杜克案（1977）	结构化问卷 根据工作分析结果设计面试问题 面试表现与培训之间存在联系
缅因州人权委员会对劳教局案（1984）	允许测量与个性有关的变量 明确列出了知识、技术和能力 使用正式的计分制度
明尼阿波利斯社区人权委员会对明尼苏达药瘾协会案（1981）	通过主观指标测量不能完全由客观指标测量的求职者特征，是允许的 针对个别求职者的附加面试问题是恰当的 明确指出任职资格 对所有求职者都使用一套正式的面试问题
阿里贝里对宾夕法尼亚联邦案（1981）	使用非计分性面试问题 向面试者提供关于任职资格的书面材料 用布告形式指明任职资格 通过主观指标测量不能完全由客观测试测量的求职者行政管理能力，是允许的

① ［美］罗伯特·D. 盖特伍德，休伯特·S. 菲尔德. 人力资源甄选（第5版）［M］. 薛在兴，等，译. 北京：清华大学出版社，2005.

第二节　人才测评风险与防控

对职位候选人进行信息收集，是对职位候选人做出录用决策的基础。这一信息收集的过程不外乎履历表、人才测评及面试。

不过很多时候，录用决定被证明是错误的。可能一个被预测工作出色的人，实际上对组织的贡献并不突出。一些预计会在组织里待很长时间的人，工作没几个月就离职了。而一些被认为对公司来讲不适合而未被录用的求职者，也许会干得很好，当然，这是无法验证的。

在上述情况下，我们可能会认为，我们做出了一些不适当的录用决策。但是，当我们仔细分析这些情况时，可能会发现决策过程并没有错，而是这些决策所依据的数据使用错误了。

如今，人才测评在组织招聘管理中的运用越来越频繁，它的效用也在逐渐显现。然而，如果组织对人才测评理解不当、选择不当、使用不当，不仅存在法律风险，而且往往会造成错误的用人决策。

一、人才测评中的风险与防控

（一）问题表现

人是组织中最宝贵的资产，往往也是成本最高的资产，因此，将合适的人安排在合适的工作岗位上，是管理者要做的最重要的决策之一。正确的选择不但能推动组织的成功，还能激励员工个人成长，而错误的选择则会对组织和个人都造成严重的消极影响。

目前，中国的平均员工离职率已达 15%，这一数据在 2001 年时仅为 8%。现在，在某些行业的某些特定岗位，其离职率甚至高达 27%。当我们将招聘、入职培训、在职培训、生产损失和终止合同的成本考虑进去时，员工的离职成本对组织来说是非常高的，据说仅生产损失这一项就可高达相应职位年薪的 25%。

因此，提高招聘选拔的效率，对组织而言相当重要。

此外，组织需承担的法律责任越来越多，欧洲和美国已颁布在选拔程序中保护职位申请人权利的劳动法。在美国，所有员工人数多于 15 人的雇主有义务遵守《民事权利法》以确保其雇佣和晋升决策是公平的，是与工作相关的，是与组织的需求一致的。2007 年，我国颁布《劳动合同法》，内容越来越向西方的法律靠拢。新法使中国的各类组织在解雇员工上变得很困难，因此，一次就选对人，变得更重要了。

（二）问题根源

人才测评是一个系统评估个人的过程，其目的正是对申请人在受雇佣或发展上的适宜性，做出公平、准确的决策。

人才测评有两个主要目的：

一是选拔。选拔目的包括两个方面，一是从外部申请人中选拔人才来填补真实空缺的职位，二是评估在职员工以便内部晋升。选拔关注的是了解人们之间的差异如何影响其工作中的表现。

二是发展。发展的目的是提高现有员工的工作绩效或为下一工作角色做准备。发展关注的是帮助员工了解自己的优势和劣势，制订有效的个人发展计划，还包括长期的职业生涯规划。

这里讨论的人才测评主要聚焦招聘选拔。人才测评之所以能在人员招聘选拔中起到重要作用，主要基于以下几个原则：

第一，人在能力和人格方面是各不相同的。

第二，某些人比其他人更适合某个工作和工作环境。

第三，在某种程度上预测将来的行为和工作表现是有可能的。

第四，决策应该基于多个来源的信息。

人才测评从根本上说就是围绕人及其可能的工作有效性进行的一个决策过程。工作绩效高的员工很可能具有与工作要求相匹配的知识、技能、能力和人格。然而，有效的工作表现同时依赖于一些外部因素，这些因素会超出员工的控制范围，这些外部因素可能是资源、领导力、组织文化和工作环境等。当以上工作要求和外部因素同时与员工内在的品质相匹配时，我们认为这是最佳“匹配”。我们就此可以预测以下结果：工作表现良好，工作满意度高，留任时间长。

（三）解决之道

要想使人才测评在招聘选拔中起到最佳作用，正确定位人才测评在人力资源管理，特别是招聘选拔中的位置相当重要。具体如图 4—1 所示。

招聘选拔是组织成功的关键一步，虽然人的能力在很大程度上是可以通过培训、经验和训练来提高的，但提高的程度是有限的。获得高绩效员工最好的方法是从一开始就招募到合适的人才。因此，对于人力资源管理者来说，在选拔上的投资就是为成功奠定基础的过程。当然，单靠良好的选拔并不能保证员工的效率，选拔只是整个人力资源管理系统的一部分，组织要想获得胜任的、高效的员工，人力资源管理系统的所有部分都应该良好运作。

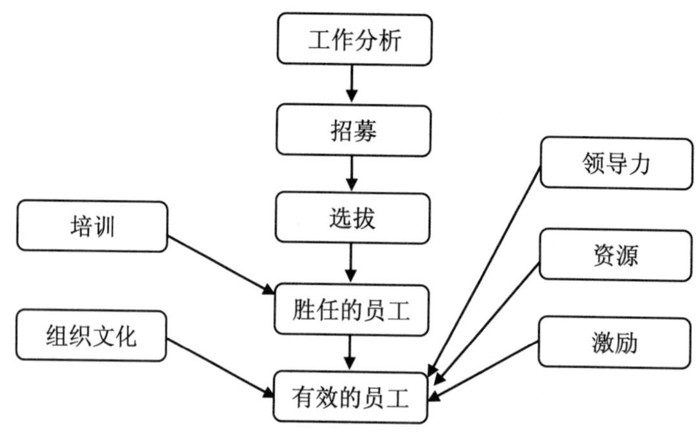

图 4—1　招聘选拔在人力资源管理中的定位

选拔的目的是公平且有意义地将人区分开来。好的选拔程序应该是系统的、实用的，它能帮助我们在知识、技能和能力等方面将候选人区分开（见图 4—2）。而这些知识、技能和能力是工作和组织取得成功的必要条件。任何与预测绩效无关的东西都不应该影响选拔决策。

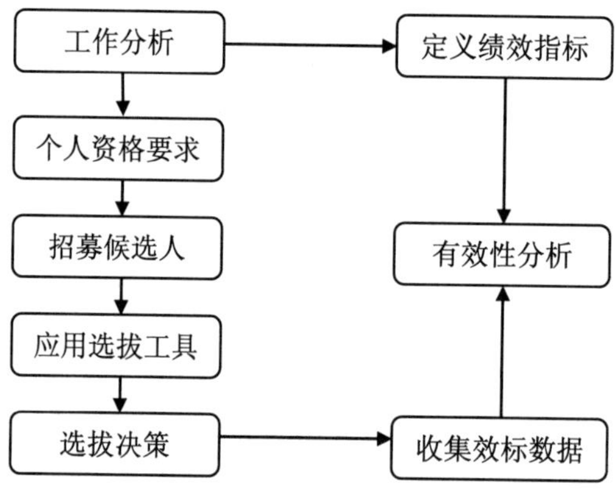

图 4—2　好的招聘选拔程序

（四）知识链接

1. 人力资源招聘选拔过程（见表 4—11）

表 4—11　人力资源招聘选拔过程①

步骤	目标	成果	参考工具
收集	排除不合适的申请者	得到“合适”的申请者	现实工作展示 组织价值问卷 “一日生活”模拟

① 冯颖. HR 招聘实务手册［M］. 北京：化学工业出版社，2012.

续表

步骤	目标	成果	参考工具
筛选	以“胜任”的最低要求区分申请者，采用有否决权的方法淘汰部分候选人	选出“有可能”的候选人	简历 个人信息表 加权申请表
过滤	通过主要胜任力和人格特质的评估，选出与职位和组织文化较为匹配的候选人	滤出“很可能”的候选人	能力测验 人格问卷 工作样本测试 电话面试
聚焦	通过收集候选人在重点胜任力上的详细证明，鉴别出谁是最可能胜任此职位的人	决出最终“录用者”	基于胜任力的面试 评价中心技术

2. 有效甄选手段（见表4—12）

表4—12　　各甄选手段作为绩效预测器的功用①

效度	高层管理	中低层管理	复杂的非管理职务	常规的作业职务
申请表	2	2	2	2
笔试	1	1	2	3
工作样本	—	—	4	4
测评中心	5	5	—	—
面谈	4	3	2	2
申请资料核实	3	3	3	3
参考查询	1	1	1	1
体格检查	1	1	1	2

注：效度在这里按从5（最高）至1（最低）的尺度衡量。

二、人才测评工具选择中的风险与防控

（一）问题表现

人才测评工具是指通过一系列科学的手段和方法对人的基本素质及其绩效进行测量和评定的活动。人才测评工具的具体对象不是抽象的人，而是作为个体存在的人，其内在素质及其表现出的绩效。人才测评工具的使用方法包含于概念自身，即人才测量和人才评价。人才测评工具的主要作用是通过各种方法对被试者加以了解，从而为组织的人力资源管理决策提供参考和依据。选择合适的人选，系统地降低错误雇佣为用人单位带来的风险。

任何一种人才测评工具在开发时都有一定的目的性。例如，职业兴趣、职业锚是用来帮助人进行职业规划的，卡特尔16种人格测验是人格测量，还有智

① 斯蒂芬·P. 罗宾斯，玛丽·库尔特. 管理学（第9版）[M]. 孙健敏，等，译. 北京：中国人民大学出版社，2008.

商测量、能力测量等。而不同的开发目标必然会得到不同的测评结论。

对组织的招聘人员而言，人才测评的确是一项有效的工具。然而，面对种类繁多的测评工具，我们应该如何选择呢？不同测评工具对人力资源从业者来说，其意义和价值何在呢？

（二）问题根源

1. 人才测评工具总览

目前，大量旨在对人员进行区分的评估方法被组织所采用，这些测评方法都是为了找出申请人胜任力的证据，以说明该申请人将在所申请的职位上可以表现良好。其中，某些方法采用开放式提问（如申请表、非正式的面试），这有利于收集有关个人教育背景和资格、培训和工作经验的信息；其他则是采用更正式、直接的测评方法（如人才测评），这有利于提供有关个人能力和成就水平方面更加精确的信息。

招聘选拔环节有可能用到的测评技术如下：

（1）履历分析。履历分析可能是最常见的最初测评方式，它是一种很好的收集基本个人信息的工具。通常收集此类信息更有效的方式是，使用专门设计的申请表，在某些情况下，一些关键信息，如教育水平就能自动筛选。

（2）面试。面试是一个或多个面试官与申请人之间进行的互动谈话，以评估该申请人是否适合某工作。面试一般持续 15~60 分钟，也可能会更短或更长。面试是人类的社会互动，是到目前为止使用最广泛的选拔方法。它为管理者提供了可以与候选人面对面接触的机会。然而，面试虽然被广泛使用，但由非结构化或非正式的面试做出的判断往往是主观的，因此在公平性和准确性上存在问题。

（3）心理测验。心理测验产生于对个别差异鉴别的需要，广泛应用于教育、企事业人员的选拔与评价。心理测验实质上是行为样组的客观的和标准化的测量。心理测验依据不同的标准可划分出不同的类别。

根据测验的具体对象，可分为认知测验与人格测验。认知测验测评的是认知行为，而人格测验测评的是社会行为。

认知测验又可按其具体的测验对象，分为成就测验、智力测验与能力倾向测验。成就测验主要测评人的知识与技能，这是对认知活动结果的测评。智力测验主要测评认知活动中较为稳定的行为特征，是对认知过程或认知活动的整体测评。能力倾向测验是对人的认知潜在能力的测评，是对认知活动的深层次测评。

人格测验按其具体的对象可以分为态度、兴趣与品德（包括性格）测验。

（4）工作样本。工作样本是通过提供给申请人特定的工作样本来考查其能力、评估其表现的方法。工作样本一般用来测评申请人现有的技能，同时它还能考查学习新技能的能力。它基于行为一致性前提，即个体在模拟情境下的行为方式与工作中的行为被假定是相同的。

工作样本可以是简单的（如面试中的情境问题），也可以是复杂的工作场景模拟，甚至还可以包括从事真正的工作。然而，通常情况下，作为选拔工具的工作样本会要求申请人处理有限数量的且真实的工作任务。这些任务应该是标准化的，这样申请人的表现才可以进行公平的比较。

（5）情境模拟。情境模拟与工作样本相似，还是将申请人放在一个与工作相关的情境或任务中，只是在情境模拟中的情境或任务是经过精心设计且更复杂，例如计算机化商业博弈游戏。

（6）评价中心。在评价中心，一组不同的选拔技术被使用于一个人或一组人。评价中心技术所需的时间可以是一小时或几小时甚至几天。典型的技术包括工作样本、心理测验、结构化面试、小组任务、演讲等。

评价中心技术运用的领域包括：

①所需的技能是复杂的，并且通过面试或简单的测验不能简单评估。

②所需的技能包括重要的人际互动的因素。

③候选人之间的互动是整个评估的有用元素。

（7）小组任务。要求一组申请人完成多个不同的任务，考评者观察每个申请人的表现并根据一组与工作相关的胜任力来评分。常用的小组任务有无领导讨论、角色扮演和指令任务等。

2. 心理测验技术

虽然上面列举了多种测评技术，但本节所讨论的人才测评，其实应该聚焦在具体的心理测验技术上。

（1）心理测验的分类（见表 4—13）

表 4—13　　心理测验的分类

<table>
<tr><td rowspan="8">心理测验</td><td rowspan="4">认知</td><td colspan="2">成就测验（斯坦福成就测验）</td></tr>
<tr><td colspan="2">智力测验（斯坦福-比奈智力测验）</td></tr>
<tr><td rowspan="2">性向测验</td><td>一般性向测验</td></tr>
<tr><td>特殊性向测验（加内特机械性向测验）</td></tr>
<tr><td rowspan="4">品性</td><td colspan="2">态度测验（利克特态度量表）</td></tr>
<tr><td colspan="2">兴趣测验（爱德华爱好测验）</td></tr>
<tr><td colspan="2">性格测验（卡特尔 16 种人格测验）</td></tr>
<tr><td colspan="2">道德测验（雷斯特道德测验）</td></tr>
</table>

（2）心理测量的原理

①差异性。个体之间存在差异是进行人才测评的前提，而心理测验也起源

于实验心理学对个别差异的研究。个体之间的差异可以归纳为互相联系的两个方面。一是个体的倾向差异，包括兴趣、爱好、需要、动机、信念、理想、认知模式等。二是个性心理特征，包括能力、气质与性格 3 个因素及其组合的差异。

②可测性。心理学认为，人的心理特征是可以测量的。虽然心理特征是无形的内在，但是通过对外显行为的测量可以实现对心理特征的客观反映。这些要测量的行为不是单个行为，而是一组有代表性的行为；不一定是真实的行为，而是概化了的模拟行为。对于个体不同的行为表现，我们可以按照一定的法则，指派不同的数字，使各种行为特点通过不同的数字表示出来，再根据行为与心理特征的对应关系得出要测量的心理特征。

③结构性。心理学认为，人的心理品质的各个方面在每个人的身上都不是任意堆积的，而是一个依据一定结构组合而成的有机整体。人才测评中的品德、智力、能力和绩效等几个结构，就是以个性心理品质的几个组成部分为依据确定的。

（3）心理测验的优势

①测评效果。过去几十年，研究者对人员选拔方法的准确度进行了广泛的研究，他们发现心理测量是目前最有效的选拔方法之一，特别是与其他形式的测评方法一起使用时。

②测评广度。心理测验能够测量全方位的能力、工作态度和人格特质。

③客观性。心理测验避免了主观判断。

④可量化。心理测验旨在对心智能力或价值观的某个重要方面进行量化测量。测验分数和数据能通过统计技术进行分析，这也是其客观性的基础之一。

⑤公平性。可避免不公平竞争引发的争议。

⑥适用性。我们可以对测验分数与工作绩效之间的关系进行统计分析。

⑦法律防卫。当与系统的选拔程序结合在一起时，心理测验能为选拔决策提供在法庭上的有力辩护，使组织能够证明是公平、客观地区分候选人的。

⑧效率。在线测试和计算机操作使得心理测验既有效率，又节约成本。

（三）解决之道

1. 常用心理测验（见表 4—14）

表 4—14　　常用心理测验

智力测验	韦克斯勒智力测验	由美国心理学家大卫·韦克斯勒研制的成套智力测验，包括韦氏儿童智力量表（WISC）、韦氏成人智力量表（WAIS）、韦氏幼儿智力量表（WPP-SI）
	瑞文推理测验（SPM）	由英国心理学家瑞文设计的一套非文字型智力测验。瑞文测验自有了中国常模后就成为我国智力测验中的常用工具

续表

能力倾向测验	一般能力倾向测验	通过考查被试者的文字运用、语文推理、数字理解、推理能力、机械工作能力、适应环境能力、想象力、判断能力、领导能力等方面因素，借以确定被试者的能力倾向
	特殊职业能力倾向测验	特殊能力评价工具，如言语推理、运算能力、抽象推理、文书速度与准确性、机械推理、空间关系、词汇测验和言语运用等
	专门职业能力倾向测验	用于考查被试者就某一具体职业发展的潜力。常用的有飞行员素质测验、行政职业能力测验、文书测验、推销人员测验等
人格测验	艾森克个性测验（EPQ）	由英国心理学家艾森克教授编制，是目前医学、司法、教育和心理咨询等领域应用最为广泛的问卷之一
	卡特尔 16 种人格测验（16PF）	由美国心理学家卡特尔教授编制的一种精确的测验。本测验在国际上颇有影响，具有较高的效度和信度，广泛应用于人格测评、人才选拔、心理咨询和职业咨询等工作领域
心理健康测验	症状自评量表 SCL90	世界上最著名的心理健康测试量表之一，是当前使用最为广泛的精神障碍和心理疾病门诊检查量表

2. 正确使用心理测验

心理测验应用于人才测评可以提升人力资源管理的科学性和公平性。要达到这样的效果有一个前提条件，即正确使用心理测验。心理测验像其他科学工具一样，必须加以适当运用才能发挥其良好功能。如果由不合格的人员实施、解释，或被滥用，会引起不良后果。

在人才测评中正确使用心理测验，必须做到以下几点：

第一，只有具备资格的心理测验工作者才能使用心理测验。

心理测验是专业技术性很强的工作，无论是测验的选择，还是具体的实施、计分、对结果的解释，只有训练有素的心理测验工作者才能胜任。如人格测验、心理健康诊断测验的使用，必须掌握心理测验专业理论和与该测验相关的理论，而且经过实践锻炼。即使是专业的心理测验工作者，也应慎重，不要随便使用自己不熟悉的心理测评工具。

第二，慎重选择具体的心理测验工具。

一方面要根据人才测评的目的和已确定的人才测评指标选择符合需要的心理测验量表；另一方面要从不同心理测验量表的信度、效度、常模的代表性等方面来选择，选择信度和效度高的量表，选择适合的常模。

第三，测验要保密。

测验的内容不能泄露，测验评价的结果不能给无关的人员阅读了解。

第四，要慎重对待测验结果。

任何心理测验都有误差，而且人的心理水平是变化的。我们不能仅仅依据心理测验结果来评判，而要参照其他考核标准和评价方法来共同评判，然后下结论。

第五，测验过程要严谨。

认真做好测验的准备、实施、结果解释等工作，要对被试者在测验中的反应和行为做详细和切实的记录，注意测试情景、被试焦虑、测验中的某些细小环节等因素对被试者成绩的影响，尽量使测验标准化，使测验对每个被试者都公平，使测验能衡量被试者的真实水平。

（四）知识链接

当你需要决定何时做测验和使用什么测验方式时，遵循以下程序和原则可以帮助你做出清晰的、恰当的决策，见表 4—15。

表 4—15　　测评工具选择①

考虑因素	原　理	操作化指引
成功因素	在特定条件下什么因素或胜任力是与工作绩效相联系的 是否已经做了工作分析或有效性研究	
整体测评过程	心理测验通常是整体测评过程的一部分，你需要知道它们是如何适合本次测评过程的，以及需要用其他什么工具来补充。另外，值得了解错误的决策对组织的影响，对价值更高的岗位往往会在选拔程序中投入更多	候选人的数量和性质是什么 是否还有其他的选拔工具或阶段
适用范围	将你的测评建立在你对工作要求和测验本质的了解上，通过技术手册来了解测验的本质，不要被测验名称所误导	是否有测验适合用来测评你所选拔的职位
信度	信度不高的测验不能提供准确的测量，它们的效度也没有意义。因此，你需要考虑测验的内部一致性数据（测验题目测评相同心理特质的程度）和测验的稳定性	标准化样本有多大 各种信度系数是多少
效度	证明该测验实际测量内容的证据的强度	有什么效度证据 其预测或同时效度数据是否适合你的情况 在效度分析时使用的样本有多大 该效度分析于何时完成
公平性	对于使用测验的申请人、测评者和组织，所有测评从实践和法律上都应该是公平的。我们要确保所有不同组的测验分数的差异是由于与工作相关的原因引起的	是否有关于对不同人群使用该测验的数据
常模	比较个体与他人的表现需要常模组，而常模组信息的质量和数量将会影响这些比较的价值	是否存在一个常模组可以用来与你的测验候选人相比较 常模样本有多大和具有怎样的代表性 有中国常模组吗 常模组是否于近期建立

① 以上资料经由“China Select 善择©”允许引用。

续表

考虑因素	原　理	操作化指引
可接受性	在以下情况下，人们一般会更愿意参加测验： ①做测验的理由已事先解释 ②他们准备充分并知道将要做什么 ③测验与他们的个人目的有关 ④他们将收到结果反馈	你的受测者是否会接受测验的风格、内容和目的 你是否能确保提供所有的信息并做好准备工作和结果反馈
可操作性	考虑以下方面： ①每个测验和相关材料的成本是多少 ②培训时间和成本是否可以负担 ③测验的施测需要多长时间 ④测验的计分和解释的复杂性，需要多长时间 ⑤是否能自动生成分数和报告 ⑥需要什么设备 ⑦测验是否可以在线施测，上机施测，进行纸笔测验 ⑧订购测验材料需要多长时间 ⑨测验的质量与组织的专业形象是否匹配 ⑩如有需要，测验的发布商是否会提供支持性服务	

三、呈现与解释测评结果中的风险与防控

（一）问题表现

人员选拔的决策是十分复杂的，并不仅仅是择优录取的问题，还要考虑职位的特点、发展的需要、人员的相互配合等问题。测评结果能够反映被测者素质的差异，但并不能直接作为选拔决策的证据。

目前大部分组织的人才测评工作都会委托专业机构来进行。那么，专业的人才测评机构是如何将受测者的回答整合成一份系统的测评结果报告呢？这一报告对组织而言有何意义？应该如何看待呈现在我们面前的这些数据？它们又如何转化成我们的选拔决策呢？并且，除了用于人员选拔之外，人才测评结果报告还有什么别的用途吗？

（二）问题根源

正是由于人才测评的数据结果并不能直接使用，因此需要将测评结果转化为准确性与有效性兼具的测评报告。

简单讲，测评报告可分为分数报告、等级报告、评语报告 3 种。这三种形式并不是完全独立的，它们之间存在递进关系。一般来说，分数报告是等级报告的基础，而评语报告也是综合考虑分数和等级的结果而做出的。

分数报告是以分数的形式反馈测评与选拔结果。所谓的分数有 4 种基本形式：

（1）目标参照性分数。按照测评指标本身要求而给出的分数。

（2）常模参照性分数。根据被测者总体的一般水平而给出的相对分数。

（3）原始分数。在测评中直接得到的分数。

（4）导出分数。通过一定转换后得到的分数。

等级报告与分数报告在本质上是一致的，都是通过某种明确的形式反映被测者在团体中的位置。很多时候，等级的划分是直接根据测评的分数结果。

评语报告是一种最原始也最常用的测评报告形式。测评专家需要在测评报告中以书面语言的形式来表达和解释测评的结果。

（三）解决之道

对人才测评与选拔结果进行解释时，应注意以下几个方面：

首先，一般来说，由于人才测评是同时采用多种评价方法进行的，所以很难获得单一的结果。常用的方法是，同时使用多个指标来描述员工的优缺点，并对每一指标给出规范的文字说明。在建立了关键测评指标体系的情况下，可以根据加权后得到的部分和积压指标分数形成的素质“轮廓”与胜任特征的匹配程度，来对所有员工的素质评价结果进行排序。

其次，对任何员工的评价，都是员工遗传特征、测评前的学习与经历，以及测评情境三方面因素共同影响的结果。对员工素质测评与选拔结果进行解释时，应该综合员工以前的工作表现或自传资料，采用定性和定量相结合的方法对测评与选拔结果进行解释。同时，要注意让员工本人积极参加结果解释过程，只有这样，测评与选拔结果才能更真实地反映员工的实际水平。

再次，测评只是工具，不是目的。不可否认，素质测评能给我们提供很多有用的信息，但不能仅仅依据测评与选拔结果对员工盖棺定论，应该把测评与选拔结果作为更好地了解员工的手段。在此基础上，一方面根据员工的优缺点安排工作，并根据他们的特点采取最合适的管理方法；另一方面寻找员工特征和职位胜任特征的差距，并根据这个差距和员工的职业生涯规划，有意识在工作中对员工进行培养，同时给员工制订相应的培训计划，这样才能推动员工素质的提高，实现组织发展的目标。

最后，应该注意，素质测评的结果将会用于多种用途。如，反馈给个人的报告、提供给决策者的报告、用于存档建立员工素质数据的报告等，应该采用不同的形式。反馈给个人的报告应该详细、客观，措辞富有建设性。提供给决策者的报告应该重点突出，描述准确简洁，有很强的针对性。用于存档的报告要保留原始分数，并附有相应的测评工具、测评时间、地点等情境性因素的记录，便于将来的比较研究。因此，同一个测评与选拔结果可能会产生多份结果报告，用于特定的用途。

四、人才测评结果运用中的风险与防控

（一）问题表现

当我们拿到一份人才测评报告时，我们也许会困惑于繁复的测评结果对我们的人员选拔究竟有何用途。究竟是高分录用，还是某一区间的分数更适合组织？测评结果可以直接用于决策，还是只能作为决策的参考？

人才测评的结果究竟可以运用在哪些方面？不同的测评技术和测评结果在运用时应注意哪些问题？选拔决策是否有效？选拔的人选是否正确？测评结果对帮助组织进行正确选择起到多大作用？

（二）问题根源

在我国，人才测评总的来说还没有得到推广，而且在不同组织发展不平衡，工作人员水平和测评工具质量良莠不齐。

主要原因有两个：

第一，因为各种测评技术往往从国外引进，存在和国情不相容的问题。

第二，现阶段素质测评行业缺乏规范和宏观管理，提供测评服务的机构和人员水平参差不齐。

在已经得到运用的组织中，最主要用于招聘录用和选拔晋升，其次是培训与发展。在西方国家，目前人才测评主要运用于招聘录用、职业生涯发展和培训开发，运用在这三方面的比例是近似的。随着我国各类组织对员工职业通道设计的完善和培训的加强，很可能也会逐渐走向这样的格局。

此外，人才测评是为人事决策提供参考信息，以提高决策的正确率。从测评结果到选拔决策，可以说是一种管理艺术的体现，需要决策者从本组织的具体情况出发做出创造性的决定。然而，决策者总要根据一定的经验、遵循一定的规律来做出决定。对测评结果进行跟踪分析，可以提供这种经验认识。因此，组织应该注意对人才测评结果进行跟踪，以检验测评系统运用的合理性和测评机构的水平，从而改进未来的人才测评工作与选拔决策。

（三）解决之道

1. 人才测评结果的运用

测评结果的运用应该注意以下问题：

第一，避免素质测评无用论。

尽管现代人才测评的影响越来越大，但仍有一些组织机构认为，现代人才

测评并不比传统的选人用人办法高明多少，不用人才测评，组织照样能够很好地发展。事实上，这种看法是错误的。过去，由于社会经济总体发展水平比较低，而且社会的竞争机制和人们的竞争意识还没有成形，在这种情况下，没有现代人才测评技术和现代人力资源管理，组织确实也能正常发展。但在市场竞争日益激烈的今天，组织需要客观有效地选用人才，充分发挥员工的作用，否则会处于越来越被动的位置。如果说在一定范围内对一般员工的误用还是可以弥补的话，那么对诸如关键技术人员和高级管理人员的误用造成的损失将是无法挽回的。

第二，避免以人才测评代替人事决策。

人才测评可以为人事决策提供参考信息，使得决策的正确率更高。但是，素质测评本身并不能取代人事决策，再先进的测评技术只能提供一些决策支持信息，最终的用人决策是必须经过主观判断的，测评的准确性只是降低了这种主观判断的失误率。因此，组织不应该要求测评机构和专家做出用人决策，测评咨询机构更不能为了显示测评的“价值”而在测评报告中提出用人决策。

第三，对测评与选拔结果的准确性抱以合理期望。

许多机构对人才测评的测量准确性期望过高，以至于把测评的每句话都当成真理，或者对测评要求过高，不能容忍测评的偏差。这都是不切实际的。因为，尽管现代人才测评的测量结果要比传统的选人用人办法准确得多，但这种测量的准确性毕竟无法与物理测量相比：人的心理测量比物理测量复杂得多，受到的干扰也多得多。因此，我们不能期望人才测评的准确性达到100%。事实上，即使利用现代人才测评使得人事决策正确率只提高10个百分点，它给我们带来的经济效益或防止的经济损失也将是巨大的。

第四，勿将人才测评软件看作测评是否科学的标志。

当前，许多人一提起人才测评，就要问是不是某种软件，仿佛只有编成软件的测评工具才是科学、有效的。这其实是一种误解。测评软件固然有利于减少计算工作量，提高测评效率，但它与测评工具是否科学是两码事。某些非科学的东西如“算命术”也有人把它编成软件，它当然不是科学的。相反，某些设计合理、测量效果好的测评工具，即使没有编成软件，也是科学的人才测评工具，特别是当前比较先进的情境模拟测验，对测量管理人员素质非常有效，但却很难编成软件。目前，国内许多研究和开发测评软件的公司为了迎合社会发展的需要，东拼西凑一些测验题目，在短时间内就能“研发”出一种测评工具并推向市场。从技术角度说，一个成熟的测评工具没有三五年甚至更长时间是不可能开发成功的。如果短期内就能推出一系列测评工具，其技术指标之低是不言而喻的。判断一个测评工具是否科学有效，不应看它是不是一个软件，而应检查它的设计是否合理，各种测评质量指标（如信度、效度）是否达到，以及实际上是否有效果。

第五，注意及时将测评结果反馈给被试者。

如果被测者对结果一无所知，可能会对测评产生不信任感。及时将测评结果进行反馈，不仅可以让员工更容易接受选拔决策的结果，还可以使之对自己具有更明确的认识，从而扬长避短，选择最适合自己的工作。

2. 人才测评结果的跟踪分析

组织应该注意对人才测评结果进行跟踪，以检验测评系统运用的合理性和测评机构的水平，从而改进未来的人才测评工作与选拔决策。具体需要做好以下几个环节的工作：

首先，系统地记录测评与选拔结果，建立本组织员工素质的常模数据。

其次，建立与素质测评系统对接的绩效考评系统，即在绩效考评中设置与测评项目相对应的素质指标，以检验测评的准确性。定期将测评与选拔结果与实际绩效进行对比，考查两者的差异情况。

再次，在多次测评项目中可以尝试采用不同的测评工具，以比较其准确性。持续跟踪与实际绩效表现的差异，对准确性欠佳的测评工具和手段进行改进。

最后，由人力资源部门定期考查各素质指标与关键业绩指标（胜任特征）的相关政策，向部门主管提交分析报告，以指导未来的选拔决策。

第三节　招聘面试风险与防控

长期以来，面试被公认为是最频繁使用的选拔工具，可以这样说，面试是众多选拔方式中最重要的一个。但是一项对人力资源经理协会成员的调查显示，它也是一种非常费时、费钱的选拔工具。

如今的面试方法众多，过程也相当复杂，在这之间隐藏着诸多隐患与风险，需要人力资源从业者多加留意。

一、面试方法选择中的风险与防控

（一）问题表现

对一名应聘者的判断，通过应聘者的简历就可以从某种程度上了解其基本情况，但仅仅依靠简历是不能决定聘用与否的。现实生活中，用人单位用人仅仅看简历就决定聘用的一定不多见。即使从应聘者的出身、志向及履历等情况来看都是无可挑剔的，也必须对应聘者进行面试，这是招聘的基本原则。

常用的面试方法有非结构化面试、结构化面试、行为面试法、无领导小组讨论、公文筐测试。

然而，面试又往往是最不好掌握的软实力。各类面试方法如何选择，面试标准如何把握，面试决策最终如何做出，每个环节都会影响我们对应聘者的判断。

（二）问题根源

明确每一面试方法的使用方式及适用范围，根据招聘需求选择合适的方法，能大大提升面试效率及准确度。

表 4—16 为大家整理了各类面试方法的定义及操作方式。

表 4—16　　各类面试方法介绍

面试方法	定义	举例
非结构化面试	主试者可以对应聘者提出随机想起的问题。面试没有特别形式，谈话可以向多个方向展开	"路上顺利吗?" "我们公司还好找吧?"
结构化面试	面试前，对面试所涉及的内容、评分标准、评分方法、分数使用等一系列问题进行系统的结构化设计。面试中，主试者不能随意变动，必须根据事先拟定的面试提纲逐项进行测试。面试结构严密、层次性强、评分模式固定、标准化程度高	"请介绍您的学历背景及工作经历。" "为什么应聘这个职位?" "上一份工作的离职原因是什么?"
行为面试法	基于过去预测未来的假设，通过一系列问题，收集应聘者在代表性事件中的具体行为和心理活动的详细信息。基于应聘者对以往工具事件的描述及面试人的提问和追问，运用素质模型来评价应聘者在以往工作中表现的素质，并以此推测其在今后工作中的行为表现	STAR 法则 背景（Situation）："这件事发生在什么时候?" 任务（Task）："您接到一个什么任务?" 行动（Action）："为此您采取了什么措施来解决这个问题?" 结果（Result）："最后的结果是什么?"
无领导小组讨论	通常 6~8 名应聘者一组，让应聘者就给定的讨论话题自由讨论，面试官根据他们讨论时的现场表现来综合评定其沟通表达、思维逻辑、组织协调、团队协作、领导力等能力。通常用于基层岗位的招聘	
公文筐测试	取材于实际工作中会遇到的一些问题、难题或案例，组成一套全面考查招聘岗位所需实际能力的考题。因其考查的是针对岗位中实际问题的解答或解决方案，因此较为真实有效。一般适用于管理层的面试	

此外，明确面试的目的也是一次成功面试的关键。那么，在面试中，应该达到什么目的呢?

第一，评估应聘者具备的能力。

面试中收集的信息将有助于招聘组织正确判断应聘者的技能和能力是否能够胜任目前和将来的工作。

第二，评估应聘者是否适合担任这项工作。

技能最高的应聘者未必是最适合的。面试可帮助组织估计应聘者的好恶与工作内容是否吻合，和本组织的文化氛围、工作环境以及其他人员是否适合。

第三，实事求是地介绍岗位情况。

面试使组织有机会公开、真实的自我介绍，也使应聘者有机会全面了解未来的工作情况。开诚布公的讨论将鼓励合适的人前来应聘，使那些不合适的人打消应聘念头。

第四，宣传工作。

吸引优秀人才的竞争是非常激烈的。在面试过程，可以有效地向应聘者介绍组织的吸引力，如优厚的福利、职位发展的空间、培训机会、弹性工作时间等。

第五，完成对应聘者的剖析。

除了个人简历、求职申请表之外，面试中还可以补充一些感兴趣的或遗漏的信息，形成主试者对应聘者的全面评估。

(三) 解决之道

在正式开展面试之前，应该做到：

首先，明确面试的目的。

其次，选择适当的面试方法。

再次，对面试官进行科学有效的培训。

最后，准备好完善的面试材料，包括问题提纲、评估工具等。

(四) 知识链接

结构化面试提纲[①]

1. 面试气氛营造

NO.	题目	面试要点参考
(1)	欢迎你参加我们的这次面试!	开场语
(2)	今天天气很热（冷）……	观察应聘者与陌生人交往的意识与能力
(3)	路上顺利吗？到这里来上班，工作地点能接受吗？	观察应聘者的第一反应

① 何立. 人力资源风险控制与管理（图解版）[M]. 北京：人民邮电出版社，2014.

2. 基本情况了解

NO.	题目	面试要点参考
(1)	请你自我介绍一下。	了解应聘者的基本信息，同时观察其表达能力、概括能力，以及语言是否流畅、有条理、层次分明。
(2)	请谈一下你自己性格方面的优缺点。这些会对你所应聘的工作有影响吗？	应聘者对自己能否有一个比较全面、深刻、理性的认识，自信、自卑和自傲倾向如何，是否善于自我总结。
(3)	你有什么业余爱好？	业余爱好可以反映应聘者的性格倾向、观念、心态等。

3. 求职动机、态度

NO.	题目	面试要点参考
(1)	为什么选择来我们公司工作？对这个行业、对我们公司，你有什么了解？	应聘者的了解程度反映其对该职位的重视程度及求职的态度。只为找到一份工作糊口而盲目求职的人培养潜质不高，但对公司情况的不了解不应成为重点。
(2)	你在选择工作时最看重的是什么？	了解求职的考虑因素：薪资福利、工作环境、职业意向、发展前景等。
(3)	请谈谈你现在的工作情况，包括待遇、工作性质、工作满意度等。	关键在于追问对方对目前状况的满意程度，再综合其他因素判断其在本公司的稳定性。

4. 职业规划

NO.	题目	面试要点参考
(1)	能谈谈你的职业规划吗？	个人职业目标、职业规划。
(2)	接下来的两到三年，你喜欢在职业方面达到一个什么样的目标？	公司是否能够给应聘者提供对应的职位及发展空间。
(3)	如果有选择的机会，你最有兴趣做的工作是什么？为什么？	对职业倾向、工作稳定性的考查，应聘者是否把这份工作仅仅当作一个过渡。

5. 离职分析

NO.	题目	面试要点参考
(1)	离开上一家公司的原因是什么？有没有就这个问题和你的上级沟通过？	应聘者离开的原因是需要重点考虑的因素。
(2)	离职前的一个月，你都做了哪些工作？	对本职工作、对公司是否负责，是否给予了公司安排接替人选的时间及是否配合等。
(3)	离职后的这一段时间在做什么？	是否为未来的新工作做了必要的准备。

6. 岗位了解

NO.	题目	面试要点参考
(1)	以你的经验判断，你所应聘的职位工作范围主要有哪些？	对应聘职位的了解程度，没有相关职位的工作经验则很难回答。
(2)	对这份工作，你有哪些可预见的困难？	心理预期。
(3)	假如我们录用你，你准备怎么开展工作？	工作的计划性、适应能力。

7. 工作关系

NO.	题目	面试要点参考
(1)	你以前的同事对你的评价如何?	是否客观、中肯，是否夸大?
(2)	你对以前的上级怎么评价?	
(3)	你希望与什么样的上级共事?	同时考虑应聘者与所聘部门的团队融合性。

8. 工作经验

NO.	题目	面试要点参考
(1)	你上一份工作的职责是什么?有些什么具体的事务?	应聘者是否曾关注自己的工作，是否了解自己工作的重点，表述是否简明扼要?
(2)	你认为该工作的难点或挑战性在什么地方?	只有熟悉该工作才能准确回答此问题，并以此判断对方能力处于什么层级。
(3)	你认为你在工作中的成就是什么?	了解对方对“成就”的理解；了解对方能力的突出点，是否能客观地总结回顾自我。

9. 事业心、进取心、自信心

NO.	题目	面试要点参考
(1)	你认为现在的工作有什么需要改进的地方?	避免对方夸夸其谈。
(2)	你对自己的工作有什么要求?	如追求完美还是追求效率，或“对得起这份薪水”等一般性回答，判断对方的工作特性。
(3)	你的职业发展计划是什么?如何实现这个计划?	有计划的人拥有进取心，但要看对方所描述的是否适合本职位，或是否适于本阶段的岗位工作。

10. 工作态度、组织纪律性、诚实可靠性

NO.	题目	面试要点参考
(1)	你认为公司管得松一些好还是紧一点好?	无标准答案，关键在于对方思路。
(2)	在工作中看见别人违反规定和制度，你会怎么办?	“挺身制止”并非最佳答案。
(3)	你经常改进工作或向领导提建议吗?举例说明。	能经常主动改进工作（哪怕是微不足道的改进），而不仅仅是提出建议才是好的工作态度。

11. 分析判断能力

NO.	题目	面试要点参考
(1)	你认为成功的关键是什么?	要求对方分析理由。
(2)	你认为自己适合什么样的工作?为什么?	希望对方能切实结合自己的性格、能力、经历特点进行有条理的分析。
(3)	你认为怎样才能跟上飞速发展的时代而不落后?	追问题：你平时主要采取一些什么学习方式。

12. 应变能力

NO.	题目	面试要点参考
(1)	在实际生活中，你做了一件好事，不但没人理解，反而遭到周围人的讽刺和挖苦，这时你会如何处理？	反馈的时间应作为主要参考因素，如对方在20秒内还没有回答，则自然转入下一个问题。
(2)	在一次重要的会议上，领导做报告时将一个重要的数字念错了，如不纠正会影响工作，这时你会怎么办？	
(3)	假如你的主管平时不苟言笑，一天，你正和一位同事议论自己的主管，谈完一转身发现主管面色铁青地就站在你们旁边，对此你怎么办？	

13. 自知力、自控力

NO.	题目	面试要点参考
(1)	你认为自己的长处和短处是什么？怎样才能做到扬长避短？	关注对方对自己短处的描述。
(2)	你听见有人在背后议论你或说风凉话，你怎么处理？	关注对方思维的出发点。
(3)	你认为自己在工作中有什么不足或欠缺？	观察对方是否敷衍。

14. 组织协调能力、人际关系与适应能力

NO.	题目	面试要点参考
(1)	你喜欢和什么样的人交朋友？你和同事相处得怎么样？请详细描述。	营造轻松氛围，尽量让对方消除戒心，展开阐述，从中观察细节。
(2)	从一个熟悉的环境转入陌生的环境，你会怎样努力去适应？大概需要多久？	不妨先举个实例引导对方，如：想象你到了一个陌生的城市拓展市场业务。
(3)	你怎样与不喜欢的同事安然相处，共同合作？	观察对方的阐述是否切合实际。

二、关于面试偏见的风险与防控

（一）问题表现

面试官应该像法官或仲裁人员一样客观、公平，没有偏见，这是招聘者的基本原则之一。一代又一代面试官受到这样的原则教诲，并向着这个方向努力，一批又一批应聘者也抱着这样的期望。然而，在我们年复一年地训练自己的客观性、公正性之后，我们还是会发现，绝对的客观、公正永远只是遥远的神话，面试中的偏见无处不在。

再资深的面试官都无法否认，在面试过程中、在用人决策中，我们或多或少都会受到其他因素影响，无法做到绝对的客观和公平，而这样的偏见很有可能让我们错失优秀的候选人。

（二）问题根源

面试偏见有可能会因为面试官个人喜好的不同而呈现出丰富的表现形式，

但我们也可以从中找出共性。共性的面试偏见大致有这几大类：

（1）因相似而引起的偏见。应聘者与面试官有相似或不相似之处时，会影响面试官对应聘者的技能和能力的评价。

（2）初次印象产生的偏见。根据在面试最初几分钟里收集到的与工作无关的个人信息对应聘者做出全面评价。

（3）以偏概全。面试官常因一个人的某一特长而影响整体感觉。

（4）招聘压力带来的偏见。如果你是招聘负责人，手上有几个职位空缺已经超过一个星期。在这种情况下，一些应聘者即使不是真的可以接受，你也可能让他们通过。

（5）印象上的明显反差。对一名应聘者的评价受到了对其他应聘者评价的影响。

（三）解决之道

面试偏见会造成招聘决策的偏差，给组织带来损失。我们应该如何看待和克服？可见表4—17。

表4—17　　面试偏见问题和克服办法①

偏见	问题	克服办法
因相似而引起的	①对与自己相似的应聘者忽略其缺点，而对与自己不同的应聘者夸大缺点 ②指导方针严格禁止使用与工作无关的筛选标准	①要认识到如果比较自己与应聘者有何相似或不相似之处，就会影响你的判断 ②不要把重要的时间花在讨论与工作无关的问题上
因初次印象而引起的	①对应聘者的初次印象（发型、口音、衣着）会导致对工作相关方面判断上的偏见 ②大多招聘者认识不到他们受这种偏见的影响有多深	①认识到在面试的最初两分钟内，对应聘者形成的印象会对面试结果产生明显影响 ②在面试的最初5分钟里，设法去准确发现你喜欢或不喜欢应聘者哪些方面，让你认识到你对应聘者产生了什么感觉，而不要使它影响你对与工作相关方面做出的判断
因以偏概全而引起的	大部分岗位要求8～14种独立的能力，在某一个方面的能力优秀，一般不能代表在所有的才能上都优秀	单独逐一评价每一个工作岗位才能，注意不要让对方某一个才能的评价影响对其他才能的评价
因招聘压力而引起的	①降低择人标准会导致公司浪费大量金钱 ②我们对每一个应聘者的招聘要求应该是相同的	①使招聘部门减少因急于招人而造成的浪费 ②明确招聘标准，以保证能招聘到高质量的人才
因印象上的明显反差而引起的	对应聘者进行相互比较会使你对他们的期望忽高忽低，结果常常聘用了一个在其他时候不会被聘用的人	①对你评估的每个能力建立招聘标准 ②努力把每个应聘者与标准相比较，而不是与某一名应聘者相比较

① 王丽娟. 员工招聘与配置［M］. 上海：复旦大学出版社，2006.

（四）知识链接

1. 面试官应避免的错误[①]

许多研究发现，面试者会在面试过程和评估阶段犯下不少错误，包括：

（1）讲话太多，从而限制从面试者获得与工作相关的信息。

（2）不同求职者的面试问题不一致，因而从每个求职者收集到种种不同的信息。

（3）面试问题与工作业绩无关，或即使相关，关系也不紧密。

（4）使求职者感到拘束，从而难以获得求职者自愿提供的信息或补充信息。

（5）对自己的评估能力过分自信，从而武断地做出决定。

（6）对求职者产生成见，从而在评估结果中夹杂个人偏见。

（7）受求职者的非语言行为影响。

（8）评估结果趋于一致，要么都为“优秀”（仁慈错误），要么都为“一般”（中心趋势错误），要么都为“较差”（严格错误）。

（9）求职者身上一两个好的或坏的特征，影响面试者对其他特征的评估结果（晕轮效应）。

（10）前一个求职者的素质影响面试者对后一个求职者的评估结果（对比效应）。

（11）在面试开始后的最初几分钟内，对求职者进行评估（第一印象错误）。

（12）由于求职者在某些方面与面试者有共同之处，从而评估时给他或她打高分（同我错误）。

2. 使用面试的建议[②]

（1）限制面试的测量范围，用其测量与工作最相关的知识、技术和能力。

（2）限制使用面试前获得的关于求职者的资料。

（3）预先确定主要的面试问题，采用结构化面试。

（4）使用与工作相关的面试问题。

（5）针对每项知识、技术和能力，使用多个面试问题。

（6）采用正式计分程序，允许对每项知识、技术和能力进行评估。

（7）培训面试者。

---

①② 罗伯特·D. 盖特伍德，休伯特·S. 菲尔德. 人力资源甄选（第5版）［M］. 薛在兴，等，译. 北京：清华大学出版社，2005.

三、关于面试知情权的风险与防控

（一）问题表现

作为招聘方，组织有权知道应聘者个人真实的信息资料，同时也有义务向应聘者如实告知组织自身的真实情况，反之亦然。然而，在现实生活中，由于员工和组织之间天然的地位关系，人们似乎更多对组织强调“如实告知”义务，而对于员工则会更多强调“知情权”。

不可否认，近年来，由于就业岗位竞争激烈，应聘简历造假，修改成绩，伪造技能资格证书，伪造工作经历、经验等恶意造假行为屡见不鲜。此外，有些应聘者在应聘职位时，根本就没有长期服务的想法，或者是为了摆脱目前的困境，或者找一家使自己看起来更有面子的公司，以备今后跳槽有资本。出于各种动机，他们会在面试中调整“真相”，以迎合面试官。

（二）问题根源

无论对于组织还是应聘者，各自均拥有知悉对方基本信息的知情权，也同时对对方负有如实告知的义务。而是否“如实告知”，不仅体现出劳动关系中一方当事人的诚信品质，也是确保对方“知情权”得以真正实现的有力保障。

法律赋予了组织知情权。在应聘者进入本组织之前，必须对其进行全方位的了解，部分无法了解到的信息则可通过背景调查或试用期获得。

应聘者也有权对未来的工作内容、工作环境、工作状态进行全面了解。

（三）解决之道

1. 组织的知情权

组织应懂得运用法律赋予的知情权，充分了解应聘者的基本情况，以及建立劳动关系、签订劳动合同的基本情况，并将应聘者的告知情况形成书面记录。如通过员工入职登记表记录入职人员的基本情况，并让员工本人签名确认。日后一旦发现应聘者告知不实，有损组织的利益，则可以此主张劳动合同无效，从而解除劳动合同而无须支付其经济补偿，以此来维护组织的合法权益。

一般来说，在招聘过程中，组织可以从以下几个方面要求应聘者如实介绍或说明自身情况，以确保组织“知情权”的实现：

（1）有权要求应聘者提供如实、客观描述的个人简历，有权就简历中涉及内容的详细情况进行询问，并有权就其中的疑问或不明事项要求应聘者予以解释和说明。

（2）有权要求应聘者提供真实的学历、教育、培训证书原件，包括毕业证、结业证、学位证书、专业资质证书、职业资格等。有权对上述证件进行查验，有权就其中的疑问或不明事项要求应聘者予以解释和说明。

（3）有权要求应聘者如实陈述所具有的知识技能以及此前工作经历及相关工作经验；必要时，有权要求其提供相关个案。

（4）有权对应聘者就个人教育、工作经历及相关工作经验进行背景调查、核实，并有权要求应聘者提供相关联系人及联系方式。

（5）有权要求应聘者如实陈述和应聘岗位所需要的健康程度及相关生理条件要求。

（6）有权知悉应聘者的个人身份、户籍、居住地信息，并要求其如实提供相关联络、通信方式。

（7）有权要求应聘者说明是否已与原单位解除、终止了劳动关系以及从原单位离职原因，并有权要求应聘者提供离职证明。

（8）有权询问应聘者此前其个人的社会保险费缴纳情况以及档案存放情况，应聘者应如实回答。

以上内容都是与工作紧密相关的基本情况，招聘者有权知悉，应聘者有义务如实回答。一旦将来发现应聘者有不实回答和陈述，则可以成为其承担相应法律责任的依据。组织之所以要在面试中了解这些信息，一方面是为了更加充分了解应聘者是否为组织所需要的人才，另一方面也是为避免日后产生纠纷和麻烦。

2. 应聘者如实的告知义务

法律赋予应聘者的告知义务是附条件的，只有在组织要求了解应聘者与劳动合同直接相关的基本情况时，应聘者才有如实说明的义务。

作为组织的人力资源管理者，对应聘者在招聘面试中提供的个人资料、陈述的相关情况，要严加甄别，应从多个角度，以多种方式核查、验证应聘者是否完全履行了如实告知义务，是否有造假、隐瞒的行为。

当然，对于求职者来说，一旦被发现有欺骗行为，不但其因此签订的劳动合同很可能会被解除或被确认无效，还要承担因此给组织造成的损失。

3. 知情权对双方的限制

虽然在实践中，组织的如实告知义务应是主动的，无论应聘者是否要求，均应主动告知应聘者，而应聘者的如实告知义务大多是被动的，但是，无论如何，组织与应聘者双方都应当如实告知另一方与订立劳动合同有关的真实情况，不能欺骗对方。如果一方向另一方提供虚假信息，采取欺诈手段订立劳动合同，则很可能会导致劳动合同无效，欺诈者还要承担对自己不利的后果。

（四）法律法规

《劳动合同法》第八条　用人单位招用劳动者时，应当如实告知劳动者工作内容、工作条件、工作地点、职业危害、安全生产状况、劳动报酬，以及劳动者要求了解的其他情况；用人单位有权了解劳动者与劳动合同直接相关的基本情况，劳动者应当如实说明。

《就业服务与就业管理规定》第十二条　用人单位招用人员时，应当依法如实告知劳动者有关工作内容、工作条件、工作地点、职业危害、安全生产状况、劳动报酬以及劳动者要求了解的其他情况。

《就业服务与就业管理规定》第十四条　用人单位招用人员不得有下列行为：

（一）提供虚假招聘信息，发布虚假招聘广告；

（二）扣押被录用人员的居民身份证和其他证件；

（三）以担保或者其他名义向劳动者收取财物；

（四）招用未满16周岁的未成年人以及国家法律、行政法规规定不得招用的其他人员；

（五）招用无合法身份证件的人员；

（六）以招用人员为名牟取不正当利益或进行其他违法活动。

《就业服务与就业管理规定》第二十一条　用人单位招用从事涉及公共安全、人身健康、生命财产安全等特殊工种的劳动者，应当依法招用持相应工种职业资格证书的人员；招用未持相应工种职业资格证书人员的，须组织其在上岗前参加专门培训，使其取得职业资格证书后方可上岗。

（五）知识链接

入职申请表①

<table>
<tr><td>姓名</td><td></td><td>性别</td><td></td><td>出生日期</td><td></td><td rowspan="3"></td></tr>
<tr><td>身份证号</td><td colspan="3"></td><td>民族</td><td></td></tr>
<tr><td>居住地址</td><td colspan="3"></td><td>邮编</td><td></td></tr>
<tr><td>个人邮箱</td><td colspan="3"></td><td>档案所在地</td><td colspan="2"></td></tr>
<tr><td>移动电话</td><td colspan="3"></td><td>户口所在地</td><td colspan="2"></td></tr>
<tr><td>家庭地址</td><td colspan="2"></td><td>家庭电话</td><td></td><td>家庭联系人</td><td></td></tr>
<tr><td>紧急联络人</td><td colspan="2"></td><td>与本人关系</td><td></td><td>联系电话</td><td></td></tr>
<tr><td>户口性质</td><td colspan="4">□本市城镇　□本市农村　□外地城镇　□外地农村</td><td>婚姻状况</td><td></td></tr>
<tr><td>参加工作时间</td><td colspan="2"></td><td>最高学历</td><td></td><td>职称</td><td></td></tr>
</table>

① 程向阳等. 人力资源操作与风险规避指引手册［M］. 北京：北京大学出版社，2009.

续表

	时间	学校	专业	英语等级	担任职务
学习经历					
工作经历	时间	单位	职位	基本工资	证明人及电话

备注：请在填写前认真阅读背后特别说明，并签字确认。

特别说明：

（1）本人在填写本入职申请书时，已保证自己符合国家法定的劳动年龄的标准，且与其他任何用人单位、机构、组织、团体无劳动关系；若违反前述承诺，导致用人单位被行政、诉讼或仲裁追究有关经济责任的，所有责任均由本人承担。

（2）本人如有传染病、精神病或其他可能影响在用人单位工作的病史，本人应以书面形式向用人单位说明。

（3）如本人与其他公司签订仍然生效的保密协议、竞业限制协议的，应以书面形式向公司说明情况。

（4）本人填写的本入职申请表所有信息真实有效，并授权用人单位（或有关单位授权其他机构）对本人填写内容进行核实。如有任何虚假，用人单位可按严重违反用人单位规章制度解除劳动合同，同时追究因此引起的所有责任。

（5）本人入职后不得将与聘用有关的相关信息（包括但不限于工资）未经用人单位许可向第三方透露。本人在职期间或离职后，用人单位可以依法将本人在本单位的工作状况对外公布或向有需要的第三方提供。

（6）本人一旦被本用人单位录用，入职时应出示真实有效的离职证明书，否则本人承担由此给本用人单位带来的损失及向第三方的赔偿损失。

（7）如入职申请表中的信息有变化，本人应以书面形式向公司人事部门提交最新信息。

（8）如被公司录用，本人有责任领取公司发放的员工手册并依法在一个月内与公司签订劳动合同，本人将认真阅读并遵守员工手册及各项规章制度。

（9）本人清楚公司可以根据实际情况更新员工手册、规章制度与劳动纪律，本人将随时关注公司在网站、布告栏（包括但不限于）等各种公示方式公示的更新后的员工手册、规章制度与劳动纪律并予以严格遵守。

（10）入职时如有任何兼职行为（包括但不限于直销），应以书面形式向公司说明情况，未经公司书面同意，入职后不得从事任何形式的兼职行为。

（11）本表所填写的现居住地为邮寄送达地址，公司向该通信地址寄送的文件或物品，如果发生收件人拒绝签收或其他无法送达的情形的，本人同意，从公司寄出之日起视为公司已经送达。

（12）公司向本人的公司邮箱或私人邮箱发送各类文件时，本人同意自该文件进入邮箱时视为送达。

（13）曾被追究刑事责任的，应在入职时以书面形式向公司说明情况。

本人充分了解上述资料的真实性是双方订立劳动合同的前提条件，本人填写以上任何信息虚假或没有履行以上特殊说明的义务，无论任何时候被发现，本人均同意被公司视为严重违反《劳动合同法》的诚实信用原则以及用人单位的规章制度，公司可以即时解除劳动合同且不用支付经济补偿金。

签字：　　　　　　　　　　　　　　　　日期：

四、关于隐私保护的风险与防控

（一）问题表现

在组织招聘中，为了实现人职匹配、安全生产、杜绝腐败和提高效率等目的，必须在招聘中全面了解员工的学习和工作经历乃至生活习惯等，其中包含了一些属于个人隐私的内容。而应聘者为了找到合适的工作，通过递交个人简历、与面试官交谈等环节，必然也会暴露一部分个人隐私。

如果对这部分资料未加以妥善处理，很有可能给组织带来法律风险。

现实中，因招聘单位的原因而导致求职者的个人隐私遭到泄露的事件时有发生。2001 年，一名罪犯正是利用招聘单位随意丢弃的求职者资料，以招聘家教为名将求职女孩骗出并强奸杀害，该案曾在全国引起轰动。某快递公司老总为筹措运营资金，竟盗用应聘者身份资料在数家银行冒领信用卡 978 张，透支 450 余万元。法院经审理后依法判处其有期徒刑 10 年，并处罚金 10 万元。

（二）问题根源

对于招聘组织来说，不论是基于法律要求，还是基于基本的职业道德，均应注意通过合适的方式保障应聘者的个人隐私不遭泄露。因此，了解组织招聘中隐私泄露的潜在风险，有助于我们做好应聘者的个人隐私保护工作。

1. 简历处理

组织在招聘时，往往要求应聘者提供姓名、年龄、性别、电话、住址、身份证号、健康情况以及其他很多涉及个人隐私的信息。如果工作人员粗心大意或者不负责任，将未被录用人员的个人简历丢弃或者随意放置，这样就很有可能泄露应聘者隐私。如果信息落到不法分子或信息倒卖者手中，将会对这些人造成威胁。网站调查发现，众多组织处理未录用人员简历的方式主要有，当作二次废纸反面使用，存放箱底，丢弃至垃圾桶，销毁，刻印为光盘储存信息等，很容易引起应聘者隐私泄露问题。

2. 面试

面试侵犯隐私引起应聘者不满的新闻已不少见。招聘方在询问应聘者时，往往会问及与工作岗位相关的学历、工作经历以及身体状况，也会问及与工作岗位无关的家庭情况、社会关系、财产状况等。为了更多了解应聘者，招聘者往往需要获得尽可能多的信息，如果对面试问题没有把握一定的度，问及过多涉及隐私的问题，很容易使应聘者感觉隐私被侵犯，引起不满，甚至导致人才的流失。

（三）解决之道

对于招聘组织来说，为了最大限度降低及避免未来因自身行为不当给公司带来的法律风险，针对在招聘过程中获得的求职者个人信息及隐私，至少应从以下几个方面加以注意：

第一，对应聘者的简历妥善保管或以合适方式予以销毁。

应聘者参加招聘活动需准备、递交自己的求职简历，这些简历往往会涉及许多个人隐私，如姓名、住址、个人照片、联系电话、身份证号、工作经历等。如果人力资源工作者粗心大意或不负责任，就可能会泄露应聘者的个人信息，从而侵犯他们的隐私权。

第二，隐私管理不当容易引发信任危机。

尊重个人隐私是尊重人性的重要体现，个人信息的披露和相关决策应该由其自己决定，而不受他人控制。同样，在组织与员工所形成的互动关系中，应该给员工留下必要的隐私空间，否则，很容易导致员工对组织的忠诚度下降，缺失安全感，甚至会导致员工的报复性行为，给组织造成损失。

第三，遵守保密性原则。

除非获得司法授权或法律部门另有规定，不能将收集的个人信息向任何第三方泄露或公开。人力资源工作者应采取相应的安全措施加以保护，这一安全措施应与信息需要保密的程度相适应。一般的个人特征信息，如身高、学历、姓名以及联系方式等信息不能告诉公司外无关人员；与个人身体状况、工作考核、过去经历相关的信息则在公司范围内保密，仅仅在工作需要范围内公开；与个人尊严有密切关系的记录，如精神状况、司法犯罪等信息则要严守秘密，仅在责任范围内公开。

（四）法律法规

《中华人民共和国刑法》第二百五十三条　邮政工作人员私自开拆或者隐匿、毁弃邮件、电报的，处二年以下有期徒刑或者拘役。

犯前款罪而窃取财物的，依照本法第二百六十四条的规定定罪从重处罚。

第二百五十三条之一　违反国家有关规定，向他人出售或者提供公民个人信息，情节严重的，处三年以下有期徒刑或者拘役，并处或者单处罚金；情节特别严重的，处三年以上七年以下有期徒刑，并处罚金。

违反国家有关规定，将在履行职责或者提供服务过程中获得的公民个人信息，出售或者提供给他人的，依照前款的规定从重处罚。

窃取或者以其他方法非法获取公民个人信息的，依照第一款的规定处罚。

单位犯前三款罪的，对单位判处罚金，并对其直接负责的主管人员和其他直接责任人员，依照各该款的规定处罚。

第四节　入职审查风险与防控

组织对应聘者面试之后，一旦产生初步的录用意向，在“入职录用”这一阶段的法律风险也就随之而来。针对应聘者的入职审查、入职体验的过程中，有许多应该注意的问题。一旦对相关事项未能尽到足够审慎的责任，由此产生的麻烦很可能就会接踵而至。

一、背景调查中的风险与防控

（一）问题表现

在目前复杂的社会环境下，有的员工为了快速获得收益更高的职位，不惜“铤而走险”，虚构自己的工作经历和简历内容，美化自己的从业经历，致使组织招聘到的人员未达到预期。组织招聘员工是需要成本的，招聘成本不仅包括招聘广告或人才市场摊位费、招聘人员工资、误餐费、交通费等直接费用，还包括因招聘失败带来的人力、物力成本，如招入人员不合格的试用工资、重新招人的各项费用等。因此，组织审查应聘者的学历、资质证明、工作经历的真实性非常必要。

应聘者提供虚假信息，如涉嫌欺诈行为，严重的还有可能给组织带来直接经济损失，甚至法律风险。如入职审查不严，应聘者以欺诈手段入职的，可导致劳动合同无效。如组织对应聘者与原单位的劳动关系情况了解不清楚，一旦招用与其他用人单位尚未解除或终止劳动合同的劳动者，给其他用人单位造成损失的，还要承担连带的赔偿责任。

（二）问题根源

在员工入职前，全面审查应聘者的所有资料，有助于规避以上风险。因此，全面规范的入职审查显得十分重要。

在此说明入职审查中应包括的内容。

1. 审查核实员工年龄

作为组织未来的员工，至少应满 16 周岁。禁止使用童工是国际社会的普遍做法，我国也明确规定禁止使用童工。在我国，童工是指未满 16 周岁的劳动者。根据《劳动法》第九十四条和《禁止使用童工规定》的有关规定，单位擅自使用童工属于违法行为，需要承担相应的法律责任。

可见，使用童工的法律责任是相当严重的，所以，组织对此切不能掉以轻心。

2. 审查核实员工的基本身份信息情况

一方面，可要求应聘者提供公民身份证件原件，以便核验本人基本身份信息，并留取复印件以便日后管理；另一方面，鉴于不同户籍状况，确认员工属于城镇职工还是农民工，对于员工社会保险、公积金等相关福利待遇的享受都会有所影响。另外，如果应聘者户籍所在地不在组织所在地或者劳动合同履行地，还应要求提供暂住证或工作居住证等在本地合法居住的相关证件或证明，并审查上述证件是否过期以及到期时间；对于外籍人员，还应核实其在华就业证的到期时间，以避免非法用工。

需要注意的是，为便于日后管理和联系，还应要求并核实应聘者所登记的个人通信地址、电话、电子邮箱等联络方式。

3. 审查核实应聘者的教育、工作经历以及学历、相关专业资质证书

由于应聘者学历、资格、工作经历等造假情况时有发生，如组织在招聘时审查不严格，将有可能导致其无法胜任工作。虽然组织可依照《劳动法》第二十六条、《劳动合同法》第三十九条规定解除劳动合同，但也将为此承受一定损失，不但付出招聘成本仍未招录到适用人才，而且根据《劳动合同法》第

二十八条的规定，在该员工工作期间，组织仍要向其支付劳动报酬，缴纳社会保险。

4. 劳动关系审查

组织应该确认拟录用的人员不存在其他劳动关系。如果审查不严，导致录用的人员尚未解除劳动关系，组织则应该承担连带赔偿责任。因此，组织在招聘时，除新参加工作的应聘者外，应查验其与原组织解除或终止劳动合同的证明，或者其他能够证明该人员与任何组织不存在劳动关系的证据，才可与其签订劳动合同。

审查应聘者的离职证明，不仅能够确认其是否与其他组织解除劳动关系，还可以从原组织所提供的离职证明中确认该员工过去的工作表现。应届大中专毕业生提供报到证，已经办理失业证的人员提供失业证。

需要注意的是，《劳动合同法》第九十六条放开了对“双重劳动关系”的限制。如果招聘单位招录与其他用人单位存在劳动关系的劳动者，也应该注意审核相应的证明。因为根据《劳动合同法》的规定，双重劳动关系建立的前提是对完成本单位的工作任务不造成影响。所以，招聘单位接收与其他用人单位存在劳动关系的劳动者，应该要确认原用人单位是否同意其再建立劳动关系。

对于存在“双重劳动关系”的员工，招聘单位可以要求应聘者提供原单位同意其建立双重劳动关系的书面意见，以避免日后发生纠纷。

5. 竞业限制审查

对于一些知识型、技术型或处于管理岗位及掌握一定商业秘密的人员，组织一般都在劳动合同中约定竞业限制条款，或签订竞业限制协议。《劳动法》规定，劳动者违反竞业限制的，用人单位可以要求劳动者承担违约责任。如果因此给原单位造成损失的，原用人单位可以将员工与新用人单位一起告上法庭，新用人单位将因此受到牵连。所以，组织在招聘员工时还应当查验应聘者是否与原单位存在竞业限制，审查方式就是要求应聘者书面陈述是否存在其他用人单位要求其履行竞业限制义务的约定，否则，即使没有因此给原单位造成损失而承担赔偿责任，该人员也可能因原用人单位的竞业限制权而不得不离开现在的组织。

（三）解决之道

背景调查可以提供相关的信息来帮助组织做出正确的录用决策，也可以为组织规避法律风险。

1. 背景调查的类型

（1）向证明人核实。包括与熟悉应聘者工作历史的人交谈，并询问一些侧重于获得与工作有关信息的问题，那些信息能帮助招聘者判断应聘者是否适合工作。

（2）核实证明材料。包括核实学位、证书、执照之类的书面证明。如果有可能，还要对是否有前科、信用历史等方面进行调查。

2. 如何进行背景调查

（1）招聘者只与业务上的证明人联系。向直接了解应聘者工作情况的人，如直接主管进行调查。

（2）招聘者与证明人建立融洽关系。应努力与证明人建立共同立场，阐明自己的要求，争取对方的共识，使他们感到帮助自己是他们工作上应尽的义务。

（3）建立证明人合作网。如果一位证明人对你有帮助，可询问是否还有别人也熟悉应聘者的工作情况。建的网络越大，就越不会错过重要信息。

（4）招聘者应与多名证明人联系。特别是涉及反面资料时，应至少跟3~5名证明人交谈。

（5）不要放弃。如果对方人力资源部不肯与招聘者合作，不要怕再次打扰他们，也许最后跟自己谈话的人更好合作。

（6）不要仅限于明显的证明人。同事、下属和客户都是获取信息的良好来源。通常情况下，通过常规渠道，特别是通过人力资源部进行背景调查，效果最不好。

（7）着力于可核实的、与工作相关的信息。有关个人的信息和意见不仅没有用处，如果它们影响了你的决定，还会使你惹上麻烦。而且，证明人在评论与工作有关的信息时，会觉得较为安全，且这种讨论较有价值。

（8）应聘者有责任提供证明。告诉应聘者只有提供一位愿意与招聘者交谈的证明人，方有可能得到聘用。而且，如果应聘者求职不迫切或怀疑证明人不会对其评价太高，通常会因此不来应聘。

（9）让应聘者在弃权书上签字。有时候，一个要求提供信息的文件就足以让证明人开口。与你的法律顾问研究一下这种选择。

（10）利用你已掌握的信息。对应聘者在申请表、简历上，或大数据中提供的信息有什么疑虑，证明人回答这种问题时会感到放心，招聘者可以考虑一下应聘者填写的内容，问问证明人是否同意。

（11）听听证明人没说的事。犹豫或故意含糊其辞可能会告诉我们更多东西。

（12）向证明人求证时，不要太直接、太直率，这样会对自己有利。如果招聘者说那位应聘者作为新雇员需要接受培训，这时招聘者的言外之意就是该应聘者已经得到这份工作，这时对方证明人可能更愿意提供有关此人的信息。

（13）亲自与证明人联系，或请专业机构代理。证明人更愿意跟招聘组织的经理交谈，而不愿与招聘经理的助手谈，而且招聘经理还可以当场问一系列的问题。

（14）提醒证明人自己的职责。一开始不要使用这种对策，但必要时，招聘者的提醒可以使不肯合作的证明人开口谈话。使用时，要注意方式方法，因为这样可能吓跑或疏远证明人。

3. 应在何时进行背景调查

背景调查最好安排在面试结束后与上岗前的间隙。

此时，大部分不合格人选已经被淘汰，剩下的佼佼者数量已经很少，因此进行背景调查的工作量少一些，并且根据几次面试的结果，他们介绍的资料已经熟悉。此时调查，在调查项目设计时更有针对性。根据调查结果决定是否录用，以免录用后再调查出的问题令组织进退两难。

4. 如何解释、使用和保存背景调查结果

如何解释和使用背景调查中得来的资料？原则上是与工作的相关性。如果一名候选人在最近的一份工作中开车出了事故，而他所应聘的职位与开车无关，那么招聘方根本不用考虑那起事故。但是，任何伪造材料的行为都应该严肃对待，因为它反映了应聘者的道德问题。

将背景调查中得到的资料与应聘者的申请表、评估报告放在一起，应保证这些档案安全，并且只有“有必要知道的人”才能看到。

5. 背景调查的技巧

（1）让应聘者提供证明人选。这些人选应是应聘者日常工作的同事。理想的证明人选是最近1~3年内与应聘者共事的上司、同事或下属。要求应聘者提供证明人名单，以便向他们了解情况。

（2）对应聘者提供证明人的担心之一是他们只说好的方面，因此，进行背景调查的人员应具备丰富的经验，接受过提问技巧的充分训练。他们应了解需要完成的工作，并精通相关的法律法规。事先要准备好与工作有关的问题要点清单，但应根据证明人的回答做一些探究，所提问题越专业，效果越佳。

（3）明确目标。只问与工作有关的问题。打听生活方式或个人事务是自找麻烦。向所有证明人提同样的关键问题，以便对比他们的回答。探究证明人回答不一致的地方，直到弄清楚为止。

（4）背景调查中的典型问题

①某某为组织工作了多长时间？

②他最初的职位是什么？

③他离开组织时的职位是什么？

④他在组织工作期间的其他职位是什么？

⑤他的长处是什么？缺点有哪些？

⑥你认为他的职业道德如何？

⑦你愿意再雇用他吗？原因是什么？

⑧这就是他将在本组织从事的工作，你认为他的技能和能力是否适合？

⑨雇用他，我还需要做哪些保留？

⑩贵组织中还有哪些人有资格对他的业绩做出评价？

⑪他为什么离开贵组织？

⑫确认教育资格。

⑬在决定雇用前要验证学历证书。

（四）法律法规

《中华人民共和国劳动合同法》第八条　用人单位招用劳动者时，应当如实告知劳动者工作内容、工作条件、工作地点、职业危害、安全生产状况、劳动报酬，以及劳动者要求了解的其他情况；用人单位有权了解劳动者与劳动合同直接相关的基本情况，劳动者应当如实说明。

《中华人民共和国劳动合同法》第二十八条　劳动合同被确认无效，劳动者已付出劳动的，用人单位应当向劳动者支付劳动报酬。劳动报酬的数额，参照本单位相同或者相近岗位劳动者的劳动报酬确定。

《中华人民共和国劳动合同法》第三十九条　劳动者有下列情形之一的，用人单位可以解除劳动合同：

（一）在试用期间被证明不符合录用条件的；

（二）严重违反用人单位的规章制度的；

（三）严重失职，营私舞弊，给用人单位造成重大损害的；

（四）劳动者同时与其他用人单位建立劳动关系，对完成本单位的工作任务造成严重影响，或者经用人单位提出，拒不改正的；

（五）因本法第二十六条第一款第一项规定的情形致使劳动合同无效的；

（六）被依法追究刑事责任的。

《中华人民共和国劳动法》第二十六条　有下列情形之一的，用人单位可以解除劳动合同，但是应当提前三十日以书面形式通知劳动者本人：

（一）劳动者患病或者非因工负伤，医疗期满后，不能从事原工作也不能从事由用人单位另行安排的工作的；

（二）劳动者不能胜任工作，经过培训或者调整工作岗位，仍不能胜任工作的；

（三）劳动合同订立时所依据的客观情况发生重大变化，致使原劳动合同无法履行，经当事人协商不能就变更劳动合同达成协议的。

《中华人民共和国劳动法》第九十四条　用人单位非法招用未满十六周岁的未成年人的，由劳动行政部门责令改正，处以罚款；情节严重的，由工商行政管理部门吊销营业执照。

《禁止使用童工规定》第二条　国家机关、社会团体、组织事业单位、民办非组织单位或者个体工商户（以下统称用人单位）均不得招用不满16周岁的未成年人（招用不满16周岁的未成年人，以下统称使用童工）。禁止任何单位或者个人为不满16周岁的未成年人介绍就业。禁止不满16周岁的未成年人开业从事个体经营活动。

《禁止使用童工规定》第四条　用人单位招用人员时，必须核查被招用人员的身份证；对不满16周岁的未成年人，一律不得录用。用人单位录用人员的录用登记、核查材料应当妥善保管。

《禁止使用童工规定》第六条　用人单位使用童工的，由劳动保障行政部门按照每使用一名童工每月处5 000元罚款的标准给予处罚；在使用有毒物品的作业场所使用童工的，按照《使用有毒物品作业场所劳动保护条例》规定的罚款幅度，或者按照每使用一名童工每月处5 000元罚款的标准，从重处罚。劳动保障行政部门并应当责令用人单位限期将童工送回原居住地交其父母或者其他监护人，所需交通和食宿费用全部由用人单位承担。用人单位经劳动保障行政部门依照前款规定责令限期改正，逾期仍不将童工送交其父母或者其他监护人的，从责令限期改正之日起，由劳动保障行政部门按照每使用一名童工每月处1万元罚款的标准处罚，并由工商行政管理部门吊销其营业执照或者由民政部门撤销民办非组织单位登记；用人单位是国家机关、事业单位的，由有关单位依法对直接负责的主管人员和其他直接责任人员给予降级或者撤职的行政处分或者纪律处分。

《中华人民共和国劳动合同法》第八十五条　用人单位有下列情形之一的，由劳动行政部门责令限期支付劳动报酬、加班费或者经济补偿；劳动报酬低于当地最低工资标准的，应当支付其差额部分；逾期不支付的，责令用人单位按应付金额百分之五十以上百分之一百以下的标准向劳动者加付赔偿金：

（一）未按照劳动合同的约定或者国家规定及时足额支付劳动者劳动报酬的；

（二）低于当地最低工资标准支付劳动者工资的；

（三）安排加班不支付加班费的；

（四）解除或者终止劳动合同，未依照本法规定向劳动者支付经济补偿的。

《中华人民共和国劳动合同法》第八十八条　用人单位有下列行为之一，依法给予行政处罚；构成犯罪的，依法追究刑事责任；给劳动者造成损害的，应当承担赔偿责任：

（一）以暴力、威胁或者非法限制人身自由的手段强迫劳动的；

（二）违章指挥或者强令冒险作业危及劳动者人身安全的；

（三）侮辱、体罚、殴打、非法搜查或者拘禁劳动者的；

（四）劳动条件恶劣、环境污染严重，给劳动者身心健康造成严重损害的。

《中华人民共和国劳动法》第九十九条　用人单位招用尚未解除劳动合同的劳动者，对原用人单位造成经济损失的，该用人单位应当依法承担连带赔偿责任。

（五）知识链接

关于销售人员求职者的背景调查问卷①

我们在考查公司销售职位申请人：×××。您对他过去的工作评价，将有助于我们考查他。我们附有他的署名声明：同意我们向您调查他过去的工作经历。如果您能够提供关于他的就业的真实意见，我们将非常感激。如果您有任何疑问或愿意进行评价，请随时与我们联系，电话号码附在封面信中。无论如何，感谢您接受我们的调查。当您回答问题时，请记住，根据您对他过去在您公司工作的了解进行回答。

1. 他何时就职于贵公司？从______到______。

2. 他是否受您直接监督？□是　□否

3. 若不是，您与他的工作关系是什么？______。

4. 您有机会观察他的工作表现已经有多长时间？______。

5. 他在贵公司的职务？______。

6. 他是否监督其他雇员？□是　□否　如果是，有多少雇员受他监督？______。

7. 他为什么离开贵公司？__________________。

下面是一系列与他从事正在应聘的职位相关的问题。阅读这些问题，然后利用评估量表并根据您对他过去工作的了解，说明您对他的未来工作表现的评价。

8. 为了让他更好地工作，是否应该严密监督？

□不需要监督

□需要少量监督

① 罗伯特·D. 盖特伍德，休伯特·S. 菲尔德. 人力资源甄选（第5版）［M］. 薛在兴，等，译. 北京：清华大学出版社，2005.

□需要严密、经常监督

9. 他对琐碎工作有何反应?

□容易被琐碎工作吓倒

□能够处理琐碎工作，但是，如果没有琐碎工作，他的表现会更好

□琐碎工作对他不是一个问题

10. 您认为他是否能够处理顾客投诉?

□通常拒绝受理顾客投诉

□只有顾客坚持才受理顾客投诉

□认为顾客是对的，尽一切可能受理顾客投诉

11. 他最适合做哪类销售工作?

□负责流动顾客的销售

□到外地（顾客所在地）销售

12. 关于他的习惯，选择所有能够最好地描述他的工作方式特点。

□有常规工作时间表才能更好地工作

□有压力时才能更好地工作

□心情好时才能更好地工作

□有处理问题的一系列常规步骤才能更好地工作

13. 您是否知道某些信息能够证明求职者不适合______职位或对该职位构成危险（例如，与顾客或同事共事，驾驶汽车）? □是　□否

14. 如果有其他评论，请写在这张表的背面。

您的姓名：____。

您的职务：____。

地址：____。

公司：____。

电话：____。

谢谢您的帮助。您提供的信息将有助于我们审查所有申请材料。

二、入职体检中的风险与防控

（一）问题表现

员工出现健康问题是组织经常会面临的情况。必要的入职体验能帮助组织避免录用具有潜在疾病、残疾、职业病的员工。

如果组织录用了这样的员工，由于员工在患病期间有权享有医疗期，在治

疗期间，除非员工存在《劳动合同法》第三十九条的情形，组织不得解除劳动合同，否则将构成非法解除劳动合同，面临支付非法解除劳动合同赔偿金的法律责任。

即使在医疗期期满后，该员工不能胜任原工作岗位的，组织也不能随意解除劳动合同，而应当为其调整工作岗位，或对其进行培训，只有在此之后，该员工仍然不胜任新岗位或原岗位，组织才能依法解除劳动合同，但仍需支付解除劳动合同经济补偿。

在医疗期间，组织须支付员工病假工资和医疗补助费。如果是职业病，组织还须承担一次性就业补助金。

（二）问题根源

员工的身体状况不仅关系工作能力，更为重要的是关系到组织的用工成本。在劳动合同履行过程中员工患病的，即使入职前就存在该潜在疾病或职业病，组织仍将可能对此承担责任，从而大大增加了自身的用工风险。

因此，组织应要求应聘者在入职前提供体检证明，并指明需要检查的项目。

进行入职前体检有 3 个主要原因：

（1）体检可以用来确定求职者是否符合职位的身体要求，发现在对求职者进行工作安排时应当予以考虑的体格局限因素。

（2）通过体检还可建立求职者健康记录和基线，以服务于未来保险或雇员赔偿要求的目的。

（3）通过确定健康状况，体检还可以降低缺勤率和事故率，发现雇员可能不知道的传染病。

（三）解决之道

查验应聘者身体健康状况的方法是，要求应聘者提供县级以上医院的健康证明。体检的费用由组织支付，体检结果也交由组织保管。

不过在此需要提醒组织的是，组织对应聘者身体健康状况的查验并不是无限制的，必须在法律法规规定的范围内查验。根据《中华人民共和国就业促进法》第三十条的规定，除非该工作岗位从事的是易使传染病扩散的工作，用人单位招用人员，不得以是传染病病原携带者为由拒绝录用。例如，用人单位不得以劳动者是乙肝病毒携带者为由拒绝录用，卫生部、地方卫生行政部门和劳动保障行政部门对此也做出了明确的禁止性规定，并严禁用人单位和医疗机构进行乙肝血清学检查。

在此需要特别提醒组织“体检枪手”现象，即应聘者明知自己患有某方面不符合用人要求的疾病，而去雇用“枪手”代为体检。

面对“体检枪手”，组织如何应对呢？一方面，组织在设定和健康有关的录用条件时不能违法；另一方面，如确因工作所需对应聘者的健康条件做出要求，就要认真对待入职体检，把入职体检者的欺骗行为列入“以欺诈方式签订劳动合同”的范畴，为以后法律责任承担留存应有的书面证据。

从法律上讲，应聘者请“枪手”代其体检，伪造体检证明欺骗组织，不但违反了《劳动法》和《劳动合同法》，而且还扰乱了正常的医疗卫生管理秩序。“枪手”伪造体检证明，同样属于违法行为，应承担相应的法律责任。

（四）法律法规

《中华人民共和国劳动合同法》第三十九条　劳动者有下列情形之一的，用人单位可以解除劳动合同：

（一）在试用期间被证明不符合录用条件的；

（二）严重违反用人单位的规章制度的；

（三）严重失职，营私舞弊，给用人单位造成重大损害的；

（四）劳动者同时与其他用人单位建立劳动关系，对完成本单位的工作任务造成严重影响，或者经用人单位提出，拒不改正的；

（五）因本法第二十六条第一款第一项规定的情形致使劳动合同无效的；

（六）被依法追究刑事责任的。

《中华人民共和国就业促进法》第三十条　用人单位招用人员，不得以是传染病病原携带者为由拒绝录用。但是，经医学鉴定传染病病原携带者在治愈前或者排除传染嫌疑前，不得从事法律、行政法规和国务院卫生行政部门规定禁止从事的易使传染病扩散的工作。

第五节　入职流程风险与防控

经过招聘、面试、审查之后，组织对于合适的人选，需要向拟录用的应聘者发送《录用通知书》，继而办理入职手续。

一、关于《录用通知书》的风险与防控

（一）问题表现

《录用通知书》是人力资源招聘工作必经的一个重要环节。但是，《录用通

知书》的性质是什么?《录用通知书》的法律效力如何?用人单位能否撤销?用人单位撤销的后果是什么?用人单位如何规避发放《录用通知书》的风险?

对这些问题的回答都直接关系到劳动者利益的保护和组织劳资关系的良性管理。

需要指出的是,《录用通知书》已不再是暗含法律风险,而是本身就具有法律效力,一旦发出就产生相应的约束力,如果操作不当就会给公司带来麻烦。

(二)问题根源

用人单位一般会将报到时间、地点、工作岗位、薪酬待遇等以《录用通知书》的形式告知录用者,当录用者收到并同意时,双方就劳动关系订立便达成合意。由于其性质属于要约,用人单位在向录用者发送《录用通知书》后,便不得随意撤回或撤销,否则将承担赔偿损失的责任。

1.《录用通知书》的法律性质

《录用通知书》实际上是用人单位向决定录用的员工单方发出的愿意与其建立劳动关系的一种意思表示。从《合同法》的基本原理考查,录用通知属于"要约"。根据《合同法》的一般原理,一份合同的成立要经过要约和承诺两个程序。所谓"要约",是指希望和他人订立合同的意思表示。所谓"承诺",是指受要约人做出的同意要约以成立合同的意思表示,它应当由受要约人以通知的方式向要约人做出。承诺通知到达要约人时生效,合同成立,对双方均产生约束力。

所以,组织在发送《录用通知书》时,一定要谨慎设计其内容。

一般来说,《录用通知书》分为以下两种:

(1)要约性质。它包含劳动合同的具体细节,应聘者一旦签订就具备了一定的法律效力。

(2)要约邀请性质。为避免暗含通知是聘用合同的意思,在制作《录用通知书》时,组织不妨将不予录用的除外情形逐一列明,并保留最终是否签订劳动合同的权利。

组织也可在《录用通知书》中暗示其法律性质,比如,劳动合同的订立以求职者到组织后经过双方细致协商方有最终的确定结果。但也要注意一点,对于一些含金量高的人才,内容不确定的《录用通知书》往往没有吸引力。如果组织已经完全确定要录用某求职者,则应采用要约性质的《录用通知书》。

因此,如何拟定一个比较安全的《录用通知书》,对组织是非常重要的。

2.《录用通知书》与劳动合同的关系

《录用通知书》在内容上与劳动合同有相似之处,但不能等同于劳动合同。

有些组织把两者混同，以为向应聘者发出《录用通知书》，应聘者报到后，就可以直接让该人员上岗，这种做法是有法律风险的。

《录用通知书》是用人单位的要约，而劳动合同才是规范用人单位和劳动者之间权利义务的正式法律文书，因为《录用通知书》一般不包括《劳动合同法》所规定的劳动合同必须包括的内容，在人力资源管理实务中，组织一般也不会要求应聘者在《录用通知书》上确认同意通知书上的内容并收回保存，所以《录用通知书》不能代替劳动合同。《劳动合同法》也强化了不签订书面劳动合同的法律责任，即用人单位在双方建立劳动关系之日起超过 30 天未与劳动者签订书面劳动合同的，劳动者有权要求支付双倍工资，超过 1 年时间没有签订书面劳动合同的，视为双方已签订无固定期限劳动合同。

（三）解决之道

1.《录用通知书》的内容

我国相关法律并没有对《录用通知书》应当包括的内容做出明确规定，但是根据其性质，即组织向应聘者发出的欲与其签订劳动合同的意思表示，一般应当包括以下内容：

（1）报到时间；

（2）报到地点；

（3）报到手续；

（4）报到需要提供的材料；

（5）报到注意事项；

（6）工作岗位；

（7）工作地点；

（8）劳动报酬；

（9）合同期限；

（10）其他事项；

（11）用人单位的名称、盖章和通知时间。

2. 编制需谨慎

（1）可附生效条件。由于《录用通知书》发送后不得随意撤回或撤销，因此，组织可在《录用通知书》中附以生效条件，避免由此产生的法律风险。组织可注明要求应聘者提供原单位离职证明、社保记录、体检报告等材料，经审查合格，由双方签字盖章后生效。

可以事先写明：本通知书有效的前提是个人提供的信息全部真实无讹，如发现有虚假陈述或与真实情况有出入，则本通知书不生效（或自动失效）。

（2）必备失效条款。为应对实践中经常存在的应聘者提供虚假履历等情况，组织应在《录用通知书》中规定失效条款，并有权撤回或撤销《录用通知书》，从而降低由此产生的法律风险。

（3）应对岗位职责加以规定。组织应在《录用通知书》中对岗位职责及录用条件或不符合录用条件的情形加以明确规定，并作为劳动合同的附件，以便对员工在试用期内是否符合录用条件及是否胜任工作进行考查。

（4）应含有冲突条款。为了避免《录用通知书》与劳动合同条款不一致而导致的风险，组织可对两者关系做出界定。由于劳动合同一般较《录用通知书》更为完善，因此，组织可在《录用通知书》中规定：《录用通知书》在劳动合同签订后即失效，或两者不一致的以劳动合同为准。

3. 措辞要严谨

《中华人民共和国合同法》（以下简称《合同法》）第十九条对要约不可撤销进行了说明，如果《录用通知书》写明“请于××月××日之前答复”或“请于××月××日之前办理报到”，则该要约不可撤销，组织只能等待对方的决定。因此，如果组织不能确保《录用通知书》发出后不会有任何变化，就不要设置以上条款。

如果《录用通知书》写明“请于××月××日之前办理报到”，则应聘者有权不经反馈即向原用人单位辞职和准备报到事宜。如果应聘者从原用人单位辞职，组织发生变化不再聘用的，应当赔偿该应聘者的工资及差旅等损失。鉴于该要约是不可撤销的，如果应聘者坚持要求报到上班，则其要求也可能被司法支持。

此外，在实务中会出现这样的情形：组织向应聘者发出《录用通知书》，数月后候选人才回复组织表示接受，而此时组织已经找到了其他人选，并且已经入职工作月余。为了规避此种情形带来的法律风险，建议在《录用通知书》中明确一个回复期限，如果在期限内不回复，则《录用通知书》自动失效。

另一种情况是，应聘者答复接受并且承诺在具体的时间入职报到，但是报到时间已到而该应聘者杳无音讯，可能该应聘者已经另栖他枝而再无踪迹，也可能过了一段时间又重新出现来公司报到。在这种情况下，组织是否还要受《录用通知书》的约束，如何规避这种情况的法律风险呢？建议可以在《录用通知书》上设定，如果候选人不能在承诺时间入职报到，则需事先得到组织同意才能后延，而且后延时间不能超过组织设定的期限，否则《录用通知书》自动失效。

当然，发出《录用通知书》时，组织也可以电话通知应聘者须在某一时间回复。但从证据留存的角度来说，在《录用通知书》注明回复时间要比通过其他方式另行告知回复时间的做法更好一些。此外，不论采用哪一种方式告知，最好要求应聘者采用书面或电子文档方式回复。

4. 体检合格后再发出

关于发出《录用通知书》与候选人体检的顺序安排，在实务中一般有两种操作模式。第一种模式是先让候选人进行体检，候选人体检合格后再发出《录用通知书》；第二种模式是先发出《录用通知书》，再让候选人体检。

如果组织的招工条件允许，我们更倾向于在操作中采取第一种模式。第二种模式主要存在以下两个方面的风险：

（1）在拒绝理由上不易选定。如果先发通知后体检，而在体检中发现候选人有某种疾病，则组织在不易找出拒绝理由的情况下容易被视为就业歧视。特别是在 2008 年 1 月 1 日《就业促进法》实施以后，组织实施就业歧视的，应聘者可以向法院提起诉讼。

（2）加大解雇成本。如果先发通知后体检，在体检中发现候选人有某种疾病仍让其顺利入职，则可能会在用工期间产生病假、医疗期等一系列后续问题，同时加大了组织的解雇成本。

5. 发生变故的处理

实践中，偶尔出现的问题是，组织在发出《录用通知书》后，自身情况发生了变化，不想聘用该人员了，这种情况比较棘手。

依《合同法》第十七条和第十八条规定，要约可以撤回和撤销。撤回要约的通知应当在要约到达受要约人之前或者与要约同时到达受要约人。撤销要约的通知应当在受要约人发出承诺通知之前到达要约人。要约撤回的，其效果相当于未发出，组织不需要承担责任；要约撤销的，对方尚未承诺，合同不成立，组织一般不需要承担责任，除非已经造成应聘者实际损失。

因此，组织发出《录用通知书》后发生变故的，应当立即以最快的方式赶在对方发出承诺通知前通知撤回或撤销要约。

6. 处理好与劳动合同的关系

《录用通知书》与劳动合同之间关系的处理，在实务中一般有以下三种操作模式：

（1）明确劳动合同签订后，《录用通知书》自动失效。

（2）明确劳动合同签订后，合同的某些内容特别是劳动报酬内容条款按照《录用通知书》上的相关条款执行。

（3）对《录用通知书》与劳动合同之间的关系处理未做任何设定。

我们更倾向于采取第一种模式，这样可以最大限度地减少后患。

第三种模式是我们应该坚决摒弃的，它对二者之间的关系未做任何设定，而《录用通知书》和劳动合同往往会出现一些条款相互矛盾甚至是待遇条款一高一低的情况，与此伴随的则是内在的法律风险，实践中组织因此而败诉的案例也是时有发生的。

第二种模式虽然明确了劳动报酬按照《录用通知书》执行，但是其他方面的内容仍然不能彻底摆脱第三种模式类似的风险。如果采用这种模式，至少应当明确，当二者内容不一致时，以双方劳动合同为准。

（四）法律法规

《中华人民共和国合同法》第十三条　当事人订立合同，采取要约、承诺方式。

《中华人民共和国合同法》第十四条　要约是希望和他人订立合同的意思表示，该意思表示应当符合下列规定：

（一）内容具体确定；

（二）表明经受要约人承诺，要约人即受该意思表示约束。

《中华人民共和国合同法》第十六条　要约到达受要约人时生效。采用数据电文形式订立合同，收件人指定特定系统接收数据电文的，该数据电文进入该特定系统的时间，视为到达时间；未指定特定系统的，该数据电文进入收件人的任何系统的首次时间，视为到达时间。

《中华人民共和国合同法》第十七条　要约可以撤回。撤回要约的通知应当在要约到达受要约人之前或者与要约同时到达受要约人。

《中华人民共和国合同法》第十八条　要约可以撤销。撤销要约的通知应当在受要约人发出承诺通知之前到达受要约人。

《中华人民共和国合同法》第十九条　有下列情形之一的，要约不得撤销：

（一）要约人确定了承诺期限或者以其他形式明示要约不可撤销；

（二）受要约人有理由认为要约是不可撤销的，并已经为履行合同作了准备工作。

《中华人民共和国劳动合同法》第七条　用人单位自用工之日起即与劳动者建立劳动关系。用人单位应当建立职工名册备查。

（五）知识链接

录用通知书[①]

________小姐/先生：

您好！我很荣幸地通知您：您申请的__________（部门）的__________

① 程向阳，等. 人力资源操作与风险规避指引手册［M］. 北京：北京大学出版社，2009.

(职位)已获通过，恭喜您成为我们公司的一员。首先我代表公司及所有同事欢迎您加盟我公司。

一、您的试用期是____月____日至____月____日（在试用期，我公司可根据您在试用期的工作表现，对您的试用期予以提前、正常进行、延长）。请您于______年____月____日前来公司人力资源部报到。报到时请您携带以下相关资料，以便办理入职手续：

1. 身份证、学历证、上岗证及其他资格证明复印件（交验原件）。

2. 区级以上医院3个月以内的体检表（含常规项目、肝功能、透视等）。

3. 一寸彩色近照4张。

二、您试用期间的基本工资为________，试用期满，经评估合格后，给予转正，公司将根据您的业绩、能力和表现，重新确定您的工资待遇。

三、请您在报到之前做好准备，包括体检、担保以及应填报的各种表格。

四、如果您不能在公司规定的时间内报到，请您及时与人力资源部沟通，如沟通后仍不能在双方商定的时间内报到或您的体检不合格，公司发给您的《录用通知书》将自动失效。

五、报到后，本公司会在愉快的气氛中为您做职前培训，包括让您知道本公司一切人事制度、福利、其他公司规章制度、公司概况及其他应注意事项，使您在本公司工作期间满意、愉快。如果您有什么疑惑或困难，请与人力资源部联系。

您诚挚的：____________公司

人力资源部负责人：________

联系电话：________

________年____月____日

二、入职手续办理中的风险与防控

（一）问题表现

员工入职是员工和组织逐渐融合的第一步，好似一场美好的恋情即将开始。然而对于组织来讲，一次用工的风险之旅也启程了。

新员工入职，从最初的通知到办理入职手续，提交各类材料，包括各种制度、员工手册的签收等，或多或少都会存在不完善。有时是员工个人问题不按时提交，有时是由于单位管理不善，造成被动，导致损失。

入职手续办理是组织用工的起点。入职过程中的丝毫不慎都可能会导致招聘的夭折甚至引起法律风险，如原组织离职手续办理、学历验证、体检报告、合同签订等，这些都是入职过程中容易引发问题的敏感点。

如何在员工入职时降低组织用工风险，需要人力资源从业人员在日常工作中及时进行知识更新，及时总结问题和尽快完善入职流程。

（二）问题根源

新员工在录用审批、体检、入职、签合同、培训等环节有很多需要注意的事项，需要对入职管理进行严谨全面的梳理，确保每一步都符合劳动法规要求。

组织在新员工入职手续办理方面的常见错误表现在以下几个方面：

（1）入职登记表信息不全，尤其是婚姻、直系亲属关系和是否怀孕、邮寄地址信息缺乏。

（2）未核实身份信息和材料信息，无体检报告，未核实是否与原单位解除劳动关系或与劳务派遣单位签订劳动合同及购买保险等。

（3）要求提供担保或变相索取财物。

（4）未在录用登记表上注明“接受公司的背景调查”而擅自对入职员工做了背景调查。

（5）未在规定的时间内签订劳动合同，未及时补签。

（三）解决之道

将入职流程梳理清楚十分重要。

首先，要及时全面收集并核实相关资料。

新入职员工所提供的资料是组织对其了解的第一个层次，及时全面地收取资料对组织用工有重要意义。其中包括员工简历、学历及相关技能证书原件、复印件，身份证和户口簿复印件，员工近期体检结果、离职证明，组织设计的员工登记表，外地户口还需要提供暂住证或工作居住证，外籍人员还需要提供就业证等。这些资料都是十分重要的，都会影响到组织的用工风险程度，应尽早掌握这些资料，避免被动。

其次，要及时办理相关手续。

在核实员工相关情况之后，尽量在员工正式上班的当天办理以下手续：

（1）及时签订劳动合同。应该在员工上班后一个月内与员工签订劳动合同，避免由于事实劳动关系引发其他的劳动纠纷。目前，签订劳动合同对于组织来讲没有什么太大的风险，延期签订劳动合同带来的许多劳动纠纷才是组织更为头疼的问题。

（2）及时办理相关的社会保险。许多组织说明要试用期过后再给员工办理社会保险，有的组织也愿意为员工补缴试用期内的保险，但是这样的做法不但违反法律规定，而且把试用期内的用工风险全部让组织承担。如果员工在试用期间发生了医疗、工伤费用，社会保险不能够承担时，法律规定这一部分费用全部由组织承担。为员工及时办理保险的最大好处就是将这种可能出现的风险在第一时间转嫁给社会保险基金管理中心。

（3）及时办理档案调入。对于本地员工，应该尽快让其将档案转入组织。通过档案关系的转移，可以核实出其是否还在领取失业金或者确认员工是否与原单位解除了劳动关系。另外，如果员工尚未审定工龄，需要为其审定工龄之后再办理保险。

最后，入职时不得向员工收取费用、扣押证件。

现实生活中，一些组织在录用员工时擅自向员工收取货币、实物等作为“入厂押金”“风险金”“保证金”“培训费”等，还有一些组织扣押员工的身份证、毕业证等，这些行为都是违法的。随着中国法治化程度的不断提高，国家对劳动者权益保障的日益重视，劳动者自身维权意识的提高，综合性、发散性的违法成本也会越来越高。因此，从用工的角度来看，组织守法经营，不仅成为守法的“组织公民”，而且会有助于形成良好的社会商誉和口碑，提升市场美誉度。

（四）法律法规

《中华人民共和国劳动合同法》第七条　用人单位自用工之日起即与劳动者建立劳动关系。用人单位应当建立职工名册备查。

《中华人民共和国劳动合同法》第九条　用人单位招用劳动者，不得扣押劳动者的居民身份证和其他证件，不得要求劳动者提供担保或者以其他名义向劳动者收取财物。

《中华人民共和国劳动合同法》第十条　建立劳动关系，应当订立书面劳动合同。已建立劳动关系，未同时订立书面劳动合同的，应当自用工之日起一个月内订立书面劳动合同。用人单位与劳动者在用工前订立劳动合同的，劳动关系自用工之日起建立。

《中华人民共和国劳动合同法》第十一条　用人单位未在用工的同时订立书面劳动合同，与劳动者约定的劳动报酬不明确的，新招用的劳动者的劳动报酬按照集体合同规定的标准执行；没有集体合同或者集体合同未规定的，实行同工同酬。

（五）知识链接

1. 入职准备清单

对　象	项　目	细　节
商定入职日期	背景调查、健康检查、离职证明的齐备	
	确认用人部门经理当天在办公室	这很重要，如果入职当天没有直接上级的欢迎会使员工有失落感
行政准备	清洁、完好的办公桌椅	旧的也没关系，但要干净，而且不能等人来了还看到清洁工从抽屉里往外扔废纸
	全新、完整的办公必备用品	
	名牌、门禁卡	强调员工归属感
IT 准备	尽量配备新式电脑	务必清空 D 盘，电脑里的旧信息会让新人很困惑，删也不是留更麻烦，甚至给工作带来误导
	干净的键盘、鼠标和电话机	
	精确的用户名和邮箱名	请特别注意用户名和邮箱名的拼写，错一个字母都将可能带来无法挽回的损失
人力资源准备	备好劳动合同、员工手册、分机号码表、专用名词中英文对照表	
	准备好电子版的欢迎新人邮件	用带公司 LOGO 的 PPT 模板，贴上新人最自然的生活照，附上简洁的学历和职业履历，便于同事了解
	安排好一个月内的入职培训	
	设置好试用期提醒	

2. 入职清单

入职清单		
姓名：李四	拼音：LI SI	英文名：无
入职日期：2016 年 11 月 1 日		
入职人员	背景调查 健康检查 离职证明	（　） （　） （　）
用人部门经理	是否在岗	（　）
行政	办公桌椅 办公用品 名牌 门禁卡	（　） （　） （　） （　）
IT	电脑 键盘、鼠标、电话机 用户名、邮箱名	（　） （　） （　）

续表

人力资源	劳动合同 员工手册 分机号码表 专用名词中英文对照表 欢迎新人邮件 入职培训时间 设置试用期提醒	( ) ( ) ( ) ( ) ( ) ( ) ( )

3. 新员工入职导向

新员工入职导向

欢迎您加入××大家庭！

《新员工入职导向》将帮助您顺利融入我们的大家庭。您在××的第一天、第一个月、第二个月都有许多新人入职的事宜要逐一完成。HR 将会全力配合您在规定的时间内完成此导向中所列的全部项目。请您在逐一完成各项目后，在相应的括号内划“√”。

如您有任何疑问，请与人力资源部联系：××××××× （分机：×××）

1. 在××的第一天

A. 您需要向人力资源部提供

●原单位离职证明或劳动手册原件 ( )

●健康检查结果 ( )

●学历证明原件及复印件 ( )

●身份证原件及复印件（附照片） ( )

●登记原单位福利缴纳关系转移的相关资料 ( )

B. HR 及行政部向您提供

●签署劳动合同 ( )

●签收员工手册 ( )

●发放办公室门卡 ( )

●安排座位名牌 ( )

C. IT 部负责

●安排电脑 ( )

●建立用户名及 E-mail 地址 ( )

D. 您所在部门的主管负责

●安排“伙伴系统”引领您尽快进入工作角色 ( )

2. 在××的第一个月

A. 您需办理福利档案调转事宜

●完成个人档案的调转 （ ）

●完成社会保险转移 （ ）

●完成住房公积金转移 （ ）

B. 人力资源部向您提供

●入职培训 （ ）

C. 您所在部门的主管向您提供

●至少一次正式沟通 （ ）

3. 在××的第二个月

您所在部门的主管向您提供

●完成试用期评估 （ ）

再次欢迎您的加入！

第六节 新员工试用期管理风险与防控

根据人力资源和社会保障部的有关规定，试用期是指用人单位和劳动者建立劳动关系后相互了解、选择而约定的不超过6个月的考察期，试用期实际上是组织与新员工进行双向考察和熟悉的时间缓冲区。组织要考察新员工是否能够适合岗位要求，新员工也考察自己是否乐意在组织工作。

试用期是劳动关系双方当事人在劳动合同中约定的，进行相互了解、相互考察的期限。在此期间，劳动关系处于准正式状态。和试用期相邻，还有两个概念和试用期“擦身而过”：一个是实习期，另一个是见习期。

所谓“实习期”，并非法律上的概念，一般是专指尚未毕业的学生到组织进行的社会实践活动。根据我国有关规定，学生在组织实习期间，与组织不建立劳动关系，因此，二者之间问题的解决依据尚不能援引劳动法。

关于“见习期”，首先，它与在法律上明确规定的“试用期”不同，它并不是一个法律层面的概念。见习期一般是指行政、事业单位在人事制度的框架内对应届毕业生进行业务适应及考核的一种制度。实际上，从性质上看，见习期也是一种试用期，只不过它并不是劳动法意义上的组织与员工之间的“试用期”。

自从2008年1月1日《中华人民共和国劳动合同法》（以下简称《劳动合同法》）实施以后，法律开始对试用期有了进一步的细化和明确，用人单位与劳动者在履行劳动合同的过程中，因处于试用期内而产生的劳动争议也越来越多。

一方面，因组织违反法律关于试用期的有关规定，频频被员工举报或告上法庭，如试用期内不签劳动合同，单独签订试用期合同，试用期的期限随意设定，试用期内工资低于最低工资标准，试用期内不缴纳社会保险，试用期不符合录用条件可再延长、续签合同再规定试用期，试用期内随意与员工解除劳动合同等。试用期内员工的权益受到了严重侵害。

另一方面，试用期内员工随意辞职，或者因组织以“不符合录用条件”为由与员工解除合同依据不足从而给组织带来不同程度的经济损失。

因此，在这样的法律背景和现实环境下，组织该如何认识和理解试用期的相关法律政策，更好地适用法律，规范单位自身以及员工的不当行为，降低试用期的用工风险，减少不必要的劳动争议，已是组织人力资源管理工作的当务之急。

一、试用期管理中的风险与防控

（一）问题表现

《劳动合同法》明确规定劳动合同可以约定试用期。对于这一规定，不少员工和组织并不完全理解，因而在约定试用期时违反了有关规定。

常见的试用期风险存在于以下几个方面：

（1）试用期内不签订书面劳动合同。从劳动者到用人单位工作起，用人单位超过一个月不满一年未与劳动者签订书面劳动合同的，用人单位须向劳动者支付双倍工资；超过一年未与劳动者签订书面劳动合同的，视为双方已经形成无固定期限劳动合同，同时仍应支付第一年度的双倍工资。双方一旦形成纠纷，用人单位必定败诉。

（2）试用期内单签“试用合同”。劳动合同仅约定试用期的，试用期不成立，视为用人单位与劳动者签订的固定期限劳动合同，试用期间即为劳动合同期限。之后用人单位再同劳动者签订的固定期限劳动合同视为续签合同。一旦劳动者在续签的劳动合同期限届满之后要求与用人单位签订无固定期限的劳动合同，用人单位将缺乏有效手段应对。

（3）试用期内不缴纳社保费用。劳动关系一旦建立，用人单位就应当依法为劳动者缴纳社会保险，试用期并非独立于劳动关系外的“特殊期”，试用期包括在劳动合同期限内。用人单位在试用期拒绝为劳动者办理社会保险的，劳动者可以向有关部门投诉，造成劳动者损失的，用人单位应当承担赔偿责任。特别应当注意的是，《工伤保险条例》修改后，大幅度提高了工亡补助金的数额，使得一次性工亡补助金标准达到近 30 万元。一旦在试用期内发生工伤事故导致劳动者伤亡，数十万元的工伤补助将全部由用人单位支付。同时，《劳动合同法》规定，用人单位未依法缴纳社会保险费的，劳动者有权解除劳动合同，用人单位需支付经济补偿。

（4）试用期工资低于最低工资。试用期的工资不得低于本单位相同岗位最低档工资或者劳动合同约定工资的 80%，并不得低于用人单位所在地的最低工资标准，否则，劳动行政部门将责令改正并要求支付其差额部分，逾期不支付的，还应加付赔偿金。

（5）试用期任意延长。未经协商或虽经协商但约定的试用期超过法律规定的，以劳动者试用期满月工资为标准，按已经履行的超过法定试用期的期间向劳动者支付赔偿金。

（6）续订劳动合同时再次设定试用期。同一用人单位与同一劳动者只能约定一次试用期。再次约定试用期的，以劳动者试用期满月工资为标准，按已经履行的超过法定试用期的期间向劳动者支付赔偿金。

（7）试用期内随意辞退员工。在试用期内，只有员工不符合录用条件或者存在其他过错性的事由，用人单位才可与其解除劳动合同，否则，按照违法解除劳动合同处理。此时，员工既可要求继续履行劳动合同，也可要求单位支付赔偿金。

（二）问题根源

所谓“试用期”，是指用人单位和劳动者为相互了解、选择而在劳动合同中约定的不超过 6 个月的考察期。约定试用期的核心目的是让员工和组织相互考察和认可，以决定双方是否建立劳动关系。

约定试用期要特别注意以下几个方面：

（1）《劳动合同法》对于试用期期限的特别说明，具体见表 4—18。

表 4—18　　试用期期限说明

劳动合同期限	试用期期限
三个月以上不满一年	不得超过 1 个月
一年以上不满三年	不得超过 2 个月
三年以上和无固定期限合同	不得超过 6 个月

（2）劳动合同中的试用期应由组织和员工双方平等协商约定。

（3）试用期最长不得超过6个月（含）。

（4）试用期包括在劳动合同期限内，而不是单独计算。

（5）相同岗位试用期只能约定一次，也就是说对工作岗位没有发生变化的员工只能试用一次（包括二次或多次雇用）。如果员工改变工种的可以重新约定试用期，不改变工种的则不能再约定试用期。

（6）试用期不得无故延长。员工对组织不满意或认为不适合工作，可以解除劳动合同，而组织在试用期内发现员工不符合录用条件也可以解除劳动合同，而不能延长试用期继续进行考察。

（三）解决之道

对于组织来讲，熟知法律关于试用期的一些硬性规定，对于从一定程度上降低用工风险是大有裨益的。关于试用期约定的具体细节，需要注意以下几个方面：

（1）两类合同不得约定试用期。并非所有的劳动合同都可以约定试用期，根据《劳动合同法》的规定，以完成一定工作任务为期限的劳动合同或者劳动合同期限不满3个月的，不得约定试用期。

（2）试用期期限的设定须视劳动合同期限而定。针对实践中一些组织滥设试用期期限的现象，《劳动合同法》采取了试用期期限的设定须与劳动合同期限挂钩的模式，因此，试用期期限应依法、依劳动合同的性质和期限进行设定。如果组织与员工未约定劳动合同期限而单独设定了试用期，该试用期的约定是不成立的，而所约定的所谓“试用期”应视为劳动合同期限。

（3）试用次数有限制。根据规定，同一组织与同一员工只能约定一次试用期。也就是说，对于同一个组织和员工只建立了一个持续的劳动关系，即使劳动合同发生续订，也只能约定一次试用期。实践中某些组织对员工反复约定试用期、反复试用，显然是违法的。

但是，组织与员工之间的劳动关系解除或终止后一段时间，重新建立劳动关系时，如果组织同一工作岗位的录用条件有所变化或者员工应聘新的工作岗位时，仍然适用上述规定，法律并没有做出进一步规定。对于此类情形下是否适用上述规定，应结合具体情况而定。

（4）试用期工资进行严格限定。根据规定，试用期内工资不得低于一定的标准。员工在试用期的工资不得低于本单位相同岗位最低档工资或者劳动合同约定工资的80%，并不得低于组织所在地的最低工资标准。实践中，有些组织与员工对于试用期工资随意进行约定，即应属于违反上述规定的情况。

（5）组织试用期解除要依照法定程序进行。第一，关于组织提出解除劳动合同的情形。组织在试用期内解除与员工的劳动合同，需要遵循严格的程序。在试用期中，除员工有法定可以解除劳动合同的情形以外，组织不得解除劳动合同。并且，组织在解除劳动合同时，应当向员工说明理由。此外，组织单方解除劳动合同，还应当事先将理由通知工会。

第二，关于员工提出解除劳动合同的情形。法律对于劳动者在试用期内单方提出解除劳动合同做出了相对宽松的规定，即只需提前 3 日通知用人单位即可解除劳动合同，而无须得到用人单位的批准。应该指出，此项规定从一定意义上赋予劳动者较大的权利，而对组织来说，则很可能会给工作造成被动，甚至会因员工的随时辞职而带来一定的经济损失。因此，组织应通过合理的措施和管理制度，尽量防范员工突然辞职引发的风险。

（6）试用期内应给员工办理社会保险。试用期内不为员工缴纳社会保险，这是实践中很多组织的习惯性做法。员工由于法律知识缺乏，也常常错误地认为试用期内组织可以不缴纳社会保险费，导致自己的合法权益受到损害。根据《劳动法》第七十三条的规定，劳动关系一旦建立，用人单位就应当依法为劳动者缴纳社会保险，试用期并非独立于劳动关系外的“特殊期”，试用期包括在劳动合同期限内。因此，试用期内，组织应为员工办理社会保险。

（四）法律法规

《中华人民共和国劳动合同法》第十九条　劳动合同期限三个月以上不满一年的，试用期不得超过一个月；劳动合同期限一年以上不满三年的，试用期不得超过二个月；三年以上固定期限和无固定期限的劳动合同，试用期不得超过六个月。

同一用人单位与同一劳动者只能约定一次试用期。

以完成一定工作任务为期限的劳动合同或者劳动合同期限不满三个月的，不得约定试用期。

试用期包含在劳动合同期限内。劳动合同仅约定试用期的，试用期不成立，该期限为劳动合同期限。

《中华人民共和国劳动法》第七十三条　劳动者在下列情形下，依法享受社会保险待遇：

（一）退休；

（二）患病、负伤；

（三）因工伤残或者患职业病；

（四）失业；

（五）生育。

二、关于试用期内解除劳动合同的风险与防控

（一）问题表现

很多组织在试用期发现所招聘的员工不合适，通常都会以“试用期不符合录用条件”为由解除双方的劳动合同，此时如果不谨慎处理，不仅达不到解除的目的，反而使得单位陷入“用也不是、不用也不是”的两难境地。

用工实践中，可能有些人认为，试用期是用人单位和劳动者建立劳动关系后，为了相互了解、相互选择而约定的相互考察期，劳动者与用人单位在试用期内均可以随时解除劳动合同。其实这是一个错误认识。根据《劳动合同法》第三十七条、第三十九条的规定，在试用期内，劳动者须遵循解除预先通知期，即提前3天通知用人单位才可以解除劳动合同，而用人单位须证明劳动者在试用期不符合录用条件才可以解除劳动合同。

（二）问题根源

依照《劳动合同法》的规定，在试用期内，组织如需与员工解除劳动合同，必须在法定情形下依照法定程序进行。

根据规定，试用期内发生以下8种情形之一时，用人单位可以与员工解除劳动合同：

（1）劳动者在试用期内被证明不符合录用条件的；

（2）劳动者严重违反用人单位的规章制度的；

（3）劳动者严重失职，营私舞弊，给用人单位造成重大损害的；

（4）劳动者同时与其他用人单位建立劳动关系，对完成本单位的工作任务造成严重影响，或者经用人单位提出，拒不改正的；

（5）劳动者以欺诈、胁迫的手段或者乘人之危，使用人单位在违背真实意思的情况下订立或者变更劳动合同致使劳动合同无效的；

（6）被依法追究刑事责任的；

（7）劳动者患病或者非因工负伤，在规定的医疗期满后不能从事原工作，也不能从事由用人单位另行安排的工作的；

（8）劳动者不能胜任工作，经过培训或者调整工作岗位，仍不能胜任工作的。

首先，在上述8种情形中，只有第一种情形是属于试用期内独有的情形。因此，撇开第二至第八种试用期满后也可能会发生的普通情况，从一定意义上说，试用期内组织能否与员工解除劳动合同，很大程度上取决于单位能否有

足够证据证明该员工“不符合录用条件”。所以说，从组织的角度来看，对进入试用期的员工录用条件的设定，以及对“不符合录用条件”的证明，成为试用期内能否与员工依法、顺利解除劳动合同而无须支付经济补偿金的关键所在。

其次，试用期内，组织如需与员工解除劳动合同，在上述第一种到第六种情形下，可以随时提出，且无须支付经济补偿金。而在第七种、第八种情形下，用人单位需提前30日以书面形式通知劳动者本人或者额外支付劳动者1个月工资后，方可解除劳动合同。此外，无论是哪一种情形下，在试用期内与员工解除劳动合同，组织均需向员工说明理由。

（三）解决之道

组织究竟应该如何对试用期员工设定录用条件才能有效防范法律风险呢？

实践中，一般根据各单位的具体操作、管理措施、惯例而定。一般来说，可以通过在招聘启事、个人信息表格、劳动合同、规章制度中列明相关的录用要求，如年龄、学历、工作经历、岗位资格证、培训经历、健康状况以及是否受过刑事处罚，是否被单位解除劳动合同等。具体可从以下几个角度向员工明确告知录用条件：

第一，通过招聘公告来公示的，采取一定方式将公示内容予以固定，以便为诉讼保留证据。如在招聘时向员工明示录用条件的，可以要求员工签字确认。通过媒体等渠道公布招录信息的，应同时公布招录条件，并予以保存。通过中介招录员工的，由中介组织在招录条件上盖章或者签字确认，保留证据。自行招聘的，制作详细的招录条件，由被招录员工阅读并签字确认。

第二，劳动关系建立以前，在发出录用通知或聘用函时，在其中明示录用条件的，要求员工签字确认。

第三，建立岗位描述制度并将其作为劳动合同的附件，或者直接在劳动合同中明确员工岗位职责。除了在录用条件中明确约定“符合岗位要求”之外，组织还应当完备岗位描述制度与之配合，并且尽量将其标准量化以便于操作。

第四，对员工试用期内的表现进行客观记录和评价。对试用期员工的考核有日常考核和转正考核两种，对于转正考核必须在试用期满之前结束。

在实际操作中，应如何判断员工是否符合录用条件呢？

首先，在进行人才招聘之前，要根据招聘职位的要求，制定出完整的、具有可操作性的录用条件，同时在招聘时将上述录用条件向应聘者公布。

其次，对于处在试用期内的员工，要注意在工作中随时按录用条件进行考察，并做好记录。

再次，发现员工不符合录用条件时，要及时取得能证明员工不符合录用条件的证据。

最后，证明员工不符合录用条件后，若想与其解除劳动合同，要在试用期内解除，而不能在试用期满后提出。

总之，无论是员工完全不符合录用条件或部分不符合录用条件，都必须由组织提出合法有效的证明。

（四）法律法规

《中华人民共和国劳动合同法》第十九条　劳动合同期限三个月以上不满一年的，试用期不得超过一个月；劳动合同期限一年以上不满三年的，试用期不得超过二个月；三年以上固定期限和无固定期限的劳动合同，试用期不得超过六个月。同一用人单位与同一劳动者只能约定一次试用期。以完成一定工作任务为期限的劳动合同或者劳动合同期限不满三个月的，不得约定试用期。试用期包含在劳动合同期限内。劳动合同仅约定试用期的，试用期不成立，该期限为劳动合同期限。

《中华人民共和国劳动合同法》第二十条　劳动者在试用期的工资不得低于本单位相同岗位最低档工资或者劳动合同约定工资的百分之八十，并不得低于用人单位所在地的最低工资标准。

《中华人民共和国劳动合同法》第二十一条　在试用期中，除劳动者有本法第三十九条和第四十条第一项、第二项规定的情形外，用人单位不得解除劳动合同。用人单位在试用期解除劳动合同的，应当向劳动者说明理由。

《中华人民共和国劳动合同法》第三十七条　劳动者提前三十日以书面形式通知用人单位，可以解除劳动合同。劳动者在试用期内提前三日通知用人单位，可以解除劳动合同。

《中华人民共和国劳动合同法》第三十九条　劳动者有下列情形之一的，用人单位可以解除劳动合同：

（一）在试用期间被证明不符合录用条件的；

（二）严重违反用人单位的规章制度的；

（三）严重失职，营私舞弊，给用人单位造成重大损害的；

（四）劳动者同时与其他用人单位建立劳动关系，对完成本单位的工作任务造成严重影响，或者经用人单位提出，拒不改正的；

（五）因本法第二十六条第一款第一项规定的情形致使劳动合同无效的；

（六）被依法追究刑事责任的。

《中华人民共和国劳动合同法》第四十条　有下列情形之一的，用人单位提前三十日以书面形式通知劳动者本人或者额外支付劳动者一个月工资后，可以解除劳动合同：

（一）劳动者患病或者非因工负伤，在规定的医疗期满后不能从事原工作，也不能从事由用人单位另行安排的工作的；

（二）劳动者不能胜任工作，经过培训或者调整工作岗位，仍不能胜任工作的；

（三）劳动合同订立时所依据的客观情况发生重大变化，致使劳动合同无法履行，经用人单位与劳动者协商，未能就变更劳动合同内容达成协议的。

三、关于试用期同时进入医疗期的风险与防控

（一）问题表现

试用期是指用人单位和劳动者相互考察，用以确定对方是否符合自己的录用条件或求职要求而约定的最长期限不得超过 6 个月的考察期。用人单位不能仅签订试用期合同，试用期应包含在劳动合同期限内。

医疗期是指劳动者在劳动合同期内患病或非因工负伤，依法享有停止工作治疗休息的时间。

因此，试用期内的员工享有和正式员工一样的医疗期等待遇。

如果试用期人员进入医疗期，同时组织还没有证据证明该人员不符合录用条件的，对此如何处理？

这里涉及两个疑问：其一，在用人单位确定的试用期内，职工患病能否享受医疗期待遇。现实中有许多单位的做法都是剥夺职工的医疗期，而用人单位的做法还往往获得理解，但这是错误的，一旦发现就应当依法纠正。其二，在试用期内的职工获得医疗期待遇的，试用期届满，医疗期是否届满。

（二）问题根源

员工在试用期期间进入医疗期，《劳动法》中有两项条款适用于这种情况。一是第三十九条规定劳动者在试用期间被证明不符合录用条件的，用人单位可以解除劳动合同。二是第四十条规定，有下列情形之一的，用人单位提前三十日以书面形式通知劳动者本人或者额外支付劳动者一个月工资后，可以解除劳动合同：①劳动者患病或者非因工负伤，在规定的医疗期满后不能从事原工作，也不能从事由用人单位另行安排的工作的；②劳动者不能胜任工作，经过培训或者调整工作岗位，仍不能胜任工作的。

这里有一对矛盾，那就是试用期解除劳动合同必须证明员工不符合录用条

件，但现实中很有可能一进入试用期即进入医疗期，组织无法证明员工不符合录用条件。并且，医疗期很有可能长于试用期，也就是说，当医疗期结束时，试用期很可能早已结束。此时，组织是否还能根据《劳动法》第三十九条，运用试用期相关条款来处理？

（三）解决之道

员工在试用期同时进入医疗期，组织是可以解除劳动合同的，但必须按照法定程序履行，归纳起来主要有以下三点：

第一，组织必须在通过民主程序依法制定的规章制度中申明，在试用期间无论何种原因，累计缺勤 10 个工作日（包括事假、病假等各类假期和旷工导致的缺勤）以上，视为不符合录用条件，组织可以解除劳动合同。

第二，员工进入医疗期后不能立即解除劳动合同，而是在缺勤满一段时间（如 10 天）后立即出具《劳动合同解除通知书》告知员工：由于其缺勤已满 10 天，劳动合同应当予以解除，但由于其处在医疗期内，因此依法解除的劳动合同顺延至医疗期满。这种做法主要依据《劳动合同法》第四十条第一款的规定，劳动者可以享有一定期限的医疗期，因此劳动合同的试用期出现了阻碍情形，应当视为试用期中止。

第三，员工在试用期直接进入医疗期，组织已经提供了医疗期的待遇，但是出于人道主义精神，组织可以适当给予其一定的经济补偿。

（四）法律法规

《中华人民共和国劳动合同法》第二十一条　在试用期中，除劳动者有本法第三十九条和第四十条第一项、第二项规定的情形外，用人单位不得解除劳动合同。用人单位在试用期解除劳动合同的，应当向劳动者说明理由。

《中华人民共和国劳动合同法》第三十九条　劳动者有下列情形之一的，用人单位可以解除劳动合同：

（一）在试用期间被证明不符合录用条件的；

（二）严重违反用人单位的规章制度的；

（三）严重失职，营私舞弊，给用人单位造成重大损害的；

（四）劳动者同时与其他用人单位建立劳动关系，对完成本单位的工作任务造成严重影响，或者经用人单位提出，拒不改正的；

（五）因本法第二十六条第一款第一项规定的情形致使劳动合同无效的；

（六）被依法追究刑事责任的。

《中华人民共和国劳动合同法》第四十条　有下列情形之一的，用人单位提前三十日以书面形式通知劳动者本人或者额外支付劳动者一个月工资后，可以解除劳动合同：

（一）劳动者患病或者非因工负伤，在规定的医疗期满后不能从事原工作，也不能从事由用人单位另行安排的工作的；

（二）劳动者不能胜任工作，经过培训或者调整工作岗位，仍不能胜任工作的；

（三）劳动合同订立时所依据的客观情况发生重大变化，致使劳动合同无法履行，经用人单位与劳动者协商，未能就变更劳动合同内容达成协议的。

《中华人民共和国劳动合同法》第四十一条　有下列情形之一，需要裁减人员二十人以上或者裁减不足二十人但占组织职工总数百分之十以上的，用人单位提前三十日向工会或者全体职工说明情况，听取工会或者职工的意见后，裁减人员方案经向劳动行政部门报告，可以裁减人员：

（一）依照企业破产法规定进行重整的；

（二）生产经营发生严重困难的；

（三）企业转产、重大技术革新或者经营方式调整，经变更劳动合同后，仍需裁减人员的；

（四）其他因劳动合同订立时所依据的客观经济情况发生重大变化，致使劳动合同无法履行的。

裁减人员时，应当优先留用下列人员：

（一）与本单位订立较长期限的固定期限劳动合同的；

（二）与本单位订立无固定期限劳动合同的；

（三）家庭无其他就业人员，有需要扶养的老人或者未成年人的。

用人单位依照本条第一款规定裁减人员，在六个月内重新招用人员的，应当通知被裁减的人员，并在同等条件下优先招用被裁减的人员。

《中华人民共和国劳动合同法》第四十二条　劳动者有下列情形之一的，用人单位不得依照本法第四十条、第四十一条的规定解除劳动合同：

（一）从事接触职业病危害作业的劳动者未进行离岗前职业健康检查，或者疑似职业病病人在诊断或者医学观察期间的；

（二）在本单位患职业病或者因工负伤并被确认丧失或者部分丧失劳动能力的；

（三）患病或者非因工负伤，在规定的医疗期内的；

（四）女职工在孕期、产期、哺乳期的；

（五）在本单位连续工作满十五年，且距法定退休年龄不足五年的；

（六）法律、行政法规规定的其他情形。

第七节　招聘录用特殊人员风险与防控

本章主要讨论组织在招聘录用中的风险分析与防控，对于常规劳动者而言，我们探讨了以上内容。对于组织来说，还有其他类型的用工形式，如录用外国人、台港澳人员、未成年人以及离退休人员、兼职人员等。在这类特殊人员的招聘录用中，应该特别注意一些法律法规规定还在不断完善修订中。

一、未成年人就业中的风险与防控

（一）问题表现

所谓童工，就是指未满 16 周岁，与单位或个人发生劳动关系从事有经济收入的劳动或从事个体劳动的少年、儿童。

雇用童工是违法行为，只要客观事实存在，组织就要担责，无论是否知情，处罚力度都是一样的。

而年满十六周岁未满十八周岁的未成年人却往往由于体形、外表与成年人无异，而成为组织用工中的风险大户。特别是在服务行业、制造行业，组织往往会疏于对未成年人的身份鉴定，这也为组织用工埋下了巨大隐患。

（二）问题根源

《劳动法》第五十八条规定："国家对女职工和未成年工实行特殊劳动保护。未成年工是指年满十六周岁未满十八周岁的劳动者。"由于未成年人处于特殊的生长发育年龄，身体还处于成长发育时期，同时也正是学习文化、接受知识的黄金年龄，没有从事某些工作所需的体力和心理素质，因此，对未成年人首先要保护其安全和健康，其次才是尽劳动义务。

实践中，非法使用未成年人的情形包括：安排未成年人从事国家法律法规规定的不得从事的工作，不履行未成年人健康检查制度，未在劳动行政部门登记备案。

（三）解决之道

为避免法律风险，组织在管理操作实务中需要注意以下事项：

第一，建立用工登记制度。

依据《未成年工特殊保护规定》第九条规定，用人单位招收使用未成年工除符合一般用工要求外，还要向所在地的县级以上劳动行政部门办理登记。劳动行政部门根据未成年工健康检查表、未成年人登记表核发未成年工登记证。未成年工须持未成年工登记证上岗。

第二，依法保障劳动权益。

主要依据《中华人民共和国未成年人保护法》和《未成年工特殊保护规定》。未成年工在工种、劳动时间、劳动强度、保护措施和享受社会保险和福利等方面，用人单位须执行国家有关规定；未成年工上岗前，用人单位应对其进行相关的职业安全卫生教育、培训；体检发现未成年工不适宜从事原工作的，用人单位应为未成年工调换适宜的工作岗位；未成年工身体健康受到损害的，用人单位应当为其治疗。用人单位不仅要对未成年工健康检查事宜进行全面的安排，而且应承担所涉及的所有费用支出。未成年工在规定的健康检查期间应算作工作时间，用人单位不得克扣工资。

第三，部分用工情况除外。

未满 16 周岁的少年、儿童，参加家庭劳动、学校组织的勤工俭学和省、自治区、直辖市人民政府允许从事的无损于身心健康的、力所能及的辅助性劳动，不属于童工范畴。文艺、体育和特种工艺单位，确需招用未满 16 周岁的文艺工作者、运动员和艺徒时，须报经县级以上劳动行政部门批准。文艺工作者、运动员、艺徒概念的界定，由国务院劳动行政部门会同国务院文化、体育主管部门做出具体规定。

（四）法律法规

《中华人民共和国劳动法》第九十五条　用人单位违反本法对女职工和未成年工的保护规定，侵害其合法权益的，由劳动行政部门责令改正，处以罚款；对女职工或者未成年工造成损害的，应当承担赔偿责任。

《中华人民共和国未成年人保护法》第五条　保护未成年人的工作，应当遵循下列原则：

（一）尊重未成年人的人格尊严；

（二）适应未成年人身心发展的规律和特点；

（三）教育与保护相结合。

《未成年工特殊保护规定》第二条　未成年工是指年满十六周岁，未满十八周岁的劳动者。

《未成年工特殊保护规定》第三条　用人单位不得安排未成年工从事以下范围的劳动：

（一）《生产性粉尘作业危害程度分级》国家标准中第一级以上的接尘作业；

（二）《有毒作业分级》国家标准中第一级以上的有毒作业；

（三）《高处作业分级》国家标准中第二级以上的高处作业；

（四）《冷水作业分级》国家标准中第二级以上的冷水作业；

（五）《高温作业分级》国家标准中第三级以上的高温作业；

（六）《低温作业分级》国家标准中第三级以上的低温作业；

（七）《体力劳动强度分级》国家标准中第四级体力劳动强度的作业；

（八）矿山井下及矿山地面采石作业；

（九）森林业中的伐木、流放及守林作业；

（十）工作场所接触放射性物质的作业；

（十一）有易燃易爆、化学性烧伤和热烧伤等危险性大的作业；

（十二）地质勘探和资源勘探的野外作业；

（十三）潜水、涵洞、涵道作业和海拔三千米以上的高原作业（不包括世居高原者）；

（十四）连续负重每小时在六次以上并每次超过二十公斤，间断负重每次超过二十五公斤的作业；

（十五）使用凿岩机、捣固机、气镐、气铲、铆钉机、电锤的作业；

（十六）工作中需要长时间保持低头、弯腰、上举、下蹲等强迫体位和动作频率每分钟大于五十次的流水线作业；

（十七）锅炉司炉。

《未成年工特殊保护规定》第四条　未成年工患有某种疾病或具有某些生理缺陷（非残疾型）时，用人单位不得安排其从事以下范围的劳动：

（一）《高处作业分级》国家标准中第一级以上的高处作业；

（二）《低温作业分级》国家标准中第二级以上的低温作业；

（三）《高温作业分级》国家标准中第二级以上的高温作业；

（四）《体力劳动强度分级》国家标准中第三级以上体力劳动强度的作业；

（五）接触铅、苯、汞、甲醛、二硫化碳等易引起过敏反应的作业。

《未成年工特殊保护规定》第九条　对未成年工的使用和特殊保护实行登记制度。

（一）用人单位招收使用未成年工，除符合一般用工要求外，还须向所在地的县级以上劳动行政部门办理登记。劳动行政部门根据《未成年工健康检查表》、《未成年工登记表》，核发《未成年工登记证》。

（二）各级劳动行政部门须按本规定第三、四、五、七条的有关规定，审核体检情况和拟安排的劳动范围。

（三）未成年工须持《未成年工登记证》上岗。

（四）《未成年工登记证》由国务院劳动行政部门统一印制。

二、特殊人员就业中的风险与防控

（一）问题表现

除了以上提到的外国人、台港澳人员、未成年人之外，在组织的用工对象中，还有一部分人群是需要特别重视的，如离退休人员、兼职人员。由于特别的身份，在劳动合同签订、用工形式上都需要人力资源管理人员多加注意。

在某些行业中，如医疗、教育等，经验是一笔宝贵财富，这类行业往往会返聘离退休人员继续服务。关于聘用离退休人员的法律风险，主要在于人身伤害产生的赔偿责任。离退休人员因其年龄、健康状况等特殊原因，在风险防范中存在着与普通员工不同的注意点。

关于兼职人员，组织聘请兼职人员的目的是与之建立合作关系，而不是要建立劳动关系，所以要注意怎样才能使这个合作关系不至于被混淆为劳动关系。

（二）问题根源

1. 离退休人员

原劳动部《关于实行劳动合同制度若干问题的通知》规定，已享受养老保险待遇的离退休人员再次被聘用的，用人单位应与其签订书面协议，明确聘用期内的工作内容、报酬、医疗、劳保待遇等权利和义务。

《劳动部办公厅对〈关于实行劳动合同制度若干问题的请示〉的复函》（劳办发〔1997〕88 号）指出：“二、关于离退休人员的再次聘用问题。各地应采取适当的调控措施，优先解决适龄劳动者的就业和再就业问题。对被再次聘用的已享受养老保险待遇的离退休人员，根据原劳动部《关于实行劳动合同制度若干问题的通知》（劳部发〔1996〕354 号）第十三条的规定，其聘用协议可以明确工作内容、报酬、医疗、劳动保护待遇等权利、义务。离退休人员与用人单位应当按照聘用协议的约定履行义务，聘用协议约定提前解除书面协议的，应当按照双方约定办理，未约定的，应当协商解决。离退休人员聘用协议的解除不能依据《劳动法》第二十八条执行。”

《最高人民法院关于审理劳动争议案件适用法律若干问题的解释（三）》第七条规定：“用人单位与其招用的已经依法享受养老保险待遇或领取退休金的人员发生用工争议，向人民法院提起诉讼的，人民法院应当按劳务关系处理。”

2. 兼职人员

根据《关于确立劳动关系有关事项的通知》的规定，劳动关系的建立须符合以下条件：

（1）用人单位和劳动者符合法律、法规规定的主体资格。

（2）用人单位依法制定的各项劳动规章制度适用于劳动者，劳动者受用人单位的劳动管理，从事用人单位安排的有报酬的劳动。

（3）劳动者提供的劳动是用人单位业务的组成部分。

可见，用人单位与劳动者双方的关系较为紧密，不像一般的民事关系那么松散。在劳动关系存续期间，劳动者遵守用人单位的规章制度，接受用人单位的用工管理，依据劳动合同从事用人单位安排的工作，该工作内容是用人单位生产经营活动的组成部分；用人单位对劳动者实行用工管理，劳动者是用人单位的管理对象，双方形成劳动隶属关系、人身依附关系。基于劳动关系，劳动者对外不是一个独立的法律主体。

（三）解决之道

1. 离退休人员

根据相关法律法规的规定，已享受养老保险待遇的离退休人员被再次聘用的，与组织建立的不是劳动关系，双方无须订立劳动合同，而是订立聘用协议，双方关系为劳务合同关系。

1996 年 10 月 31 日原劳动部颁布的《关于实行劳动合同制度若干问题的通知》第十三条明文规定，已享受养老保险待遇的离退休人员被再次聘用时，用人单位应与其签订书面协议，明确聘用期内的工作内容、报酬、医疗、劳保待遇等权利和义务（注：医疗、劳保待遇可以笼统的形式概括后统一规避）。

鉴于用人单位与退休人员是平等的法律关系，用人单位应当按照《合同法》等民事法规的规定履行义务，承担相应的责任。用人单位无须为退休人员提供社会保险、加班工资、经济补偿金、休假制度等基于劳动关系产生的待遇。

组织存在雇主赔偿责任法律风险。例如工伤产生的赔偿风险应当由用人单位承担。《最高人民法院关于审理人身损害赔偿案件适用法律若干问题的解释》第九条规定，雇员在从事雇佣活动中致人损害的，雇主应当承担赔偿责任；雇员因故意或者重大过失致人损害的，应当与雇主承担连带赔偿责任。雇主承担连带赔偿责任的，可以向雇员追偿。“从事雇佣活动”，是指从事雇主授权或者指示范围内的生产经营活动或者其他劳务活动。雇员的行为超出授权范围，但其表现形式是履行职务或者与履行职务有内在联系的，应当认定为“从事雇佣活动”。第十一条规定，雇员在从事雇佣活动中遭受人身损害，雇主应当承担赔偿责任。雇佣关系以外的第三人造成雇员人身损害的，赔偿权利人可以请求第三人承担赔偿责任，也可以请求雇主承担赔偿责任。雇主承担赔偿责任后，可以向第三人追偿。要预防这种风险，建议购买雇主责任险或者人身意外伤害保险，并在合同中约定。

2. 兼职人员

如果组织仅仅想与拟聘请的兼职人员建立合作关系，例如很多组织与兼职者签订一个兼职销售合同，约定兼职者无工资，仅以销售额按一定比例提成作为报酬，而且兼职者不受公司的支配与管理。此时，组织与该兼职者建立的实际上是一种民事合作关系，应当注意不要与之签订劳动合同，因为法律对劳动者的保护力度更大，如劳动法对劳动者的休息权、获得报酬权、劳动条件、劳动保护及职业危害诸多方面做了保护性规定。

因此，在签订兼职销售合同时，为了不使之混淆为劳动合同，就要在公司与兼职者双方的权利义务上做出明确安排，在合同条款的设置上明确双方不是隶属关系、管理与被管理的关系，而是松散的民事关系，这不仅要体现在合同文本上，也要体现在双方实际的合作中。

（四）法律法规

《关于实行劳动合同制度若干问题的通知》　已享受养老保险待遇的离退休人员再次被聘用的，用人单位应与其签订书面协议，明确聘用期内的工作内容、报酬、医疗、劳保待遇等权利和义务。

《劳动部办公厅对〈关于实行劳动合同制度若干问题的请示〉的复函》　二、关于离退休人员的再次聘用问题。各地应采取适当的调控措施，优先解决适龄劳动者的就业和再就业问题。对被再次聘用的已享受养老保险待遇的离退休人员，根据劳动部《关于实行劳动合同制度若干问题的通知》（劳部发〔1996〕354号）第13条的规定，其聘用协议可以明确工作内容、报酬、医疗、劳动保护待遇等权利、义务。离退休人员与用人单位应当按照聘用协议的约定履行义务，聘用协议约定提前解除书面协议的，应当按照双方约定办理，未约定的，应当协商解决。离退休人员聘用协议的解除不能依据《劳动法》第二十八条执行。离退休人员与用人单位发生争议，如果属于劳动争议仲裁委员会受案范围的，劳动争议仲裁委员会应予受理。

《最高人民法院关于审理劳动争议案件适用法律若干问题的解释（三）》第七条　用人单位与其招用的已经依法享受养老保险待遇或领取退休金的人员发生用工争议，向人民法院提起诉讼的，人民法院应当按劳务关系处理。

《关于确立劳动关系有关事项的通知》　一、用人单位招用劳动者未订立书面劳动合同，但同时具备下列情形的，劳动关系成立。

(1) 用人单位和劳动者符合法律、法规规定的主体资格；

(2) 用人单位依法制定的各项劳动规章制度适用于劳动者，劳动者受用人单位的劳动管理，从事用人单位安排的有报酬的劳动；

(3) 劳动者提供的劳动是用人单位业务的组成部分。

三、台、港、澳人员就业中的风险与防控

(一) 问题表现

组织拟录用来自我国台湾、香港、澳门地区人员，又有哪些需要注意的地方？这里的关键点在于，所聘用的台湾、香港、澳门人员是否办理了“台港澳人员就业证”。

未办理就业证者，劳动合同为无效合同，按事实劳动关系处理。未办理就业证实行单罚制。用人单位聘雇或者接受被派遣台、港、澳人员，未为其办理就业证或未办理备案手续的，由劳动保障行政部门责令其限期改正，并可以处1 000元罚款。

(二) 问题根源

台湾、香港、澳门人员在内地就业的，其权利义务是否属劳动合同法调整，关键看该人员是否取得劳动行政部门颁发的就业证，未取得就业证在内地就业的，实践中一般视为非法就业，其合法权益难以得到法律保护。

用人单位拟聘雇或者接受被派遣的台、港、澳人员，应当具备下列条件：

(1) 年龄18~60周岁（直接参与经营的投资者和内地急需的专业技术人员可超过60周岁）；

(2) 身体健康；

(3) 持有有效旅行证件（包括内地主管机关签发的台湾居民来往大陆通行证、港澳居民往来内地通行证等有效证件）；

(4) 从事国家规定的职业（技术工种）的，应当按照国家有关规定，具有相应的资格证明；

(5) 法律、法规规定的其他条件。

用人单位与聘雇的台、港、澳人员应当签订劳动合同，并按照《社会保险费征缴暂行条例》的规定缴纳社会保险费。

(三) 解决之道

根据《台湾香港澳门居民在内地就业管理规定》，台、港、澳人员在内地就

业实行就业许可制度。组织拟聘雇或者接受被派遣台、港、澳人员的，应当为其申请办理“台港澳人员就业证”。经许可并取得就业证的台、港、澳人员在内地就业受法律保护。用人单位与聘雇的台、港、澳人员应当签订劳动合同，并按照《社会保险费征缴暂行条例》的规定缴纳社会保险费。用人单位与聘雇的台、港、澳人员之间发生劳动争议，依照国家有关劳动争议处理的规定处理。

与外国人在华就业相比，台、港、澳人员在内地就业手续要相对简单：凡符合在内地就业条件的台、港、澳人员，无须先申请就业许可，可以直接申领就业证，台、港、澳人员在内地就业得到批准的时间也比较短。

因此，取得就业证在内地就业的台、港、澳人员也受《劳动合同法》保护。

（四）法律法规

《台湾香港澳门居民在内地就业管理规定》第四条　台、港、澳人员在内地就业实行就业许可制度。用人单位拟聘雇或者接受被派遣台、港、澳人员的，应当为其申请办理“台港澳人员就业证”（以下简称就业证）；香港、澳门人员在内地从事个体工商经营的，应当由本人申请办理就业证。经许可并取得就业证的台、港、澳人员在内地就业受法律保护。用人单位聘雇或者接受被派遣台、港、澳人员，实行备案制度。就业证由劳动保障部统一印制。

《台湾香港澳门居民在内地就业管理规定》第七条　用人单位为台、港、澳人员在内地就业申请办理就业证，应当向所在地的地（市）级劳动保障行政部门提交“台湾香港澳门居民就业申请表”和下列有效文件：

（一）用人单位营业执照或登记证明；

（二）拟聘雇或者接受被派遣人员的个人有效旅行证件；

（三）拟聘雇或者接受被派遣人员的健康状况证明；

（四）聘雇意向书或者任职证明；

（五）拟聘雇人员从事国家规定的职业（技术工种）的，提供拟聘雇人员相应的职业资格证书；

（六）法律、法规规定的其他文件。

《台湾香港澳门居民在内地就业管理规定》第八条　劳动保障行政部门应当自收到用人单位提交的“台湾香港澳门居民就业申请表”和有关文件之日起10个工作日内做出就业许可决定。对符合本规定第六条规定条件的，准予就业许可，颁发就业证；对不符合本规定第六条规定条件不予就业许可的，应当以书面形式告知用人单位并说明理由。

《台湾香港澳门居民在内地就业管理规定》第九条　用人单位应当持就业证

到颁发该证的劳动保障行政部门办理聘雇台、港、澳人员登记备案手续。

《台湾香港澳门居民在内地就业管理规定》第十条　香港、澳门人员在内地从事个体工商经营的，由本人持个体经营执照、健康证明和个人有效旅行证件向所在地的地（市）级劳动保障行政部门申请办理就业证。劳动保障行政部门应当自收到香港、澳门人员提交的文件之日起5个工作日内办理。

《台湾香港澳门居民在内地就业管理规定》第十一条　用人单位与聘雇的台、港、澳人员应当签订劳动合同，并按照《社会保险费征缴暂行条例》的规定缴纳社会保险费。

《台湾香港澳门居民在内地就业管理规定》第十二条　用人单位与聘雇的台、港、澳人员终止或者解除劳动合同，或者被派遣台、港、澳人员任职期满的，用人单位应当自终止、解除劳动合同或者台、港、澳人员任职期满之日起10个工作日内，到原发证机关办理就业证注销手续。在内地从事个体工商经营的香港、澳门人员歇业或者停止经营的，应当在歇业或者停止经营之日起30日内到颁发该证的劳动保障行政部门办理就业证注销手续。

《台湾香港澳门居民在内地就业管理规定》第十三条　就业证遗失或损坏的，用人单位应当向颁发该证的劳动保障行政部门申请为台、港、澳人员补发就业证。

《台湾香港澳门居民在内地就业管理规定》第十四条　台、港、澳人员的就业单位应当与就业证所注明的用人单位一致。用人单位变更的，应当由变更后的用人单位到所在地的地（市）级劳动保障行政部门为台、港、澳人员重新申请办理就业证。

《台湾香港澳门居民在内地就业管理规定》第十五条　用人单位与聘雇的台、港、澳人员之间发生劳动争议，依照国家有关劳动争议处理的规定处理。

《台湾香港澳门居民在内地就业管理规定》第十六条　用人单位聘雇或者接受被派遣台、港、澳人员，未为其办理就业证或未办理备案手续的，由劳动保障行政部门责令其限期改正，并可以处1 000元罚款。

《台湾香港澳门居民在内地就业管理规定》第十七条　用人单位与聘雇台、港、澳人员终止、解除劳动合同或者台、港、澳人员任职期满，用人单位未办理就业证注销手续的，由劳动保障行政部门责令改正，并可以处1 000元罚款。

《台湾香港澳门居民在内地就业管理规定》第十八条　用人单位伪造、涂改、冒用、转让就业证的，由劳动保障行政部门责令其改正，并处1 000元罚款，该用人单位一年内不得聘雇台、港、澳人员。

四、外国人就业中的风险与防控

（一）问题表现

随着国际交流发展，外籍人才流动、外籍人员用工现象在我国也越来越普遍。在使用外籍员工时，用工手续与本国员工不一样，国家对此有特殊规定。很多组织由于未掌握外籍员工用工法规，从而在用工过程中隐藏着诸多风险。

同时，中国人加入外国国籍的情况越来越多，组织又应如何应对黄皮肤的外国人呢？

我们需要从以下几方面来看待组织聘用外国人的风险问题：

（1）手续烦琐，条件严格。根据目前政策规定，外国人到中国就业需同时持有外国人就业证和外国人居留证件，方可构成合法就业。而外国人就业证的办理须先由用人单位向人社部门申请就业许可证书，获得批准后再由外籍员工持就业许可证书等材料向我国驻该国领事馆申请职业签证，外籍员工入境后须在法定期限内申办外国人就业证及居留证件，如逾期未办，则相关证件失效，该外籍员工面临被驱逐出境的风险。前述步骤仅相当于办理国内员工的“用工手续”的性质，比较之下其烦琐程度可想而知，而且由于其每一步骤都有严格的时间限定，即使某一流程及步骤未及时有效办理，也可能构成违法用工。另外，由于国家保护本国公民就业机会的考虑，对于外国人到中国就业，规定了许多条件和限制，比如用人单位聘用外国人从事的岗位应是有特殊需要，国内暂缺适当人选。而人社部门和相关部门对相应条件执行力度有一定的自由裁量权，因此聘用外籍员工的工作单位也需与政府部门处理和协调好关系，否则关于外国人的聘用条件也可能会从严掌握，从而不利于聘用工作乃至会影响承揽业务开展与实施。

（2）社会保险负担。由于目前我国仅与韩国和德国签订了社会保险互免协议，因此，在中国就业的外籍员工仍需缴纳 5 项社会保险，如果不缴纳的话，则同样适用劳动法规，同样面临追责的法律风险。而且，由于外籍员工实发工资普遍远远高于当地政府规定的社会保险缴费基数的最高限额，导致其实发工资与社保缴费之间存在很大的差额，该部分将无法通过社会保险基金予以报销，因此，组织不得不负担此笔高额的社保差额费用，比如生育津贴、工伤赔偿费用。

（3）雇主责任。从以上叙述可知，如果用人单位聘用外国人在中国就业，即需要依法办理外国人就业许可手续，依法按照社会保险法的规定缴纳社会保险，如发生劳动争议，则按照劳动法、劳动合同法的规定予以认定和处理。所以，根据现行法律及用工政策，一旦用人单位聘用外国人在中国就业，即视为双方之间建立了劳动法意义上的劳动关系，构成事实用工关系。

（二）问题根源

所谓外国人在中国就业，是指没有取得定居权的外国人，在中国境内依法从事社会劳动并获取劳动报酬的行为。我国法律对此明确规定，引进外国人来华就业，要以有利于促进我国改革开放、经济发展和维护我国公民的就业权利为出发点，统筹考虑国内劳动力市场供求和就业状况。

首先，对聘用方即用人单位提出了具体要求：①《劳动法》明文规定，禁止个体经济组织和公民个人聘用外国人；②外国人从事的岗位，应是有特殊需要，国内暂缺适当人选，且不违反国家有关规定的岗位，严格控制外国一般劳务人员来华就业。

其次，对外国人来华就业条件做出了规定：①年满 18 周岁，身体健康；②具有从事其工作所必需的专业技能和相应的工作经历；③无犯罪记录；④有确定的聘用单位；⑤持有有效护照或能替代护照的其他国际旅行证件。

我国对来华就业的外国人实行就业许可证制度。该制度分 3 个步骤：

（1）申领就业许可证书。由用人单位提出申请，经办证行业主管部门审批后，到劳动部门办理手续，由劳动部门向用人单位签发许可证书。

（2）办理职业签证。用人单位通过有权发通知签证函的单位，向拟聘用的外国人发出通知函并附许可证书。外国人凭此到我国驻外使、领馆办理职业签证。

（3）领取就业证和居留证。外国人持职业签证入境后，用人单位应凭就业许可证书、劳动合同及有效护照到劳动行政部门为外国人办理就业证，然后到公安部门办理居留证。

（三）解决之道

组织如聘用外国人，必须为该外国人申请就业许可。即向与组织劳动行政主管部门同级的行业主管部门提出申请，经批准后到劳动行政部门办理核准手续，取得中华人民共和国外国人就业许可证书后方可聘用。

组织聘用外国人从事的岗位，应该是有特殊需要、国内暂缺适当人选且不违反国家有关规定的岗位。

组织与外国员工签订劳动合同时，应注意以下几个方面：

第一，聘用外国人的组织与被聘用的外国人应该依法订立劳动合同，但是该劳动合同的订立与聘用国内员工的劳动合同有所区别。

与外国人订立劳动合同的期限最长不得超过5年。

劳动合同期限届满即行终止，不可以经双方协商同意后直接续订，必须按照《外国人在中国就业管理规定》第十九条的规定履行审批手续后方可续订。“被聘用的外国人与组织签订的劳动合同期满时，其就业证即行失效。如需续订，该组织应在原合同期满前30日内，向劳动行政部门提出延长聘用时间的申请，经批准并办理就业证延期手续。”

第二，如该外国人系由在国外有总部的组织总部派遣到国内工作，建议国内组织与该总部明确在员工派遣方面的相关问题，包括派遣时间、工资待遇等。从理论上说，该外国人的劳动关系仍是与总部建立的，与组织建立的是劳务关系。经向劳动部门咨询，如是由部门派遣的，则组织无须与该员工签订劳动合同，而是由境外派遣单位出具相应的证明材料并注明聘雇期限。如相应的证明材料是外文的，需同时提供中文翻译件，翻译件由组织盖章。

第三，关于组织与外国员工发生劳动争议适用法律的问题。《外国人在中国就业管理规定》第二十六条明确规定：“用人单位与被聘用的外国员工发生劳动争议，应按照《中华人民共和国劳动法》和《中华人民共和国劳动争议调解仲裁法》处理。”

（四）法律法规

《外国人在中国就业管理规定》第五条　用人单位聘用外国人须为该外国人申请就业许可，经获准并取得中华人民共和国外国人就业许可证书后方可聘用。

《外国人在中国就业管理规定》第六条　用人单位聘用外国人从事的岗位应是有特殊需要，国内暂缺适当人选，且不违反国家有关规定的岗位。用人单位不得聘用外国人从事营业性文艺演出，但符合本规定第九条第三项规定的人员除外。

《外国人在中国就业管理规定》第八条　在中国就业的外国人应持职业签证入境（有互免签证协议的，按协议办理），入境后取得《外国人就业证》（以下简称就业证）和外国人居留证件，方可在中国境内就业。

《外国人在中国就业管理规定》第十四条　获准聘用外国人的用人单位，须由被授权单位向拟聘用的外国人发出通知签证函及许可证书，不得直接向拟聘用的外国人发出许可证书。

《外国人在中国就业管理规定》第十五条　获准来中国就业的外国人，应凭劳动部签发的许可证书、被授权单位的通知函电及本国有效护照或能代替护照的证件，到中国驻外使、领馆、处申请职业签证。

《外国人在中国就业管理规定》第十八条　用人单位与被聘用的外国人应依法订立劳动合同。劳动合同的期限最长不得超过五年。劳动合同期限届满即行终止，但按本规定第十九条的规定履行审批手续后可以续订。

《外国人在中国就业管理规定》第十九条　被聘用的外国人与用人单位签订的劳动合同期满时，其就业证即行失效。如需续订，该用人单位应在原合同期满前三十日内，向劳动行政部门提出延长聘用时间的申请，经批准并办理就业证延期手续。

《外国人在中国就业管理规定》第二十条　外国人被批准延长在中国就业期限或变更就业区域、单位后，应在十日内到当地公安机关办理居留证件延期或变更手续。

《外国人在中国就业管理规定》第二十一条　被聘用的外国人与用人单位的劳动合同被解除后，该用人单位应及时报告劳动、公安部门，交还该外国人的就业证和居留证件，并到公安机关办理出境手续。

《外国人在中国就业管理规定》第二十二条　用人单位支付所聘用外国人的工资不得低于当地最低工资标准。

《外国人在中国就业管理规定》第二十五条　因违反中国法律被中国公安机关取消居留资格的外国人，用人单位应解除劳动合同，劳动部门应吊销就业证。

《外国人在中国就业管理规定》第二十六条　用人单位与被聘用的外国人发生劳动争议，应按照《中华人民共和国劳动法》和《中华人民共和国劳动争议调解仲裁法》处理。

《外国人在中国就业管理规定》第二十七条　劳动行政部门对就业证实行年检。用人单位聘用外国人就业每满一年，应在期满前三十日内到劳动行政部门发证机关为被聘用的外国人办理就业证年检手续。逾期未办的，就业证自行失效。

外国人在中国就业期间遗失或损坏其就业证的，应立即到原发证机关办理挂失、补办或换证手续。

《外国人在中国就业管理规定》第二十八条　对违反本规定未申领就业证擅自就业的外国人和未办理许可证书擅自聘用外国人的用人单位，由公安机关按《中华人民共和国外国人入境出境管理法实施细则》第四十四条处理。

《外国人在中国就业管理规定》第二十九条　对拒绝劳动行政部门检查就业证、擅自变更用人单位、擅自更换职业、擅自延长就业期限的外国人，由劳动行政部门收回其就业证，并提请公安机关取消其居留资格。对需该机关遣送出境的，遣送费用由聘用单位或该外国人承担。

《外国人在中国就业管理规定》第三十条　对伪造、涂改、冒用、转让、买卖就业证和许可证书的外国人和用人单位，由劳动行政部门收缴就业证和许可证书，没收其非法所得，并处以一万元以上十万元以下的罚款；情节严重构成犯罪的，移送司法机关依法追究刑事责任。

第五章
培训开发风险分析与防控

在组织的培训开发环节，同样存在诸多风险点。这些风险点有的是由于对法律法规或政策条文的理解和执行不到位，触及法律红线或政策底线，有的则是由于组织管理方面出现的问题，或源于理念，或源于制度，或源于技术，或源于组织中执行制度、运用技术的人身上出现的这样那样的问题，还可能与组织的行业产业特点、自身发展阶段、所处的地域地区等有一定的关系。本章尝试对组织培训开发中的突出风险加以解析。通过风险点描述、风险分析和风险防控三个层次的分析，以期加深各界对组织培训开发风险的理解，并共同致力于中国经济转型升级过程中的风险化解和规避，提升组织的管理水平，助力中国各类产品的创造。

本章中，风险点的遴选首先立足于组织宏观层面的风险，接下来是培训开发流程中的几个突出问题；最后，从人才管理角度看，培训开发中又可以遴选出几个重要维度：任职资格体系风险、关键岗位继任人缺乏风险、知识管理风险和 E-Learning 建设风险。

第一节　人力资源开发与战略脱节风险与防控

一、人力资源开发与战略脱节风险点

人力资源开发与战略脱节主要有如下表现：人力资源开发的随意性大，人力资源开发限于日常或操作性事务，人力资源开发只关注当前问题的解决，等等。

（一）人力资源开发的随意性大

人力资源开发随意性大就是对人力资源的开发管理没有统筹缜密的安排，集中表现在与组织的战略脱节，以及无法明确指向组织绩效的提升。这种随意

性表现在人力资源管理培训开发在计划制定、实施、评估等各个环节中，包括但不限于下列问题：

第一，组织的愿景或存在的意义是什么，组织要提供怎样的产品或服务；为了提供目标产品或服务，如何界定和处理员工和组织自身的关系；组织的管理层和普通员工是怎样的关系；组织希望建成怎样的组织文化；组织是否进行了员工的职业生涯管理，是针对全体员工还是仅局限于特定群体。对于上述问题，组织并没有明确的思考和定位。

第二，在未来 3~5 年、10~20 年，乃至更长远的时间，组织会有怎样的发展；在国家政策的约束和日趋激烈的市场竞争下，组织会主动发动变革吗；组织现有的人才总量和结构是否能支撑组织的期望和变革；组织是否已经在构想“走出去”战略，还是把组织提供的产品限于某个特定的区域、领域。对这些类似的问题，组织的管理层没有进行系统的思考，也无法提供深思熟虑的答案。

第三，组织的人才总量、结构如何；员工的流失率怎样；哪些人有潜力走向中层管理岗位，又有多少人可能成为领导层的继任者；和市场上有竞争性的组织相比，组织的薪酬福利、工作环境、事业平台等综合竞争力如何；组织中的员工稳定性如何；如果强有力的竞争伙伴来“挖人”，哪些岗位、哪些人才容易流失。组织对这些问题并没有很好地梳理和盘点。

第四，组织中对于人力资源开发的相关内容并没有明确的界定，以怎样的形式开发现有人力资源，何时开发，对哪些人开发，开发什么内容，要取得怎样的效果，如何评估培训开发的结果等，并没有正式的制度规定。

（二）人力资源开发限于日常或操作性事务

人力资源开发限于日常的或操作性的事务，对于组织未来的、战略性的事情考虑不多，这使得人力资源管理者在进行人才开发时局限于一时一地，难以真正从组织战略的角度俯瞰全局、顾及长远。

人力资源管理大师大卫·乌里奇（Dave Ulrich）认为，人力资源管理者应在组织中扮演 4 种角色：战略伙伴、管理专家、员工激励者和变革推动者。从图 5—1 可以看出，横向表示人力资源管理的活动是关注过程还是人员，纵向表示人力资源管理的活动是着眼于未来（战略）还是日常（操作），这样纵横交叉就产生了人力资源管理者和部门的 4 种角色：战略伙伴、管理专家、员工激励者及变革推动者。

以对企业组织的研究为例，对组织未来的、战略性的事情投入更多的精力和关注，将极大提升人力资源管理部门对组织的附加值贡献。研究发现，企业人力资源管理者和部门大约有 60%的时间耗费在行政性的活动上，但生产的附

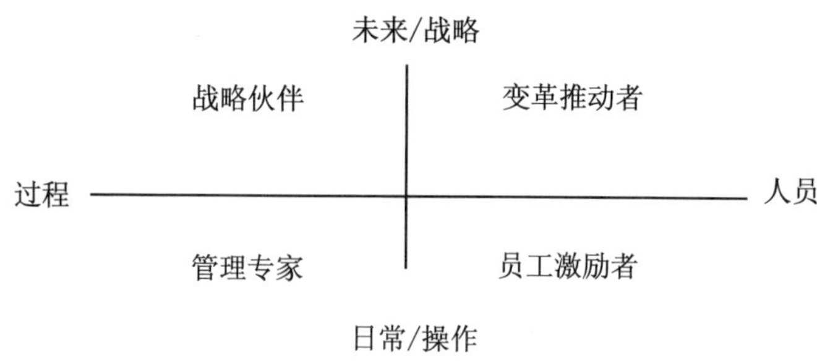

图 5—1 人力资源管理者扮演的角色

加值却很低，只占到整个附加值的 10%左右；业务性的活动耗费的时间和生产的附加值大致是相等的，都是 30%左右；有关战略性和变革活动的投入时间大约只有 10%，但是对组织的附加值却高达 60%左右。

（三）只关注当前问题的解决

与战略脱节的另一大重要表现即只关注当前问题的解决。当业务部门出现问题时，组织把培训开发当成一味良药，希望能提供特别解渴的方案。

但在很多时候，人力资源管理者并非救火队，培训开发更非万能药。对组织而言，人力资源管理者和人力资源管理职能是一种基础性的工作，正因为是基础性的工作，工作的效果就不能用立竿见影的指标来衡量。事实上，组织中有些问题可以通过短期培训解决，有些问题则需要中长期的开发，还有许多问题并不是培训开发本身能解决的，这可能涉及组织的结构、流程、制度、管理、文化等因素。因此，只关注当前问题的解决，没有系统的培训开发体系，没有完整的人才管理理念和制度依托，培训开发无法有效与组织的长远战略对接，也就无法真正发挥培训开发的功能。

二、人力资源开发与战略脱节风险分析

（一）人力资源开发的理念落后

人力资源开发与战略脱节的若干表现，都反映组织对人力资源管理部门缺乏深刻的认知和正确的定位。

在领导层，理念落后集中表现为不能真正认识到人力资源的真正价值，没有认识到可以通过培训开发真正改变员工的态度和行为，从而提升组织绩效，甚至可以通过培训开发推动组织的变革。

领导层的落后理念容易在整个组织内形成一种不重视培训开发的组织文化，业务部门也并不能把培训开发和自己的业务真正联系起来，人力资源部门和经

办人员的职能角色自然被边缘化，被窄化为以日常或操作性的工作为主。

虽然组织能够按照国家有关规定提取一定的员工教育培训经费并用于培训开发，但由于领导层对经费如何使用重视不够、关心不足，职能部门在实际操作中为了花钱而花钱，从而背离了培训开发的本质。

由于缺乏领导层的关注，人力资源管理者的专业能力无法在岗位上得到体现和发展，久而久之，更容易沦落和退化，人力资源管理岗位则成为组织内的边缘角色。没有专业理念牵引的培训开发更容易变形为走马观花式的参观学习，或以培训开发之名行休闲度假之实。

（二）不具备完备的相关制度

人力资源开发的随意性大集中反映了组织的制度化建设滞后。随意性大意味着人力资源开发的决策没有明确的制度作为保障。当组织由超凡魅力的领导统治时，当领导有时间和精力关注人力资源开发时，也能做出比较好的决策。但是，当领导者本身并不具备足够的综合素质和能力，“一言堂”“拍脑袋决策”会给组织的发展带来更多的风险。

培训开发制度作为人力资源管理的重要内容，是组织规章制度的必要组成部分。这是在国家相关法律法规和政策约束的前提下，根据组织的发展目标、发展阶段和组织结构制定的一系列制度安排，具体包括岗前培训制度、培训考评制度、培训服务制度、培训奖惩制度等基本内容。而超出培训开发意义上的人才管理则还包括其他一系列相关的制度安排，如继任计划、知识管理制度等。

人力资源开发制度不健全，就无法形成人才吸引、留用、开发的机制，这还会引发人才外流、人才断层、人才发展停滞等一系列问题，无法有效保证组织战略的落地。

（三）人力资源开发的专业能力不足

除上述领导层理念不到位或组织制度方面的缺乏，组织内人力资源岗位从业人员的专业能力不足也是人力资源开发与战略脱节的原因之一。

在一个理念比较先进、制度比较完善的组织中，人力资源管理部门的角色能够相对客观公正地被认可，但是，即使如此，真正成为业务部门的合作伙伴，成为组织变革的推动者，也需要人力资源管理者有较高的专业能力。

现实中，人力资源从业者的基本素质和专业能力不足在很多组织中还表现得比较突出。一方面，人力资源专业建设还不能适应市场和社会对应用型人才的需求；另一方面，相对于其他各类职能，人力资源管理职能在组织中的地位还相对边缘，这也限制了人力资源从业者专业能力的提升。

三、人力资源开发与战略脱节风险防控

（一）树立人力资源开发的科学理念

科学的人力资源开发观，就是指真正树立人力资源是第一资源的认识。在组织的任何发展阶段，达到组织的绩效目标都要充分发挥员工的主观能动性，最大限度地发挥员工的潜力。首先，领导层要把人力资源作为组织发展的最有力驱动，战略确定与人才盘点要紧密结合，审慎考虑目前组织拥有的人力资源是否足以支撑组织战略。如果不能，需要考虑差距在哪里，人力资源结构要有怎样的调整或储备才能与组织战略发展相吻合，如何最大限度盘活现有的人力资源。其次，中层管理人员，尤其是直线经理，更要真正树立人才至上的观念，真正把员工当成达成组织目标的依靠力量，将本部门人才的盘活使用在组织长远战略的关照下进行，确保部门的发展不偏离组织发展的大方向，最大化地发挥部门的价值。最后，每一个普通员工要密切关注组织的发展战略，深刻理解自己所处部门、自己所在岗位的职责定位，将个人的职业发展和组织的长远发展相结合。通过岗位能力的积累、锻炼，逐渐形成自己的核心竞争力，伴随着组织的发展实现自己的职业价值和职业理想。

（二）建立健全人力资源管理制度

人才管理制度的建立健全与组织自身的发展阶段、发展时期密切有关，更与组织对人力资源在战略实现中的定位密切相关。提早建立起人力资源管理相关的制度，对人才的选、育、用、留有一整套的制度，对关系组织战略发展密切相关的关键人才进行储备和培养，能提高组织对人才的凝聚力和向心力，从而保障组织的可持续发展。

（三）提高人力资源管理者的能力和素质

人力资源管理者不但要拥有胜任本岗位的专业能力，还必须深刻理解组织的战略和业务需求，主动思考影响组织发展的全局性、前瞻性问题，并能够提出专业、有效的人才管理方案来解决这些问题。

在基本的专业业务能力之外，战略思考能力和创新能力是人力资源管理者亟待提高的综合素养。综合性素养能使人力资源管理者从日常的、操作性的事务中跳出来，从业务部门战略合作伙伴的角度去思考组织的人力资源问题。另外，为了将人力资源管理计划与组织战略紧密结合，人力资源管理者必须能够对组织的业务有深刻认识，与业务部门的负责人有良好的沟通，精准把握业务

部门的真实需求。

在人力资源市场上，有战略思考能力、创新能力、良好沟通能力的人力资源管理者是稀缺的。对组织而言，提高人力资源管理者的能力和素质可以通过加大培训、加强轮岗以及购买相关服务的方式获得。在人才大战越演越烈的时代，借助“外脑”，购买相关的专业服务成为越来越多组织的选择。

第二节 人力资源开发体系碎片化风险与防控

一、人力资源开发体系碎片化风险点

人力资源开发体系是指在组织内实施人力资源开发的人员、机构、制度、流程等各要素构成的整体。人力资源开发体系碎片化主要表现为体系构建不完善、人员队伍配备不到位，以及设施设备不匹配。

（一）体系构建不完善

当前，很多组织的培训体系还远未健全。政府和事业单位的人力资源开发职责一般都落脚在人事处、办公室等职能机构，和其他庞杂的日常工作任务相比，人力资源开发的紧迫性并不凸显。大多数时候，人力资源开发还局限于新政策、新文件、新精神的传达和学习，根据上级的计划选派相关工作人员参加培训或开展自主选学，人事行政工作的色彩比较浓厚，没有形成现代科学的培训开发体系。

大型的央企、国企，大多数外企和领先的民营企业都很重视人力资源开发体系的建设，在实践中也形成了对组织战略的有力支撑。还处于初始阶段、规模较小、发展水平较低的各类企业则没有能力形成完善、科学的培训开发体系。

（二）人员队伍配备不到位

人员队伍的问题突出表现为专业性不够或经验不足。老人是实际工作经验较长，但是几乎没有现代管理理念的人员；新人是指从学校里学习了西方的管理理论、知识和技能，但是没有什么实际工作经历（或经验）的人。

由于人力资源市场上相关人才资源的结构和数量的局限性，人才资源的总量不能满足组织在人力资源开发方面的要求。这种总量的、结构性的问题将一

直困扰着转型升级中的各类组织，也迫使组织要花更多的精力，通过培养或购买的方式加速相关人员队伍的配备或建设。

（三）设施设备不匹配

设施设备不匹配充分表现了组织在硬件建设方面的投入不足。设施设备既包括培训开发场所或基地等硬件，也包括用于培训开发的具体的硬件设备，如模拟实验室、实训教室等，还包括培训开发过程中各种可能用到的设施设备。

拥有科学、先进的人力资源开发理念并拥有雄厚实力的组织，更关注各种培训设施设备的建设，更关心形成具有自主知识产权的培训开发体系。拥有先进的理念但是没有足够财力支持的组织，更可能采用外包的形式开展培训开发工作。还有很多组织由于徘徊在生存的边缘，既无财力也无精力进行培训开发工作。

二、人力资源开发体系碎片化风险分析

（一）人力资源开发的理念落后

人力资源开发体系的碎片化，很重要的一个原因在于理念落后。理念落后的原因可以划分为如下几类：

第一类是听说、知道、了解了很多人力资源开发的理念，心向往之，也想亲自尝试实践，但是，由于日常工作中的种种原因，把理论和实践的结合一直束之高阁。

第二类是听说、知道、了解或被介绍了有关人力资源开发的理念，但是，和自己既往的知识体系和实践总觉得有隔膜，半信半疑，或压根儿就不相信，所以，自己不想实践，在自己的权力范围内也不允许别人实践。

第三类是听说、知道、了解了人力资源开发的理念，也跃跃欲试地进行了实践，但是，当建章立制、流程改造、机构革新或引入完整的系统或体系时，总会遇到这样那样的阻力。有时候阻力之大，直接引发变革的失败，而且还会非常惨烈，各种因素使得人们又回到旧有的管理理念。

在落后理念的指导下，组织内的机构、制度、流程也就保留着老样子，不健全或碎片化，人员队伍得不到系统开发，设施设备的配置也不容易更新。

（二）组织扩张带来的“大跃进”

人力资源开发体系的碎片化可能源于组织扩张带来的“大跃进”。原本组织有比较完善的制度安排，但是在组织快速成长的过程中，遭遇很多原来未曾遇

到的问题。比如，有时由于问题的紧迫和时间的约束，人力资源培训开发容易出现应急性的、问题导向的建设特点。为了适应组织快速发展或变革的节奏，组织会创造出很多“一事一议”“特事特办”的制度构型，很多制度、体系或流程的创设只是应对特殊时期的特定问题，并不适合成熟、稳定阶段的组织，而这又将加剧人力资源开发体系的碎片化风险。

（三）存在预算硬约束

预算硬约束，也就是说，组织的财力不够。这是一个挣的钱不够花的问题。当温饱还没有解决好的时候，发展的问题很难被提上日程。那么，类似的，当组织的预算面临硬约束时，人力资源开发作为发展类性质的议题不容易受到足够的关注。

从历史上来看，人们对人力资源的价值也存在一个漫长的认识过程。早在17世纪，英国古典政治经济学的创始人威廉·配第就提出劳动决定价值的基本原理。“劳动是财富之父，土地是财富之母”是他的名言。在19世纪，罢工的工人们通过捣毁机器的方式抗议资本家的剥削，因为他们认为是机器造成了他们被剥削、被奴役的地位。到了20世纪中叶，人力资本理论的构建者舒尔茨在《人力资本投资》的演说中明确提出人力资本是当今时代促进国民经济增长的主要原因，“人口质量和知识投资在很大程度上决定了人类未来的前景”。

虽然人力资本投资的理念广为流传，但是在实践中，不管是国家还是各类组织，教育和培训开发类的支出很容易受预算硬约束被排在后面。

预算约束，说到底还是囿于组织并没有真正树立人力资本投资是驱动组织发展最重要的投资的观念。当组织以这样那样的原因缩减或挤占人力资源开发方面的预算时，实际上失去的是赢得竞争优势的重要途径。

三、人力资源开发体系碎片化风险防控

（一）向标杆组织学习人力资源开发

对于人力资源开发理念的局限，最好利用标杆学习法，在同行业或其他行业领域选择一家或几家值得模仿和超越的标杆组织，用解剖麻雀的方法对标杆组织进行研究。这样的学习需要对标杆组织的结构、制度、流程和体系进行完整、准确、系统的解读，尤其是对标杆组织人力资源开发体系如何彻底贯彻科学的理念，如何与组织战略紧密结合，如何切实提升组织绩效进行深入解读。通过案例分析、行动学习等方式，密切研究行业动态，紧密结合组织实际，寻找组织改造的最优思路。

将科学管理从理念真正落实到实践不可能一蹴而就。那么，在创新思维的指导下，抓住人力资源开发理论的本质和精髓，深刻把握本组织所处的市场环境，摸着石头过河，也是一种摆脱传统落后管理理念的好方法。尤其是那些天生就带着颠覆性思维的新兴行业领域（比如“互联网+”行业），历史上没有类似的发展先例，其建立时间较短，技术和人才更成为其能否生存并走向快速成长期的关键性要素。这类组织的内外部环境都会存在更多的不确定性，这个时候人力资源体系更要紧紧抓住市场灵活多变的特点，在设置之初就要以灵活、弹性、快速响应等理念为指导。

（二）适时修补碎片化的体系

人力资源管理者应该审时度势，在组织发展的不同阶段积极推动人力资源开发体系的完善，以缓解碎片化带来的不公平、效率低下以及组织凝聚力的降低。

现实中，并没有放之四海而皆准的普适性的结构、制度或流程。不同的组织要在管理实践中根据组织所处的环境、内部条件的发展变化随机应变，始终围绕战略，指向绩效水平的提高。这期间很可能伴随挫折，甚至是后退，但是，组织的领导层和管理层一定要有持续学习和反思能力，并结合组织的实际情况进行充分的组织动员，稳步推行科学管理。

（三）始终确保人力资源开发投资

现代国家纷纷通过立法的形式保障各类组织对员工的人力资本投资。我国从宪法到劳动法、教育法、职业教育法、公务员法、就业促进法等构成了各类职业人群接受教育培训的法律体系（见表5—1）。各类组织在进行人力资源体系建设时，要认真领会各种法律政策文件的精神，并结合组织的实际情况进行操作。

表5—1　　国家有关职工教育培训的立法汇集

《中华人民共和国宪法》	明确了国家发展面向全国人民的教育事业
《中华人民共和国劳动法》（1995年施行）	明确了接受职业技能培训是劳动者的权利，用人单位建立培训制度、提取和使用职业培训经费，对劳动者进行职业培训。国家鼓励用人单位进行各种形式的职业培训，并通过发展职业培训事业增强劳动者的工作能力
《中华人民共和国教育法》（1995年公布）	重申公民、从业人员接受教育培训是法定权利和义务。各类组织应该为本单位职工的培训提供条件和便利
《中华人民共和国职业教育法》（1996年颁布）	对我国的职业培训做了专门规定，适用于各级各类职业学校教育和各种形式的职业培训。它是联结我国教育体系和劳动力市场的重要法律，明确国家实行学历证书、培训证书和职业资格证书制度，对职业培训的种类、实施和举办者等做了明确规定

续表

《中华人民共和国公务员法》（2005年颁布）	明确公务员享有“参加培训”的权利，并对我国公务员培训体系、培训类型、培训方式、培训与晋升等做了明确规定。明确可以委托专门的公务员培训机构之外的其他培训机构承担培训任务
《中华人民共和国就业促进法》（2007年颁布）	明确政府实施就业、创业、转业培训和劳动预备制制度，落实相关培训补贴政策，并明确政府鼓励和支持劳动者、用人单位、培训服务机构积极投入各类职业培训，以提升劳动者的就业创业能力。还明确了特定工种要实行职业资格证书的制度

关于人力资源开发的投资，《国务院关于大力推进职业教育改革与发展的决定》（国发〔2002〕16号）明确规定，一般企业按照职工工资总额的1.5%足额提取教育培训经费，从业人员技术要求高、培训任务重、经济效益较好的企业，可按2.5%提取，列入成本开支。

财政部会同中华全国总工会、国家发展改革委等部委于2006年联合印发的《关于企业职工教育经费提取与使用管理的意见》（财建〔2006〕317号）中再次重申这一规定，并对企业职工教育培训经费列支范围做出明确规定：

（1）上岗和转岗培训；

（2）各类岗位适应性培训；

（3）岗位培训、职业技术等级培训、高技能人才培训；

（4）专业技术人员继续教育；

（5）特种作业人员培训；

（6）企业组织的职工外送培训的经费支出；

（7）职工参加的职业技能鉴定、职业资格认证等经费支出；

（8）购置教学设备与设施；

（9）职工岗位自学成才奖励费用；

（10）职工教育培训管理费用；

（11）有关职工教育的其他开支。

对企业职工教育培训经费的提取、使用和监督做出以下明确规定：

为保障企业职工的学习权利和提高他们的基本技能，职工教育培训经费的60%以上应用于企业一线职工的教育和培训。当前和今后一个时期，要将职工教育培训经费的重点投向技能型人才特别是高技能人才的培养以及在岗人员的技术培训和继续学习。

企业职工参加社会上的学历教育以及个人为取得学位而参加的在职教育，所需费用应由个人承担，不能挤占企业的职工教育培训经费。

对于企业高层管理人员的境外培训和考察，其一次性单项支出较高的费用应从其他管理费用中支出，避免挤占日常的职工教育培训经费开支。

企业职工代表大会或职工大会、企业审计等有关部门要分别履行监督企业提取与使用职工教育培训经费的职责。

企业应将职工教育培训经费的提取与使用情况列为厂务公开的内容，向职工代表大会或职工大会报告，定期或不定期进行公开，接受职工代表的质询和全体职工的监督。

各级劳动保障、审计部门要加强对企业职工教育培训经费提取与使用情况的监督，引导企业落实职工培训特别是高技能人才培训任务。

对于各类组织而言，始终确保人力资源开发的投资是必须要遵守的法律红线。

除法律法规和规章制度等，国际标准化组织于1999年颁布的《ISO10015：质量管理——培训指南》是在质量管理体系中专门针对人力资源培训的最新指南性标准化文件。国家质量技术监督局于2001年正式发布《质量管理培训指南》（GB/T 19025—2001），这是对国际标准化组织《ISO10015：质量管理——培训指南》的等同转化，旨在为组织识别和分析培训需求、设计和策划培训、实施培训，并试图帮助组织使培训成为一项更加有效和高效的投资。

培训流程体系是组织整个质量管理体系的有机组成部分。流程体系是否健全是衡量一个组织在质量体系上能否和国际接轨的重要标志。很多行业对质量标准有强制性要求，对培训标准是推荐性要求。标准的培训流程体系可以帮助组织更好地达到自己的绩效目标，实现组织发展战略。完善的流程体系强调规范性、有效性、持续改进精神，帮助企业形成正循环，对企业文化的建设也起到积极作用。

第三节　培训需求错位风险与防控

培训需求调查是人力资源开发全流程中的第一个，也是一个基础性环节。组织对培训需求的收集分析应有相应的制度。从某种意义上来看，需求调查环节是否科学、规范，将在很大程度上直接影响人力资源开发的具体效果。

一、培训需求错位风险点

培训需求错位主要表现为调查流于形式化和走过场，培训需求滞后于业务发展或太超前，以及培训需求的人为扭曲。

（一）调查流于形式化和走过场

有时，培训需求错位表现为调查流于形式，徒有科学之表，没有科学之实。比如，组织建立了培训开发制度，也安排专人负责培训。培训专员通过结构化或开放式问卷，调查员工岗位能力素质和组织预期的岗位能力素质的差距。标准化的问卷会直接发放给相关部门或相关员工，并请大家在特定时限进行反馈，然后根据回收的问卷情况进行数据分析。

但如果各部门或员工由于各种原因，比如大家正疲于应付业务领域的难题而仓促填写调查问卷，从而导致培训部门无法获得真实的需求信息。虽然这种结果不是主观造成的，但是客观结果依然造成了培训调研的流于形式化和走过场。

（二）培训需求滞后于业务发展或太超前

在人力资源管理滞后于业务发展的组织中，经常会出现培训需求滞后于业务发展的问题。因此，人力资源部门得到的培训需求分析，常常被业务部门视为过时的或滞后的，没有前瞻性。

有的组织中，人力资源管理者对市场上培训开发领域的熟悉程度甚至超过了对组织内的业务部门，在培训需求的设计中容易跟着市场风向走，从而出现培训需求太超前的情况。

（三）培训需求的人为扭曲

由于人们的主观故意，使培训需求调查的结果产生扭曲，这种培训需求错位的风险最隐晦，不易为人觉察，但又实实在在存在于各类组织，是组织成长到一定阶段后伴随着内部不同利益集团的利益冲突而产生的一种风险。

不管组织是何种类型，不管人力资源培训开发体系建设是否健全，只要组织有培训开发方面的预算，各个领导、各个部门都愿意为自己的部门、自己的属下争取更多的机会和资源，各种人为因素也就有可能介入培训需求调研和分析的过程。貌似科学的培训需求分析很可能是组织内各种斗争妥协的结果。这种偏误实际上是组织内哪些人更能获得组织资源优先权的一种展示。

二、培训需求错位风险分析

（一）背景资料收集不够

培训需求一定要在组织战略的关照下，根据组织长远发展对人才的需求做统筹规划。脱离了组织战略的培训需求分析只能是“头疼医头、脚疼医脚”，据此得到的培训计划注定无法有效把握组织的长远战略，从而无法推动绩效的改善。

很多人力资源管理者还没有真正认识到人力资源开发要与组织战略结合的本质性特征。他们对人力资源工作还限于日常、操作性等事务的定位上，对组织战略、核心业务、绩效目标等和培训需求最紧密相关的领域还只是一知半解。

而在规模庞大的集团组织中，由于存在广大的二级乃至三级子公司，有的基层人力资源管理者被动接受上级指令，不能很好地和本组织情况结合，有的则只关注本组织事务，缺乏对集团战略的足够关注，这两种倾向都容易造成培训需求分析的错位。

能否收集足够的背景资料，一方面和经办者的专业意识有关，另一方面还和组织是否提供了开放的办公环境有关。有时是由于人力资源从业者还没有树立足够的意识，有时则由于组织内缺乏足够公开的资料收集环境。当组织内公开的资料有限，人力资源管理者与信息的链接是不透明、不流通或滞后的，造成培训需求收集分析工作事倍功半。

（二）员工能力差距分析薄弱或缺位

培训需求分析即寻找员工实际素质能力与组织期望的素质能力之间的差距。这是一项紧紧围绕组织战略和业务需求进行的工作。依托于员工能力差距分析的培训需求才能真正做到上承战略、下接绩效，也才能将培训开发做到有的放矢。但是，使用单一的调查方式，比如完全标准化的问卷，则无益于挖掘真正的培训需求。更行之有效的方法是，对不同岗位、不同级别员工进行分类调研，聚焦不同岗位对能力素质的不同要求，而且应该随着组织战略的变化做出与时俱进的调整。

当然，还有的组织在进行员工培训开发时，缺乏基本的培训需求调查，员工能力差距分析处于缺位状态。

一旦缺乏扎实的员工能力差距分析，培训需求分析就显得底气不足。培训调查流于形式，培训需求的滞后或超前，都可能源于员工能力差距分析环节出现问题。

（三）利益相关者角逐引发的信息扭曲

当人力资源开发和人才梯队建设、后备人员培养、员工的晋升加薪等紧密相关时，人力资源培训开发就更被人们重视，同时也更容易成为组织内部的稀缺资源。各种利益相关者可能有意介入培训需求调查的整个环节。比如，在培训需求信息的收集过程中，会刻意提供某些对自己有利的信息，掩盖对自己不利的信息；在反馈过程中，可能会用到高明的抹黑法降低其他竞争者在人力资源开发中的权重。

人们会审时度势，主动利用自己对组织内部政治利益关系的洞察，通过公关、斡旋、结盟乃至交换而获得资源，赢得优势。而为了达到利益最大化的结果，人们可能会施展各种策略、方法乃至采用不良或非法手段，这样就会干扰客观的培训需求的收集，从而，培训需求的结果由于受到组织内的政治影响而发生偏误。

三、培训需求错位风险防控

（一）尽可能收集完备的背景资料

人力资源部门要尽可能地收集完备的背景资料。在组织各种正式非正式的渠道中，要围绕以下主题进行培训需求的资料收集（下面这几点都来自于培训指南的国家标准）：

（1）影响工作过程或组织提供的产品性质的组织或技术的变化；

（2）从过去或当前的培训过程中记录的资料；

（3）组织的人员完成规定任务的能力评估；

（4）人员的调整或季节性波动记录，包括临时人员；

（5）为完成具体的任务所需要的内部或外部认证；

（6）为寻求对组织目标有贡献的员工个人发展机会的要求；

（7）由于顾客抱怨或不合格报告引起的过程评审和纠正措施的结果；

（8）影响组织及组织的活动和资源的法规、规章、标准和导则；

（9）市场调查中识别或预测的新的客户要求。

有时候，与正式渠道相比，非正式的沟通可以让人力资源部门更轻松更便捷地获得业务部门的最新信息。尤其在那些等级森严的科层化组织中，非正式渠道更能帮助人们提高信息收集的效率。对那些组织结构原本就比较弹性的扁平化组织，由于信息传递和沟通的透明度都比较高，组织内人际交往渠道的多元立体化，非正式渠道更能成为优质的信息提供通道。

因此，在收集背景资料的过程中，培训部门要与业务部门深入合作，不要限于类似发放标准化问卷这种正式渠道的沟通。如果能建立一种正式制度之外的非正式的沟通渠道，则利于更深入地了解、熟悉业务部门的业务。比如，召集各业务部门负责人和人力资源部门人员，通过讨论、头脑风暴或会议学习等方式，在面对面的沟通和互动中获得业务部门的精准需求信息。

（二）重视员工能力差距调研

在培训需求收集环节，重视员工能力差距调研，才能有效获得真实的培训需求信息。员工能力差距调研相当于对组织员工素质能力的摸底性普查。管理比较规范的组织，会建立起比较完善的员工管理库，培训专员可以参考员工库的现有资料，并展开更有针对性的专门调研。一线工作经历较长的资深员工、直线经理、各类专家人才以及各业务部门负责人都属于重点访谈对象。

有时，组织外部的专家，比如行业专家，乃至组织外部的重要利益相关者，比如组织产品价值链的上下游、所在社区、现有乃至潜在客户群等重要利益相关者，都可以作为访谈的对象。当然，这样耗费时间和精力的 360 度调研一般发生在组织有重大调整或重要的人才规划时期。

（三）提高人力资源管理者的综合素质

第一，提高培训专员需求调研的专业能力。需求调研方面的专业能力包括：善于汇总分析组织内的各种背景资料，能综合使用各种技术收集组织的能力差距信息，从而结合以往的培训需求给出本次培训需求的分析报告。尤其要注意，培训需求调研的方式要多样化，问卷法、深入访谈法、头脑风暴法、座谈会等，可以形式不限，但主题都要紧紧围绕组织战略、业务发展、绩效提高这几个明晰的目标。要善于在对组织战略、绩效、业务有深入理解和关怀下恰当运用各种不同的调研方式。

第二，提高培训专员的战略意识和创新能力。在专业水平之外，还要着力培育人力资源从业者的战略意识、创新能力。很多人力资源管理者主动学习和思考的能力较差，基本还是在各层领导思路里打转。

实际上，战略意识和创新能力是人力资源管理者成长为组织战略伙伴和变革推动者的重要能力。比如在需求调研层面，有战略意识和创新能力的员工对组织内各部门之间的政治态势会有更清醒的认知，对各部门在组织价值链中的地位也会有更好的认识，能够站在全局高度，动态地看待部门业务的发展，更能精确把握培训需求。

另外，虽然有的人力资源管理者有这方面的思考，但是，出于“木秀于林，风必摧之”和“枪打出头鸟”的考量，很多人不得不掩饰自己真正的立场和观点，不能正视组织的问题，甚至加入推波助澜的行列，从而影响科学的培训需求的确定。

第三，提高培训专员的沟通能力。沟通能力是在专业技术技能之外的，能够让业务部门和人力资源部门建立“同盟”感、“伙伴”感的重要能力。这种沟通能力对于人力资源部门普通工作人员和负责人都非常重要。良好的沟通能力可以帮助人力资源管理者构建非正式渠道，在组织内找到自己的战略盟友，帮助收集组织内各个层面的背景资料，更有助于推动人力资源部门成为业务部门的战略伙伴。

人们的兴趣爱好、个人经历、价值品位都可能成为人与人良好、有效、高质量沟通的黏合剂。人力资源管理者要善于和业务部门的同事成为朋友和战友，赢得他们的信赖，获得他们的支持，为自己开展高质量的人力资源开发工作积聚力量。

（四）通过组织建设提高合力

通过组织建设提高合力可以降低培训需求调查中相关利益者角逐引发的信息扭曲，这里考验的是组织领袖的领导能力和管理智慧。组织领袖作为搭班子、定战略、带队伍，带领组织成员往前走的人，其谋篇布局、排兵布阵的领导力在相当程度上决定了组织的生存和成长。组织领袖能够在多大程度上团结整个领导团队，领导好整个管理团队，鼓励好各部门各层次的员工，就能在多大程度上形成合力，带领组织走向成功。

但凡有人群的地方就有“左”“中”“右”。任何组织，不论性质、不管规模，都会有部门利益、山头主义，存在利益、方法、技术、观念甚至是价值观方面的冲突。因此，在深刻洞察人性的前提下，通过组织建设，最大限度降低组织内的冲突、摩擦和内耗，最大限度提升组织的团队协作能力，打造公平开放、有进取心和创造力的组织，应是组织领导层要考虑的战略性问题。

形成一种有合力的组织文化，要依靠组织领袖知人善用的能力，也要求组织的领导层、管理团队本身具有诚实、正直、公正、诚信、大度、包容、知人善用等个人品质。优秀的组织文化有可能是由下而上形成的，也有可能是自上而下推动的。品德高尚、有领导魅力的领袖、领导层和管理团队显然会提升组织的合力和战斗力，自然而然将引领整个组织风清气正，在形成组织文化方面发挥的作用也更为明显。

通过组织建设提高组织合力，要求组织的领袖、领导层和管理层从自身做起，在专业能力、业务能力之外加强个人品格的修养和完善，引领组织成员围绕组织战略目标共同奋斗。

第四节　培训方式风险与防控

培训方式的选择是培训设计和策划的重要环节。在确定培训方式之前，要综合分析各种制约性条件，研究满足培训需求的各种可能的培训方式。适当的培训方式根据相应的资源、制约条件和目标所定。选择某种或多种培训方式要综合考虑时间和地点、设施、费用、培训目标、学员情况、培训持续的时间和实施的顺序、评定评价和证书的形式。

在培训方式选择中容易遭遇的风险可能由于技术层面的原因，也可能受外部约束条件的制约，还可能由于培训设计和策划人员对成人学习规律和培训方式深层次理解不足。

一、培训方式风险点

培训方式风险主要表现为培训方式和培训目标不吻合，培训方式与组织文化不匹配，以及培训方式过于追求时尚或保守。

（一）培训方式和培训目标不吻合

培训方式和培训需求不吻合是指，针对知识、技能或态度等不同类型的培训目标，并没有选择相匹配、吻合的培训方式。比如，培训需求原本是知识方面的改变，却选择了适合技能或态度改变的培训方式；培训需求原本是技能方面的改变，却选择了适用知识类或态度型的培训方式；或者培训需求原本是态度方面的改变，却选择了适用知识类或技能类的培训方式。

从另一个维度来看，培训方式与培训目标不匹配或不吻合还表现在培训讲师和被培训对象的“错搭”。比如，给刚进入组织的新员工设计行动学习的课程，给一线员工设计专题研讨会，或把太多的理论课程放在班组长学员里进行。这些都属于和培训对象的特征不匹配的培训方式设计。

有时，人们期望从几节课、几天的培训中获得明显的改变，这种改变可能是知识的、技能的或态度的，但实现这种立竿见影的培训目标很困难，甚至不可能。受训人员即使通过短暂的培训了解了这些知识、技能或态度，但是真正回到工作岗位上，工作绩效很可能并不能发生立竿见影的改变。受训学员能否真正把所学的知识、技能、态度运用到工作岗位上，还需要很多制约条件。很多技能、态度、行为上的改变需要员工在工作岗位上日复一日、年复一年的学习和反思。尤其是高深的技术、技能，隐性的管理知识，乃至高远的工作视野，都需要人们经历较长期的学习、积累。

（二）培训方式与组织文化不匹配

培训方式方面出现的风险，从另外一个角度来看，还可能表现为组织文化与培训方式的不吻合。比如，从培训需求来看，一个组织文化略保守的组织选择了比较激进的培训方式，或者一个组织文化开放的组织却选择了偏保守的培训方式。组织文化有开放的与保守的类别，也有严谨、严格的科层制和民主的扁平组织的差别，还有强调把创新做到极致的，以及墨守成规型的类别。组织和组织之间文化传统的差异是显而易见的。从组织内部的物理设施的摆放，组织会议的氛围，饭桌聊天的议题中都可窥见一斑。

培训方式要轻松活泼，还是严肃认真，最好能和组织的文化传统相匹配。有的培训开发管理者对组织文化不够敏感，选择培训方式时没有很好地把握组织文化的因素，容易降低培训效果。

（三）培训方式过于追求时尚或保守

过于追求时尚和过于保守都是组织在培训方式选择中很容易掉进去的陷阱。

过于追求时尚是指，培训方式被业内流行的培训方式牵着鼻子走，而不是立足于组织内真实的培训需求。流行的培训方式一般是从国外引进，首先席卷与国外一流组织比较接近的组织。这个时候，整个培训市场上，包括学界的关注也都是这些比较前沿、新潮的理念或培训方式。但是，这种前沿的培训不一定有广泛的适用性，可能适用于特定行业领域、特定规模的组织，或特定性质的组织。有很多组织可能会抱着跟风的心态选择了这些过于时尚但并不一定适合本组织的培训方式，还有一些组织，对人力资源开发特别重视，人才管理问题也非常急迫，但是由于组织内人力资源管理者的鉴别力和判断力不够，容易被市场上热炒的理念所鼓舞，容易被热炒的培训方式牵着鼻子走。

培训方式过于保守主要表现在，培训开发缺乏创新，比如总是习惯于满堂灌的课堂讲授式培训，其他种类的培训开发方式顾及较少。当然，课堂讲授形态的培训是最早的培训方式，在国内外各类组织中也是占据比例最高的培训方式。但相对传统的讲授型培训，转岗学习、项目锻炼、导师制、教练技术、行动学习、数字化学习（E-learning）、混合学习等构成了更加形式多样的培训开发方式。这些培训开发方式有的是比课堂讲授更传统的，比如师傅带徒弟，强调传帮带的培训，也有利用最先进的网络技术的开发方式，比如电子学习、混合学习等等。相比而言，听讲师讲授是一个被动接受知识的过程，缺乏互动、缺乏反馈，也缺乏向同伴学习的机会，而且长时间被动地接受课堂讲授，大脑极易产生疲惫。根据成人记忆的有关规律，如果没有很快被转化为实际的工作内容，通过课堂讲授学到的知识很容易忘记。

从培训目标上看，课堂讲授比较适用于知识类更新项目，如果想要达到技能或态度方面的改变，单一的课堂讲授显然是远远不够的。在整体的人才开发中，组织要善于针对不同层级、不同岗位人群的差异，开发不同的培训方式，达到最佳的培训效果。

二、培训方式风险分析

（一）培训需求与培训方式没有无缝对接

如果培训方式选择方面出现风险，那么根本问题在于培训需求和培训方式之间没有做到无缝对接。这里既涉及前期的准备问题，也涉及对培训方式的理解和把握问题。一言以蔽之，没有做好培训需求分析，再好的培训方式都成为无源之水、无本之木。而不理解培训方式，培训需求自然也无法落地。

第一，培训需求的确定中，应通过能力清单明确需要培训的是哪些人的知识、技能或态度，在这几个维度方面，组织期望员工要有怎样的变化，反映在组织层面，期望会有怎样的变化。在最初的培训需求调研阶段，这些都应该本着科学严谨的态度列出。现实中，如果没有做好培训需求方面的基础性工作，培训方式的选择就像是空中楼阁，没有了根基。

第二，培训需求做得比较到位，对培训目标有比较清晰的认识，但是，培训设计者对可利用的培训方式并没有很好地理解，对不同的培训方式没有较好地把握。由于组织的财力有限，无法找到合适的培训师，因此在培训方式的选择上只好退而求其次，这也导致培训方式并不能与培训需求完美拟合。

（二）对各种培训方式没有很好地把握

在选择合适的培训方式时，对各种培训形式的特点没有精准的把握，或者不能很好地预测到各种培训方式在本组织实施时的困难，从而造成培训实施环节无法有效把握培训过程，影响培训的效果。

很多时候，人力资源开发者的工作做得不够到位，对各种培训方式并没有做科学、专业的综合分析，而是想当然地选定某种培训方式。而人力资源管理者的工作不到位，有时是能力问题，有时是态度问题，有时可能是由于一种不假思索的旧习惯，还可能是组织内没有健全完善的工作流程或制度，使得人力资源管理者在选择培训方式时不科学、不规范、不专业、不严谨。

培训方式选择方面的风险与组织是否有比较完善的工作流程和规范有关，也和负责具体工作的人力资源管理者的能力、素质息息相关。科学、规范、专业、严谨成为人力资源管理人员不可或缺的职业素质。培训方式的选择需要做好培训需求调查的基础性工作，要对受训者的能力差距和群体特征有深刻的理解。在此基础上，要全面掌握各种培训方式的特点，最好能结合组织内外可以利用的师资资源和业务部门的实际需求、受训人员的层次特点以及与培训预算等紧密结合。

（三）没充分认识到各种制约条件

在设计和策划培训过程中，没充分认识到各种制约条件，对各种可能影响培训的因素考虑不足，造成培训设计和策划没有可操作性，致使培训达不到预期效果。这里的各种制约条件既包括国家层面，也包括组织层面，还包括有可能涉及的个体层面。

比如，没有充分考虑法律法规或政策、标准对组织未来发展战略的各种影响，造成人才储备的不足；没有充分结合组织的中长期发展战略，造成人才结构与组织发展不匹配；对财务和预算相关的方面准备不足，从而引发财务问题；培训的时间设计没有合理地结合业务部门的工作节奏，扰乱工作节奏，从而造成受训人员的反感；对哪些人员（尤其是关键岗位上的关键员工）进入培训计划没有统筹安排，从而弱化了培训的激励作用；对组织内可以利用的培训资源没有充分挖掘，从而浪费了组织的内部资源；对外部的培训资源没有充分的调查和风险预估，从而提高了培训成本或培训效果不佳，甚至引发纠纷等；对各种培训的特点没有精准的把握，选择了不合适的培训形式，造成培训效果不佳。

在设计和策划培训过程中，不能完整充分地确定各种制约条件，对制约培训项目实施的各种条件认识不全、认识不准或认识不够，就会造成培训设计和策划没有可操作性，最终，培训无法达到预期效果。

三、培训方式风险防控

（一）做好培训需求和约束条件分析

化解培训方式选择的风险，还是要回归到两个基础性工作，一个是做好培训需求分析，另一个是收集分析好有可能制约组织培训开发的相关资料。

第一，培训需求分析工作要做精细、做扎实、做规范。随着中国经济的转型升级，科学化、精细化和专业化的人力资源管理工作在组织转型升级中越来越重要，基础性工作做不好，会影响后续一系列工作。不打折扣地做好每一项基础性工作，做到科学、规范、专业、严谨，这既是人力资源管理者的本分，也是组织走向成功的第一步。

第二，收集分析好那些制约培训过程的项目。比如，财务考虑，不同的培训方式涉及的培训投入会有比较大的差异。再如，是要采取学徒的方式、脱产培训的方式，召开组织内的头脑风暴或专题研讨会，参加行业企业交流会，还是设计自己的网络学习或微学习平台。不同的培训方式涉及的投入差别可能会非常大。

是否要考虑邀请某个咨询机构做整体的人才解决方案？要把培训开发全部外包，自始至终都交由人力资源服务机构来设计和策划，还是以我为主，把自己可用的培训基地、培训师资整合进行培训方式的设计？

此外，组织文化也是人力资源管理者在课程设计时要把握的软因素。组织文化很大程度上由组织的领袖所倡导、引领。把握组织文化需要摸清领导对培训开发的真正意图，尤其要结合组织发展战略中后备人才队伍的培养。

要清晰地思考上述每一个问题，并尽可能找到最优答案，尽可能将制约性因素降到最小，将可以利用的资源最大化。

（二）结合员工特点设计培训

员工的特点自始至终都应该成为培训设计的重要出发点。不管是培训内容还是培训的方式都和员工的特点紧密相关。

以企业组织为例，如果从岗位维度来看，企业员工可以分为新员工、生产一线员工、专业技术人员、管理人员和领导层；如果按照各个职能部门进行细分，可以划分为技术研发类、人力资源类、采购供应类、市场营销类、财务管理类等。不同职能部门的员工对于培训课程的内容具有不同的要求，培训课程体系的构建必须关注岗位的差异性需求。课程内容可分为知识、技能和态度（KSAs）三个维度。知识，例如行业、公司发展、专业知识等。技能可分为专业技能、管理技能和通用技能。专业技能包括营销、人力资源、财务方面的技能；管理技能，例如项目管理、质量管理、战略管理等；通用技能，如计算机、外语等。态度训练包括职业化修炼、思想训练。针对管理人员的培训，可以根据不同层次而设置不同的培训重点。低层管理者需要的是侧重于工作知识、能力经验的技术性技能，中层管理者需要的是侧重于激励、沟通和协调的人际关系技能，而高层管理者需要的是侧重于分析、综合、洞察、联想和判断的概念性技能。

由此，培训设计要根据不同的受训员工把握他们的群体性特征。设计者要考虑的问题包括：受训者是一线员工、班组长、直线经理、技能人才、技术能手、研发人员、组织的后备领导干部中的哪一类。他们本身是否有非常强的学习主动性；他们之前有过怎样的培训经历和业绩表现，对新的培训有怎样的期望；本次培训是以内部培训讲师为主，还是以外部培训讲师为主；如果邀请外部培训讲师，那么邀请大学教授、政策专家、实战型培训师，还是派员工去参加人力资源服务机构组织的培训班。

（三）研究不同培训方式和成人学习规律

对不同培训方式和成人学习规律的掌握，是人力资源管理者，尤其是培训专员岗位的基本岗位能力要求。

首先，每种培训都有自己的优缺点，也因此有自己的适用范围。从传统的课堂授课培训到最流行的行动学习、大型开放式网络课程（MOOC）、翻转课堂、混合学习等，每种培训方式都有清晰的边界和技术要求。作为培训专员，要全面掌握培训领域内的技术并做到及时跟进。不管组织内已经用到哪些培训方式，偏好哪种培训方式，培训专员都要密切关注、动态把握整个培训市场的培训思潮和实践，尤其是本行业领域内，或组织确定的标杆组织的相关动态、趋势。

其次，认识成人学习规律。成人学习和在校生学习的规律有明显的差异。校园里，老师们讲述的是认识世界的系统的知识体系。这个知识体系有起点、有发展、有过程，有核心的概念和重要的理论。进入学校的学生就像一张白纸，老师可以在上面画出最新最美的画。

作为从学校里走出来，又有一定工作经验的成人学员，他们对世界拥有成熟的想法，有明确的培训预期，关注如何解决工作中常常遇到的难题，如何结合工作岗位更好地发挥自己的潜能，释放自己的能量。成人学员对纯粹理论缺乏兴趣，希望从培训师那里学到立等可用的工具或方法。

因此，人力资源开发者挑选师资时要回应这些关切。培训讲师要定位为引导成人学员自主学习的导师型培训师，而不是进行满堂灌的老师。培训设计中要增强能让成人学员参与、互动的环节，充分调动学员的主体性和能动性，比如通过案例分析、角色扮演、研讨等方式，增加教学相长、学学相长的机会，充分调动学员的学习主动性和能动性，引导学员们面对问题、解决问题。

第五节　培训讲师选择风险与防控

人力资源开发的全流程中，培训讲师的选择发生在培训需求调查环节之后的设计和策划培训环节。培训讲师的选择在很大程度上影响到后期培训的实施效果。好的培训师在很大程度上能够弥补差的培训主题带来的负面影响，而差的培训师则会大大降低一个好的培训主题带给学员的收获和喜悦。

一、培训讲师选择风险点

培训讲师选择风险主要是内外部培训讲师选择失调、内部培训师选择不当，以及外部培训讲师选择不当。

（一）内外部培训讲师选择失调

内外部培训讲师选择失调既包括内外部培训讲师的人员比例结构失调，也包括内外部培训讲师承担课程在内容结构上的失调。这包括：

第一，不把内部讲师列入考虑范围。有的组织内部原本有合适的人选，稍加遴选和培训即可作为兼职培训讲师，但是组织并没有相关的制度安排，领导层暂时也没有要建立自己内部师资队伍的打算。

第二，由业务部门主导人才培训开发，没有形成聘请外部讲师的传统。业务部门习惯于自己对员工的培训开发，而不容易接受外部讲师的建议。

第三，组织对内外部培训讲师的比例规定一刀切，过于刻板。有的组织已经建立起相对健全的培训讲师制度，明确了内、外部讲师的比例，比如规定“内部讲师不得少于”或“外部讲师不得少于”，但是，由于组织内外的环境总是动态的，完全按照制度规定的比例选择师资很容易束缚住自己的手脚。

（二）内部培训讲师选择不当

内部培训讲师选择不当，表现为过于注重培训讲师核心能力之外的学历、资历等非核心要素，而不是围绕培训讲师的胜任素质来选择。

有的组织虽然选拔出合适的人员，但没有很好地处理他们原有的工作岗位和培训讲师工作之间的关系，在后续的培养、激励、考核等方面没有建立比较完善的配套制度，长此以往，内部兼职师资的职业发展空间有限。

还有的组织中内部部门竞争比较激烈，竞争性文化超过了合作文化，兼职的内部讲师虽然专业能力胜任，但由于受到业务部门领导的压力，或由于自己私利的驱动，不能完全持有开放的心态，总喜欢“留一手”，并不适合也无法胜任“传道、授业、解惑”的角色。

（三）外部培训讲师选择不当

外部培训讲师选择不当主要是培训讲师在培训过程中体现出来的授课内容、课程设计与前期的设计不吻合，培训讲师在培训过程中展示的授课能力、授课风格等与前期承诺的不匹配。这就容易带来给外部培训讲师付酬过高的问题。

相比内部培训讲师选择领域常常发生的“使用价值和价值不相匹配”的问题（内部培训讲师获得的回报，包括物质回报和非物质回报，常常低于其培训过程本身体现的价值），在外部培训讲师的选、用阶段，更容易发生外部培训讲师的价值高于其使用价值的问题。

二、培训讲师选择风险分析

（一）没有全面衡量各种制约性因素

培训讲师的选择既依赖组织资源，又依托组织的物质基础，还要看组织在市场上搜索、联系与组织相匹配的讲师（或人力资源服务机构）的能力。很多组织之所以在内外部培训讲师的选择上出现失调，很大程度上源于人力资源管理者（也就是经办人员）对组织自有资源底数掌握不清，对市场上可以利用的与组织相匹配的外部讲师（或人力资源服务机构）没有深入的调研。

第一，忽视挖掘培养组织内部资源。由于组织处于特定历史发展阶段，组织的领导人还没有足够的时间、精力或意识培养布局自有讲师，造成各类培训都依赖于市场上人力资源服务的提供者。实际上，如果组织花费一些精力对自有人才进行选拔培训，不但有助于短期的经济收益，还有利于长期的人才储备培育，对整个学习型组织的建设，也是打基础、利长远的好事。

今天，互联网及相关的各种新技术使得培训学习的方式方法更多元，碎片化、移动化、社会化学习日益成为重要的成人学习方式。在这样的时代背景下，有计划地挖掘组织内部资源更为便利、可行。从目前中国包括华为大学、平安大学、万达学院、京东大学、移动学院、南方航空、特步大学、奥康大学等企业大学的实践可以看出，通过适当的制度安排和技术平台，越来越多的内部员工可以成为组织社会化学习中的明星讲师。

第二，不信任市场资源。有的组织在培训师资遴选上又走向另一个极端，即不信任市场上的师资资源。这种不信任可能源自领导层、管理者带有偏见性的认识。比如，听到、看到那些不规范、不完善的人力资源服务机构提供虚假或带水分的服务，从而对整体人力资源服务业产生偏见；还有的组织亲历过名不副实的培训，花费不菲，但是对组织绩效并没有明显的提升，从而丧失对市场资源的信任。

上述情形类似于“一朝被蛇咬，十年怕井绳”。由于看到、听过或遭遇过具体的挫折性体验，从而对整个市场服务变得极为排斥。今天，市场在资源配置中起基础性作用的特点越来越明显，组织要善于将市场资源为我所用。

第三，正式制度不够灵活。中国目前的人力资源服务业虽然有了较大发展，但总体上专业化水平有待提升，培训讲师的素质也良莠不齐，很多培训在“高大上”的外包装下盛名难副。为了防范来自市场的风险，组织会对市场上人力资源服务机构设置进入壁垒，比如必须具备某些资格才能成为本组织培训服务外包的竞争者，但是，明确的制度规定有时又会带来不灵活等局限。

（二）内部讲师制度体系不健全

内部师资体系是否健全将直接影响内部讲师的选择。比如，组织对内部讲师资格是否有清晰明确的界定；是否组成人力资源部门和相关业务部门共同参与的遴选委员会；是否选择了公平公开公正的遴选方法；遴选后，是否给予内部讲师相关的必要培训；遴选后，是否给他们提供了讲授和呈现的讲台；是否稳妥处理了员工在原岗位和内部讲师角色之间的关系；对内部讲师的课堂呈现效果有无及时反馈和相应的跟进策略；对内部讲师是否建立了考核、激励和培养机制。

具体而言，从制度设计上，如果组织缺乏具有代表性的利益相关者组成的遴选委员会，没有形成完备的遴选程序，选择环节缺乏公开、透明、公正性，内部讲师的选择就会有较强的随意性，很多有潜力、有意愿的员工可能会失去参与的机会。有时，组织能通过公开公正的方式广纳贤士，把内部员工聘为兼职讲师，但之后没能提供相应的考评、激励和保障机制，从而使内部讲师制度缺乏可持续性。

有的组织将没有经过培训的讲师直接派上讲台，对他们的授课效果不调研，不提供及时的反馈，培训讲师只能依靠自己对培训过程的反思，自学成才。有的组织对内部讲师的“工教矛盾”没有形成明确的制度或说法，内部讲师的本职工作和兼职讲师工作之间存在太多的冲突，这也使内部讲师制度不健全、不可持续。

（三）外部讲师的选择环节有缺陷

外部讲师选择不当的重要原因在于组织的筛选方式存在缺陷。比如，外部讲师的选择权局限于某个培训专员，或组织虽然组织了遴选委员会，但委员会的代表性和专业性堪忧。

如果培训专员或遴选委员会不具有很好的换位思考和移情能力，对本组织受训群体的特征不能很好地把握，包括受训员工的受教育程度，关注点、敏感点以及专注点，受训员工在理解、沟通方面存在怎样的特点，容易接受哪种培训风格的老师，那么，就容易发生外部讲师选择不当的风险。

因此，组织最好成立有广泛代表性的、相对专业的遴选试听委员会，试听培训讲师的讲授。尤其是组织在培训开发方面有大笔资金投入时，这种试听程序更能较好地保障培训讲师的质量。

三、培训讲师选择风险防控

培训讲师的选择展现出组织是否有良好的人力资源开发观念，是否拥有完善的人力资源开发体系，能否有效盘活组织资源、解决组织自身问题。

（一）把握受训员工特点

内、外部培训讲师各有优劣势，选择内、外部师资依赖诸多因素，比如组织愿意或能够为培训师资划拨的经费、组织自身拥有的师资资源、可以聘请到的外部师资，以及其他一些相关约束条件。其中，受训员工的特点就是组织重点考虑的因素之一。

比如，大联想学院①在选择合适讲师时就经历了不同的发展阶段。新世纪之初，联想重视渠道商培训，预算约束也较少，大联想学院就请了很多港台名师给最成功的渠道商老板讲课，可是培训后发现，他们并没有获得真正的触动与帮助。后来大联想学院把讲师定位在渠道商身边的同行榜样，在渠道大会上开设“大联想讲堂”，邀请渠道里最有影响力、做得最好的几个老板做讲师，请联想相应大区的总经理（都是联想副总裁）做主持人，在充足的宣传准备工作后，效果很好，“大家听完都特别激动”。后来，大联想学院一直紧随渠道商需求的发展变化，一开始完全是从业务端开始，比如计算机怎么摆、怎么卖、价签怎么写，促销 POP 小旗怎么挂，通过这些最实在的内容让渠道商老板感觉到培训确实有利于业绩与利润的提升。到第二个阶段，当渠道商老板有了一定的基础，大联想学院就开始对其培训更高层面的内容，如多元化投资、财务管理、人才管理、价值观培训等。

在体验为主的时代，人力资源部门选择培训讲师更要紧紧把握客户需求，以客户需求为导向，尽可能做到与组织需求、员工培训需求的无缝衔接。

（二）重视内部讲师的成长

内部讲师最大的优势是熟悉组织，知道组织的战略目标，了解组织的业务需求，更深谙组织内部的人际关系、敏感的政治“雷区”或禁忌性内容。内部师资队伍的建设一般依托于组织，在不影响组织日常业务工作的前提下，招募有工作经验、表达能力较强、愿意与人分享的技术、技术能手或管理层人员。

① 大联想学院：带着渠道商一起成长［J］. 中国远程教育，2013（12）.

一流的企业大学都非常重视自有师资的发现和培养。比如，华为大学2013年共举行了16万人·天的面授课程，依靠的是1 500多名兼职讲师，60%以上是一层部门的经理人。

组织要重视内部讲师的成长，培育与组织发展阶段相匹配的内部讲师队伍，建立健全内部培训讲师制度体系，包括选择、培育、使用和激励制度等相关内容。通过制度的建立健全，拓宽、畅通内部人才的成长平台和通道。

选定内部讲师后，要在成人学习规律、授课技巧等方面及时开展必要的培训。有的内部讲师富有实际工作经验，擅长某种技术技能，但是，在解释、讲授、演示方面可能并不是一位好手，培训过程冗长单调，无法点燃员工的热情或兴趣，这就需要组织提供有针对性的指导，帮助他们胜任讲师的角色。

有的内部讲师口才极佳，具有较高的培训呈现能力，课堂气氛也生动活泼，但是在促进员工实际绩效提升方面却效果欠佳，如果组织不能及时将这种评估反馈传递给他们，培训师仅关注课堂效果容易沾沾自喜，不利于培训师自身的成长，更不利于组织人才的开发。

还有的内部培训师可能各方面条件和综合素质都不错，但是在组织内资历较浅，如果没有任何辅助措施，在面对组织内有资历的员工或领导时容易露怯。这时可以通过外派培训、外部“镀金”，领导多给予鼓励、指导和建议等方式为新晋讲师鼓励打气，帮助内部讲师不但能站上讲台，还能站稳讲台、站好讲台。

此外，还要对内部讲师建立相匹配的激励政策，这种激励可能是物质方面的，也可能是非物质方面的。通过激励措施这种暖心行为，提升内部讲师的总体回报和组织地位，彰显组织对人才培养的重视程度。

（三）搜寻与组织相匹配的外部讲师

目前，我国人力资源市场上的外部培训讲师一般可以分为三类：一类是学院派讲师，他们依托于大学和科研院所，长于理论讲授；一类是实战派讲师，他们一般有较丰富的工作经历，熟悉组织的实际运作；一类是政策专家，他们熟悉政策，并知晓政策在现实世界的运作规则。当然，上面这三类划分面向那些表现出较高的理论素养、工作经验和政策水平的外部讲师。

由于培训市场上鱼龙混杂，真正赢得组织和学员尊重、受市场欢迎的培训讲师还很缺乏，大多数培训师身上还存在这样那样的问题。这表现在以下几个方面：

第一，有思想、有观点、有经验、有政策，但缺乏培训的技巧或技术。这类讲师算得上有真才实学，他们可能是大学教授、企业里的技能高手、政府中的政策制定者，但是缺乏对成人学习的深刻理解，或者虽然理解成人学习和院校学生的学习有差异，但是不具备成人培训的技能和技巧，因此大大降低了培训的效果。

第二，没有多少真才实学，但是有较高的培训技巧。这类培训师常常名声在外，培训场面让人热血澎湃，但是培训师的心思多用于培训场面的有趣、激动人心，并没有落脚到学员知识、技能和态度、行为的改变。这类培训被形象地比喻为“上课激动，下课不动”，学员只能算是欣赏了一场精彩的表演，但是跟自己的实际工作、绩效的提升没有紧密的关联。

第三，没有多少真才实学，也没有什么培训技巧。这些可能是培训领域中“无知者无畏”的新人，他们将培训开发视为有前途的职业发展领域，因此敢于市场中捞金，其后续的发展空间将由市场来检验。

综上所述，一流的外部培训师人数并不多，而且出场费比较高，大多数培训讲师有自己的特点，也有比较明显的缺憾。选择外部培训讲师时，人力资源管理者一定要深刻领会组织的培训需求，在预算约束下选择最适合组织需求的外部讲师。

第六节　培训过程失控风险与防控

培训过程是指提供培训的完整过程。培训过程涉及最多的利益相关方，包括学员、培训讲师、培训管理者，以及给培训提供各种相关服务的人员。正因为培训实施过程涉及诸多的利益相关者，具体的培训实施、相关的配套服务以及培训管理都可能成为培训过程失控的环节。

一、培训过程失控风险点

培训过程失控主要表现为培训现场失控、学员对后勤服务不满及其他，以及健康风险及意外性事件等风险。

（一）培训现场失控

现场失控就是培训的实际发生过程没有按照培训计划的规定展开，出现了严重的问题或矛盾，表现为培训过程与培训设计相比走样、变形，或者由于培训学员不遵守培训纪律导致的培训现场失去控制。培训现场失控直接影响培训效果。

比如，有的培训课堂需要学员的高参与度，但是，学员们成了完全沉默的一群；有的培训方式需要学员们以讲师为主体，跟着讲师的节奏走，但是学员们完全不听从讲师的指挥，各行其是；有的培训开始时大家的课堂参与度还比较高，后来越来越多的学员开始不正常上课，以因事因病等托词不参加培训，严重干扰了正常的培训进程。

最为常见的培训现场失控表现为老师讲自己的大课，学员们在下面议论纷纷，形成对立的小课堂。有时，有的学员因不满老师讲课内容老套冗长、没有新意，或与期望值相差太远而当场与老师产生激烈的课堂冲突。还有的冲突可能发生在学员之间，比如在一些培训设计中，学员们要以合作或竞争的形式参与课堂活动，有的学员可能因为进入角色太深无法自拔，不能很好地控制自己的情绪，从而引发学员之间的冲突和矛盾。

（二）学员对后勤服务不满及其他

有的学员会觉得为培训提供支持的环节太薄弱，包括食宿、接送站、培训管理等后勤保障，尤其是这些不满没有得到很好的解释、安抚或化解时，不满的情绪容易被扩大，同时可能会引发非理性行为。在人员密集的培训空间，不满的情绪或非理性行为又很容易在学员中互相传染、感染，引发共鸣，从而引发培训过程的失控。

在对后勤服务的不满中，饮食习惯、居住习惯、宗教信仰都有可能成为导火索。大多数的培训中，培训学员集中居住，相互之间会有比较充分的交流，他们对培训师资、课程安排，后勤服务保障中出现的不完美、纰漏乃至缺陷都会有强烈的共鸣，再加上微博、微信等现代传播工具的介入，学员共鸣在适宜的环境下会逐渐发酵，发酵到一定程度，受训学员可能会变得群情激奋，影响正常的培训过程。

（三）健康风险及意外性事件

除培训现场和后勤服务方面带来的不满，还有两种可能发生的风险：

第一，健康风险。这种风险是指由于各种因素，包括可控的、不可控的因素，导致培训现场发生某些健康安全问题。比如，在高强度、高压力的培训方式下，参训者的健康情况突然发生意外；还有的健康风险可能和培训环境没有关系，但也会给培训过程带来意外风险。

第二，一些可能在培训现场发生的意外。比如，暴雨、地震等大的自然灾难性事件，或者一些无法预估的人为的社会灾难性事件。这些事件属于不可抗力引发的意外性问题，是培训管理者无法预测、难以防范的风险。

二、培训过程失控风险分析

（一）培训预期和现实之间落差较大

很多时候，培训讲师和学员之间发生的矛盾源于学员的培训预期和现实之间的落差较大。不少培训项目在前期有过分宣传之嫌，这使学员对培训抱有过高的期望，在具体培训过程中，培训讲师的展示如果没达到学员的预期，就容易使学员产生挫败感，从而引发不良情绪。

培训者的专业理解和管理能力直接关系到培训服务的实施效果。优秀的培训讲师要既懂专业业务，又深谙成人学习规律，而且还要有很强的现场把控能力。培训讲师在上述任何一种能力的明显缺陷都将直接影响到培训的效果。由培训讲师能力不足引发的培训预期和培训现实落差较大成为培训过程失控的原因之一。

还有的培训项目虽然价格不菲，整个项目的成本较高，但是在培训过程中，并非每一个环节、每一个流程都完美无缺，这也容易引发参训者对培训服务和管理的质疑。

（二）培训支持不到位

培训实施过程中的技术支持和人际支持不足都将给培训的实施过程带来风险。技术支持主要指培训场地、器材、设备、课件、教材、资料，参训人员的食宿、交通等方面的支持。人际支持主要是指贯穿于整个培训过程中的人员保障和沟通服务，包括培训开始前为培训师和受训者提供的互动热身机会，培训过程中如出现冷场或各种冲突时提供的及时应对，以及为了后期的培训评估而贯穿于整个培训过程中的观察、沟通和资料收集。

从完整培训流程来看，培训前支持不足包括：没有向参训者或讲师提供简要的背景信息；没有对受训学员做好充分的动员，使学员受训激励不足、预期不清晰；没有为培训双方提供合适的接触机会，降低了培训中的互动。培训中支持不足则包括：为培训双方提供的工具、设备、文件、软件或食宿不尽如人意；对培训过程中可能出现的沟通障碍没有及时消除；对培训过程中可能出现的严重冲突没有及时化解；对整个培训过程没有进行完整的监控，影响后续对培训效果的评估，等等。培训后期的支持也主要集中在为培训评估所做的资料收集或其他基础性工作。

现实中，很多组织并不重视琐碎的培训技术支持。实际上培训技术方面的任何瑕疵都会给受训者或培训者带来不规范、不专业的印象，使培训的总体效果打折。

（三）培训外包合同管理存在漏洞

今天，培训过程中发生的外包行为越来越多。除了培训方案的设计、培训师资的选择，其他如培训场地、培训设施、食宿、交通等各方面都可能发生服务的外包。发生外包时，签订外包合同是必需的。外包合同签订和管理中可能会存在诸多漏洞，这也成为引发培训管理风险的重要方面。

对那些一开始就决定将整个培训流程全部外包的组织而言，这里的培训外包合同和相关的合同就会提前到最初的环节。当然，不管在什么环节，只要涉及外包，就要注意其中的法律风险。比如，合同签署过程中可能因隐瞒、伪造、欺骗等引发的合同欺诈，合同中缺乏相关的保密条款，以及合同中有关条款不够完备，致使双方的权利、义务出现漏项，须在培训实施过程中加以弥补等问题。

三、培训过程失控风险防控

（一）做好培训设计等先期工作

做好培训设计等先期工作，可有效降低培训过程风险。这里的先期工作包括：

第一，人力资源管理者作为培训设计、策划或培训服务购买的经办人，要做好合格的“守门人”。合格的守门人要能按照组织内的有关制度规定办事，尽可能地做好信息的收集和筛选，对市场合作伙伴做好甄选工作，不被虚假宣传所迷惑，不被天价讲师所牵引，实事求是根据组织的培训需求、业务需求和学员群体的特征，选择适合本组织的培训方式。

第二，如果培训过程完全由组织掌控，各个环节都不涉及外包，那么，人力资源管理者要尽量把后勤保障工作做好，同时，要能够与内部讲师有效沟通，鼓励他们创新性地开发适合本组织受训员工特点的培训方式，提高内部讲师现场培训的把控能力，从而最大化地提升培训的效率。

第三，如果培训过程涉及外包，那么，组织的人力资源管理者要尽可能向受训学员提供更多的背景信息，比如培训讲师、培训场地设施、食宿、交通，乃至培训所在地附近的配套设施等环境信息，帮助受训学员对培训树立清晰的认识，帮助学员提高对健康、情绪的自我管理意识以及防范各种突发性风险的能力。

（二）提升培训过程中的服务管理能力

培训现场中，各种利益相关者之间都可能产生冲突和矛盾。虽然培训现场严重失控的概率不大，但是这类风险依然存在，对此，培训实施方、管理者、后勤服务方要高度防范。

不管是由组织独立提供和实施，还是将部分或全部培训开发工作外包，人力资源管理者的服务管理能力对培训开发的顺利高效开展都至关重要。不管是组织内部与各部门、各岗位人员的沟通协调，还是与组织外部的各利益相关者的沟通协调，都要求人力资源管理者要不断提升自己的服务管理能力，善于与各种人打交道，能及时妥善处理各种突发性事件，能在日常工作和关键时刻维护组织的利益、展现组织的风格，既能深刻把握组织刚性的制度和纪律，又能灵活处理各种问题，通过各种方式降低培训过程中的风险，最大化地提高培训开发的质量，争取和各类合作伙伴取得共赢。

（三）完善培训服务外包的制度和细节

完善培训服务外包的制度和细节是降低培训过程风险的重要途径。当组织越来越多需要从外部培训市场上获得相关服务时，建立培训服务外包的相关制度就显得非常必要。组织要特别关注下面的几个环节：

第一，外包机构甄选环节。在选择培训外包机构时，人力资源管理者一定要进行充分的市场调研，注意甄别市场上的夸大宣传。对市场上的培训服务机构不要刻意追求“高大上”或“接地气”，而是要根据每一次具体的培训目标、培训对象选择相应的培训项目。比如，骨干专业研发人员可以送到海外研修，而新入职员工的培训可以通过拓展培训、E-learning 等更受年轻人欢迎的方式进行。

第二，外包合同签订环节。是否签订外包合同，要通过组织内正式的会议讨论决定，因此，应尽量提高参会讨论人的代表性和权威性，比如人力资源部门主管、受训部门主管、领导层、受训学员代表以及其他一些有代表性的人士。在集体决策过程中，人力资源管理者要提前准备好前期市场调研的完备信息，以备参会者有充分的决策时间。

第三，外包合同的内容。首先要注意合同的合法合规性。合同审查最好请有法律背景的专业人士把关，将合同中可能违反国家及地区法律、法规、行业规范的条款删除；另外，对可能的涉密信息一定要注意限定和保护。涉密信息包括组织的商业秘密、战略规划、重大人才储备等。签署合同时，组织要对这些内容进行审慎的选择和呈现。其次，要注意外包合同内容的完备性。比如，当组织要租用第三方的场地进行培训时，在租用合同签订环节就要明确租用时间、租用费用、配套服务、付款方式、免责规定等内容，防止各种可能的漏项。对于那些培训过程中发生的，可能未被培训服务合同包括的突发性事件，则积极协调各利益相关方，本着互谅互信、互利互赢的原则稳妥、及时解决。

第七节 员工培训效果评估风险与防控

培训效果评估目的是确认组织目标和培训目标已经实现，即培训是有效的。培训效果评估是对培训项目是否真正落地的检验。培训效果的评估要基于培训需求说明、培训计划以及培训实施记录。分析和证实培训结果通常包括对学员工作的观察和考验，这应该在学员已经完成培训后规定的期间内进行。培训效果评估虽然是很多利益相关者比较关心的问题，但也是各类组织培训开发各环节中比较薄弱的一环。

一、员工培训效果评估风险点

目前，被各类组织广为接受的员工培训效果评估是柯氏评估①。柯氏评估包括四级，第一级评估的是学员反应，是指参训学员对培训的喜好程度；第二级评估的是学习，是指通过参与培训，学员获得了多少应该掌握的知识和技能，态度改变了多少；第三级评估的是行为改变，是指学员在多大程度上将培训中所学到的知识和技能应用到工作当中，并带来相应的行为改变；第四级评估的是业务结果，是指培训和相应的后续强化措施在多大程度上达成了所期望的业务结果。员工培训效果评估的问题主要表现在：培训评估环节薄弱，培训评估仅停留在第一级，培训评估仅停留在第二级，以及培训评估的结果不真实、不客观。

（一）培训评估环节薄弱

有的组织根本没有培训评估环节，有的组织培训评估环节十分薄弱。有的组织对大规模的员工培训开发比较重视，有评估环节，但是当参与培训开发的只是组织内个别人员时，培训评估就容易被忽视。

培训评估一般用培训报告的方式呈现。没有培训评估环节或培训环节薄弱的组织没有培训评估，自然也无法将评估情况向相关部门和人员进行通报、反馈。有关培训开发的相关信息和数据沉淀在人力资源部门（或特定人员身上），其他部门和人员得不到反馈，难以分享。从知识管理的角度看，这是组织的一

---

① ［美］詹姆斯·唐纳德·柯克帕特里克，温迪·凯塞·柯克帕特里克. 柯氏评估的过去和现在未来的坚实基础［M］. 南京：江苏人民出版社，2012.

大损失。

由于培训评估技术不精深，评估的层次很容易局限于第一级或第二级。作为培训评估集中呈现的评估报告容易成为就事论事的写作。很多所谓的评估报告紧紧围绕设计的培训调查表，就培训调查表中的数据进行分析，对其他重要的相关信息缺乏介绍或分析，这在客观上降低了培训评估的质量。

（二）培训评估仅停留在第一级

实践中，很多组织的评估仅停留在第一级“学员反应”，也就是参训学员对培训的喜好程度。

柯氏评估的第一级评估很容易做出。比如，在培训结束时，很多组织会派专人给学员当场发放调查问卷，问卷的内容是受训人员对培训项目的印象如何，包括对讲师和培训科目、设施、方法、内容、收获等方面的看法。问卷通常设计成简单的表格方式，设置问题“请问您对本次培训的总体评价如何”“请问您对本次培训课程的设计感觉如何”“您对培训讲师满意吗”“请您就培训讲师在下面的表现打分：形象（穿着仪表、行为举止、热情度、自信度）、表达力（语音清晰度、语言逻辑性、语言丰富度）、应变力（异议处理、现场控制、时间控制）、专业性（内容适用性、结构化程度、答疑能力、教学手法、PPT 使用）”“您认为本次培训的考核方式如何”“您对本次培训的就餐安排满意吗”“您对本次培训的住宿条件和环境满意吗”……除了这些结构化问题之外，培训效果调查问卷还会设置开放性问题，对学员就本次培训或有待改进的地方提出开放性意见和建议。

但是，仅停留在第一级的培训评估是不全面的，还不能将培训开发与组织的预期、绩效和需求等紧密结合在一起，对未来培训开发的推动作用也不够。

（三）培训评估仅停留在第二级

有的培训评估仅停留在第二级学习层次的评估。学习层次的评估是指通过参加培训，学员获得了多少应该掌握的知识和技能，态度改变了多少。实践中，有些组织在员工培训后很快会进行第二级评估，有的会在培训结束之时同步进行。比如，在培训场地对技能型培训进行的测试。

在培训报告中，培训评估包括两个层次，一个是学员对本次培训各个方面满意度的调查分析；另一个是通过本次培训，学员在知识、技能、态度上发生了哪些改变。如果培训后有相当比例的人在知识、技能、态度方面比培训前有了进步，甚至超过了预期的百分比，那么，这次培训就很可能在培训报告中被界定为一次成功的培训。

（四）培训评估的结果不真实、不客观

培训结果评估中，还有一个不能被忽略的问题，那就是培训制度的设计相对健全，培训评估的技术过硬，培训评估报告的呈现专业，一切似乎都很完美，但实际上却潜藏不真实、不客观的问题。

培训评估的结果不真实、不客观由非技术因素引发，比如，组织内外利益相关者的角逐。评估报告显示的评估结果和真实的情况有偏差，而这种偏误只有专业水平很高的人员才能发现，非专业人士难以发现。这种偏误看起来是自然发生的，实际上却很可能由人为因素导致。

二、员工培训效果评估风险分析

（一）对培训评估的意义认识不足

现实中，人们对科学评估本身的意义常常忽略或认识不足。这表现为没有评估，或评估工作做得太肤浅。大多数的培训评估不完整，经典的柯氏评估常常走过场，培训评估环节整体上显得比较薄弱。

现实中，很多组织所谓的员工培训开发只图不违规，为了花钱而花钱，至于这笔钱怎么花更科学，怎样花给组织带来的回报更多，组织方面对这笔培训经费有决策权的人并没有深刻的认知。很多时候，组织把培训开发当成员工福利——员工通过外出培训得以休息、休假、休养。在这种培训开发的理念下，培训评估更无法获得足够的重视。

实际上，培训评估旨在通过对培训各环节的有效监控提升培训质量，从而改变绩效，支撑组织的长远战略。扎实的培训评估能发现组织员工是否真正实现了知识、技能和态度层面的转变。不规范的评估则削弱了培训的功能和意义，无法对培训进行整体的反思和反馈。不能用雄辩的数据说话，培训开发工作只能是事务性工作量上的积累，对成为业务战略伙伴、帮助员工围绕组织战略进行能力提升并无裨益。

（二）对柯氏评估的技术掌握不够

很多人力资源从业者都知道柯氏评估，但是仅限于“知道”，对此没有深入研究，所以在真正运用这项技术时，并不能有效地结合本组织的情况进行评估实施。具体有如下表现：

第一，没有真正理解柯氏评估内部的逻辑层次和关系。很多人都知道柯氏评估分为四级，但是对于每一级的真正意义理解并不深刻。有人认为，评估做

到哪一级都可以，每一级评估的权重相差无几，只是角度不同而已。但实际上，完整的培训评估应该完整包括四个层次，尤其是一定要达到第三级评估，也就是行为改变这一层次。研究表明，第一级、第二级和第三级的评估并没有明显的相关关系，第二级和第三级评估也没有相关关系，第三级和第四级才有明显的相关关系。也就是说，即使第二级测试发现员工经过培训确实掌握了新的知识、技能或态度，也并不能确定员工在工作岗位上的知识、技能和态度是否真的有所改变，是否带来组织绩效的提升。仅限于第一级、第二级的培训评估是不完整的。

第二，技术难度、耗费时间和结果的不确定性都让人望而生畏。进行第三级、第四级评估需要花费大量的时间和精力。首先，要做到第三级、第四级评估，需要收集大量相关的信息，有些可能需要 360 度评估法才能收集到相关信息。其次，在收集第三级、第四级评估信息时，可能需要较长的等待时间。知识、技能或态度的转变，以及这些变化是否带来了组织绩效的变化，需要放在一个长时段进行考查。

很多时候，第二级，甚至第一级评估就能给我们提供看上去很不错的统计数据，比如员工满意度很高，这种培训报告会写得很好看，领导也会觉得不错。而如果深入到第三级、第四级评估，评估者就要耗费较多的时间和精力，评估结果却又不一定比第一级、第二级评估更乐观，评估分析者有时就会权衡自己的利益得失，如果组织内有关培训开发的制度建设比较薄弱，培训专员钻研第三级、第四级评估的动力就会明显不足。

第三，准备工作不到位，不足以支撑四级评估。培训的效果是否改变了个体的知识、技能和态度，是否通过员工的改变对组织的绩效产生影响，需要规范而扎实的基础性工作。问题的设计、资料的收集、数据的汇总和分析将考验评估者对整个项目的理解、驾驭和表达能力。不少组织由于问题设计不到位、没有做好资料收集的功课，造成基本素材和数据的缺乏，从而难以完成四级评估。

（三）有关培训评估的政治学分析

相比由于专业能力不过硬带来的评估问题，培训评估结果的不真实、不客观也可能源自人为干扰因素。当专业技术被作为获取私利的工具，比如，使修改后的数据更符合特定个体（部门的或组织的）的利益，这样，人为干扰因素就有可能通过专业的评估技术做出虚假的结果。

培训评估的真正目的是要检测培训开发是否有效，希望通过培训开发助推业务部门以及组织绩效。很多时候评估发现培训开发在组织中扮演了“助推器”

的角色，但有时评估发现培训开发的效果并不乐观，这时培训评估就会成为培训开发不完善之处的“揭丑者”。有时，出于部门利益的考虑，本着“报喜不报忧”的原则，培训评估的结果有可能被掺水或被歪曲。

三、员工培训效果评估风险防控

（一）掌握柯氏评估的精髓

培训评估在人力资源开发中扮演着越来越重要的角色，因为，只有真正实施了科学的评估，才能辨别培训开发是否有效。要真正实现培训开发的目的，需树立培训评估的正确观念，完整准确地进行柯氏评估，培训结束后检查员工是否已经把在培训中学到的知识、技能和态度真正贯彻到工作岗位上，组织的业务是否因为员工培训得到了明显的改变，组织的业绩是否有所提升。

第一，培训评估不能仅仅止步于调查问卷中得到的学员满意度。第一级学员反应层面的评估只能用于对培训师或培训方提供服务的参考，并不能作为评估的结果。

第二，第二级学习层面的评估只能确定学员通过培训学到了什么，但是无法确定员工是否能将他们学到的知识或技能应用到工作中去，也无法确定他们在态度、行为方面的改变。

第三，第三级评估学员行为改变通常要在培训结束后的一段时间，由受训员工自己，或上级、同事、下属、客户观察他们的行为在培训前后是否发生变化，是否在工作中运用了培训所学。这一级评估一般有一个较长的等待期才有结果。

第四，第四级评估业务结果是指学员参加了培训并且实际应用了培训所学后给组织带来的全部或部分最终结果。以企业组织为例，下列指标可作为培训开发效果的评价指标：提高生产率、增加销售额、提高质量、减少人员流动、降低成本、提高利润、降低事故的发生频率或事故的严重程度，等等。还有一些无形结果，比如客户满意度的提高、知识资本的增加以及员工士气的提升。

根据柯氏评估的精髓，当所有四个层级都得到很好的评估时，才可以建立极具说服力的证据链，显示培训带来的价值创造。

（二）做好基础性工作

做好基础性工作，既体现在做好科学评估之前的培训设计和培训实施工作，也表现在围绕这些先期工作形成的规范而高质量的资料收集和梳理。这里既能体现人力资源管理者的管理协调能力，也能展现人力资源管理者的思维能力和文字功底。

培训评估完整的资料收集包括：培训需求说明，评价准则和对评价来源、方法和日程的说明，分析收集资料并阐明结果，评审培训费用，结论和改进建议。评估之前的准备环节，无论哪一个没有做到位、没有做扎实，都会影响对整个培训的评估。

培训评估是对整个培训过程的回顾性工作。高质量的培训报告需要撰写者站在组织战略发展的高度，扮演业务合作伙伴的角色，完整回顾和思考培训从设计到实施以及结束后，员工在工作岗位上的表现和组织业绩之间的长链条关系。从培训开发的目标、培训设计的各环节，到培训的具体实施以及培训结束后的员工行为表现和业务结果，能够证明培训开发价值的任何一个环节都应该在人力资源管理者的视野之内。每一个前期的环节和工作都能在一定程度上影响最后的培训评估工作。只有做好前期的基础性工作，评估报告才能得到较好的呈现。

（三）评估要做到科学、客观

真正有价值的评估报告应该科学、客观，能够推进人力资源管理及其他相关工作的开展。评估人员要坚持业务上的精进，不断提升自己的专业能力，并把坚守科学理性作为重要的职业操守。

做到科学、客观是专业技术人员应该具有的专业能力和职业素养。在看清组织内外的各种利益关系的前提下，依然不为内、外部私利所动，要本着对组织负责的态度，原原本本地呈现培训开发对员工、对组织的真正价值。克服自身私欲，抵御外来诱惑乃至强权打压并非易事，但是，从每个员工完整的职业生涯历程发展来看，坚守价值观不走样，有助于树立评估人员自身的形象和品牌，推进自身人力资本的正向积累。

第八节　培训费用流失风险与防控

培训费用的流失是组织培训开发中要规避的重要内容。培训费用流失主要表现为：一是培训效果没达到预期目标，造成培训投入“物无所值”；二是培训本身的效果不错，但员工在接受培训后离职，造成包括培训费用在内的组织、资产方面的流失。

一、培训费用流失风险点

培训费用流失主要表现在培训评估发现“物无所值”以及受训人员的流失。

（一）培训费用超支或培训投入产出失衡

有时，培训实际发生的支出远远超过当初的预算。超支可能来自培训开发流程的各个环节，如培训需求的分析、培训方式的选择、培训的实施，以及培训评估等环节。这些环节由于出现管理、技术、人为干扰等问题或意外性事件，引发培训预算的超支。

有时，组织在培训开发中投入大量的财力、物力、人力，但组织绩效并无显著改善。这使得组织在培训投入和培训产出方面产生失衡。

（二）受训人员流失引发培训费用流失

有时，培训开发开展得很顺利，效果也不错，但是，随着培训过程的结束，受训人员的流失问题变得明显而突出。这使组织的人力资本投资白白打了水漂，员工流失还可能伴随商业、技术泄密，甚至知识资本流失等问题。

现实中，有一类劳动争议案件就与培训服务相关。例如，组织为员工支付了培训费用，比如专项技能培训、专业技术培训或领导力类培训，但是，员工在开阔眼界、提高技能后跳槽，有的被竞争对手挖走，有的还处在试用期也由于各种原因选择离开。虽然有时员工会如数偿还或赔付相关的培训费用，但是人才流失后的人才补给会给组织带来诸多纷扰，关键岗位人才的流失对那些人才管理不到位的组织而言无异于一次重创，甚至会打乱组织的节奏和发展布局。

二、培训费用流失风险分析

（一）培训效果不佳

很多时候，培训费用的流失和培训效果不佳有关系。有时，组织仅进行了第一级和第二级评估即可发现员工对培训的整体满意度不高，或者员工在知识、技能或态度的改变未达到预期水平。还有的时候，培训效果不佳体现在接受培训后员工知识、技能或态度的改变并未带来组织绩效的改进。

培训效果欠佳根源于各种可能的原因，这些原因可能广泛地存在于确定培训需求、设计和策划，以及提供培训的整个流程中。也就是说，培训费用的流失可以追溯到上面所说的培训开发流程的各个环节。

在培训需求确定环节，如果没有做好足够的调研，培训需求确定中产生偏误，就会直接影响培训效果的针对性和实效性。在培训设计和策划环节，培训方式的选择、师资的配备等更要紧紧围绕组织的财务预算，在组织财力有限的前提下，培训预算过高或者过低都可能直接影响到财务评估。在提供培训环节，突发事件或意外事件都有可能带来培训投入的增加，这在总体上增加了培训支出，也带来培训费用的流失。

在导致培训投入产出效果不佳或培训费用超支的因素中，组织管理中人的因素也不可忽略。人为因素是指在培训开发中，领导、部门或个体为自己的利益而影响和干扰了正常的培训开发。人为因素会扭曲原本科学、客观、规范的培训，造成培训费用的超支，引发培训资金投入对象的偏误，从而在客观上导致培训费用的流失。

（二）员工流失与培训之间确实存在某种相关

员工流失与培训之间确实存在某种相关，而且是正向的。即培训提升了员工自身的人力资本，提升了他们在人力资源市场上求职的价码。接受培训后的员工可能具有更高的流动率正不断被证实。华信惠悦咨询公司的研究表明，近期接受过培训的人员最有可能流失，因为他们想寻找机会更好地发挥自己新掌握的技能。

中国的各类组织，尤其是中小型企业在培训开发方面投入并不多，很重要的一个原因就是人才的流动率较高，人才的保留很困难。接受过培训的员工由于能找到更好的工作而更容易离职，这使得培训开发成为“为他人作嫁衣”，直接降低了组织人力资本投资的力度。

就组织的整个培训体系来看，如果培训开发孤军作战，没有薪酬待遇、项目机会，以及人性化的管理环境等因素及时跟进，那么，接受培训的员工流失概率会明显加大。受培训后的员工在人力资本上有了较大提升，很容易成为人力资源市场上的“香饽饽”，猎头或竞争对手一旦瞄上这样的人才，很容易用更好的待遇或事业发展空间将其挖走。

（三）培训流程中的风险防控薄弱

从预算角度上，培训费用流失还容易发生在培训外包的各个环节。组织购买的培训服务可能涵盖整个培训流程，如培训需求调查、培训设计、培训师资聘请，以及食宿、会场服务等环节。

当组织在培训开发中将某些业务外包，但是对外包事宜并不熟悉，没有建立健全相关的规章制度时，就容易引发培训费用的流失。培训服务外包中会出现各种风险，例如，外包协议、合同环节的不完备、不清晰，协议、合同中的费用、期限、配套服务、付款方式、免责规定等不清晰、前后矛盾，或者不同环节中人员对接、接洽出现失误。上述风险有的会直接引发培训费用的流失，有的则会使组织惹上麻烦、摊上官司，最终引发培训费用的流失。

三、培训费用流失风险防控

（一）制定好用人留人的配套性制度

接受培训后的员工更容易流动，这是每个组织都不得不面对的现实。在人才竞争越来越激烈、员工对组织的忠诚度也相应降低的时代，人才管理就显得务实而迫切。为了提高员工培养的投资回报，降低培训费用的流失，组织不得不加强战略、战术上的投入。

要树立人才管理的战略观，通过完善用人留人等配套制度建设，提高员工对组织的忠诚感和归属感，降低员工在受训后的流失率。组织要把人才管理作为一项系统性工程，在提供事业发展空间、富有竞争力的薪酬待遇，以及提供充满人性化的工作氛围方面下功夫。

在人才培训开发上要杜绝负激励。员工的知识、技能和能力不断提升，为组织做的贡献越来越多，待遇、工作空间也要有相应的提升，否则就容易引发员工的流失，不仅造成培训费用的损失，更容易干扰组织的发展战略。

（二）加强流动员工的管理

如果说制定好用人留人的配套性制度要求组织从制度设计上为员工考虑，不断增强组织的凝聚力，那么，加强流动员工的管理则关注组织怎样保护自己的合法权益。

第一，可以通过提高员工的流动成本降低流动风险。比如，让员工分担培养成本，以降低员工流失率。组织可以根据法律法规和员工约定服务期，并签订完备的协议。相关法律法规包括：

《劳动合同法》第二十二条明确规定："用人单位为劳动者提供专项培训费用，对其进行专业技术培训的，可以与该劳动者订立协议，约定服务期。劳动者违反服务期约定的，应当按照约定向用人单位支付违约金。违约金的数额不得超过用人单位提供的培训费用。用人单位要求劳动者支付的违约金不得超过服务期尚未履行部分所应分摊的培训费用。用人单位与劳动者约定服务期的，不影响按照正常的工资调整机制提高劳动者在服务期期间的劳动报酬。"

《中华人民共和国劳动合同法实施条例》（以下简称《劳动合同法实施条例》）第十六条规定："《劳动合同法》第二十二条第二款规定的培训费用，包括用人单位为了对劳动者进行专业技术培训而支付的有凭证的培训费用、培训期间的差旅费用以及因培训产生的用于该劳动者的其他直接费用。"第十七条规定："劳动合同期满，但是用人单位与劳动者依照《劳动合同法》第二十二条的规定约定的服务期尚未到期的，劳动合同应当续延至服务期满；双方另有约定的，从其约定。”

第二，加强离职管理，降低员工离职给组织带来的各种显性和隐性损失。包括：建立离职员工面谈制度，通过征询离职员工的意见，改善人力资源管理；保留好离职员工的档案资料、信息资源和通信方式；与离职员工保持联系，在合适的时候欢迎离职员工重新回归组织，等等。事实表明，同雇佣新员工相比，企业再次雇佣离职员工的成本仅为前者的一半左右，而在投入工作后的第一个季度，这些回归组织的员工比那些“新人”的生产率要高40%左右。调查显示，财富500强企业通过积极返聘前任员工，平均每家企业每年能节约1 200万美元的成本①。

（三）做好全流程的财务管理

有时候，培训费用的流失是培训开发流程各环节小问题的累积。因此，在培训开发的整个流程中，各个环节的工作要做到位、做规范，才能在最大限度防范、杜绝培训费用流失的风险。

做好全流程的财务管理是指在培训开发的整个流程中，从确定培训需求到设计和策划培训，再到提供培训，以及评价培训结果的每一个环节，都要做好规范严谨的财务管理工作。人力资源管理者要注意对每一个关键点的把关，进行严谨的推敲和科学的预算，做好全流程的财务管理。在培训开发的整个流程中，人力资源管理者要秉承技术为本的职业素养，尽量避免组织中不同利益群体的博弈对培训设计的影响，客观公正地选择合适的培训资源，培训开发的钱要用在刀刃上，不能乱花。

第九节　任职资格体系风险与防控

任职资格，是指某一职位所必须具备的知识、经验、技能、素质与行为的总和。任职资格体系是指在组织内部建立不同职类的职业发展通道，按任职资格标准的规定，对不同职类员工的工作能力、素质和工作行为进行管理的系统，是留住人才，让人才与组织同甘共苦的管理方式。和绩效管理相比，任职资格体系管理是一种更先进、更适于知识经济时代的人才管理方式。任职资格体系和绩效管理、培训开发、薪酬管理等各人力资源职能紧密相关。

---

① 程贤文．“反猎头”：一个企业高级人才管理的新视野［J］．中外企业家，2005（1）．

很多世界一流的组织通过任职资格体系进行人才的选拔、培养和使用。国内，华为公司是比较早的、成功地在大范围内采纳任职资格体系的企业。通过任职资格体系，组织能较好地解决员工的激励问题，使人、岗匹配，同时，通过职业发展通道设计，为员工的职业发展搭建更宽广的发展平台。员工可以在任职资格体系的框架下，寻找适合自己发展的岗位和职业通道，并获得与付出相匹配的回报，从而最大化地将个体的发展与组织的发展战略结合。

一、任职资格体系风险点

任职资格体系方面存在的问题主要表现为：员工的职业化程度不高，科学化管理有余而人性化区分不足，以及任职资格体系缺乏有效应用。

（一）员工的职业化程度不高

不少实施任职资格体系的组织在管理中发现不少问题，一个突出的表现是员工与岗位的要求完全不匹配或匹配度较低。这种表现又可以用另外一个概念来表述，即职业化程度较低。职业化程度较低，反映到人力资源管理上就是“人岗”匹配的基础性工作做得不到位。比如，处于某岗位上的员工对本岗位的能力要求认识不清楚，对本岗位与本部门以及组织整体绩效之间的联系停留在无意识状态，或仅有简单认知，对个人在组织内的职业发展空间、职业发展路径认识不够清晰。比如，组织对相同部门的多个员工在薪酬管理、绩效管理甚至是培训开发上都给予同样对待，没有进行区别化的使用、培养和保留，虽然这些员工在资历、能力、个性和偏好方面有很大差异。再如，组织花了大力气制定战略规划，却发现可用的战略性人才储备很不够，员工队伍的能力和结构与理想状态都还存在较大差距。组织已有人才根本无法支撑战略的实施。

上述种种表现都说明，组织的人力资源管理缺乏对任职资格体系建设的科学认识，还没有建立人、岗匹配，以及通过科学的选用、育、留等环节进行人才管理的概念，人才管理总体上还处于比较粗陋的阶段，客观上难以满足组织战略的要求。对员工而言，他们对组织内的职业发展路径认识还不够清晰，在如何将自己的职业发展和组织战略结合方面也缺乏明确的认知，这使他们对组织的忠诚度大打折扣，无法专注地挖掘自己的潜能。

（二）科学化管理有余，人性化区分不足

有些组织已经有比较完善的绩效和薪酬管理体系但还没有启动任职资格管理体系，这类组织在人才管理方面容易出现科学化管理有余、人性化管理不足

的问题。

如果组织建立了薪酬绩效管理体系，却欠缺任职资格管理体系，那么在人才激励方面就会出现一些问题。这些问题集中表现为，员工与组织都对自己的利益斤斤计较，个体发展和组织发展没有实现有效融合。由于组织的人性化管理不足，无法最大程度实现员工的内在激励，无法获得员工对组织的承诺投入（忠诚），组织的薪酬和绩效能管住员工的“人”，但未必能锁住员工的“心”。

从目标管理的角度上看，组织的绩效目标通过分解到各个部门，再由各个部门细化分解到个体。缺乏任职资格管理，组织对员工不能进行有效区分，而没有有效区分的管理自然无法顾及员工的个性化需求，员工只是组织的小小螺丝钉，组织的集体意义被彰显，个体的需求被组织的目的淹没，个性的东西被泯灭或抹杀。久而久之，员工在组织内可能会实现马斯诺所说的生理和安全的需要，衣食无忧，但是，更高层次的情感和归属的需要、尊重的需要、自我实现的需要等都难以达成。

（三）任职资格体系缺乏有效应用

还有的组织花大力气或大价钱开发出任职资格体系，但是，运行一段时间后却发现任职资格体系应用效果不佳。

比如，任职资格体系仅作为组织设计或工作设计的一部分，完成组织管理的基础性工作；或者仅用于新员工的外部招聘，内部员工的提拔还是按照既有的组织传统进行；或者组织对任职资格标准进行设计，但在绩效考核的绩效沟通和绩效反馈环节后，并没有将相关信息传递给人力资源部门，人力资源部门也没有根据绩效情况对不同员工的任职资格进行重新设计并开展相关的培训开发等。

上述种种现象表明，任职资格体系虽然被引入组织，但与其他人力资源管理职能的衔接还不到位，也就无法在更大的范围发挥作用。

二、任职资格体系风险分析

（一）拿来主义色彩太重，本土化程度不够

有些组织已开始实施任职资格体系，但实施中还是会出现人、岗不匹配，员工职业化程度较低，甚至有明显的错位匹配等问题。这可能是因为组织在开发任职资格管理体系的过程中，直接把标杆组织的制度设计拿来为我所用，或者只是对别人的制度进行简单的修补。

对组织而言，在整个组织范围内开启任职资格体系的管理确实是一项较大

的工程，要耗费相当的时间、人力、物力和财力资源。很多时候，组织本身并不具有自主研发任职资格体系的能力，因此会将体系设计外包。不管是自主研发还是将研发外包，借鉴外部的经验是必需的，但是将外部经验引入组织中要经过充分的本土化，否则就会造成水土不服、南橘北枳。

从组织外部引进的新的管理理念和体系很可能会出现这样那样的不适应，包括与旧有的管理理念、制度、体系在衔接环节出现各种问题。这个时候，组织就要在大的立场和小的细节方面做好准备。组织的领导层对实施任职资格体系要有坚定、明确的思路和方法，对任职资格体系与原有管理体系融为一体要有足够的耐心，对整个过程中出现的管理、人事甚至绩效方面的问题要有包容的态度。在引入任职资格体系的大目标、大前提下，容忍实施过程中出现的小问题、小纰漏，并善于带领团队研究发现任职资格体系在组织落地、生根、成长的最优举措。

（二）任职资格体系建设中技术不过硬

除上述组织在任职资格体系建设过程中的本土化不足、简单拿来主义等问题，技术上的问题也会直接影响任职资格体系建设的质量，从而影响员工职业化和组织绩效。

技术不过硬直接导致任职资格体系建设走样，会对组织决策产生比较坏的影响。比如，任职资格注重的是持续产生高绩效的关键行为，与工作绩效紧密联结，但是由于相关技术不过硬，高绩效关键行为的测评就可能出现纰漏，从而对员工的工作行为产生误导。这样会在客观上影响组织的绩效。走样的任职资格体系不能对员工的行为产生正面的引导和激励，干扰员工在组织内的职业发展，对员工的工作产出产生负激励。

（三）任职资格体系建设中管理不到位

在建设任职资格体系的过程中，如果部门之间沟通衔接不畅，任职资格体系的建设很容易成为一座“孤岛”，无法与其他应该衔接的体系关联，无法取得组织内部的支持和配合，也无法将自己的功能充分发挥。

任职资格标准的建立不仅仅是人力资源部门一家的事，更需要各业务部门的积极参与，尤其是各业务部门的资深人士，如业务专家、技术专家等。人力资源部门和各业务部门要紧密协作，提炼、挖掘出有组织特色、反映本组织实际情况的岗位标准。

在整个组织范围内筹备任职资格专业委员会是必要的，这会保证组织内各个不同业务部门关键岗位资格标准的统一性。对那些规模较大的组织，比如有分公司或分支机构的集团组织，整个组织内的标准统一也非常必要。对于那些更有能力的组织而言，将本组织内的任职资格标准扩散到核心产品链条的上下游也是可能的，这将降低沟通成本，提高产品质量。

要始终树立这样的认识，即任职资格体系和薪酬管理、绩效考核、培训开发应成为有机的统一体。任职资格作为更基础性的制度架构，作为标准起牵引作用，任职资格体系的设置本身就是盘点手中资源，便利组织进行人才培养、开发，解决员工的职业发展问题；任职资格体系和薪酬体系、培训开发体系的协作将有效针对绩效沟通中的各种问题，确保员工能力素质的提升以及组织绩效的改善。

三、任职资格体系风险防控

（一）真正把握任职资格体系的要点

任职资格体系立足于组织的发展战略，旨在通过提升员工的工作能力来实现组织绩效的改良。

第一，明确任职资格体系建设的关键。任职资格体系建设要解决的是组织需要进行怎样的人才储备和管理才能实现组织战略。因此，任职资格体系的设计始于组织战略，落脚于实现组织战略的核心——人才在岗位上要具备哪些重要的能力。

第二，从核心岗位突破，再逐步推广。一般而言，价值含量大的职位也常常被视为进行任职资格管理的突破口。每个组织的关键部门和职位是不同的，分析者要树立面向组织未来发展的心态，锚定对组织战略发展起关键作用的部门、职位以及任职要求。另外，技能型的工作更适于进行任职资格体系的建设。

第三，在将组织的职位进行职业族的分类后，对每个职位族进行均衡的分层设计，然后对每个层次的任职资格进行科学缜密的设计。比如，华为公司的任职资格体系在诸多职位中提取出领导者、管理者、研发族、营销族、专业族、操作族等素质模型。每个职位族下面是更小的族，比如专业族下面更小的族被划分为计划、流程管理、人力资源、财经、采购、秘书等。

第四，在划分职业族并对每个职业族进行分层的过程中，要注意下面几个原则：一是先粗后细；二是确保有区分度，即各级别之间要有显著差别；三是可以在高端等级预留出特定层级或等级。

（二）把握任职资格等级认证的要点

任职资格等级认证就是把员工的实际工作能力和任职资格标准进行比较，

评价员工所达到的任职资格等级。任职资格等级认证是任职资格体系建设中的重要一环。通过实施员工的任职资格等级认证，向员工反馈其目前处于怎样的职业水平，指明其未来的努力方向。任职资格等级认证也是任职资格体系建设中技术含量较高的环节，其一般包括如下关键步骤：

第一，确定组织内员工职业发展的通道。为了更好地发挥各类员工的积极性，设置管理类、技术类、技能类等多维通道。提供各种不同的职业发展路线是组织进行人性化、区别化管理的重要表现，也是提升员工对组织忠诚度的重要手段。

第二，在确立职业族后，在每一个职业族内设立等级。等级设置的数量可参考同行业及本组织内该系列员工职业生涯周期和能力成长特点，将等级设置与等级晋升可能需要的年限相匹配，然后设置各等级的能力标准。这需要考虑到各个台阶员工的能力特点，突出重点能力和贡献区域，体现各等级的差异性。

第三，为员工确定等级。在明确每一级别所需要的任职资格后，要对组织内员工的工作能力进行摸底，通过测试确定员工的能力处于哪种职业族的哪一级。

（三）与其他人力资源管理职能联动而为

任职资格体系的建设和管理，要把员工的职业发展通道、管理者继任计划和员工培训与开发等工作紧密衔接。构建任职资格体系时不能孤立而为，要特别注意与其他人力资源管理职能的联动，尤其是薪酬、绩效和培训开发等环节。

如果没有和相关的环节相衔接，孤立而为的任职资格体系建设注定无法完成自己的使命。如果只管建设不管落地，那么任职资格体系的建设只能变成走过场。

第十节　关键岗位继任人缺乏风险与防控

管理大师拉姆·查兰说过，“如果公司没有合理的人才培养机制，它必须从现在开始着手建立。成立时间不长的公司也应当设立自己的继任流程，唯有如此，它们才可能在5~10年后收益”。[①] 这里强调的是对组织高级管理人员的继任计划（Succession Planning）。对关键岗位，组织有必要进行人才规划和继任管理。

---

① http：//finance. huanqiu. com/roll/2009-11/628057_2. html.

以企业组织为例，关键岗位是指在经营、管理、技术、生产等方面对企业生存发展起重要作用，与企业战略目标的实现密切相关，承担起重要工作责任，掌握企业发展所需的关键技能，并且在一定时期内难以通过企业内部人员置换和市场外部人才供给所替代的一系列重要岗位的总和[①]。还有一种划分方法是根据“二八法则”，即组织内80%效益由20%的人才与岗位创造，因此，创造出80%效益的20%的人才称得上是组织的核心人才（关键人员、骨干员工），而20%的岗位则是关键岗位。

关键岗位继任人缺乏，也就是胜任各级各类关键岗位骨干员工的缺乏，帮助组织赢得竞争优势、提升组织绩效的关键岗位上储备性人才还比较少。从组织管理的角度看，组织要特别关注这些关键岗位上的骨干员工和关键岗位继任人的选、用、育、留问题，而关键岗位继任人的缺乏很可能会对组织未来的发展造成严重危机。

一、关键岗位继任人缺乏风险点

关键岗位继任人缺乏主要表现为缺乏人才管理的意识，缺乏对关键岗位继任人的储备以及对关键岗位继任人的培养不够。

（一）缺乏人才管理的意识

有的组织还不具备人才管理的意识，不知道要识别关键岗位继任人，更没有与人才管理相匹配的制度安排。人力资源管理者极少对员工进行职业生涯规划，不了解核心员工的能力特征，也不关注核心员工的需求和诉求。在员工管理上，所有的员工被视为同质的，核心人才并没有被有效区分，也没有被实施特殊化管理，比如拥有组织专门为自己量身打造的培训开发计划。如果核心人才对组织做出的贡献有余而回报不足，无法获得相应的平台或待遇，看不到组织内改善的迹象，就会积累越来越多的不公平感，很容易被猎头挖走，或自己寻找“择良木而栖”的机会。

缺乏人才管理意识的组织，在用人、选人及培养人方面都带有较强的工具主义色彩，功利性目标较强。对组织之外的人力资源市场缺乏跟踪性研究，更没有在组织战略目标下有意识地从外部市场进行人员的储备和遴选。在瞬息万变、竞争激烈的市场环境中，组织的可用人才很少，关键岗位继任人更缺乏必要的积累。

① 魏新，曾志强．关键岗位识别指标体系与方法［J］．系统工程，2008（5）．

（二）缺乏对关键岗位继任人的储备

缺乏对关键岗位继任人的储备有三种表现：不知道要识别关键岗位继任人；确定了关键岗位继任人，依然留不住人；不能很好地从外部市场招聘合适的人才。

有些组织对部门和职位岗位还处于比较原始、粗犷的管理阶段，没有科学规范的工作分析基础，组织被内外形势席卷着向前发展。组织在发展规划、人才规划方面还没有系统而成熟的思考，缺乏关键岗位意识，对关键岗位继任人的情况也不曾进行系统思考。

有些组织开始着手人才盘点和人才管理，划定了后备干部、关键人才，但是，人才选拔的视野局限于短期战略，实用色彩比较明显，而且受组织领导层尤其是一把手的影响比较重。组织的人治色彩比较重，没有形成规范化的工作制度，选出来的可能并不属于真正的高潜人才。

由于管理方面存在种种问题，关键岗位继任人的保留将充满风险。员工流动率较高，关键岗位继任人的流失率也相对更高。

还有些组织，没有或者不能有效利用外部招聘的渠道扩大人才储备的蓄水池，平时没有做好人才储备工作，也不注意打造良好的雇主品牌，难以吸引有潜力的人才加盟。人才管理意识强的组织则注意人才的吸引、培养、保留，通过有竞争力的薪酬福利、培训开发、工作发展平台等不断增强组织的吸引力。比如，不少组织抢先进行国际、国内的人才布局，在高校内设置奖学金、招收实习生、进行有影响力的校园招聘，从而有效地吸引储备型优秀人才。

（三）对关键岗位继任人的培养不够

有时，关键人才已经被识别，但是相关的培养、保障机制并没有到位，缺乏激励保障，甚至形成事实上的负激励，这就会影响人才的快速成长，降低组织对人才的吸引力。

比如，有的员工被纳入组织的关键人才或后备干部，但是在实际工作中并没有得到足够的锻炼机会。对关键岗位继任人的培养不够，并不能用简单的培训经费投入或参加的培训次数来衡量，而是指培养开发的效果欠佳，质量不够高。实际上，除了必要的、关键的或稀缺的外部培训，轮岗培养、导师制、委以重任等都是加速关键人才成长的有效途径。如果关键人才没有得到很好的创新性工作平台，无法获得水平较高的导师或教练的指导，在组织内的成长主要靠自己摸索、自学成才，那么，人才的成长速度和成长质量则不容乐观，组织能否留住骨干人才也成问题。

二、关键岗位继任人缺乏风险分析

（一）宏观人才市场的供求矛盾

一般来说，组织内的关键岗位继任人也常常是人力资源市场上的紧俏人才。从宏观角度看，行业或特定领域的人才供求矛盾会传导到组织内部。由于宏观人才市场的供求矛盾，使组织在吸引合适人才加盟方面难度提高，也造成组织对既有人才的保留难度提高。由于经常面临被挖墙脚的风险，导致组织减少对关键人才的人力资本投资。这又容易引发新一轮恶性循环，即组织减少对关键人才的人力资本投资，很容易引起人才对组织忠诚度和归属感的降低，随之又会降低组织对外部潜在人才的吸引力。由于宏观人才供求不平衡，关键岗位员工（以及继任人）很容易由于更高的薪酬、更好的工作条件等因素离职。

（二）组织治理方面存在问题

在造成关键岗位继任人缺乏的因素中，组织治理方面的问题表现为下面几个方面：

第一，严重的组织危机。包括创业者分崩离析，股东和经理人信任危机，组织战略摇摆不定，帮派斗争影响组织的稳定和发展，等等。组织内部的动荡损害了对人才的吸引力，骨干员工乃至普通员工开始频繁流动，组织根本无法进行人才管理。这属于组织运行过程中由于严重的治理危机引发的人才危机。

第二，缺乏继任管理的相关制度。有的组织虽然开始对不同的员工进行差异化对待，比如建立后备队伍，进行相关的人才培训及职业生涯开发，但依然缺乏人才保留的必要的制度安排，或者虽然有表面上的制度安排，但是制度不合理、不公正，不但无法形成对人才的正面激励，反而形成负面激励。有些组织已经意识到要加强对关键岗位继任人的筛选，但囿于技术问题，还无法真正识别没有充分展示能力的高潜人才。

第三，组织内部的派系斗争比较突出。领导、部门或个人之间由于利益关系互相拆台，内耗严重，造成组织内部缺乏公平合理的竞争和发展环境，包括任人唯亲，山头主义、本位主义严重，很多骨干人才容易因为“站错队”受到打压，组织内的政治环境不利于人才的成长。还有一种情况是，关键岗位继任人的遴选受到组织内政治利益的影响，比如，一些怀有野心的人通过各种正式非正式手段与组织内掌握职位资源的人结成利益同盟。

第四，组织管理缺乏人性化。有些组织在管理中只看重单一的业绩维度，员工的物质回报不低，但非物质回报（比如培训学习的机会、事业发展的平台等）受到漠视。比如，不注重员工工作与生活的平衡，对员工生活中存在的实际困难不管不问。当组织只运用物质激励，只重视短期回报，对影响组织可持续发展的长远因素考虑不周，缺乏对员工（尤其是关键人才、核心人才、骨干员工）的人力资本投资，就会极大地降低组织对人才的吸引力。

（三）个人原因引发的主动离职

有时，关键岗位继任人才的流失并非想要谋求更高的市场回报，也并非由于组织内的政治斗争。他们在组织内的职业平台和人际关系都不错，有些人甚至已经是级别很高的经理人，但是在职业发展的某个阶段，他们选择对自己的职业生涯进行重新定位。

现实中已经有不少人从体制内到体制外，或从正式、正规组织中游离出来自己创业或重新择业。他们或者已经厌倦了原有的生活，或者生活中遇到重大的危机或挑战，或者想尝试崭新的生活方式、挑战自我，追逐未曾实现的梦想。如今，进行跨行业、跨岗位职业选择的人越来越多。已经拥有很高职位的高级经理人也选择了自主创业，比如惠普的前大中华区总裁孙振耀、万科的高级经理人毛大庆，更多的人则成为灵活就业者，或拥有多重职业身份，成为新时代的斜杠青年。

三、关键岗位继任人缺乏风险防控

（一）实施继任计划

继任计划是组织确定关键岗位的后继人才，并对这些后继人才进行开发的整个过程。继任计划对组织的可持续发展有至关重要的意义，有效的继任计划的关键是不断识别和准备新的关键人才，让他们在未来的职位上获得成功。实施继任计划要注意下面的关键点：

第一，继任计划是组织领导层面的课题，不能局限于人力资源部门的工作。组织最好建立继任委员会，由领导层、业务部门和人力资源部门负责人协同作战。

第二，根据人员的流动率建立人才库，对关键岗位和流动性较大的岗位提早做好继任计划。组织要及时了解市场的整体需求和供给，确定未来的人才需求数量。通过建立人才需求分析系统，对现有人员进行盘点，分析人员的素质与数量是否与业务量相匹配，人才供给的内部开发及外部聘用比例等，并在相应的制度上给予适当的支持。

（二）多种办法吸引和保留骨干员工

对各类组织而言，可以综合利用事业、待遇和感情来吸引和保留关键岗位继任人。

第一，用事业留人。组织领导层要善于设计中长期战略，并领导管理团队将战略落到实处。各级业务主管和人力资源管理者要认真做好关键岗位继任人的职业发展规划，将组织的发展战略和关键员工的职业发展紧密融合，给关键员工提供发展平台。比如，创造条件让他们进入更有挑战性的项目，开辟职业发展的快速通道。

第二，用待遇留人。员工从组织中获得的待遇包括有形的、无形的回报。现在，很多组织通过全面薪酬管理保证骨干员工拥有具有竞争力的薪酬待遇体系，同时，通过各种福利待遇使他们在事业和家庭之间取得平衡。

第三，用感情留人。有的组织可能会与骨干员工建立终身雇佣关系，还有的组织则通过更富有弹性的管理方式，比如给骨干员工更多的决策参与权、更弹性灵活的工作方式，以及富有竞争力的职业发展体系，让员工觉得自己受到尊重，从而提高他们对组织的忠诚度。

（三）利用法律法规和制度建设

第一，明了相关的法律武器。首先，组织要熟悉国家和地方有关人才流动方面的法律法规。比如，2005 年修订后的《中外合资人才中介机构管理暂行规定》在第十二条明确规定，中外合资人才中介机构招聘人才出境，应当按照中国政府有关规定办理手续。其中，不得招聘下列人才出境：①正在承担国家、省级重点工程、科研项目的技术和管理人员，未经单位或主管部门同意的；②在职国家公务员；③由国家统一派出而又未满轮换年限的支援西部开发的人员；④在岗的涉密人员和离岗脱密期未满的涉密人员；⑤有违法嫌疑正在依法接受审查尚未结案的人员；⑥法律、法规规定暂时不能流动的其他特殊岗位的人员或者需经批准方可出境的人员。

第二，签订竞业禁止协议。竞业禁止又称为竞业限制，是指在一定的范围和期限内，通过相应的法律、政策使用人单位的核心雇员不得利用其职务关系所获得的商业秘密为自己或他人经营本公司业务提供便利，谋取利益。以企业组织为例，一旦决定聘用关键岗位员工，就必须签订详尽的劳动合同，合同要明确商业机密、技术专利及核心竞争力等方面的相关保护条款。竞业禁止不可能在根本上阻止关键岗位继任人的流失，但是，它能有效地保护组织的知识产权、商业秘密，避免组织重大的经济损失。

第三，通过培训协议规避风险。在对关键岗位继任人进行重要的人力资本投资前，建议组织采取必要措施以防范投资风险，比如提高关键人才的离职成本。目前组织通常采用的办法是要求员工在接受培训前签署《培训服务协议书》，明确规定员工接受某类培训后在本组织的最短服务年限和违约协议，如果未满服务期要求流动的，应补偿组织的培训损失。这对保护组织的培训投入起到一定作用，但不能从根本上挡住关键岗位继任人的外流。

第四，做好离职管理工作。包括重视与离职员工的面谈，通过面谈了解离职员工的真实想法，尽量做好关键人才的挽留工作。如果实在不能挽留，就要在解除劳动合同时做好相关的交接工作，尽量降低员工流失带来的损失；保留离职员工的联系方式，用开放的心态面对离职员工，通过定时沟通等方式吸引员工回流；通过制度设计将优秀的离职员工变成组织的外部利益共同体，比如外部合伙人制度。离职管理做得好反倒可能吸引更多高潜人才加盟组织。

（四）善用各种评价和培养开发工具

组织要善于综合利用各种选人工具，进行关键岗位继任人的选、用、育、留等工作。这里涉及工作设计、岗位设计、招聘、绩效管理、薪酬管理以及培训管理等各个环节。高潜员工被甄选、确定后，组织对他们的培养应该进入快车道，比如启动专门的培训计划，通过重要的项目进行在岗锻炼，配备高水平的导师或教练等。

在关键人才的筛选中，核心的测评技术包括素质模型、领导力模型、人才测评、评价中心、360 度评估、雇员调查等，组织要善于利用各种评价和培养开发工具，做好关键人才的管理工作。

第十一节　知识管理风险与防控

知识管理（Knowledge Management，KM）是一种通过知识获取竞争优势的管理方式，旨在运用集体的智慧提高应变和创新能力。知识管理呈现为为了提高组织竞争力而对知识进行识别、获取和充分发挥其作用的过程。管理学学者彼得·杜拉克早在 1965 年即预言：“知识将取代土地、劳动、资本与机器设备，成为最重要的生产因素。”在我国，知识管理的理念从 20 世纪末的理论研究进入组织的实践层面，一些领先的企业开始探索知识管理的运行。但是，在引入知识管理的过程中，对知识管理的误读俯首皆是，对知识管理的运用问题多多，还有相当多的组织对知识管理的概念闻所未闻。

一、知识管理风险点

知识管理的问题主要表现在：对知识管理处于无意识阶段，把知识管理误读成某个项目；知识库太烦琐或做成“文档管理”；知识管理没落脚到对业务的推进；知识的分享成为难题。

（一）对知识管理无系统认识

在我国，很多组织对知识管理还处于无意识阶段。虽然大多数组织中存在知识管理的表象，比如，有年度的经验总结会、交流会，对纸质文件有系统的归档流程和制度，有传帮带的传统……这些知识的积累、传承和分享都属于知识管理的表现形式，但是，组织并没有形成知识管理的系统认识。

有的组织形成壁垒森严的组织文化。知识有积累，但是集中于特定部门，不能很好地被分享。知识的价值随着时光自然流逝。有的组织存在严重的组织内耗，形成恶性竞争的组织文化，部门之间、个体之间知识壁垒高筑，知识的流动几乎不可能，组织内存在大量的重复劳动，组织创新的成本大大提升。

对知识管理没有系统认识，很容易造成下水道局面，即系统变成一个导管，放进去的知识最终从“下水道”流走了，并没有在组织内部进行有效的积累、分享、利用和创新。

（二）知识管理的几种误读

第一，将知识管理误读成某个项目。比如，购买了一套软件系统，把知识管理咨询专家请到组织进行内训，或者还配合进行了几次培训，知识管理在组织中呈现为软件系统、培训开发和管理咨询，之后就无法再深入。把知识管理误读成某个项目，就会将知识管理和组织割裂，因为知识管理（项目）相对独立，有使用期限，而且可以被替代。

第二，知识库太“烦琐”或做成“文档管理”。后者是对知识管理的肤浅理解，前者则是在知识管理中用力过猛。用力过猛，表现在知识库太“拥挤”“繁杂”，太多的“知识”导致需求者很难在短时间内获取。还有一种情况是知识管理的建设“轻飘飘”。这实际上是由于人们对技术和工具关注过多，对知识管理的理解还不深入。大量组织的“知识管理”项目把关注重点放在对“显性知识”的管理上，最典型的应用就是“文档管理”。这显然是一种以偏概全的做法。

英国物理化学家和哲学家波兰尼（Michael Polanyi）早在1958年就指出“人类的可以通过语言来表达的知识在本质上都是隐喻性的”，并由此提出了“显性知识”和“隐性知识”的概念。“显性知识”是指以文字、图像、符号表达，以印刷或电子方式记载，可供人们交流的结构化知识，如事实、自然原理和科学知识等。“隐性知识”是指很难用语言、文字表述，即“只可意会、不可言传”的知识。对“显性知识”的管理是“知识管理”的一个重要内容。但比较而言，隐性知识才是知识管理中更重要、更值得发掘并借以利用创造出更大价值的内容。

1995年，著名知识管理权威、日本学者野中郁次郎和竹内光隆在其名著《知识创造公司》中提出了著名的知识转换模型，认为“显性知识”与“隐性知识”之间的转换可以归纳为四种形式（见图5—2）：

（1）社会化/群化。从“隐性知识”到“隐性知识”——通过潜移默化的方式完成“隐性知识”的传递，如师傅带徒弟的方式。

（2）外化。从“隐性知识”到“显性知识”——“隐性知识”外化为“显性知识”。

（3）组合/融合。从“显性知识”到“显性知识”——“显性知识”的重新组合和加工，从而得到新的“显性知识”。

（4）内化。从“显性知识”到“隐性知识”——“显性知识”被人理解掌握，转变为“隐性知识”。

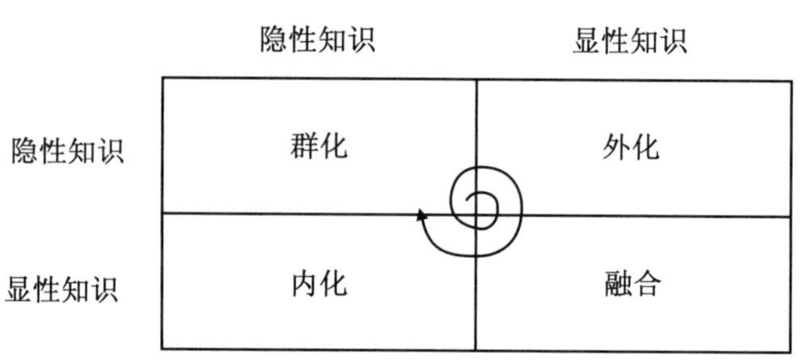

图5—2　显性知识和隐性知识的转换形式

第三，知识管理没有落脚到对业务的推进。有的组织建立了知识库和知识体系，但是前期的导入期过后，推行变得艰难，如何带来更有价值的知识创新成为知识管理中的难题。

国际知识管理协会的调查研究表明：成功的知识管理必须与企业的业务流程相结合。企业通过将知识与业务流程结合，让员工明晰地知道在工作的不同阶段应该使用何种信息；通过知识网络图，显示企业内信息和知识的关系，轻松地获取知识；建立相应的知识管理制度，使知识管理系统充分发挥价值。

知识库和知识体系的建设相当于在知识管理的硬件建设上完成了第一步，

但是，很多组织的知识管理止步于此，难以推进，对组织绩效的提升变得缓慢。

（三）知识的分享成为难题

不管是在没意识到知识管理重要性的组织，还是在已经推进知识管理的组织，知识的分享很容易成为难题。人们不愿意将经验、资料和技术共享，或者虽然口头上表态很好，但是实际上把持着重要信息或资料，分享出去的是掺水、打折扣的知识。

还有的问题在于，员工没有足够的时间用于知识共享，或者困惑于信息泛滥，有的则囿于信息不足，无法甄别有价值的可供分享的信息，尤其在知识含量和知识产量原本就不够的组织中，倡导知识分享更不可行。

二、知识管理风险分析

（一）缺乏对知识管理的认识

大多数组织的日常实践中蕴藏知识管理的种子，但是对知识管理还没有形成科学的认识。

（二）缺乏知识分享的制度或文化

知识管理的理想模式是打破传统中知识局限于部门或个体的管理模式，改善部门和个体之间的知识分享，将各个部门的知识实现全局性的分享和管理，通过对知识的分享和学习实现知识的价值提升。如果组织中缺乏鼓励分享的制度或文化，那么组织中的隐性知识就会秘而不发，显性知识也存在壁垒。部门利益、山头主义造成诸多的工作不便，人员流动带来的知识流失和组织失忆也成为一种常态。如果组织能够营造信任、公开、学习、分享的机制和氛围，组织将变得富有创造力和创新能力。

（三）推进知识管理的成效不高

有的组织在引入知识管理时把知识管理当成一项重要的任务，将其分解为不同时期的任务，并按序推进。一开始，从单位领导层到各相关部门、相关人员乃至全体成员，在导入项目时算得上“一鼓作气”，于是，知识库、知识体系建立起来，或者某个软件系统被引进，咨询或培训也按时展开。但是，随着知识管理项目的推进，组织对知识管理的关注度普遍下降，最后的实施效果不尽如人意。

说到底，推进知识管理的成效不高依然是由于对知识管理的认识深度不够、高度不够。知识管理是一种管理哲学，要形成一种管理文化，最好是通过扎实的、一点一滴的工作，扎根于岗位的日常工作，深植于业务的流程之中。没有融入具体业务流程的知识管理只能是无源之水、无本之木。

三、知识管理风险防控

（一）审时度势地推进知识管理

知识管理不能一哄而上，不是每一个组织都一定要纳入知识管理，也不是在组织发展的每个阶段都需要知识管理。当知识的积累、分享和创新对组织核心竞争力的获得、对组织战略的落地、对组织业务的推进有很重要的作用时，不进行制度化、体系化的知识管理建设，组织就会丧失很多竞争优势，知识管理将成为组织的最优选择。今天，很多组织实际上位于价值链生产和创造的低端，技术含量较低，以重复性劳动为主，这样的组织显然还没有到达知识管理的层面和境界。而那些已经体现为明显的分权化、网络化管理的组织，知识共享和交流很充分，整个组织适应环境的能力和创新能力也很强。

说到底，知识管理还是要服务于组织的战略，服从于业务的需要。如果组织的业务对知识管理的需求度并不高，那么，即使人为架设知识管理的框架，很可能还是被束之高阁，没有实际用处。知识管理一定要深深扎根于组织自有的肌体内部。

知识管理的推进要循序渐进。本着风险最小化和收益最大化原则，可以考虑先在核心部门，也就是那些知识存量和知识总量比较多，对组织的价值创造贡献最大的部门部署。当这些关键环节、核心部门、重要领域的知识管理成为组织生活的有机组成部分时，通过关键部门的辐射、扩散和渗透，其他环节、部门和领域也会自然将知识管理作为日常工作的有机组成部分。比如，以产品研发为主的组织，知识管理主要应用在研发部门；以销售导向、终端控制为主的销售型组织，知识管理的核心应用应当在市场营销部门；以客户服务为导向的服务业，知识管理有助于提高对客户知识的管理和客户服务经验的管理。

（二）知识管理要根植于业务需要

从策略上看，知识管理一定要深深地扎根于业务的需要，和组织的发展战略相结合。只有根植于业务需求的知识管理才是可持续的。比如，中国惠普在高建华离职后的知识管理不了了之，而惠普总部的知识管理却依然有旺盛的生命力，因为中国惠普的知识管理是凭热情和领导要求进行的，并未成为员工自觉的工作行为，一旦作为推动者的领导离开，知识管理活动必然难以为继。惠普总部的知识管理则从其诞生之日起就根植于业务的需要，制度不会因为某人的离开而终止。

此外，组织还要善于用专业的方式探究哪些方式更适合本组织。比如施乐公司很早就认识到，在知识管理项目中，企业文化的作用比信息技术更重要，因此他们邀请工业心理学家分析业务流程，并研究哪些措施可以激励技师们共享知识。事实证明，最有效的激励措施是以技师的名字来命名他们所提供的技术窍门，于是项目组就在知识数据库内加入技师以及审查委员的名字，这使得施乐的知识管理系统卓有成效。

（三）以制度建设推进知识分享

有一个被普遍认可的知识管理“三阶段”说。一是基础阶段，主要是开展文档管理工作，即把信息进行分类存储。二是中级阶段，结合业务运营的历史经验积累，形成一些流程和规范，成文后仍然以文档的形式进行管理，管理对象侧重在流程。三是高级阶段，管理体系比较完善，知识管理的关键在于针对技能等隐性知识的管理，通过一些挖掘工具、管理制度，实现隐性知识的持续积累、显性化和共享；针对信念，这类知识则更侧重组织文化和做事方式的管理，可以以行为规范、职业准则的方式来体现。

在知识管理的推进过程中，通过流程规范到完善的体系，知识管理才会成为组织的文化基因。人们并不是按照你告诉他们的去做，而是根据你用什么标准来衡量他们去做。在鼓励知识分享方面，制度建设的作用和效果更显著。当组织通过制度建设明确规定知识分享、知识创造的机制时，奖惩分明的制度会给员工带来明确的心理预期，加速知识分享的进程。组织要设定符合本组织情况的、适合员工预期的激励方式，包括但不限于职位、薪酬待遇、发展平台、荣誉称号等有形、无形的认可。制度化的激励能帮助员工克服人性的弱点，营造知识分享的氛围，引导知识分享成为弥漫组织的文化。

（四）有效避免“组织失忆”

“组织失忆”主要针对由于人才流动带来的组织知识的损失，尤其是隐性知识的损失。知识管理，在人才流动时显得更加重要。这里的人才既包括容易被外面组织挖走的人才，也包括那些面临退休压力的大批员工。一方面，伴随着人才流动，可能会同时发生关键技术的泄密、客户资源的流失、隐性管理知识的流失、市场份额的转移等，这些都可能长久地困扰组织；另一方面，在一个老龄化越来越严重、迅猛的时代，富有工作经验的员工的退休将带来不可低估的知识流失和组织失忆。失去人才时，别再失去关键技术和客户资源，这都是组织进行有效知识管理的应有之义。

对于各种可能的“组织失忆”，组织应该未雨绸缪，包括但不限于以下举措：堵塞商业秘密保护中的管理漏洞；让知识管理和共享成为组织常态；把研发人员的想法及时记录下来；组织内部建立技术和技巧的传授制度；重视知识的共享和创新，并形成一种文化；让客户成为组织的客户，而不是某个员工的客户；加快将要退休员工的知识挖掘和保留等。

另外，与离职员工建立一种良好的沟通渠道也成为知识管理的重要内容。不管员工是自动离职、被挖走，或者退休，通过制度化的设计随时和他们建立联系，会对组织的新人带来极大的工作便利。

第十二节　E-Learning 建设风险与防控

E-Learning，即 Electronic Learning，可译为“数字（化）学习”“电子（化）学习”或“网络（化）学习”，是指通过互联网进行的教育及相关服务。E-Learning 提供给学习者一种全新的学习方式，体现了学习的随时随地性，使终身学习成为可能。在培训开发领域，E-Learning 成为对传统课堂教学的强有力补充。传统培训囿于时空限制，解决的是组织培训“点”与“线”的问题，而 E-learning 则实现了随时、随地培训，从而解决了组织培训“面”的问题。

在世界范围内，E-Learning 已经得到越来越广泛的适用。而随着互联网技术的深入发展，E-Learning 在新时期又有了新的发展，这表现在 MOOC（massive open online courses，慕课）以及 M-Learning（Mobile Learning，移动学习）和 B-Learning（Blended Learning，混合学习）等新型教育培训模式的出现。

一、E-Learning 建设风险点

（一）自主研发困难重重

有的组织开始筹备搭建 E-Learning 学习平台，开始自主研发自有学习内容，但是开发速度比较慢，开发的课程更存在技术方面的制约或内容方面的缺憾。在进行组织动员，调动各利益相关者参与积极性方面也存在问题，各种综合性因素造成自主研发困难重重。

（二）E-Learning 的适用性差

有的组织选择购买或租赁等方式从人力资源服务市场上获得了 E-Learning 学习内容，并将相关内容推送给特定的部门或个体，但这些学习内容通常存在适用性差、针对性弱的问题。产品包装好看，有视频、动画等丰富多彩的技术元素，但是，学习产品形式的新颖和丰富远远超过了学习内容的实用性和针对性。

（三）E-Learning 的可持续性堪忧

有的组织已经搭建好 E-Learning 的学习平台，但是学习平台缺乏可持续性。这里的平台可能是自主研发的，也可能是通过外购而搭建，目的都是融入组织的日常生活、树立员工的学习习惯，从而改变员工在岗工作行为。但是，学习平台缺乏制度性的研发和维护。比如，缺乏有效的、持久的宣传，没有足够丰富并及时更新的学习内容，缺乏互动性或针对性差，对学员学习效果的测评缺乏沟通反馈机制，缺乏促进员工进行电子学习的有效激励机制。这些都可能影响学员们的学习热情和学习的可持续性。

二、E-Learning 建设风险分析

（一）对 E-Learning 的适用性存在误识

比如，对 E-Learning 的适用范围并没有深刻的认识，没有对 E-Learning 的适用性进行完整的评估，属于追随培训市场风尚的"跟风"建设。实际上，E-Learning 适用于特定领域的培训开发，这包括分散性培训。比如，由于时空分散或需求分散导致无法通过传统方式开展培训；为了解决培训的统一性和标准化，让员工获得无差异的培训；快速培训，使大量人员短期内接受相同内容的培训，等等。相对而言，E-Learning 更适合较低层级的员工，对知识类或者技能类的培训，领导力开发、管理能力提升方面的培训则效果欠佳。如果对培训对象、培训需求和培训方式研究不透、把握不准，盲目跟风培训，则未必能取得理想的培训效果。

（二）技术缺乏

有的组织开始自主研发 E-Learning 平台，但是，现有的人才储备（有些还是经过培训后）在技术方面无法完成高质量的平台开发任务，或者搭建的过程步履维艰；或者 E-Learning 平台搭建后，组织缺乏运营和管理方面的人才，这

很容易造成 E-Learning 平台和内容建设缺乏可持续性。

虽然人力资源服务市场上存在大量的 E-Learning 平台和内容提供商，但是，如果人力资源管理者在挑选外部 E-Learning 服务商时，对市场没有进行很好的调查，对 E-Learning 与组织战略和业务需求的结合点没考虑清楚，也没有很好地思考平台引入组织后与既有信息管理系统的对接问题，那么，这种引入的学习资源很可能成为组织内的信息孤岛。

（三）管理制度不匹配

和技术平台相比，学习管理或制度建设在一定意义上决定了 E-Learning 能否可持续。在这方面又存在两极分化的倾向。

一方面，有些组织的 E-Learning 建设更多是从培训管理者出发，强调培训管理功能，而不是从学员用户需求出发，深入挖掘 E-Learning 中学员的群体特点和用户需求，这直接造成平台内容建设的体验性差、互动性弱，员工自主学习的兴趣下降，学习的效果比较差。实际上，E-Leaning 的根本是学习而不是培训管理。如何让学员获得最佳学习体验，如何激发学员学习的热点、痛点和尖叫点，才是 E-Learning 软件和平台设计者要着力加强的。现代社会中，学员的学习体验变得越来越重要。如果组织在平台搭建、内容推送缺乏对这方面的关注，都会引发学员体验性差、学习效率低下、学习兴趣无法持久等问题。

另一方面，有的组织比较重视平台内容的建设，也注重在技术方面下力气钻研，重视员工的学习体验和互动性内容，这使得 E-Learning 的学习平台有很高的点击率，学员们的学习体验很好、满意度比较高，但是，在对学习成果的评估方面建设薄弱。通过电子学习，学员们是否真正在自己的岗位上发生了知识、技能和态度方面的改变？如果只是为了提高员工的愉悦指数，而没有落脚在组织战略和业务发展上，E-Learning 的平台建设还是偏离了建设的主题。

总之，如果不能贴近员工的需求和体验，E-Learning 就很容易失去学员的支持；如果不能很好地结合组织的战略和业务的发展，E-Learning 的建设就失去了其存在的合法性基础。

三、E-Learning 建设风险防控

（一）把握 E-Learning 的适用范围

按照美国培训和发展协会（ASTD）的定义，E-Learning 是指由网络电子技术支撑或主导实施的教学内容或学习体验。E-Learning 主要通过技术（Technology）、内容（Content）、服务（Service）三方面来实现。技术主要是指软件技术

平台，内容主要是指培训课件与知识，服务主要是指支撑 E-Learning 有效运行的对培训体系、课程体系、技能体系的整体规划及实施咨询服务。这三者要有机结合才能支撑 E-Learning 的可持续发展。

E-Learning 的学习方式有其适用范围。E-Learning 的建设不能赶时髦。实际上，对不同规模、不同性质的组织而言，E-Learning 的回报率是不同的。美国培训业的一项调查显示，从规模来看，雇员数超过 10 000 的机构所用的培训方式，有 36%是通过“在线自学”或“虚拟课堂”，而规模更小的机构不到 30%。小公司应用 E-Learning 的障碍就在于技术储备和网络带宽。它们与大公司之间的“数字沟”尚需时间和资金来填平。而网络与多媒体技术的成熟，也将使 E-Learning 更易亲近。从行业来看，科技或金融服务业应用 E-Learning 的比例高达 40%，而更加传统的制造业、零售业及教育部门最为落后，制造业只有 12%。这些行业或许正是 E-Learning 的潜力所在①。35%的强制或合规培训主要或完全应用了在线方式，诸如入职培训、报关培训、质量标准培训，这种培训只需以单一的语言方式传递各类“明文规定”。因此，E-Learning 与其要求相符，且便于开展、评测并做出反馈报告。相反，富含身体语言、微妙情绪的人际交往（软技能）、管理深造、顾客服务及营销类培训，则最少应用 E-Learning，即使用于这些领域，E-Learning 也只是对面对面培训的预习或资料补充。

在我国，不同规模企业的 E-Learning 应用情况也有所不同。大型企业是全局性应用，定位在支持人才发展，显示为多级组织架构，支持培训管理和在线学习，购买自己的管理平台。中小企业中，项目级应用多，支持业务发展（销售或产品培训多），多为扁平架构，以在线学习为主，租用平台较多。

如果按企业的性质分类，那么，我国的国企 E-Learning 应用实施较早，应用比例高。特大型央企中的 E-Learning 应用价值大，效果明显，投入大，比较系统，一般有专门团队运营维护，但是 E-Learning 应用模式较为单一。多数外资企业使用国外总部的 E-Learning 系统，E-Learning 应用模式多样，强调自主学习，E-Learning 应用最为成熟，投入相对比较高，平台多使用总部的，主要是开发内容，部分由专人管理，部分由培训人员兼管。民营企业是近年来 E-Learning 应用的重点领域，它们注重实效，强调 E-Learning 应用与业务的结合，投入比较少，注重实际效果，部分由专人管理，部分由培训人员兼管。按行业来划分，我国 E-Learning 学习覆盖率较高的行业分别是金融、通信及通信制造、大物流、能源、媒体互联网、IT 及高科技制造、直销和连锁经营、医药等。

---

① E-Learning：2006 年美国培训业关键词 [EB/OL]. http://www.ceconline.com/hr/mn/8800046778/01/? cec_ more_ content.

（二）E-Learning 建设要与组织战略融合

E-Learning 建设要与组织战略融合：第一，上接组织战略，下联组织绩效。第二，与组织的人才管理、人才开发衔接，对哪些人的哪些培训适用 E-Learning，组织要进行科学的调研和分析。第三，从外购、外租课程逐步加强组织在专业领域内自有课程的开发。

第一，总体定位：上接战略，下联绩效。这要求 E-Learning 的系统建设不能跟风，不是为了搞政绩，而是紧紧把握产出这条主线，将 E-Learning 系统建设做实。这涉及 E-Learning 有没有必要引进的问题。如果组织的规模、组织的发展阶段没有对 E-Learning 有特别强的依赖，引入 E-Learning 的投入产出比并没有比其他人才管理和开发模式更好，就要审慎行事。

第二，要认真研究 E-Learning 建设的导入期、应用期等不同时期的建设重点和内容。不是所有类型的培训都适用 E-Learning，也不是所有类型员工的培训都适用 E-Learning，还是要认真研究 E-Learning 的优势和劣势，并有机结合其他形式的培训，如面授、案例分析、角色扮演、行动学习法等。还可引入导师制、教练技术、传帮带培养，采用拓展训练、混合式培训、MOOC 等多种线上、线下培训开发方式，形成组织立体的培训开发体系。

第三，关于培训内容，组织自主研发的 E-Learning 学习内容更贴近组织需求，因此，要逐步加强组织自有课程的开发，从而使组织内部的各种显性知识和隐性知识实现有效积累，并通过 E-Learning 的学习平台，完成有效的知识共享和学习。

（三）多渠道提升学习效果

通过制度和机制等配套建设，广泛普及 E-Learning 的学习理念和学习技巧，获得组织成员的广泛支持，并通过考核、反馈以及与其他管理系统的衔接、贯通和关联加强 E-Learning 的学习实效。

第一，组织要设计一系列科学合理的管理制度来提升学员的学习积极性，保证学习能落到实处。从大的方面讲，学习需要和职业发展和晋升挂钩；从小的方面讲，学习需要和绩效评估形成伙伴关系。组织内的宣传动员工作也非常必要，领导层的支持、管理层的强有力执行，以及员工们持续的关注和兴趣，会形成不断推进 E-Learning 的良好组织氛围。

第二，要深入研究成人学习特点，并使用多种方式提升员工的参与度。比如，深挖学员痛点，确保学习内容覆盖受训员工关注的关键问题和解决方法；有机整合各派学习理论，灵活使用各种学习策略，确保不同类型学习内容（知识、技能、态度）符合学员的认知方式和规律，同时，提供足够的联系、测试和可促成行为改变的转化行动，如演练、行动学习等，促进从学习到行动的转化；建立协作学习模式，成立学习小组，引导学员分享交流，确保学员有充分的机会提出疑惑并获得及时的解答或反馈。

可以用正激励或负激励的方式督促员工完成 E-Learning 的学习任务，比如，可以将完成学习情况、测试通过情况等培训绩效与晋升制度挂钩。

第三，要构建反应灵敏的 E-Learning 管理系统。管理系统能够有效完成对学员整个学习过程的监控，并通过对不同学习内容、不同学习群体、不同学习效果进行科学分析并及时反馈、沟通，用以改善未来的平台内容建设。最好能形成针对每个学员的个性化的学习分析报告，以提升员工的学习效果和学习兴趣。

第四，加强 E-Learning 平台的内容建设。可以考虑与别的培训方式混搭，充分利用 E-Learning 学习方式的长项，尽力克服短板。一改 E-Learning 内容冗长、陈旧的弱点，进行及时更新，尽力丰富。界面要简约，重视员工的学习体验，内容建设要能捕捉互联网时代学习的痛点、尖叫点、引爆点。最好能完成从 E-Learning 向 B-learning 和 M-Learning 的顺利演变。

第五，通过加强平台建设来提升学习效果。在 E-Learning 平台的硬件建设方面下功夫。引进或设计最适合组织当前发展阶段，同时对组织未来的发展可进行衔接、升级的 E-Learning 系统，不一定要投资建成最先进的平台系统，而是结合组织既有的网络等基础条件，选择最适合本组织的硬件。通过具体的技术界面的改进，提升 E-Learning 学习平台对员工的吸引力、归属感和认同感。要特别注意结合本行业、本组织成员的结构性、群体性特点，提升学习者的学习体验，增强学习的互动性。

第六章
绩效管理风险分析与防控

人力资源管理最直接的目标就是提高工作绩效。如何有效地调动组织成员的积极性和创造潜力，持续地提高他们的绩效水平以达成组织的战略目标，是组织非常关心的问题。绩效管理能否客观准确地衡量员工的绩效水平，这在很大程度上决定了人力资源管理其他职能是否能够充分发挥应有的作用，因此，设计一套符合组织实际的、科学的、动态的绩效管理系统是人力资源管理中的一项核心工作。①

第一节　绩效管理与战略脱节风险防控

绩效管理体系应该与组织战略管理保持协同。绩效管理必须从战略出发，通过提高个人绩效来提高组织的整体绩效。如果绩效管理是围绕组织年度预算和运营计划进行的，鼓励的多是短期的、局部的行为，这样较容易忽视长远发展和核心竞争力建设，往往是导致绩效管理失败的主要原因。

一、绩效管理与战略脱节风险点

不少组织绩效管理系统与战略相分离，没有把战略目标转化成各层级员工行动的动力，绩效目标与计划不能有效地支撑战略，甚至出现员工绩效目标与战略目标相背离的情况。如果组织的绩效目标是来自于职责，而不是来自于战略，则只是一种面向事务的绩效管理系统，不能有效支撑战略发展，即便体系中的某些指标能指导局部战略的提高和改进，但却无法在整体上有战略性的改进。良好的绩效管理体系应该是战略性绩效管理体系，将组织战略转化成各层级的绩效目标与行动计划。

---

① 方振邦，孙一平. 绩效管理［M］. 北京：科学出版社，2010.

二、绩效管理与战略脱节风险分析

（一）绩效管理被认为是人力资源管理部门的工作，其他部门各级管理者没有在绩效管理中承担相应的责任，人力资源管理部门忽视从各部门寻找绩效管理的方法措施

提到绩效管理时，多数管理者认为是人力资源管理部门的事情，与自己没有多大关系。人力资源管理部门推行绩效管理时经常会遇到较多的阻力和障碍，业务部门往往认为绩效管理工作是多余的，不会产生价值，浪费时间、精力，给下属打考核分时走走形式，并不认真对待。实际上，绩效管理应更多依赖于直接主管，管理者的核心工作是对自己的绩效和下属的绩效进行有效管理，以确保实现组织绩效，因此，绩效管理是每个业务部门最重要的工作。另外，由于思维惯性的问题，我们经常陷于自己以往的经验之中，以前的方法措施因各种困难和障碍未达到预期，也很难想到更好的方法。这个时候，如果人力资源管理部门能组织业务部门进行深入分析、集思广益，或许有新的突破。人力资源管理部门也往往没有做到这一点，而是习惯于每个考核周期发考核通知、考核表，催收、打分、算工资，对业务部门更好达成目标并没有实质帮助。通常所说的人力资源管理部门要了解业务、支持业务，做业务部门的战略伙伴，意义也在于此。

（二）组织、部门、个人之间的绩效缺少联动

在许多组织中，每个员工绩效考核结果都比较好，但部门业绩、组织业务不好。绩效管理最终的目的是取得较好的组织绩效，如果组织绩效、部门绩效不好而个人绩效较好，组织绩效、部门绩效和个人绩效没有实现有效联动，这样的个人绩效没有任何意义，也不是真正意义上的好的个人绩效。

（三）注重短期绩效，忽视长期绩效

不少企业在绩效考核中非常注重短期指标的考核，忽视长期发展性指标。“以业绩论英雄”，关注利润、市场份额等财务性指标，而忽视市场培育、产品研发、员工教育培训、管理体系建设与改善，这样做的结果会给企业的可持续发展带来问题。理想的绩效管理不仅应关注短期绩效，同时也要关注企业的长期发展。

（四）绩效目标缺少绩效计划支持

有些组织虽有绩效目标，但缺少有效的绩效计划来支持绩效目标的实现，

这对绩效管理来说还是不够的。实现一个目标的方法和途径有很多，组织给管理部门一系列目标后，管理部门应积极思考和探索，寻找出实现绩效目标的最佳绩效计划和资源支持计划，并将日常工作同绩效计划结合起来，否则没有具体的绩效计划来支撑，很容易形成工作与目标脱节的现象。

（五）绩效管理仅仅是奖金分配的手段

不少管理者认为绩效管理仅仅是奖金分配的手段，因此，在进行绩效管理时，把员工奖金分配放在了非常突出的位置。当然，把员工绩效与员工奖金有效结合在一起是非常重要的，但绩效管理还有非常多的工作要做。比如，通过帮助下属把绩效目标分解和制订绩效计划，指引下属去实现更好的绩效；通过对员工绩效实施辅导，发现问题，及时纠正偏差；通过绩效结果的反馈，向员工提出需改进的问题，以便员工进一步改善提高。这些工作都非常重要。

（六）把绩效管理看成灵丹妙药，忽视其他系统的建设

有些管理者非常重视绩效管理，但忽视其他系统的建设，他们把绩效管理看成灵丹妙药，仿佛能解决所有的管理问题。绩效管理是一个非常重要的管理系统，但也需要许多其他管理系统的协同，如需要清晰的战略体系、明确的组织职责体系、良好的激励机制、健康的组织文化体系等，否则，绩效管理体系的作用会大打折扣。

上级领导要求推行绩效管理来提升员工的积极性，人力资源管理部门就不假思索地定制度、找方法、急推行，而忽视了组织的管理状况是否成熟与系统、是否具备绩效管理的基础，从而造成绩效管理难以推行，问题多、阻力大，最后得不偿失，只能以失败告终。管理的成熟度和系统化涉及很多方面，比如，组织的战略目标是否清晰，经营的预算管理体系是否建立，各个部门的工作计划管理程度如何，能否用报表数据定期进行绩效分析，组织架构与部门岗位职责是否明确，内部业务流程是否清晰，沟通机制是否顺畅等。如果都是否定答案，那么绩效管理者要三思而后行。

三、绩效管理与战略脱节风险防控

（一）正确认识绩效管理的层次

绩效管理的概念有广义和狭义之分。广义的绩效管理就是管理学上定义的“管理”，即协调工作活动，以便能有效率和有效果地同别人一起或者通过别人实现组织目标的过程。管理的职能包括计划、组织、领导和控制，都是围绕提

高员工工作绩效进而改进组织绩效展开的。与绩效的层次性相对应，绩效管理也是一个贯穿组织各个层次的管理系统。

1. 组织层次的绩效管理

只有对组织进行系统的整合与管理，才能获得协同效用。如果管理者只对某一层次的绩效进行管理，所能获得的至多是绩效的较小改进，甚至对其他层次的投入也可能达不到预期效果。管理者只有在组织层次上理解并推动组织目标、组织设计和组织管理，才可以得到绩效的整体提高。

组织层次的绩效变量包括组织目标、组织设计和组织绩效管理。在组织层次，战略阐述了组织怎样向不同的市场提供产品和服务的问题。建立明确清晰的组织目标仅仅是迈出第一步，管理人员和分析家需要设计相应结构的组织以确保目标的实现。用于组织设计的初始方法可以是检查并改进投入—产出关系。组织目标和组织设计确定后，就需要对组织绩效进行管理。①

2. 流程层次的绩效管理

了解组织的有效方法之一是将其看作一个完成业务流程的系统（水平的组织）而不是将其看作各项职能的层级排列（垂直的组织）。虽然组织层次的绩效管理设定了组织发展的方向，指出了机遇和威胁所在，但经验表明，绝大部分变化通常都发生在流程层次。明确的战略、逻辑分明的组织设计（组织层次）以及高技能的员工（员工层次）都不能弥补组织业务和管理流程层次的缺陷。

同组织层次相似，流程层次的绩效变量包括流程目标、流程设计和流程绩效管理。每一个主要流程和辅助性流程都是为一个或多个组织目标服务的。因此，每一个流程都应该通过反映流程对组织目标贡献度的流程目标得到衡量。就实践经验而言，大多数流程都没有目标，但绩效评价过程中将其与目标联系起来时，流程是最有效的。流程目标有三个来源，分别是组织目标、客户需求和标杆信息。一旦建立了关键流程的目标体系，管理人员就应该按照有效实现目标的要求进行流程设计。为了确定每个流程和子流程结构的合理性，可以建立组织层次的流程图来描述当前的工作运行状况，包括职能部门间的投入—产出关系、流程图的记录以及特定流程内职能部门将投入转化为产出的步骤。即使是最合理的以目标为导向的流程也还是不能进行自我管理，要想对流程进行持续长久的管理（而不只是等出现问题后再去弥补），管理人员就必须建立起管理的基础，也就是流程管理。

---

① ［美］吉尔里·A. 拉姆勒，艾伦·P. 布拉奇. 绩效改进——消除管理组织途中的空白地带（第2版）［M］. 北京：机械工业出版社，2005：30-39.

3. 员工层次的绩效管理

在对前两个层次的绩效进行分析后，组织现在已经拥有明确的组织目标和流程目标、合理的组织结构和流程框架，组织子目标和流程子目标也都得到有效管理。这时组织就打下了坚实的绩效基础。接下来要做的是在此基础上建立员工的绩效。

在组织和流程层次涉及的目标、设计与管理都是影响员工绩效系统构建的因素。员工个人绩效系统建立在上述层次的基础上，更加细致地描绘了员工及其周围瞬时环境的图景。我们对员工层次绩效的观点反映了投入—流程—产出—反馈的视角，员工层次的绩效是对组织和流程层次绩效的巩固和加强。产出的质量受到投入质量、执行人员、激励以及反馈等因素的综合影响，只有充分关注其中的每一个组成部分，才能实现全面的改进。

员工层次并不会自动适应组织和流程层次的变化，因此，要确保人员实现对组织和流程目标贡献最大化的唯一方法，就是要强调员工层次的三个绩效变量——工作目标、工作设计和工作管理。由于员工的职责是推动流程的正常运行，所以我们需要确保个人工作目标要反映出其对流程的贡献。将工作目标传达给执行人员，告知他们要做什么以及做到什么程度。建立对工作目标的充分了解和承诺，最好的方法就是让员工参与到为其确立目标的过程中。建立了工作目标后，需要进行工作设计，对每项工作进行结构化处理，从而确保其工作职责能够促进目标的实现。而工作管理的目的是将有实力的员工置于适当的环境，以支持他们实现工作目标。

从人力资源管理的角度出发，对员工绩效的评价、管理备受关注，也是通常狭义上的绩效管理。对于狭义的绩效管理，特别要将其置于战略性人力资源管理体系中考查把握，才能与组织的战略相承接，有效地为组织战略目标的实现服务。也就是说，作为人力资源管理的模块之一，它是通过管理者与员工之间达成关于目标、标准和所需能力的协议，在双方相互理解的基础上使组织、群体和个人取得较好工作结果的一种管理过程，即绩效管理的运用是作为一个整合过程出现的——它使人力资源的管理行为和组织目标的实现相互配合。简言之，它是组织用来确保员工的工作活动和工作产出与组织的目标保持一致的手段及过程。

（二）正确认识绩效管理的特征

绩效管理不是简单的工作管理。工作管理的目的只是围绕着实现当期的某个任务目标，而绩效管理则是根据整个组织的战略目标，为了实现一系列中长期的组织目标而对员工的绩效进行的管理。

首先，绩效管理是防止员工绩效不佳和提高工作绩效的有力工具。这是绩效管理最核心的目的。绩效管理的各个环节都是围绕着这个目的来进行的。因此，绩效管理不仅仅要针对工作中存在问题的员工，更重要的是要着眼于提高现有的绩效水平，从而促使组织的目标得以顺利实现。

其次，绩效管理还特别强调沟通辅导及员工能力的提高。绩效管理强调通过沟通辅导的过程以实现人力资源开发目的。绩效管理不是迫使员工工作的棍棒，也不是权力的炫耀，事实上，各种方式的沟通辅导贯穿于整个绩效管理系统之中，因此，绩效管理非常强调各级管理者的人力资源管理责任。为了实现有效的绩效管理，人力资源管理部门必须使它们的绩效管理系统得到从各级管理者到普通员工的所有人的认同与支持。

最后，绩效管理是一个过程，是一个包括若干个环节的循环的系统。该系统只有在不断的运行中才能实现其目的。绩效管理不仅强调绩效的结果，而且重视达成绩效目标的过程。绩效管理不是一年一次的填表，它不仅仅是最后的评价，而是强调通过控制整个绩效周期中的员工的绩效情况来达到绩效管理的目的。

（三）将绩效管理与战略规划有效结合

1. 战略规划

战略规划的内容包括：描述一个组织的终极目标；评估一个组织在实现其终极目标的过程中可能遇到的各种障碍；选择有效的方法来帮助组织扫除障碍，实现目标。战略规划的主要目标是找到一种能够为组织带来竞争优势的资源分配方式。总的来说，战略规划是一幅蓝图，它阐明了一个组织在追求其目标实现的过程中将会如何来分配自己的资源。战略规划有以下 7 个方面的目的[①]：

（1）帮助界定组织身份；

（2）帮助组织为未来做好准备；

（3）提升组织适应环境的能力；

（4）促使组织更加聚焦，同时更好地配置资源；

（5）培养合作型组织文化；

（6）使组织看到一些新的选择机会；

（7）提供能够指导员工日常工作活动的信息。

2. 绩效管理与战略规划

卓越的绩效管理系统应该与战略密切相联系，其最大的特点就是能将每个

① 赫尔曼·阿吉斯. 绩效管理［M］. 北京：中国人民大学出版社，2008：52.

个体的绩效与组织整体的战略目标结合起来①。一个组织能否做出重大战略选择是重要的，而能否以有力的手段保证战略得到正确的实施也同样重要。如果我们能够借助绩效管理将组织战略体系落实到每个人，就能够通过发挥组织中人的作用来实现目标。战略性绩效管理给每一位员工都赋予了战略任务，通过制定每一个员工的绩效目标，使组织战略、岗位、员工合为一体。因此，绩效管理就是推动组织战略目标实现的一种辅助手段，通过有效的目标分解和逐步逐层的落实帮助组织实现预定的战略。

图6—1提供了一个分析框架，以帮助大家正确理解一个组织的战略规划、组织中二级单位的战略规划、职位描述、员工个人以及团队绩效之间的关系。组织的战略规划包括使命陈述、愿景陈述，以及为了实现这些使命和愿景而需要达成的各种目标以及所要采取的战略。战略的制定是需要各级管理人员广泛参与的，他们参与的水平越高，对最终目标的承诺越高。一旦组织层次的战略确定下来，则组织的高层管理者就要随时与下属各部门或各业务单元的负责人一起就组织的战略进行沟通。各部门或业务单元的负责人要号召本单位中的所有成员积极投入到本部门或单位的使命、愿景、目标及战略的制定过程中。在这一过程中，有一个非常关键的问题必须注意，这就是必须确保每一个部门或业务单元的使命、愿景、目标及战略都与组织的使命、愿景、目标及战略保持一致。然后，还需要对职位描述进行重新审定，以确保它们与部门以及组织的重点任务保持一致。最后，还要构建组织的绩效管理体系，这个绩效管理体系要包括结果、行为和开发计划三个组成部分，并且这些内容要与组织和部门的重点任务以及个人的职位描述保持一致。

在实施绩效管理体系之前，对组织的使命和战略目标一定要有清楚的了解，因为一个组织的使命和战略目标是其战略规划过程所产生的结果。战略规划使一个组织能够清晰地界定其存在的目的或原因，组织未来的形态，想要实现哪些目标，以及准备采取哪些战略来实现这些目标。一旦整个组织的目标确定下来，就要在此基础上对目标进行层层分解，使各部门的目标能够支持组织总体使命和目标的实现。这种目标层层分解的过程会一直持续下去，直到每一位员工都有一套与自己组织的使命和愿景相适应的目标。

总的来说，最为重要的一点是，组织的绩效管理体系必须建立在它们的战略规划基础之上。所有员工的行为、结果以及开发计划，都必须与组织和部门的愿景、使命、目标和战略联系起来。只有当这种一致性建立起来的时候，组织才能期望从实施绩效管理体系中获得更大的回报。

---

① 武欣. 绩效管理实务手册［M］. 北京：机械工业出版社，2005：30.

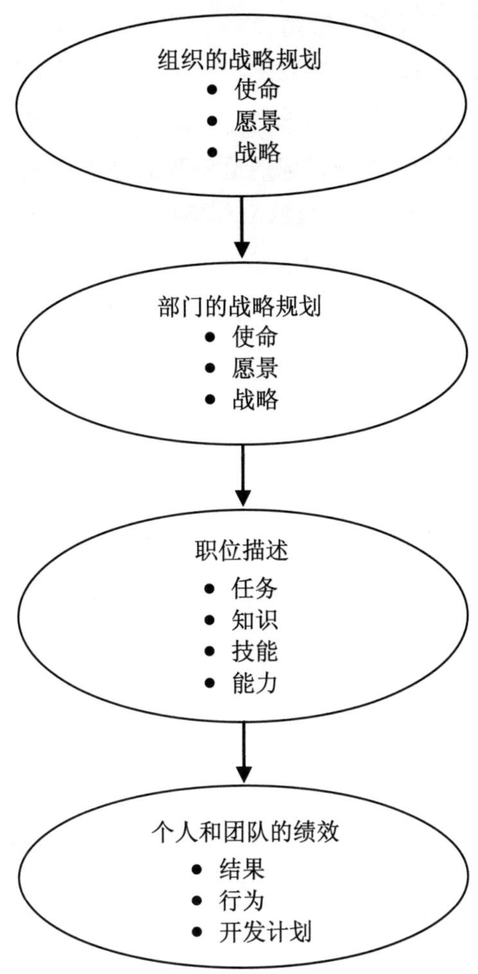

图 6—1 组织和部门的战略规划、职位描述与员工个人和团队绩效联系起来①

第二节 绩效指标设置风险与防控

一、绩效指标设置风险点

绩效评价制度的行为引导作用很大程度上体现在评价指标的选择和设计中。制定绩效评价制度的核心工作就是根据组织的实际情况设计科学的绩效评价指标体系，但很多组织对如何进行指标设计却存在一些不恰当的理解，结果造成

① 赫尔曼·阿吉斯. 绩效管理［M］. 北京：中国人民大学出版社，2008：54.

了考核的偏差和失误，甚至流于形式。

（一）指标设置脱离战略

指标并不是来源于组织战略目标的分解，而是来自于工作任务。不少组织往往会制定这样的一些指标，如“做好仓库保管”“做好宣传工作”等。这些指标属于工作任务，而非战略目标的逐层分解。制定这样的指标会出现的结果就是每个人都在做个人的工作，即使工作任务完成得很好，部门的目标不一定会完成，组织的目标也不一定会达成。

（二）所有指标皆量化

许多组织在进行绩效指标设计时，言必称“量化”，以为只有每项工作都有明确的量化标准才便于考核。事实上，将指标完全量化是不现实的，量化指标并不是绩效考核的最终目的，“量化”和“可衡量”只是确保考核实施的方法而已。

（三）绩效指标设计过于详尽

许多组织设计的指标众多，德能勤绩、工作态度与习惯、劳动纪律甚至“五讲四美三热爱”样样俱全，而且每个指标都占一定的权重。这样的指标体系看似详尽全面，能反映一个人的真实表现，实际上却是眉毛胡子一把抓。指标数量太多，不仅会使员工失去工作重点，而且容易滋生“无所谓”的不良心态。

（四）多个部门或者多人共用一个指标

不少组织在对绩效指标进行设定的时候会出现多个部门或多人共用一个指标的现象。比如，财务部考核成本控制率，生产部门也考核成本控制率。这样做的结果就是多个部门都对这个指标负责，往往会导致出了问题大家相互推脱责任的局面。

（五）绩效指标的数据收集成本很高

有些组织在制定绩效指标时没有考虑指标数据收集的难易程度，最后导致浪费大量的人力、物力和财力。比如，考核行政部门的指标：外部满意度。这个考核指标数据的收集成本就很高，因为与行政部门打交道的外部机构各式各样，甚至涉及一些政府部门，如工商局、公安局、车管所等，而想从这些政府部门获取数据是很不现实的。

二、绩效指标设置风险分析

（一）工具当成目的

引入绩效管理的目的是为了让员工更好地理解、实施组织的关键价值活动，但是在管理实务中，组织容易把引进绩效指标这种行为本身当成目的，而在配套的行动计划上却毫无变化。设计绩效指标是为了推动工作的有效开展，因此，根据组织战略目标要求和业务、管理的实际水平，灵活选择、使用指标以有效衡量关键价值活动才是目的。但是，组织常常会把“提高指标的完成率”当成目的，而忽略设置该绩效指标的最初目的，在管理活动或者业务活动有所变化的情况下，不去考虑当前的绩效指标设置是否是衡量组织关键价值活动的最贴切的指标，而是保持指标基本不变，为了设置指标而设置指标，失去了指标设置本身的意义。要避免这种情况，管理者需要经常考虑以下问题：组织的关键价值活动是什么；应该设置什么样的绩效目标来衡量这些价值活动；当前的指标选择是否合适；是否有更合适的绩效指标；如何落实绩效指标的设计。

（二）过于强调量化与客观

从便于考核的角度出发，很多组织倾向于选择完全量化的指标。量化指标简洁明了、说服力强，但凡事过犹不及，须知设立绩效指标的目的是为了推进关键价值活动的开展，量化并非其最终目标。对于一项业务活动，既可以从活动结果的角度进行衡量，也可以从活动过程的角度进行衡量，具体选择哪种衡量方式，依赖于活动的特性。如果某项工作活动开展的独立性较强且结果容易量化，则量化指标是一种很好的选择，例如销售人员的“销售额”指标。如果是明确的产品销售业务，且销售活动本身的独立性较强，同时销售结果很容易量化，那么采用量化指标自然是最好不过了。不过有些工作活动的成效并不容易量化，如果只是为了便于考核而选择了一个不太贴切的量化指标，则可能得不偿失。例如，对提升品牌价值的品牌建设活动的衡量，如果只是选择“品牌知名度”这类貌似量化的结果性指标，则可能因为调查样本或调查执行方式的选择而很难有一个合理的效果评估。对于这种活动，比较合理的做法是跟踪评估相关工作活动的具体计划情况和执行情况，确保过程的有效性，进而确保活动结果的有效性。

（三）指标没有进行动态调整

指标设计完成后一定要经过检查，这样才能避免执行过程中的推诿、走样、冲突甚至不了了之的情况。有些组织的绩效指标几年下来都没有变化，考核成了走形式。指标必须根据形势的变化及时调整，市场的需求是什么，客户的要求是什么，必须在绩效指标中得到及时体现。组织重点是什么，就应该考核什么；组织关注点是什么，就必须考核什么。当现实发生改变时，不仅指标要及时调整，评估标准、权重也可以随时调整，这样才能及时反映经营管理重心。如果组织这段时间的新产品销售额上不去，就可以把新产品销售列入考核指标；如果销售已经打开了局面，需要扩大战果，这时就可以调整标准，增加销售额指标；如果需要特别强调某项指标的重要性，这项指标的权重就可以适当加大。

（四）指标间缺乏有效关联

在构建指标体系的时候，还有一个需要关注的问题就是组织的整体目标、部门目标与员工个人目标之间的有效关联。如果管理者仅仅是出于自身愿望而制定了相应的组织目标，那么员工就可能会对“为什么要实现这样的目标”“为什么是这个数字”产生困惑。如果员工无法理解该绩效指标对组织价值实现的意义，那么就有可能缺乏足够的动力，特别是对于组织关键价值活动的开展。关键价值活动在很多时候是需要组织付出额外努力的，关键价值活动的开展一般是为了提升组织的核心竞争力或者弥补组织的短板，本身就意味着非同一般的努力，其目标不是常规活动所能实现。通过对支持组织价值活动的“关键指标”进行层层分解，将组织的关键价值活动落实为员工的具体工作活动，从而确保组织关键价值活动取得预期的效果。如果员工能够明确其绩效指标对于部门目标、组织目标的意义，则可能会增加其实现该目标的动力。因此，管理者在设定绩效目标时，应告诉员工各绩效指标设置的出发点和价值意义，使得员工能够理解其绩效指标的价值，增强其实现绩效目标的动力。

三、绩效指标设置风险防控

（一）绩效指标设置的原则

绩效指标是用来评价员工在达成每一项目标方面做得如何的标准，它提供了员工的绩效能否被接受的信息。指标必须包括行动、期望的程度结果、到期时间以及某种形式的质量或数量指标。好的指标应该满足 SMART 原则，S 代表具体性（Specific），指绩效考核要切中特定的工作指标，不能笼统；M 代表可度量（Measurable），指绩效指标是数量化或者行为化的，验证这些绩效指标的数据或者信息是可以获得的；A 代表可实现（Attainable），指绩效指标在付出努力的情况下可以实现，避免设立过高或过低的目标；R 代表相关性（Relevant），指目标的设定必须与预算责任单位的职责紧密相关，它是预算管理部门、预算执行部门和管理层经过反复分析、研究、协商的结果，必须经过共同认可和承诺；T 代表时限性（Time-bound），注重完成绩效指标的特定期限。

（二）绩效指标设置方法

1. 确定工作要项

由于绩效指标体现了绩效对组织目标增值的部分，是针对对组织目标起到增值作用的工作要项来设定的，因此，要想设定绩效指标先要确定工作要项。[①]界定工作要项的第一步是收集与工作有关的信息。职位描述提供了需要完成的工作任务方面的信息。对于职位描述中所包含的各项工作任务，可以根据它们彼此之间的相关度将它们划分为几个任务族或职责领域。每一个工作任务族或职责领域就是员工需要在其中达成一定结果的一个宽泛的工作区域。[②] 一般来说，制定工作要项要遵守以下几个原则[③]：

（1）增值产出原则。工作要项必须与组织目标相一致，即在组织的价值链上能够产生直接或间接的增值。

（2）客户导向原则。凡是被评估者工作要项输出的对象都是被评估者的客户。制定工作要项要从客户的需求出发。

（3）结果优先原则。工作要项应尽量为某项活动的结果，实在难以界定结果的再考虑工作过程中的关键行为。

（4）设定权重原则。各个工作要项应该是有权重的。

2. 确定绩效目标

在确定了工作要项之后，需要确定分别从什么角度去衡量各工作要项，从哪些方面评估各工作要项。目标是对一项重要的并且可以衡量的结果所作的陈述，这种结果一旦达成，就会更好地促进职责的履行。确定目标的目的是找到数量有限的一些比较重要的结果，这些结果一旦达成，就会对整个组织的成功产生巨大的影响。在目标确定之后，员工应该能够获得及时的反馈，从而指导自己在实现目标过程中的进展状况。对于那些达到目标的员工，则应该给予报酬。[④]

组织整体的绩效目标逐级分解为部门绩效目标、团队绩效目标和个人绩效目标时，有时候可以用“到什么时间完成什么目标”这样的方式进行清楚的界定，而有些时候却不能给出这样的目标，或者说并不全是这样的目标，特别是

---

① 武欣. 绩效管理实务手册［M］. 北京：机械工业出版社，2005：71.

② 赫尔曼·阿吉斯. 绩效管理［M］. 北京：中国人民大学出版社，2008：94.

③ 武欣. 绩效管理实务手册［M］. 北京：机械工业出版社，2005：66.

④ 赫尔曼·阿吉斯. 绩效管理［M］. 北京：中国人民大学出版社，2008：95.

对于非业务部门人员或者从事行政支持性工作的人员，很难规定其在什么时间范围内完成哪些任务，因为他们的工作内容很多是持续性的和重复性的，没有明确的起止时间。例如，秘书、出纳这样的工作岗位就很难规定其明确的工作目标。因此，为了更有针对性，我们可以大体上将绩效目标分为成就型绩效目标与标准型绩效目标。两种类型的绩效目标，其含义、适用范围和举例见表6—1。

表6—1　成就型绩效目标与标准型绩效目标的含义、适用范围和举例①

	成就型绩效目标	标准型绩效目标
含义	通过在特定的时间点上应该达到怎样的结果、取得怎样的成就来表示绩效目标	通过在持续性和重复性的工作中确立应遵循的标准来衡量绩效目标
适用范围	从事有明确可见的结果产出的工作的职位，例如业务人员、销售人员、管理者、有特殊技能的专业人员等	工作内容主要是重复性、支持性的职位，例如秘书、行政事务专员、出纳、前台等
举例	到6月底完成600万元的销售额 将年度经营成本控制在100万元内 年底提交软件的测试版本	报表的错误率低于1% 现金报销在3个工作日内完成 电话铃响3声之内必须接听

3. 确定绩效指标

一旦工作要项和绩效目标确定下来，下一步就是确定绩效指标了。绩效指标是帮助人们理解目标在多大程度上已经实现的一种尺度。这些指标为绩效评价者提供了有用的参照信息，从而帮助他们判断绩效已经达到了何种水平。

4. 审核绩效指标②

在确定了工作要项，并且设定了绩效目标和指标之后，还需要进一步对这些绩效指标进行审核。对绩效指标进行审核的目的主要是为了确认这些绩效指标是否能够全面、客观地反映被评估者的工作绩效，以及是否适合于评估操作。具体来说，可以从以下角度检查指标设置是否合理：

（1）工作要项是不是最终产品。由于适用绩效指标主要是对工作结果进行评估，因此在设定绩效指标的时候，主要关注的是与工作目标相关的最终结果。在有最终结果可以界定和衡量的情况下，可不去追究过程中较多的细节。

（2）绩效指标是否可以证明和观察。在设定绩效指标之后，就要依据这些绩效指标对被评估者的工作表现进行跟踪和评估，那么这些绩效指标就是可以观察和证明的。

（3）多个评估者对同一个绩效目标进行评估，结果能否取得一致。如果设定的绩效目标真正符合SMART原则，那么它就应该有清晰明确的行为性评估指标，在这样的基准之上，不同的评估者对同一个绩效目标评估时就有了一致的

①② 武欣. 绩效管理实务手册［M］. 北京：机械工业出版社，2005：72-73，81-82.

评估指标，能够取得一致的评估结果。

(4) 这些指标的综合是否可以解释被评估者80%以上的工作目标。绩效指标是否能够全面地覆盖被评估者工作目标的主要方面，也就是我们所抽取的关键行为的代表性，这也是非常需要我们关注的。因此，在审核绩效指标的时候，需要重新审视一下被评估者主要的工作目标，看看我们所选的绩效指标是否可以解释被评估者主要的工作目标。

(5) 从客户的角度来界定绩效指标。在界定绩效指标时，要充分体现出组织内外客户的意识，很多绩效指标都是从客户的角度出发来考虑的，把“客户满意”当作被评估者工作的目标。此时需要审视一下，所设定的绩效指标是否能够体现出客户服务的意识。

(6) 绩效指标能够跟踪和监控。我们不仅要设定绩效指标，还要考虑如何依据这些绩效指标对被评估者的工作行为进行衡量和评估，因此，必须有一系列可以实施的跟踪和监控绩效指标的可操作的方法。如果无法得到被评估者与关键绩效指标相关的行为表现，那么绩效指标就失去了意义。

第三节　绩效评价主体有效性风险与防控

绩效评价主体指的是对评价对象做出评价的人。当绩效评价受到评价主体偏见的影响，被曲解或准确性偏差达到一定程度时，员工劳动生产率提高的可能性就会大大降低；而且，在晋升、雇佣和替换员工方面可能会做出错误的决定，进而给组织带来不利影响。

一、绩效评价主体风险点

常见的评价者误区一般有以下9种：

(一) 晕轮效应

晕轮效应是指由于个别特性评价而影响整体评价的倾向。在绩效评价中，晕轮效应十分常见。例如，某位管理者对下属的某一绩效要素（如口头表达能力）的评价较高，导致其对此员工其他绩效要素的评价也较高。又如，员工一般对那些对下属和颜悦色、比较客气的上级会有好感，这样的上级也许存在其他问题，但员工倾向于对该上级的其他方面也给予较高的评价。这种情况对于绩效评价的有效性十分有害。

（二）逻辑误差

逻辑误差指的是评价者在对某些有逻辑关系的评价要素进行评价时使用简单的推理而造成的误差。在绩效评价中产生逻辑误差的原因是由于两个评价要素之间的高相关。例如，很多人认为“社交能力和谈判能力之间有很密切的逻辑关系”，于是，他们在进行绩效评价时往往会依据“既然社交能力强，谈判能力当然也强”而对某员工做出这样的评价。

晕轮效应与逻辑误差的本质区别在于：晕轮效应只在同一个人的各个特点之间发生作用，在绩效评价中是在对同一个人的各个评价指标进行评价时出现的；而逻辑误差与被评价者的个人因素无关，它是由于评价者认为评价要素之间存在一致的逻辑关系而产生的。

（三）宽大化倾向

宽大化倾向是指评价者对评价对象所做的评价往往高于其实际成绩。这种现象产生的原因主要有：评价者为了保护下属，避免留下不良绩效的书面记录，因此不愿意严格地评价部下；评价者希望自己部下的成绩优于其他部门员工的成绩；评价者对评价工作缺乏自信心，避免引起评价争议；评价要素的评价指标不明确；评价者想要鼓励工作表现有所提高的员工。

在宽大化倾向的影响下，绩效评价的结果可能会产生较大的偏差。具体而言，对绩效出色的员工来说，他们会对评价的结果产生强烈的不满，影响工作积极性。而对于绩效很差的员工来说，一方面，不能了解到自己需要改进哪一方面的工作，继续维持现状，使绩效得不到提高，绩效管理的目的无法实现；另一方面，由于该员工有一个令人满意的评价记录，掩盖了其真实的能力水平，组织在未来的人员甄选、调配中有可能做出错误的决策。

（四）严格化倾向

严格化倾向是指评价者对员工工作业绩的评价过分严格的倾向。现实中，有些评价者在评价其下属员工时喜欢采用比企业制定的指标更加苛刻的标准。

严格化倾向产生的原因是：评价者对各种评价因素缺乏足够的了解；为了惩罚一个顽固的或难以对付的员工；为了促使一个有问题的员工主动辞职；为了计划性裁员提供证据；为了缩减凭业绩提薪的下属的数量；为了遵守组织的规定（组织不提倡管理者给出高评价）。

从中我们可以看出，如果一名部门管理者对整个部门过分严格，该部门的员工在加薪和提升方面都将受到影响；如果对某一特定的员工评价过分严格，则有可能受到歧视员工的指控。因此，人力资源管理者必须采取措施使评价者能够避免这种情况的发生。

（五）中心化倾向

中心化倾向是指评价者对一组评价对象做出的评价结果相差不多，或者都集中在评价尺度的中心附近，导致评价成绩拉不开差距。例如，在图示量表法中，设计者规定了从第一等级到第五等级的 5 个评价等级。管理者很可能会避开较高的等级（第五等级）和较低的等级（第一等级），而将他们的大多数下属都评定在二、三、四这 3 个等级上。

中心化倾向产生的原因是：人们往往不愿意做出“极好”“极差”之类的极端评价；对评价对象不甚了解，难以做出准确的评价；评价者对评价工作缺乏自信心；评价要素说明不完整，评价方法不明确；有些组织要求评价者对过高或过低的评价写出书面鉴定，怕引起争议。

（六）首因效应

首因效应，亦称第一印象误差，是指员工在绩效评价初期的绩效表现对评价者评价其以后的绩效表现产生延续性影响。例如，有一名员工在进入某个部门之初工作热情很高，一下子达到了很好的业绩，给他的上级留下了深刻的印象。实际上，他在整个绩效评价期间的工作绩效并不是很好，但是上级还是根据最初的印象给他较高的评价。

（七）近因效应

近因效应是指评价者只凭员工的近期（绩效评价期间的最后阶段）行为表现进行评价。例如，有的组织一年进行一次绩效评价。当评定某一个具体的评价要素时，评价者不可能回想起在整个评价阶段中发生的与该评价要素相关的员工行为。这种“记忆衰退”就会造成近因效应。另外，员工往往会在评价之前的几天或几周里表现积极，工作效率明显提高，因而评价者对近期行为的记忆往往要比遥远过去的更为清晰，这种情况会使绩效评价得出不恰当的结论。例如，有的员工在最近一个月内表现不良因而得到了较差的评价，实际上，他在之前的若干个月都保持着优异的绩效记录。

（八）评价者个人偏见

评价者个人偏见是指评价者在进行各种评价时，可能在员工的个人特征，如种族、民族、性别、年龄、性格、爱好等方面存在偏见，或者偏爱与自己的行为或人格相近的人，造成人为的不公平。评价者个人偏见可能表现在：对与自己关系不错、性格相投的人会给予较高的评价；对女性、老年人等持有偏见，给予较低的评价等。

（九）溢出效应

溢出效应是指评价者因员工在评价期之前的绩效失误而降低其评价等级。例如，某一生产线上的员工在绩效评价周期之前出过生产事故，虽然在本次评价期间他并没有再犯类似的错误，但是评价者可能会由于他上一评价期间的表现而在本次评价中给出较低的评价等级。

在评价中出现溢出效应对那些上一个评价期间表现不良的员工来说是一种十分不公平的情况，这将挫伤员工继续提高工作绩效的积极性。因此，为了避免这种评价误区，我们应该鼓励评价者记录评价期间发生的关键事件，在培训时应对这种错误加以强调。

二、绩效评价主体风险分析

（一）上级评价

首先，大多数组织的管理等级制度都强调了上级对下属评价和开发的决策权。其次，上级通常掌握着对下属进行奖励和惩罚的程度及时间。既然根据绩效进行奖励时绩效会提高，那么由掌握管理权限的人员进行评价就是合乎逻辑的，否则，员工会认为评价过程不重要。最后，人们普遍认为，在所有评价者中，直接上级在判断行为与工作目标、组织目标的相关性方面处于最优地位。

尽管以上理论是合乎逻辑的，但是由员工的直接上级进行评价有一个缺陷：这种评价通常会受到偏见的影响，导致较低的信度和效度。例如，对员工的评价在很大程度上取决于每个上级认为员工的工作应该怎样做，而不是员工事实上做得如何。另外，对上级来说，评价经常是一个高度情感化的过程，因此削弱了评价的客观性与准确性。最后，由于在许多情况下管理人员很少能见到工作中的员工，因此需要有不同于上级的其他人员进行评价。随着许多组织结构的扁平化和对团队工作的不断强调，对团队成员来说，在工作中的许多方面比团队领导知识丰富、技术精湛并不是什么不正常的事情。

（二）同级评价

同级评价是由员工的同级人员进行的评价。在这里，同级人员是指被考评者所在团队或部门的其他成员，或者组织内与被评价者不在同一部门，但在组织中处于相同层次，并与员工经常工作联系的人员。后者有时被称为被考评者的内部客户。同级人员评价的信度与效度系数通常要比上级评价甚至心理测验更高。研究显示，由短期内相识的同级人员所做的评价与相识较长时间的同级人员所做的评价有一样好的效果。甚至当被评价者在同一个组织内部由一个部门调到另一个部门时，同级人员评价依然有较高的信度。

（三）自我评价

自我评价是自我管理的核心，而自我管理对个人劳动生产率的提高及降低非常重要。在智力、成就和自我控制力方面强的员工的自我评价最准确，事实证明，自我评价是一种随着评价实践而提高的技能。自我评价的优点有：第一，它强调了员工的尊严和自重。第二，它将管理者放在顾问而不是裁判的位置。第三，它提高了员工对人力资源开发计划的需求的理解，以及对实施这些计划的系统目标的理解。

自我评价的限制在于，人们可能忽视自己在工作中的真正表现而对自己评价较高，更多地把对自己不利的结果归咎于外部因素。自我评价的另一个问题是，当涉及诸如加薪、晋升这样的问题时，自我评价的准确性会受到影响。

（四）下级评价

下级评价给管理者提供了一个了解员工对其管理风格看法的机会，实际上，这种自下而上的绩效反馈更多的是基于提高管理者管理技能的考虑。实施下级评价通常有两个原因。第一，下级所处的位置使其能从与大多数上级不同的角度对管理绩效进行观察。第二，和同级人员评价一样，下属评价有助于减少单一评价的偏见。下级评价成功的关键在于：参与管理，评价者匿名，按具体行为设计评价量表。

让员工参与评价其主管的工作，实际上是让其对管理者提出自己看法的过程。员工观察某些行为指标的机会往往比上级管理者多，因此下级评价不仅是对管理者的评价，更重要的是可以听到员工的声音，从而在决策时考虑这种意见。

匿名评价是下级评价要特别注意的。下属在对主管进行评价时必然想到这种评价对他们的威胁，他们担心对主管的低绩效给出诚实的评价会受到主管的谴责和报复。在这种情绪下，仅匿名是不够的，还应让下属感到“人数上是安全的”，也就是说，小团体不适合采用下属评价的方法，只有下属人数超过一定数量时，人们才会认为讲真话是安全的。

（五）客户和供应商评价

在一些组织中，一些了解员工工作情况的组织外部人员也成为绩效评价的主体之一。最常见的做法就是将客户和供应商纳入评价主体之中。这种做法是为了了解那些只有特定外部成员才能够感知的绩效情况，或通过引入特殊的评价主体引导被评价者的行为。例如，在服务行业中，以客户为评价主体对那些直接面对客户的服务人员进行绩效评价，可以更多地了解他们在实际工作中的表现。更为重要的是，由于客户满意度成为组织成功的关键影响因素，这类组织通过将客户作为评价主体来引导员工行为，以促进员工更好地为客户提供服务。

绩效具有多维性的特点，不同主体必然由于视角不同而导致评价结果不同。通过上面的分析，各种评价主体并不是相互孤立、相互排斥的。使用多种主体进行绩效评价必然具有单一主体进行绩效评价所不能具有的许多优点，但同时，一个包含各种身份评价者的评价系统自然会占用更多的时间，费用也较高。

三、绩效评价主体风险防控

（一）正确选择评价主体

在设计绩效评价体系时，评价主体与评价内容相匹配是一个非常重要的原则。选择什么样的评价主体在很大程度上与所要评价的内容相关，同时也影响着评价内容的选择。绩效评价主体选择的一般原则包括：

第一，评价主体所评价的内容必须基于他（她）可以掌握的情况。如果要求评价者对于他（她）所不能看到的情况做出评价，那么这种评价一定是不准确的，必将对整个绩效评价的准确性和公正性产生不良的影响。

第二，评价主体对所评价的职位的工作内容有一定的了解。绩效评价主体不但应该了解所评价的内容，而且对于该职位的工作内容也应该有一定程度的了解。员工的任何职务行为都是基于实现一定职责任务的目的，并不是孤立的行为。缺乏对职位的了解往往可能做出以偏概全的判断。

第三，有助于实现一定的管理目的。员工的直接上级往往是最重要的评价主体，因为员工的直接上级应该对员工的职务工作履行监督和指导的职能。在这种情况下，直接上级可以通过绩效评价者的身份更好地监督、了解并控制员工的绩效表现，更好地整合员工的工作，从而更好地实现团队或部门的整体工作目标。

（二）科学设计评价方法

将绩效评价指标界定清晰，以减少晕轮效应、逻辑误差等错误倾向的发生。在评价指标界定清晰的情况下，评价者能够根据指标的含义有针对性地做出评价，从而避免因对被评价者某一方面绩效的看法影响了对企业评价指标的评价。另外，界定评价指标同时还包括界定各评价指标之间的“关系”——要避免评价者凭主观臆断找到所谓的逻辑关系，影响了评价的准确性。

在必要的时候，结合使用比较法（包括排序法、一一对比法、人物比较法和强制分配法），以避免宽大化倾向、严格化倾向和中心化倾向。客观地讲，要通过评价者培训完全解决各种评价者误区问题是不可能的。在一些情况下，为了做出某些管理决策，绩效评价的结果必须将员工分出所谓的三六九等。这时，在其他评价方法的基础上结合使用强制分配法能够达到这一目的。同时，上述的三种不良倾向也就不会发生了。

宽大化倾向和中心化倾向的产生，原因之一是评价者对被评价者缺乏足够的了解而使他们对于评价的结果缺乏信心，因而倾向于做出中心化的评价。因此，解决这一问题的方法就是使评价者有足够的时间和渠道加强对被评价者的了解，在必要的时候甚至可以延期进行评价。

减少对比误差的方法有：同时对许多员工进行评价，在只对几名员工面试或评价时，这种对比误差更容易发生；将评价建立在具体的、事先确定的工作要求或标准的基础上；不要按特定的顺序评价员工，如不要首先对最好或最差的员工进行评价；评价员工完成工作要求的程度；在评价之后而不是之前对员工进行比较；要避免使用模糊的评价标准，如“优秀”“达到平均水平”等。

针对首因效应所带来的误差，解决方法包括：将对员工的所有判断一直保留到评价结束之时；在两次绩效评价之间的间隔期内，做一个记录者而不是评价者。

使评价者正确认识绩效评价的目的，以避免宽大化倾向及中心化倾向。宽大化倾向和中心化倾向产生的一个重要原因是评价者不希望在本部门内产生种种矛盾和摩擦，或者影响本部门人员的利益，因此，只要评价者正确认识到绩效评价的目的，就能够避免上述情况的发生。应该让评价者认识到，绩效评价作为人力资源管理系统的核心环节，对于各方面的人事决策起到十分重要的作用，正确的评价能够帮助员工更好地发展其职业生涯。因此，作为评价者，并不是必然地与被评价者形成对立，通过科学的评价和与评价结果相关的各个人力资源管理环节，我们能够更加科学地对员工进行管理。

减少晕轮效应，最常提出的解决方法是：多个评价者评价员工时，确保这些评价者独立做出判断，在每个评价者都观察到员工并对其进行评价之后再进行小组讨论。

需要注意的是，在这里我们有一个重要的假设前提——绩效评价系统本身是科学的。如果绩效评价系统本身存在问题，那么上述种种解决评价者误区的手段都无法保证评价结果的科学性。

（三）进行评价者培训

1. 评价者培训的内容

通过培训使评价者认识种种评价误区，从而使他们有意识地避免这些误区。评价者误区实际上是评价者主观上发生的错误，因此，通过使评价者了解这些误区来避免它们的发生是最直接也是最有效的方法。

人力资源管理部门应设计出完善的评价者培训制度，通过评价者培训达到以下几个方面的目的：①使评价者认识到绩效评价在人力资源管理中的地位和作用，认识到自身在绩效评价过程中的作用；②统一各个评价者对于评价指标、评价标准的理解；③使评价者理解具体的评价方法，熟悉绩效评价中使用的各种表格，并了解具体的评价程序；④避免评价者误区的发生，使评价者了解如何尽可能地消除误差与偏见；⑤帮助管理者学习如何进行绩效反馈和绩效指导。

具体来说，培训课程可以涵盖以下主题：

（1）实施绩效管理体系的原因。包括对整个绩效管理体系的总体阐述，以及对这一体系所要达到的目的和它对全体员工的好处的说明。

（2）怎样确认工作活动并加以排序。包括如何实施职位分析，以及如何理解最为重要的职责和胜任能力等方面的信息。

（3）怎样观察、记录以及衡量绩效。主要包括观察方面的技能，比如，怎样观察真正有效的行为，而不是被那些与所要衡量的绩效维度不相关的其他行为分散注意力。当然，在这部分培训中也包括关于如何填写绩效评价表格的技能培训。

（4）关于评价表格和绩效管理体系运行机制的信息。包括对绩效评价表格内容的详细描述，以及对每一部分内容所要衡量的对象的解释。它还包括建议召开的绩效会议的次数，以及对每一位参与者的期望。

（5）使评价误差达到最小化。包括为了使与观察和评估绩效时的认知需求有关的非故意性误差达到最小化应当采取的步骤。

（6）怎样进行绩效评价面谈。包括倾听的技巧、沟通的技巧，以及如何在绩效评价面谈过程中提供反馈等，还包括如何帮助员工制订一份开发计划的技能培训。

（7）怎样提供训练、咨询以及教练式指导。包括主管人员为了帮助员工持续改进绩效而必须具备的各种技能。

2. 评价者培训的时间选择

（1）管理者刚到任的时候。当有员工晋升为新职位上的管理人员时，由于工作的需要，他们必将面对管理工作带来的新挑战。此时，新晋人员都希望能够接受评价者培训，以帮助自己更好地适应新工作。另外，组织也希望通过充分的培训尽快提高员工的管理水平，避免不必要的摩擦和损失。这个时期进行的评价者培训往往是与各类管理技能培训同期进行的。对实施绩效管理制度的组织来说，评价者培训是管理技能培训中的“重头戏”。管理者应该尽快学会如何正确地评价下属员工的工作绩效，学会更有效地改善员工的绩效表现。管理者很快将面对定期进行的绩效评价工作，这些技能很快就能在实际工作中得到运用。此时恰恰也是评价本次评价者培训效果的最佳时刻。

（2）进行绩效评价之前。绩效评价是整个绩效管理工作的关键一步。在进行绩效评价之前进行评价者培训能够达到最佳的效果。平时大家都忙于具体工作，对于不在眼前的绩效评价工作不会有太多的兴趣，如果这个时候接受评价者培训往往不会引起管理者足够的重视。在进行绩效评价之前进行的评价者培训虽然能够得到足够的重视，但只能是有针对性地对当期评价中的注意事项进行短时间的讲授。集中进行整套的培训会由于人员难以到齐、部分管理者无法腾出足够的时间参加培训而影响效果。在进行绩效评价之前进行的评价者培训可以采用实际的范例作为培训教材。这种生动的培训内容能够更好地满足管理者的现实需要，是非常有效的方法。

（3）修改绩效评价办法之后。组织往往需要根据现实情况的变化对绩效评价办法进行修订，这种修订可能涉及评价标准、评价方法、评价工具等的变化，在这种情况下进行评价者培训的必要性是显而易见的。为了使评价者能够彻底地理解修订的目的和修订的内容，在这个时候进行的评价者培训往往具有特定的内容：通过培训发布和宣讲新修订的内容，并通过对比新旧评价办法使管理者对绩效评价的原理有更加深入的理解和认识。

（4）在进行日常管理技能培训的同时进行评价者培训。管理者的一个重要角色就是绩效评价中的评价者，评价者培训是管理技能培训中的一项重要内容。许多组织都对管理者进行长期的、系统化的管理技能培训，在这种日常的管理技能培训中纳入评价者培训的内容是非常必要的。

第四节　绩效评价周期风险与防控

绩效评价周期，就是指多长时间进行一次评价。绩效评价是对员工在评价周期内的工作表现进行的评价，由于是周期性开展的工作，就包含着如何合理设定评价周期的问题。

一、绩效评价周期风险点

实际上，评价周期是一个比较容易被忽视的问题，很多人想当然地认为评价周期就应当是一个会计结算周期。尽管这样做的确存在一定的合理性，但是，并不是所有人员都适合这一做法。那么，究竟如何确定绩效管理的周期呢？采用年度、季度、月度，还是其他？绩效评价周期的设置要尽量合理，周期不应过长，也不能过短，针对组织的不同情况和不同职位采用不同的周期。如果周期太长，评价结果会带来严重的“近期误差”，而且周期太长不利于员工绩效的改善，甚至在一些人才流动较快的行业或组织，还没有进行一次考核，人才就已经流失了。如果周期太短，一方面工作量很大，另一方面许多工作表现的绩效无法体现。

二、绩效评价周期风险分析

（一）考核期限固定不变

一些管理者把考核期限定为一年考核一次，有的是一个季度一次，有的则一个月一次，定下后就一直不变；对任务绩效指标和周边绩效，中高层人员和基层人员、管理人员和技术人员采取相同的评价周期。

（二）以考核目的定周期

考核的目的主要是为了分奖金，那么自然就会使得考核的周期与奖金分配的周期保持一致。年底要分奖金，于是匆忙弄个年度考核；这个季度组织效益比较好，想发奖金，于是再弄个季度考核。这样的方式必然导致考核具有随意性，考核的整体战略思维不明确。

（三）考核周期过于频繁

一些管理层总是希望把考核周期缩短到最小范围内，因为工资一般是每个月发一次，所以考核也尽量一个月一次。这样做的结果是考核确实是每个月在进行，但是因为绩效考核需要耗费大量的时间、精力，需要进行大量的数据处理，一些不适合月度考核的组织也跟着采用月度考核，绩效考核的效果必然大打折扣，于是，绩效考核成了认认真真走形式、漂漂亮亮走过场。出现这类问题主要在于管理者没有认真领悟到绩效管理的最终目的，并不是周期越短、考核越频繁，绩效考核的效果就越好。这种主观的片面的思想没有考虑组织为了绩效考核所需要付出的人力、物力、时间、精力等各种成本，仓促考核的负面效应甚至会使绩效考核变味，使组织的成员不再对绩效产生好感。

三、绩效评价周期风险防控

一般来说，评价周期与评价指标、行业特征、职务职能类型、绩效实施的时间等因素有关。

（一）评价指标与评价周期

评价指标一般可以分为业绩指标、能力指标和态度指标。在绩效评价中，针对不同的评价指标所设定的评价周期也不一样。

工作业绩是工作产生的结果，业绩指标通常表现为完成工作的数量指标、质量指标、工作效率指标以及成本费用指标。这些指标一般都是指向短期内可以取得的成果，因此对于这类指标的评价周期可以适当放短，比如以一个月为评价周期。这样，通过缩短业绩指标的评价周期，可以使人们把注意力集中于这些短期业绩指标，及时调节自己的行为以便完成短期工作任务。

工作能力包括创新能力、沟通能力、领导能力、发展潜力等，能力指标是关注于未来的。如果能力评价得分高，预示着将来的绩效可能好，是对未来工作潜力的预测。可见，绩效评价中的能力指标是将注意力集中在短期内难以改变的人的特质上，在较短的时间内连续评价能力指标得到的结果不会有太大的区别，除非这种评价没有效度和信度。因此，对能力指标的评价过于频繁是没有意义的，应该将能力指标的评价周期适当放长一些，一般以半年或者一年以上为宜。

对员工行为的评价可以反映员工对待工作的态度，态度也是决定业绩和产出的主要因素之一。因为即使员工有能力完成工作，但是如果主观上对工作本身或工作中涉及的人有看法，不愿意去做，那么最后也不会产生好的绩效。找出每个职位的具体行为指标很有意义，因为了解了这些行为，就可以指导员工并让员工知道什么样的行为是组织所期望的。虽然态度的真正转变需要很长的时间，但在实践中我们也可以通过缩短态度指标的评价周期、增加态度指标的权重来引导员工关注工作过程的态度问题，通过频繁的考核来实现员工态度的最终转变。

（二）组织和行业特征与评价周期

在确定评价周期时，应当考虑组织的业务特点。业务特点在很大程度上取决于组织所处的行业，不同行业的生产周期不同，这种生产周期会导致组织以及员工的绩效随之呈周期性变化。因此，评价周期必然受组织绩效周期的影响，也就是评价周期应与组织绩效周期相符。

生产和销售日常消费品的组织，业务周期一般比较短，可以将评价周期定为一个月。对于业务周期非常短的组织，在计件生产工作中可能需要每天对业绩进行检查。而生产大型设备的组织，或是提供项目服务的组织，业绩改善很难在短期内见到效果，因此评价周期应当长一些，一般可以以半年或者一年为周期进行评价。当然，有些组织的产品生产周期会比一年还长，比如有的组织实施的项目可能会持续几年，在这种情况下，评价周期还可以适当延长。

（三）职位职能类型与评价周期

1. 中高层管理者的评价周期

中层管理者是指组织内各部门的负责人，而高层管理者则是指董事长、总经理、副总经理等。对中高层管理者的考核旨在促使中高层管理人员理清思路，抓住组织发展的战略重点，并使其承担起落实战略的责任，也就是通过有效的管理，不断提升组织的核心竞争力。对中高层管理人员，特别是高层管理人员的考核主要围绕以下内容进行：愿景及战略的规划和制定，落实战略而制定的关键绩效指标的完成情况，组织文化建设，组织架构及流程的设计，绩效及管理改进计划的制订和实施，人员培养与开发，以及对一些职业素养和工作态度的评价。

可以看出，对高层管理者的评价过程实际上就是对整个组织经营与管理的状况进行全面系统评价的过程，而这些战略实施和改进计划都不是短期内就会取得成果的，因此，管理人员的评价周期必然要适当放长。根据经验，大多数管理人员可以采取半年或一年评价一次的做法，并且随着层级的提高，评价周期一般会逐渐延长。另外，大型组织的高层管理人员的评价周期一般比小型组织的高层管理人员的评价周期要长，因为对于大型组织的高层管理者来讲，制定、实施战略都会由于组织的复杂性而需要相对更长的时间。

2. 市场营销、生产、服务人员的评价周期

市场营销人员是从事产品推广、销售与品牌提升的人员，其考核指标主要是市场占有率、项目成功率、客户忠诚度、品牌与技术营销、销售额、回款率及客户满意度等。可以看出，这些指标也是组织所重点关注的指标，及时获取这些信息并进行反馈，有利于尽早调整战略战术。因此，根据销售、市场人员的工作性质与特点，可以以月或季度为评价周期，或者根据情况缩短评价周期。

对于生产工人，在特别强调质量管理的今天，在评价产量的同时应当引入质量指标，并注重绩效改进的评价指标比重。这些实际上都传达了一个信息，生产绩效需要短期的反馈，以便于员工进行横向的比较，找出绩效差距，确定改进方法。另外，生产工人薪酬发放也要尽量缩短时间，这样才能起到对他们的激励作用。要为这种短期薪酬发放提供依据，必然要求短期的、及时的绩效评价。

服务人员同时具有生产人员和销售人员的性质，因为服务本身就是组织的一种甚至是全部的产品，而服务人员的绩效与销售有着密切的相关性，在一些以提供的服务作为其全部或主要产品的组织中，服务人员本身就是承担销售指标的人员。因此，服务人员的评价周期应当与销售、生产人员一样，尽量采用短的评价周期。

事实上，市场、销售、生产和服务人员一般都属于带有生产性质的人员，对于这类带有生产性质的人员，一般来讲，应当尽量缩短评价周期，以便及时对他们的工作进行认可和反馈。一般情况下，进行月度评价比较合理，部分稳定发展的组织可以进行季度评价。

3. 研发人员的评价周期

对研发人员的评价是为了向研究开发人员提供正确的支持意见和改进建议，创造一个宽松稳定的环境，激励他们进行更有成效的研究开发活动，避免急功近利的短期行为。但同时，组织作为以营利为目的经营单位，又要面对现实的生存问题，组织可投入到研发中的资金和精力都是有限的，不可能无限期地等待，因此，确定研发人员的评价周期是非常困难的事，也是组织关注的问题之一。

对研发人员的绩效评价旨在检查其目前的工作进度，找出存在的问题和改进的方法，以提高研发工作的效率和效果。因此既可以根据项目周期确定考察周期，也可以定期进行检查。通常，研发人员评价周期的确定可考虑以下因素：

（1）按照项目阶段确定评价周期。一个项目从投入到最后结束大体上要经

过6个阶段，或者根据项目分成更为细致的阶段，而不是只有一个开发阶段。项目的研发过程可以分为：

①产品概念阶段。对客户需求进行调研和评价。

②产品计划阶段。界定产品和其竞争优势，制订项目规划和资源的使用计划。

③产品开发阶段。设计和开发产品及服务，进行测试，制订从开发、制造到行销的整体计划。

④产品验证阶段。对产品的特性进行检验。

⑤产品发布阶段。做好产品上市准备，以满足消费者的需要。

⑥产品生产的生命周期。产品正式生产后，对整个生命周期内的产品进行管理。

可以看到，这6个阶段是首尾紧密相连的，对研发人员的绩效评价可以安排在每个项目阶段结束后、下一个阶段开始前进行。这样，对上一个项目阶段的工作进行评价，检验上一个研发阶段的工作，对于发现的问题及时纠正，以便提高下一阶段的工作绩效。

（2）按照时间周期对研发人员进行评价。对研发人员的评价以“检查”为主，主要为了绩效改进，可以根据时间周期来确定评价周期。因为项目本身在时间上就有一定的规律可言，在某一时点上就应该有一定的输出结果，因而评价的时间就可遵循这一规律，按照这一时间周期或时间点确定评价周期。

（3）不同的研发人员和研发团队采用不同的评价方式和周期。项目带头人要重点考查创新能力和潜力、学术水平、实际贡献及其在研究群体中所发挥的作用等，群体内部人员的评价应由项目带头人考查；要淡化职称评价，重视职位聘用，评价周期应结合职位的工作性质设定，避免产生短期效应；对连续评价为优秀的个人和研究群体，可适当延长其评价周期。总之，根据研发人员和项目的特点进行评价，避免打击研发人员的积极性，但同时也要有效利用绩效评价的手段，对研发人员和项目起到牵引作用。

4. 行政职能人员的评价周期

行政职能人员主要是指人力资源、财务、计划、秘书等对组织的业务起支撑和辅助作用的人员。行政职能人员的评价指标不像业务人员那样有容易量化的指标，对行政职能人员的评价结果通常也会由于缺乏数据支持而变得没有说服力。因此，如何评价那些无法直接用数量指标来衡量的“业绩”是设计行政职能人员评价体系的重点。根据职位和职责的履行情况进行评价，衡量一定质量要求下的工作量和工作进度，重点评价行为的过程而非行为结果。鉴于行政职能人员这样的工作特点，大多数组织都采用随时监督的方式，并以季度或者月度评价为主。

（四）绩效管理实施的时间与评价周期

绩效管理的实施要经历由初始的摸索期到后来的成熟期几个阶段，绩效管理系统的完善不是一蹴而就的，需要经过几个绩效周期的经验积累，不断从前面绩效周期的管理中吸取教训并总结好的经验。

正是因为绩效管理刚开始实施时需要不断地试错，因此，刚实施绩效管理时，评价周期不能过长。如果这时绩效周期过长，绩效管理系统中的问题需要很长时间才能暴露出来，就会影响绩效管理系统的有效性。以绩效指标的选择为例，由于没有经验，一开始选择的指标可能并不能很好地反映被评价者的绩效，也就是指标不能反映员工的真实情况，这就要求绩效评价周期要短，通过对员工进行短期评价，检验评价指标的信度和效度，及时对指标系统进行修正，并在下一绩效评价周期对新修订的指标进行检验。

随着绩效管理实施时间的推进，实施绩效管理的经验越来越丰富，绩效管理系统越来越完善。这时，应当如何确定绩效周期呢？一般地说，考核周期越短越好。缩短绩效周期，一方面，在较短的时间内，评价者对被评价者的工作产出有较清晰的记录和印象，能够比较准确地对其绩效进行评价，如果都等到年底再进行评价，可能受到近因效应或主观感觉的影响而使评价结果的客观性、公正性大打折扣；另一方面，对工作的产出及时进行评价和反馈，可以有效激励员工，并且有利于员工及时改进工作。但是，绩效周期短就意味着绩效管理的成本要高，因此，考虑到实施绩效管理的成本，在绩效管理系统成熟后可以逐渐延长绩效管理周期。另外，有些评价指标在短期内是无法考核的，比如，一些态度或能力指标，也应当根据情况延长绩效周期，即按照前面所讲的根据各类人员以及各类指标的不同确定评价周期。

第五节　绩效沟通的风险与防控

管理人员对于绩效管理的关注点正悄然发生变化。与之前更关注基础绩效管理体系搭建相比，当前管理人员越来越关注如何真正发挥绩效管理的作用。很多人抱怨“我们绩效管理的制度文件厚厚一摞，什么都有了，可还是没什么起色”“方法工具看了不少，怎么用起来效果还是不明显”等。这都说明单纯建立在制度方法等“硬件”基础之上的绩效管理体系是不够的，需要从绩效管理能力、理念等“软件”上寻求提升和突破，而绩效沟通与反馈是其中的重要一环。绩效管理是由绩效计划制订、绩效计划执行（含跟踪与辅导）、绩效评估（考核）、绩效反馈面谈等几个环节组成的，而串联起整个系统的工具就是贯穿始终、持续不断进行的绩效沟通，绩效沟通是整个链条上重要的一环。

一、绩效沟通风险点

尽管绩效沟通在绩效管理中发挥着如此重要的作用，但是在实际的绩效管理过程中，沟通却成了最薄弱、最容易被人忽视的一个环节。有的组织仅仅在设定绩效目标时同员工做简单的沟通，有的组织甚至连基本的沟通都没有，有的组织虽重视、使用了这一工具，却效果欠佳。在对待沟通这一重要绩效管理工具时，组织和组织管理人员往往存在不少的问题和误区。

（一）沟通目标不明确

就目标来讲，组织开展绩效沟通时都是期望通过此次沟通能够使员工个体绩效得到改善，从而推动组织整体的绩效改善。但这只是一个大目标或者称之为“模糊目标”，在这种目标引导下的具体行动当然也就显得有点“模糊”。对绩效管理实施目的不明确，不清楚通过沟通想要得到什么，核心思想不明确，有的甚至超越组织实际所处的阶段而盲目追求不切合实际的目标，导致沟通失去应有的效果。

（二）沟通内容不全面

在一些绩效沟通中，由于没有事先做好面谈计划，明确本次绩效面谈主要谈什么，通过面谈要达到什么样的目的、解决什么样的问题，从而导致面谈提纲和相应资料缺失或不够详尽，加上准备不足，绩效管理人员对沟通的操控能力又不强，往往导致面谈出现“冷场”，“不了了之”。这样，整个绩效沟通也失去了其本来的功能和意义。

（三）沟通技巧使用不当

没有掌握沟通的技巧，仅仅形式上进行了沟通，实际上并没有达到沟通的效果。整个过程中，管理者用极端化字眼对否定结果进行描述，采取单纯劝说方式（主管告诉员工应怎样做）和说—听方式（主管告诉员工其长处和弱点，让员工自己说怎样做）。这让员工认为主管进行的绩效评价缺乏公平性与合理性，从而增加不满情绪。员工感到心灰意冷，并怀疑自己的能力，对建立未来计划缺乏信心。在沟通中，管理者与员工虽然坐在一起进行了谈话，但整个过程不但达不到沟通的效果，还让员工产生抵触情绪。

二、绩效沟通风险分析

绩效沟通既然如此重要，为什么没有得到有效推行呢？这是主管和员工两方面原因造成的。主管的原因主要有缺乏沟通意识、缺乏沟通能力和缺乏沟通态度，而员工则存在着对绩效沟通的抵触情绪。

（一）沟通意识不强

许多主管习惯了传统的报表和“纸上”考核，不清楚还要面对面与员工探讨绩效问题，而且很多组织也没有相应制度要求主管和员工沟通，所以“不沟通”也就很自然了。主管辅导者角色的缺乏和制度缺失导致了上述情况。

（二）沟通能力欠缺

许多主管知道要沟通，但缺乏相应能力和技巧，导致沟通达不到效果，甚至更糟。比如，很多主管说话过于笼统，不着边际，让员工听不懂；许多主管不注意技巧，光批评不表扬，让人很难服气等。

（三）沟通态度消极

许多主管对沟通持反对态度，认为沟通会把自己暴露在下属面前，这样可能会削弱其权威。再者，如果沟通讨论绩效，容易引起双方关系紧张甚至争吵，让主管颜面扫地，这是主管不愿看到的。也有不少主管感觉沟通太麻烦，浪费时间。所有这些因素导致主管对沟通不是很积极。

（四）员工抵触沟通

很多员工认为绩效考核是跟他们作对，目的是扣工资，而考核沟通则使员工工作中的一些弱点和不足暴露出来，使员工感到不安和恐惧。再加上很多主管在沟通中处理问题不当，就更会引起员工的抵触和不满情绪。

（五）缺乏绩效记录

绩效记录的缺乏使绩效沟通无“本”可据。调查显示，绝大部分中层管理者认为，在与员工进行绩效沟通时“不知道具体能谈什么”，对考核期员工的工作事项“记不清”或只有近期印象。这其中的主要原因就是日常缺乏考核记录。

没有对关键事件的记录、完成时限的记录、完成质量的记录，绩效沟通就没有针对性，无法具体总结过去工作的得失，造成沟通缺乏依据，流于形式。

（六）绩效管理制度不完善

制度是保障管理机制得以运行的基础。绩效管理制度大多注重绩效考核，在制度拟定时对绩效计划的制订、绩效计划执行与辅导、绩效评估等环节中的绩效沟通未加以明确，也没有将绩效反馈面谈作为制度执行的重要一环加以强调，使绩效沟通无“法”可依，工作缺失或不到位。每逢考核，直接上级只针对员工提交的考核表进行评分，缺乏与员工的沟通。

三、绩效沟通风险防控

（一）明确绩效沟通的内容

对于管理者和员工来说，绩效沟通的最终目的都是提高员工的工作绩效，持续有效的绩效沟通是他们共同需要的，所以沟通的具体内容也要根据双方的需要来确定。

在沟通开始之前，管理者应该考虑以下问题：①我必须从员工那里得到哪些信息，以帮助他们更好地协调下属员工的工作，并在必要的时候向上级汇报；②我必须提供给员工哪些信息和资源，以帮助他们完成工作。对管理者而言，如果不能掌握最新的情况，可能会面临许多不必要的麻烦。在一些情况下，管理者还应该有意识地收集一些绩效评价和绩效反馈时需要的信息，这些信息将帮助管理者更好地履行他们在绩效评价中担负的职责。

员工应该考虑：①我必须从管理者那里得到什么样的信息或资源；②我必须向管理者提供哪些信息，以保证更好地完成工作目标。员工通过与管理者的绩效沟通，可以了解到自己的表现获得了什么样的评价，以便保持工作积极性，并且更好地改进工作。员工还需要通过这种沟通了解管理者是否知道自己在工作中遇到的各种问题，并从中获得有关如何解决问题的信息。当工作发生变化时，员工能够通过绩效沟通了解自己下一步应该做什么或者应该着重做什么。

通过对以上问题的回答，管理者能够更好地明确绩效沟通的内容，这是确定绩效沟通内容的一个非常实用的思路。通过绩效沟通，管理者和员工应该能够回答以下问题：①工作进展情况如何。②绩效目标和计划是否需要修正；如果需要，如何进行修正。③工作中有哪些方面进展顺利，原因是什么。④工作中出现了哪些问题，原因是什么。⑤员工遇到了哪些困难，应如何帮助他们克服困难。

（二）采取多元化绩效沟通方式

绩效沟通是一个充满细节的过程。管理者与员工的每一次交流（不论是书面的还是口头的）都是一次具体的沟通。沟通有各种各样的方式，每种方式都有其优点和缺点，都有其适合的情境，关键是在不同的情境下选用适合的沟通方式。总的来说，绩效沟通可以分为正式的绩效沟通和非正式的绩效沟通两大类。非正式的绩效沟通是员工与管理者在工作过程中的信息交流过程。

1. 正式的绩效沟通

沟通方式主要有两种：正式的书面报告和管理者与员工之间的定期会面。其中，管理者与员工之间的定期会面又包括管理者与员工之间一对一的会面和有管理者参加的员工团队会谈。

（1）以正式的书面报告形式进行的绩效沟通。书面报告是绩效管理中比较常用的一种正式沟通的方式，主要是员工使用文字或图表的形式向管理人员报告工作的进展情况。书面报告可以是定期的，也可以是不定期的。定期的书面报告主要有工作日志（见表6—2）、工作月报（见表6—3）等。除了定期的书面报告之外，管理者往往还会要求员工就某些问题准备不定期的专项书面报告。

表6—2　　　　工作日志①

姓名：________　职位：________

所属部门：________　时间：____月____日

序号	开始时间	结束时间	所耗时间	工作活动内容
1				
2				
3				
…				

表6—3　　　　工作月报②

目标工作任务	现状	困难和问题	解决建议	重要的支持
1				
2				
3				
…				

书面报告的优点主要表现在以下几个方面：①简单易行，能在较短的时间内收集到大量的关于员工工作状况的信息。②培养员工理性、系统地考虑问题，

①② 武欣. 绩效管理实务手册［M］. 北京：机械工业出版社，2005：121.

提高工作的逻辑性。③锻炼员工的书面表达能力，提供文字记录，避免进行额外的文字工作。④当管理者和员工由于某些客观原因无法见面时，书面报告的方法非常适用。

书面报告的缺点主要表现为：①由于不需要双方之间面对面的会谈，沟通成为一种单方向的信息流动，缺乏双向交流。②大量的文字工作容易使沟通流于形式，员工也会由于书面报告浪费时间而感到厌烦。③仅仅是单个员工和管理者之间的信息交流，没有在团队中实现信息共享。

为了弥补书面报告方法的缺点，管理者主要可以从以下几个方面着手：

第一，将书面报告方法与面谈、会议或电话等口头沟通方式结合在一起，将单向的信息沟通转变为双向的信息沟通。例如，当管理者通过报告中提供的信息了解到工作进程中发生的某个问题时，管理者就可以到工作现场指导员工解决这个问题，或通过面谈与员工进行交流，共同寻求解决问题的途径。

第二，简化书面报告中的文字，只保留必要的报告内容，避免烦琐、官僚的形式。管理者可以设计出一个统一的样表，以方便员工填写。

第三，充分利用现代化的信息交流手段，例如，网络和办公系统，使书面报告的交流速度和效率提高，增强实时性。

第四，管理者应该让员工有机会决定他们应该在报告中写些什么，而不应由管理者一厢情愿地决定。

（2）以定期会面形式进行的绩效沟通。如上所述，书面沟通无法提供面对面的交流机会，面对面的沟通具有不可替代的作用。这种沟通可以提供更加直接的形式，可以满足团队交流的需要，而且还有助于在管理者与员工之间建立一种亲近感。这一点对于培育团队精神、鼓励团队合作是非常重要的。

最常见的形式就是管理者与员工之间一对一的会面。在每一次会面的开始，管理者应该让员工了解到这次面谈的目的和重点。由于是一对一的会谈，管理者应该将会谈内容集中在解决员工个人面临的问题上，使会谈更具实效。也就是说，应该将内容集中在调整员工的工作计划、解决员工个人遇到的问题上。

一对一会面绩效沟通的优点主要表现在：①面谈的方式可以使主管人员与员工进行比较深入的沟通。②面谈的信息可以保持在两个人的范围内，可以谈论比较不易公开的观点。③通过面谈，会给员工一种受到尊重和重视的感觉，比较容易建立管理者与员工之间的融洽关系。④管理者在面谈中可以根据员工的处境和特点，有针对性地给予帮助。

在进行一对一面谈的过程中应该注意以下问题[①]：

---

① 武欣. 绩效管理实务手册［M］. 北京：机械工业出版社，2005：126.

第一，力图通过面谈使员工了解组织的目标和方向。面谈不仅仅停留在员工个人所做的工作上，而是要让员工知道他们个人的工作与组织目标有什么样的联系，这样有助于使员工做出与组织目标相一致的行为。

第二，在一对一面谈的过程中，管理者应该更多地鼓励员工进行自我评价和报告，然后再进行评论或提出问题。如果问题是显而易见的，就应该鼓励员工尝试着自己找出解决问题的方式。另外，管理者应该在面谈的最后留出足够的时间让员工有机会说说想说的问题。员工是最了解工作现场情况的人，从他们口中了解情况是非常重要的。

第三，在面谈中，管理者还应该注意记录一些重要的信息，特别是在面谈中涉及一些计划性的事务时就更应如此，以防止过后被遗忘。

不论是书面报告还是一对一的双方会谈，一个共同的缺陷就是：涉及信息只在两个人之间共享。如果员工所处的是一个以团队为基础的工作环境，那么这两种方式都不能够实现沟通的目的。这时，我们需要采用一种新的方式——有管理者参加的员工团队会谈。

由于员工是以团队的形式参加会谈的，选择恰当的交流内容就变得更为重要了。不恰当的内容会浪费更多人的时间，而且可能造成员工之间不必要的摩擦或矛盾。这时就要求管理者对于哪些信息需要共享做出判断。

在团队会谈中需要把握以下原则：

首先，注意会议的主题和频率，针对不同的员工召开不同的会议。团队会谈更要注意明确会议重点，控制会议的进程，管理者可以要求每个人都介绍一下工作的进展和遇到的困难，可以使用一些结构化的问题提纲和时间表来控制进程。如果找到了问题并能够很快地解决，就应立即安排到人，以确保问题得到及时解决。如果问题的解决方法不能在规定的时间内得出，可能的解决方式是：计划开一个规模更小的小组会或要求某个人在规定时间内草拟一份方案等。不能由于个别难以解决的问题而影响整个会谈的进度。

其次，合理安排时间，以不影响正常工作为宜。团队形式的会议意味着更多的时间和更大的复杂性。而且，要确定出一个适合所有人的开会时间有时也不是件容易的事情。对于较小的团队，这种问题还比较好解决，如果涉及的团队较大，这种会议就不能过于频繁。有时可以采用派代表参加的方式来解决这个问题。

最后，在会议上讨论一些共同的问题，不针对个人。涉及个人绩效方面的严重问题不应轻易成为团队会谈的话题。任何人都有犯错的时候，这种公开的讨论是最严厉的惩罚。不同的文化背景决定了人们对于这种情况的承受能力和接受能力。在通常的情况下，这种针对个人的绩效警告应该在私下进行。

除上述三点之外，还需要运用沟通的技巧形成开放的沟通氛围，并且鼓励员工自己组织有关的会议，邀请管理人员列席会议。在团队的工作环境中，员工与员工在工作中相互关联并发生影响。每个员工都能够自然地了解和掌握其他员工的工作情况，而且每个员工都能够通过解决大家共同面对的问题提高个人的绩效乃至团队的绩效。因此，群策群力是最好的解决问题的方式之一。

2. 非正式的绩效沟通

进行持续有效的绩效沟通，除了上面介绍的正式沟通方法之外，还有大量使用的非正式沟通方法。管理者和员工之间的绩效沟通并不仅仅是事先计划好的或者必须采取的正式会面或书面的形式。事实上，管理者和员工在工作过程中或工作之余的各种非正式会面为他们提供了非常好的沟通机会。采用非正式沟通更容易让员工开放地表达自己的想法，沟通的气氛也更加宽松。

非正式沟通的优点主要表现在：①形式丰富多样、灵活，不需要准备，也不受时空限制。②及时性。在问题发生后马上就可以进行，从而使问题很快得到解决。③更容易拉近管理者和员工之间的距离。

常见的非正式沟通方式主要有：

（1）走动式管理。指管理者在员工工作期间不定期地到员工的办公地点与员工进行交流，或者解决员工提出的问题。这种及时的问候和关心会使员工减轻压力，受到激励和鼓舞。但是，管理者应注意不要对员工的具体工作行为过多地干预，否则会给员工一种突击检查的感觉，反而使他们产生心理压力和逆反情绪。

（2）开放式办公。指管理者的办公室随时向员工开放，员工可随时进入办公室与管理者讨论问题。这种方法的最大优点就是使员工处于比较主动的位置，增强了沟通的主动性，同时也使整个团队的气氛得到改善。

（3）工作间歇时的沟通。管理者可以在各种工作间歇时与员工聊一些较为轻松的话题，从中发现工作中的一些问题，并且尽量让员工主动提出这些问题。

（4）非正式的会议。主要包括联欢会、生日晚会等各种形式的非正式的团队活动。管理者可以在轻松的气氛中了解员工的工作情况和需要帮助的地方。同时，这种以团队形式举行的聚会也可以发现一些团队中存在的问题。

目前，越来越多的组织开发了自己组织内部的局域网，员工可以通过在网上留言与管理者和其他员工探讨工作中的各种问题。在这种情况下，非正式绩效沟通也可以是书面形式的。但是，更普遍的非正式绩效沟通还是员工与管理者之间面对面的交流，面谈是管理者与员工之间最主要的沟通方式。

第六节 绩效评价结果应用风险与防控

如果绩效评价结果没有得到相应的应用，在组织中就会出现绩效管理与人力资源管理其他环节（晋升、调动、培训、薪酬等）脱钩的情况，产生绩效管理“空转”现象。员工会认为评价只是例行公事，对自己没有什么影响，从而使绩效管理失去应有的作用。

一、绩效评价结果应用风险分析

（一）管理者对绩效考核结果的运用缺乏足够重视

管理者心目中的考核无非是奖优罚劣，亦即传统的“胡萝卜加大棒”。一些管理者特别是高层领导，除了对以选拔干部为目的考核较为重视以外，对工作中员工的绩效并不重视。在他们看来，考核仅仅是人事部门的例行工作罢了，与其他人事工作也没有必要联系，更与经济效益和发展不沾边。在这种错误认识下，管理者容易在考核工作中违背本应遵循的原则，甚至错误地执行考核结果，员工则会惧怕、逃避和拒绝考核，从而给组织带来不应有的管理矛盾，最终会影响员工的士气和组织战略。这种错误认识产生的主要原因在于管理者没有明确绩效考核的最终目的，也就谈不上对绩效考核结果的合理运用了。

（二）绩效考核过程中出现的问题导致考核结果无法运用

考核的过程就是比较的过程，是收集信息与考核标准进行客观对比的过程。由于在考核过程中存在的种种问题，使得考核结果不准确，产生了偏差。比如，一直被评价为“工作出色”的部门，员工的工作成绩大家有目共睹，但是考核结果反而不如其他被评为“表现一般”的部门。原来是部门主管打分时标准过高、尺度过严。再比如，“老好人”现象：一场考核下来，满眼 90 多分甚至满分，几乎都是优秀，大家你好我好他也好，彼此没有任何差异性。还有无根无据不公平的考核，等等。考核结果不符合实际，也就无法正确地运用结果。

（三）绩效考核结果没有与薪酬、晋升和培训挂钩

在人力资源管理中，绩效评价对于人员的培训与发展、薪酬调整和晋升调岗，都具有非常重要的参考价值，是进行人事决策的基础，但是，很多组织在

进行制度设计时并没有将其与薪酬、晋升和培训等关联。久而久之，绩效考核工作就流于形式，导致了广大员工对待绩效管理的积极性不高，甚至有抵触情绪。

二、绩效结果应用风险防控

在管理实践中，绩效评价结果主要用于两个方面：一是通过分析绩效评价结果，诊断员工存在的绩效问题，找到产生绩效问题的原因，制订绩效改进计划，以提高员工的工作绩效。二是绩效评价结果是其他人力资源管理子系统的决策依据，如招聘、晋升、培训与开发、薪酬等。

（一）绩效改进

绩效改进是指采取一系列行动提高员工的能力和绩效。绩效改进是这样一个过程：首先分析员工的绩效考核结果，找出员工绩效不佳的原因，然后再针对存在的问题制订合理的绩效改进计划。传统的绩效考核侧重于考核员工过去的工作绩效，而现代绩效管理则强调如何改进员工的绩效，使其未来有优异的表现，在员工个人获得发展的同时推动组织的发展，实现组织的战略目标。绩效改进计划是针对员工的绩效表现和评价结果，着眼于改进其绩效而制订的一系列具体的行动计划，是绩效计划的有力补充，体现了绩效管理注重评价和发展的核心思想。绩效改进的主要过程如下：

1. 绩效诊断和分析

绩效诊断和分析是绩效改进过程的第一步，也是绩效改进最基本的环节。在绩效反馈面谈中，主管和员工通过分析和讨论评价结果，找出关键绩效问题和产生绩效问题的原因，这是绩效诊断的关键任务。

绩效具有多因性的特征，绩效的多因性是指一个员工绩效的优劣并不是取决于单一因素，而是受制于来自主、客观方面的多种因素。因此，要想快速有效地诊断绩效问题，必须对影响绩效的因素有所了解，即对绩效的多因性特征有所了解。对于一名普通员工而言，影响其工作绩效的因素可能包括工作态度、工作环境、工作强度等种种主客观因素，但是，这些影响因素的作用并不总是一致的，在不同情景下，各类因素对绩效的影响各不相同。例如，某组织引入一套新的设备投入生产之后，员工的工作绩效不升反降，经过调查发现，原来是由于员工害怕引入新设备提高生产率导致组织裁员而有意怠工。该组织通过各种方式与员工进行沟通，解释了新设备投入使用的目的和必要性，排除了非正常裁员的顾虑，之后员工的工作绩效才有所提高。通过这个案例我们看到，只有在充分研究各种可能的影响因素的前提下，我们才能够找到问题的症结、对症下药。我们在研究绩效问题时，应该抓住目前影响绩效的众多因素中的关键因素，才能更有效地对员工绩效进行管理。这就是绩效的多因性及其对管理的启示。

根据学者们的研究，诊断绩效问题通常有以下两种思路：

（1）四因素法。四因素法主要是从知识、技能、态度和环境 4 个方面着手来分析绩效不佳的原因（见图 6—2）。其中，知识是指员工是否具备做这方面工作的知识和经验，技能则是指员工是否具备运用知识和经验的技能，而态度则代表员工是否有正确的态度和足够的自信心，环境则是指是否有不可控的外部障碍。

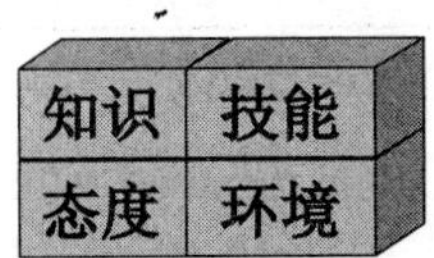

图 6—2 四因素法

（2）三因素法。三因素法提出从员工、主管和环境 3 个方面来分析绩效问题（见图 6—3）。其认为绩效未达到预期的水平，要综合考虑三方面的因素：在员工方面，可能员工所采取的行动本身是错误的，也可能是应该做的而没有去做。原因或由于主管的要求不明确，或因员工知识、技能不足，或因缺少动机等。在主管方面，可能是因为主管管理行为不当而导致下属能力无法发挥，或是主管没有帮助下属改进其工作。通常我们从两个方面分析主管的管理行为：一是主管做了不该做的事情，比如监督过严，施加不当的压力；二是主管没有做该做的事情，比如没有明确工作要求，主管没有对下属的工作给予及时有效的反馈，对下属的建议不予重视，不授权给下属，不给下属提供教育和培训的机会，不鼓励下属尝试新方法和技术。在环境方面，包括下属工作场所和工作气氛的因素，可能对员工绩效产生影响的方面有工具或设备不良，原料短缺，不良的工作条件（噪声、光线、空间和其他干扰等），同事关系紧张，工作方法或设备的改变造成下属工作困难等。

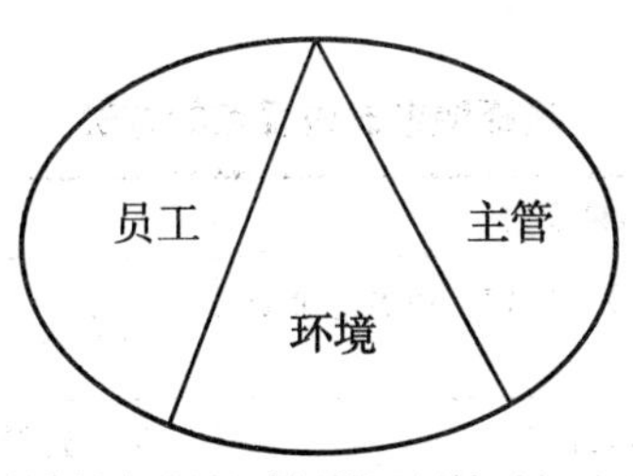

图 6—3 三因素法

两种分析思路各有特点，前者主要是从完成工作任务的主体来考虑，通过分析员工是否具备承担此项工作的能力和态度来分析导致绩效问题的原因，但容易造成管理缺位，即把员工绩效问题产生的原因归结为员工主观方面的问题，而忽视了管理者在产生绩效问题方面的责任，这样不利于找到真正原因，也不易被员工接受；后者从更宏观的角度去分析问题，较容易把握产生绩效问题的主要方面，认识到管理者在其中的责任，特别在我国企事业单位管理实践中更具有现实意义。

要想更加透彻、全面地分析绩效问题，必须结合以上两种思路，在管理者和下属充分交流的情况下，对造成绩效不良的原因达成一致意见（见表6—4）。

表6—4　　绩效诊断表

影响绩效的维度		绩效不良的原因	备注
员工	知识		
	技能		
	态度		
主管	辅导		
	其他		
环境	内部		
	外部		

2. 制订绩效改进计划

在对员工绩效问题进行诊断和分析之后，就进入制订绩效计划阶段，通常有以下几个步骤：

（1）选择绩效改进要点。通过绩效诊断环节，发现员工需要改进的地方可能很多，但最好能选取一项重要且易做的率先开始进行，如果同时进行，很可能由于压力大而导致失败。这种情况下就存在挑选绩效改进点的问题。

就这个问题，国内外有许多研究，比如塞莫·勒维就提出了一种两维的选择方法（见表6—5）。实际上，选择绩效改进点就是综合考虑每个拟选定项目所需的时间、精力和成本因素，选择用时较短、花费精力少及成本低的，也就是比较哪个项目更划算。

表6—5　　选择绩效改进要点的方法

绩效	不易改变	容易改变
急需改进	将其列入长期改进计划，或者与绩效薪酬一同进行	最先做
不急需改进	暂时不列入改进计划	第二选择（有助于其他困难的绩效改进）

（2）考虑解决问题的途径。经过绩效诊断和分析环节，选择了绩效改进点，

并对影响绩效的因素有了比较清晰的认识后，就要考虑解决问题的途径。员工本人可采取的行动包括：向主管或有经验的同事学习，观摩他人的做法，参加组织内外的有关培训，参加相关领域的研讨会，阅读相关的书籍，选择某一实际工作项目，在主管指导下训练等。主管可采取的行动包括：参加组织内外关于绩效管理、人员管理等培训，向组织内有经验的管理人员学习，向人力资源管理专家咨询等。在环境方面，管理者可以适当调整部门内的人员分工或进行部门间人员交流来改善部门内的人际关系氛围，在组织资源允许的情况下尽量改善工作环境、改善工作条件等。

（3）制订绩效改进计划。制订绩效改进计划，实际上就是具体规划应该改进什么、做什么、由谁来做、何时做以及如何做的过程。一般绩效改进计划的主要内容包括：员工基本情况、直接上级的基本情况，以及该计划的制订时间和实施时间；根据上个绩效评价周期的绩效评价结果和绩效反馈情况，确定该员工在工作中需要改进的方面；明确需要改进和发展的原因，这一点是非常必要的。一般应该附上上一个评价周期中该员工在相应评价指标上的得分情况和评价者对该问题的描述或解释；明确写出员工现有的绩效水平和经过绩效改进之后要达到的绩效目标，并在可能的情况下将目标明确地表示为员工在某个绩效评价指标上的评价得分。

对存在的问题提出有针对性的改进措施，措施应当尽量具体，除了确定每个改进项目的内容和实现手段外，还需要确定每个改进项目的具体责任人和预期需要时间，有时还可以说明需要的帮助和资源。比如，就某一方面进行培训，应当列出建议接受培训的形式、内容、时间、责任人等。对特殊的问题还应提出分阶段的改进意见，使员工分步骤逐步改进绩效。

此外，绩效改进计划应当是在管理者和员工充分沟通的基础上制订的。单纯按照管理者的想法制订绩效改进计划可能使改进项目脱离实际，因为管理者并不一定很确切地知道每个员工的具体问题，管理者认为应该改进的地方可能并不是员工真正需要改进的地方。另一个极端是单纯按照员工的想法着手制订计划，虽然可以激发员工的积极性，但是有可能避重就轻，漏掉重要的项目，所以应当让管理者和员工就这一问题进行商讨，这也是绩效反馈面谈的主要目标之一，只有这种建立在交流基础上的方案，才能有效地实现绩效改进的目的。

3. 绩效改进计划的实施和评价

在制订了绩效改进计划之后，管理者应该通过绩效监控和沟通，实现对绩效改进计划实施过程的控制。这个控制的过程就是监督绩效改进计划是否能够按照预期的计划进行，并根据被评价者在绩效改进过程中的实际工作情况，及时修订和调整不合理的改进计划。管理者应当督促员工实现绩效改进计划的目标，并且主动与员工沟通，了解员工在改进过程中是否遇到了困难和障碍，需要管理者提供什么样的帮助。

绩效改进计划作为绩效计划的补充，同样需要评价和反馈。绩效改进计划的完成情况反映于员工在前后两次绩效评价中得到的评价结果中。如果员工在前后两次绩效评价中得到的评价有显著的变化，后一次绩效有明显提高，那么就可以说明绩效改进计划取得了一定的成效。

（二）绩效评价结果在各人力资源管理职能中的运用

绩效评价与各人力资源管理职能之间存在着非常密切的关系，绩效评价的结果可以作为人力资源管理系统中的招募与甄选环节、培训开发环节、职位变动与解雇退休环节以及薪酬福利环节的决策依据。

1. 用于员工报酬的分配和调整

薪酬是指员工因雇佣关系的存在而从雇主那里获得的所有各种形式的经济收入、有形服务以及福利。薪酬主要包括 4 种形式：基本工资、绩效工资、奖金和奖励、福利和服务。

目前，比较盛行的制定薪酬体系的原理是 3P 模型，即以职位价值决定薪酬（Pay for Position）、以绩效决定薪酬（Pay for Performance）和以任职者的胜任力决定薪酬（Pay for Person）的有机结合。绩效是决定薪酬的一个重要因素。在不同的组织中，对不同性质的职位、不同的薪酬体系，绩效所决定的薪酬成分和比例是有区别的。一项好的薪酬制度应该由相对稳定的部分（基本工资）和相对动态的部分（绩效工资、奖金、绩效加薪）组成。通常来说，职位的价值决定了薪酬中比较稳定的部分，绩效则决定了薪酬中一些变化的部分，如绩效工资、奖金等。① 我们一般将这种与绩效管理结果相联系的薪酬方案称为绩效薪酬方案。只有将绩效管理的结果与人们所获得的回报挂钩，才能够使绩效管理真正发挥应有的作用。

对于绩效薪酬方案是否能够起到期望的作用，实践中情况各异，人们也有着不同的看法。现实中有许多组织单纯地使用以职位为基础的薪酬制度和以个人为基础的薪酬制度（包括以能力为基础的薪酬制度和以技术为基础的薪酬制度），而有意将绩效管理与薪酬福利制度脱钩。这是因为在将绩效与薪酬相联系的实践中，人们遇到了困难：在绩效与薪酬相联系的情况下，人们往往会忽视绩效管理的开发目的，绩效管理成为简单的管理手段，只是用于做出有关薪酬支付等方面的管理决策。如何更好地解决这一问题，目前尚没有公认的最好做法。目前主流观点认为绩效管理系统的设计应该与薪酬系统的设计保持逻辑上

---

① 杜映梅. 绩效管理［M］. 北京：对外经济贸易大学出版社，2003：26-27.

的一致。但绩效管理制度与薪酬制度是否挂钩，在很大程度上会影响员工对于组织文化与价值观的看法，因此，必须慎重地做出有关这两个制度的关系的决策。

2. 用于人员招募与甄选

招募是指组织以发现和吸引潜在员工为目的而采取的所有行动的总称，而甄选是组织通过运用一定的工具和手段来对已经招募到的求职者进行鉴别和考察，区分他们的人格特点与知识技能水平，预测他们未来的工作绩效，从而最终挑选出组织所需要的、恰当的职位空缺填补者的过程。招募甄选工作效果决定了组织人力资源的初始质量，是人力资源管理决策中最困难也是最重要的决策之一。有效的招募与甄选的目标是使个人的特点（能力、经验等）与工作要求相匹配，如果人员配置不当，员工的工作绩效和满意度都会受到不利影响。

通过绩效管理制订的开发计划为组织提供了在不久的将来需要掌握哪些技能方面的信息，这些信息可以为组织的招募决策提供依据。当一个组织考虑具有哪些技能的人才需要从组织外部引进，而具有哪些技能的人才则可以从组织内部挖掘的时候，对组织当前以及未来人才储备状况的了解就显得非常重要。[①]绩效评价的结果可能会促使组织做出进行招募活动的决定。组织通过分析员工绩效评价的结果可能发现存在的诸多问题。当问题出现在现有员工能力和态度上有所欠缺方面，如果考虑到培训成本或者培训时效无法满足需要时，组织就要制订相应的招聘计划；如果通过分析绩效评价的结果，发现问题不在于现有员工的能力和态度，而是工作量过于饱和，即现有的人力资源数量无法满足完成工作任务的需要，组织也会做出招聘新员工的决策。

从录用的角度来看，在人员甄选过程中经常会发生两类错误：一是选拔录用了本该淘汰的人（我们称之为“错误的选拔”）；二是淘汰了本该选拔录用的人（我们称之为“错误的淘汰”）。其原因是组织的甄选系统缺乏预测效度。如果在甄选测试中成绩最好的人也是最可能在工作中取得成功的人，同时在甄选测试中成绩最差的人也是不可能胜任工作的人，就说明这一甄选过程具有较高的预测效度；相反，如果甄选测试成绩较好的人，日后的工作表现（即员工的绩效）却不好，而甄选成绩较差的人，日后的工作表现（即员工的绩效）却较好，则说明目前的甄选系统缺乏预测效度。检验甄选系统是否具有较高的预测效度，其依据就是员工绩效评价的结果。运用员工绩效评价的结果检验组织现有甄选系统的预测效度，并不断探索和开发更加适合本组织特点的甄选方法，是人力资源专业人员的一项非常重要的工作。

3. 用于人员培训与开发决策

人力资源开发是组织通过培训和开发项目改进员工能力水平和组织业绩的

① 赫尔曼·阿吉斯. 绩效管理［M］. 北京：中国人民大学出版社，2008：22.

一种有计划的、连续性的工作。培训的主要目的是使员工获得目前工作所需的知识和能力，帮助员工完成好当前的工作，而开发的主要目的是使员工获得未来工作所需的知识和能力，帮助员工胜任组织中其他职位的工作需要，并且通过提高能力来使他们能够承担起一种目前可能尚不存在的工作。由于开发是以未来为导向的，因此，在开发过程中所学习的东西并不一定与员工当前所从事的工作有关。提供培训开发机会已成为组织总体报酬体系中的一个重要组成部分。

绩效管理与培训开发之间的关系是双向的。不论是培训开发还是绩效管理，都是一种对员工的行为进行引导的机制，只是这两种机制发生作用的方式和时机不同。

绩效管理的目的中包括开发目的，即了解员工目前绩效状况中的优势与不足，进而改善和提升绩效，因此培训与开发的手段是在绩效评估之后的重要工作。[①] 人员开发并不是盲目的开发，而是有目标的开发，这种目标在一定程度上是依据绩效管理的结果得以确定的。在绩效评估之后，主管人员往往需要根据员工的绩效现状，结合他们个人的发展愿望，与员工共同制订绩效改善计划和未来发展计划。人力资源管理部门则根据员工目前绩效中有待改善的方面，设计整体的培训开发计划，并帮助主管和员工共同实施培训开发。由此可见，绩效管理为确定员工的开发需要提供了信息。如果没有一套良好的绩效管理体系，一个组织就无法知道自己是否能够以一种最有效的方式来利用自己的培训资源（也就是说，是否向那些处于最为关键的领域中，同时最需要接受培训的人提供培训）。根据绩效评价的结果，人力资源管理人员在设计培训开发计划时也能够有的放矢，从而提高培训开发的有效性。另外，人力资源管理人员往往通过对比受训者在培训前后的绩效表现对培训开发手段的效果进行评价，不断对培训方案进行调整，从而提高培训有效性。

培训开发也会对绩效管理产生影响。正是由于在绩效管理中发现员工存在能力不足才需要进行相应的培训开发，因此，当员工某一方面的技能得到了充分提高，则绩效管理中相应的评价指标就可能不再有存在的必要或应当通过调整评价的权重引导员工努力提高其他的关键技能。绩效管理与培训开发作为整个人力资源管理系统中的两个重要的行为引导机制，应该向员工发出相同的“信号”，从而强化行为引导的效果。

4. 用于职位变动与解雇、退休

职位变动包括职位晋升和职位调动。职位晋升是一种常用的激励手段。做出晋升决策的方式将影响到员工的工作动力、工作绩效以及献身精神。另一种

---

① 武欣. 绩效管理实务手册［M］. 北京：机械工业出版社，2005：34.

职位变动是职位调动，它是指在不改变薪资或薪资等级的情况下，从一种工作换到另外一种工作。发生职位调动的原因有几种，员工有可能会从以下几个方面的愿望出发要求调动工作：丰富个人的工作内容，从事自己更有兴趣的工作，从事能够为个人提供更大便利条件（比如，更好的工作时间、工作地点等）的工作或者能够提供更大发展潜力的工作。调动越来越成为组织为那些在组织中无法得到晋升的员工提供的实现工作多样化，从而实现自我成长的手段。

解雇是指员工与组织的雇佣关系的非自愿性终止。解雇应当是正确的、有充分理由的，而且，只有在采取了所有帮助或挽救该员工的适当步骤均告无效的情况下才应采取。一般情况下，解雇可能有以下几个原因：工作业绩不合要求，行为不当，缺乏从事本职工作的资格，工作要求改变等。工作业绩不合要求可界定为：一直没有完成指定任务或一直不符合规定的工作标准。具体的原因包括旷工过多，行动迟缓，一直不符合额定的工作要求，对组织、主管或同事持反感的态度等。行为不当可界定为：蓄意、有目的地违反雇主的规定，可能包括偷盗、吵闹和不服从。缺乏从事本职工作的资格界定为：某员工虽然很勤奋，但没有能力从事指定的工作。在这种情况下，因为该员工可能在努力工作，所以尽一切努力帮助他（她）尤其重要。工作要求改变可界定为：在工作性质改变以后，员工没有能力从事指定的工作。同样，在其本职工作被取消时，员工可能被解雇。这里再强调一下，该员工可能很勤恳，因此，如果可能，应尽一切努力留住这个人，给他（她）调动工作。

与解雇不同，退休是一个人停止自己工作的时间点。对大多数员工来说，退休是一种苦乐交织的体验。对一些人来说，它是他们职业生涯的终点，他们可以休养，享受他们的劳动成果，不必再为工作的问题担忧了。而对另一些人来说，退休本身就是一种创伤，由忙忙碌碌到无所事事，会产生无限的惆怅。事实上，对于许多退休者来说，如何在没有工作的状况下保持有身份和自我价值的感觉是面临的一个最重要的任务。越来越多的雇主视其为职业管理中员工顺利成长的最后一个步骤，正在努力帮助他们的退休人员解决此问题。

绩效管理的结果会影响职位变动和解雇退休方面的决策。当绩效管理中发现员工无法胜任现有的工作时，绩效管理的结果便可能成为职位变动或解雇、退休的依据之一。另外，绩效管理对职位变动的影响还表现在可以从绩效管理的结果中发现该员工的长处，根据各个职位对人员的不同要求为他（她）选择一个更适合的职位，并通过绩效管理的结果检验职位变动决策是否达到了预期的效果。

第七节　末位淘汰制风险与防控

末位淘汰制是一种绩效管理方式，意在最大限度地挖掘员工潜力，达到个人绩效的最大化。通过末位淘汰制，可以激励员工并精简机构，有效分流。但是，随着末位淘汰制在众多企事业单位中的广泛应用，其在是否合法合理的问题上也被人诟病。末位淘汰制的实行使得被淘汰的劳动者和单位发生争议的情况越来越多，实行末位淘汰制也存在着诸多风险。

一、末位淘汰制风险点

（一）末位淘汰制的法律风险

首先是关于末位淘汰制本身是否是一项合法的内部管理制度。用人单位普遍认为，劳动合同中约定制定规章制度是法律赋予用人单位的权利，所以用人单位可以根据自己的实际需要单方制定内部规章制度，劳动者对本单位的劳动规章制度应无条件地执行。其次是涉及以“末位”作为解除或终止劳动合同的理由是否合法。不少用人单位认为，一旦将末位淘汰制写入劳动合同作为解除或终止合同的约定条件，用人单位就可以随时以劳动者处于末位而与其终止劳动关系，为此不用承担任何补偿性义务。

按照我国《劳动法》的立法精神，劳资双方建立劳动关系时以自由平等为立法原则。劳资双方建立劳动关系签订劳动合同是双方的法律行为，是建立在双方自愿的基础上的行为，一旦订立就对当事人双方产生约束力。但劳资关系解除或终止则采用倾斜保护的立法原则，通过倾斜保护矫正劳动关系事实上的不平等而实现法律的公平价值。倾斜保护原则在劳动关系解除过程中具体表现为用人单位单方解除劳动合同的受限制性，也就是在劳动合同期限未满之前，用人单位单方解除合同必须要有法定的理由，否则视为违法。

（二）末位淘汰制的管理风险

1. 淘汰标准的制定与考核难度的矛盾

实行末位淘汰制是以工作绩效为标准的，而一个人工作绩效的高低既受到技能和激励的内因影响，又受到环境和机会外因影响，具有多因性、多维性和动态性的特点。这就要求管理者对下级进行绩效考核时，应做到全面、发展、多角度和权变，力戒主观、片面和僵化，而这一点很难做到。许多无形因素，如客观环境、人际关系、家庭成员和社会影响等，或被强化或被忽略。定优劣的标准失衡，容易造成被淘汰者的不公平感。

2. 对员工的不利影响

（1）对员工易造成不良的心理影响。末位淘汰制使被评价的员工对自己的工作状况和成绩处于一种不确定状态，因为无论工作努力程度如何，都有可能成为组织内同岗位的最后一名而被淘汰。

（2）造成员工之间关系紧张，引起员工的不满，不利于团队建设。同样是因为外界不可抗力的原因，使能力平平者排在前面，这就有失公平，引起员工之间关系紧张。

3. 对组织的不利影响

（1）加大了员工的离职率，丧失优秀的员工。不管员工多么努力工作，仍有可能因是组织内同岗位的最后一名而被淘汰，从而加大了员工的职业风险。在这种情况下，只要稍有时机，员工就会跳槽而去。组织淘汰的员工虽是组织内能力最差的，但却有可能是同行业内的佼佼者。有时候，由于组织员工的整体水平很高，往往招来的新人的水平与原有员工的能力相同甚至不及，而且组织还要对其进行工作环境适应性培训，无形中增加了成本。

（2）增加人员成本。该成本至少包括以下几项：其一，选择和聘用新员工的费用；其二，为使新员工适应本单位的工作，需要支付一定的培训费用；其三，新员工尚未适应期间，对组织的工作会造成一定的损失；其四，为了使被辞退的员工满意而去，组织也需要花费一定的费用。

从现实的角度看，目前使用末位淘汰制效果不太理想。就末位淘汰制本身而言，它并不是一种积极的员工激励制度。末位淘汰制用相对标准而非绝对标准去考核员工的绩效，造成的结果不是鼓励员工向绝对标准靠拢，而是强调同事之间的竞争，至于是恶性还是良性竞争，视组织文化而定。

二、末位淘汰制风险分析

（一）末位淘汰制的法律风险分析

末位淘汰制中，用人单位与劳动者解除劳动合同时，若只是简单基于劳动者的工作表现是不能成为法律依据的，所以，组织推行以解除与劳动者的劳动关系为目的的末位淘汰制，具有违法的可能性。具体分析如下：

第一，末位淘汰制的性质属于单方解除劳动合同。

《劳动合同法》第三条规定：“订立劳动合同，应当遵循合法、公平、平等自愿、协商一致、诚实信用的原则。依法订立的劳动合同具有约束力，用人单位与劳动者应当履行劳动合同约定的义务。”劳动合同双方根据各自所需来约定相关的权利和义务，应当在劳动合同中就变更或解除合同的情况做出约定。并且，订立、变更、解除劳动合同本是双方协商后共同的法律行为，用人单位以员工的工作业绩排在末位为由做出解除劳动合同的决定，属于用人单位单方面要求解除劳动合同的情况。按照我国现行的《劳动合同法》规定，用人单位单方解除劳动合同必须符合法定条件。

第二，末位淘汰制不属于用人单位单方解除合同的法定条件。

《劳动合同法》第三十九条规定，劳动者有下列情形之一的，用人单位可以解除劳动合同：①在试用期间被证明不符合录用条件的；②严重违反用人单位的规章制度的；③严重失职，营私舞弊，给用人单位造成重大损害的；④劳动者同时与其他用人单位建立劳动关系，对完成本单位的工作任务造成严重影响，或者经用人单位提出，拒不改正的；⑤因本法第二十六条第一款第一项规定的情形致使劳动合同无效的；⑥被依法追究刑事责任的。显而易见，末位淘汰制不在上述条件的范围内，不属于法定解除劳动合同的理由或客观情况。有的用人单位将“末位”直接定义为规章制度中的“严重违纪”情形，以严重违纪为由解除员工的劳动合同，但法律讲究的是概念的精确性，排名“末位”属于相对的工作能力较差问题，而严重违纪属于道德品行问题，二者是不同的概念，所以末位淘汰制不能成为解除劳动合同的法定理由。

第三，末位淘汰制也不属于劳动合同的终止条件。

2008 年我国实施的《劳动合同法》对比《劳动法》中关于劳动合同终止条件的规定，特别删去“双方当事人可约定劳动合同的终止条件”。《劳动合同法》第十三条规定：“用人单位与劳动者不得在劳动合同法第四十四条规定的劳动合同终止情形之外约定其他的劳动合同终止条件。”第四十四条规定，有下列情形之一的，劳动合同终止：①劳动合同期满的；②劳动者开始依法享受基本养老保险待遇的；③劳动者死亡，或者被人民法院宣告死亡或者宣告失踪的；④用人单位被依法宣告破产的；⑤用人单位被吊销营业执照、责令关闭、撤销或者用人单位决定提前解散的；⑥法律、行政法规规定的其他情形。因此，用人单位与劳动者终止劳动合同只能依据以上列举的情形，不能把“末位淘汰”作为合同终止的条件。

第四，末位淘汰制不具有依约或依法解聘员工的效力。

《劳动合同法》第四十条第三项规定，劳动合同订立时所依据的客观情况发生重大变化，致使劳动合同无法履行，经用人单位与劳动者协商，未能就变更劳动合同内容达成协议的，用人单位提前三十日以书面形式通知劳动者本人或者额外支付劳动者一个月工资后，可以解除劳动合同。规定中所提及的“客观情况发生重大变化”，是指那些无法预见、无法避免、无法克服的不可抗力的情况，使得原劳动合同部分甚至全部条款不能履行，如用人单位被兼并，用人单位资产转移等。而末位淘汰制度属于用人单位内部规章，没有经过劳动合同双方的约定，不具有依约或依法解聘员工的效力。

第五，约定末位淘汰相关条件的劳动合同为无效合同。

根据《劳动合同法》第二十六条规定，下列劳动合同无效或者部分无效：①以欺诈、胁迫的手段或者乘人之危，使对方在违背真实意思的情况下订立或者变更劳动合同的；②用人单位免除自己的法定责任、排除劳动者权利的；③违反法律、行政法规强制性规定的。如果用人单位将末位淘汰制作为约定解除或终止合同的条件写入劳动合同中，该约定条款是用人单位为了免除相关责任，那么末位淘汰制度就违反了法律、行政法规的强制性规定，不属于解除或终止合同的合法条件。也就是说，即使该劳动合同经双方签订也不具有法律效力，属于无效合同。

第六，末位淘汰制在操作程序上有违法可能性。

《劳动合同法》第四十条第二项规定，劳动者不能胜任工作，经过培训或调整工作岗位，仍不能胜任工作的，用人单位提前三十日以书面形式通知劳动者本人或者额外支付劳动者一个月工资后，可以解除劳动合同。这一规定提到了劳动者胜任力的问题。而“末位”并不等同于“不能胜任工作”，用人单位不能仅凭劳动者处于末位而解除与其签订的合同，因为当前的“末位”并不意味着会一直处于“末位”，而“末位者”经过培训也有可能变为“首位”，现任岗位上“末位”不等于在其他岗位上也是“末位”。如果一个劳动者完成了用人单位规定的劳动定额，则该劳动者虽处于末位，也不属于“不能胜任”情况。即使证实“不能胜任”，用人单位也应该通过培训或调整岗位再次考查其胜任力，若仍“不能胜任”才能在提前三十日书面通知或额外支付一个月工资后，合法地与劳动者解除劳动合同。

根据以上分析可以看出，在末位淘汰制实施中，组织与员工解除合同如果仅仅是以员工工作表现的排序为依据，其法律效力是不足的，因此，对于组织来讲，采用末位淘汰制会有违法的可能性。

（二）末位淘汰制的管理风险分析

第一，末位淘汰制阻碍了部门和员工之间的协调配合。

在组织实行末位淘汰制的绩效考核过程中，尤其是对部门考核时，考核结果往往是最被看重的因素，但是，只重视考核指标或结果而忽视了部门之间的相互配合以及与组织战略的关系，容易使主要职能部门过分强调自己的专业地位和对组织的贡献，使部门负责人偏离组织的总体目标，使部门的努力变成一种相反的力量。例如，分公司与分公司之间，它们的关系应该是协调发展、相互促进发展，为总公司谋利益，而不是相互拆台、相互告状，但在末位淘汰制实施过程中就出现了后者的情况。从长远发展来看，虽然促进了分公司之间的竞争，但不利于总公司的整体发展。

同时，末位淘汰制等于将每个员工放到了残酷的竞争层面，使得他们彼此之间有了直接的利益冲突，每个员工都希望别人处于末位，这种思想在工作上就体现为相互猜疑和不合作，更不用谈知识技能和工作经验的分享，更有甚者还故意“破坏”同事的工作，这对于组织而言显然造成了负面影响。

第二，末位淘汰机制难以保证公正性。

人力资源管理的一个基本原则是，当一个员工的能力不足以胜任工作岗位，达不到岗位的绩效要求时应该被淘汰。末位淘汰制并没有遵循这个规则，它遵循的规则是，如果别人比你好，即使你能胜任工作，仍然要被淘汰。这显然是不合理的。现实中，如果一个部门的人都很优秀，排在最后的人被淘汰显然很可惜，因为他（她）是一名优秀的员工；而如果一个人所处的部门业绩比较差，其中一半的人都不合格，其结果也只有排在最后的员工被淘汰，这显然也不合理，因为没有被淘汰的员工其实也不合格。所以，末位淘汰制度给人一种“鞭打快牛”的感觉，对优秀的员工来说是不公平的。

并且，在一个组织内部，部门与部门之间的考核标准不尽相同，而考核指标也可能存在较大的主观性，难以确保考核机制的公平合理。

第三，实行末位淘汰制给员工带来不安全感，从而导致焦虑紧张，降低员工对组织的忠诚度。

主流管理理论认为，应强调“以人为本”，即以尊重人性，挖掘人的内在潜能为宗旨，努力创造一种宽松、信任的外部环境来充分发挥人的主动性、团队精神、责任感和创造性。末位淘汰制作为一种强势管理，主张通过内部的员工竞争来提高工作效率，员工所处的环境是高度紧张的，相对落后的员工最后像“垃圾”一样被淘汰出组织，这与以人为本所倡导的促进人的全面发展是相背离的，且与我国的文化传统不适应。

三、末位淘汰制风险防控

（一）末位淘汰制法律风险防控

从管理有效性角度考虑，末位淘汰制可以起到鞭策员工、实现人岗匹配、减少冗员、建立精英团队的作用。就组织管理工具本身来讲，末位淘汰制并不涉及道德问题，重要的是用人单位如何正确且合法有效地以《劳动法》《劳动合同法》相关规定为基础，使末位淘汰制度符合法律要求，更好地发挥其竞争效用。

第一，依法制定末位淘汰管理制度，并以取得员工同意的方式提升末位淘汰制的合法性。

末位淘汰制度属于用人单位的内部规章，如要具备法律效力，先要做到内容合法、程序合法。根据《劳动合同法》第四条的规定，用人单位制定规章制度应具备 3 个条件：①规章制度的内容要合法，即规章制度的内容不能与现行的法律法规、社会公德等相违背；②规章制度制定要经过民主程序，即用人单位制定规章制度必须要经过职工代表大会或职工大会，至少经过职工代表同意；③规章制度要向员工公示，即规章制度出台后要公开告知员工。上述 3 项条件缺一不可。如用人单位制定的规章制度不符合上述任何一项条件，则其不能成为合法有效的规章制度，也不能作为人民法院审理案件的裁判依据。因此，实行末位淘汰制之前，应结合整体绩效目标、绩效考核评估、绩效改进等内容，制定包括实行末位淘汰制的岗位（对象）、程序、淘汰形式等方面的书面标准（方案），充分征求员工意见，同时保证内容合法、程序合法、员工周知，才能使该项制度具有合法有效制约员工的法律效力。

第二，完善对低绩效员工的淘汰程序，避免直接解除劳动合同的淘汰方式。

签订并履行劳动合同是用人单位和员工的双方法律行为，合同一旦订立，就对双方当事人产生了法律约束力。通过前面对现行《劳动合同法》关于用人单位单方解除劳动合同的法定条件的介绍，在合同期限未满前，任何一方要想解除劳动合同，都必须有法定或约定的理由，否则即属违法。如果劳动者确因不能胜任工作，经过培训或者调整工作岗位后仍不能胜任工作，用人单位在提前三十日以书面形式通知本人后，可以解除劳动合同。只有经过上述程序，证实员工无法胜任工作时，才考虑予以辞退。组织须完善绩效考核和员工培训方面的相关配套制度。

第三，注意特殊劳动者的例外情况。

根据《劳动合同法》四十二条的规定，劳动者有下列情形之一的，用人单位不得依照本法第四十条、第四十一条的规定解除劳动合同：①从事接触职业病危害作业的劳动者未进行离岗前职业健康检查，或者疑似职业病病人在诊断或者医学观察期间的；②在本单位患职业病或者因工负伤并被确认丧失或者部分丧失劳动能力的；③患病或者非因工负伤，在规定的医疗期内的；④女职工在孕期、产期、哺乳期的；⑤在本单位连续工作满十五年，且距法定退休年龄不足五年的；⑥法律、行政法规规定的其他情形。因此，对上述特殊情况的劳动者，用人单位不能以“不能胜任”为由解除劳动合同。

（二）末位淘汰制的管理风险防控

第一，根据组织的实际情况决定是否采用末位淘汰制。

如果一个组织人浮于事、人员过剩，管理没有达到健康有序的状态，那么实施末位淘汰制是适合的；但一个实施现代管理制度的组织，人员精干、素质较高，机构精简、具有活力和创造力，如果推行末位淘汰制度，被淘汰的员工有可能比同类组织优秀员工还具有竞争力，末位淘汰制造成的职位空缺由于难以迅速地从人才市场得到补充，从而造成组织的损失。

第二，末位淘汰制不一定在一个组织内全面实施，可以选择一个部门或几个部门施行。

组织各个部门的工作性质和人员组成差异较大，管理者可以根据各个部门的实际情况决定是否采用末位淘汰制。一般来说，末位淘汰制适合在提倡竞争的部门或者员工经常流动对正常业绩影响不大的部门实施，比如销售部门和技能水平要求不太高的部门。但在一些强调合作的部门或技术水平要求较高的部门，如研发部门，运用末位淘汰制的风险就比较大。

第三，末位淘汰制必须以有效的绩效考核为基础。

没有有效的绩效考核，末位淘汰制的效果就无从谈起，甚至无法施行末位淘汰。那么，对于不同的岗位，究竟应该采用哪些绩效考核指标、绩效考核方法，哪些人参与考核，是值得思考的首要问题。由于末位淘汰制属于组织的人事决策，因此，用于末位淘汰制的绩效考核内容应主要包括工作业绩和工作态度，而对工作能力的考核只应占较小的比重。对于工作业绩的考核，直接上级是考核的主体，因为他（她）对工作业绩的信息掌握得最充分；而对于工作态度，多元参与的绩效考核值得推荐，即除了直接上级参与考核外，内外部客户和同级同事的考核结果同样值得重视。

第四，让刚性的末位淘汰制变得充满“柔性”。

在实践中，由于不同部门间的绩效水准以及员工素质参差不齐，统一的淘汰比例使得末位淘汰制具有“鞭打快牛”的弊端，因此，应该将员工的绩效与部门的整体绩效联系起来，避免简单的“一刀切”。可以用两种办法加以改善：①整体领先法。即在各部门人数确定的前提下，根据部门整体绩效的等级，对不同等级给予一定的系数，确定部门内各等级员工名额，向整体绩效领先的部门给予一定的倾斜。比如，同样人数的两个部门，A 部门整体绩效为“优秀”，则 A 部门获得“优秀”的员工人数为：10%×人数×1.5；获得“较差”等级的员工人数为：5%×人数×0.5。B 部门整体绩效为“一般”，则 B 部门获得“优秀”的人数为：10%×人数×0.6；获得“较差”的人数为：10%×人数×1.2（具体系数需反复测算）。②柔软等级法。其与第一种方法类似，区别在于不强调名额的精确性，模糊规定出上下限。比如，部门整体评价为“优秀”的，只按倾斜系数规定出“优秀”的人数，而不限制“一般”和“较差”的人数。如果有绩效较差的，就如实评价，如果没有，也不需要强行拉人。而部门整体绩效“较差”的，不仅按倾斜系数限制“优秀”的人数，并且“优秀”的人数可以少于规定的人数，而“较差”的人数则只能比倾斜系数计算出的数量多。如此，不仅可以避免“一刀切”所产生的负面效果，更可以提高团队士气，达到长久的团队激励效果。

第五，培育良好的绩效文化有利于末位淘汰制的实施。

末位淘汰制刺激强烈，给人们带来的心理冲击很大。美国通用电气公司的“末位淘汰”之所以产生很好的效果，在于其整整花费了 10 年时间来建立新的绩效文化，即便这样，冲突也是经常发生。但通用电气文化较好地弥合了“末位淘汰”的负面效应，坦率与公开是通用电气文化中最显著的特点，人们可以在任何层次上进行沟通与反馈，在这种文化下，绩效的持续改进与提升是人们关注的重点。如果没有这种绩效文化的依托，末位淘汰制也只能起到传统考核所起到的“胡萝卜加大棒”的效果。另外，杰克·韦尔奇坚决果断的领导风格，也是通用电气文化中较有亮点的一笔。

第六，用薪酬管理的方式替代淘汰。

采用薪酬管理的方式，通过薪酬体系设计配合末位淘汰制起到激发员工主观能动性和竞争意识的作用。通俗地说就是，设置有较大区分度的薪酬管理制度，对所谓排名靠后的可以用梯度降低薪酬的做法实现负激励，不一定非要开除或解雇，因为当薪酬回报达到一定低位时，业绩一直不好的员工会主动离开组织。

第七，用培训延迟淘汰。

国外大企业实行末位淘汰制，并不随便对绩效考核末位的员工予以辞退，而是进行换岗或再培训，这主要是考虑到辞退员工将增加企业的费用。对于绩效确实不佳的员工，如果是因为不适合所在工作岗位，可以采取调整工作岗位或进行培训的方式，经调整工作岗位或培训仍不能胜任工作的，用人单位可以依据《劳动合同法》第二十六条的规定，提前三十天以书面形式通知劳动者解除劳动合同，并支付相应的经济补偿金。

第八节　团队绩效评价风险与防控

从20世纪90年代起，团队的概念逐渐在管理领域流行起来。在通用电气、惠普等国际知名企业中，团队已成为它们主要的运作形式。事实表明，如果某种工作任务的完成需要多种技能、经验，那么团队通常比个人的效果更好。在企业中采用团队形式至少有以下几方面的作用：①能促进团结和合作，提高员工的士气，增加满意感；②许多问题由团队自身解决，从而使管理者有时间进行战略性思考；③团队成员熟悉问题，有利于提高决策速度；④促进成员队伍的多样化；⑤提高团队和组织的绩效。[①] 团队是提高组织运行效率的可行方式，它有助于组织更好地利用雇员的才能。在多变的环境中，团队比传统的部门结构更灵活，反应也更迅速。[②] 团队的形成和发展本身需要员工的协作精神，从广义上来说，企业的成功运作是各方面协作和整合的结果。

团队绩效考核是绩效管理系统的有机组成部分，是联系团队激励机制与战略目标的纽带。科学的团队绩效考核不仅能够为组织确定对团队及其成员的奖酬提供客观依据，而且绩效考核内容本身也为团队指明了努力方向，使团队工作与组织战略保持高度一致。

一、团队绩效评价风险点

（一）只对个人或团队进行考核，没有将两者相结合

实施团队绩效考核时，究竟是把团队作为一个整体进行考核，抑或是仅仅考核团队中的个体，还是两者兼而有之，是团队绩效考核遇到的第一个问题。当员工以团队的形式工作时，如果绩效考核只注重评价个人绩效而不注重团队绩效，奖励制度也只关注个人成就，团队成员之间就会产生激烈竞争，导致个人主义盛行，腐蚀团队的协作精神，阻碍信息、技能的共享和绩效的提高，团队的存在也就失去了意义。相反，如果只关注团队绩效而忽略个人绩效，个体就会缺乏在团队中的绩效反馈，缺乏自我激励。某些成员所减少的努力会被其他成员付出的努力所掩盖，承担更多的工作往往意味着承担更多的责任，这会

---

① ［美］斯蒂芬·P. 罗宾斯，蒂莫西·A. 贾奇. 组织行为学［M］. 关培兰，译. 北京：中国人民大学出版社，2006：271-273.

② ［美］斯蒂芬·P. 罗宾斯. 管理学［M］. 黄卫伟，等，译. 北京：中国人民大学出版社，1997.

使团队成员产生不公平感，因为有的成员的努力没有得到积极的认可，有的成员却在“搭便车”。这样就产生了组织行为学里的社会惰化现象，而这种效应的出现会极大地降低团队的效率，使得绩效评价适得其反。

（二）只关注结果而没有将结果与过程相结合

团队成员之间有很大的依赖性，团队总体绩效不仅取决于团队成员个人的努力，更取决于团队成员之间的合作与交流，也就是说，团队的工作过程对于团队的产出有重要的影响。如果只关注结果而忽视过程，容易在团队中营造任务导向的绩效文化，注重短期利益，忽视成员之间的合作、互动以及核心能力的培养。

（三）考核机制不稳定

团队往往因项目而存在，其生命周期一般比较短暂。有项目就有团队，没有项目团队自动解散，这就使得考核机制很难形成，即使形成也很难持续运作。再加之团队面临的任务及项目在大多数情况下都完全不同，此项目的考核标准不一定适用彼项目，因此，考核人员面临一个项目制定一次考核标准的烦琐过程。正因为如此，很多团队干脆没有固定的考核机制，随时随意决定考核标准。

二、团队绩效评价风险分析

（一）团队整体绩效难以分割

团队工作过程中，多数情况下是以一个密不可分的整体面对外部环境和客户，团队成员之间利益共享、风险共担。由于团队任务的完成需要团队成员之间相互配合、相互协作，团队成员的努力程度直接影响团队目标的达成，每个成员都有其独特的作用，因此区分具体成员工作的重要性在操作层面几乎不可能，在理论层面也是不合理的，更何况在团队工作过程中还存在信息交流、合作等关系，这样就更难界定个体的具体绩效了。

（二）协作水平难以衡量

团队成员之间有很大的依赖性，团队绩效不仅取决于成员个人的努力，而且很大程度上取决于成员之间的合作与交流，个人绩效最优未必团队整体最优。而团队协作本身受多种因素影响，如团队氛围、人际关系、团队沟通、团队结构、成员性格等，这里既包括主观的因素，也包含客观的因素，很难从某一个层面或角度进行界定和评价。

（三）团队绩效影响因素复杂

这其中既有团队自身因素，包括团队结构和团队运行状况，如团队领导特征、团队成员技能互补状况、成员人格特征、团队规模、沟通、团队目标难度等，也有团队的外部因素，如组织目标、领导重视状况、企业文化等，多种要素都会对团队绩效产生影响。

三、团队绩效评价风险防控

（一）正确认识团队和团队绩效的内涵

1. 明确团队绩效的内涵

团队由少数人员组成，这些人具有相互补充的技能，为达到共同的目的和组织绩效目标，他们使用相同的方法并且相互承担责任。所谓相互补充的技能，是指三方面的技能：技术或职能的专长、解决问题和制定决策的技能、处理人际关系的技能。所谓共同的目的和组织绩效目标，是指在团队中，共同的目的可以使团队具有较好的状态和动力机制，而特定的绩效目标则是共同目的的重要组成部分。所谓相同的方法，是指团队需要发展出一种共同的实现其目的的手段。“相互承担责任”，其核心是团队成员对团队和团队外部做出承诺：承担义务并相互信任。在此基础之上，一个有效运作的团队及一个成熟的团队必须具有良好的构造，这种构造主要体现在技能、使命和承担责任方面。

团队和一般意义上的工作群体是不同的。在团队中，团队成员彼此协作以完成任务，每个人对共同绩效目标的达成都负有责任。而在群体中，它虽然具有团队的某些特征，但群体成员之间相对独立地完成分配任务，群体绩效被认为是单个个体绩效的简单相加。此外，团队较之群体在信息共享、角色定位、参与决策等方面也进了一步。团队和群体之间最重要的区别在于，在一个团队中，个人所做的贡献是互补的，而在群体中，成员之间的工作在很大程度上是可以互换的。所以，团队存在于一定的组织之中，但由于团队自身文化价值观、凝聚力等因素的影响又使团队超越个人和组织之外。二者的区别可以简单地用表6—6说明。

由此我们可以认为，团队是由两个或两个以上，具有不同技能、相互依赖，承诺共同的规则，具有共同愿景、愿意为共同的目标而努力，为目标的达成共同承担责任，并具有互补技能的成员组成的群体。通过相互沟通、信任、合作和承担责任，产生群体的协作效应，从而获得比个体成员绩效总和大得多的团队绩效。

表 6—6　团队与工作群体的区别①

项目	团队	工作群体
目标	共同目标	部门目标分解，个人目标为主
角色	领导角色分担	角色固定，领导角色固定
活动方式	强调协作	强调分工
结果	集体绩效，同时关注个人绩效	个人绩效为主

2. 了解团队的特点

一般来说，团队具有以下 4 个特点：

第一，团队的主要任务是完成团队的共同目标。每个团队的建立或存在都有一个特别的任务，团队成员以完成此任务为主要目标。因此，团队成员应充分了解团队的目标、团队的界限，以及团队在组织中所扮演的角色地位和功能。

第二，团队成员具有相互依存性。每个团队成员均具有不同的知识、技能和经验，他们相互了解彼此的特长以及在团队中的角色与重要性。团队成员在团队中分工合作、分享信息、相互接纳。每个团队成员都是非常重要、缺一不可的，对于团队目标的达成发挥着各自的作用。

第三，团队成员共同承担责任。一方面，团队成员在日常的团队运作过程中需要共同分摊团队的工作；另一方面，就团队的最后成果而言，当顺利完成团队目标时，全体成员将分享此项成果，共同接受组织的奖励。反之，当团体无法顺利完成特定任务时，全体团队成员将共同承担失败的责任，而不是只追究团队领导者的责任。

第四，协调对于团队的运作必不可少。团队成员通常来自不同的部门，具有不同的背景，只有团队成员敞开心胸，摒弃本位主义，加强沟通与协调，才能凝聚共识，完成团队的共同目标。

3. 明确团队绩效的内涵

尽管许多企业都在倡导团队工作方式并将之付诸实践，但其绩效管理体系却没有完全适应这种新的工作方式。传统的绩效管理，一般都是严格按照既定的部门与上下级关系来进行考核，而团队由于其特有的目标依赖性、角色依赖性和成果依赖性等特征，需要来自不同专业背景、不同部门、承担不同职能任务的团队成员通力合作，共同达成目标。

随着市场环境和企业经营理念与运营模式的变化，传统企业组织中以个人为工作基本单位的方式正逐渐被团队工作方式所取代。在以团队工作为核心的组织中，企业的战略目标逐级下达，最终分解到各个团队，团队成为接受工作

① 萧鸣政. 现代绩效考评技术及其应用［M］. 北京：北京大学出版社，2007：32.

的基本单元，企业员工的角色从一个孤立的个人转变为与其他团队成员一起为整个团队的绩效负责。随着团队结构和功能的不断调整，以及团队不断向开放性、灵活性和虚拟性发展，要求团队成员在团队和个人两个层次上负有责任，因此，传统的以个人导向为基础的绩效评价体系必须有所改变。团队绩效的评估和管理，不仅要对团队的绩效目标进行评估和管理，还要对团队成员的工作表现及团队绩效对组织目标实现的贡献进行评估和管理。

团队绩效一般指某一组织群体的整体绩效。团队是一个有机整体，其整体绩效大于每个成员个体绩效的总和。个体绩效是由个体素质以及职业化行为决定的，团队绩效则是由团队核心素质以及团队合作的程度决定的。它们之间的连接点在于，如果组织能够在全体成员内共享价值观，并将个体绩效、团队绩效与组织绩效有机结合在一起，那么组织的战略目标就能实现。因此，团队绩效先要基于组织的绩效，要在组织绩效的基础上确定团队的绩效，在团队绩效的基础上确定团队成员的个体绩效，三者之间的关系如图 6—4 所示。团队绩效不仅仅体现了一个团队的整体实力与该团体对组织的贡献，也反映了团队中各成员积极努力的成果。组织最终要对团队成员的劳动进行评价，并在收入分配中体现各自的绩效水平，以利于组织的长远发展和个人对企业持续的劳动付出。

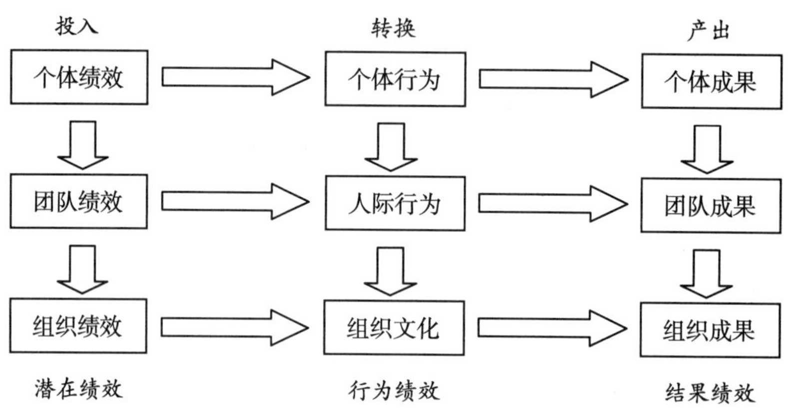

图 6—4　团队绩效与个体绩效、组织绩效之间的关系

团队绩效考核与传统的部门绩效考核的差别主要表现在以下方面：

传统的部门考核更关注结果，而团队绩效考核则更关注过程。在传统的职能部门中，员工有明确的分工，部门任务被分配到每一位员工，每一位员工独立地完成所分配的任务，对员工个人工作结果的考核能够反映个人的努力程度。部门负责人通过对员工绩效的考核来对员工个人的工作进行评价，根据绩效评价的结果对员工进行奖励或惩罚。因此，传统职能部门的绩效考核侧重于对结果的考核，侧重于对员工个人绩效的测评，是一种事后控制手段。团队则不同，团队成员之间的工作有着很大的依赖性，团队总体绩效不仅取决于团队成员个人的努力，而且还取决于团队成员之间的合作与交流。也就是说，团队的工作过程（个体的工作方式和个体之间的关联方式）对于团队产出有着极为重要的影响。因此，在团队绩效考核过程中不仅应包括对团队工作结果的评价，还要包括对团队工作过程的评价。也就是说，团队绩效考核需要同时关注结果和过程，但更关注过程。

传统职能部门偏重于对个人进行奖励，团队须同时对团队和个人进行奖励。在传统的职能部门中，员工个人工作成绩主要取决于个人努力，因此，组织偏重于对个人进行奖励。但是，团队工作依赖于团队成员的共同努力，个人成果也不容易分辨出来，因此应该以团队奖励为基础，当个人超额完成标准时可以得到额外的奖励。企业应该根据自身的情况和团队类型来确定对个人的奖励和对团队的奖励如何平衡的问题，关键是要使成员知道自己为组织做了多大的贡献。例如，那些同质性高、团队凝聚力强以及团队的工作成果不易划分的团队，就趋向于以团队奖励为主，相反则以个人奖励为主。

（二）团队绩效评价的基本流程

1. 确定绩效评价要素

尽管不同类型的团队在绩效评价方面存在不同的关注点，但仍有一个固定的流程可供遵循：首先确定团队绩效评价和个体绩效评价的各种要素，其次对各分析要素赋予相应的权重比例。在评价要素的基础上，分解评价的关键要素，最后构建分析表，对团队绩效进行分析。在上述环节中，如何确定团队层面的绩效评价要素是关键点，同时也是难点。而对团队绩效评价要素的确定通常可以采用以下 4 种方法①。

（1）客户关系图法。客户就是那些需要团队为其提供产品和服务并帮助他们工作的人，可以是组织内部的同事，也可以是组织外部的顾客。客户关系图能够显示出团队及其提供服务的内外客户的类型，以及客户需要从团队获得的产品和服务。该图完成以后，就可以显示出团队及其客户之间的“连接”。

当团队的存在主要是为了满足客户的需求时，用客户关系图法确定团队绩效分析要素是最理想的。团队必须考虑客户对自己的需求，客户的需求是团队绩效分析要素的主要来源。

（2）组织绩效目标法。组织绩效目标法最适用于那些为帮助组织改进绩效目标而组建的团队。组织的绩效目标体现在压缩运转周期、降低生产成本、增加销售额、提高客户的忠诚度等方面。通过以下步骤可以确定能够支持组织目标实现的团队业绩：①先要界定几项团队可以影响的组织绩效目标。②如果团

① 徐芳. 团队绩效的有效测评［J］. 中国人力资源开发，2002（5）.

队能够影响这些组织绩效目标，接下来就要回答这样一个问题：团队要做出什么样的业绩才能有助于组织达到其目标。③把这些成果作为分析维度并把它们添加到绩效考核表内。

（3）绩效金字塔法。绩效金字塔法的出发点先是要明确业绩的层次。组织必须创建这些绩效并选择那些能够把团队和组织目标紧密联系起来的绩效要素。只有把团队业绩与组织绩效紧密联系起来，才能保证团队的成功对整个组织是有利的。可以通过回答以下有关工作成果的问题来构筑绩效金字塔法：①什么是整个组织的宗旨或功能，组织要创建什么样的业绩。②要什么业绩来产生组织绩效。③这些业绩中的哪几项是团队负责创建的。

如果创建的绩效金字塔是为整个组织而建立的，那么，只有金字塔内的某些部分才是团队需要对此负责的。通过对金字塔的观察，团队可以确定自己应当负责的部分。

（4）工作流程图法。工作流程图是描述工作流程的示意图。工作流程贯穿于各部门之间，是向客户提供产品或服务的一系列步骤。客户既包括组织内部的同事，也包括组织外部的顾客。用工作流程图来计划工作流程，并把它作为团队绩效分析工具有几点好处：一是把质量与流程改良计划和绩效管理联系起来；二是那些有清晰工作流程的团队能够对它们在工作流程方面的有效性进行评估；三是对工作流程进行计划可以提供简化和重新设计流程的机会，从而形成更好的工作流程。工作流程图内含有 3 个分析要素：①向客户提供的最终产品。②整个团队应负责的重要的工作移交。③整个团队应负责的重要的工作步骤。

总之，当客户满意度是团队的主要驱动力时，最常采用的方法是客户关系图法；当重要的组织绩效目标必须得到团队的支持时，最常采用的方法是组织绩效目标法；当团队和组织之间的联系很重要，但团队和组织之间的关系却不甚明了时，最常采用的方法是绩效金字塔法；当团队的工作具有清楚明确的工作流程时，最常采用的方法是工作流程图法。

通过以上方法获得的绩效评价要素可以形成主要指标、辅助指标、整体指标、否决指标四大类指标。①主要指标：完成团队职责比较重要的指标，设置不同的百分比权重。②辅助指标：重要性相对较小或者各团队都具有的公共指标，为扣分项。③整体指标：团队整体绩效指标，包括职能实现类指标、团队建设类指标、业务提升类指标、健康运作类指标、客户满意度指标等；按团队职能侧重点不同，设置不同的权重系数。④否决指标：各生产单位或有潜在安全风险的职能团队可设立“否决”指标，该指标不占权重，但该项指标如果未达到标准，团队的整体业绩要乘以一定的权重系数。

2. 建立团队绩效评价体系

确定团队绩效的评价指标后，还要明确绩效评价的评价主体、周期等。团队绩效评价的执行者或是参与者，由于采用不同的评价内容和方式而有所不同，一般根据不同的团队类型和团队绩效考核中个人与团队两个层面来选取不同的考核者。在职能类团队中，在团队层面，选取管理者、其他团队成员、客户和自己作为考核的参与者；在个人层面，选取管理者、团队成员、客户和自己作为参与者。在项目团队中，团队层面选择客户和自己作为参与者，个人层面上增加了项目领导者作为参与者。在虚拟团队中，团队层面考核只有客户作为唯一的参与者，而个人层面则通过管理者、团队领导者、同事、其他团队成员、顾客和自己进行全方位的考核。

对于团队绩效考核的周期，应当根据不同团队的类型特点做出灵活的安排。对于项目团队，可以根据项目的进度来适当安排考核时间，职能团队可以根据部门任务的完成进程来安排时间，而对于跨职能团队，由于其一般是为了解决某方面问题而成立，因此应当根据问题解决的阶段性和周期性来安排考核。

需要注意的是，在评价体系建立及指标确定的过程中，要与团队及时进行沟通，这有利于增强团队的责任心与团队成员的满意感，取得了各个团队的认可，可为下一步团队绩效管理打下良好的基础。

四、知识型团队绩效评价

21 世纪最宝贵的资产是知识工作者和知识工作者的生产率。所谓知识型团队，是指由知识工作者构成的，以推出某种新产品或新服务为基本目的的项目团队。[①] 在知识经济时代，知识型团队在越来越多的领域发挥着重要的作用，而知识型团队的特殊性决定了其绩效管理与一般团队或组织采用的方法是不同的。

（一）知识型团队的特点[②]

知识型团队不同于一般团队，具有其独有的特征，主要表现在以下几个方面：

（1）专业知识和技能的多样性。在知识型团队中，往往每一个成员都具备某一方面的专业知识和技能，也就是通常所说的“专家”。正是由于团队成员知识的专有性，才使得团队的构建成为必需。

（2）成员知识的互补性。知识型团队的成员所拥有的知识具有一定的互补

① 张体勤. 知识团队的绩效管理［M］. 北京：科学出版社，2003：73.

② 王焕霞. 知识团队绩效考核指标的设计［J］. 内蒙古科技与经济，2008（20）.

性，各项知识和技能相互依赖、相互支持，在整个知识型团队中形成了一个完整的知识结构系统，这样才能发挥出团队的整体协同效应。

（3）知识型员工的自发性。知识型员工在工作中具有较强的自主能动性和自发性，他们具有较强的成就需求，希望获得组织的认同，使自己的价值得到体现。

（4）知识型工作的创造性。在知识型团队中，员工利用所掌握的知识和信息进行创造性工作，通过促进成员之间的沟通与交流，往往能够激发新思想、产生新创意，从而高效圆满地完成团队任务。

（二）知识型团队的绩效评价机制

第一，构建动态系统的绩效评价流程。

团队绩效是一个持续提升、不断适应、不断学习的动态过程。知识型团队环境的不确定性使得其绩效评价不能等到团队任务结束后才做一次考评，而应该以里程碑作为绩效评价的数据采集点，这样可以理清每一个阶段的绩效以及团队绩效偏差，为下一步行动进行计划调整，消除团队行动过程中存在的共同因偏差和特殊因偏差，逐步逼近团队的绩效目标。评价流程是过程性的、动态的，同时，绩效评价也是系统工程，包括绩效计划、绩效实施、绩效评价和绩效反馈几个阶段。

第二，构建多维评价指标。

对知识型团队绩效评价需要从多角度进行，分为效益型指标、效率型指标、递延型指标、风险型指标四类。①效益型指标是用于判断知识型团队最直接产出成果的价值，即团队向利益相关者的交付物满足利益相关者的心理期望的程度，典型的有销售收入、团队成员的奖金等收入、技能增长等。②效率型指标是知识型团队为了获得效益指标所付出的代价，典型的有利润率、小时工资额、投资收益率等。③递延型指标是用于判断这种运作的结果和过程对于各个团队利益相关者未来的价值和影响程度，是一种面向未来的指标，典型的有新产品新服务的顾客满意度、团队成员能力提高程度、企业形象提高程度、品牌提升度等。④风险型指标是用来判断知识型团队运行过程及产出物中风险因子的数量及对知识型团队的危害程度，典型的有应收账款、产品数量、团队成员流失率等。

第七章
薪酬福利管理风险分析与防控

薪酬福利是人力资源管理最重要的模块之一，薪酬体系与其他体系紧密联系并形成不可分割的整体。例如，薪酬体系的设计要与组织战略规划和组织结构相匹配，要细化到岗位分析与描述等方面，薪酬体系的调整要依据绩效管理的考核结果。同时，薪酬体系又以组织和个人的发展为基础，并与组织文化建设息息相关。

薪酬管理的目的是使员工行为与组织行为保持高度一致，有效地将员工团结在一起，引导员工服务组织战略目标。然而，在薪酬管理过程中始终会面临一些风险。从风险的特征来看，归纳起来主要可以分为两类：一是由于组织对薪酬管理的技术特征或者工具掌握不到位而带来的风险，如薪酬体系设计脱离岗位分析基础，薪酬结构不符合组织结构和组织文化，薪酬标准难以确定，组织薪酬竞争力不足，薪酬总额难以核定，以及薪酬的内部公平性与外部公平性失衡，集团公司对下属企业的薪酬失控，薪酬调整标准和频率不好控制，薪酬改革不能跟上组织变革的步伐等；二是由于政府对组织的法律规制而带来的风险，如薪酬的支付标准和条件、工作时间和加班工资以及社会保障等。

第一节　岗位评价风险与防控

岗位评价是指通过系统比较的方法对组织中各种工作岗位的价值进行评定，确定工作的相对价值，并以此作为员工薪酬分配的依据。岗位评价中，用于衡量工作价值的报酬要素直接关系到各岗位的薪酬水平和薪酬构成，因此，岗位评价是组织科学确定薪酬的基础。

一、岗位评价风险点

岗位是制定薪酬的重要影响因素，不同的岗位，工作难度不同，对组织的贡献不同，承担的压力不同，所获得的薪酬也不同。以岗定薪，即在岗位评价的基础上，根据员工的能力和业绩，通过竞聘上岗等形式确定其岗位并给予其相应岗位的薪酬，同岗同薪，岗变薪变。

岗位评价对薪酬管理的风险点体现在：

（一）岗位市场薪酬水平难以对标

通过岗位评价确定岗位价值，进而通过对标市场相类似岗位的薪酬水平，确定本组织岗位的薪酬水平。很多组织没有开展岗位评价工作，或者岗位评价工作不规范，不了解本组织岗位的价值，无法找到市场上相类似价值的岗位，岗位的市场薪酬水平难以对标。

（二）组织内部薪酬差距难以确定

通过岗位评价结果确定组织内部不同层级之间的岗位价值差距，进而确定不同层级之间的薪酬级差关系。现实中，很多组织岗位评价工作不到位，不了解不同层级之间的岗位相对价值，不能很好设计出不同层级之间的薪酬级差。

在同一层级内部，由于所处岗位不同，其对组织的价值贡献也不同，岗位薪酬水平也有差异。但在现实中，由于岗位评价工作缺失，同一层级内部不同岗位的价值差距难以评估，不能拉开同一层级内部不同岗位的薪酬差距，在实际操作中往往采取同一层级同一标准的做法，容易引起关键岗位人才的流失。

（三）岗变薪不变

按岗定薪、岗变薪变是薪酬管理的重要原则之一。但在实践中，很多员工抱怨虽然自己调动到更重要的岗位上，但是薪酬水平没有发生变化。这其中的关键原因就是没有做好岗位评价工作，不知道不同岗位之间的价值差异。

二、岗位评价风险分析

（一）岗位设置不科学

岗位设置是进行岗位评价的基础，岗位设置不科学，会影响岗位评价工作的开展。

1. 岗位梳理不清

最突出表现在没有从部门职责和组织流程中分解出岗位，结果使岗位的设置缺乏稳固的基础。也有很多组织存在因人设岗情况，组织常常由于一些个别原因设置不必要的岗位以此安置人员。还有一些组织的岗位设置过于细化或过于粗化，不便于安排员工替岗或容易形成“搭便车”。

2. 没有编写岗位说明书

岗位说明书是岗位价值评价的基础资料，是岗位价值评价的前提。缺失岗位说明书的岗位价值评价无异于“空中楼阁”。在实施岗位价值评价前，有必要对每个岗位做详尽的工作分析，完成岗位说明书的编写工作。此外，岗位说明书中对任职资格、工作职责等界定不清或描述不准确时，也必然会误导评委做出不符合实际的评价。因此，开展岗位价值评价前，必须严格按照客观、务实的原则编写岗位说明书。

（二）忽视岗位评价

薪酬设计忽视岗位评价，是指组织在设计薪酬方案时，岗位评价比较笼统和抽象，没能体现岗位价值的差异性，使管理效果不明显和管理效率不高，导致岗位的确认、评价和考核缺乏基本依据，岗位的重要性和价值难以体现。

1. 没有进行岗位评价

很多组织没有认识到岗位是薪酬的基础，在设计薪酬制度时，没有梳理组织的岗位，或没有对岗位进行科学评价，不知道岗位的相对价值，设计出来的薪酬制度脱离了岗位的价值体系。

2. 薪酬制定不依据岗位评价结果

很多组织虽然进行了岗位评价，但是在制定薪酬制度的时候，往往脱离岗位评价结果，由老板拍脑袋决定薪酬。

3. 没有对岗位评价进行及时调整

岗位评价是一个动态的过程，随着组织战略重点的变化、业务的转换，不同岗位的相对价值会发生变化。此时，若不及时更新岗位评价，仍套用旧有的岗位评价结果，那么在此基础上的薪酬体系也无法体现客观性，从而影响组织战略的转移。

（三）岗位评价方法选择存在误区

不同的组织，选用的岗位评价方法也不一样。目前普遍应用的岗位评价方法有 4 种：排序法、分类法、记点评分法和要素比较法。每一种评估工具都有一定的适用条件和范围，也都有一定的缺陷和不足。很多组织在选择岗位评价方法时，没有对这些方法的特征、优劣势、适用条件进行分析，导致方法选择上存在误区。

误区 1：岗位评价越精确越好

很多组织认为薪酬制度的设计必须建立在精确的岗位评价基础上，既然要开展岗位评价，应该越细越好，因而，在岗位评价方法的选择上，为了能够精确地度量岗位价值，片面选择较为复杂的评价方法，如记点评分法、要素比较法等，认为只有上述方法能够准确度量岗位价值，合理制定薪酬制度。

误区 2：直接移植其他组织的岗位评价体系

有些组织看到周边的组织用某种岗位评价方法进行岗位评价并据此建立了薪酬体系，运行很成功，认为既然别的组织成功了，那么直接移植到本组织也可以。殊不知，不同的组织有不同的组织特征，如组织战略、组织文化和组织架构等，而这些因素对于岗位评价方法的选择都有重要影响。这就决定了同样的岗位评价体系，在别的组织可以成功运转，但简单移植到本组织，往往会不兼容。当然，借鉴别的组织的成功经验是必要的，但更重要的是根据自身的具体情况量体裁衣，选择实用而有效的评价工具。

三、岗位评价风险防控

（一）灵活选用岗位评价方法

岗位评价方法有很多种，不能简单说某一种方法比另一种方法好，关键是组织要灵活选择适合自己的岗位评价方法。确定岗位评价方法，主要考虑以下因素：

1. 岗位稳定性

岗位稳定性是指岗位随市场环境变化和人员调整而进行调整的可能性。一般来说，新设的岗位的稳定性较差，市场竞争激烈、市场环境变化剧烈、业务稳定性差的公司，岗位的稳定性也较差。

2. 岗位职责清晰程度

岗位职责清晰程度是指岗位边界的清晰程度，岗位边界清晰，容易确定岗位的职责，可以选用相对精确的岗位评价方法。一般来说，生产性的组织，岗位边界较为清晰，现代组织，更多强调团队合作，岗位的界定恰恰较为模糊。岗位清晰程度的另外一层含义是指组织的岗位分析工作是否充分和科学，能否为岗位评价提供良好的基础。岗位分析工作基础不扎实，往往难以进行精确的岗位评价。

3. 薪酬体系的特点

不同的薪酬体系对岗位评价的要求也不一样。如果一个组织的薪酬体系强调外部公平，这就要求岗位评价具有外部可比性；如果强调内部公平，则要求岗位评价具有内部可比性。

4. 岗位数量

岗位数量越多，进行精细岗位评价所耗费的时间和资源就越多，一般适宜选择较为模糊的评价方法。

5. 岗位评价资源

岗位评价资源包括经费预算的充足性、时间的充裕性，以及岗位评价经验的丰富性。如果经费预算有限、时间要求高，或者没有岗位评价或基础差，适宜选择较为模糊的评价方法。

（二）明确评价要素

岗位评价过程使用相同的因素测量每一个岗位，这样可以使岗位在同一个标尺下进行比较。一个岗位在组织内部价值的评价是建立在实际知识、解决问题和工作责任的基础上的。

1. 实际知识

实际知识是指为了合格履行岗位职责所需的所有技能的总和。实际知识有 3 个维度：技术知识、管理知识、人际交往能力。

2. 解决问题

解决问题是指实际知识的应用需求在工作中被表现出来的百分比。解决问题有 2 个维度：在组织结构中参与解决问题的范围、解决问题的困难程度和需要解决问题的数量。

3. 工作责任

工作责任是指员工对工作中的行为和结果所承担的责任。工作责任有 3 个维度：工作中行为和做决定的权限，对组织或部门的结果产生的直接影响，一个岗位预期中对部门所能产生影响的范围和数量。

（三）实现岗位与薪酬的动态管理

一个组织的岗位评价并不是一成不变的，环境的变化、战略重心的转移、职能的调整和程序的再设计必然引起岗位的变动，随之组织的薪酬也要发生变动。岗位评价需要与时俱进，需要结合组织的战略方向进行不断升级，组织应建立岗位评价的动态管理系统，以及时反映组织战略重点的变化，确保评价系统的先进性和科学性。

当然，也要防止走向另一个极端，就是岗位和薪酬变动过于频繁，这会加大管理成本，容易引起组织的不稳定。特别是在矩阵式组织结构下，以项目的形式组织团队，员工实际的职位是随着项目的变化而不断变化的，某一岗位仅在一定的时限内存在，员工也仅在一定的时限内从事某一岗位的工作，一旦项目结束，这个岗位就会被取消，岗位上的从业员工就会面临着又一次的上岗。因此，每次对新成立项目部岗位评估在实践中是难以操作的，必须采取一种简便、易操作又能在一定程度上区分出岗位价值的方法，才能从根本上解决这个难题。

国内有咨询公司提出的“岗位价值调节系数法”是为矩阵式组织架构量身打造的薪酬动态管理解决方案。

第一，归纳提炼出不同项目部的共性职责要求，生成标准版的职位说明书。这份说明书可能无法完全适用于任何一个项目部的具体岗位，但它却是所有项目部同一名称的岗位的共性描述，代表了一个所谓的“标准岗位”。

第二，对“标准岗位”进行岗位价值评估，得到其职位等级以及基于此等级的薪酬水平。

第三，设计“项目评价体系”得到项目调节系数，对项目部的所有岗位价值做出总体调节，以体现项目部的差异性。

第四，不同项目部内同一类别的岗位，由于项目本身或者业主要求的侧重点不同，其重要性也会有所不同。为体现差异，从简便操作的角度，可由公司和项目部领导班子共同确认调节系数（如 1.0~1.3），对项目部特定岗位的价值进行调节。

第五，将得到的各个调节系数乘以相应的“标准岗位”的薪酬水平，就得到实际可应用的个性化的动态薪酬体系。

（四）岗位评价全过程控制

岗位评价是现代组织实现科学定薪的重要手段之一。只有按照岗位评价的结果制定薪酬，才能最大限度地实现组织的内部公平，保障员工能够得到与岗位相匹配的收入，留住优秀员工。一般情况下，岗位评价全过程控制要注意以下内容：

1. 科学选定岗位评价人员

岗位评价委员会的组成人员应该按照一定的比例来配备，参与人必须包括组织各层级的员工，以充分反映管理人员和员工的意志。

2. 严格界定岗位评价标准

在对岗位进行评价的时候，要制定科学的标准，以利于判断岗位的真实价值，统一参与者的评价结果。

3. 事先培训评价人员

参加评价的人员大部分没有岗位评价的经验，应该对其进行相关培训，使其了解评价的目的、方法、标准等，提高评价结果的有效性。

4. 科学计算评价结果

岗位评价的结果有严格的处理方法，为了消除评价过程中的不确定因素，避免因为操作者个人原因造成的偏差，应该选用科学的统计方法对数据进行处理，如去掉极端值、控制方差范围等，以提高结果的科学性。

5. 积极营造岗位评价环境

应保证岗位评价环境的公正性，不受外界因素打扰，引导参与者从公司的利益出发进行公正、负责的评价，增强评价结果的权威感。

四、常见岗位评价方法

不同的组织，选用的岗位评价方法也不一样。目前普遍应用的岗位评价方法有4种：排序法、分类法、记点评分法和要素比较法。前两者称为“非分析法”，后两者称为“分析法”。二者的主要区别是：“非分析法”不分析岗位的构成因素，而直接将全部岗位进行比较，而“分析法”将每个岗位的内容都分为若干共同的因素或要素，然后对每个要素记点或判分，总的点数或分数反映出每个岗位在岗位等级结构中的重要程度。

1. 排序法

排序法是将所有岗位按重要性排列出来，然后将它们分出等级。在排列过程中，岗位不必分成若干组成要素，不必描述两种岗位之间的差异程度。其优点是简单、易操作，可以很快建立起一个新的岗位等级序列；每一个岗位作为一个整体来进行比较，不需要将岗位分成组成要素。缺点是评价人员必须非常熟悉他们要考查岗位的工作内容，而这往往很难做到或需要很长的时间；存在含糊性能，例如不能回答“为什么A岗位应排在B岗位之前”等问题；因为没有准确的评价因素，容易受到人为影响。排序法适用于组织规模较小、岗位较少或较简单的组织。

2. 分类法

分类法是事先定义好各种等级及其结构，然后通过将每个岗位与等级说明进行比较，将它们放到定好的等级结构中。其优点是简单、易操作，而且所需费用较少；与排列法比较，更准确、客观；等级结构能真实地反映有关组织的结构。缺点是在大型组织中要完成等级描述极其困难，主观性强。分类法适用于组织规模较小、岗位较少或较简单的组织。

3. 记点评分法

记点评分法是运用明确定义的要素，如技术水平、能耗、责任和工作条件，每一个要素被分为几种等级层次并赋予一定分数值（这个分数值就表明了每个要素的权数），然后对岗位的要素逐个进行分析和评分。把各个要素的分数进行加总就得到了一个工作岗位的总分数值。这个总分数值决定了它在岗位序列中的位置。其优点是严格精确，目前为大多数组织所采用。缺点是如果要素太多，则岗位评价工作量大，而且对各岗位评分有时很难达成一致，使得后期调整量加大。记点评分法适用组织范围较广，规模可大可小、岗位可多可少，即使是全球性的大组织也适用，是目前国际上比较通用的岗位评价方法。

4. 要素比较法

从某种意义上说，要素比较法是排列法与评分法的一个综合。它要求先选择标杆岗位，然后通过要素来排列标杆岗位，并通过标杆岗位的得分给每个要素分配货币值，最后排列其余岗位，并确定工资。与评分法相比，优点是更系统、更可靠，对标杆岗位的分析相当彻底。缺点是花费成本较高，评价时间较长，应用起来比较复杂，而且很难做出解释，尤其在给要素注上货币值的时候很难解释。由于岗位评价成本较高，因此比较适合较大的组织，到目前为止没有得到广泛应用。

第二节　薪酬结构设置风险与防控

薪酬结构，即薪酬的组成部分，是对同一组织内部的不同职位或者是技能所得到的薪酬进行的各种安排，是依据组织的经营战略、经济能力、人力资源配置战略和市场薪酬水平等，为组织内价值不同的岗位制定不同的薪酬水平和薪酬要素，并且提供确认员工个人贡献的办法。薪酬结构一般由基本薪酬、福利薪酬、各种津贴、薪酬的柔性部分、激励薪酬构成。薪酬结构设置，即确定薪酬应当由哪些部分构成、各占多大比例、薪酬分多少层级及层级之间的关系如何。其中，最主要的是确定组织总体薪酬所包含的固定部分薪酬（主要指基本工资）和浮动部分薪酬（主要指奖金和绩效薪酬）所占的比例。

一、薪酬结构设置风险点

（一）薪酬结构失衡

薪酬结构失衡是指组织各薪酬模块的比例不协调，体现在保障性薪酬模块和奖励性薪酬模块的比例不协调，也体现在短、中、长期的薪酬比例不协调。薪酬结构失衡，并不简单意味着保障性薪酬比例过低或者奖励性薪酬比例过低，只要薪酬结构和组织的发展战略、组织结构、组织文化、成长阶段不相适应，都可以理解为薪酬结构失衡。

（二）薪酬结构僵化

薪酬结构僵化是指组织各薪酬模块的比例一旦设计完毕便长期不做调整，旧有的薪酬结构不能适应组织新的发展要求。有的组织进行薪酬调整时，只调整奖励性薪酬，未对基本工资进行调整，使基本工资比例过低，薪酬的保障功能弱化。也有的组织调整薪酬时，只调整基本工资，而未对奖励性薪酬进行相应调整，久而久之，形成“大锅饭”，薪酬的激励作用体现不出来。

（三）薪酬项目庞杂

薪酬项目庞杂是指组织的薪酬支付项目过多过细，而每一模块的功能定位不明确，甚至存在相互重叠的现象。薪酬项目庞杂，一方面由于薪酬项目过多，每一个薪酬项目的额度过低，薪酬项目的功能发挥不出来；另一方面也大大加大了人事部门的薪酬管理工作量。此外，由于薪酬项目过多过细，员工看不懂“工资条”，领会不到组织的薪酬支付意图，不知应该通过哪些方面的改进来提高收入水平，薪酬的“指挥棒”作用体现不出来。

（四）薪酬结构不完整

薪酬结构不完整是指缺少某些薪酬项目，结构残缺，例如缺少福利、津贴等。薪酬结构不完整，容易导致组织的薪酬体系在运行中缺乏足够的灵活性，无法满足员工在薪酬方面的多样化需求。

二、薪酬结构设置风险分析

（一）缺乏对薪酬项目功能的清晰认识

组织设计薪酬结构，先要对常见的薪酬项目有清晰的认识，明白每个薪酬模块的特点、功能。很多组织在设计薪酬制度时，缺少对薪酬项目的认识，不了解薪酬模块的特点、功能、适用范围，所设计的薪酬结构出现功能缺失、重叠，结构失衡等现象。

1. 基本工资

基本工资是指维持员工基本生活的工资，其功能是保证劳动力的简单再生产，通行的做法是依据公司所在地的法定最低工资标准制定，各岗位一致。

2. 岗位工资

岗位工资是指按照岗位的责任大小、岗位任职条件、努力程度等薪酬因素决定的工资，是结构薪酬的主要组成部分，主要功能是增强员工的工作责任感和上进心。岗位工资由岗位等级决定，是工资高低的主要决定因素。在实际操作中，可以将岗位工资设计成一个区间，例如，从薪酬调查中选择一些数据作为这个岗位的中点，然后根据这个中点确定一个岗位等级的上限和下限。比如，在某一岗位等级中，上限可以高于中点20%，下限低于中点20%。

3. 技能工资

技能工资是指按照员工的综合能力来确定的工资，在薪酬中占有一定的比例，其主要目的是鼓励员工钻研业务、提高技能，是对员工技能投资的一种补偿。

4. 绩效工资

绩效工资是指对员工完成业务目标所进行的奖励，即薪酬必须与员工为组织所创造的经济价值相联系。绩效工资的确定与公司的绩效评估制度密切相关，其计算公式为：

员工绩效工资=员工绩效工资标准×部门考核系数×员工个人考核系数

5. 福利

福利包括法定福利（养老保险、医疗保险、失业保险、工伤保险、生育保险和住房公积金）和自定福利，如带薪休假、补充保险等。福利是公司人力资源系统是否健全的一个重要标志。福利项目设计得好，不仅能给员工带来方便，解除后顾之忧，增强对公司的忠诚度，而且可以提高公司的社会声望。

6. 股权激励

股权激励是对员工进行长期激励的一种方法，属于期权激励的范畴，是组织为了激励和留住核心人才而推行的一种长期激励机制。有条件的给予激励对象部分股东权益，使其与组织结成利益共同体，从而实现组织的长期目标。

7. 薪酬的柔性部分

薪酬的柔性部分是指个人发展、心理收入、生活质量、教育培训、文化生活。这些是物质激励以外的精神激励，而且对许多人来说，其分量举足轻重，是一种让员工终身受益的薪酬。

（二）薪酬结构与组织特征不适应

不同的组织特征，适用不同的薪酬结构。在影响组织薪酬结构的因素中，组织战略、组织结构特征、组织成长阶段和组织文化是重要的影响因素。

1. 和组织战略不配套

组织战略是组织经营方向与目标决策的体现，它决定着组织将向何处去、要做什么，是组织总的指导方针。组织的人力资源制度、薪酬制度都是为实现组织战略而服务的，组织的战略决定了组织人力资源制度的结构与规模，从而决定了组织薪酬支付的结构与规模。

2. 和组织结构不匹配

组织结构是组织进行内部价值分配的依据，常见的有以岗位、能力（技能）、业绩为基础的价值分配形式。不同的组织形式，其员工的薪酬项目设计和薪酬构成也不同。

3. 和组织成长阶段不适应

组织的成长阶段一般可以分为初创期、成长期、成熟期和衰退期。不同的阶段，组织面临的挑战和机遇不同，采取的薪酬策略也不同，相应的薪酬结构设计也有所差异。同时，随着组织成长阶段的变化，组织的薪酬策略和薪酬结构也要随之变化。

4. 和组织文化不兼容

不同的组织具有不同的文化类型，相应的薪酬结构也有所差异。可以从多种角度对组织文化进行分类，比较有代表性的是迪尔和肯尼迪把组织文化分为4种类型：强人文化、努力工作尽情享受型文化、赌注型文化、过程型文化。其中，强人文化鼓励搜索内部竞争和创新，鼓励冒险，竞争性较强，产品更新快；努力工作尽情享受型文化把工作与娱乐并重，鼓励职工完成风险较小的工作，竞争性不强，产品比较稳定；赌注型文化具有在周密分析基础上孤注一掷的特点；过程型文化着眼于如何做，基本没有工作的反馈，职工难以衡量他们所做的工作，机关性较强，按部就班就可以完成任务。

总的来说，有一些组织的文化更加强调竞争、讲求效率，针对这种文化，应该提高绩效工资和奖金的比重，减少岗位工资的比重；有一些组织文化强调层级观念，强调公平，则应该增加岗位工资的比例，适当控制绩效工资和奖金的比例。

三、薪酬结构设置风险防控

（一）依据组织战略设计薪酬结构

薪酬是组织战略的“风向标”，薪酬结构的设计应该和组织的战略相契合。组织的战略大致可以分为三类：追求成长战略、追求稳定战略和收缩战略。

对于追求成长战略的组织来说，强调的是新市场的开发、创新和风险共担。

组织需要采取的薪酬战略是组织与员工共担风险，在薪酬结构设计上，应该降低固定薪酬的比例，提高浮动薪酬的比例，同时设计股票期权计划，使员工能获得较高的长期回报。

对于追求稳定战略或集中战略的组织来说，强调的是市场份额或运营成本，因而一般追求与市场持平或略高于市场水平的薪酬，在薪酬结构设计上，应增加基本工资的占比。

对于采取收缩战略的组织来说，要求将组织经营业绩与员工个人业绩挂钩，在薪酬结构设计上，应该缩小基本工资占比，加大浮动薪酬的比例，并且鼓励员工与组织共担风险。

（二）依据组织成长阶段设计薪酬结构

1. 初创期

初创期的组织，投资尚未收回，可能处于亏损状态，组织的薪酬水平低于市场水平，但创业的冲动和对成功的憧憬仍然能够吸引一批优秀的人员加入。具体到薪酬结构上，可以采取较低的基本工资和较高的同业绩相关的提成或奖金的方式，还可以对员工采取股权激励的方式。

2. 成长期

成长期的组织的经营规模迅速扩大，市场占有率迅速提高，现金流的总量压力增大，但组织账面盈亏仍然有限。这个阶段的组织，薪酬水平基本上应与市场水平相当，在薪酬结构上，组织应该注重将高额薪酬与中高程度的奖励相结合，还可以采取基于员工长期责任的股票期权的激励方式来吸引人才。

3. 成熟期

成熟期的组织，产品和市场都已经基本固定，组织的现金流大于支出，账面盈余增加。处于这个阶段的组织可以提高薪酬水平和福利水平，同时可以采取利润分享的激励方式。

4. 衰退期

衰退期的组织，开始收缩其产品和市场领域，不再追加投资，组织账面盈余很高。在这个阶段，组织的薪酬结构稳定，福利内容增加。组织可以施行低于中等水平的基本工资、标准的福利水平，并采取适当的刺激与鼓励措施。同时，由于该阶段组织面临改组或解散的可能，应采取管理者收购与员工持股等激励方式。

（三）薪酬结构的动态优化

薪酬结构设计是一个系统工程，不同的薪酬结构适用于不同的发展阶段，因此，随着组织的发展，要不断地优化组织的薪酬结构，实现薪酬结构的动态调整。

构成薪酬体系的基本工资、激励工资、津（补）贴、福利等各种薪酬形式之间的关系和比例要平衡。基本工资具有高刚性和高差异性，激励工资具有高差异性和低刚性，津（补）贴具有低差异性和低刚性，福利具有高刚性和低差异性。针对这些薪酬模块的特征及功能，组织应该注意在薪酬结构中进行比例综合平衡。

组织在进行薪酬结构再优化方案设计时，应具体到各个具体形式的策略选择，不能过分强调基本工资或奖金，要发挥更符合个人需要、更为经济的激励作用。比如，对组织的高管人员实施薪酬领先策略时，可以把基本工资定位在市场薪酬的中等偏上水平，加大激励工资比例。这样就可以在经费不变的情况下，通过薪酬结构优化设计，提高薪酬的可变性、差异性、时效性以及现金流使用的弹性。

（四）不同岗位的薪酬结构设计

组织内部各个岗位角色，根据其能力要求和工作过程的特点，可以分为四大职类：管理类、技术类、销售类、办公文员类。针对每个职类，必须对应其能力条件和工作过程特点确定薪酬结构。

1. 管理类

管理类职类可以进一步分为高层主管、中层主管、职能主管和现场主管。

（1）高层主管。其心理能力要求高，承担的责任也最大，但没有特殊的技能要求。对于高层主管，可以选择相对较低的基本工资，其比例以不高于薪酬总额的25%为宜；奖励工资可以采取目标锁定法确定，其比例可以达到薪酬总额的65%；附加工资和福利可以保持相对稳定，但两者之和不宜超过薪酬总额的10%。

（2）中层主管。其心理能力要求相对较低，承担的责任也较小。其薪酬结构设计，基本工资的比例不宜超过薪酬总额的45%，奖励工资可以控制在薪酬总额的30%左右，附加工资和福利保险控制在35%左右。

（3）职能主管。其面临的工作主要是常规性工作，不确定因素较少，但对技能的要求更高。他们的薪酬结构可以考虑选择中等比例的基本工资，即基本工资所占的比重大概为40%，奖励工资控制在40%左右，附加工资和福利控制在20%左右。

（4）现场主管。其工作主要是在一线负责现场作业的管理和协调，工作目标单一。现场主管的基本工资可以适当高一些，以50%为宜；奖励工资控制在

25%左右；附加工资和福利保险控制在25%左右。

2. 技术类

技术类的心理要求和责任要求相对较低，但知识要求高，必须是行家里手，必须能够实际操作。技术类的基本工资可以采取岗位等级制，比例可以相对小一些，控制在30%左右；奖励工资的比例高一些，约占40%，也可以根据其专业贡献的大小来确定奖励工资；附加工资和福利保险可以相对稳定，控制在30%左右。

3. 销售类

销售类的心理要求较高，不仅要求具有随机应变的能力，还要求经得住失败的考验。职责要求虽相对较低，但技术要求不能太低，必须懂得所销售产品的有关知识。销售类的薪酬应加大奖励的力度，其比例控制在60%左右；基本工资比例可以较小，在25%左右，核定办法可以参照当地最低工资标准；附加工资和福利保险控制在15%左右为宜。

4. 办公文员类

办公文员类的工作是协助各类主管承担相应职责，其心理要求和职责要求都不高，工作环境稳定。其薪酬结构可以采取较高的基本工资比例，占70%左右；奖励工资比例控制在10%左右；附加工资和福利保险的比重控制在20%左右。

（五）做好福利全程管理

员工福利管理在现代组织管理中日益受到重视。一方面，由于法律的不断完善，要求组织必须制订具体的福利计划并对员工做出承诺；另一方面是人们越来越认识到福利的激励功能的重要性。如果组织缺乏福利的预算与管理，不仅会造成福利成本的上升、效率低下，而且会使福利投资不利于提高组织绩效。因此，组织必须认真搞好福利管理，福利管理的内容通常包括福利政策的宣传、福利申请的处理、福利沟通，以及在环境变化时对福利进行监控和调整等。

1. 福利政策的宣传

组织通常可使用《员工福利手册》向员工介绍本组织福利的基本内容、享受福利待遇的条件和费用的承担。近年来，随着计算机的广泛使用，很多组织还在《员工福利手册》之外，为每个员工准备一本个人的福利手册，提醒员工个人在福利上的选择、享有的权利和分担的费用等，便于个人查阅。有的组织还通过举办讲习班和员工个别谈话等方法，帮助员工做好福利安排和选择的细节。

2. 福利申请的处理

一般情况下，员工会根据组织的福利制度和政策向组织提出享受福利的申请，而组织此时就需要对这些福利申请进行审查，看其申请是否合理，也就是说，需要审查本组织是否实施了某种相关的福利计划，该员工是否在该计划覆盖的范围之内，以及该员工应当享受什么样的福利待遇等。这项任务并不是一种技能水平要求较高的工作，但是它通常很费时间，并且对人际沟通能力要求较高，这是因为在处理福利申请时，要对申请员工提供咨询并说明拒绝的理由。

3. 福利沟通

要使福利项目最大限度地满足员工的需要，福利沟通相当重要。研究显示，并不是福利投入越多，员工越满意。很多组织的经验显示，即使组织为员工提供福利付出了很多努力，员工仍然没有意识到组织到底为他们提供了什么福利，或者根本没有意识到组织为此付出了多么高昂的成本。例如，美国有一项专门研究让员工来做两方面估计：一是估计组织在他们的医疗保险中投入了多少钱；二是估计一下，如果自己不以组织员工身份参加健康保险，可能会付出多大的成本。结果表明，员工对于他们所享受的医疗福利的成本以及这些医疗福利的市场价值都大大低估了。因此，组织必须要设计一套完善的福利沟通模式，一方面，告诉员工他们都享受了哪些福利待遇；另一方面，告诉员工他们所享受的福利待遇的市场价值到底有多少。福利沟通可以采取以下方法：

（1）编写福利手册，解释组织提供给员工的各项福利计划。

（2）定期向员工公布有关福利的信息。这些信息包括：福利计划的适用范围；对具体员工来说，这些福利计划的价值是什么；组织提供这些福利的成本有多少。

（3）在小规模的员工群体中作福利报告。这一工作由福利管理人员或者部门经理来完成。

（4）建立福利问题咨询办公室或咨询热线。

（5）建立网络化的福利管理系统，在组织网络发布福利信息，与员工就福利问题进行双向交流，从而减少由于沟通不畅导致的种种福利纠纷或福利不满。

4. 福利监控和调整

福利领域情况变化很快，组织必须紧紧跟随组织内外环境的变化，对福利系统进行监控，及时做出调整。

（1）有关福利的法律经常发生变化，组织需要关注这些法律规定，检查自己是否符合某些法律法规的规定。一方面，避免自己在不知不觉的情况下违反国家的法律法规；另一方面，组织还可以以法律法规为依据，寻求有利于自己的福利提供方式。

（2）员工的需要和偏好也会随着员工队伍构成的不断变化以及员工自身职

业生涯的发展阶段而不断发生变化，因此，员工福利需求调查应该是一项持续不断的工作，不能一劳永逸。

（3）与外部市场的直接薪酬状况变化相似，了解其他组织的福利实践也是组织在劳动力市场上取得竞争优势的一种重要手段。

（4）对组织而言，外部组织提供的福利成本（如保险公司提出的保险价格）所发生的变化会对本组织产生影响。

因此，组织外部市场环境、竞争对手的变化、组织发展阶段的不同、组织经济实力的变化、内外劳动力市场的变化等因素，都要求组织及时调整薪酬福利系统，调整福利项目或力度，使其更好地为组织战略目标服务。

第三节　薪酬标准设计风险与防控

薪酬标准是指组织内部各类职位和人员平均薪酬的高低状况。它反映了组织薪酬相对于当地市场薪酬行情和竞争对手薪酬绝对值的高低，对于组织对员工的吸引力和组织的薪酬竞争力有着直接的影响。

一、薪酬标准设计风险点

（一）薪酬标准难定

薪酬标准难定是指薪酬标准制定依据模糊，不知道市场的薪酬水平是多少，因而不知道是否该调整薪酬标准，该调整多少。其结果主要表现为薪酬水平过高或过低，不同岗位的差距不合理。薪酬标准制定得过高，增加组织的人工成本负担；过低，薪酬缺乏竞争力，引起人才流失。

（二）被动调整薪酬

薪酬标准制定缺乏主动性，被动调整薪酬标准。往往表现为竞争对手已经调整了薪酬标准，导致组织之间薪酬水平出现落差，组织因员工离职、难以招聘到合适人员而被动调整薪酬水平。

（三）员工薪酬感知失真

薪酬标准设计的另外一个风险点在于，很多组织虽然为员工制定了较高的薪酬水平，但是员工对薪酬标准没有直观感知，主要有两种情况：一是员工认为自身的薪酬水平低于市场薪酬水平；二是员工认为自己在组织的薪酬低于自己的付出和贡献。

二、薪酬标准设计风险分析

（一）缺少薪酬标准设计的客观依据

通过薪酬调查获取市场同等岗位的薪酬水平或者同行业的薪酬水平，进而制定本组织的薪酬标准，是确定组织薪酬标准的核心环节。在执行薪酬调查时，常见的风险点体现在：

1. 调查渠道选择不恰当

组织在需要市场薪酬数据的时候就盲目开展市场调查，且盲目追求市场调查数据的准确性，增加了组织的运营成本。事实上，开展市场薪酬调查的渠道很多，除了自行调查外，还可以利用政府公布的薪酬统计信息、网络或权威媒体报道的薪酬信息，甚至是同行业熟人的情况介绍。组织必须结合自身的能力水平、实际需要，选择适合自身的调查渠道。

2. 薪酬调查内容不全面

调查内容不全面，一是体现在组织只是调查了局部组织的薪酬水平，而组织的选择又不具有代表性；二是体现在只是调查了部分薪酬项目，如只是调查了基本工资，没有调查奖金、福利等项目。这样得出的薪酬调查数据不全面、不准确，最终会影响组织自身的薪酬标准制定。

3. 薪酬调查作为唯一的定薪依据

组织将薪酬调查结果作为薪酬决策的唯一依据，没有认识到影响薪酬的其他因素，如岗位特征、员工绩效、员工能力、组织支付能力等。

4. 薪酬调查不客观

调查结果不客观是指调查的结果不能准确反映市场的实际薪酬状况，影响组织的薪酬水平决策。造成调查结果不客观的原因很多，常见的有：调查对象不具有代表性，或者不是本组织的对标组织；调查方案设计有缺陷；调查机构不专业；调查执行不力；调查数据处理不科学，等等。

（二）薪酬定位不科学

1. 参照对象选择不准确

参照对象的选择，明确了组织薪酬水平在市场上的相对位置，决定了组织在劳动力市场上的竞争地位。错误的参照对象会对组织的人工成本支出水平、人员结构、人员流动性等造成严重的影响，也是导致员工满意度下降、内部管理成本加大的重要因素。

2. 控制薪酬成本导致核心人才流失

很多组织出于成本的考虑，不顾组织自身的特征和发展的需要，一味降低员工薪酬，导致核心骨干流失、员工素质下降，最终影响组织的效益，产生恶性循环。组织发展要靠人才，这就需要付出合理的成本。组织不可只顾一时利益，一味追求低成本，而不顾人才的获得和保持。

3. 组织利润未能与员工适当分享

所谓利润分享，是指组织在向员工支付了劳动工资后，再拿出一部分利润分配给员工。很多组织在年初制定好员工的薪酬标准时，没有考虑到年底要随着组织利润的变化情况调整员工的薪酬水平。这就会出现到年底的时候，虽然组织利润超过预期，但是没有调整员工的薪酬标准，挫伤了员工的工作积极性，甚至产生节后员工离岗的问题。

三、薪酬标准设计风险防控

（一）开展市场调查

实施薪酬调查一般来讲应该分为 4 个步骤：确定调查目的，确定调查范围，选择调查方式，整理和分析调查数据。

1. 确定调查目的

人力资源部门应该先弄清楚调查的目的和调查结果的用途，再开始制订调查计划。一般而言，调查的结果可以为以下工作提供参考和依据：整体薪酬水平的调整，薪酬结果的调整，薪酬晋升政策的调整，某具体岗位薪酬水平的调整等。

2. 确定调查范围

根据调查的目的可以确定调查的范围。需要考虑以下问题：对哪些组织进行调查，对哪些岗位进行调查，调查该岗位的哪些内容，调查的起止时间和控制（见表 7—1）。

表 7—1　确定调查范围

地域范围	生产人员	行政人员	技术人员	科学家和工程师	管理专业人员	高级管理人员
本地	最可能	最可能	最可能			
地区	仅关键或短缺技能	仅关键或短缺技能	最可能	最可能	最可能	
全国				最可能	最可能	最可能
国际				仅关键或短缺技能	仅关键或短缺技能	有时

3. 选择调查方式

确定了调查的目的和范围，就可以选择调查的方式。一般来讲，先可以考虑组织之间的相互调查。组织的人力资源部门可以与相关组织的人力资源部门进行联系，或者通过行业协会等机构进行联系，促成薪酬调查的展开。若无法获得相关组织的支持，可以考虑委托专业机构进行调查。目前普遍采用的调查形式是问卷法和座谈法（也称面谈法）。如果采取问卷法，要提前准备好调查表；如果采取座谈法，要提前拟好问题提纲。

4. 整理和分析调查数据

在调查完成后，要对收集到的数据进行整理和分析。要注意将不同岗位和不同调查内容的信息进行分类，并且在整理的过程中要注意识别是否有错误的信息。最后，根据调查的目的，有针对性地对数据进行分析，形成最终的调查结果。

（二）重视内在薪酬的作用

很多组织在制定薪酬标准的时候，往往仅仅考虑到“外在薪酬”标准的制定而忽略了“内在薪酬”的设计，其结果是外在的薪酬标准很高，但是职工不满意，绩效上不去。因此，在制定外在薪酬政策的同时，要配合内在薪酬的设计。

外在薪酬主要是指为受聘者提供的可量化的货币性价值，如基本工资、奖金等短期激励薪酬，股票期权等长期激励薪酬，退休金、医疗保险等货币性的福利等。内在薪酬则是指那些给员工提供的不能以量化的货币形式表现的各种奖励价值，如对工作的满意度、培训的机会、提高个人名望的机会、吸引人的组织文化、相互配合的工作环境，以及组织对个人的表彰等。

制定内在薪酬政策，需要着重关注以下三点：

1. 注重组织文化的构建

组织内在的文化往往更具震慑力。组织文化不是依靠货币所能获得的，构建具有本组织特色的、无法模仿和替代的组织文化需经长年累月的努力。组织文化是员工的成长环境，要从员工的成长环境入手，为每一个员工的工作生涯做出规划，让每一个员工都看到自己的成长方向和成长的空间，从而调动员工的积极性。其间要进一步完善组织人才培养和塑造的正确观念，并根据组织实际情况健全体制，努力使每一个员工的价值观与组织的价值观实现不断的融合和升华，最终使每一个员工能够与组织融为一体。

2. 注意发掘员工需求

除薪酬外，员工选择某组织并为之效力肯定还有别的需求。要了解员工的这种需求，组织管理者必须深入调研，下功夫了解员工。对工作环境的塑造，我们可以在工作过程中营造出员工间彼此尊重、融洽的氛围，让员工在彼此的沟通和交流中建立起相互的信任，了解彼此的长处和短处，并在实际工作中体现出互补性，同时不断地将组织所追求的目标深深植入员工的脑海。

3. 引导员工并诱发他们的需求

在员工的学习环境上，要让员工能够很方便、快捷地获取他们工作中需要的信息，同时满足员工在成长过程中其他方面的学习需求，这需要相应的措施来保障，如图书室的建立、资料库的管理等。同时还要设立相应的员工培训机制，并根据组织的发展制定出相应的员工培训课程，特别是针对部分员工的弱点开展培训。

第四节　薪酬竞争力不足风险与防控

人力资源作为资源要素之一，其配置也必然要符合市场经济规律的要求。人才的流动必然会受到薪酬的影响，人力资源向着价高的地区、组织流动就成为普遍现象。从这个意义上讲，组织薪酬在人力资源市场上是否具有竞争力是一个关键因素，所以组织在制定薪酬标准时，必须要考虑本地区同行业相似规模的组织薪酬水平以及本地区同行业的市场平均薪酬水平，尽量使组织的薪酬水平具有竞争力，能够吸引和留住组织发展所需的人才。

组织的薪酬竞争力还体现在薪酬制度上。研究发现，从组织内部来讲，员工关心薪酬差别的程度高于薪酬水平，在现实的薪酬管理中，这一点往往被忽视。因此，组织的薪酬竞争力，不但要关注薪酬水平，更应关注整个组织的薪酬制度的竞争力。薪酬水平相同，但薪酬制度不同，会取得不同的激励效果，所以，如何实现薪酬竞争力的最大化是一门值得探讨的管理艺术。

一、薪酬竞争力不足风险点

（一）薪酬水平竞争力不足

薪酬水平竞争力不足，一方面是指组织薪酬水平长期落后于竞争对手，而另一方面，为了保持组织的竞争力，不得不增加组织的薪酬支出，挤占其他支出。

（二）薪酬制度缺乏竞争力

薪酬竞争力不足还体现在制度层面。一是薪酬的决策程序不科学，员工参与度低下；二是薪酬对员工的激励作用有限；三是薪酬结构僵化，不能根据组织需求进行调整。

二、薪酬竞争力不足风险分析

（一）缺乏对自身竞争力的科学认识

很多组织设计薪酬制度时，缺少对自身竞争力的科学认识，不知道本组织薪酬设计要达到什么目标，不了解本组织能承受的薪酬水平，更不了解组织内员工的状况。具体表现在：

1. 没有明确自身的竞争策略

组织没有明确自身的薪酬竞争策略是要领先对手、跟踪对手还是适当落后对手。薪酬竞争策略不明确，往往和组织自身总体战略不明确有关。因此，在制定组织的薪酬竞争策略的时候，要对组织的整体发展战略进行详细的梳理和定位。

2. 没有明确组织支付能力

组织没有对自身的财务能力进行分析，不了解组织有多少财力可以支付员工薪酬。脱离组织支付能力制定薪酬，若过高，超出组织支付能力，增加了组织的成本，影响了组织的发展；反之，容易让员工感觉组织不愿意和员工进行利润分享，挫伤员工士气。

3. 不掌握组织人员状况

组织薪酬竞争的对象是“人”，因此，不对组织人力资源状况进行科学分析，不掌握组织的人员状况，特别是不掌握员工的实际需求是不行的。不掌握组织人员状况的另一种表现是不了解组织的核心人力资源，薪酬对核心人力资源没有竞争力，导致组织核心人力资源流失而又不能吸引外部优秀人力资源。

（二）缺乏对竞争对手的科学认识

提高组织的薪酬竞争力，不但要明确自身的竞争状况，也要掌握竞争对手的薪酬状况，明确竞争对手是谁，采取什么样的薪酬策略，对手的优势和劣势是什么等。具体表现在：

1. 对标对象选择错误

组织选择了错误的竞争对手。有些组织不了解自身所在的行业，行业定位过粗或过细，也有些组织盲目选择行业内最顶尖的对手，超出了自身的竞争能力。

2. 不了解对手的薪酬策略

选定竞争对手后，没有对竞争对象的薪酬策略进行详细了解，也没有觉察到对手的薪酬竞争策略发生变化，这种情况下制定的组织薪酬竞争策略既缺少针对性，也容易被对手牵着鼻子走。

（三）忽略薪酬竞争手段的多样性

薪酬竞争力不足，不单单体现在薪酬水平的竞争力不足，还体现在其他方面。很多组织在评估组织薪酬竞争力的时候，缺少对本组织薪酬制度竞争力的评估，盲目打人才“价格战”，不但导致人力成本过高，组织竞争力也无法有效提高。

1. 薪酬外在竞争性没有和薪酬内在公平性有效结合

组织在制定薪酬策略时，缺少对内部薪酬公平性的统筹考虑，“重竞争性，轻公平性”，不但增加了组织的薪酬成本，也降低了员工的薪酬满意度。

2. 组织文化建设滞后

组织在制定薪酬竞争策略时，没有跟进组织文化建设，文化建设长期滞后于组织发展，员工缺少对组织的价值认同，反过来降低了组织的薪酬竞争力。

3. 缺少内在薪酬设计

外在薪酬是指组织支付给员工的工资、奖金、津贴、福利等实质性东西，需要组织在经济资源方面付出代价。内在薪酬是指人们从工作本身得到的满足，一般无须组织耗费经济资源。组织在评价薪酬竞争力时，往往考虑外在薪酬的竞争力，忽略内在薪酬制度设计。

三、薪酬竞争力不足风险防控

（一）开展薪酬竞争力评估

1. 市场工资率曲线和收入政策曲线

薪酬调查后会得到一条曲线——市场工资率曲线。市场工资率曲线是以市场为基准的反映市场工资水平与职位对应关系的曲线。还有一条曲线是收入政策曲线，是组织实际支付的曲线。收入政策曲线与市场工资率曲线有 3 种不同关系（见图 7—1）：①收入政策曲线高于市场工资率曲线，代表薪酬支付的领导策略。②收入政策曲线与市场工资率曲线重叠，代表薪酬支付的匹配策略。③收入政策曲线低于市场工资率曲线，代表薪酬支付的滞后策略。

2. 薪酬竞争力衡量指标

薪酬体系的竞争力有 3 种评估方法：

（1）薪酬比率指标。薪酬比率是指员工实际获得的基本薪酬与相应薪酬等

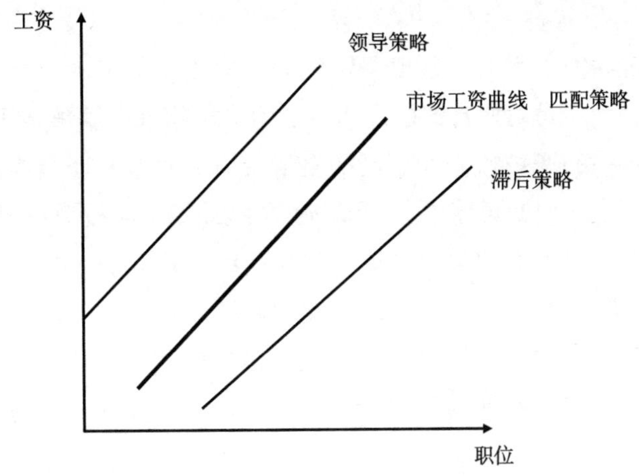

图 7—1　收入政策曲线和市场工资率曲线示意图

级的中值的比率，或指本组织某薪酬等级中值与市场平均薪酬水平的比率。这个指标可以用于很多类型，比如职位类型、年龄类型等，可以从多个角度看这个指标，它是衡量薪酬竞争力的最重要的指标。

（2）薪酬增长幅度。一是跟竞争对手比较薪酬增长幅度，薪酬增长速度快，说明本组织薪酬竞争力强；二是比较行业薪酬增长速度，如果一个行业的薪酬增长速度快，说明该行业人才争夺激烈，行业薪酬水平有竞争力。

（3）吸纳、保留和激励员工的能力。一个组织的薪酬水平如果能够保持人员稳定，优秀员工离职率低，且可以吸引优秀员工加入组织，说明组织的薪酬竞争力强。

（二）明确薪酬竞争策略

1. 领先型薪酬策略

本组织的薪酬水平高于竞争对手或市场的薪酬水平。这种薪酬策略以高薪为代价，在吸引和留住员工方面都具有明显优势，并且将员工对薪酬的不满降到一个相当低的程度。

2. 跟随型薪酬策略

力图使本组织的薪酬成本接近竞争对手的薪酬成本，使本组织吸纳员工的能力接近竞争对手吸纳员工的能力。

3. 滞后型薪酬策略

本组织的薪酬水平低于竞争对手或市场薪酬水平。采用滞后型薪酬策略的组织，大多处于竞争性的产品市场上，边际利润率比较低，成本承受能力很弱。受产品市场上较低的利润率所限制，没有能力为员工提供高水平的薪酬，是组织实施滞后型薪酬策略的一个主要原因。当然，有些时候，滞后型薪酬策略的实施者并非真的没有支付能力而是没有支付意愿。

4. 混合型薪酬策略

组织在确定薪酬水平时，是根据职位的类型或者员工的类型来分别制定不同的薪酬水平，而不是对所有的职位和员工均采用相同的薪酬水平定位。比如，有些组织针对不同的职位族采用不同的薪酬决策，对核心职位族采取市场领袖型薪酬策略，而在其他职位族中实行市场追随型或相对滞后型薪酬策略。

进而言之，对组织里的关键人员，例如高级管理人员、技术人员，提供高于市场水平的薪酬，对普通员工实施匹配型薪酬政策，对那些在劳动力市场上随时可以找到替代者的员工提供低于市场价格的薪酬。此外，有些组织还在不同的薪酬构成部分实行不同的薪酬政策。比如，在总薪酬的市场价值方面处于高于市场的竞争性地位，在基本薪酬方面处于稍微低一点的拖后地位，在激励性薪酬方面则处于比平均水平高很多的领先地位。

组织选择薪酬竞争策略，必须考虑各种薪酬竞争策略的特点，结合本组织的战略目标、可承受能力、人力资本特点等，选择适合本组织的薪酬竞争策略。

领先型薪酬策略不外乎两个优点，一是可以吸引到足够优秀的人才，二是可以增强团队的稳定性。当然，这种策略的缺陷也十分明显，就是人力成本压力会增大，在这样的条件下想减薪不是一件容易的事，并且人力成本的增加很容易体现在产品的价格上从而影响到销售额。而在领先型策略下，业绩下降的危险度会变得很高。

为了节约人力成本而采取跟随型策略也不失为另一种选择，但是这种策略无论对组织的招聘或者留人都造成了不小的难度。由于招来的员工往往不够优秀，组织需要花费大量的资金用在新员工培训上，但最终结果并不都令人满意。再考虑到员工激励性的问题，跟随型策略如今往往只是作为领先型策略的一种补充。

混合型薪酬策略才是真正具备实用价值的，针对职位序列和岗位重要性有针对性地进行薪酬设计，才可以最大限度地发挥人力成本的作用。

（三）熟悉市场和自身状况

1. 组织的支付能力

组织的支付能力取决于两个方面：一个是资本的定位，另一个是盈利的高低。一般来说，每个组织都要留有余地，只有支付能力很强的组织才会考虑采用很高的薪酬水平。

2. 劳动力市场竞争状态

当劳动力市场上某一类人员非常紧俏的时候，必须用较高的工资去吸纳他们。当劳动力市场供过于求，组织可以用较低的工资水平去吸纳他们。

3. 组织的人员流动情况

一般情况下，组织人员外流，尤其是核心岗位人员流失严重，则组织薪酬竞争力弱，需要通过优化组织薪酬体系设计提高组织薪酬竞争力。

（四）制定有竞争力的薪酬体系

在进行薪酬竞争力评估，明确薪酬竞争策略和当前劳动力市场状况后，就要通过优化设计薪酬体系，提高本组织的薪酬竞争力。一般来说，制定有竞争力的薪酬体系要考虑以下因素：

1. 组织竞争者定位

竞争者有两类：一类是直接的业务竞争者，另一类是同类劳动力的竞争者。比如有的劳动力是通用性质的，如秘书和会计。

2. 明确组织的业务特征

考虑薪酬竞争力的时候要同时考虑组织的业务特征。要清楚组织的业务特征是什么，根据业务特征做薪酬设计才会比较有针对性。例如，通信行业的业务特征跟纺织行业是不一样的，设计薪酬体系的时候，采用纺织行业的薪酬是没有竞争力的，通信行业的薪酬体系更多强调能力，更强调对高技术人员的关注，纺织行业则强调大众型的员工。

3. 明确薪酬实践

组织为了吸纳和留住关键人才，会进行很多薪酬实践，比如以长期激励为主短期报酬为辅、以股权激励为主货币报酬为辅。组织在吸纳和留住人才方面的做法是不一样的，每个组织应该采取跟自己组织情况相匹配的薪酬实践。

4. 明确关键竞争要点

要保证薪酬体系的竞争力，一定要清楚组织的优势是哪些关键部门创造的，这和组织的战略和性质有关系。薪酬体系就是要支持创造优势的关键部门和关键人才。

5. 明确竞争地域

传统上，薪酬竞争要遵循“3S”原则，指的是相同的区域、相同的行业和相同的规模。但是，同一地区的组织在全球化的条件下已经受到很大的挑战，原来的组织主要是区域性的组织，全球化之后就发生变化了，比如中国很多高科技组织制定薪酬要考虑美国竞争对手的情况。

第五节　薪酬总额管理风险与防控

薪酬总额是指组织在一定时期内直接支付给职工的劳动报酬总额，包括组织所有员工的工资、奖金、加班费、职务补贴、退职退休金、福利安全费、劳动保险费、培训经费等费用开支。从上述定义可以看出，薪酬总额一方面构成了员工的收入，因而，合理确定薪酬总额是保持组织薪酬竞争力、提升员工组织归属感的重要基础；另一方面，薪酬总额也是组织运行成本的重要组成部分，因而，合理进行薪酬总额管理，科学确定薪酬总额，是有效控制组织的运营成本、提高组织长期竞争力的重要保障。

一、薪酬总额管理风险点

（一）薪酬总额刚性增长

在自然状态下，组织薪酬总额是一个自然累积的结果，随着组织发展、人员增加不断累加形成薪酬总额。对于某些国有企业而言，薪酬总额源头则可追溯到计划经济时代，大多数国有企业十余年来延续着上面的循环过程：年底申报下年度薪酬总额计划，要多多地争取“粮票”，否则下一年度的各项工作都无法推动，因为在各种条件约束之下，国企分配改革只能在增量的再分配上动脑筋，动存量是不现实的。

（二）薪酬总额核定方法不科学

常见的薪酬总额核定方法，就是在上年度薪酬总额历史水平的基础上，根据对本年度经营状况预测，比如销售额及利润情况，以及人员规模扩张、经营重点等，进行若干必要修正，得到本年度薪酬总额。

这种核定方法长时间延续，造成一种“陈陈相因”的状况，会逐渐丧失原薪酬总额核定基数的科学性，而陷入一种“鸡生蛋、蛋生鸡”的无限循环。距离薪酬总额基数核定年限越远、期间变化越大，则薪酬总额基数、本年度各种修正因素调整的合理性问题越突出。

（三）薪酬总额占比高企

薪酬总额占比高企，一方面影响组织利润结余；另一方面，薪酬支出具有刚性特征，难以有效降低薪酬总额，特别是在考虑“五险一金”之后，组织的薪酬总支出占比更高。一是由于国家政策的规定具有强制性；二是组织也可以通过自身薪酬结构优化或合理的税务规划，有效降低薪酬支出占比。

（四）实际薪酬总额超过预算薪酬总额

薪酬执行过程中，薪酬实际支出总额超过预算薪酬总额。这一方面是由于组织利润的增加，员工的薪酬随利润增加而增加；另一方面是由于组织没有做好薪酬预算，薪酬预算不准确，如薪酬预算口径过窄等，更常见的是组织没有做好薪酬过程控制。

二、薪酬总额管理风险分析

（一）缺乏薪酬总额的科学预算

薪酬总额预算是组织在一定时期为员工提供直接或间接薪酬所安排的货币分配的财务计划。组织之所以关注薪酬预算的编制，其主要原因是一个好的薪酬预算能够实现以下目标：一是薪酬预算可以作为下一年度薪酬和财务分配的基础；二是薪酬预算能够预测由于绩效增长和晋升增加所带来的实际年度费用以及下一财政年度每一部门每一员工的总薪酬，提供年度薪酬信息的对比数据；三是薪酬预算可以为管理者提供从下一年度至另一年度的员工薪酬分配信息，以及制订下一预算年度新老员工平均薪酬成本的详细计划。

组织不能科学制定薪酬总额预算，一方面容易造成组织薪酬总额超出实际需要，薪酬总额高企；另一方面也可能由于薪酬总额不足，对薪酬总额的实际支出造成困难。

（二）缺乏薪酬总额过程控制机制

编制好薪酬总额预算后，在薪酬执行过程中，做好薪酬总额的过程控制非常关键。某种意义上，薪酬过程控制，是薪酬总额预算的继续。组织缺少薪酬过程控制机制，一方面，薪酬总额执行过快或过慢，与组织实际业绩完成情况脱节；另一方面不能有效对年度薪酬情况进行检查，不利于及时对年度薪酬计划进行调整。

因此，做好薪酬总额的过程控制，一要做好薪酬预算执行进度和执行比例控制，要和组织年度业绩完成进度相协调；二要做好薪酬支付的时间控制，有效降低组织的薪酬支付成本，可以减少员工的税收支出，提高员工的实际到手薪酬；三要做好薪酬反馈，基于薪酬控制过程，对来年的薪酬预算制定提供建议，持续改进薪酬总额管理。

三、薪酬总额管理风险防控

（一）科学编制薪酬预算

1. 薪酬预算周期

薪酬预算通常是组织财务预算的一个组成部分，它一般在组织编制支出预算时进行。薪酬预算至少包括两个年度：当前财务年度和下一财务年度。如果组织试图编制第三年或更长时间的薪酬预算，那么组织必须意识到，这样的薪酬预算应该富有弹性，最好拥有能够预测重大变化的早期预警系统。

2. 薪酬预算的重点

薪酬预算的重点是整体基础薪酬，虽然它也包括绩效和晋升方面的信息，但是预算关注的重点是薪酬的整体而不是局部。在一些组织，薪酬预算报告倾向于将重点放在监督和控制绩效增长方面，这种做法有很大的局限性。例如，在高流动导致高薪的组织以及高速增长的组织，新雇佣员工人数和晋升的增长，可能比绩效增长带来的薪酬费用增长效果更为明显。因此，在编制薪酬预算时，应该在警惕绩效和晋升的同时，重点关注薪酬费用的整体状况。

3. 编制薪酬预算的方法

（1）自下而上法。自下而上法首先由管理者预测下属每一个员工下一年度的薪酬水平，其次将这些个体数据进行汇总，得到整个组织的薪酬预算。薪酬预算编制需要经理们设计每一位员工的薪酬，它将薪酬管理的责任推给经理，薪酬经理则作为直线经理的顾问。自下而上法在具体实施过程中应包括以下步骤：

第一步，告知经理薪酬政策和技术。对经理告知正确的绩效工资概念，诸如使用工资增加指导线和预算等薪酬技术方面的培训，同时，向经理们传递工资范围和市场数据的有关信息。

第二步，分发预测说明书和表格。为经理们提供表格和使用说明书。

第三步，为经理们提供咨询。应要求为经理们提供建议和工资信息方面的服务。

第四步，核查数据和编辑报告。审计预报的增加额，确保没有超过工资指导线和合理的范围。然后用这些数据来反馈工资预测和预算的结果。

第五步，分析预测。检查每一位经理所做出的预测，对于所观察到的不同经理之间的差异，建议进行修正。

第六步，与管理层共同回顾并修改预测与预算。向做出分析和建议修改的经理咨询，获得高层对预算的许可。

第七步，为管理者提供反馈。对部门预测的数据进行统计分析、总结并设定部门目标。

第八步，监控预算和实际的增加。通过追踪和向管理层报告周期状况来控制预计的增加与实际的增加。

（2）自上而下法。自上而下法的具体流程是：首先对组织的总体业绩指标做出预测，其次确定组织新的薪酬总额，最后再按照一定的比例分配给各个部门的管理者，由管理者负责进一步分配到具体的员工身上。自上而下的复杂程度与组织结构的繁简程度成正比。

第一步，确定薪酬总额。常见的薪酬总额确定方法有薪酬费用比率法、劳动分配率法、盈亏平衡点法和人员编制法。

第二步，确定薪酬增长幅度。一是平均及最大/最小原则。即规定平均加薪水平，比如平均 7%的加薪，同时规定最低和最高增长幅度（例如，最低 3%，最高 10%）。如果没有完善的绩效评价系统，比如对于那些初创的小组织来说，这是最简单实用的指导原则。二是绩效—回报原则。这种形式的加薪办法是将绩效与加薪联系起来，应当与绩效评价原则结合使用（见表 7—2）。

表 7—2　　加薪比例分布表

考核结果	加薪比例
A：杰出	12%
B：优秀	10%
C：良好	7%
D：合格	当年 CPI 左右（假设为 6%）
E：不合格	0

第三步，分配薪酬预算。仔细考虑预算问题是非常重要的，预算限制了每个单元格业绩工资增加的百分比。绩效加薪预算表述为员工当前基本工资的百分比。例如，假设一个组织的首席财务官和薪酬专业人员批准了 5%的业绩工资加薪预算，并且假设所有员工当前基本工资的总额为 1 000 万美元。在这个例子中，员工平均增加 5%的业绩工资。员工个人增加的业绩工资是根据其绩效水平在工资范围内的位置来确定的。但是，个人工资增加的平均水平不能超过业绩工资加薪预算，在该例中是 5%，前提是实行强制分布。见表 7—3。

表 7—3　　员工绩效加薪百分比计算表

	优秀	良好	合格	较差	不合格
第四个四分位数	10%×20% = 2%	20%×20% = 4%	40%×20% = 8%	25%×20% = 5%	5%×20% = 1%
第三个四分位数	10%×25% = 2%	20%×25% = 5%	40%×25% = 10%	25%×25% = 6. 25%	5%×25% = 1. 25%
第二个四分位数	10%×40% = 4%	20%×40% = 8%	40%×40% = 16%	25%×40% = 10%	5%×40% = 2%
第一个四分位数	10%×15% = 1. 5%	20%×15% = 3%	40%×15% = 6%	25%×15% = 3. 75%	5%×15% = 0. 75%

（二）建立薪酬成本控制机制

一方面在进行薪酬成本控制时，要加强对薪酬制度执行情况的监控，保证组织所有员工都按照组织薪酬制度计付薪酬，不能存在超标准发放薪酬现象。另一方面，组织在进行薪酬设计时要考虑以下几方面因素：

第一，组织应密切关注人力资源市场变化情况，建立关键岗位市场薪酬数据库，根据市场薪酬变化及时对薪酬进行调整，以保持薪酬的竞争性；对关键岗位人员以及急缺岗位人员采取竞争性薪酬策略，对低层级岗位员工采取与市场薪酬水平相同的策略。

第二，组织应该实行业绩导向的薪酬制度，增加绩效工资及奖金比重，减少固定工资和津贴补贴项目；将员工薪酬与个人、部门以及组织整体业绩联系起来，在对员工实现激励作用的同时，将员工的收入与组织整体效益相联系，一方面增强员工的主人翁责任感，使员工与组织命运休戚相关，另一方面在组织效益处于低谷时，能实现一定程度的人工成本控制。

第三，正确理解内部公平的含义，通过薪酬体现岗位的差别，调动员工积极性，促使员工创造更大价值；优化岗位配置，建立竞聘上岗机制，使员工"能上能下"，大幅减少人工成本，同时给予员工一定压力，保持工作积极性。

第四，人工成本控制绝不意味着对所有人员、所有岗位人员都进行控制，人工成本控制应该站在投入产出的角度，对组织价值创造做出突出贡献的人员一定要给予充分激励，成本控制主要是针对组织价值创造贡献小的人员和岗位。

第五，人工成本控制不仅重视工资、社会保险等直接人工成本，对于招聘、培训、解聘员工等方面的间接成本也要控制，招聘一个员工成本很大，而解聘一个不合格员工往往也要付出很大成本，因此，要加强招聘、培训以及合同管理工作，提高这方面的工作效率对组织人工成本控制具有非常重要的意义。

（三）薪酬总额全周期管理

1. 薪酬总额预算

薪酬总额预算是薪酬总额管理的起点，其方法包括：

一是通过指标控制，主要是通过薪酬总额比率（薪酬总额占销售额比率）、劳动分配率（薪酬总额占净产值比率）以及盈亏平衡点等确定薪酬总额的合理水平，从而实现对薪酬总额的控制。这种控制方式是从市场对组织产品成本要求的角度对组织薪酬总额进行主动控制。当然，不同行业以及组织的上述各指标的合理水平完全不同。

二是通过岗位设置、定员标准的控制实现对薪酬总额的控制，其思路是：通过岗位设置和定员标准的控制实现对人员总量的控制，然后确定各类岗位的工资水平，这样薪酬总额很自然就被确定下来。

在基数核定的基础上，还会有一些相应的薪酬总额挂钩激励机制，其基本原理是将单位的考核结果与组织薪酬总额挂钩，而对该单位如何考核则是另外一个问题，最常用的是 KPI 方法。

第一种控制方式是一种宏观控制，第二种控制方式是微观控制。单纯实行微观薪酬总额管理方式最大的弊端是，人力资源部门拥有了控制部门薪酬总额的有效手段，但是当部门确实存在人员增加需求的话，人力资源部门的刚性人员控制和薪酬总额控制可能对组织业务发展构成影响。因而，应当允许在某些情况下重新核定部门定员和薪酬总额，如职责、流程调整，技术更新，新业务拓展等。

2. 薪酬总额发放控制与调整

薪酬总额基数和奖励机制确定后，还必须在接下来的薪酬总额使用过程中实施控制与调整。

最基本的是薪酬总额使用进度控制。基本原则是，人力资源部需要根据时间进度相应比例使用薪酬总额，一般不可超进度使用。

然后是做必要调整。组织应当根据经营状况及内外环境变化对薪酬总额使用情况进行调整。

3. 薪酬总额核算

每年年底要根据组织经营效果核算薪酬总额实发额。一种情况是，一般组织会在薪酬总额中切分出一部分，留作蓄水池、机动使用，留存到年底根据组织经营状况核算薪酬总额实发额，在蓄水池基础上多退少补；在年底作为年终奖金一次性使用。第二种情况则是组织用本年度薪酬总额实发额调整下年度薪酬总额，即薪酬总额奖惩在下年度兑现。

薪酬总额核算还要对当年度薪酬总额的使用情况进行检查，按照预算的习惯做法，如果当年度薪酬总额都未使用完毕，那么必然会在下年度核减，因此很多国有组织人力资源部门一般都会在年底将薪酬总额剩余部分以多种名目发放。这就是国企薪酬总额软约束问题的表现。

4. 薪酬总额分析调整

上面是组织内部在一个年度周期内薪酬总额管理的基本过程，但薪酬总额管理还需要从更长的时间跨度和更广阔的范围进行趋势分析，主要是两个方面，一是对组织薪酬总额多年度纵向比较，尤其是对人工费用比率、劳动分配率的比较；二是要对同行业、同类型组织的上述指标进行横向比较。然后根据上述指标的合理性程度、组织竞争力情况对薪酬总额以及管理机制进行调整。

（四）薪酬总额预算调整

在对薪酬实际支出总额进行统计汇总并进行详细分析的基础上，要及时进行薪酬总额预算的调整。薪酬总额预算调整的主要思路有以下几种：

1. 薪酬总额直接调整

如果在实际统计汇总的基础上发现薪酬预算会超额，或者由于组织经营情况的变化，无法保证薪酬总额预算足额支出，可以直接对薪酬总额进行调整，即可以按照实际经营情况将薪酬总额进行强制性调整，之后再逐层分解至部门和员工个人。但是，往往这种硬性调整在往下贯彻时会遇到很多问题，要结合以下几种调整思路一同进行。

2. 薪酬分布的部门性调整

在这种思路下，可以按照组织内部门的实际效益情况进行调整，即盈利好的部门可以保持原有薪酬预算，甚至可以增加薪酬预算；但盈利差的部门（除了研发型或培育型部门外），可以削减薪酬预算，甚至部门整建制撤并，以此达到薪酬预算调整的目标。

3. 人员强制性调整

薪酬预算的调整最终会落实到员工个人，可以以统一的规则，例如强制分布法或业绩达不到某一标准等，进行人员的调整与裁减，也可以结合部门整建制撤并进行人员强制性调整，进而达到薪酬预算调整的目标。

4. 薪酬结构性调整

薪酬预算调整还可以通过薪酬结构性调整来进行。例如，当薪酬预算额不足时，可以削减部分补充福利支出、培训项目支出，或者通过加大绩效工资比例来实现。但是，一般来说，薪酬结构性调整的滞后性比较强，而且会产生更多的负面影响。

（五）通过外包化解人力成本压力

外包是化解人力成本上升的有效途径，尤其是在“新合同法”出台以后，同工同酬的规定对组织影响很大，合同工虽然干的是和劳务派遣工一样的活，但是在报酬方面则要高得多。劳务派遣的岗位需要满足“三性”的条件，即临时性、辅助性和可替代性。目前的劳务派遣主要集中在各组织的生产线上。劳务派遣对于人力成本的节约不仅仅只是与合同工表面上的工资差距，还包括了招聘成本、培训成本和离职成本在内的诸多内容，也使得组织更愿意将岗位外包给劳务派遣公司。当今的社会化大分工主要是围绕产业链进行的，在未来或许会出现更多的不同角度的分工，人力资源无疑是其中一种，除了劳务派遣公司，咨询公司和事务所也是提供专门人才服务的组织。

四、薪酬总额预算常见方法

薪酬总额预算是组织薪酬管理的难题，尤其是对于多元控股集团组织。组织进行薪酬总额预算的目的在于实现对薪酬总额的控制，而薪酬总额控制的关键在于根据组织的实际情况确定一个合理的薪酬总额预算，然后以薪酬总额预算为标准，实施薪酬控制。薪酬总额预算常用方法有薪酬费用比率法、劳动分配率法、盈亏平衡点法、人员编制法。

（一）薪酬费用比率法

薪酬费用比率=薪酬总额/销售收入×100%

通过控制薪酬费用比率来达到薪酬总额控制的目的。从上述公式中我们可以看出：如果组织薪酬总额要上涨，则必须保证销售收入上升。组织薪酬总额的增加是建立在销售收入增长的基础上。

薪酬费用比率的确定：在公司业绩稳定的情况下，根据公司以往的经营数据计算出薪酬费用比率。如果公司的经营业绩不稳定，则参照行业薪酬费用比率；然后再根据薪酬费用比率，计算出合理的薪酬总额。

（二）劳动分配率法

劳动分配率=薪酬总额/附加价值×100%

劳动分配率法是指组织获得的附加价值中多少份额用于员工薪酬分配。

附加价值是指组织本身所创造的价值，它是组织生产价值中扣除从外部购买原材料和燃料等费用之后，附加在组织上的价值。附加价值的计算方法有两种：一种是扣减法，即从销售额中减去原材料等由其他组织购入的且由其他组织创造的价值；另一种是相加法，即将形成附加价值的各项因素独立相加而得出。由于相加法涉及薪酬费用，一般在薪酬预算中采用相加法。其公式为：

附加价值=利润+薪酬费用+其他形成附加价值的各项费用

=利润+人事费用+财务费用+租金+折旧+税收

（三）盈亏平衡点法

盈亏平衡点又称零利润点、保本点，通常是指组织利润为零（全部销售收入等于全部成本）时的销售额或销售量。其公式为：

组织的薪酬总额=边际贡献-预计利润-其他固定成本

=(销售单价-单位变动成本)×销售量-预计利润-其他固定成本

其他固定成本是指固定成本中除去薪酬总额以外的固定成本。

（四）人员编制法

人员编制法是在组织人员编制的基础上，根据员工的平均薪酬水平对薪酬总额进行预算的方法。其公式为：

年度薪酬总额预算=标准编制×平均薪酬水平

首先，统计组织各岗位平均薪酬，预测下一年度行业薪酬增幅，确定下一年度组织整体薪酬增幅及各岗位薪酬增幅。有些岗位，组织认为是组织发展的核心，可以将该岗位薪酬增幅定得略高于组织整体薪酬增幅；有些岗位在本行业人员供应已经达到了饱和状态，同时并非组织的核心人员，或只是辅助人员，就可以将该部分人员的薪酬增幅定得低于组织整体薪酬增幅；有些岗位的人员甚至可以维持现有水平。

其次，确定下一年度各岗位人员编制。

最后，预算下一年度组织薪酬总额。其公式为：

薪酬总额=∑各工资等级平均薪酬×职工编制×(1+薪酬增幅)

第六节　薪酬内部公平性风险与防控

“不患寡而患不均”，内部公平是薪酬管理的一个重要目标。组织在薪酬管理中能否做到公平地对待所有员工，极大地影响着员工的满意度和忠诚度，进而影响着员工工作的积极性、进取心甚至员工的去留。从组织服务价值链的角度看，如果薪酬没有体现内部公平，员工满意度会降低，必然影响由员工向客户提供的、决定客户满意度的服务价值，进而影响客户的忠诚度。因此，在薪酬管理中，内部公平是管理者必须高度关注的问题。

一、薪酬内部公平性风险点

（一）差距过大

差距过大是指优秀员工与普通员工之间的薪酬差异大于工作本身的差异，也有可能是干同等工作的员工之间存在着较大的差异。前者的差异过大有助于稳定优秀员工，后者的差异过大会造成员工的不满。薪酬差距过大会让后进的员工（薪酬较低的员工）感到不公平，他们会认为自己不被组织认可和重视，从而影响了他们的工作热情和效率。

（二）差距过小

差距过小是指优秀员工与普通员工之间的薪酬差异小于工作本身的差异。

它会引起优秀员工的不满。薪酬差距过小会让优秀的员工（薪酬较高的员工）感到不公平，他们会认为自己的付出大于自己的回报，从而影响了他们的工作热情和效率。

二、薪酬内部公平性风险分析

（一）岗位价值没有进行评估，缺乏公平分配的基础

这种情况在很多组织里都存在，特别是在国有组织和管理不规范的中小组织更是如此。岗位价值是设计组织薪酬的基础。如果岗位价值没有得到科学的评价，就无法建立公平的分配体系。如果对岗位价值大小不进行清楚界定的话，就会造成评价不公、分配不公等一系列重大问题，影响员工士气和组织的凝聚力，从而造成组织员工的流失。

（二）薪酬的确定没有基于能力与绩效

现在的薪酬设计，绩效薪酬占整个薪酬的比重在不断加大。这样就使得那些岗位等级较低的员工可以通过较好的绩效表现来得到较高的绩效薪酬，从而提高薪酬水平。还有一种情况，如果组织的薪酬是基于员工能力的提升，这时员工可以通过提升能力来提高薪酬。如果薪酬的确定没有基于能力与绩效，则员工的薪酬变得极具刚性，不能很好地体现出薪酬的激励作用。员工的绩效差异和能力差异就不可能通过薪酬来体现，也就没有体现出薪酬的内部公平性，如果这一现象长时间得不到缓解，能力强和绩效好的员工就会用“脚”投票，离开组织。

（三）没有一套合理的薪酬体系

这种情况在中小民营组织里特别常见。在这种组织里，因为组织没有一套合理的薪酬，所以刚进入的级别高一点的员工的薪酬，往往会由组织负责人亲自决定。谈判能力的高低和空缺岗位的紧急程度，决定了此岗位的实际薪酬。这就导致员工的薪酬体系很难保持前后的一致性，导致组织内部员工薪资标准的混乱。还有一个更加严重的后果，就是导致大部分员工都是谈判工资，并且往往出现在同一岗位上，新员工比老员工工资更高，这对老员工的冲击很大，降低了薪酬的内部公平性。

（四）职业发展通道缺乏导致升薪通道单一

因为组织没有建立多种通道的职业发展通路，结果导致大家都去挤管理这

一独木桥。如果不能升到管理岗位，工资、奖金就只能维持在一个固定的水平，不能得到提高。但是管理岗位毕竟有限，更多的还是专业类岗位。所以，为了提高收入，员工都紧紧盯着管理岗位，希望自己能够挤过管理独木桥。一个员工的专业能力得到了很大的提升，但是如果不能挤过管理这一独木桥，也不可能拿到高薪，从而造成了薪酬的内部不公平，这对员工特别是骨干技术人员，会带来很大的伤害。长此以往，必定会造成较大的员工流失率，这对组织来说是一种损伤。

三、薪酬内部公平性风险防控

（一）建立并宣传合理的公平观

通过培训、沟通等建设组织文化的方法建立组织的公平观，通过规章制度、薪酬手册制定明确的薪酬标准，以此具象并强化内部一致的薪酬公平观。在公平观的建设和宣传中，组织必须对“付出与有效付出”“收入与部分收入”“全部收入”等概念做明确的辨析，进而建立统一的公平标准。员工在工作中的一切努力是“付出”，但不等同于“有效付出”。能够创造和提升组织价值的付出才是“有效付出”，反之则为“无效付出”。员工的“收入”不仅仅是指物质回报，还包含培训、晋升机会、发展机会、心理收入、生活质量等非物质回报，是“一揽子薪酬”（Total Compensation，或称总量薪酬、整体薪酬）。

（二）建立岗位体系并进行岗位评价

1. 澄清组织结构和报告关系

很多组织的工作流程和组织结构及报告关系完全不符合。在设计薪酬管理方案前，先让管理层讨论澄清组织结构和报告关系。不清晰的组织结构和报告关系会影响组织内部公平性。

2. 为每一个岗位建立清晰的岗位职责

岗位职责中的“职责”是指职务和责任，也就是在这个岗位要做什么工作并对这项工作负什么样的责任，责任的大小决定了岗位级别的高低。但是在大多数国内组织中，组织只讲员工做什么，不谈员工责任。组织中基本都有任职文件，文件中对岗位职责也有规定，但是实际上说的是职，而不是责。如果组织没有建立明确的岗位职责体系，不明确的岗位职责会影响组织的内部公平性。

3. 选择一种合适的岗位评价方法

内部公平最核心的部分是用一种岗位评价方法评价岗位的价值或贡献，基本上所有评价方法都是通过评估因素来判断岗位的贡献和责任。岗位贡献和责任越大，岗位级别越高，它是决定公平性的最重要的因素。

4. 建立薪酬等级体系

应该通过岗位评估的结果设计出内部级别矩阵，建立组织内部相对公平的内部级别体系。在国内组织，通常的组织级别是总经理级、主任级、副主任级、科员级等，非常简单，实际上，不同的部门主任之间、科员之间的责任大小也有差异，这样的简单级别往往产生不公平感。设立薪酬等级应注意，薪酬等级应符合岗位价值排序，并且薪酬等级应有级别区间，一般同级别的岗位处在相同薪酬区间内，但根据个人能力不同、对组织贡献程度不同，可能有细微区分，并且设立薪酬级别区间能为处在同一级别的员工预留涨薪空间。此外，为了避免大锅饭现象，设立薪酬等级时还应与绩效考核相结合，确保不同能力水平和不同努力程度的员工在最大限度上实现薪酬公平。

（三）建立科学的绩效考核体系

1. 考核指标

绩效管理中最重要的环节是绩效评价，而绩效评价是通过考核绩效指标来体现的。绩效考核指标就是将品德、工作绩效、能力和态度用科学方式结合组织特性划分项目与标准，用于绩效评价与业绩改善。提炼绩效考核指标应注意以下几点：

（1）绩效考核指标应与组织的战略目标相一致。在绩效考核指标拟定过程中，先应将组织的战略目标层层传递和分解，使组织中每个职位被赋予战略责任，每个员工承担各自的岗位职责。绩效管理是战略目标实施的有效工具，绩效管理指标应围绕战略目标逐层分解而不应与战略目标的实施脱节。只有当员工努力的方向与组织战略目标一致时，组织整体的绩效才可能提高。

（2）绩效考核指标应突出重点。抓关键不要空泛，要抓住关键绩效指标。指标之间是相关的，有时不一定要面面俱到，通过抓住关键业绩指标将员工的行为引向组织的目标方向。指标一般控制在 5 个左右，太少可能无法反映职位的关键绩效水平，太多太复杂的指标只能增加管理的难度和降低员工满意度，对员工的行为是无法起到引导作用的。

（3）绩效考核指标应素质和业绩并重。重素质、重业绩，二者不可偏废。过于重“素质”，会使人束手束脚，过分重视个人行为和人际关系，不讲实效，而且妨碍人的个性、创造力的发挥，最终不利于组织整体和社会的发展。过于重“业绩”，又易于促生人的侥幸心理，鼓励人投机取巧、走捷径、急功近利、不择手段。一套好的考核指标，必须在“业绩”和“素质”之间安排好恰当的比例，应该在突出业绩的前提下，兼顾对素质的要求。

（4）绩效考核指标重在“适”字。绩效考核指标是根植在组织本身“土壤”中的，是非常个性化的。不同行业、不同发展阶段、不同战略背景下的组织，绩效考核的目的、手段、结果运用是各不相同的。绩效考核指标要达到效果，关键并不在于考核方案多么高深精准，而在乎一个“适”字。现在的“适”，不等于将来永远“适”，必须视组织的发展，视组织的战略规划要求，适时做出相应调整，才能永远适用。

2. 考核流程

组织的绩效考核，应当分作 5 个具体的行动步骤组织实施。把每一个步骤列为一个作业单元，在行动前精心组织操作培训和专项辅导，并进行必要的模拟演练。

（1）确定考核周期。依据组织经营管理的实际情况（包括管理形态、市场周期、销售周期和生产周期），确定合适的考核周期，工作考核一般以月度为考核周期。每个周期进行一次例行的重点工作绩效考核。对需要跨周期才可能完成的工作，也应列入工作计划进行考核。可以采取时段与终端相结合的考核方法，在开展工作的考核周期考核工作的进展情况，在完成工作的考核周期考核工作的终端结果。

（2）编制工作计划。按照考核周期，作为考核对象的职能部门、业务机构和工作责任人，于周期期初编制所在部门或岗位的工作计划，对纳入考核的重点工作内容进行简要描述。每一项重点工作都要明确设置工作完成的时间指标和质效指标。同时，按照预先设定的计分要求，设置每一项重点工作的考核分值。必要时，附加开展重点工作的保障措施。周期工作计划应按照时间要求编制完成，并报送考核执行人确认，然后付诸实施。

（3）校正量效化指标。绩效考核强调要求重点工作的开展和完成必须设置量效化指标，量化指标是数据指标，效化指标是成效指标。重点工作的量效化指标，反映了重点工作的效率要求和价值预期。另外，在实际操作中，并不是所有的工作结果或成效都可以用数据指标进行量化，而效化指标则比较难以设置和确定，需要一定的专业素质和及时的信息沟通。因此，考核执行人应会同考核对象，对重点工作的量效化指标进行认真校正并最终确定，保障重点工作的完成质效。

（4）调控考核过程。在管理运转中，存在并发生着不确定性因素，容易造成工作变数，考核也是如此。当工作的变化、进展和预置的计划发生冲突时，先应该对变化的事物进行分析，准确识别变化的原因和走向，对工作计划和考核指标做出及时、适当的调整改进。

（5）验收工作成效。每个周期期末，在设定的时间内，考核执行人依据预置或调整的周期工作计划，对考核对象的重点工作完成情况进行成效验收。按照每项工作设置的量效化指标和考核分值，逐项核实工作成效，逐项进行评分记分，累计计算考核对象该考核周期重点工作完成情况的实际得分，并就工作的绩效改进做出点评。

3. 考核结果反馈

绩效反馈是绩效管理过程中的一个重要环节。它主要通过考核者与被考核者之间的沟通，就被考核者在考核周期内的绩效情况进行面谈，在肯定成绩的同时，找出工作中的不足并督促加以改进。绩效反馈的目的是为了让员工了解自己在本绩效周期内的业绩是否达到所定的目标，行为态度是否合格，让管理者和员工双方达成对评估结果一致的看法。双方共同探讨绩效未合格的原因所在并制订绩效改进计划，同时，管理者要向员工传达组织的期望，双方对绩效周期的目标进行探讨，最终形成一个绩效合约。由于绩效反馈在绩效考核结束后实施，而且是考核者和被考核者之间的直接对话，因此，有效的绩效反馈对绩效管理起着至关重要的作用。

（1）通报员工当期绩效考核结果。通过对员工绩效结果的通报，使员工明确其绩效表现在整个组织中的大致位置，激发其改进现在绩效水平的意愿。在沟通这项内容时，主管要关注员工的长处，耐心倾听员工的声音，并在制定员工下一期绩效指标时进行调整。

（2）分析员工绩效差距与确定改进措施。绩效管理的目的是通过提高每一名员工的绩效水平来促进组织整体绩效水平的提高。因此，每一名主管都负有协助员工提高其绩效水平的职责。改进措施的可操作性与指导性来源于对绩效差距分析的准确性。所以，每一位主管在对员工进行过程指导时，要记录员工的关键行为，按类别整理，分成高绩效行为记录与低绩效行为记录。通过表扬与激励，维持与强化员工的高绩效行为，还要通过对低绩效行为的归纳与总结，准确地界定员工绩效差距，在绩效反馈时反馈给员工，以期得到改进与提高。

（3）沟通协商下一个绩效考评周期的工作任务与目标。绩效反馈既是上一个绩效考评周期的结束，同时也是下一个绩效考评周期的开始。在考核的初期明确绩效指标是绩效管理的基本思想之一，需要各主管与员工共同制定。各主管不参与会导致绩效指标的方向性偏差，员工不参与会导致绩效目标的不明确。另外，在确定绩效指标的时候一定要紧紧围绕关键指标内容，同时考虑员工所处的内外部环境变化，而不是僵化地将季度目标设置为年度目标的1/4，也不是简单地在上一期目标的基础上累加几个百分比。

（4）确定任务与目标相匹配的资源配置。绩效反馈不是简单地总结上一个绩效周期员工的表现，更重要的是要着眼于未来的绩效周期。在明确绩效任务的同时确定相应的资源配置，对主管与员工来说是一个双赢的过程。对于员工，可以得到完成任务所需要的资源。对于主管，可以积累资源消耗的历史数据，分析资源消耗背后可控成本的节约途径，还可以综合有限的资源情况，使有限的资源发挥最大的效用。

4. 考核结果应用

考核的目的是改进绩效、推进工作、提高效率。考核对象重点工作完成情况的实际得分即为考核结果。如何运用考核结果，会直接影响考核的激励作用。要切实结合组织管理资源的实际情况，充分考虑组织文化的负载能力，在这个基础上选择和确定考核结果的运用方式。在这里简单说几种考核结果的运用方法。

（1）考薪挂钩。就是考核结果与薪资收入并轨，按照考核得分，计算薪资实际收入。这个薪资可能是职能职务薪酬或岗位工资，也可以是独立设立的绩效工资，还可能是效益奖金。

（2）考职挂钩。把考核结果与考核对象的职位挂钩。考核对象由于主观因素，在较长时间内不能按计划完成重点工作或者不适于承担所在岗位的工作职责，应合理地调整其岗位或职务，避免重点工作遭受损失。

（3）信息整合。通过考核，可以反映、整合并有效利用多个方面的考核信息，包括资源配置信息、岗位设置信息、管理损耗信息、工作问题信息和人才信息等。考核结果的信息运用，能够为组织的工作决策、管理运转和人才的培养使用，提供重要的信息支持。

（四）开展薪酬满意度调查

薪酬满意度调查是员工对薪酬管理满意度的晴雨表，是分析薪酬体系问题的有效手段。通过薪酬满意度调查，不仅能够揭示员工满意度状况，也能够掌握哪些因素导致员工的不满以及员工的期望是什么，同时有针对性地提出改进方向和应对策略。实施员工薪酬满意度调查有以下 6 个步骤：

1. 明确调查目的

薪酬满意度调查活动先要明确目的。例如，诊断组织在薪酬管理方面存在的问题并找出问题的根源，评估组织变化和政策调整对员工经济收入的影响，增强组织凝聚力以吸引与保留人才，及时了解某些员工对薪酬的特殊要求，或是调整薪酬策略和完善薪酬制度等。

2. 制订调查计划

成功的薪酬满意度调查需要制订一个如何完成上述目标的工作计划或方案。

计划内容应该包括调查任务、调查提纲、调查时间、调查范围、调查人与被调查人、信息收集方法、调查结果的运用等。

3. 调查问卷设计

薪酬调查的方式有3种，即问卷调查法、访谈法和两者结合运用。调查方式确定后，下一步就是调查问卷的设计和取样，或者访谈计划和访谈表的制作，这个过程包括选择少量员工试填问卷或进行初步访谈，试探性地了解信息以调整调查问卷或访谈计划。

4. 调查实施过程

一是召开薪酬满意度调查会议，宣传调查目标、计划和方式，争取部门和员工的支持，以尽量获取真实可靠的满意度信息。二是发放和回收调查问卷，或实施访谈和纪要方式。三是调查资料的整理和检验。

5. 资料分析过程

在对收集的资料进行有效性审查后，运用软件系统对收集的有效数据进行处理，形成图表、文字说明，再对员工薪酬满意度和薪酬管理问题进行分析，最后形成一份完整的调查报告。

6. 调查结果运用

薪酬满意度调查要紧紧围绕调查目的，采取相应的调整行动。例如，如果调查的目的是诊断组织潜在的问题，那么调查报告形成后，一定要召集有关人员讨论、确定问题及其根源，然后提出有针对性的改善建议。如果调查是为了增强组织凝聚力、吸引与保留人才，那么组织就要考虑调整薪酬政策和薪酬水平，实行向优秀人才薪酬倾斜的策略。

通过上述步骤的实施，组织可以准确全面地了解员工的满意度状况及潜在的需求，凭借这些可靠的依据制定并实施有针对性的激励措施，留住人才，最终提升组织的经营绩效。

（五）建立有效的沟通机制

1. 建立沟通机制

员工薪酬的内部公平度是员工的主观感受，要解决这一问题，可通过加强管理者和员工沟通交流的方式，增强员工与管理者之间的信任。许多组织采用薪酬保密制度，提薪或奖金发放不公开，其目的是为了防止员工在知道其他员工的薪酬后，降低对薪酬管理公平度的认同。但这种封闭式制度使员工很难判断报酬与绩效之间的联系，员工既看不到别人的报酬，也不了解自己对组织的贡献，这样会削弱薪酬制度的激励和满足效用。因此，建立沟通机制是提升员工公平感的有效方法，也是实现报酬满足与激励机制的重要手段。

2. 给予员工参与决策的机会

要给予各个层级的员工参与薪酬决策的机会，广泛征集意见和建议，并依据这些意见和建议进行反复修改，尽可能使薪酬设计透明化。设计完成后，要进行一定时期的试用，在此过程中，依然要对暴露出来的问题反复加以修改，力图得到全体员工的支持，这样才有助于消除员工的抵触和不满情绪。各部门的经理在人力资源管理方面必须有足够的成熟度，能与人力资源部门一起做出各种关键性的决策。

（六）谨慎使用密薪制

员工的公平感是通过比较获得的，员工对内部薪酬的不公平感也是通过比较获得的。那么，实行秘密薪酬制度“斩断”比较，也就成为实现薪酬内部公平的方法。但是，管理者必须充分认识到，秘密薪酬制只是建立了一道抵挡薪酬内部不公的藩篱，没有比较、无从比较仅仅是在一定程度上避免了不公平感的产生，并不直接导向员工的内部公平感和薪酬满意感。秘密薪酬制不能作为组织实现薪酬内部公平的核心方法。只有建立在公正的薪酬制度基础上的秘密薪酬制，才能比较持久地发挥防御作用。

第七节　下属企业薪酬失控风险与防控

伴随着企业的成长，集团化是企业发展到一定阶段的必然形态。过渡到集团化的企业与单体企业在运营与管理上都面临很多不同的问题，在薪酬给付上也是如此。下属企业作为集团公司体系内的利润中心或者成本中心，提高下属企业经营效益是集团公司的首要任务，而对下属企业的薪酬管理则是完成集团公司经营计划目标的重要激励手段，关系到集团各项生产任务的完成，也是目前集团公司对下属企业管理的一个重大课题和难题。

一、下属企业薪酬失控风险点

（一）子公司薪酬总额失控

很多企业虽然建立了工效挂钩机制，但是由于子公司和集团之间存在严重的信息不对称，集团总部在指标标准值的确定上完全出于被动地位，于是子公司通过在指标标准确定上与集团公司博弈，降低标准值，从而更容易获得更高的薪酬总额。

（二）内部薪酬分配失控

有些集团公司赋予了子公司更大的内部分配自主权，这样集团就无法掌控子公司的内部分配数额。其结果往往是子公司经营层做出倾向于自身的分配，甚至侵占了子公司内部员工薪酬利益，造成子公司内部薪酬关系矛盾。

（三）集团总部与子公司的薪酬关系矛盾

子公司薪酬总额失控的结果会造成集团总部与子公司之间薪酬分配关系的不平衡，这里并不是说某一方一定要高于另一方才是合理的，而是说一定要通过薪酬总额控制对双方价值创造给予合理的价值承认，确定双方认可的相对合理的薪酬关系，从而杜绝单纯的攀比心态。

（四）子公司之间的薪酬关系矛盾

在集团内部的多个子公司之间，确定合理的薪酬关系也是十分必要的。当然，合理的标准并非鞭打快牛、平均主义，而是对价值创造做出相应的承认。反之，在子公司内部将产生严重的攀比，正常的薪酬总额机制最终演变为各子公司博弈能力的较量，尤其是在集团高层兼任子公司经营者的情况下，各子公司的博弈将延伸到集团经营管理的各个方面。

二、下属企业薪酬失控风险分析

（一）下属企业形成的过程影响了薪酬控制的机制

很多集团都是由单体公司自然发展而来，众多子公司往往是在单体公司基础上以项目派生出的，即公司以项目投资的方式，派出少量人员独立运作，逐步发展为一个子公司，多个子公司逐步发展壮大，最终形成多元化的集团公司。在企业自然发展的过程中，机会主义往往占主导地位，在项目公司设立之初也并没有确立一个稳定的薪酬确定机制。当项目公司发展壮大之后，局部利益更难以协调。

（二）下属企业的考核机制不完善

这个问题的根源在于集团公司未对各子公司做出明晰的战略定位。由于集团公司不能对各子公司从战略层面进行认识，导致对子公司的考核指标严重偏离战略方向。例如，国内某集团实行产品事业部制的组织结构，各产品事业部主要负责产品研发和市场营销，而制造则交由集团的制造平台完成。很显然，各事业部构成利润中心，而该制造平台则是成本中心，目的在于充分发挥规模经济效应。对该制造平台的考核应当以成本、交货周期和质量为中心，但是，该公司对制造平台却用利润指标考核，其结果可想而知。

（三）下属企业的博弈能力

某些集团公司由于内部治理结构的问题导致了薪酬总额的失控。国内很多集团公司虽然也有相对清晰的股权关系，但往往主要依靠集团内部交叉任职的方式，通过对人的控制来实现对子公司的管控。而由于子公司经营者同时作为集团高层，如果其薪酬关系属于子公司，则出于个人利益的考虑，他们往往成为子公司在集团经营班子内的利益代言人。

三、下属企业薪酬失控风险防控

（一）建立统一的薪酬体系

1. 建立“共性”与“个性”兼顾的薪酬体系

如果不建立统一的薪酬体系，集团内部岗位没有统一的价值评估，各子公司各自为政，薪酬水平更多同子公司的历史水平相关，而不是同现实效益挂钩，则公平性难以体现，造成集团内部人才流动困难。

但是，“统一”并不代表“一刀切”。统一的设计是指从集团视角对各业务板块、人力资源特点等进行分析，统一薪酬策略、结构框架，对于职能类似、人员素质能力要求类似的岗位统一规范薪酬，对于个性化的业务类岗位，仍然可以进行个性化设计，但要服从于整个集团的战略需要。

建立兼顾“共性”与“个性”的统一薪酬体系，一方面有助于加强集团的薪酬管控，确保各子体系的薪酬管理与集团整体的薪酬体系框架的一致性，形成合力，而不是相互博弈；另一方面也便于员工的合理流动，保证文化的一致性，增强员工的归属感等。

2. 将所有岗位纳入统一的岗位体系

统一薪酬体系的基础是将集团所有岗位纳入统一的岗位体系，进行岗位价值评估。集团化企业岗位价值评估关键控制点在于：需要组织多场岗位评价，除了每个子公司对本公司内部基准岗和非基准岗打分，还要成立专门的岗位评估小组，对所有子公司的基准岗进行评价，以便确立统一标准，形成集团基准岗位表，再将所有非基准岗位根据与基准岗位的相对差距进行插入。

由岗位价值差异决定的薪酬差距可以体现在“基本工资”及旨在分享整个

集团收益的“效益奖金”部分，此外，各子公司还可以根据本企业的实际情况设立“特别奖励”，诸如项目奖金、销售提成等，当然，要有配套的绩效管理办法与之对应。

这样的统一体系的设计，既保证了集团内部的相对公平性，在统一的体系内进行人员轮转，并共享集团效益，又兼顾了业务特点，鼓励相关岗位设立额外奖励，通过把业务做大、把蛋糕做大的方式，收获更多的额外奖励，拉开薪酬水平差距。

（二）下属企业薪酬总额管理

核定下属企业的薪酬总额对于集团人力资源部门来说往往是一个不小的挑战，有的企业缺乏规则，凭感觉、凭经验办事，总额的核定变成谈判的过程，这样做显然既无公平也无效率。实际上，薪酬总额的科学划分需要绩效体系的全面配套。我们知道，绩效是战略执行的工具，而薪酬则应是对员工战略执行效果即工作业绩的正向或负向的强化。因此，不能脱离战略目标达成情况，脱离绩效评价来核定薪酬总额。一般而言，核定下属企业的薪酬总额时，需要考虑以下因素：

1. 企业支付能力

由企业效益情况决定的实际薪酬支付能力，对于核定薪酬总额影响很大。一般而言，企业效益好，则可以在核定薪酬总额时保证较大的增幅，而企业效益差时，核定薪酬总额时可能需要确定较低的增幅或减少薪酬总额。

2. 薪酬的市场水平

企业在核定薪酬总额前，需要考察市场中同行业企业的薪酬水平，分析与自身水平的差距，根据本企业在劳动力市场中的薪酬政策定位来确定薪酬总额的增减幅度。

3. 企业薪酬策略

由企业的经营战略、管理策略和人力资源政策等决定的企业薪酬策略，不管具体采取何种方法，必须先要从下属单位的角度考虑政策的导向性。仔细权衡该方法是否有利于调动下属单位人员的积极性，是否有利于实现集团预定的战略目标。希望增加内部流动性的企业集团，可能会增大与业绩挂钩的薪酬总额并拉大内部差距，对于业绩不佳的单位降低总额水平，引导该单位进行内部分配结构调整，达到分流部分人员的目的。

4. 总额管理政策

随机及时调整是管理的基本原则。薪酬总额管理作为企业内部管理的一个方面，也需要根据实际情况及时进行调整。一般可考虑在年中对于年初制定的管理办法进行二次审视，结合在执行中存在的问题和下属单位在经营中出现的新情况，在确有必要的情况下进行调整。

（三）平衡总公司和下属企业之间的薪酬水平

薪酬水平是人才市场中的一双“看不见的手”，指挥着人才向薪酬水平高的部门或岗位流动，在一个集团内部也是如此。如果总部员工薪酬水平偏高，会导致大家都愿意到总部工作，其相对于一线业务部门，不仅压力小、相对轻松，薪酬水平也不低，这会造成业务部门人员的流失；如果总部员工薪酬水平偏低，将不利于吸引子公司的优秀员工进入总部，导致总部缺乏既懂专业又了解下属企业实际情况的人员，造成总部职能弱化，不利于集团公司整体管理水平的提高。因此，解决这一问题不能一概而论，总部的薪酬水平与子公司相比，并不必然高或低，而是应该保持一定的重叠。至于具体岗位的薪酬水平，还要根据该岗位人员的能力水平而定。这样，保证能力强的人员无论在总部还是子公司都能保持较高的薪酬水平。

同时，为了集团公司整体管理水平的提高，还需要建立配套的轮岗机制，要求总部员工和子公司员工进行定期或不定期的轮换，使轮岗制度化、常态化，使薪酬不会成为阻碍轮岗的因素。

（四）单列经营管理人员薪酬

子公司经营班子薪酬是必须单列的。如果将其薪酬纳入子公司薪酬总额内，则容易引发内部分配失控的风险。从更严格的角度看，公司高层经营者薪酬是一个独立的体系，根据目前国内企业的情况，可以纳入子公司范畴，但必须单列。

第八节　年度加薪风险与防控

按年度调薪是一个组织必须要做的工作之一。一方面，随着工龄的增长，一部分员工能力提升，如果不调薪，时间长了，员工自然会选择到高工资待遇的其他组织；另一方面，必须要对现有员工的能力进行评价，如果没有评价，可能会导致部分人员浑水摸鱼。如果没有一个系统的流程和规则进行年度调薪，那么结果就是“会哭的孩子有奶吃”“和老板走得近的人调薪会比较快”。现实中，很多组织并未明确具体的调薪标准和方案，调薪成了一个雷区，谁都不舒服。

一、年度加薪风险点

年度加薪是保持薪酬竞争力的必要手段，组织大多在每年年底进行下年度的经营预算并公布员工加薪计划。但是，在组织年度加薪中也存在着以下风险：

（一）人工成本增长过快

这是年度加薪中最为突出的问题。很多组织在年底都会面临一个非常尴尬的局面，如果不将薪酬增加到员工的期望值，很多骨干员工就将流失到竞争对手那里；对于大量一般员工而言，如果没有合理的薪酬增长，则无法抵消 CPI 增长带来的实际薪酬降低，造成员工士气低落。

在这种具体的压力之下，组织不得不调整薪酬。很多组织的做法是将各部门员工加薪的具体数额逐层汇总得到组织年度加薪总额。但很显然，如果满足员工对薪酬增长的期望，再考虑到加薪同步带来的各类社保支出的增长，其结果必然是组织面临巨大的成本压力，加薪吞噬掉大量利润。而且，人工成本刚性上升，组织营收增长却相对滞后，经营风险加大。

（二）与薪酬市场水平脱节

接下来的问题则是，对于组织内不同类别岗位、不同业绩和能力水平的员工来说，加薪到怎样的水平才能够在员工的期望值和组织人工成本控制之间达成有效的平衡，这个“度”的依据是什么。

很多组织在薪酬制度中规定了员工薪酬调整的具体做法，比较常见的是“员工年度考核结果为优秀或者连续两年年度考核结果为合格的，可晋升一档工资，最高不超过本级薪酬上限”。这种做法比较简单，而且让员工有明确的预期，但问题是这种调整往往带来员工薪酬的刚性上涨，而且也无法确定是否达到了员工的期望。

很显然，这种简单的加薪方式与薪酬市场水平脱节了，而且这种刚性上涨在很大程度上忽视了不同员工之间业绩和能力水平的差异，精细化不足而造成了新的平均主义。

（三）打破薪酬内部公平

另外一个令人头痛的问题是，有些组织不加薪还好，一加薪却让大量员工心态失衡，加薪加出问题来。

在很多组织里，年度加薪中往往出现“会哭的孩子有奶吃”的现象，那些与管理者有较多沟通、更强烈地表达加薪期望的员工，会得到更多的加薪机会和更大的加薪额度。

更为严重的是，在加薪过程中，各个部门独立操作，然后将部门员工的加薪结果上报汇总到人力资源部门，这时就会发现，各个部门、不同员工之间会存在非常大的不平衡，这种现象积累起来，将会破坏整个组织的薪酬内部公平。

（四）破坏组织薪酬体系

很多组织面临的另外一个非常严峻的问题是，加薪会破坏组织原有的薪酬体系。比较极端的例子是，某些员工加薪已经达到其所在岗位薪酬等级的上限，如果不再给予其加薪机会必然影响其积极性，甚至出现离职风险。对这类员工如何进行有效激励？于是有些组织试图在薪酬体系之外对这类员工的薪酬进行调整，比如增加某一薪酬构成或者允许其突破上限增加工资，结果破坏了组织整体薪酬体系。

（五）调整时机不当

年度加薪的时机也是一个非常关键的问题，如果时机选择不当也会造成员工心理和预期的不稳定。很多组织在每年较晚的时间才去考虑这个问题，比如到了春节前加薪方案仍然不能确定，让员工等待了太长时间。一方面，很多员工早已经开始找工作，破坏了员工稳定性；另一方面，员工认为这个时候的调整只不过是组织的被动应付和补救，大大降低了加薪对员工的激励性。

二、年度加薪风险分析

（一）缺乏薪酬总额控制

年度加薪先要确定可用的“激励资源”，即薪酬总额增长额度。如果无法确定这个额度，必然如前面所说的，加薪由于缺乏总体约束而形成人工成本过快上涨问题；反过来，也可能出现由于没有充分地使用组织资源，而造成骨干员工的流失。因此，年度加薪增长额度是先需要明确的问题，这实际上也是组织在每个年度重新核定薪酬总额预算时应解决的问题。

（二）缺乏明确的薪酬定位与市场水平比较机制

薪酬水平与市场水平脱节是很多组织都存在的问题，一旦组织完成薪酬体系设计，那么这个体系就会在很长时间内保持稳定，这也是很多国有企业很常见的做法。在目前情况下，人员流动越来越频繁、CPI 增长越来越快、薪酬市场水平更加透明，这种以不变应万变的做法的弊端越来越凸显。

有很多组织也存在进行薪酬水平比较的意愿，但组织薪酬定位本身是模糊的，组织根本无法确定薪酬比较的基准。另外，很多组织缺乏市场水平比较机制，这一工作往往是到了迫不得已的时候才零散进行，而且缺乏系统、有效的操作方法。这造成组织薪酬与市场水平逐步脱节。

（三）缺乏系统的加薪方法

年度加薪是一项系统性工作，需要综合考虑年度薪酬增长额度、薪酬市场水平、员工绩效情况与能力增长，以及部门、岗位间的平衡等多种因素，因此，这项工作存在一定的复杂性，需要采取系统的操作方式。

很多组织由于缺乏系统的加薪方法，采取了存在较多主观性和随意性的调整方法，部门经理的个人因素成为年度加薪中最主要的因素，调整过程不公开透明，结果则是各种因素之间难以实现综合平衡，无法达成通过加薪强化激励导向的目标。

（四）缺乏薪酬体系调整机制

薪酬体系要保持一定的稳定性，但反过来也需要根据外部情况变化进行动态调整，而且薪酬体系也应当能够容纳一定程度上的调整。特别是在近年来 CPI 不断增长、技术迭代加速、市场竞争人才竞争持续加剧的情况下，薪酬体系调整的周期更短，很多高科技企业薪酬体系“一年一小调、三年一大调”成为常态。

在薪酬体系调整经常化的情况下，如果缺乏有效的调整机制，那么很快组织薪酬体系就将被内外部多种因素“撑破”。可以说，迫不得已的被动加薪往往付出更多的成本代价却无法达到预期的激励效果。

三、年度加薪风险防控

（一）建立年度加薪机制

1. 加薪总额测算

加薪先要做的不是针对单个员工确定加薪额度，而是要从总体上确定公司加薪总额，换句话说，要确定好加薪的总盘子，再去做具体分配。确定加薪总额，实际上就是确定了组织为加薪能够付出的成本增加上限，其目的是兼顾员工加薪期望与组织成本控制并在两者之间达成平衡；否则，如果只是将员工个体加薪数额做简单汇总而缺乏上限的控制，组织必然会付出过高的加薪成本，各部门也会由于缺乏基本指导而无所适从，或者提出很高的加薪要求却得不到满足，影响积极性。

核定薪酬总额，基本的做法是确定薪酬总额占组织总销售额或者组织净产值的一定比例（前者称为薪酬总额比率，后者称为劳动分配率）。根据组织历年指标情况、行业一般水平以及本年度销售额等指标，就可以核算出加薪上限。当然，薪酬总额比率、劳动分配率指标，不同行业、不同组织各不相同，需要组织自己积累数据。

有很多组织缺乏必要的数据，或者由于组织高成长以及内外部情况变化剧烈导致这些指标不具有太强代表性，那么组织也可以从盈亏平衡的角度去核算组织加薪总额的上限。

加薪上限必然是经过多种方式反复核算、比较的结果，最后表现为相对于上年度薪酬总额的一定比例和增加值。

需要注意的是，加薪额度的确定一定要与组织下年度经营预算结合起来，换句话说，也就是加薪预算要与组织营收增长相匹配。脱离了营收计划单纯谈加薪只能是增加组织负担。

2. 确定部门加薪总额计划

在加薪总额确定的前提下，应当由人力资源部门将加薪总体额度分解到各个部门。

首先，人力资源部门应当将各部门各岗位员工现收入与公司市场定位进行比较。例如，某岗位月薪酬 3 600 元，而作为该岗位薪酬定位的 50 分位市场水平为 4 000 元，则该市场比率为 0.9，相对偏低，这时组织应当确定目标市场比率，如果组织定位于 1.1（一般为 1~1.2），那么该岗位的目标薪酬应当为 4 400 元。这样人力资源部门就可以粗略地计算出各个部门加薪额度，再根据组织加薪总额对此进行平衡，确定各部门的加薪额度上限。

其次，应当根据各部门实际情况进行调整。在加薪总额上限的前提下，各部门不可能完全如目标市场比率确定加薪值——宽裕的加薪自然是最好的。那么就必须对各个岗位目标市场比率进行调整，调整的依据就是这些部门岗位对于组织价值创造过程的重要程度，以及该岗位的稀缺程度。

最后，还应当考虑到个别员工的情绪和离职倾向，尤其是公司核心岗位骨干员工，加薪必然要向这些岗位和人员倾斜。

总之，通过测算，人力资源部门应当能够将加薪总额分解下去。

3. 部门确定加薪计划

公司高层和人力资源部门应当召开各部门经理会议，将公司加薪额度及其原则与各部门负责人进行深入沟通。接下来则由各部门负责人按照部门加薪总额限定在公司内确定具体人员加薪数额，就是具体给谁加薪、加多少的问题。

首先，各部门负责人应当通过各种途径掌握员工期望，因为激励效果很大程度上取决于期望是否得到满足。

其次，各部门负责人应当在人力资源部门指导下进行各个岗位的市场比率分析。有些时候，人力资源部门也可以不将该比率直接告知各部门负责人，因为在得知该比例的情况下，部门负责人可能会采取平均加薪的简单化方式敷衍了事。

最后，应当考虑到员工绩效提升和能力要素。一般来说，组织可能存在一个与绩效水平、能力水平提升相对应的加薪比例，如果存在制度则可以直接执行，否则只能让各负责人模糊确定。

一般来说，除了各岗位员工加薪数额之外，该部门负责人还应当简要说明其理由。

4. 确定员工加薪数额

部门负责人将部门加薪计划上报人力资源部门，人力资源部门可综合上述各因素进行综合平衡，主要包括部门加薪总额、市场比率、绩效水平、能力等。具体见表 7—4。

表 7—4　　加薪矩阵

薪酬比较率 绩效等级	>1.2	1.2~1.1	1.1~0.9	0.9~0.8	<0.8
S——超越	9%	11%	13%	15%	18%
A——良好	7%	9%	11%	13%	15%
B——一般	5%	7%	9%	11%	13%
C——较差	3%	5%	7%	9%	11%
D——很差	—	—	—	—	—

如果有调整，还应当与该部门负责人进行再次沟通、调整、确认。

最后，人力资源部门应当将整体加薪计划呈报相关主管领导最后确认。

5. 加薪面谈

绝对不可将加薪仅仅通知了事，而是要进行加薪面谈。

首先，人力资源部门应当将所有员工加薪情况制作成标准的表格，以备面谈之用，常见的情况是部门负责人描述有所偏差，书面形式则可避免这一问题。

其次，年初加薪是与员工进行深入沟通的好机会，这毕竟是具有实质性意义的。这时应当结合加薪对员工能力提升、绩效改善、下年度目标计划等提出要求。这些都需要部门负责人在与员工进行面谈时解决。

应当注意，加薪面谈必须是一对一面谈。

6. 关注没有加薪或者对加薪不满意的员工

对于那些没有加薪或者对加薪不满意的员工，可能会感受到失落感，表达消极情绪，组织应当对其进行后续关注。如果员工直接提出不满，说明不满情绪极为强烈，可能会直接选择跳槽。应当特别关注那些关键员工，由公司高层亲自谈话。

（二）优化薪酬体系

1. 基于 CPI 和市场薪酬水平调整薪酬标准

组织应当建立薪酬标准定期检讨和调整机制，特别是要根据 CPI 增长情况和市场薪酬水平调整薪酬标准。可以在不变动薪酬结构和薪酬等级架构的情况下，根据 CPI 将薪酬标准整体调整一定比例，这样就抵消了 CPI 增长带来的实际薪酬降低问题；同时也要定期监测各类岗位与市场薪酬水平的比较关系，当薪酬标准与市场薪酬水平的比较率远远偏离了组织薪酬定位时，应当对薪酬等级和薪酬标准进行重新测算和调整，在目前情况下三年左右调整一次是必须的。

2. 采用薪点制

薪点制是一种新的薪酬形式，它能够在岗位价值关系和薪酬等级体系不变的情况下，通过调整薪点值来达到调整员工薪酬水平的目的。很显然，薪点制通过增强薪酬弹性而能够更大程度上容纳薪酬标准的调整。

3. 建立组织正常加薪机制

组织应当结合员工绩效、能力提升以及职业发展计划建立起正常加薪机制。也就是说，让员工看到可以根据自身绩效结果和能力提升水平而在较大程度上预见到自己的薪酬增长情况。明确的规则将对员工建立合理预期产生积极作用，如果这种预期与员工期望相符合，那么员工的稳定性和积极性会大幅度增强。员工预期或许是不可管理的，但却是可以影响的。

（三）改善薪酬结构

1. 一次性奖金与年度加薪综合使用

由于薪酬调整是对员工薪酬标准的调整，将给组织带来的是人工成本的刚性上涨，因此越来越多的组织也在尝试通过年底一次性奖金来替代年度加薪。一次性奖金根据组织年度经营状况决定是否发放以及发放额度，因此具有更大的弹性和灵活性。

但是，年度加薪和一次性奖金对于员工的激励性不同，加薪实际上代表了对员工能力和业绩的综合肯定，而年度奖金更倾向于对员工业绩的肯定；加薪在薪酬刚性调整的同时也让员工获得了更高的稳定性，因而激励性更强。因此，一次性奖金和年度加薪之间不是相互替代，而是综合使用，在年度加薪额度中分别确定两种形式的比例，从而兼顾和平衡。

2. 综合使用中长期激励方法

加薪固然是非常重要的，但对于骨干员工来说，他们往往具有更高层次的要求，他们希望能够真正分享组织发展成果。这时，综合使用各种中长期激励方法乃至股权激励方法就非常必要了，主要包括组织利润分享计划、在职股权激励、期权激励等手段。通过这些中长期激励方法，将员工与组织更紧密地结合起来。将这些激励方法和组织最终经营结果直接紧密挂钩，让员工分享到组织发展成果，比年度加薪机制的激励性更强。

需要明确的是，中长期激励方法的对象是特定的，只能针对在组织未来一定时期内发展起到关键作用的员工。

（四）薪酬调整中的保密问题

密薪制一度为人所诟病，认为这种方式将减弱薪酬对比带来的激励效果；完全的薪酬保密也是不可能的，组织内各种消息的传播速度非常快。但实际上，密薪制又为很多组织所采用。

这说明这种方式具有其合理性和必要性，在加薪问题上，如果组织缺乏公开透明的系统操作，其必要性就表现出来，密薪制可以在一定程度上避免员工之间相互攀比，在不同员工之间做出平衡。密薪制不是最优决策，如果组织在短期内无法建立起年度加薪机制，那么选择密薪制也是一种次优决策。

第九节　加班工资法律风险与防控

加班工资纠纷是最为常见的劳动争议类型之一。加班是指由于生产经营需要，用人单位通过与工会和劳动者协商，依照劳动法的相关规定安排劳动者在法定工作时间以外工作，并按法律规定的有关标准支付劳动者在延长工作时间期间的工资报酬的一种制度。由于加班占用了原本属于员工的休息时间，为了保证员工的休息权，加班应当建立在用人单位与劳动者协商一致的基础上，用人单位不得违背员工意愿强迫员工加班，员工未经用人单位同意也无权单方面决定加班。加班并非组织的“免费午餐”，安排员工加班若不支付员工加班费，劳动行政部门有权责令限期支付，若逾期不支付，组织则需要按应付金额50%以上100%以下的标准向员工支付赔偿金。

一、加班工资法律风险分析

（一）加班时间的认定标准

对于劳动者的工作时间，相关法律法规做出了明确的规定：劳动者每日工作时间不得超过8小时、平均每周工作时间不超过40小时。用人单位由于生产经营需要，经与工会和劳动者协商后可以延长工作时间，一般每日不得超过1小时；因特殊原因需要延长工作时间的，在保障劳动者身体健康的条件下延长工作时间每日不得超过3小时，但是每月不得超过36小时。具体到不同的工时制度，对加班时间的认定标准也有明显的差异。

1. 标准工时制下加班时间的认定标准

标准工时制下，计算每月正常工作日工资应以21.75天为基数，计算加班时间应以20.83天为基数，实践中，以21.75天为基数有误。

根据新修改的《全国年节及纪念日放假办法》（国务院令第513号）的规定，全体公民的节日假期为11天，即新年（元旦）1天，春节3天，清明节1天，劳动节1天，端午节1天，中秋节1天，国庆节3天。据此，全年工作日为365天-104天休息日-11天法定节假日=250天。季工作日为250÷4=62.5天。月工作日为250÷12=20.83天。但是，由于法定节假日为有薪日，每月工资数额已包括了法定节假日的工资，计算加班工资基数即正常工作日工资时，应将法定节假日计入，所以，计算加班工资基数的月工作日应为21.75天［(365天-104天休息日)÷12］，而不是20.83天。

2. 非标准工时制下加班时间的认定

非标准工作时间指的是国家标准工作时间以外的工时制度，大体有以下几种：用人单位对正常工作时间适当调整的工时制度、综合计算工时工作制、不定时工作制以及计件工资制度。

情况一：用人单位对正常工作时间适当调整的工时制度下，加班时间应以每周超过40小时的时间作为加班时间

用人单位对正常工作时间适当调整的工时制度一般有以下两种情况：

第一，对休息日进行调整，周末安排工作，平时安排休息。

第二，每周每天均要工作，但是每天工作时间少于8小时。

以上对正常工作时间适当调整的工时制度是否合法，应看每周工作时间是否超过40小时，如果超过，又不算作加班时间的，则属违法。

情况二：综合计算工时工作制加班时间的认定

综合计算工时工作制是指针对因工作性质特殊，需要连续作业或受季节及自然条件限制的用人单位的部分员工采用的，以周、月、季、年等为周期综合计算工作时间的一种工时制度。

综合计算工时工作制，其平均日工作时间和平均周工作时间应与法定标准工作时间基本相同。也就是说，在综合计算周期内，某一具体日（或周）的实际工作时间可以超过8小时（或40小时），但综合计算周期内的总实际工作时间不应超过总法定标准工作时间，超过部分应视为延长工作时间，应按照150%的标准支付加班工资。另外，如果法定节假日工作的，不管整个周期内的工作时间总和是否超过总法定标准工作时间，仍应按照300%的标准支付加班工资。

情况三：不定时工作制加班时间的认定

不定时工作制是针对因生产特点、工作特殊需要或职责范围的关系，无法按标准工作时间衡量或机动作业的职工所采用的每日没有固定工作时数的一种工时制度。对于实行不定时工作制的劳动者，用人单位应当根据标准工时制度合理确定劳动者的劳动定额或其他考核标准，以便安排劳动者休息。不定时工作制并非对工作时间毫无限制，而是基本上按照标准工作时间执行。但是，在特别需要的情况下，其工作时间超过标准工作时间的长度可以不受限制，且超出部分也不算延长工作时间，不支付加班工资。另外，需要注意的是，综合计算工时工作制以及不定时工作制均需要劳动部门审批后才可以实施，如果没有经过审批，用人单位自行规定的或双方约定的均无效，视为标准工时制，按标准工时制计付加班工资。

情况四：计件制加班时间的认定

计件工作时间是指劳动者完成一定劳动定额为标准的时间。对于实行计件工作制的劳动者，用人单位应当按照国家规定的工时制度合理确定其劳动定额和计件报酬标准并予以公布。确定的劳动定额原则上应当使本单位同岗位70%以上的劳动者在法定劳动时间内能够完成。

用人单位在劳动者完成定额后安排劳动者在正常工作时间以外工作的，属于加班，应当按照超额完成的件数乘以计件单价的150%、200%或300%支付加班工资。

劳动者在标准工作时间内超额完成的件数是否应该支付加班工资，法律法规没有明确规定。劳动者在完成定额的情况下仍然愿意超额完成，一般由于用人单位另有激励措施，所以可以不支付加班工资。

实践中遇到双方约定实行计件制，但是根据现有证据无法查明工作定额的，实际上可能也没有定额，劳动者做一件、用人单位支付一件的工资，劳动者可以每天不干满 8 小时、每周不干满 40 小时，也可以超过，不管劳动者工作多长时间，用人单位均按件数及计件单价支付工资。在这种情况下，实践中一般将其转化成计时工资制来计算用人单位是否还需支付加班工资：劳动者每月获得的工资数额÷(174 小时+平时延长工作时间×150%+休息日工作时间×200%+法定节假日工作时间×300%)。如果计得的时薪未低于最低工资标准，即认为合法。这种计算方法实际上认为用人单位支付的工资中已包含了加班工资。如果计得的时薪低于最低工资标准，则按最低工资标准补足加班工资［最低工资时薪×(174 小时+平时延长工作时间×150%+休息日工作时间×200%+法定节假日工作时间×300%)-已支付的工资］。另外，有些用人单位按小组一个整体的工作量来计算计件工资，用人单位将计得的工资给付小组，然后组内自由分配。这种模式下，计算用人单位是否足额支付加班工资时，先应计算小组每月平均工作时间（组员的工作时间总和除以组员人数），然后计算时薪：小组整个工资总量÷(174 小时+平时平均延长工作时间×150%+休息日平均延长工作时间×200%+法定节假日平均延长工作时间×300%)。如果计得的时薪未低于最低工资标准，则认定企业没有拖欠员工加班工资；如果计得的时薪低于最低工资标准，则按照以上的方法补足加班工资后再按照组员在整个小组工资中占的比例分配补足的加班工资。

（二）加班事实的认定

加班的事实一般根据考勤记录确定，在延长工作时间内工作就可以认定属于加班。但是，延长工作时间工作的事实是否都可以认定为加班，则需要具体分析，不能一概而论。

1. 未经领导批准的加班不属于事实加班

有些用人单位规定或者双方约定，加班必须报经领导批准，未经领导批准的加班无效，用人单位不支付加班工资。这种规定或约定是否有效存在争议，一般认为，这种约定或规定如果经过民主程序制定并向劳动者公示的，是有效的。因为根据《劳动法》第四十四条规定，用人单位“安排”劳动者加班的，支付不低于 150%、200%、300%的加班工资，这里规定用人单位支付加班工资的前提是用人单位“安排”的加班，如果劳动者未在单位统一安排下私自加班，用人单位可以不支付加班工资。

2. 单位在非工作时间安排的其他活动不认定为加班

如周末搞了体育比赛，晚上安排宴请客户或者安排外出旅游等，除非劳动者有证据证明用人单位强迫其参加，否则不应认定为加班。

3. 单位安排的临时值班不认定为加班

值班是指用人单位因安全、消防、假日等需要，临时安排或者根据制度安排与劳动者本职无关的工作；或虽与劳动者本职工作有关，但值班期间可以休息，一般为非生产性的责任，如看门、接听电话等。此种情形下，劳动者只可要求用人单位按照规章制度、劳动合同或者惯例等给付相应的待遇。值班与加班在工作的内容和目的、工作的强度、执行的规章制度及可否休息等方面存在不同。认定加班还是值班，主要是看劳动者是否继续在原来的岗位上工作，或是否有生产或经营任务。劳动者就值班要求加班工资的，原则上不应支持。

4. 在安排补休的情况下安排劳动者在法定节假日工作，需支付加班工资

《劳动法》第四十四条规定，休息日安排劳动者工作又不能安排补休的，支付不低于工资的 200% 的工资报酬；法定休假日安排劳动者工作的，支付不低于工资的 300% 的工资报酬。所以，即使用人单位安排补休，仍需支付法定节假日的加班工资。同理，在综合计算工时工作制下用人单位安排劳动者加班的，仍需支付法定节假日加班工资。对不定时工作制，有些地方规定用人单位无须支付法定节假日加班工资。

5. 特殊用工形式下的加班认定

（1）公务员。我国公务员法规定，公务员加班的，可以安排补休，没有规定需支付加班工资，公务员又不适用《劳动法》，所以，公务员加班，无权要求加班工资。

（2）小时工。小时工应看双方是否形成了劳动关系。对于非全日制用工，属于劳动关系，双方一般明确约定了工作时间，如果超过约定的工作时间又不能折抵其他工作时间的，应支付加班工资。对于临时聘请的小时工，即所谓“钟点工”，双方并没有明确约定工作时间，只是约定每小时的工作报酬，以完成一定工作任务后的实际工作时间计算劳动报酬。这种“钟点工”双方形成的是劳务关系而非劳动关系，所以不受《劳动法》调整，超出的工作时间无须支付加班工资。

（3）劳务派遣用工。《劳动合同法》规定了用工单位支付加班费的义务，所以，劳务派遣用工形式下，如果劳动者存在加班的，用工单位须支付加班费，派遣单位无须支付加班费。

（4）传达室门卫。传达室门卫有其特殊性，有的吃住均在传达室。实践中也有传达室门卫主张 24 小时工作并要求加班费的案例。有案例支持了吃住均在传达室的门卫每天 2 小时的加班工资。对于正常 8 小时工作制的用人单位，考虑到上班时间以及上班前下班后一段时间门卫必须处于工作状态，所以从情理上酌情支持吃住均在传达室的门卫上班前 1 小时下班后 1 小时的加班工资并不为过。对于吃住不在传达室的门卫，可按其实际加班时间计付加班工资。

（三）加班工资计算基数的认定

用人单位、工会以及职工代表集体协商确定加班工资计算基数应当优先法定的“标准工资”适用。在没有约定下认定加班工资计算基数时，先要将不属于工资的项目排除，如用人单位给付的饮料费、集体福利费、职工上下班交通补助费、探亲路费、取暖补贴、生活困难补助。工资包括季度奖、半年奖、年终奖、年底双薪，以及按照季度、半年、年结算的业务提成等。

1. 有关法律、法规对加班工资计算基数的规定

目前，对于加班费的计算基准，我国劳动法、劳动合同法等法律、行政法规以及司法解释未对此做出明确规定。《劳动法》第四十四条仅规定支付加班工资，应当按照不低于工资的150%或200%或300%支付工资报酬。原劳动部《关于〈中华人民共和国劳动法〉若干条文的说明》第四十四条解释：此处的“工资”是指用人单位规定的其本人的基本工资。但何谓“基本工资”，其内涵和外延又有多大，相关意见也不明确。

《广东省工资支付条例》第五十四条对“正常工作时间工资”做出了解释，指的是劳动者在法定工作时间内提供了正常劳动，用人单位依法应当支付的劳动报酬，不包括下列各项：①延长工作时间工资；②中班、夜班、高温、低温、井下、有毒有害等特殊工作环境、条件下的津贴；③法律、法规和国家规定的劳动者的福利待遇等。该条也没有明确规定作为加班工资计算基数的内涵和外延。原劳动部《〈中华人民共和国企业劳动争议处理条例〉若干问题的解释》第三条对“福利”做了解释，指的是用人单位用于补助职工及其家属和举办集体福利事业的费用，包括集体福利费、职工上下班交通补助费、探亲路费、取暖补贴、生活困难补助等。有些地方规定，在加班工资计算基数不明确的情况下，以平均工资的70%作为加班工资计算基数。

2. 加班工资计算基数的约定

我国现有法律没有禁止也没有许可双方约定加班工资的计算基数。具体操作上，可以由用人单位同工会和职工代表集体协商后在集体劳动合同中约定加班工资计算基数。第一，该做法不与上位法相冲突，上位法没有禁止双方约定加班工资的计算基数。第二，该做法有一定的合理性。加班费的计算基准由用人单位、工会以及职工代表集体协商，工会和职工代表比单个劳动者力量大，双方能够平等协商确定一个双方都满意的基数。第三，该做法可操作性强。由于用人单位工资支付不规范，工资项目五花八门，司法实践中对有些项目是否属于正常工作时间工资范畴还是存在较多争议，以集体合同约定的计算基数为准，有利于避免双方对正常工作时间工资的争议，也有利于仲裁以及司法部门

对加班费计算基数的认定。

（四）加班工资举证责任

1. 加班时间的举证责任

《最高人民法院关于审理劳动争议案件适用法律若干问题的解释（三）》第九条规定，劳动者主张加班费的，应当就加班事实的存在承担举证责任。但劳动者有证据证明用人单位掌握加班事实存在的证据，用人单位不提供的，由用人单位承担不利后果。如果用人单位举不出证据证明劳动者的实际工作时间，则一般以用人单位举证不能为由采信劳动者关于加班时间的主张，如果劳动者主张明显超出合理范畴，则法院酌情予以调整。

2. 加班时间真实性认定

加班时间的证明标准也是一个令实务部门头疼的问题。很多用人单位也有考勤记录，如电子考勤，或者是打卡考勤没有劳动者签名，劳动者对此一概不认。由于电子考勤记录容易被修改，用人单位不能举证证明系电脑原始生成，所以一般并不采信电子考勤记录。同样，对于没有劳动者签名（替劳动者签名的是用人单位管理人员）的打卡考勤记录，也存在伪造的可能，一般也不予采信。

电子考勤是一个普遍现象，是现代化管理的表现，应当得到法律的承认，但由于电子考勤记录又的确存在伪造的可能，故对于电子考勤记录的证明标准不宜过高，不需要达到确实充分的程度。如果有其他证据证明电子考勤记录上的某条记录是真实的，比如劳动者某一天请假没有来上班，用人单位提交了请假条，电子考勤记录也显示这一天没有出勤记录，考勤记录可以与其他证据相互印证，则可以采信电子考勤记录。

（五）加班工资的追索时效问题

1. 关于加班工资的仲裁时效的法律规定

根据《中华人民共和国劳动争议调解仲裁法》（以下简称《劳动争议调解仲裁法》）第二十七条的规定，对于加班工资适用特别仲裁时效，劳动者主张加班工资的时效从劳动关系解除或终止之日起计算，不从应发工资之日起计算。实践中认为，加班工资适用 2 年诉讼时效的做法有误。如果劳动关系存续期间用人单位明确拒绝支付加班工资的，则加班工资申请仲裁时效从拒付之日起计算。

加班工资属于“劳动报酬”，适用特殊仲裁时效，劳动者在职期间或劳动关系终止后一年内提出加班工资的请求都是符合仲裁时效规定的。在劳动关系终止或解除一年之后，劳动者逾期提出加班工资主张的才受到仲裁时效限制。

2. 关于薪酬支付凭证保存期的规定

对上述规定不能简单地理解为限制劳动者主张加班工资的诉讼时效。原劳动部《工资支付暂行规定》第六条规定，用人单位必须书面记录支付劳动者工资的数额、时间、领取者的姓名以及签字，并保存两年以上备查。根据薪酬支付凭证保存期为两年的规定，用人单位在这一保存期限内负有保存义务。用人单位保存的工资凭证，仅证明用人单位已支付相应劳动报酬这一事实，而在此两年期间之前或之后的薪酬支付义务（而不是保存义务）并不能当然免责。事实上，关于工资凭证在内的财务凭证，财政部 1998 年颁布的《会计档案管理办法》规定了至少 3 年最长 25 年的保管期限。

二、加班工资法律风险防控

健全的规章制度与规范的管理可从源头上减少类似加班工资劳动争议的发生。用人单位应当树立现代企业管理理念，对照现行的法律法规，认真梳理以及审视本单位已经施行的规章制度并及时进行修改。用人单位应当加强规范化管理，在加班工资的问题上，从内部规章制度、劳动合同与集体合同的预先约定，到考勤、薪酬发放的规范化、制度化，均应当重点考虑是否符合法律的规定，尽量减少制度上、用人管理上的漏洞。

（一）建立完善的考勤制度，合理确定加班时间

完善的考勤制度是确认加班的依据，因此，组织应建立完善的考勤制度，合理确定加班时间。第一，有完善的考勤制度，对诸如事假、病假、加班有明确和详细的规定。第二，慎用指纹、刷卡等电子考勤系统。指纹式考勤机安全性属于中等，目前员工能用到的替代法如指纹套等。而打卡式考勤机的替代性最高，员工之间可以随意抽卡打卡。第三，上下班签到制度（写上下班具体时间）。第四，以工作小时作为考勤单位（考勤表记载工作小时而非只有天数）。第五，每月汇总考勤表并公示，交职工签字。第六，将假条、加班申请、加班通知随考勤表装订。第七，假条、加班申请、考勤表等必须由职工本人签字，不能代理。第八，填写工作日报，统计有效工作小时。第九，合同中约定：签到记录或打卡记录仅作为进入工作场所的时间记录，不作为工作时间的证明。第十，建立动态考勤。设立外出登记簿，详细记载外出时间、外出事由、返回时间，并签字确认。

（二）建立“加班审批制度”，规范加班行为认定

只有用人单位安排的加班，才需要支付加班费。劳动者自愿进行加班，法律没有强制要求用人单位支付加班费。因此，对于员工工作时间之外的加班行为，用人单位可以通过建设“加班审批制”，明确规定加班必须经过审批，并明确审批程序，以规范加班行为。

具体来说，用人单位在劳动合同或用人单位规章制度、员工手册中明确规定，如果加班，需要加班申请或加班通知；要明确规定考勤卡仅是记录员工考勤的依据，不得单纯依据考勤卡上的下班时间计算加班时间，必须辅以经部门经理签字同意的加班单原件，结合考勤卡方可认定加班时间。用人单位每月让职工上报工作总结时，统计出加班申请或加班通知，在工作总结中列明加班申请或加班通知的单据数量并记录在工资表的附件中。

例如，用人单位可在规章制度中约定：公司严格遵守劳动合同法规定的工作时间，不鼓励员工加班，仅打卡下班时间超过了规定时间，不视为加班。特殊情况下公司需要员工延长工作时间的，所在部门主管应让员工填写加班申请单，申请单包括加班时间、加班费用及其他费用。或者员工认为需要向部门主管申请并填写加班申请单。未填写加班申请单或加班申请单中没有部门主管签字的一律不视为加班。

申请加班可以如此办理：第一，公司设定统一的“加班申请单”；第二，考勤制度明确加班的审批流程，包括个人填写“加班申请单”，公司相应级别的管理人员负责审批；第三，确有员工使用过“加班申请单”，并有公司批准；第四，明确未经书面批准加班的法律后果。

（三）实现加班与调休的转换，合理调整“加班”时间

原劳动部颁布的《关于职工工作时间有关问题的复函》（劳部发〔1997〕271 号）中针对“企业和部分不能实行统一工作时间的事业单位，可否不实行‘双休日’而安排每周工作六天，每天工作不超过 6 小时 40 分钟?”的回复：“根据《劳动法》和《国务院关于职工工作时间的规定》（国务院令第 174 号）的规定，我国目前实行劳动者每日工作 8 小时、每周工作 40 小时这一标准工时制度。有条件的企业应实行标准工时制度。有些企业因工作性质和生产特点不能实行标准工时制度，应保证劳动者每天工作不超过 8 小时、每周工作不超过 40 小时、每周至少休息一天。”据此，只要用人单位保证劳动者每天工作不超过 8 小时，每周工作不超过 40 小时，每周至少休息 1 天，即便用人单位安排劳动者休息日上班一天，仍然不用支付任何加班工资。

因此，用人单位可以合理利用调休制度，一方面保障职工合法的休息权利，另一方面也可以有效实现企业成本控制。第一，法律规定的加班可调休的具体时间：周六周日加班的，应先安排调休；无法安排的，支付加班工资。第二，设计统一的“调休单”，明确加班日期、加班小时、调休有效期。第三，明确有“调休单”的不准予事假，应先用“调休单”抵充。第四，“调休单”没有使用完毕，离职时应支付相应加班工资。

（四）在工资单中单列加班工资项目

许多用人单位为计算工资方便，把加班工资计算在普通工资中，并未单列加班工资。一旦发生纠纷，用人单位将无法举证已经支付过加班工资，这样一来，用人单位不但应按照规定标准额外支付加班工资，而且还给予劳动者随时解除劳动合同（关系）并要求获得补偿金和赔偿金的权利。比如，某人当月工作时间为28天，用人单位实际发放工资1 500元，没有为其缴纳保险，但用人单位通常会制作工资表（见表7—5）。

表7—5　　工资表示例

姓名	工作天数	岗位工资	加班费	保险	合计	职工签字
张三	22	760	400	340	1 500	

这样，在进行诉讼时，通常会由于本人的签字认可而致使劳动者举证不能，表面上用人单位在工作时间、工资标准、加班工资、社会保险等方面都没有违法，这也成了用人单位规避法律的一种途径。

用人单位在向职工发放工资的时候，要在工资表中明确列明本月的延时加班时间、双休日加班时间、法定节假日加班时间，并列明应该支付的具体对应加班工资，然后由职工签字后再发放工资。但是，这类操作也存在缺陷，比如，用人单位根本就没有对职工进行考勤，没有统计职工的加班情况，如果多给职工加班费，职工会非常高兴，但是用人单位受到损失；如果少给加班费，会影响职工的工作情绪，久而久之，会引发用人单位与职工的对抗、增加职工的不满，也不利于构建和谐的劳资关系。表7—6中列举了加班工资重点注意事项。

表7—6　　加班工资重点注意事项

项目	重点注意事项
签订和履行劳动合同时应注意的事项	用人单位在与劳动者签订劳动合同时明确约定本岗位适用的工时制度。 按照工作的性质确需加班的，用人单位应当与劳动者对延长工作时间及其工资报酬做出明确的约定。用人单位不得未经劳动者同意强迫其加班，劳动者也不能不经单位批准擅自加班。 劳动合同中应当明确约定劳动者工资，工资应当以法定货币的形式按月支付给劳动者本人，至少每月支付一次。用人单位在支付工资时应向劳动者提供一份其个人的工资清单

续表

项目	重点注意事项
对约定加班时间的限制	用人单位和劳动者对加班时间的约定，不得违反《劳动法》第四十一条的规定：用人单位由于生产经营需要，经与工会和劳动者协商后可以延长工作时间，一般每日不得超过 1 小时；因特殊原因需要延长工作时间的，在保障劳动者身体健康的条件下延长工作时间每日不得超过 3 小时，但是每月不得超过 36 小时。另外，根据《劳动法》第四十二条的规定，有下列情形之一的，延长工作时间不受第四十一条规定的限制：①发生自然灾害、事故或者因其他原因，威胁劳动者生命健康和财产安全，需要紧急处理的；②生产设备、交通运输线路、公共设施发生故障，影响生产和公众利益，必须及时抢修的；③法律、行政法规规定的其他情形
对约定加班工资的限制	《劳动法》第四十四条规定，有下列情形之一的，用人单位应当按照下列标准支付高于劳动者正常工作时间工资的工资报酬：①安排劳动者延长工作时间的，支付不低于工资的 150%的工资报酬；②休息日安排劳动者工作又不能安排补休的，支付不低于工资的 200%的工资报酬；③法定休假日安排劳动者工作的，支付不低于工资的 300%的工资报酬。 因此，若劳动合同中约定的加班工资高于《劳动法》第四十四条规定的最低加班工资支付标准，该约定有效；低于规定的最低加班工资支付标准的，该约定无效。约定无效时，用人单位应当按不低于《劳动法》规定的最低加班工资支付标准向劳动者支付加班工资
根据不同的工时制度恰当安排加班和调休	根据工时制度的不同，用人单位和劳动者在约定加班时间、加班工资以及能否调休时应注意以下事项：①对标准工时制而言，因生产经营需要，经与工会和劳动者协商后一般每天延长工作时间不得超过 1 小时，特殊原因每天延长工作时间不得超过 3 小时，每月延长工作时间不得超过 36 小时。安排劳动者延长工作时间的，支付不低于工资的 150%的工资报酬，该加班不能用以后安排调休处理；休息日安排劳动者工作，用人单位有权以调休代替，不能安排调休的，应支付不低于工资的 200%的工资报酬；法定休假日安排劳动者工作的，该加班不能用以后安排调休处理，应支付不低于工资的 300%的工资报酬。②对于综合计算工时制的用人单位而言，在综合计算工时周期内的工作总时间超过核定的标准时间，属于加班，且不能以调休处理，应支付不低于工资的 150%的工资报酬；法定节假日工作的，算加班，该加班亦不能安排以后调休，应支付不低于工资的 300%的工资报酬。③经批准实行不定时工作制的劳动者延长工作时间，不受《劳动法》第四十一条规定的日延长工作时间标准和月延长工作时间标准的限制。实行不定时工作制的劳动者，一般情况下，除法定节假日工作外，其他时间工作不存在加班。法定节假日工作的，按照地方法规规定。如果地方规定要支付加班工资的，支付不低于工资的 300%的工资报酬，不能用以后安排调休处理
对劳动者的提醒	为了保护劳动者的权利，《劳动法》对用人单位安排延长工作时间以及工资报酬都做出了一定的强制性规定，用人单位强迫劳动者以单方声明的方式自愿延长加班时间和降低工资报酬的，该声明对劳动者不发生效力
用人单位风险提示	用人单位违反《劳动法》的规定延长劳动者工作时间的情形，劳动行政部门应当对单位给予警告，责令改正，并可处以罚款。用人单位拒不支付劳动者延长工作时间的工资报酬的情形，劳动行政部门应当责令用人单位支付劳动者的工资报酬、经济补偿，并可以责令支付赔偿金
劳动者救济措施	用人单位违反《劳动法》的规定，要求劳动者延长工作时间或者拒不支付劳动者延长工作时间期间的工资报酬的，劳动者可向单位所在地的劳动行政部门检举、投诉，也可以到企业劳动争议调解委员会申请调解，或者直接提起劳动争议仲裁，对仲裁不服的可向法院起诉，维护自身合法权益

第十节　薪酬支付法律风险与防控

薪酬支付，就是工资的具体发放办法，包括如何计发在制度工作时间内职工完成一定的工作量后应获得的报酬，或者在特殊情况下的工资如何支付等问题。主要内容包括薪酬支付项目、薪酬支付水平、薪酬支付形式、薪酬支付对象、薪酬支付时间以及特殊情况下的薪酬支付等。薪酬支付是用人单位用工过程中极为重要的环节，关系到员工的重大权益和用人单位的用工成本，是发生劳动纠纷常见风险点。

一、薪酬支付法律风险分析

（一）薪酬支付标准

1. 正常工作时间工资的约定标准

正常工作时间工资，是指员工在正常工作时间内为用人单位提供正常劳动应得的劳动报酬。劳动合同约定的正常工作时间工资不得低于当地行政部门规定的最低工资标准。全日制就业劳动者最低工资以月最低工资为基本形式，非全日制就业劳动者最低工资以小时最低工资为基本形式。实行计件工资或者提成工资等工资形式的，应当按照正常工作时间进行折算，其相应的折算额不得低于最低工资。劳动者在试用期的工资不得低于本单位相同岗位最低档工资的80%或者不得低于劳动合同约定工资的80%，并不得低于用人单位所在地的最低工资标准。

2. 加班工资的计发标准

安排员工在正常工作时间以外工作的，按照不低于员工本人正常工作时间工资的150%支付；安排员工在休息日工作，又不能安排补休的，按照不低于员工本人正常工作时间工资的200%支付；安排员工在法定休假节日工作的，按照不低于员工本人正常工作时间工资的300%支付。

实行综合计算工时工作制的员工，在综合计算工时周期内，员工实际工作时间达到正常工作时间后，用人单位安排员工工作的，视为延长工作时间，按照不低于员工本人正常工作时间工资的150%支付员工加班工资。用人单位安排实行综合计算工时工作制的员工在法定休假节日工作的，按照不低于员工本人正常工作时间工资的300%支付员工加班工资。

用人单位安排实行不定时工作制的员工在法定休假节日工作的，按照不低于员工本人正常工作时间工资的300%支付员工加班工资。

3. 假期薪酬支付标准

员工在法定休假节日期间休假的，用人单位应当支付工资。实行小时、日工资制和计件工资制的员工在法定休假节日期间休假的，用人单位应当按照不低于员工本人正常工作时间工资的标准，支付其法定休假节日期间的工资。

员工依法享受年休假、探亲假、婚假、丧假、产假、看护假、节育手术假等假期的，用人单位应当视为提供正常劳动并支付工资。

员工患病或者非因工负伤停止工作进行医疗，在国家规定的医疗期内的，用人单位应当按照不低于本人正常工作时间工资的60%支付员工病伤假期工资，但不得低于最低工资的80%。

员工因工负伤医疗期间的工资或者工伤津贴按照工伤保险的有关规定执行。

员工请事假的，用人单位可以不支付其事假期间的工资。

实行综合计算工时制度的员工，在综合计算工时周期内，实际工作时间达到正常工作时间后的休息期间，用人单位应当视为提供正常劳动并支付工资。

4. 特殊情况下的薪酬支付

员工在正常工作时间内从事以下活动：依法行使选举权或者被选举权；当选代表或者委员出席区以上人民代表大会及其常务委员会、政府、党派、工会、共青团、妇女联合会等组织召开的会议；人大代表、政协委员依法履行职责；当选代表出席乡（镇）以上政府、党派以及工会、共青团、妇联等组织召开的会议；作为人民陪审员参加审判活动或者作为证人参加诉讼、仲裁活动；《中华人民共和国工会法》规定的不脱产工会基层委员会委员参加工会活动；职工代表参加集体合同协商活动。员工从事上述活动的，用人单位应当视为提供正常劳动并支付正常工作时间工资。

非因员工本人过错，用人单位部分或者整体停产、停业的，用人单位应当按照正常工作时间支付停工员工在停工期间的工资，停工一个月以内的，按照员工本人正常工作时间工资的80%支付；停工超过一个月的，按照不低于最低工资的80%支付。

因员工本人过错造成停工的，用人单位可以不支付该员工停工期间的工资，但经认定属于工伤的除外。

用人单位破产、解散或者撤销的，经依法清算后的财产应当用于优先支付劳动者工资、社会保险费。

员工涉嫌违法犯罪被依法采取限制人身自由的强制措施或者受到限制人身自由的行政处罚的，用人单位可以不支付其被限制人身自由期间的工资。

（二）薪酬总额构成

因为工资的数额涉及社会保险费、加班费、经济补偿金等的计算依据，所以先得弄明白工资到底由哪些部分组成。

早在1990年施行的《关于工资总额组成的规定》以及《〈关于工资总额组成的规定〉若干具体范围的解释》中对工资的组成已经有了明确的规定。工资具体包括计时工资、计件工资、奖金、津贴和补贴、加班加点工资、特殊情况下支付的工资，而且对这六种形式有详细的说明。对不列入工资总额范围的项目也进行了列举。但财政部2009年《关于企业加强职工福利费财务管理的通知》中明确规定将过去不属于工资总额范围的部分福利待遇，如房补、车补、餐补、通信费、过节费等纳入工资总额，从而扩大了工资总额的基数。

实务中，企业在制定薪酬制度、处理工资纠纷时，对于法律的变化应当予以重视，并做出相应的调整。具体如，因为法律明确规定了“有关劳动保险和职工福利方面的各项费用”不属于工资总额的范围，工资一旦在合同中约定就不能随意单方做出调整，但福利待遇制度作为企业规章制度的组成部分，企业在调整方面拥有更大的自主权。所以，企业如果想在薪酬调整方面拥有更大的自主权，可以降低属于工资总额的部分金额，从而增加福利待遇方面的金额。

（三）薪酬支付的要求

我国《劳动合同法》及各地方立法对企业的薪酬支付都提出了较为详细的要求，对企业在薪酬支付方面的用工自主权做出限制。法律有要求的按照法律规范操作当然没有风险，但是，薪酬支付说来简单，按月足额以货币形式支付即可，但在实务中，各种状况层出不穷。

1. 应以法定货币形式支付薪酬

工资需以法定货币的形式支付，不得以实物及有价证券代替货币支付。法定货币特指人民币，没有任何例外情况。工资可以以现金的形式来支付或者委托银行代为支付。

实务中，一般用工规范的企业都是以工资卡的形式委托银行代发工资，银行的付款凭证就可以作为企业已经实际支付工资的证据。但即使委托银行代发工资的企业也得再让员工签署工资表或工资单，因为银行的转账只显示工资的总额，不能体现工资的分项，所以需要补签工资表或工资单来体现工资的具体组成，这样操作可以降低企业的风险。一些用工不规范的企业，如有些不签劳动合同的企业，会采用发放现金的形式来支付工资，一旦涉诉可以否认用工的事实，其实这样操作是徒劳无益的。

2. 必须以约定的日期为限按时支付薪酬

工资必须在企业与员工约定的日期及时支付，如遇节假日或休息日，则应提前在最近的工作日支付，不得推迟支付。工资每月至少支付一次，如果双方约定好也可一月支付几次。

实务中，薪酬支付的期限不要选择在固定的日期，而应当选择在一个期间内支付，这样对企业更有利，可操作性更强。如在劳动合同中约定每月的某日至某日或每月的某日之前支付上一个月的工资。实务中，企业是每月支付一次工资，但不是支付当月的工资，而是支付上一个月的工资。企业这样操作，一来可以留住员工继续干活，二来可以占员工点便宜，因为资金是有时间价值的，特别对于企业来说，晚付几天工资还能生点利息。

3. 应当直接将薪酬支付给职工本人

工资应当直接支付给员工本人，如果员工因故不能亲自领取工资的，可以委托他人代领，代领者需要在企业薪酬支付的书面记录中予以签字确认。

实务中，以现金形式发放工资的企业才存在员工因故委托他人代领工资的情形，委托银行支付工资的企业不存在这种情形，员工因故的只需事后补签工资表或工资单即可。员工因故委托他人的需要出具授权委托书，以防出现员工事后否认委托事实的风险，受托人还需在工资表或工资单上签字确认。

4. 做好薪酬支付凭证，提供个人薪酬清单

企业必须书面记录支付员工工资的数额、时间、领取者的姓名以及签字，并保存两年以上备查。企业在支付工资时，应当向员工提供一份其个人的工资清单。

实务中，企业一般都是以工资表或工资单的形式来记录员工工资的发放情况。根据法律规定，与争议事项有关的证据属于用人单位掌握管理的，用人单位应当提供；用人单位不能提供的，应当承担不利的后果。因此，在发生工资纠纷时，企业有义务提供薪酬支付的书面记录，否则将承担不利的法律后果。法律规定薪酬支付的书面记录企业只需要保存两年备查即可，所以说如果员工想主张两年前的工资或加班费等，除非能够提供充分的证据，否则很难得到支持。至于企业在支付工资时需要向员工提供一份其个人的工资清单，一般企业很少有这么做的。

（四）未足额及时支付工资的法律后果

这里的未足额及时支付工资具体包括克扣或者无故拖欠工资、不支付加班费、支付工资低于最低工资标准等情形。企业在支付工资时出现上述情形会承担不利的法律后果。

1. 员工可以随时解除劳动合同并要求企业支付经济补偿金

企业没有及时足额支付工资，哪怕只延期一天或只少付一块钱，都是违法行为。这种情形属于企业有过错，员工可以行使即时解除权，随时解除劳动合同，并要求企业承担经济补偿金。

实务中，因企业没有及时足额支付工资导致员工解除劳动合同并要求企业支付经济补偿金是最常见的劳动争议案件。所以，如果企业不能及时足额支付工资，一定要跟员工协商好并以书面的形式予以确认，否则将随时面临承担不利法律后果的风险。

2. 支付赔偿金

《劳动合同法》第八十五条规定，企业出现没有及时足额支付工资的，劳动行政部门可以责令企业限期支付，如果企业逾期不支付的，责令企业按应付金额50%以上或100%以下的标准向劳动者加付赔偿金。通过该条规定可知，责令企业支付赔偿金的主体是劳动行政部门，而且前提条件是劳动行政部门责令企业限期支付而逾期未支付的。所以，该条所述的情形不属于劳动争议处理的范围，不具有可诉性，不能直接向劳动争议仲裁机构申请仲裁或向法院起诉。

实务中，劳动行政部门主动要求企业支付赔偿金的情形相对较少，一般都是员工与企业因薪酬支付发生纠纷，常见的是在解除劳动关系的情形下，员工想“秋后算账”到劳动行政部门举报企业，劳动行政部门才会要求企业支付赔偿金。

3. 支付补偿金

按照1994年施行的《违反和解除劳动合同的经济补偿办法》第三条的规定及各地方相关规定，用人单位克扣或者无故拖欠劳动者工资的，以及拒不支付劳动者延长工作时间工资的，除在规定的时间内全额支付劳动者工资外，还应支付克扣或拖欠工资额的25%的补偿金。通过该条规定可知，要求企业支付25%的补偿金是劳动争议仲裁机构和法院的权限，这与《劳动合同法》第八十五条“劳动行政部门要求企业支付赔偿金”并不冲突，因为两者适用的机构和适用的法律依据并不一样。但如果劳动行政部门已经让企业支付了赔偿金，员工还要求支付补偿金的，一般很难得到劳动争议仲裁机构或法院的支持，因为这样无形中加大了企业的责任。

4. 构成拒不支付劳动报酬罪

传统观念认为欠薪仅仅为欠债，欠薪本质上是民事行为，企业需要承担民事责任甚至是行政责任，但不会上升为刑事犯罪。但2013年施行的《最高人民法院关于审理拒不支付劳动报酬刑事案件适用法律若干问题的解释》已经明确规定，以转移财产、逃匿等方法逃避支付劳动者的劳动报酬或者有能力支付而不支付劳动者的劳动报酬，数额较大，经政府有关部门责令支付仍不支付的行为，构成拒不支付劳动报酬罪。所以，企业需要转变观念，引起足够的重视，不要因为欠薪受到刑事处罚。

资料索引

用人单位没有及时足额支付劳动报酬的法律风险

（1）用人单位存在未按照劳动合同的约定或者国家规定及时足额支付劳动者劳动报酬，低于当地最低工资标准支付劳动者工资，安排加班不支付加班费等情形之一的，由劳动行政部门责令限期支付劳动报酬、加班费或者经济补偿；劳动报酬低于当地最低工资标准的，应当支付其差额部分；逾期不支付的，责令用人单位按应付金额50%以上100%以下的标准向劳动者加付赔偿金。

（2）对采取逃匿等方式拖欠工资，致使劳动者难以追偿其工资而引发严重影响公共秩序事件的用人单位的法定代表人或者经营者，由公安机关依法处理；构成犯罪的，依法追究刑事责任。

（3）对恶意欠薪、欠薪逃匿等严重违反劳动法律、法规的用人单位，有关行政部门应当依法处罚。劳动行政部门应当自行政处罚决定做出之日起七个工作日内，将有关行政处罚的信息录入或者通知相关机构录入企业信用征信系统。信用信息可以查询。政府及有关部门五年内不得受理其在经营方面的评优评先申请，不得授予其相关荣誉称号；不允许其承接政府投资项目，不允许其参加政府采购；不得给予其享受本地有关优惠政策，正在享受的优惠政策，应当予以终止；不允许其法定代表人或者负责人五年内在本地注册新的企业。

（4）用人单位未及时足额支付劳动报酬的，劳动行政部门应当依法处罚。用人单位存在拖欠劳动报酬的人数达到用人单位劳动者总人数的30%，拖欠劳动报酬的数额超过被拖欠用人单位全部劳动者一个月工资总额，拖欠劳动报酬的时间连续三个月以上等情形之一的，可以责令停产停业。

（5）在建筑活动中，建设单位、施工总承包企业等单位违法将工程发包、分包或者转包给未经工商登记不具备用工主体资格或者不具备相应资质条件的组织或者个人，该组织或者个人拖欠员工工资的，发包单位应当向员工垫付拖欠的工资。

（6）用人单位实行承包经营，承包方拖欠员工工资的，发包方应当依法承担相应的法律责任。

（7）用人单位存在支付员工工资低于最低工资，克扣或者无故拖欠员工工资，以实物等非货币形式支付员工工资等情形之一的，由劳动保障部门责令限期改正；逾期未改正的，可以视情节轻重处以三万元以上五万元以下罚款。

(8) 被举报、投诉的用人单位在劳动保障部门监督检查薪酬支付时，拒绝提供本单位薪酬支付相关资料或者隐瞒事实、出具虚假资料或者隐匿、毁灭相关资料的，由劳动保障部门视情节轻重，处以一万元以上五万元以下的罚款，并可以对用人单位主要负责人和直接责任人处以五千元以上两万元以下的罚款。

(9) 合伙企业拖欠劳动者工资的，应当先以其全部财产进行清偿；合伙企业财产不足清偿的，各合伙人应当承担无限连带清偿责任。

(10) 不具备用人单位资格的承包人拖欠或者克扣劳动者工资，作为发包方的用人单位应当先支付工资，然后依法向承包人追偿。

(11) 建设单位（业主）未按照合同约定拨付或者结清工程款，致使施工单位拖欠劳动者工资的，劳动保障部门可以责令建设单位（业主）先行垫付劳动者工资，先行垫付的工资数额以未结清的工程款为限。

分包建设工程的承包人拖欠或者克扣劳动者工资的，分包建设工程的发包人在未结清的工程款额度内先行垫付劳动者工资，垫付部分抵扣工程款。

分包建设工程的发包人违法分包、转包或者违法允许他人以本企业名义承揽工程发生拖欠工资的，由分包建设工程的发包人垫付劳动者工资。

(12) 因用人单位拖欠、克扣工资而引发严重影响公共秩序事件的，用人单位法定代表人或者主要经营者应当在24小时内到现场协助劳动保障部门处理事件；未到现场的，由劳动保障部门处以一万元以上五万元以下罚款。

(13) 拒不支付劳动报酬罪。以转移财产、逃匿等方法逃避支付劳动者劳动报酬或者有能力支付而不支付劳动者的劳动报酬，数额较大，经政府有关部门责令支付仍不支付的，处三年以下有期徒刑或者拘役，并处或者单处罚金；造成严重后果的，处三年以上七年以下有期徒刑，并处罚金。单位犯本罪的，对单位判处罚金，并对其主要负责的主管人员和其他直接责任人员做出处罚。

(14) 用人单位未及时足额支付劳动报酬的，劳动者可以解除劳动合同，用人单位应当向劳动者支付经济补偿。经济补偿按劳动者在本单位工作的年限，每满一年支付一个月工资的标准向劳动者支付。六个月以上不满一年的，按一年计算；不满六个月的，向劳动者支付半个月工资的经济补偿。劳动者月工资高于用人单位所在直辖市、设区的市级人民政府公布的本地区上年度职工月平均工资3倍的，向其支付经济补偿的标准按职工月平均工资3倍的数额支付，向其支付经济补偿的年限最高不超过12年。月工资是指劳动者在劳动合同解除或者终止前12个月的平均工资。

(15) 用人单位克扣或者无故拖欠劳动者工资的，以及拒不支付劳动者延长工作时间工资报酬的，除在规定的时间内全额支付劳动者工资报酬外，还需加罚相当于工资报酬25%的经济补偿金。

(16) 用人单位支付劳动者的工资报酬低于当地最低工资标准的，要在补足低于标准部分的同时，另外支付相当于低于部分25%的经济补偿金。

(17) 用人单位拖欠或者未足额支付劳动报酬的，劳动者可以依法向当地人民法院申请支付令，人民法院应当依法发出支付令。

二、薪酬支付法律风险防控

预防和控制薪酬支付中的各种法律风险，不仅需要制定详细的薪酬制度，而且还得有其他制度相配套，如考勤休假制度以及实际的考勤情况。

（一）完善薪酬支付制度

构建完善的薪酬支付制度，应注意以下八方面的内容。

第一，用人单位应当与劳动者签订劳动合同，其中应明确约定工资数额及工资的结构等内容。

有的单位以聘书或其他形式约定工资数额，但此文书应作为劳动合同的附件。此外，有些用人单位的劳动合同为格式合同，存在很多空白待填写。如果在签订合同时，有些空白是多余的，应做出删除的标记，否则，劳动者可以擅自填写劳动合同的空白处，并以此提起仲裁。

第二，应保证至少每月支付一次工资。

工资应当以货币形式按月支付给劳动者本人。不得克扣或者无故拖欠劳动者的工资。工资至少每月支付一次，实行周、日、小时工资制的可按周、日、小时支付工资。

第三，遇节假日或休息日，应提前支付而非延后支付。

实践中，有些单位遇节假日或休息日延后支付工资，这属违法行为。《工资支付暂行规定》第七条规定，工资必须在用人单位与劳动者约定的日期支付。如遇节假日或休息日，则应提前在最近的工作日支付。

第四，每月从工资中扣除损失赔偿金不得超过当月工资的20%。

因劳动者本人原因给用人单位造成经济损失的，用人单位可按照劳动合同的约定要求其赔偿经济损失。经济损失的赔偿，可从劳动者本人的工资中扣除，但每月扣除的部分不得超过劳动者当月工资的20%。若扣除后的剩余工资部分低于当地月最低工资标准，则按最低工资标准支付。

第五，银行代发工资的仍建议保留有员工签名的支付凭据（如工资条）。

从法律风险角度考虑，即使银行代发工资，仍应保留有员工签名的支付凭据（如工资条），可以避免一些争议。

第六，考勤记录建议按月统计，由员工签名确认并妥善保存。

实践中，多数企业均采用电子考勤方式，虽然快捷简单，但也存在举证方面的问题。员工手动确认虽然麻烦，但能够避免风险。

第七，特殊情况报批综合计算工时制和不定时工作制。

综合计算工时制和不定时工作制须经行政许可，用人单位仅与劳动者进行约定但未经行政许可的，实践中一般仍作为标准工时制处理。

第八，法定节假日加班一般不能以补休代替加班费。

根据相关规定，法定休假日安排劳动者加班工作的，应另外支付不低于工资的300%的工资报酬，一般不安排补休。

（二）设计复合型薪酬结构

工资的结构可以分为单一型结构和复合型结构。单一型结构就是将员工的所有工资采用一个固定的数额加以确定，不再分项。复合型结构就是将员工的工资分为固定部分和浮动部分两个部分。单一型工资结构因为工资数额固定，一旦在劳动合同中加以约定，企业就不能自行单方调整，这样就使企业的用工自主权受到很大限制。复合型工资结构中的浮动部分，企业可以根据自己的实际情况及考核等次予以酌情确定。比如，企业经济效益好了就可以给员工多发点福利，效益不行了就可以给员工少发点，甚至不发。福利待遇制度作为企业的规章制度，不同于合同的约定，企业有更大的操作空间。当员工业绩表现不佳时，企业可以自行调整工资组成中的业绩考核部分，但对工资中的固定部分仍然需要正常发放。

复合型工资结构应当是企业的首选。具体操作就是企业将员工全部工资中的一部分作为固定工资（如基本工资）在劳动合同中予以明确约定，其他部分作为福利待遇及绩效工资。可以在劳动合同中约定企业可以根据实际需要自行调整福利待遇。对绩效工资部分不加以明确规定，而是与员工约定按照业绩考核结果发放。

（三）合理设计企业奖金制度

第一，让“浮动工资”浮动起来，从根本上规避“无故克扣或拖欠工资”。

实务中，很大一部分劳动报酬争议是由用人单位无故扣减或拖欠工资所引发，且多是用人单位败诉。此类纠纷的处理，对单位薪酬结构的设计和扣减、拖欠工资事实的举证等均有很高的要求，单位往往“防不胜防”。

故应该总结本单位可能出现的扣发工资的情形，然后在奖金部分找到相应的扣减渠道，那么在遇到扣减工资的时候就变成了扣减奖金，而不是扣减基本工资，从而在根本上规避了“无故克扣或拖欠工资”。

第二，基于绩效考核的“月度奖”“年终奖”等，需要明确相应的支付条件、程序。

首先，必须明确考核依据、方式、期限及标准，并能固定相关证据；其次，须约定具体的支付条件，如员工中途离职能否获得年终奖等；最后，须按约定的期限进行奖金的结算，并做相应的免责措施奖金管理及其法律风险防控默认。

第三，关于“提成工资”，必须明确支付提成工资的衡量标准和计算方法。

例如，是以合同的签订为准，还是以合同的履行或款项支付为准。实务中，用人单位均以后者为准，尤其是当员工离职要求支付提成工资时，用人单位往往以此为由拒绝支付。

提成工资支付的标准和条件约定得高一点，有利于约束员工和避免单位的损失，但不能让员工承担用人单位的经营风险，因此，以回款为标准支付提成工资并无理论依据。另外，可以具体约定离职员工提成款的支付，并进行相应的折算和处理，完全可以达到只需支付离职前相应的提成工资的目标。

（四）制作薪酬支付表

用人单位应当编制薪酬支付表，薪酬支付表应当有支付单位名称、工资计发时段、发放时间、员工姓名、正常工作时间、加班时间、正常工作时间工资、加班工资等应发项目以及扣除的项目、金额及其工资账号等记录。薪酬支付表至少应当保存两年。在仲裁或诉讼中，一般两年以内的薪酬支付情况由用人单位承担举证责任，两年以前薪酬支付情况由员工承担举证责任。未按照规定制作或者保存薪酬支付表的，或以现金方式支付工资，未将薪酬支付表提供给员工签收的，由劳动保障部门给予警告，责令限期改正；逾期未改正的，可以处以一万元以上五万元以下的罚款。

用人单位支付员工工资时应当向员工提供一份本人的工资清单，并由员工签收。工资清单的内容应当与薪酬支付表一致，员工对工资清单表示异议的，用人单位应当予以答复。未按照规定向员工提供工资清单的，由劳动保障部门给予警告，责令限期改正；逾期未改正的，可以处以一万元以上五万元以下的罚款。

（五）留存支付证据

《最高人民法院关于审理劳动争议案件适用法律若干问题的解释（一）》第

十三条规定："因用人单位作出的开除、除名、辞退、解除劳动合同、减少劳动报酬、计算劳动者工作年限等决定而发生的劳动争议，用人单位负举证责任。"因此，为了避免举证不能承担不利的法律后果，即使采取银行转账方式支付工资，用人单位仍然应当至少留存员工已经领取工资的证明，例如签名的工资表，注明工资计发时段、发放时间、员工姓名、正常工作时间、加班时间、正常工作时间工资、加班工资等应发项目以及扣除的项目、金额及其工资账号等记录，并留存至少两年。

（六）从员工工资中直接扣除借款的法律风险的防范和规避

第一，员工因私借款，应在借条中明确约定归还时间和方式。

包括员工同意在工资中逐步扣除作为还款，但扣除后的剩余工资部分不得低于当地月最低工资标准。此借条应作为重要财务凭证妥善保存。

第二，预支工资性质的借款，应在借条中注明借款性质为预支工资。

用人单位可以直接在后期应发工资中予以扣除，但扣除后的剩余工资部分不得低于当地月最低工资标准。此借条应作为重要财务凭证妥善保存。

第三，员工用于办理业务的未报销借款（如预提备用金），在员工写借条借款时务必进行备注。写明"如本人未能在公司规定时间内报销借款或归还余额的，则公司可以直接从本人工资中扣除此借款"即可。在员工报销或还款时，可以退还此借条或盖章作废。因此，用人单位因员工借备用金不还而需从工资中抵扣，至少需满足天时（劳动合同中约定可以相应抵扣）、地利（在管理制度中规定可以相应抵扣）、人和（借款单上备注可以相应抵扣，员工同意通过其他形式进行抵扣）中的一个条件，否则无效。

第十一节　社会保障法律风险与防控

为劳动者依法缴纳社保是用人单位的法定义务，非因法定事由不得减免。用人单位依法履行法定义务，为劳动者足额缴纳社保，这不但是对员工负责，也是对自己负责，更是对社会责任的一种担当。自《中华人民共和国社会保险法》（以下简称《社会保险法》）颁布实施以来，各企业、员工积极缴纳社会保险费用已成为社会常态，但仍存在部分企业为减少经营成本，通过各种方式拖延、逃避缴纳社会保险费用，这可能使组织背负巨大的法律风险。

一、社会保障法律风险分析

根据相关规定，用人单位没有缴纳、没有足额缴纳、没有及时缴纳社会保险费，所应承担的责任包括：

（一）员工提出离职，主张经济补偿金

根据《劳动合同法》第三十八条、第四十六条的规定，用人单位未依法为员工缴纳社保的，员工可提出离职。在这种情况下的离职，员工可向用人单位主张经济补偿金。这种法律风险，不仅给企业带来了经济上的损失，而且会对企业生产经营秩序带来负面的影响。比如，由于员工的突然离职，导致企业在短时间内无法招到适合该岗位的人员，以至于影响到用人单位的生产经营。

（二）赔偿因未交社保而导致员工的损失

依据《最高人民法院关于审理劳动争议案件适用法律若干问题的解释（三)》（以下简称《劳动争议司法解释三》）第一条规定，劳动者有权以用人单位未为其办理社保手续，且社保经办机构不能补办导致其无法享受社保待遇为由，要求用人单位赔偿损失。该赔偿范围很广，涉及社保所能给予的各类补助，包括但不限于工伤赔偿、医疗费、生育费用、退休金。需要强调的是，现实中因未依法缴纳社保导致单位被迫承担损失的案例不少，尤其是员工遭受工伤且工伤等级较高时，所有本应由工伤保险基金的支出都要由用人单位承担，这时费用往往很高，劳资双方易因此而发生十分激烈的纠纷。

1. 赔偿劳动者少得或者未得的失业保险金损失

根据《劳动争议司法解释三》第一条规定，劳动者以用人单位未为其办理社会保险手续，且社会保险经办机构不能补办导致其无法享受社会保险待遇为由，要求用人单位赔偿损失而发生争议的，人民法院应予受理。

2. 承担应当由生育基金支付的女职工生育保险待遇费用

根据《劳动争议司法解释三》第一条规定，劳动者以用人单位未为其办理社会保险手续，且社会保险经办机构不能补办导致其无法享受社会保险待遇为由，要求用人单位赔偿损失而发生争议的，人民法院应予受理。

3. 承担工伤保险费有关的罚款、滞纳金等费用，承担劳动者因工伤产生的工伤保险待遇

《工伤保险条例》第六十二条规定："用人单位依照本条例规定应当参加工伤保险而未参加的，由社会保险行政部门责令限期参加，补缴应当缴纳的工伤

保险费，并自欠缴之日起，按日加收万分之五的滞纳金；逾期仍不缴纳的，处欠缴数额1倍以上3倍以下的罚款。依照本条例规定应当参加工伤保险而未参加工伤保险的用人单位职工发生工伤的，由该用人单位按照本条例规定的工伤保险待遇项目和标准支付费用。”《社会保险法》第六十二条规定：“用人单位未按规定申报应当缴纳的社会保险费数额的，按照该单位上月缴费额的百分之一百一十确定应当缴纳数额；缴费单位补办申报手续后，由社会保险费征收机构按照规定结算。”

第六十三条规定：“用人单位未按时足额缴纳社会保险费的，由社会保险费征收机构责令其限期缴纳或者补足。用人单位逾期仍未缴纳或者补足社会保险费的，社会保险费征收机构可以向银行和其他金融机构查询其存款账户；并可以申请县级以上有关行政部门作出划拨社会保险费的决定，书面通知其开户银行或者其他金融机构划拨社会保险费。用人单位账户余额少于应当缴纳的社会保险费的，社会保险费征收机构可以要求该用人单位提供担保，签订延期缴费协议。用人单位未足额缴纳社会保险费且未提供担保的，社会保险费征收机构可以申请人民法院扣押、查封、拍卖其价值相当于应当缴纳社会保险费的财产，以拍卖所得抵缴社会保险费。”

《社会保险费征缴暂行条例》第十三条规定：“缴费单位未按规定缴纳和代扣代缴社会保险费的，由劳动保障行政部门或者税务机关责令限期缴纳；逾期仍不缴纳的，除补缴欠缴数额外，从欠缴之日起，按日加收千分之二的滞纳金。滞纳金并入社会保险基金。”

第二十三条规定：“缴费单位未按照规定办理社会保险登记、变更登记或者注销登记，或者未按照规定申报应缴纳的社会保险费数额的，由劳动保障行政部门责令限期改正；情节严重的，对直接负责的主管人员和其他直接责任人员可以处1 000元以上5 000元以下的罚款；情节特别严重的，对直接负责的主管人员和其他直接责任人员可以处5 000元以上10 000元以下的罚款。”

第二十四条规定：“缴费单位违反有关财务、会计、统计的法律、行政法规和国家有关规定，伪造、变造、故意毁灭有关账册、材料，或者不设账册，致使社会保险费缴费基数无法确定的，除依照有关法律、行政法规的规定给予行政处罚、纪律处分、刑事处罚外，依照本条例第十条的规定征缴；迟延缴纳的，由劳动保障行政部门或者税务机关依照第十三条的规定决定加收滞纳金，并对直接负责的主管人员和其他直接责任人员处5 000元以上20 000元以下的罚款。”

4. 赔偿给劳动者造成的其他损失

如因用人单位欠缴社会保险费，致使不能及时转移档案而影响劳动者重新就业的工资损失等。

《劳动合同法》第八十四条规定："用人单位违反本法规定，扣押劳动者居民身份证等证件的，由劳动行政部门责令限期退还劳动者本人，并依照有关法律规定给予处罚。用人单位违反本法规定，以担保或者其他名义向劳动者收取财物的，由劳动行政部门责令限期退还劳动者本人，并以每人五百元以上二千元以下的标准处以罚款；给劳动者造成损害的，应当承担赔偿责任。劳动者依法解除或者终止劳动合同，用人单位扣押劳动者档案或者其他物品的，依照前款规定处罚。"

（三）可能面临承担滞纳金、遭到行政处罚，甚至被社保征收机构采取强制措施

1. 用人单位未依法缴纳社保的需承担滞纳金

《社会保险法》第八十五条规定："用人单位未按时足额缴纳社会保险费的，由社会保险费征收机构责令限期缴纳或者补足，并自欠缴之日起，按日加收万分之五的滞纳金；逾期仍不缴纳的，由有关行政部门处欠缴数额一倍以上三倍以下的罚款。"

2. 社保机构有权对不办理社保登记的用人单位及负责人直接罚款

《社会保险法》第八十四条规定："用人单位不办理社会保险登记的，由社会保险行政部门责令限期改正；逾期不改正的，对用人单位处应缴社会保险费数额一倍以上三倍以下的罚款，对其直接负责的主管人员和其他直接责任人员处五百元以上三千元以下的罚款。"

3. 社保机构对未按时足额缴纳社保的用人单位有权直接罚款

《社会保险法》第八十五条规定："用人单位未按时足额缴纳社会保险费的，由社会保险费征收机构责令限期缴纳或者补足，并自欠缴之日起，按日加收万分之五的滞纳金；逾期仍不缴纳的，由有关行政部门处欠缴数额一倍以上三倍以下的罚款。"

另外，为督促企业、员工及时足额缴纳社会保险费用，社会保险费征收机构将针对拒不清缴欠费、情节严重的企业，通过报刊、广播、电视、网络等各种媒体进行公告，由社会各界共同监督。

4. 社保征收机构有权申请直接划扣用人单位的银行账户

《社会保险法》第六十三条规定："用人单位逾期仍未缴纳或者补足社会保险费的，社会保险费征收机构可以向银行和其他金融机构查询其存款账户；并可以申请县级以上有关行政部门做出划拨社会保险费的决定，书面通知其开户银行或者其他金融机构划拨社会保险费。用人单位账户余额少于应当缴纳的社

会保险费的，社会保险费征收机构可以要求该用人单位提供担保，签订延期缴费协议。”

5. 社保征收机构有权申请法院扣押、查封、拍卖用人单位财产

《社会保险法》第六十三条规定：“用人单位未足额缴纳社会保险费且未提供担保的，社会保险费征收机构可以申请人民法院扣押、查封、拍卖其价值相当于应当缴纳社会保险费的财产，以拍卖所得抵缴社会保险费。”

二、社会保障法律风险防控

（一）及时办理社会保险登记

用人单位要及时为员工缴纳社保。有些用人单位认为缴纳社保属于单位给予员工的福利，因此会与员工约定在试用期内用人单位不为员工缴纳社保。这种认识是错误的，缴纳社保是用人单位的一项法定义务。员工入职后，用人单位就应为其缴纳社保，由于用人单位没有及时为新入职的员工缴纳社保导致员工损失的，员工可主张用人单位承担赔偿责任。

（二）按时足额缴纳社会保险费

用人单位要足额为员工缴纳社保。目前用人单位未按劳动合同约定的工资作为社保缴纳基数的情况普遍存在。虽然此种情况普遍存在，但并不意味着用人单位对此就可免责。离职员工要求用人单位补缴社保差额的情况也时有发生，且员工的主张有被支持的先例。因此，建议用人单位无论是从预防法律风险上考量，还是从人事管理上考量，都要在新员工入职时就足额为其缴纳社保。

（三）员工要求用人单位不缴社保时，用人单位应拒绝

一些劳动者出于各种原因会主动跟单位要求不为其缴纳社保，而是将这部分钱以现金的方式作为工资的一部分向其发放。对于这种情况，即使这是劳动者本人的真实意思表示，双方也就相关问题签有书面协议，也不能免除用人单位为员工缴纳社保的法定义务。这些约定仍会因为违反法律的强制性规定而被认定为无效，即使单位确实已经将这部分费用以现金的形式支付给劳动者，其仍将承担未依法为劳动者缴纳社保的法律责任。因此，当员工提出不缴社保的请求时，用人单位可向其解释缴纳社保的重要性，并可拒绝员工这一违法请求。

第十二节　薪酬改革风险与防控

组织的发展离不开变革，内外部环境的变化，组织资源的不断整合与变动，都给组织带来了机遇与挑战，这就要求组织时刻关注组织变革。薪酬改革是组织变革的重要组成部分，也是组织变革能否成功的保障。

一、薪酬改革风险点

（一）改革流于形式

改革流于形式，是指改革没有对既有的薪酬制度和分配格局产生影响，没有达到预期的目的。这一方面是由于企业改革的目标不明确，为了改革而改革；另一方面是由于改革过程控制不科学，方案的设计不能触碰到原有制度的根本弊端。

（二）引起高管和核心员工离职

很多企业的薪酬改革容易引起离职潮，特别是高管层和核心人才的流失。薪酬改革是企业分配制度的再调整，难免会触碰到部分人的利益。因此，在改革过程中，要充分考虑和尊重不同群体，特别是高管层和核心员工的利益诉求。

（三）改革成本过高

薪酬改革的成本体现为显性成本和隐性成本。显性成本包括薪酬改革方案制订过程中的人力、物力和财力支出，也体现在薪酬改革的时间成本。薪酬改革带来的成本，更主要的是体现在隐性成本上，指的是为推动薪酬改革而引起的组织内部关系的调整对企业的生产和组织运行造成的影响。

（四）职工反对改革

职工反对改革体现在：职工不配合改革，对改革存有抵触情绪；职工对改革不关心，不积极参与改革；仅从自身利益出发，在自身利益不受损的情况下就默认或支持改革，反之则反对改革。

二、薪酬改革风险分析

（一）领导改革决心不坚定

企业领导是改革的最终决策者，理应成为改革的坚决支持者，应该对改革的目标、思路有统筹的考虑。薪酬改革难免会引起各类矛盾，但很多企业领导对薪酬改革的决心不坚定，不愿意去触碰核心矛盾，或者改革目标经常发生变化。

企业领导改革决心不坚定，会对中层和普通员工传递错误的信号，认为改革仅仅是为了走形式，或者也不愿意配合改革，导致改革实际效果大打折扣。

（二）改革过于频繁或长期不改革

薪酬制度应该在一定时期内保持相对稳定，以利于组织的相对稳定。部分企业对改革的频率把握不准，有两种倾向，一种是改革过于频繁，员工长期处在对制度的适应过程中，这也容易对员工产生模糊的导向；另一种是长期不改革，薪酬制度落后于企业实际需要，不适应企业发展，薪酬制度僵化。

薪酬制度经常变动或者长期不变动，均不利于企业的发展。理想的做法应该是，在薪酬制度变革后，对薪酬制度进行日常的维护和必要的改进，不断完善薪酬制度。

（三）薪酬改革走极端

薪酬直接关系到每名员工的利益，在面对环境变化压力时，薪酬的调整必然会对员工的利益产生影响。薪酬改革走极端，是指薪酬调整幅度过大，导致员工心理上一时接受不了而造成工作情绪不稳定的情况。在任何一个企业，薪酬改革都是敏感话题，因此，推动薪酬改革要充分考虑员工的感受，避免走极端。

（四）照搬别的企业的制度

很多企业在薪酬改革时，盲目选择别的企业的薪酬制度，既没有对别的企业的制度进行系统的考察，也没有对本企业的特征进行详细的调研，结果全盘引进来的制度不能适应企业的需要。选择薪酬制度，适合最重要。必须对各类薪酬制度的本质特征进行分析比较，取其优点，结合本企业的实际特征进行设计，才能建立起符合企业实际需要的薪酬制度。

三、薪酬改革风险防控

（一）选对薪酬改革的时机

一个良好的时机对薪酬改革来说特别重要，时机选择不对，即使是非常好的设计思想，也很难顺利执行，或无法达到预期的效果。

可以选择的薪酬改革时机有：

1. 年末或年初

年末或年初，企业往往都面临着调薪，除非市场环境恶劣、企业经营陷入困境，否则都是涨薪，在这种情况下开展改革是比较容易被大家所接受的。

2. 经营层变动后

“新官上任三把火”，烧到薪酬上也是情有可原的，而且新任经营层解决原有薪酬制度中缺乏公平性、缺乏竞争力等问题的努力也能提高员工对其认可度。当然，薪酬改革也不能成为新官上任后的第一把火，新任经营层必须先把理顺经营放在首位，进而明确职能职责，了解员工素质能力现状，薪酬改革才顺理成章。

3. 公司分拆或合并

此时的薪酬改革也可以看作是薪酬体系的初次建立，是适应公司现状、促进公司发展的必要手段，如果此时固守原有的薪酬制度反而会被认为是不合时宜。

4. 薪酬矛盾突出

薪酬问题造成的矛盾往往都是循序渐进、潜移默化的，但经过长时间的积累，其中一些矛盾会变得非常棘手，如水平过低、内部不公平等，对员工的士气造成很大的影响，这时着手进行薪酬改革是众望所归。

当然，上述时机都有一个前提，那就是企业的薪酬体制确实存在着或多或少的问题，未能达到有效激励员工的目的。

（二）设计阶段各层面人员的充分参与

无论是何种改革，各层面人员的充分参与都是非常必要的。尤其是设计方案推出之前，通过访谈、启动会和座谈会等形式开展包括一般员工、管理者等企业各个层次人员的沟通，了解大家的想法和意愿，对方案设计思想的优化、方案落地措施的制订都有很好的指导作用。

管理者和员工在设计阶段的参与，一方面是要让大家在改革前就知悉改革的必要性，让员工感受到不是被动地接受，而是参与到改革过程中；另一方面，企业也可以通过沟通过程，了解员工对于薪酬改革的意见和接受能力，为方案设计和实施提供参考依据。

（三）与企业管理现状、文化氛围的充分结合

在企业开展人力资源改革时，几乎每个企业都会提出这样一个要求：充分考虑企业现状，设计符合企业实际的方案和工具。这是企业领导的要求，同时也是改革项目顺利开展的前提。

有些管理理念、方法虽然先进，但是未必符合企业内大多数人已经固有的观念，这个时候如果强行推动，必然引发反感和抗拒。与企业现状的结合，不仅仅是指与干部员工思想观念的对接，还包括与干部员工管理能力、企业制度等方面的结合，因此，在薪酬改革过程中，必须注重基础性调研工作的开展。

（四）方案实施前设计思想的宣贯

在薪酬改革方案实施前，大多数企业可能都会开展方案的培训，让大家了解具体的薪酬结构、发放办法，但是比起操作性的培训，更重要的是管理理念的输入、管理知识和理论的传播与推广。

理念的宣贯，可以促使员工，尤其是核心的中高层更新观念，学习了解先进的管理理念和最佳的管理实践，深刻认识薪酬改革的紧迫性和价值，理解薪酬方案的设计初衷、要解决的问题、要达到的目的等，让大家理解薪酬改革是在双赢的前提下更有效地激发员工工作热情的管理尝试。

（五）做好薪酬改革的全过程控制

薪酬改革是个循序渐进的过程，一蹴而就的想法是不切实际的。要想成功稳健地进行薪酬改革，必须遵循相应的步骤，并对全过程进行有效控制。

1. 薪酬变革观念导入

主要是管理理念的输入，管理知识、管理理论的传播和推广。要想方设法促使员工，尤其是核心的中高层更新观念，深刻认识薪酬变革的价值和紧迫性，掀起学习高潮，营造薪酬变革氛围，为变革实施做准备。除此之外，还要了解并学习最佳管理实践，借鉴标杆企业模式。

2. 薪酬变革定位研究

首先，详细梳理并分析企业面临的外部环境，包括行业特点、竞争格局和市场趋势，结合企业战略确立薪酬变革主题并准确定位；其次，要分析企业的变革资源与能力、发展阶段和成功的关键要素，确立经营战略与薪酬变革的逻

辑关系；最后，要依据现实确定薪资分配上的关键问题，确立薪酬变革的核心目标与任务。

3. 薪酬核心方案设计

根据薪酬变革的核心内容或实体部分，针对薪酬变革定位确立的方向和目标，详细设计薪酬方案，如岗位价值评价方案、个人历史职级套入办法、未来职级动态调整和管理办法、薪酬总额工效挂钩方案、薪酬管理办法、下属公司高管薪酬分配与激励办法等。

4. 薪酬变革实施方案设计

薪酬变革实施方案很容易被忽略，而这部分其实很重要，关乎改革能否成功。要根据核心方案实施难易程度，科学合理制定主方案贯彻实施的计划时间表、任务分解、人员配备、责任分担、变革预算、资源调配、风险防范和前提性基础性准备工作。实践中，HR 人员或顾问必须花大量的时间和精力去沟通协调、说服、影响薪酬变革的对象。

5. 薪酬变革配套方案设计

变革想前进，配套要跟上。要制订和完善薪酬变革方案所需要的前提性和基础性制度建设，包括薪酬变革需要的流程和分权体系、组织职责调整、岗位说明书编写和绩效评价系统建设及其挂钩办法等。在新方案实施前，还要缓解员工心理焦虑，研究员工满意度，区别人群做立场分析。

6. 局部试行

试行方式有 3 种：全面模拟运行、局部试点正式运行、局部模拟运行。如果全面正式运行，一次到位困难比较大。如果组织局部试点正式运行，由于员工对薪酬过于敏感，就要先选取适应社会、适应市场能力比较强的模块进行局部试点，以此试探员工的心理底线，降低项目风险。新的薪酬方案建议采取局部模拟运行，这样做有 3 个目的：发现方案的缺陷与漏洞，及时补救解决；给大家一个学习、了解适应操作的过程和准备期；试探员工的心理底线和接受程度，降低薪酬变革的意外风险。

7. 方案调整

试行后，可针对局部试行的效果与员工意见，及时调整并完善前期三类方案，还需要考虑新的形势和条件下薪酬变革要素最近的变化带来的影响，是否需要再次调整。

8. 全面实施

最后，薪酬方案正式公布并全面实施。

这八个步骤虽然设计得合理规范，但还要和实际情况联系起来灵活运用，因时因地制宜，不能僵化固守每一步。另外，要预测薪酬变革每个步骤所需要的时间，如果时间成本太高，可能严重影响经营业绩，薪酬变革时机就需要调整。由于企业实践的“路径依赖”极大地影响和制约着薪酬变革，企业的现实环境和条件往往不支持系统思考，比如员工素质在短期内无法改变，因此，员工心理接受程度和当期业绩的关键影响因素成为薪酬变革思考的重点，薪酬变革的程序才显得非常重要。

第八章
劳动合同管理风险分析与防控

在人力资源管理当中有一根贯穿始终的主线，那就是劳动合同管理。从招聘到入职，从合同订立到合同履行，从合同变更到合同解除或者终止，劳动合同管理无处不在，我们完全可以说，用人单位的劳动合同管理工作在某种程度上决定了员工关系管理的业绩。

《劳动法》第十六条规定："劳动合同是劳动者与用人单位确立劳动关系，明确双方权利和义务的协议，建立劳动关系应当订立劳动合同。"根据这一规定，签订劳动合同主要有以下 3 个方面的重要作用：

第一，签订劳动合同可以强化用人单位和劳动者双方的守法意识。以劳动合同的形式明确劳动者和用人单位双方的权利和义务，双方之间就有了一个具有法律约束力的协议。在劳动过程中，用人单位依据劳动合同管理职工，行使权利和履行义务，职工也依据劳动合同保护自身的权益、履行相应的义务。

第二，签订劳动合同可以有效地维护用人单位与劳动者双方的合法权益。劳动合同都要规定一定的期限，在合同期内，用人单位和劳动者都不能随意解除劳动合同。合同期满后，用人单位和劳动者可以就是否续签合同等重新进行协商，这就保持了用人单位用人和劳动者求职的灵活性。

第三，签订劳动合同有利于及时处理劳动争议，维护劳动者的合法权益。如果没有劳动合同，劳动者在工资收入、工作时间长短、工作条件等方面与用人单位发生争议时，可能会由于没有证据而遭受损失。

第一节　事实劳动关系

事实劳动关系是指无书面合同或无有效书面合同形成的劳动雇佣关系，以及口头协议达成的劳动雇佣关系。事实劳动关系的确认需雇佣劳动事实的存在。事实劳动关系的合法地位，确认了劳动关系不依赖书面合同的存在而存在，扩大了劳动保护范围，对不签订劳动合同的用人单位有了更大约束，更好地维护了劳动者的合法权益。

事实劳动关系的表现形式包括以下情形：①没有书面合同形式。通过以口头协议代替书面劳动合同而形成的劳动关系。②应签而未签订劳动合同。用人单位招用劳动者后不按规定订立劳动合同而形成的劳动关系。③用人单位与劳动者以前签订过劳动合同，但是劳动合同到期后，用人单位同意劳动者继续在本单位工作却没有与其及时续订劳动合同而形成的事实延续的劳动关系。④以其他合同形式代替劳动合同，即在其他合同中规定了劳动者的权利、义务条款，比如在承包合同、租赁合同、兼并合同中规定了职工的使用、安置和待遇等问题，这就有了事实劳动关系存在的依据。⑤劳动合同构成要件或者相关条款缺乏或者违法，事实上成为无效合同，但是双方依照该合同已经建立劳动关系。

一、事实劳动关系风险点

（一）用人单位与劳动者确立劳动关系时不愿订立劳动合同

其中，分为劳动者不订立和用人单位不订立两种情况。劳动者不订立劳动合同，大多情况是出于跳槽便利的考虑；用人单位不订立劳动合同，则是为了逃避自己的法律责任。一旦签订书面劳动合同，用人单位则必须承担相应的法律责任，如为劳动者缴纳保险费，提供同工同酬的待遇以及与工作岗位相关的福利待遇，并且用人单位必须遵守相关集体合同和行业合同等规定，这将大大增加用人单位的成本。

（二）双方因履行无效劳动合同产生事实劳动关系

劳动关系无效，根据《劳动合同法》第二十六条，下列劳动合同无效或者部分无效：以欺诈、胁迫的手段或者乘人之危，使对方在违背真实意思的情况下订立或者变更劳动合同的；用人单位免除自己的法定责任、排除劳动者权利的；违反法律、行政法规强制性规定的。此外，劳动合同不具备相应的必备条款，也可能导致合同的无效。双方既然不存在有效的契约，自然不能成立劳动关系，由此产生事实劳动关系。

（三）合同期满后没有续订合同，也没有终止合同

固定期限劳动合同中可以约定合同到期后自动续延，如果实际续延的，视为续订固定期限劳动合同。但如果合同中未约定续订条款，双方间就形成事实劳动关系。

（四）劳动关系中用人单位与劳动者双方地位的不平等性，造成了事实劳动关系的产生

劳动者处于弱势，很多时候不得不接受用人单位的不合理条件，甚至包括将自己的合法权益置于不稳定无保障的状态，而作为追逐利润的经济主体，用人单位的目标是追逐更大的利润空间。在这样的状态下，事实劳动关系自然有了生存的空间。

（五）因双重劳动关系而形成事实劳动关系

双重劳动关系特指劳动者在与一个用人单位存在书面劳动合同、建立劳动关系的同时，又接受其他用人单位的工作任务，接受其劳动报酬，建立事实劳动关系的情形。主要表现为以下 3 种形式：①兼职。劳动者与一个用人单位订立书面劳动合同后，又与其他用人单位建立事实劳动关系。②停薪留职。劳动者在停薪留职期间仍与用人单位保留劳动关系，若在此期间接受其他用人单位的工作任务，则与后一用人单位形成事实劳动关系。③下岗待工（包括离岗退养）。根据《国有企业富余职工安置规定》及某些地方有关再就业工作的规定，职工离岗退养期间、下岗待工人员在一定期间（一般为两年）仍是原企业职工，如果该职工在此期间又在其他用人单位劳动，则形成事实劳动关系。

二、事实劳动关系风险分析

（一）双倍工资风险

员工入职，用人单位没有及时与员工签订书面劳动合同，时间超过一个月未满一年，应当依照《劳动合同法》第八十二条的规定向劳动者每月支付两倍的工资，并与劳动者补订书面劳动合同。

（二）无固定期限合同订立风险

《劳动合同法》第十四条规定，用人单位自用工之日起满一年不与劳动者订立书面劳动合同的，视为用人单位与劳动者已订立无固定期限劳动合同。除了“视为订立无固定期限劳动合同”之外，用人单位还有一个风险。《劳动合同法》第八十二条第二款规定，用人单位违反本法规定不与劳动者订立无固定期限劳动合同的，自应当订立无固定期限劳动合同之日起向劳动者每月支付二倍的工资。如果满一年用人单位仍拒绝补签劳动合同，就会面临着继续支付双倍工资的法律后果。

（三）终止和解除事实劳动关系的风险

事实劳动关系建立容易、解除难，用人单位如果想终止或解除事实劳动关系，稍不留神，就会构成违法。事实劳动关系没有试用期。有的用人单位喜欢钻所谓的“法律空子”，在劳动者入职时，为了避免签订劳动合同，往往会和劳动者口头或书面约定几个月的试用期，一旦试用期快要到期，就毫不犹豫地以试用期不符合录用条件为由将员工解聘。此时用人单位的行为已经构成违法辞退。

（四）执行集体合同规定的劳动报酬标准或同工同酬

用人单位未按照法律规定与劳动者订立书面劳动合同，与劳动者约定的劳动报酬不明确的，新招用的劳动者的劳动报酬，按照集体合同规定的标准执行，没有集体合同或集体合同未规定的，实行同工同酬。

三、事实劳动关系风险防控

第一，在员工招聘当中，应当树立劳动合同先行的认识，先签书面劳动合同再用工。

事实劳动关系对劳动者是有保护作用的。为避免个别劳动者故意拖延时间、不签合同造成事实劳动关系，在招用新员工时，用人单位要先与其签订劳动合同再办理入职手续，然后才能让其上班工作，续签劳动合同也要在原合同到期前完成。

第二，对不愿订立劳动合同的员工，要立即发出“劳动合同限期签订通知书”。

实践中，多数的事实劳动关系是因为用人单位不愿订立或疏于订立所导致，但是还有一些事实劳动关系是员工不愿订立劳动合同的结果。对于不愿订立劳动合同的职工，单位应当立即向其发出“劳动合同限期签订通知书”，规定其必须在一定的期限内与单位签订劳动合同，否则单位有权终止双方的劳动关系。

第三，及时理顺劳动关系，加强用工管理。

有些用人单位业务分流，下属部门有权自行招聘人员并支付劳动报酬，单位人力资源部门没有备案，极易造成事实劳动关系。因此，用人单位要及时理清劳动关系，履行法定义务，严格禁止下属部门随意用工，完善劳动合同条款。

第四，劳动合同条款设计要周全。

事实劳动关系有两种情况，一种是入职后一直未订立劳动合同产生了事实关系，另外一种情况是劳动合同期满后由于种种原因，单位未与劳动者续订劳动合同。预防第二种情况的最好方法就是在劳动合同中约定一个条款，内容可以表述为：本合同期限届满时，由于双方未办理续订或终止劳动合同手续，而乙方（劳动者）继续在甲方（用人单位）提供劳动的，视为本合同期限自动顺延（比如1年）。

第五，建立劳动合同管理台账。

实践中，有些用人单位已经与劳动者订立了劳动合同，但是由于管理疏忽，经常出现劳动合同丢失甚至被破坏的情况，引发争议后，同样也会导致单位支付未签订劳动合同员工的双倍工资。因此，从风险管理角度来说，用人单位与劳动者签订劳动合同时，最好要做台账登记，内容包括劳动合同签订的时间、期限，劳动合同终止的时间等。特别是，台账应经过员工本人签字确认。

第六，改变用工的身份观念。

有些用人单位之所以不与劳动者签订劳动合同，主要是基于身份的考虑，比如说农民工或临时工不签订劳动合同。但是《劳动法》实施后已经打破了用工的身份观念，所有的员工统称“劳动者”，因此，基于身份而不签订劳动合同本身就是一种歧视。

四、事实劳动关系认定

《关于确立劳动关系有关事项的通知》（劳社部发〔2005〕12号）第一条规定，用人单位招用劳动者未订立书面劳动合同，但同时具备下列情形的，劳动关系成立：①用人单位和劳动者符合法律、法规规定的主体资格；②用人单位依法制定的各项劳动规章制度适用于劳动者，劳动者受用人单位的劳动管理，从事用人单位安排的有报酬的劳动；③劳动者提供的劳动是用人单位业务的组成部分。

根据上述规定，认定事实劳动关系要从以下几个方面着手：

（一）劳动行为已经发生

劳动事实的存在是劳动关系存在的客观必要条件，劳动关系的标的是劳动行为，该行为的存在和终结，可称为判断劳动关系存在与否的“连接点”。我国的劳动立法秉持了客观劳动事实存在的原则。具体体现为：《劳动合同法》第七条规定，用人单位自用工之日起即与劳动者建立劳动关系。《劳动合同法》第十条第三款规定，用人单位与劳动者在用工前订立劳动合同的，劳动关系自用工之日起建立。

（二）从属关系已经形成

这是劳动关系最大的特征，也是事实劳动关系的重要特征和构成要件之一，是劳动者让渡自己部分劳动权利的最集中的体现。劳动者不仅将劳动使用权让渡给用人单位，同时放弃相应一定范围的人身权利而接受用人单位的管理。《劳动合同法》第三十九条第二款规定，劳动者严重违反用人单位规章制度的，用人单位可以解除劳动合同，且无须支付经济补偿。但应当明确，即便在劳动者人身部分从属于用人单位期间，劳动所有权仍是劳动者专有的，用人单位不得利用其规章制度或其他手段侵犯劳动者合法权益。《劳动合同法》第三十八条第一款第四项规定，用人单位的规章制度违反法律、法规的规定，损害劳动者权益的，劳动者可以解除劳动合同。这些规定虽然是针对形成书面劳动合同的当事人，但可以合理推断，这些规定类推适用事实劳动关系。

（三）默认的意思表示

如果双方并没有订立劳动关系的意愿，劳动关系自然无从谈起。双方当事人的合意是劳动关系契约性质的体现，也是事实劳动关系成立的必要主观要件。此外，默认的意思表示应当包括双方当事人意思表示真实。即，若存在欺诈、胁迫、乘人之危等情形，该事实劳动关系应当归于无效，由过错方承担过错责任。

（四）欠缺法定的形式要件

如果具备形式要件，则双方当事人即形成劳动关系，而不是事实劳动关系。

五、事实劳动关系应诉技巧

当劳动者要求用人单位支付未签订劳动合同的双倍工资时，用人单位应诉得当，也能降低双倍工资支付的风险，具体措施如下：

（一）从劳动争议的时效上做文章

案　例

未签订劳动合同的“双倍工资”有时效限制吗？

案情：

在李女士的一再坚持下，公司终于向其出具了解除劳动关系证明。有了这一纸证明，李女士总算不用担心公司否认存在劳动关系了。她决定向劳动争议仲裁部门提起申诉，要求单位支付未签订劳动合同的“双倍工资”。

李女士曾任某销售公司市场部副经理，2008 年 10 月 1 日进入该公司工作，主要从事产品市场销售工作，每月工资由底薪 5 000 元、经理补贴 1 000 元和业务提成构成。但是，公司一直没有与李女士签订劳动合同，也没有为其缴纳社会保险。

2014 年 6 月 11 日，因个人发展原因，李女士向某销售公司递交辞职报告，单位在其多次要求下也出具了劳动关系解除证明。其后，李女士委托律师出面，要求公司补缴自入职以来的社会保险费，支付 2008 年 11 月 1 日至 2009 年 9 月 30 日期间未签订劳动合同的双倍工资，共计 187 600 元。对于社会保险费，公司同意为李女士缴纳，但是对于她提出的未签订劳动合同的双倍工资，公司却以“请求过时效”为由拒绝支付。

2014 年 7 月 22 日，李女士向当地劳动人事争议仲裁委申请仲裁，要求支付未签订劳动合同的双倍工资 187 600 元。

问题：

未签订劳动合同的“双倍工资”有时效限制吗？

点评：

这是一起因用人单位未签订劳动合同所引发的“双倍工资”争议，焦点就在于超过 1 年后，未签订劳动合同的“双倍工资”还能否得到有关部门的支持。

《劳动合同法》第八十二条规定：“用人单位自用工之日起超过一个月不满一年未与劳动者订立书面劳动合同的，应当向劳动者每月支付二倍的工资。”《劳动合同法实施条例》第七条也规定：“用人单位自用工之日起满一年未与劳动者订立书面劳动合同的，自用工之日起满一个月的次日至满一年的前一日应当依照劳动合同法第八十二条的规定向劳动者每月支付两倍的工资，并视为自用工之日起满一年的当日已经与劳动者订立无固定期限劳动合同，应当立即与劳动者补订书面劳动合同。”本案中，李女士 2008 年 10 月 1 日入职某销售公司，由于销售公司一直未与李女士订立劳动合同，根据法律规定应当支付“双倍工资”。但是，“双倍工资”的发生时间为 2008 年 11 月 1 日至 2009 年 9 月 30 日，共计 11 个月。

《劳动争议调解仲裁法》第二十七条第一款规定：“劳动争议申请仲裁的时效期间为一年。仲裁时效期间从当事人知道或者应当知道其权利被侵害之日起计算。”本案中，李女士未签劳动合同的双倍工资发生的时间为 2008 年 11 月 1 日至 2009 年 9 月 30 日，如果其间公司未向其支付双倍工资，李女士应当在 1 年内向仲裁部门提出申诉。也就是说，申请人最迟申请仲裁的时间为 2010 年 9 月 30 日。由于李女士于 2014 年 7 月 22 日才向仲裁部门递交申诉，因此其请求已经超过了法律规定的时效。

当然，《劳动争议调解仲裁法》第二十七条第四款也同时规定："劳动关系存续期间因拖欠劳动报酬发生争议的，劳动者申请仲裁不受本条第一款规定的仲裁时效期间的限制；但是，劳动关系终止的，应当自劳动关系终止之日起一年内提出。"根据这一规定，劳动报酬引发的争议是不受1年期时效限制的，只要劳动关系解除或终止后1年内提出主张就可以。

那么未签订合同的双倍工资是不是属于"劳动报酬"范畴呢？所谓劳动报酬，是劳动者在提供劳动的情况下，用人单位向其支付的货币性工资待遇。但是，未签订劳动合同所产生的"双倍工资"，并不是法律意义上的劳动报酬，而是用人单位因违法未与劳动者订立劳动合同而受到的惩罚。也就是说，双倍工资不是劳动者正常提供劳动就可以获得的劳动报酬，而是对劳动者权利受损的一种补偿，因此，无论是补偿性质还是惩罚性质，都不是劳动报酬。因此，当用人单位不予支付"双倍工资"时，劳动者应当在1年内提出仲裁申请，否则将超过法律规定的时效。

（二）看申请人有无订立劳动合同的职责

案　例

人事经理未签劳动合同，单位应否支付双倍工资?

案情：

姚女士于2011年7月1日入职某机械公司，任人事经理一职，月薪12 000元。2014年6月30日，姚女士与公司的劳动合同期限届满。其后，姚女士继续在某机械公司工作，仍任人事经理一职，但是双方未续订劳动合同。2014年12月，姚女士向公司提出辞职，并于2015年1月9日提请劳动争议仲裁，要求某机械公司支付自2014年8月至2014年12月未签劳动合同的双倍工资60 000元。

公司认为，根据公司制度规定以及岗位职责划分，姚女士作为单位的人事经理，单位的劳动合同均由人事部门负责与劳动者签订，其未与单位签订劳动合同属于工作失职，因此单位无须支付未签劳动合同的双倍工资。

问题：

人力资源负责人（含劳动合同管理专员）未签订劳动合同，单位应否支付双倍工资?

点评：

《劳动合同法》第十条规定："建立劳动关系，应该订立书面劳动合同。已建立劳动关系，未同时订立书面劳动合同的，应当自用工之日起一个月内订立书面劳动合同。”第八十二条进一步规定：“用人单位自用工之日起超过一个月不满一年未与劳动者订立书面劳动合同的，应当向劳动者支付二倍的工资”。按照上述条款规定，用人单位未及时与劳动者订立书面劳动合同的，应当对应规定的期间向劳动者支付未签劳动合同的双倍工资。《劳动合同法》设立未签订劳动合同的双倍工资罚则，不仅旨在杜绝用人单位利用事实劳动关系的形式逃避法定义务，而且还倡导用书面形式固定双方的劳动权利义务，以保障劳动者的合法权利。据此，用人单位与劳动者及时订立劳动合同是其必须履行的法定义务，其履行对象不因员工的岗位、职位而有任何差异。也就是说，不管是人力资源总监、人事经理、劳动合同管理专员，只要单位未与其签订劳动合同，就应当支付双倍工资。

但是，在肯定未签劳动合同的双倍工资“适用对象无差异”的同时，有一个无法回避的问题，那就是人力资源负责人的工作职责问题。人事经理全面负责用人单位的人力资源管理工作，其职责自然也包含与员工签订劳动合同这一项。如果人事经理没有签订劳动合同，其原因不外乎四个：一是该负责人故意不签订劳动合同，有获取不当利益的动机；二是该负责人工作失职，疏忽了订立劳动合同的工作；三是该负责人向公司提出了签订劳动合同的事宜，但是由于公司内部管理不善而未订立劳动合同；四是公司内部规定，人力资源负责人的劳动合同由其他部门或员工负责签订。

对于前两种原因，人力资源负责人明显存在故意或过失，并且该过错造成了用人单位未签劳动合同的双倍工资风险。《工资支付暂行规定》（劳部发〔1994〕489号）第十六条规定：“因劳动者本人原因给用人单位造成经济损失的，用人单位可按照劳动合同的约定要求其赔偿经济损失。”据此，劳动者由于故意或失职给用人单位造成损失的，只要劳动合同约定了损失赔偿责任，用人单位就有权要求其赔偿。也就是说，在职责明确的情况下，人力资源负责人由于失职或故意不签订劳动合同，给单位造成了“双倍工资”损失，人力资源负责人应当予以赔偿。由于该损失正是单位向人力资源负责人支付的“双倍工资”，因此两相折抵，单位无须向人力资源负责人支付未签订劳动合同的双倍工资。

对于后两种原因，由于人力资源负责人不存在故意或过失，因此单位应当向其支付双倍工资。

综上所述，对人力资源负责人未签订劳动合同是否适用双倍工资规定，应具体问题具体分析，主要从以下几个方面考量：第一，人事部门负责人的岗位职责中是否明确规定负有管理劳动合同的义务，用人单位对此负有举证责任；第二，劳动合同中有无类似“员工工作失职给单位造成损失的要承担赔偿责任”

的约定；第三，劳动合同未依法订立是人力资源负责人失职所致，还是单位管理不善所致。如果职责明确，合同约定完善，且因人力资源负责人未尽职责导致劳动合同未依法订立的，单位无须支付双倍工资，否则单位应当依法支付。

本案中，姚女士作为公司的人事经理，受企业授权管理人事工作，行使企业法人的劳动人事管理权力，在人事部门与员工签订书面劳动合同时，姚女士具有用人单位代表的身份，同时，姚女士又是公司员工，具有劳动者的身份。因此，姚女士与用人单位签订劳动合同，也即姚女士代表公司与自己签订劳动合同。在姚女士没有履行代表职责的情况下，如果给单位造成损失，姚女士理应赔偿，因此，单位无须向其支付未签订劳动合同的双倍工资。

（三）能否主张“视为订立劳动合同”

用人单位虽然未与劳动者签订规范的劳动合同，但是，如果录用通知、试用期协议、岗位协议或其他劳动者认可的书面材料已经具备劳动合同基本内容的，用人单位也可以主张“视为订立劳动合同”。

（四）看劳动者有无主观恶意

根据法律规定，不签订劳动合同的责任虽然在单位，但是如果单位能证明未签订劳动合同是劳动者故意拖延所致，或者单位已经尽了通知签订的义务，个别地方，比如上海市，也能免除用人单位的双倍工资支付义务。

第二节　劳动合同期限

一、劳动合同期限风险点

劳动合同从期限上划分，有 3 种类型：固定期限劳动合同、无固定期限劳动合同、以完成一定工作任务为期限的劳动合同。

（一）固定期限劳动合同

固定期限劳动合同指用人单位与劳动者约定合同终止时间的劳动合同。这里的固定期限可以是整年整月，也可以是非整年整月，比如签订 1 年 3 个月零 8 天的劳动合同。

（二）无固定期限劳动合同

无固定期限劳动合同指用人单位与劳动者约定无确定终止时间的劳动合同。这里所说的无确定终止时间，是指劳动合同没有一个确切的终止时间，劳动合同的期限长短不能确定，但并不是没有终止时间，只要没有出现法律规定的条件或者双方约定的条件，双方当事人就要继续履行劳动合同规定的义务。一旦出现了法律规定的情形，无固定期限劳动合同也同样能够解除或终止。这类劳动合同主要适用于专业性或者技术性较强的职务、工种，或者工龄达到一定年限的劳动者。

无固定期限劳动合同与固定期限劳动合同相比，主要区别有二：①劳动合同不约定存续期限，这是无固定期限劳动合同区别于固定期限劳动合同的显著特征；②除非存在法定或约定合同解除的情形，否则该合同直至劳动者退休才终止，因此，无固定期限劳动合同具有很强的稳定性。该劳动合同可以在劳动者的法定劳动年龄范围内和企业的存在期限内存在，只有符合法律、法规所规定的特殊情况，劳动合同才可以解除或终止。

（三）以完成一定工作任务为期限的劳动合同

以完成一定工作任务为期限的劳动合同指用人单位与劳动者约定以某项工作的完成为合同期限的劳动合同。该项工作的开始时间就是劳动合同的起始时间，该项工作的完成时间即为劳动合同的终止时间。用人单位与劳动者在签订此类合同时，一般无法预计该项工作何时能完成，因此该种合同没有时间上的限制。由于该种合同是以完成一定工作任务作为终止合同的时间，所以从严格意义上讲，这种合同属于特殊的有期限劳动合同。

二、劳动合同期限风险分析

用人单位与劳动者订立无固定期限劳动合同的情形有 3 种：

（一）协商订立

用人单位与劳动者协商一致，可以订立无固定期限劳动合同。

根据劳动合同法规定，订立劳动合同应当遵循平等自愿、协商一致的原则。只要用人单位与劳动者协商一致，没有采取胁迫、欺诈、隐瞒事实等非法手段，符合法律的有关规定，就可以订立无固定期限劳动合同。

（二）有权订立

在法律规定的情形出现时，劳动者提出或者同意续订劳动合同的，应当订立无固定期限劳动合同。

无固定期限合同一经签订，双方就建立了一种相对稳固和长远的劳动关系，只要不出现法律规定的条件或者双方约定的条件，劳动合同就不能解除。因此，法律对无固定期限劳动合同的签订条件做了严格的规定，当事人一方并不能随意要求签订或者拒绝签订无固定期限劳动合同。

根据《劳动合同法》第十四条之规定，只要出现了3种情形之一，在劳动者主动提出续订劳动合同或者用人单位提出续订劳动合同劳动者同意的情况下，就应当订立无固定期限劳动合同。这种续订劳动合同的主动权掌握在劳动者手中，无论用人单位是否同意续订劳动合同，只要劳动者提出，用人单位就必须同意续订，而且是订立无固定期限劳动合同。如果用人单位提出续订无固定期限劳动合同，劳动者有权不同意。劳动者同意的，应当订立无固定期限劳动合同。这3种情形如下：

1. 劳动者已在用人单位连续工作满10年

签订无固定期限劳动合同的劳动者必须在同一单位连续工作了10年以上，这是最基本的要求。具体是指，劳动者与同一用人单位签订的劳动合同的期限不间断达到10年。如有的劳动者在用人单位工作5年后，离职到别的单位工作了两年，然后又回到原用人单位工作5年，虽然累计时间达到了10年，但是劳动合同期限有间断，不符合“在该用人单位连续工作满10年”的条件。劳动者工作时间不足10年的，即使提出订立无固定期限劳动合同，用人单位也有权不接受。法律这样规定，主要是为了维持劳动关系的稳定。如果一个劳动者在该用人单位工作了10年，就说明已经能够胜任这份工作，而用人单位的这个工作岗位也确实需要保持人员的相对稳定。在这种情况下，如果劳动者愿意，用人单位应当与劳动者订立无固定期限劳动合同，维持较长的劳动关系。而根据《劳动合同法实施条例》第十一条规定，除劳动者与用人单位协商一致的情形外，劳动者依照《劳动合同法》第十四条第二款的规定，提出订立无固定期限劳动合同的，用人单位应当与其订立无固定期限劳动合同。对劳动合同的内容，双方应当按照合法、公平、平等自愿、协商一致、诚实信用的原则协商确定；对协商不一致的内容，依照《劳动合同法》第十八条的规定执行。

2. 用人单位初次实行劳动合同制度或者国有企业改制重新订立劳动合同时，劳动者在该用人单位工作满10年且距法定退休年龄不足10年的

用人单位初次实行劳动合同制度或者国有企业改制重新订立劳动合同时，劳动者在该用人单位连续工作满10年且距法定退休年龄不足10年的，劳动者也有权签订无固定期限劳动合同。劳动合同制是以签订劳动合同的形式，明确规定用人单位和劳动者双方的权利、责任、利益，是把用工与经济责任制相结合

的一种新的用工制度。1986 年 7 月，我国决定改革国营企业的劳动用工制度，自 1986 年 10 月 1 日起，国营企业在新招收工人中普遍推行劳动合同制。随着《劳动合同法》的施行，劳动合同制度在各类企业当中广泛推行。国有企业改制在 20 世纪 80 年代中期开始，在 20 世纪 90 年代成为国有企业改革的核心内容，企业通过改变企业形态、改变企业股权结构、改变企业的基本制度，转变为符合自身特点的企业资产组织形式。

在推行劳动合同制度前，或是在国有企业进行改制前，用人单位的有些职工已经在本单位工作了很长时间。推行新的制度以后，很多老职工难以适应这种新型的劳动关系，一旦让其进入市场，确实存在着竞争力弱难以适应的问题，年龄的局限又使其没有充足的条件来提高改进，应当说这是由于历史的原因造成的。他们担心的不仅是能否与原单位签订劳动合同的问题，还要面对虽然签了劳动合同但期限很短，在其尚未退休前合同到期却没有用人单位再与其签订劳动合同的问题。因此，考虑那些给国家和企业做出过很多贡献的老职工的利益，法律规定：对于已在该用人单位连续工作满 10 年并且距法定退休年龄不足 10 年的劳动者，在订立劳动合同时，允许劳动者提出签订无固定期限劳动合同。如果一个劳动者已在该用人单位工作满 10 年，但距离法定退休年龄超过 10 年，则不属于本项规定的情形。

在这种情形下订立无固定期限劳动合同必须同时满足以下条件：①劳动者在该用人单位连续工作满 10 年。②劳动者距法定退休年龄不足 10 年。③劳动者提出或者同意续订劳动合同的。④劳动者没有提出订立固定期限劳动合同。

3. 用人单位和劳动者连续订立两次固定期限劳动合同

连续订立两次固定期限劳动合同且劳动者没有《劳动合同法》第三十九条和第四十条第一项、第二项规定的情形，续订劳动合同的，用人单位应当与劳动者订立无固定期限劳动合同。

根据这一规定，在劳动者没有《劳动合同法》规定的用人单位可以解除劳动合同的情形下，如果用人单位与劳动者签订了一次固定期限劳动合同，在签订第二次固定期限劳动合同时，就意味着在没有法定解除条件出现且劳动者提出续订时，下一次必须签订无固定期限劳动合同。所以，在第一次劳动合同期满，用人单位与劳动者准备订立第二次固定期限劳动合同时，应当慎重考虑。

在制定《劳动合同法》时，这一规定曾引起了较大的争议。有一些意见认为，连续签订两次固定期限的劳动合同，有可能累计时间却很短，这一规定仅以签订固定期限劳动合同的次数为判断标准，容易导致用人单位对一些低技能、岗位专业性不强的劳动者采取到期不续签的做法，从而规避签订无固定期限劳动合同的法律义务，加重了劳动合同短期化的问题。

但是，之所以这样设计，就是为了解决劳动合同短期化的问题。根据规定，用人单位在与劳动者签订一次固定期限劳动合同后，再次签订固定期限劳动合同时，就意味着下一次只要劳动者提出或者同意续订劳动合同，就必须签订无固定期限的劳动合同。用人单位为了不签订无固定期限劳动合同且又能保持用工的稳定性，防止因频繁更换劳动力而加大用工成本，就会延长每一次固定期限劳动合同的期限，从而解决了合同短期化的问题。有的意见认为，这一项规定限制了用人单位的用工自主权。这种认识也是错误的。因为劳动合同是由双方当事人协商一致订立的，劳动合同的期限长短、订立次数都由双方协商一致确定，选择什么样的劳动者，决定权仍掌握在用人单位手中，只不过在法律规定的情形出现时，用人单位才必须与劳动者签订无固定期限劳动合同，而且这种劳动合同也不是“终身制”的，在法律规定的条件或是双方协商约定的条件出现时，用人单位可以解除劳动合同。

上述情形要满足以下条件：①用人单位和劳动者已经连续两次订立固定期限劳动合同。②劳动者提出或者同意订立无固定期限劳动合同。③劳动者未提出签订固定期限劳动合同。④劳动者没有《劳动合同法》第三十九条、第四十条第一项和第二项规定的解除劳动合同情形。

对于符合上述规定的劳动者，用人单位违反规定不与劳动者订立无固定期限劳动合同的，自应当订立无固定期限劳动合同之日起向劳动者每月支付两倍的工资。

（三）视为订立

《劳动合同法》第十四条第三款规定：用人单位自用工之日起满一年不与劳动者订立书面劳动合同的，视为用人单位与劳动者已订立无固定期限劳动合同。

三、劳动合同期限风险防控

（一）正确理解无固定期限劳动合同

由于缺乏对无固定期限劳动合同制度的正确认识，不少人认为无固定期限劳动合同一经签订就不能解除。因此，一方面很多劳动者把无固定期限劳动合同也视为“护身符”，千方百计要与用人单位签订无固定期限劳动合同。另一方面，用人单位则将无固定期限劳动合同看成了“终身包袱”，想方设法逃避签订无固定期限劳动合同的法律义务。

其实，无固定期限劳动合同除了在期限上与其他合同有所区别外，在劳动合同解除或终止的条件上与其他类型的合同完全一致。

在履行过程中，任何一方由于某种原因希望或已提出解除劳动合同，另一方只要表示同意，双方达成一致意见，就可以依据《劳动合同法》第三十六条的规定解除劳动合同。当法律规定的可以解除、终止劳动合同的条件出现，无固定期限的劳动合同就可以依法定条件或约定条件解除或终止。比如，当劳动者有《劳动合同法》第三十九条规定的情形出现时，用人单位就可以解除劳动合同；用人单位有第三十八条规定的情形时，劳动者也可以解除劳动合同。由此可见，无固定期限劳动合同并不是没有终止时间的“铁饭碗”，只要符合法律规定的条件，劳动者与用人单位都可以依法解除劳动合同。

无固定期限劳动合同也不是不能变更的“死合同”。无固定期限劳动合同和其他类型的劳动合同一样，也适用劳动法与劳动合同法的协商变更原则。按照劳动法的规定，用人单位与劳动者协商一致，可以变更劳动合同约定的内容。除了劳动合同期限以外，双方当事人还可以就工作内容、劳动报酬、劳动条件和违反劳动合同的赔偿责任等方面进行协商，做出变更。在变更合同条款时，应当按照自愿、平等原则进行协商，不能采取胁迫、欺诈、隐瞒事实等非法手段，同时还必须注意变更后的内容不违法，否则，这种变更是无效的。

（二）首次签订劳动合同，尽量选择中长期合同

关于中长期劳动合同这一提法，在法律法规中是没有的。除了临时性工作岗位或季节性生产比较明显的岗位，对于因工作需要存续稳定的岗位，3~5 年期限的劳动合同应当成为单位的首选。签订这类劳动合同对用人单位来说好处有三：一是减少劳动合同订立的次数。如果一年一签，劳动者在用人单位工作两年即可提出订立无固定期限劳动合同。二是可以约定长的试用期。订立期限不满 3 年的劳动合同，试用期最长 60 天，但是订立 3 年整的劳动合同，用人单位即可以约定 6 个月的试用期。这样无疑延长了用人单位对劳动者观察、考核的时间。三是劳动关系相对比较稳定。一年期的劳动合同会令职工对工作前景有种朝不保夕的感觉，员工对单位的归属感与认同感比较差。

当然，在选择订立劳动合同期限时，最好形成长期、中期、短期并用的复式格局模式，既保持劳动力的相对稳定，同时也促进劳动力的流动，切忌劳动合同期限一刀切，避免因劳动合同同一天到期大量人员同时离职的现象。

（三）掌握常见的减少无固定期限劳动合同的方法

1. 使用劳务派遣

劳务派遣又称人力派遣、人才租赁、劳动派遣、劳动力租赁、雇员租赁，是指由劳务派遣机构与派遣劳工订立劳动合同并支付报酬，把劳动者派向其他

用工单位，再由其用工单位向派遣机构支付服务费用的一种用工形式。对于用人单位来说，特别是国有企业，使用劳务派遣不但可以降低工资总额、减少人员编制，而且可以避免与职工形成无固定期限的劳动合同关系。

当然，《劳务派遣暂行规定》实施后，劳务派遣员工的使用正面临着双重限制：一是岗位限制。根据法律规定，用工单位只能在临时性、辅助性或者替代性的工作岗位上使用被派遣劳动者。临时性工作岗位是指存续时间不超过 6 个月的岗位；辅助性工作岗位是指为主营业务岗位提供服务的非主营业务岗位；替代性工作岗位是指用工单位的劳动者因脱产学习、休假等原因无法工作的一定期间内，可以由其他劳动者替代工作的岗位。二是比例限制。《劳务派遣暂行规定》第四条规定，用工单位应当严格控制劳务派遣用工数量，使用的被派遣劳动者数量不得超过其用工总量的 10%。这里所称“用工总量”是指用工单位订立劳动合同人数与使用的被派遣劳动者人数之和。

2. 选择订立以完成一定工作任务为期限的劳动合同

与固定期限劳动合同相比，以完成一定工作任务为期限的劳动合同有一个最大优势，那就是不计算劳动合同订立次数。只要劳动者在同一单位的连续工作时间不满 10 年，无论订立多少次以完成一定工作任务为期限的劳动合同，劳动者都无权单方提出订立无固定期限劳动合同。

当然，以完成一定工作任务为期限的劳动合同也存在一定的缺陷，那就是不得约定试用期。这样的话，用人单位就丧失了在入职阶段对劳动者试用考查的机会。有鉴于此，用人单位在第一次与劳动者建立劳动合同关系时，应当选择固定期限的劳动合同，第二次则根据岗位特征选择以完成一定工作任务为期限的劳动合同。

3. 正确掌握无固定期限劳动合同订立中的法律尺度

案例一

在关联企业之间转移劳动关系，劳动合同订立次数是否连续计算？

案情：

侯先生 2006 年 7 月入职 WS 商业有限公司，任职公司行政主管。2011 年 7 月，侯先生与 WS 商业有限公司的劳动合同期满后，与北京 WS 销售有限公司签订了两年期劳动合同，职务为公司行政经理。2013 年 7 月，侯先生被 WS 集团总公司任命为 WS（中国）投资有限公司副总经理，WS（中国）投资有限公司也与侯先生依法签订了劳动合同。

2015年7月31日，WS（中国）投资有限公司与侯先生的劳动合同期限届满。鉴于侯先生在任期内工作表现平平，且在本单位连续工作时间不满10年，WS（中国）投资有限公司决定终止双方的劳动合同。但是，当公司将劳动合同终止决定送达侯先生时，他表示：自己与WS集团总公司所属的企业已经连续订立了3次固定期限的劳动合同，已经具备订立无固定期限劳动合同的条件，因此不同意公司发出的终止劳动合同决定；另外，WS商业有限公司、北京WS销售有限公司以及WS（中国）投资有限公司都是WS集团总公司所属的全资子公司。

问题：

在关联企业之间转移劳动关系，劳动合同订立次数是否连续计算？

点评：

《劳动合同法》第十四条规定，有下列情形之一，劳动者提出或者同意续订、订立劳动合同的，除劳动者提出订立固定期限劳动合同外，应当订立无固定期限劳动合同：①劳动者在该用人单位连续工作满十年的；②用人单位初次实行劳动合同制度或者国有企业改制重新订立劳动合同时，劳动者在该用人单位连续工作满十年且距法定退休年龄不足十年的；③连续订立二次固定期限劳动合同，且劳动者没有本法第三十九条和第四十条第一项、第二项规定的情形，续订劳动合同的。根据上述规定，劳动者在同一用人单位连续工作满10年，或者劳动者与同一用人单位连续订立两次固定期限合同且没有严重违纪、不胜任工作、医疗期等法定解除情形的，当劳动者提出订立无固定期限劳动合同时，用人单位应当与其订立无固定期限劳动合同。

上述规定的前提条件是“同一用人单位”内的年限和次数达到了法律规定，但是实践中，基于种种原因，劳动者经常在不同用人单位之间变换劳动关系，为此，《劳动合同法实施条例》第十条规定：“劳动者非因本人原因从原用人单位被安排到新用人单位工作的，劳动者在原用人单位的工作年限合并计算为新用人单位的工作年限。原用人单位已经向劳动者支付经济补偿的，新用人单位在依法解除、终止劳动合同计算支付经济补偿的工作年限时，不再计算劳动者在原用人单位的工作年限。”这里的“劳动者非因本人原因从原用人单位被安排到新用人单位工作的”，根据《最高人民法院关于审理劳动争议案件适用法律若干问题的解释（四）》第五条之规定，包括以下情形：①劳动者仍在原工作场所、工作岗位工作，劳动合同主体由原用人单位变更为新用人单位；②用人单位以组织委派或任命形式对劳动者进行工作调动；③因用人单位合并、分立等原因导致劳动者工作调动；④用人单位及其关联企业与劳动者轮流订立劳动合同；⑤其他合理情形。据此，非因劳动者辞职等原因导致劳动关系在关联企业之间转移的，本单位工龄应当连续计算。也就是说，劳动者非因个人原因在关联企业中连续工作满 10 年的，劳动者有权提出订立无固定期限劳动合同（注：也有人认为，“劳动者非因本人原因从原用人单位被安排到新用人单位工作的”，只是在涉及补偿金支付时才连续计算本单位工作年限，订立无固定期限劳动合同的工作年限不连续。笔者不认同这一观点）。

但是，劳动者在关联企业之间变换劳动关系归属的，劳动合同订立次数是否连续，目前的法律、法规并未做出明确规定，由此产生争议的，社会上看法和理解不一。笔者认为，劳动者在关联企业之间变换劳动关系归属的，劳动合同订立次数可以不连续计算。理由如下：一是“法无强制规定即自由”的原则。《劳动合同法实施条例》以及相关司法解释只是规定关联企业与劳动者轮流订立劳动合同的，劳动者在原用人单位的工作年限合并计算为新用人单位的工作年限，但是并未规定劳动者在原用人单位的劳动合同订立次数合并计算为新用人单位的劳动合同订立次数，因此，在目前国家没有明确规定的情况下，劳动保障部门或人民法院不宜作扩大的“次数连续计算”的解释。二是关于合同订立次数连续的问题，《劳动合同法》实施后，人力资源和社会保障部先前制定的《劳动合同法实施细则（草案）》中曾考虑过某些情况的发生，劳动合同订立次数也要连续计算，但是，《劳动合同法实施条例》颁布后，有关次数连续计算的规定并未保留，这充分表明，次数连续计算的规定并不现实。三是劳动法、劳动合同法的立法宗旨是保护劳动者的合法权益，但是在侧重劳动者权益的同时，也不能忽视企业的利益。一味地考虑劳动者权益而不兼顾企业利益，其后果就是企业受损，劳动者权益也会最终落空。

当然，有两种情形，劳动合同订立次数应连续计算：一是非因劳动者辞职等原因，总公司与分公司，或分公司与分公司轮流与劳动者签订劳动合同的；二是用人单位恶意规避无固定期限劳动合同的订立，由关联企业与劳动者轮流订立劳动合同，但劳动关系的实质并未发生变化，只是主体发生变化的。比如，劳动者仍在原工作场所、工作岗位工作，只是劳动合同的单位一方主体由一个关联企业变为另外一个关联企业。对于这种情况，个别地方法规已经做出劳动合同订立次数也应连续计算的规定，比如《广东省高级人民法院、广东省劳动争议仲裁委员会关于适用〈劳动争议调解仲裁法〉、〈劳动合同法〉若干问题的指导意见》（粤高法发〔2008〕13 号）即规定：用人单位恶意规避《劳动合同法》第十四条的规定，通过设立关联企业，在与劳动者签订合同时交替变换用人单位名称的，应认定为无效行为，劳动者的工作年限和订立固定期限劳动合同的次数仍应连续计算。

本案中，WS 集团总公司的关联企业轮流与侯先生订立劳动合同的目的并不是恶意规避订立无固定期限劳动合同，而是基于工作需要而变换劳动关系（注：侯先生在三个公司的工作职位是不同的，并且属于不断升迁的情况）。同时，WS商业有限公司、北京WS销售有限公司以及WS（中国）投资有限公司都是独立的法人单位，而不是WS集团总公司所属的分公司。因此，侯先生要求劳动合同订立次数连续计算是没有法律依据的。

案例二

续订无固定期限劳动合同，单位能降低工资标准吗？

案情：

2009年1月，张小姐入职北京某房地产公司，双方签订了为期3年的劳动合同。合同期满后，双方又续订了3年期的劳动合同，劳动合同期限自2012年1月1日至2014年12月31日。合同届满前，公司曾暗示张小姐，合同期满后，公司希望终止双方的劳动合同。但是，张小姐经向朋友咨询后向公司提出，自己与公司已经连续订立了两次固定期限的劳动合同，具备了订立无固定期限劳动合同条件，因此要求与公司续订无固定期限劳动合同。

2014年12月29日，公司通知张小姐续订劳动合同。在签订劳动合同时，张小姐发现，劳动合同虽然为无固定期限，但是在工资标准上却发生了变化。张小姐原合同工资为每月9 500元，但是续订合同的工资仅为每月7 500元。张小姐认为，公司是变相降低工资逼自己离开公司，但公司给予的解释是，单位提出的工资标准不低于同类岗位的其他员工，何况法律并不禁止续订合同时工资标准有变化。

问题：

续订劳动合同，单位能降低工资标准吗？

点评：

根据《劳动合同法》第十四条的规定，连续订立二次固定期限劳动合同，且劳动者没有本法第三十九条和第四十条第一项、第二项规定的情形，续订劳动合同的，除劳动者提出订立固定期限劳动合同外，应当订立无固定期限劳动合同。据此，只要连续两次订立固定期限的劳动合同，如果在劳动合同期内劳动者不具备违纪解除、医疗期解除或不胜任解除的条件，当劳动合同期满时，只要劳动者提出续订劳动合同，就应当订立无固定期限的劳动合同。

对于符合订立无固定期限劳动合同的劳动者，在任何一方提出续订劳动合同时，单位都应当与其订立无固定期限劳动合同。但是，法律只是对劳动关系的延续以及劳动合同期限做出要求，至于说劳动合同续订时，工资标准是否要延续，工作岗位是否要保证，以及工作地点能否变化，有关的法律法规并不明确。也就是说，劳动合同法并没有规定企业工资只能涨不能落，因此，在劳动合同期满续订劳动合同的时候，用人单位基于管理需要或市场因素是可以“降低”工资的。

关于续订合同能否“降低”工资的问题，从有关法律规定中也可以推定。《劳动合同法》第四十六条规定，除用人单位维持或者提高劳动合同约定条件续订劳动合同，劳动者不同意续订的情形外，依照本法第四十四条第一项规定终止固定期限劳动合同的，用人单位应当向劳动者支付经济补偿。按照这一规定，用人单位与劳动者续订劳动合同时，可以维持或者提高工资标准，也可能“降低”工资标准。对于“维持或提高”的情况，劳动者不同意续订劳动合同的，用人单位终止合同不需要支付经济补偿；对于“降低”的情况，劳动者不同意续订的，用人单位终止合同应当支付经济补偿金。

不过，这种“降低”必须在法律规定的范围内。首先，国家有最低工资标准，如果用人单位将劳动者的工资降低到最低工资标准以下，这就是违法的。其次，续订合同中的工资标准也不得违反同工同酬原则。《劳动合同法实施条例》第十一条规定，除劳动者与用人单位协商一致的情形外，劳动者依照劳动合同法第十四条第二款的规定，提出订立无固定期限劳动合同的，用人单位应当与其订立无固定期限劳动合同。对劳动合同的内容，双方应当按照合法、公平、平等自愿、协商一致、诚实信用的原则协商确定；对协商不一致的内容，依照《劳动合同法》第十八条的规定执行。按照这一规定，当用人单位与劳动者订立无固定期限劳动合同时，如果就工资标准协商不一致，应当依照《劳动合同法》第十八条的规定执行。《劳动合同法》第十八条明确规定：“劳动合同对劳动报酬和劳动条件等标准约定不明确，引发争议的，用人单位与劳动者可以重新协商；协商不成的，适用集体合同规定；没有集体合同或者集体合同未规定劳动报酬的，实行同工同酬；没有集体合同或者集体合同未规定劳动条件等标准的，适用国家有关规定。”据此，在订立劳动合同时，关于劳动报酬标准这一问题，能协商按协商标准，不能协商的，应当按照同工同酬原则来确定。

本案中，张小姐已经具备订立无固定期限劳动合同条件，因此，在其提出续订合同时，单位应当与其订立无固定期限劳动合同。由于双方就续订合同的工资标准产生了分歧，先要看该房地产公司有无集体合同约定的工资标准。有集体合同约定的，按集体合同约定的标准来确定；无集体合同约定的，应当按照同工同酬原则确定张小姐的工资。因此，如果单位提出的工资标准不违反同工同酬原则，摆在张小姐面前的选择有两个：一是接受单位的工资标准，订立无固定期限劳动合同；二是不同意这一标准，单位终止劳动合同，向其支付经济补偿金。

案例三

派遣员工转为正式工后，其本单位工龄如何计算?

案情：

最近，祝先生一直为公司的一起劳动争议而烦心。祝先生是一家电子公司的人力资源总监。由于《劳务派遣暂行规定》正式实施，国家对劳务派遣员工的用工比例做了相应的控制，该电子公司决定将一批优秀的派遣员工在派遣协议到期时转为公司的正式工。

经过选拔考核，包括孟某在内的45名派遣员工被纳入到转正人员的名单。然而在办理转正手续并签订劳动合同时，员工孟某却提出与电子公司订立无固定期限的劳动合同。理由为，其自2001年进入某派遣公司后就一直被派遣至该电子公司工作，其在电子公司工作的年限已经连续满10年以上。电子公司认为，孟某转正前与自己不存在劳动关系，其本单位工龄应当自转正后算起。由于双方不能达成一致意见，电子公司拒绝与孟某订立无固定期限劳动合同，并将其退还给派遣公司。为此，孟某将电子公司申诉至当地的劳动人事争议仲裁委员会，要求电子公司依法与自己订立无固定期限劳动合同。

问题：

派遣员工转为单位正式工后，其本单位工龄应如何计算?

点评：

本案是一起应否订立无固定期限合同引发的争议，争议的焦点就在于派遣员工转为正式工后，其在派遣公司的工作年限能否连续计算为用工方单位的工作年限。

《劳动合同法》第十四条规定，劳动者在该用人单位连续工作满十年的，劳动者提出或者同意续订、订立劳动合同的，除劳动者提出订立固定期限劳动合同外，应当订立无固定期限劳动合同。据此，依据工作年限而订立无固定期限劳动合同，要同时具备3个条件：一是劳动者在该单位连续工作时间已经满10年。中途出现因劳动合同解除或终止而中断，前后累加满10年的不在此范围内。二是用人单位或劳动者提出订立劳动合同。这里的“提出”包括任何一方提出订立或者是双方都表示愿意续订。三是劳动者没有提出订立有固定期限劳动合同，也没有提出签订以完成一定工作任务为期限的劳动合同。

从本案的情况看，孟某在转为正式工之前，尚未与某电子公司建立劳动关系，因此其在该公司的连续工作时间尚处于初始阶段，还不具备订立无固定期限劳动合同的条件。但是，值得注意的是，在孟某转为正式工之前，其通过劳务派遣的形式已经在该电子公司连续工作满 10 年，那么，其派遣工龄能否计入转正后本单位的连续工龄呢？

《劳动合同法》第十条规定，劳动者非因本人原因从原用人单位被安排到新用人单位工作的，劳动者在原用人单位的工作年限合并计算为新用人单位的工作年限。原用人单位已经向劳动者支付经济补偿的，新用人单位在依法解除、终止劳动合同计算支付经济补偿的工作年限时，不再计算劳动者在原用人单位的工作年限。根据上述规定，如果劳动者是因为非本人的原因，从原用人单位被安排到新用人单位工作的，其在原用人单位的工作年限计算为新用人单位的工作年限。对于“劳动者非因本人原因从原用人单位被安排到新用人单位工作”这一概念，最高人民法院做出进一步解释。《最高人民法院关于审理劳动争议案件适用法律若干问题的解释（四）》第五条规定，用人单位符合下列情形之一的，应当认定属于“劳动者非因本人原因从原用人单位被安排到新用人单位工作”：①劳动者仍在原工作场所、工作岗位工作，劳动合同主体由原用人单位变更为新用人单位；②用人单位以组织委派或任命形式对劳动者进行工作调动；③因用人单位合并、分立等原因导致劳动者工作调动；④用人单位及其关联企业与劳动者轮流订立劳动合同；⑤其他合理情形。

本案中，孟某是非因本人的原因被电子公司吸纳为正式员工的，且转为正式员工后，工作场所与工作岗位都没发生变化，因此其在派遣公司的工作年限应当计算为电子公司的工作年限。由于孟某在派遣公司工作期间已经被派遣到电子公司工作满 10 年，因此其被电子公司转为正式工后，有权提出订立无固定期限劳动合同。

四、规避签订无固定期限劳动合同的方法

为了规避签订无固定期限劳动合同，实践中用人单位常用的规避方法不外乎以下几种：

（一）变换签约主体

劳动者在用人单位连续工作满 10 年以及连续订立两次固定期限劳动合同，续订劳动合同时可以要求签订无固定期限劳动合同，这里的“连续”应当是在同一个用人单位“连续”工作，如果用人单位不同，自然不可能“连续”了。

于是，一些用人单位为了让劳动者工作年限无法“连续”，注册 2 个以上独

立法人的企业，与A公司合同期满后，由B公司与劳动者签订劳动合同。有些集团公司旗下有多个子公司，由不同子公司分别与劳动者签订劳动合同，通过变换签约主体规避无固定期限劳动合同的订立。

对此，《劳动合同法实施条例》第十条规定，劳动者非因本人原因从原用人单位被安排到新用人单位工作的，劳动者在原用人单位的工作年限合并计算为新用人单位的工作年限。原用人单位已经向劳动者支付经济补偿的，新用人单位在依法解除、终止劳动合同计算支付经济补偿的工作年限时，不再计算劳动者在原用人单位的工作年限。

（二）“连续”工作年限中断

实践中一般表现为用人单位要求劳动者先辞职，过一段时间再入职，或者在劳动合同到期后终止劳动合同，过一段时间再聘用，让连续工作年限和连续两次固定期限劳动合同发生“中断”，规避签订无固定期限劳动合同。

（三）合同期限顺延

用人单位在劳动合同中约定，劳动合同到期后自动顺延，从而规避续订劳动合同的次数，目的是不连续订立两次固定期限劳动合同。目前，个别地方法规已经规定，劳动合同期限顺延的，视为劳动合同续订。

（四）合同期限变更

用人单位与劳动者协商，将原劳动合同期限延长，通过对劳动合同进行变更规避“续订”劳动合同，从而避免连续订立两次固定期限劳动合同后所面临的签订无固定期限劳动合同的风险。

（五）让劳动者提出订立固定期限劳动合同

有一些用人单位在劳动者符合订立无固定期限劳动合同的情况下，千方百计不与劳动者签订无固定期限劳动合同，试图利用“除劳动者提出订立固定期限劳动合同外”这一规定，由劳动者提出订立固定期限劳动合同。如果我们对法条进行分析会发现，劳动者即使签订了固定期限劳动合同，对用人单位也没有什么实际意义，此时虽然签订的是固定期限劳动合同，但实际上与无固定期限劳动合同并无区别。原因在于，当劳动者签订的该固定期限劳动合同到期后，仍旧符合签订无固定期限劳动合同的条件，只要劳动者提出或者同意续订劳动合同的，用人单位就不能终止劳动合同，仍需与劳动者订立无固定期限劳动合同。用人单位理解了《劳动合同法》有关规定后，根本没有必要挖空心思让劳动者提出订立固定期限劳动合同。

第三节　试用期

试用期是指用人单位和劳动者双方相互了解、确定对方是否符合自己的招聘条件或求职条件而约定的不超过 6 个月的考察期。

随着人才流动性的加大，新员工在一个企业工作的平均时间也趋于缩短。对于企业而言，在有限的时间内发现并留住需要的人才，员工试用期管理是关键。加强员工试用期管理，其重要性主要体现在以下几个方面：

第一，推动整体最优的系统化管理，使企业与新员工之间摒弃传统的互不信任的合作方式，向合作共赢的方向发展。

第二，难以融入新的文化氛围、无法接受新的价值观，是新员工流失率高的主要因素之一，加强员工试用期管理，使新员工尽快接受企业的文化、价值观是稳定员工队伍的第一步。

第三，由于一部分新员工在试用期结束之后会离开企业，他们离开后会宣传自己对该企业的印象和评价，所以员工试用期亦是企业向社会展示自身形象的一个重要窗口。

一、试用期与见习期和实习期

正确把握试用期，必须了解其与见习期、实习期的区别。

见习期是对应届毕业生进行业务适应及考核的一种制度，不是劳动合同制度下的概念，而是人事制度下的做法。根据相关规定，用人单位招收应届毕业生后，原则上都要安排见习，期限为 1 年。对入学前已从事 1 年以上有关专业实际工作的，经所在单位批准，可免去见习期。见习期满合格，则对该职工办理转正手续，为其评定专业职称，聘任相应职务，确定工作岗位。见习期满达不到见习要求的，可延长见习期半年到一年，或者降低工资标准；表现特别不好的，可予以辞退，由学校重新分配。因此，从性质上看，见习期也是一种试用方式。

在实行劳动合同制度后，见习期制并没有被废除，而是与试用期共同存在。这样就出现了有些用人单位要求毕业生有 1 年的见习期，有些单位则直接与毕业生约定半年的试用期，试用期过后即作为正式员工。还有一些单位，既规定了见习期，又规定了试用期，并且把试用期作为见习期的一部分。原劳动部在

1996 年全面实行劳动合同制时也以复函的形式规定，关于见习期与试用期，大中专、技校毕业生新分配到用人单位工作的，仍应按原规定执行为期 1 年的见习制度，见习期内可以约定不超过半年的试用期。由于法律法规对见习期内的权利义务没有具体的规定，因此，见习期与现行的劳动合同制确实有不相适应之处。不少人已经提出，见习期制应尽早明确废除。但在废除见习期制度之前，如果用人单位仅仅规定了见习期，则见习期内的待遇及劳动关系，仍然按照国家人事部门及高等院校有关见习期的规定执行。如果用人单位既规定了见习期，又规定了试用期，则在试用期内执行劳动法有关试用期的规定，试用期结束后的见习期内，按人事部门及高等院校关于见习期的规定执行。

实习是指学生在校期间到单位的具体岗位上参与实践工作的过程，其针对的是在校学生。关于实习，原劳动部《关于贯彻执行劳动法若干问题的意见》第十二条规定：“在校生利用业余时间勤工助学，不视为就业，未建立劳动关系，可以不签订劳动合同。”学生在实习期间发生伤害事故，不属于工伤，不能享受工伤保险待遇，但可以以雇佣关系向用人单位主张权利，或由学校基于与单位之间的实习合同的相关约定主张权利。

实习期只适用于在校学生。一些用人单位为了逃避保险或最低工资的限制，故意与符合劳动者资格的非在校学生签订实习协议，这是违法的也是无效的。实际上，即便签订实习协议，用人单位和非在校学生也存在事实劳动关系。

作为用人单位，应该与实习生签订实习协议，或与实习生、实习生所在的学校签订三方协议，明确实习生的实习时间、工作时间、实习费、实习内容等细节。同时，用人单位可以为实习生购买商业保险，避免实习过程中发生因工受伤后产生经济赔偿纠纷。

试用期与实习期的区别如下：

第一，当事人的身份不同。处于试用期中的自然人一方只能是劳动者；而处于实习期间的自然人一方是在校学生。

第二，权利义务关系不同。试用期的当事人双方存在着劳动关系，用人单位对劳动者承担无过错责任，与劳动者共同履行缴纳社会保险费用的义务，向劳动者支付的工资报酬不得低于当地最低工资标准。而学生实习所在的单位对于实习学生不承担无过错责任，不须执行最低工资标准。

第三，主体间的关系依据不同。用人单位与劳动者，包括在试用期的权利义务关系由劳动合同法及相关规定进行规范，比如，劳动合同期限在 3 个月以内的，不得约定试用期；劳动合同期限在 3 个月以上 1 年以内的，试用期不得超过 1 个月；劳动合同期限在 1 年以上 3 年以内的，试用期不得超过 2 个月；劳动合同期限在 3 年以上的固定期限劳动合同和无固定期限劳动合同，试用期不得超过6个月。

第四，当事人的目的不同。在试用期间，主要体现用人单位目的，即为了得到满足需要的人力资源；在实习期间，对于实习学生所在的单位来讲，学生的实习活动和劳动者的生产经营活动有相同或相似之处，但在目的上有本质的不同，学生实习活动主要体现的是学校与学生的共同目的，是为了提高实习学生的素质。

二、试用期风险分析

（一）滥用试用期

在用工过程中，滥用试用期侵犯劳动者权益的现象比较普遍，包括什么样的劳动岗位需要约定试用期，约定多长的试用期，以什么作为参照设定试用期等，实践中比较混乱。用人单位通常不管什么性质、多长期限的工作岗位，也不管有没有必要约定试用期，一律约定试用期。实践中，很多工作本来不需要试用期劳动者就能胜任，如装卸工、建筑工地小工、搬运工等没有什么技术含量的岗位，但有些用人单位动辄规定试用期为三五个月，甚至半年，恶意用足法定试用期上限。这加重了劳动关系的不平等性，增加了劳动者的职业不确定性和经济负担。这就提醒劳动合同双方当事人，特别是劳动者一方在约定试用期时将技术含量的因素考虑进去。对用人单位来说，在合理时间内依然不能判断劳动者是否能胜任，就应当承担因此而带来的风险。

（二）所有劳动合同都约定试用期

以完成一定工作任务为期限的劳动合同或者劳动合同期限不满3个月的，不得约定试用期。另外，法律规定，同一用人单位对同一劳动者只能试用一次。

（三）试用期的期限与劳动合同期限不对等

我国劳动合同法规定，劳动合同期限3个月以上不满1年的，试用期不得超过一个月；劳动合同期限1年以上不满3年的，试用期不得超过2个月；3年以上固定期限和无固定期限的劳动合同，试用期不得超过6个月。《劳动合同法》第八十三条进一步规定，用人单位违反本法规定与劳动者约定试用期的，由劳动行政部门责令改正；违法约定的试用期已经履行的，由原用人单位以劳动者试用期满月工资为标准，按已经履行的超过法定试用期的期间向劳动者支付赔偿金。

也就是说，对于违法约定的试用期已经履行的，用人单位除应按照约定的试用期工资标准支付劳动者工资之外，还要按照劳动合同约定的“转正”后的工资标准向劳动者支付赔偿金。

（四）只签订试用期协议而不订立劳动合同

劳动合同法规定，劳动合同仅约定试用期或者劳动合同期限与试用期相同的，试用期不成立，该期限为劳动合同期限。试用期变更劳动合同期限后，用人单位将浪费掉一个宝贵的劳动合同订立次数，而劳动合同订立次数与应否签订无固定期限劳动合同直接相关。

（五）试用期不参加社会保险

根据社会保险法之规定，用人单位自用工之日起 30 日内应当为劳动者办理社会保险登记，缴纳社会保险费。现在有很多单位在试用期内不缴纳社会保险费。由于国内工作人员流动性较强，签订劳动合同、缴纳社会保险手续繁杂，且短期内频繁入职离职现象严重，所以单位的人力资源部门从简化工作的角度考虑，很多工作做得不够规范。试用期尽管是用人单位与劳动者在劳动合同中协商约定的考察期，但试用期应包括在劳动合同期中，也就是说，劳动者实际上已经与用人单位建立了劳动关系，用人单位必须依法与劳动者签订劳动合同，并为其办理社会保险。用人单位在试用期内不为职工参加社会保险，这不但是错误的，也会给用人单位带来很大隐患。

案　例

未来得及参保，职工因工死亡怎么办？

案情：

孟某系某运输公司司机，2015 年 4 月 1 日到该公司工作。2015 年 4 月 12 日，孟某在外出从事营运工作期间，遭遇交通事故，不幸身亡。2015 年 4 月 20 日，某运输公司为孟某办理了社会保险登记，并缴纳了社会保险费。

2015 年 4 月 28 日，某运输公司为孟某申报工伤，经工伤保险行政部门认定，孟某为因工死亡。其后，某运输公司与社会保险经办机构就孟某因工死亡待遇如何承担产生了分歧。经办机构认为，某运输公司是在孟某死亡后缴纳社会保险费的，孟某的因工死亡待遇应当全部由单位承担。但是某运输公司提出，单位是在用工之日起 30 日内参加工伤保险，并且是在工伤事故发生之日起 30 日内申报工伤的，完全符合法律规定，有关待遇应当由工伤保险基金承担。

问题：

单位未来得及参保，职工因工死亡怎么办？

点评：

《工伤保险条例》第二条规定："中华人民共和国境内的企业、事业单位、社会团体、民办非企业单位、基金会、律师事务所、会计师事务所等组织和有雇工的个体工商户（以下称用人单位）应当依照本条例规定参加工伤保险，为本单位全部职工或者雇工（以下称职工）缴纳工伤保险费。"《中华人民共和国社会保险法》第五十八条则规定："用人单位应当自用工之日起三十日内为其职工向社会保险经办机构申请办理社会保险登记。未办理社会保险登记的，由社会保险经办机构核定其应当缴纳的社会保险费。"根据上述规定，某运输公司在孟某入职后30日内为其参加了工伤保险，因此从缴纳的时间来看，单位并不违法。如果是参保后孟某因工死亡，社会保险经办机构应当依法支付待遇。

但问题的关键在于，当某运输公司为孟某参加工伤保险时，孟某已经因工死亡，也就是说，工伤保险所保障的客体已经产生。孟某的因工死亡待遇，经办机构应否承担涉及工伤保险关系的生效时间问题。由于目前的国家法律、法规并未明确规定工伤保险关系自何时生效，这就造成实践中各地的理解与操作不一。具体情况主要有4种：一是自缴纳工伤保险费的次月生效；二是自缴纳工伤保险费的次日起生效；三是自单位填写缴费申报表并经单位社会保险经办机构盖章之日起生效；四是自单位办理社会保险登记、按月申报应缴纳的工伤保险费后次日生效。但是，无论是上述四种情形的哪一个，孟某因工死亡时，工伤保险关系尚未生效。

那么，这是不是说，孟某的因工死亡待遇工伤保险经办机构可以完全不用承担呢？《工伤保险条例》第六十二条规定："用人单位依照本条例规定应当参加工伤保险而未参加的，由社会保险行政部门责令限期参加，补缴应当缴纳的工伤保险费，并自欠缴之日起，按日加收万分之五的滞纳金；逾期仍不缴纳的，处欠缴数额1倍以上3倍以下的罚款。依照本条例规定应当参加工伤保险而未参加工伤保险的用人单位职工发生工伤的，由该用人单位按照本条例规定的工伤保险待遇项目和标准支付费用。用人单位参加工伤保险并补缴应当缴纳的工伤保险费、滞纳金后，由工伤保险基金和用人单位依照本条例的规定支付新发生的费用。"这里的"新发生的费用"，根据《关于执行〈工伤保险条例〉若干问题的意见》（人社部发〔2013〕34号）第十二条之规定，是指"用人单位职工参加工伤保险前发生工伤的，在参加工伤保险后新发生的费用"。某运输公司虽然不属于"应当参加工伤保险而未参加工伤保险"的情况，但是由于工伤保险关系有生效时间，因此，在某运输公司为孟某参加工伤保险前的工伤待遇，应当由该公司承担，而参加工伤保险后的待遇，则由经办机构依法承担。

《工伤保险条例》第三十九条规定，职工因工死亡，其近亲属按照下列规定从工伤保险基金领取丧葬补助金、供养亲属抚恤金和一次性工亡补助金：①丧葬补助金为6个月的统筹地区上年度职工月平均工资。②供养亲属抚恤金按照职工本人工资的一定比例发给由因工死亡职工生前提供主要生活来源、无劳动能力的亲属。标准为：配偶每月40%，其他亲属每人每月30%，孤寡老人或者孤儿每人每月在上述标准的基础上增加10%。核定的各供养亲属的抚恤金之和不应高于因工死亡职工生前的工资。供养亲属的具体范围由国务院社会保险行政部门规定。③一次性工亡补助金标准为上一年度全国城镇居民人均可支配收入的20倍。在上述因工死亡的三项待遇中，丧葬补助金与一次性工亡补助金，在职工因工死亡时即发生，而供养亲属抚恤金在职工死亡后的一定时期内发生，因此，丧葬补助金与一次性工亡补助金应当由某运输公司承担，供养亲属抚恤金则应在工伤保险关系生效后由经办机构承担。

（六）试用期内用人单位随意解除与劳动者的劳动合同

许多用人单位都认为在试用期内可以随时解除与劳动者的劳动关系，实际上这是一个认识上的误区。滥用关于试用期的单方解除权，常常是用人单位方面容易出现的问题。

三、试用期和录用条件

录用条件是用人单位针对不同岗位所要聘用的劳动者自行制定的需求标准，是用人单位在试用期内考核劳动者是否合格的标准。用人单位在招聘过程中所发布的各种信息，如招聘广告、招工条件、笔试面试等均可作为录用条件。但从完善人力资源管理的角度来看，用人单位应尽量制定专门的录用条件。录用条件可以充分体现用人单位的用工自主权和招聘要求，但有关内容必须与劳动者的工作相关，且不能与法律规定相冲突。

（一）录用条件的作用

录用条件是用人单位在试用期内与劳动者解除劳动合同的法律依据。根据主体的不同，录用条件有如下作用：一是对劳动者而言，录用条件是其开始工作的行为准则；二是对用人单位来说，录用条件是对新进人员在试用期表现进行考核的标准，用人单位通过试用期考核确定新进人员是否符合录用条件，对不符合录用条件的可以解除劳动关系；三是对裁判机关而言，录用条件则是裁判用人单位与劳动者解除劳动关系是否合法的主要依据。

（二）录用条件与其他标准的区别

1. 录用条件与招聘条件

实践中，招聘条件是用人单位在招聘时选择劳动者的基本资格要求。它与录用条件的概念是不同的，录用条件是用人单位确定所要聘用的劳动者的最终条件，招聘条件可以相对简单，以吸引更多的求职者到用人单位面试。录用条件应尽量严密、完善，并主要注重对能力的考核，要更具可操作性。

招聘条件不应替代录用条件，但是，在发生纠纷时，如果劳资双方没有明确的录用条件，裁判机关将会把招聘条件视为录用条件的一部分。

2. 录用条件与绩效考核标准

绩效考核管理是一个综合性的系统工程，一般是企业对员工的长期考核指标。其与录用条件的意义完全不同，录用条件是用人单位在相对较短的周期内对所要聘用的劳动者进行综合能力考核的条件。

业绩目标考核可以是录用条件的一部分，但不能以业绩目标考核标准代替录用条件，否则，在发生纠纷时，容易造成绩效考核标准与录用条件的混淆，使用人单位面临不利后果。

（三）录用条件的制定

人力资源管理者在充分认识录用条件的基础上，应当制定明确、具体、具有可操作性的录用条件，但由于不同行业、不同岗位的差异性，录用条件往往也会有差异性，在此，将一些通用标准介绍如下：

1. 诚信信息

根据法律的规定，用人单位在招聘劳动者时，可以向劳动者了解与工作有关的情况，劳动者应当如实告知，如果因为劳动者的欺诈行为而签订劳动合同，用人单位可以依据劳动合同法的规定与劳动者解除劳动关系，且无须支付经济补偿金。因此，用人单位在制定录用条件时，应当与劳动者明确所提供信息的真实性，包括但不限于：身份信息、身体信息、学历信息、专业技术信息、历史背景、工作经验、求职简历与入职登记表中的信息，及其他由本人提供的资料信息等。

2. 入职手续条件

办理入职是劳动者进入用人单位必经的程序，一般可将如下条件视为不符合录用条件：①被查实不符合招聘条件的；②无法提供解除或终止劳动关系证明的；③不具备政府规定的就业手续的；④无法提供办理录用、社会保险、住房公积金等所需要的证明文件的；⑤未经用人单位书面许可不按劳动合同约定时间到岗的；⑥与原用人单位存在竞业限制约定且用人单位在限制范围之内的。

3. 身体健康条件

在录用条件中，可以约定不得患有精神疾病或按国家法律法规规定应禁止工作的传染病等。

4. 岗位职责条件

岗位职责是确定劳动者是否能胜任工作的条件，针对岗位的不同，用人单位一般均会设定岗位职责，因为根据法律的规定，如果劳动者被证明不胜任工作的，用人单位可以通过培训或调整该劳动者的工作岗位，培训或调岗后仍然不能胜任工作的，用人单位可以在提前 1 个月通知或多支付 1 个月工资的情况下与劳动者解除劳动合同。但是，如果在试用期期间，用人单位发现劳动者不胜任工作，经过培训或调岗再做出“不胜任工作”的解除决定时，用人单位不仅要付出较大的时间成本，更要付出金钱成本，且容易引发不必要的纠纷。

因此，建议用人单位在制定试用期的录用条件时，将岗位职责的要求具体、明确地量化至录用条件当中，以备直接适用“不符合录用条件”进行试用期解除，降低成本，减少风险。

5. 遵守规章制度条件

一般情况下，用人单位均有自己的企业文化以及适合自身情况的规章制度，劳动者在试用期期间，也应当遵守用人单位的规定制度。因此，在录用条件中应与劳动者明确遵守用人单位规章制度的条件，规定劳动者在劳动合同履行的过程中应及时查收、阅知、学习且受其约束，不能以不知晓为由而不遵守。劳动者在试用期期间出现违反规章制度的情形时，用人单位则可以据此“录用条件”直接做出解除决定。

6. 兼职条件

每个人的精力有限，如果试用期的员工在外有兼职情况，势必会影响在本单位的工作状态，而且，大部分用人单位也会比较忌讳自己的员工在外兼职（除非非全日制用工）。同时，根据劳动合同法的规定，劳动者同时与其他用人单位建立劳动关系，对完成本单位的工作任务造成严重影响，或者经用人单位提出，拒不改正的，用人单位可以提出解除劳动合同。此规定虽然赋予了用人单位解除权，但对解除做了相应的限制。因此，用人单位在制定试用期的录用条件时，应当明确兼职情况一经发现，即视为不符合录用条件，用人单位随时可以解除劳动合同。

7. 档案存放情况以及社会保险缴纳情况

根据劳动合同法的规定，用人单位在劳动合同解除或终止后，应当在 15 日内为劳动者办理社会保险或档案的转移手续，此规定无形当中加重了用人单位的法定义务。因此，用人单位在劳动者的准入条件上要把好关，将劳动者不愿意缴纳社会保险或不按企业规定存放档案的情形，作为不符合企业的录用条件加以明确。

8. 绩效考核条件

针对一些主要依靠业绩衡量是否胜任的职位来说，用人单位在试用期内的绩效考核显得至关重要。此时，用人单位不能仅约定试用期，或用长期的绩效考核标准与业绩达成目标来代替试用期的考核标准或录用条件，应当将试用期内完成的业绩目标具体、明确至录用条件中。

就上述具体情形制定录用条件时，用人单位还应当注意避免使用“工作能力较强”“工作积极性较高”等模糊性的语言，尽量使用明确、量化的数字或指标。如果涉及无法直接评定或判断是否合格的情形，还应当规定参考标准或计算方法以及考评方式等试用期考核制度的内容，以利于评定时有章可循。

四、试用期的风险防控

试用期管理中的最大风险是发挥不出观察、考核的作用。试用期本来就是观察、考核期，目的是通过观察、考核以确定劳动者的走或留。有不少用人单位观察、考核之后认为劳动者不符合用人单位要求，但是当用人单位决定解除与劳动者的劳动合同时却发现无从下手，甚至有一些用人单位盲目做出解除劳动合同决定后引发争议导致败诉。为降低试用期管理风险，用人单位应注意以下事项：

（一）依法确定试用期的期限

在法定的标准里，要使试用期得以最长，用人单位应巧妙设置合同期限。比如，3 年期劳动合同试用期可达 6 个月，但劳动合同期限为 2 年 354 天（不到 3 年），试用期不得超过两个月，一天之差，试用期可相差 4 个月。因此，用人单位可选择适当的合同期限，以设定符合企业利益的试用期。

（二）完善设计录用条件

录用条件是用人单位确定所要聘用的劳动者的最终条件，录用条件的设定是试用期解除劳动合同的关键。如果用人单位以不符合录用条件为由解除与劳动者的劳动合同，那么应事先规定明确的录用条件，而且要让劳动者知晓。那么录用条件具体如何设定呢？

1. 录用条件应当合法

录用条件所设定的标准应当合法，包含三方面：一是录用条件应当不违反劳动法律的相关规定。劳动法律明确规定了禁止使用童工、工作时间、劳动报酬、休息休假、劳动保护等一系列劳动标准或劳动条件，录用条件不能违反这些劳动标准或劳动条件中的强制性规定。二是录用条件不能违反相关法律的强制性规定。三是录用条件不能存在歧视性规定。录用条件不能有性别、种族、民族、年龄、身高等的歧视。

2. 录用条件应当详细、具体

拥有详细、具体的录用条件后更容易对员工做出最准确的考核，如果员工确实不符合录用条件，也更容易使员工正确理解“不符合录用条件”的结论。

3. 录用条件应当便于操作

录用条件的表述应当准确，不能模糊不清，更不能有歧义。无论哪类员工，制定的录用条件尽量能够量化或易于评判，模糊或模棱两可的言语表述只会给日后管理带来无尽的烦恼和风险。

4. 部分共性条件应当写入录用条件

共性条件就是大多数的用人单位都需要考虑或者使用的条件。至少两方面的问题应当列入录用条件，一是身体健康。如果不将“身体健康”设定为录用条件，极可能发生用人单位无法以“不符合录用条件”为由解除劳动合同的法律风险。二是防止欺诈性条件。员工如果以欺诈手段骗取劳动合同的，当然可以主张劳动合同无效。

（三）试用期考核流程要规范

要及时对新进员工的表现给予考核，建议用人单位要有一套完备的考核制度，且各项考核制度要细化，由哪个部门进行考核，在什么时间进行考核，如何进行考核，都要有明确的规定。在试用期结束前，要及时出具考核结果。

（四）试用期期限的顺延要明确约定

劳动者在试用期内请假，单位不批准行不行？单位认为，如果批准了假期，假期将占用试用期的时间，这样，用人单位就丧失了观察、考核的时间。其实解决这一矛盾最简单的做法就是在劳动合同里做试用期顺延约定，比如，劳动者在试用期内请假的，根据其请假的天数，试用期的期限向后顺延。

（五）把握试用期解除的法律条件

在试用期内，当用人单位以试用期为由解除劳动合同时，应当掌握解除合同的法律要件。

五、试用期解除合同的法律要件

根据《劳动合同法》第三十九条第一款，劳动者在试用期间被证明不符合录用条件的，用人单位可以解除劳动合同。据此，试用期解除员工的劳动合同，应当具备如下条件：

（一）有明确的试用期约定

（二）试用期应当与劳动合同期限相对

（三）有明确的录用条件和岗位职责要求，并且已经告知劳动者

依据有关法律的规定，用人单位在试用期内解除与劳动者劳动合同关系的前提条件是“不符合录用条件”，但是，这个“录用条件”必须是用人单位已经告知给劳动者的，不能“暗箱操作”“内部控制”，否则，劳动者可以“不了解该规定”为由，否定用人单位的解除理由。如果用人单位未特别告知劳动者录用条件的，也可以以招聘广告的内容为录用条件。

将录用条件公示并告知应聘的劳动者，方法有以下几种：

（1）通过招聘公告发布招聘简章来公示。在公示时采取一定方式予以固定，作为诉讼证据，但实际上在公告栏内张贴是很难保存的，如果是报刊登载可保存登载的报纸。

（2）招聘员工时向其明示录用条件，并要求员工签字确认。最好的办法是印制在“员工招聘登记表”上，要求应聘人员填写和阅读后签名表示已经知晓。

（3）发送聘用函明示录用条件。劳动关系建立以前，通过发送聘用函的方式向员工明示录用条件，并要求其签字确认。

（4）在劳动合同中设计条款明确约定录用条件或不符合录用条件的情形。

（5）在劳动规章制度中对录用条件进行详细规定。劳动规章制度对录用条件有规定的，要将规章制度在劳动合同签订前向劳动者告知，并可以作为劳动合同的附件。

（四）有证据表明劳动者不符合录用条件和岗位要求

法律规定很清楚，用人单位可解除劳动合同的条件是其必须举证证明劳动者在试用期间不符合录用条件。这实际上是限制了用人单位随意解除劳动合同，增加了用人单位的举证责任，如果用人单位没有证据证明劳动者在试用期间不符合录用条件，用人单位就不能解除劳动合同，否则，需承担因违法解除劳动

合同所带来的一切法律后果。但是，无论最终的考核成绩是一个简单的分数，还是一个复杂的综合考核结果，或是上级或指导人的评语，用人单位都有法定的义务对试用期的劳动者进行考核，并应保留相应文件，尽到相应的举证义务。根据谁主张谁举证的原则，如果单位未能举证，其主张就不能被法院所支持。一旦试用期满后才通知，由此产生的法律后果将由用人单位自行承担。

用人单位证明劳动者在试用期间不符合录用条件的技巧和方法：

第一，对试用期间的劳动者进行考核鉴定并保存书面鉴定意见。

在有了录用条件的情况下，还要能够证明其不符合录用条件，这就促使用人单位必须建立试用期间的考核鉴定制度。用人单位通过建立员工试用期考核鉴定制度，给新进员工安排试用期工作计划，运用专人带班、集中培训、组织笔试、记录日常绩效与表现等形式，对新进员工在试用期的表现进行考核和鉴定，了解新进员工在试用期间是否符合录用条件。对有试用期的员工，在试用期间的考核和鉴定结果就可以作为该员工是否符合录用条件的证明。

第二，采取书面形式向在试用期解除劳动合同的劳动者说明理由并保存签收字据。

《劳动合同法》第二十一条规定，用人单位在试用期解除劳动合同的，应当向劳动者说明理由。这里的“说明理由”，法律并未规定一定得采取书面形式，但从举证角度出发，建议采用书面形式，并且要求劳动者签收。

（五）解除在试用期内提出

根据《劳动部办公厅对〈关于如何确定试用期内不符合录用条件可以解除劳动合同的请示〉的复函》的规定，对试用期内不符合录用条件的劳动者，企业可以解除劳动合同；若超过试用期，则企业不能以试用期内不符合录用条件为由解除劳动合同。因此，用人单位必须在试用期内对劳动者进行录用条件考核，证明劳动者不符合录用条件而与其解除劳动合同的，必须在试用期结束前将解除通知送达劳动者。

案例一

录用复转军人能否约定试用期?

案情：

2016年8月份，某通信公司根据政府的安置计划接收了一名复转军人刘先生。在签订劳动合同时，双方就能否约定试用期的问题产生了分歧。刘先生认为，自己在部队服役已经21年，转业到地方工作后，单位不应该再约定试用期。公司则认为，刘先生是公司新招收的员工，根据劳动合同法之规定，单位有权提出试用期约定。

问题：

用人单位录用复转军人能否约定试用期？

点评：

试用期是指用人单位和劳动者双方相互了解、确定对方是否符合自己的招聘条件或求职条件而约定的不超过6个月的考察期。《劳动合同法》第十九条规定，劳动合同期限3个月以上不满1年的，试用期不得超过1个月；劳动合同期限1年以上不满3年的，试用期不得超过2个月；3年以上固定期限和无固定期限的劳动合同，试用期不得超过6个月。同一用人单位与同一劳动者只能约定一次试用期。以完成一定工作任务为期限的劳动合同或者劳动合同期限不满3个月的，不得约定试用期。根据上述规定，试用期的期限最长不得超过6个月，并且要根据劳动合同期限的长短来确定。另外，有三种情况用人单位不得对新录用的职工约定试用期：一是劳动合同期限不满3个月的；二是签订的劳动合同是以完成一定工作任务为期限的劳动合同；三是约定试用期的员工离职后又被原单位录用的。复转军人显然不属于上述不得约定试用期的三种情况之一，那么用人单位录用复转军人能否约定试用期呢？

回答这一问题之前，先要对复转军人的类型进行了解。《退役士兵安置条例》第三条规定："国家建立以扶持就业为主，自主就业、安排工作、退休、供养等多种方式相结合的退役士兵安置制度，妥善安置退役士兵。"根据这一规定，复转军人根据政府安置方式分为三类：一是扶持自主就业类。义务兵和服现役不满12年的士官退出现役的，由人民政府扶持自主就业。对自主就业的退役士兵，由部队发给一次性退役金。二是安排工作类。士官服现役满12年的、服现役期间平时荣获二等功以上奖励或者战时荣获三等功以上奖励的、因战致残被评定为5级至8级残疾等级的或者是烈士子女的，由人民政府安排工作。三是退休供养类。中级以上士官符合下列条件之一的，做退休安置：①年满55周岁的；②服现役满30年的；③因战、因公致残被评定为1级至6级残疾等级的；④经军队医院证明和军级以上单位卫生部门审核确认因病基本丧失工作能力的。

由于退休供养的复转军人已经享受退休待遇，因此用人单位录用这类人员时，根据《最高人民法院关于审理劳动争议案件适用法律若干问题的解释（三）》第七条关于"用人单位与其招用的已经依法享受养老保险待遇或领取退休金的人员发生用工争议，向人民法院提起诉讼的，人民法院应当按劳务关系处理"之规定，可以建立劳务关系。而劳务关系的解除是不受劳动合同法调整的，换言之，劳务关系的解除条件可以根据雇佣关系双方当事人的共同合意约定，因此，是否约定试用期、试用多久，完全由双方协商确定。

问题的关键是，自主就业以及政府安排工作的复转军人，单位在录用时能否约定试用期。《国务院办公厅、中央军委办公厅关于志愿兵、义务兵退出现役到地方工作后工资待遇问题的通知》（国办发〔1987〕17号）第三条规定："志愿兵转业、义务兵退伍后，无论分配到何单位、从事何种工作，均不实行学徒期、熟练期、试用期的待遇，直接按上述规定确定工资。如分配的工作与在部队从事的专业不对口，需进行专业技术培训的，其培训期间的工资由所在单位照发。"《劳动部复关于退伍军人参加工作后的工龄和试用期问题》（中劳薪字第34号）也明确规定，关于退伍军人参加工作后的工龄计算和是否需要试用期问题，我们认为根据国务院1957年7月29日议字34号的有关规定，他们在服兵役期间以及超期服役期间的军龄，都可以计算为本工作单位的连续工龄。至于试用期，他们退伍后直接由国家统一分配工作的，不需要试用期。根据上述规定，对于政府安排工作的复转军人，用人单位不得约定试用期（注：政府安排工作的复转军人从安置单位离职后，二次就业的，用人单位可以约定试用期）。

至于说自主就业的复转军人，由于国家有关规定并不明确，用人单位录用的可以约定试用期。

本案中，刘先生系政府安置的复转军人，某通信公司录用时是不得约定试用期的。

案例二

录用通知书与劳动合同不一致时以哪个为准？

案情：

2013年12月，胡某参加某石油技术公司组织的社会招聘，应聘该公司市场总监一职。经过几轮面试，该公司向胡某发出了录用通知书。在录用通知书中，公司除注明胡某的职位为市场总监，月基本薪酬为36 000元，以及主要职责、工作地点、入职要求等内容外，还允诺"凡在公司工作满1个年度，且每年12月31日尚未离职的员工，公司将会在第二年度的2月份之前向其发放1个月的基本工资，作为年度服务奖励"。

胡某对职位、待遇比较满意，便接受了该公司的录用。2013年12月，胡某入职某石油技术公司。然而，在签订劳动合同时，胡某发现，劳动合同中的职位和工资标准与录用通知书有出入：在工作岗位一栏为"市场部经理"；月基本工资为30 000元，每月绩效奖金为6 000元，但是要根据公司的业绩以及员工的个人表现情况确定。公司给出的解释是：公司部门架构有了调整，胡某虽然是经理，但仍然是市场部的总负责人，而6 000元的绩效奖金，只要公司运营良好且胡某胜任工作，就一定没问题。

胡某虽然对该公司不满，但最终还是在劳动合同上签了字。此后，公司每月按30 000元的标准向胡某发放基本工资，但绩效奖金因石油企业总体效益不好从来未兑现过。2015年2月，已经在公司工作满1年的胡某发现，当初公司在录用通知书中承诺的相当于1个月工资的年度服务奖励也竟然没有到账，于是胡某向人力资源管理部门提出疑问。人力资源管理部门向胡某解释说，虽然录用通知书中有类似说明，但入职时所签订的劳动合同中并未体现年度服务奖，而劳动合同是后于录用通知书签字盖章的法定文本，无论从时间还是效力上来看都应该以劳动合同为优先，因此，胡某不能向公司要求按照录用通知书上的有关内容享受年度服务奖金。胡某不服，决定提请劳动争议仲裁，要求补发每月的绩效奖金以及年度服务奖金。

问题：

劳动合同与录用通知书不一致时，应当以哪个为准？

点评：

在招聘和录用员工的过程中，录用通知书与劳动合同起着不同的作用。录用通知书是用人单位想要建立劳动关系的单方意愿，而劳动合同是证明用人单位与劳动者建立劳动关系的法律文件。因此，二者不能相互代替。

录用通知书属于用人单位希望和员工建立劳动关系的要约，员工可以选择接受，也可以不接受。因此，在实际操作中，仅有一张书面通知不能完全构成合同关系，只有在受要约人即员工对录用通知书的内容做出承诺时，这一纸文件才能对双方都产生约束力。而劳动合同则是用人单位与劳动者意思自治的结果，一旦签订就必须全面履行。《劳动法》第十六条规定："劳动合同是劳动者与用人单位确立劳动关系、明确双方权利和义务的协议。建立劳动关系应当订立劳动合同。"《劳动合同法》第十条则进一步规定："建立劳动关系，应当订立书面劳动合同。已建立劳动关系，未同时订立书面劳动合同的，应当自用工之日起一个月内订立书面劳动合同。"用人单位向劳动者发出录用通知书，待员工入职后，应当在1个月内与劳动者签订正式的劳动合同。

劳动合同中的部分内容与录用通知书的内容可以是一致的，也可能出现不一致的情况。录用通知书中通常已经包含了部分劳动合同的内容，如工作时间、工作地点、职位名称、薪酬福利等，与劳动关系建立后签订的劳动合同会有内容上的重叠。当劳动合同与录用通知书中的内容不一致或相冲突时，根据劳资双方产生合意的时间，劳动合同生效于录用通知书之后，所以劳动合同中约定的不同于录用通知书的内容，应当视为用人单位与员工就同一问题做出的新约定。此时，劳动合同条款的效力高于录用通知书。本案中，某石油技术公司在录用通知书中说明胡某的职位为市场总监，劳动合同中又约定胡某的职位是市场部经理，那么用人单位与胡某都应该按照市场部经理这一职位履行各自的权利与义务。同理，某石油技术公司在录用通知书中说明胡某的基本工资为每月36 000元，劳动合同中又约定基本工资为每月30 000元，因此胡某的工资应当按每月30 000元来履行，而绩效奖金则根据公司效益以及个人表现情况来确定。

那么，录用通知书中的内容没有在劳动合同中出现，该以哪个为准？这种情况下，不能完全依据协议形成时间来确定哪个更具有效力，而是要看录用通知书在劳动合同签订后是否还有效。如果用人单位并未明确规定录用通知书的有效期，作为受民法保护具有要约承诺法律效力的协议来说，该部分内容在劳动合同签订后仍然有效，对用人单位与员工双方都具有法律效力。反之，如果用人单位在签订劳动合同之时书面说明自劳动合同签订之日起录用通知书自动失效，或者说明以劳动合同内容为准的，那么未在劳动合同中体现的内容将不再具有法律效力，不能约束劳动合同的双方主体。

本案中，某石油技术公司并未规定录用通知书的生效期限，也未在劳动合同中就年度服务奖励做出约定，因此该公司应当向胡某支付1个月的工资作为年度服务奖励，每月6 000元的绩效奖金则不予支持。

第四节　劳动合同变更

劳动合同变更是指劳动合同依法订立后，在合同尚未履行或者尚未履行完毕之前，经用人单位和劳动者双方当事人协商同意，对劳动合同内容做部分修改、补充或者删减的法律行为。劳动合同的变更是原劳动合同的派生，是双方已存在的劳动权利义务关系的发展。

根据《劳动合同法》第十六条的规定，劳动合同由用人单位与劳动者协调一致，并经用人单位与劳动者在劳动合同文本上签字或者盖章生效。因此，劳动合同一经依法订立，即具有法律约束力，受法律保护，双方当事人应当严格履行，任何一方不得随意变更劳动合同约定的内容。但是，当事人在订立合同时，不可能对涉及合同的所有问题都做出明确的规定；合同订立后，在履行劳动合同的过程中，由于社会生活和市场条件的不断变化，订立劳动合同所依据的客观情况发生变化，使得劳动合同难于履行或者难于全面履行，或者使劳动合同的履行可能造成当事人之间权利义务的不平衡，这就需要用人单位和劳动者双方对劳动合同的部分内容进行适当的调整。否则，在劳动合同与实际情况相脱节的情况下，若继续履行，有可能会对当事人的正当利益造成损害。因此，劳动合同法允许当事人在一定条件下可以变更劳动合同。双方当事人可以依据有关法律法规的规定，经协商一致，就劳动合同的部分条款进行修改、补充或者删减，通过对双方权利义务关系重新进行调整和规定，使劳动合同适应变化发展了的新情况，从而保证劳动合同的继续履行。

劳动合同的变更是在原合同的基础上对原劳动合同内容做部分修改、补充或者删减，而不是签订新的劳动合同。原劳动合同未变更的部分仍然有效，变更后的内容就取代了原合同的相关内容。新达成的变更协议条款与原合同中其他条款具有同等法律效力，对双方当事人都有约束力。

劳动合同变更可以从多个角度分类。从变更的性质上，分为合法变更与违法变更；从变更的合意上，分为协商变更与单方变更；从变更的内容上，分为期限变更、工作内容变更、工作地点变更、劳动报酬变更；从变更的法律后果上，又分合法变更与违法变更。

一、劳动合同变更风险分析

（一）协商变更

协商变更属于合法变更劳动合同的一种方式，是指用人单位与劳动者在协商一致、达成共识的前提下就劳动合同的内容进行修改完善。协商变更从形式上又分为两种：书面变更和口头变更。

1. 书面变更

《劳动合同法》第三十五条规定，用人单位与劳动者协商一致，可以变更劳动合同约定的内容。由于劳动法未明确规定劳动合同变更需采用书面形式，实践中用人单位随意变更劳动合同的现象比较严重，如随意调整劳动者工作岗位，随意降低劳动者工资标准，严重损害了劳动者的合法权益。为了规范劳动合同变更行为，劳动合同法明确规定了变更劳动合同应当采用书面形式，变更后的劳动合同文本由用人单位和劳动者各执一份。

劳动合同变更程序如下：

（1）提出变更要约。用人单位或劳动者提出变更劳动合同的要求，说明变更合同的理由、变更的内容以及变更的条件，请求对方在一定期限内给予答复。

（2）承诺。合同另一方接到对方的变更请求后，应当及时进行答复，明确告知对方同意或是不同意变更。

（3）订立书面变更协议。当事人双方就变更劳动合同的内容经过平等协商取得一致意见后签订书面变更协议，协议载明变更的具体内容，经双方签字盖章后生效。变更后的劳动合同文本由用人单位和劳动者各执一份。

2. 口头变更

企业的生产经营状况是随着市场竞争的形势和企业自身的情况而不断变化的，根据自身生产经营需要调整员工的工作岗位及薪酬标准是企业用人自主权的重要内容，对企业的正常生产经营不可或缺。《劳动合同法》第三十五条规定，变更劳动合同应当采用书面形式。此条款的立法本意在于明确双方劳动合同中权利义务的具体变更形式，一方面是劳动合同书面化原则的延伸，另一方面也是为了预防以后因变更事项理解不明发生争议。但是，此条款的规定也会产生理解上的困惑：一是对“应当采用书面形式”如何理解；二是如果没有进行书面形式的变更，口头或事实变更劳动合同的行为效力又如何认定。有观点认为，书面形式是劳动合同变更的法定形式，如果未采用书面形式，应认定为劳动合同未变更，仍然按照原劳动合同履行。也有观点认为，劳动合同的变更实际上是原劳动合同当事人在原有合同的基础上，根据变化了的条件重新订立新合同的行为，与订立劳动合同一样，理所应当采用书面形式，任何口头形式达成的变更协议都是无效的。还有一种观点，对于变更劳动合同，原则上应采取书面形式，但在特殊情形下，对于口头变更的形式也应给予肯定性评价，不能否认其变更的效力。

完全否认劳动合同口头或事实变更的法律效力不可取。《劳动合同法》第三十五条规定的“应当”，应被理解为管理性的强制性规范而非效力性的强制性规范。当事人未采取书面变更形式，不能认为其违反了强制性规范，不能因此认定已经客观形成的合意无效。只要变更后的合同内容不违法，且经过一定期间劳动者未提异议的，就应当对这种变更行为的效力做出肯定性评价，否则亦有可能侵害企业经营管理自主权。据此，《最高人民法院关于审理劳动争议案件适用法律若干问题的解释（四）》第十一条规定，变更劳动合同未采用书面形式，但已经实际履行了口头变更的劳动合同超过一个月，且变更后的劳动合同内容不违反法律、行政法规、国家政策以及公序良俗，当事人以未采用书面形式为由主张劳动合同变更无效的，人民法院不予支持。

之所以如此规定，主要是考虑到劳动合同变更采取口头形式符合我国企业生产经营管理的现状，同时对于那些口头变更后履行了较长时间的劳动合同，应当确认其效力，防止处于悬而未决的事实状态。当然，这些必须建立在劳资双方合意的前提下，而这种合意是通过当事人的实际履行表现出来的，且这种实际履行的表现具有连续性。也就是说，双方实际履行行为须达到一定履行期间才能认定双方之间的劳动合同已实际变更并达成了合意，否则仅仅停留在口头上的合同变更并不能引起劳动合同实际变更的法律效果。用人单位与劳动者需实际履行口头变更合同多长时间才能视为双方已经实际变更了劳动合同，从而作为判断无书面劳动合同变更的标准呢？实践中对此存在不同认识。有观点认为，实际履行期限至少超过一个月才能认定双方已经实际变更履行了劳动合同，因为劳动者变更劳动合同后工作满一个月，用人单位已支付了变更后的劳动报酬，劳动者并未提出异议，可以视为认可变更的内容。

综上，正确理解法律规定，主要把握以下三点：一是口头变更的劳动合同已经实际履行；二是实际履行期限超过 1 个月；三是变更后的劳动合同内容合法，不违反法律、行政法规、国家政策以及公序良俗。

案　例

通过公司总经理办公会方式集体减薪有效吗？

案情：

某日上午，张先生向公司人力资源部正式递交了辞职报告。再过 30 天，他就可以另谋高就了。但是，他心中始终有个困惑：被公司“克扣”的工资还能要回吗？

张先生是某软件开发公司的技术总监，2009 年到该公司工作。双方的劳动合同约定，张先生实行年薪制，年薪为 80 万元，每月发放 4 万元，剩余的 32 万元在年底发放。由于公司业绩稳定，该公司也一直按照合同约定向张先生发放工资。

2013 年度，因业绩大幅度下滑，公司经总经理办公会研究后，决定自 2014 年 1 月份起，对实行年薪制的员工进行降薪，降薪幅度为员工工资的 30%。对于这一决议，公司总经理在内部的高管会议上进行了传达，并且强调，如果员工对这一决议有意见，“可以在会后 3 天内向公司书面反馈”。对于公司的这一决议，张先生虽然心怀不满，但是看到其他高管当时也未提出反对意见，自己也就没有向公司书面反馈。

2014 年 1 月，公司根据总经理办公会决定对包括张先生在内的 13 名高管进行了降薪，张先生的工资由每月的 4 万元降至 28 000 元。

2014 年 7 月 11 日，张先生向公司递交辞呈，并就此前 6 个月被“克扣”的工资与单位进行了交涉。

问题：

总经理办公会做出的降薪决议，员工未提出异议，其是否有效？

点评：

这是一起因减薪引发的争议，争议的焦点就在于：总经理办公会做出的降薪决议，员工未提出异议，能否作为减少工资的依据。

《劳动合同法》第四条规定，用人单位在制定、修改或者决定有关劳动报酬、工作时间、休息休假、劳动安全卫生、保险福利、职工培训、劳动纪律以及劳动定额管理等直接涉及劳动者切身利益的规章制度或者重大事项时，应当经职工代表大会或者全体职工讨论，提出方案和意见，与工会或者职工代表平等协商确定。本案中，某软件开发公司因业绩下滑，确实需要降低员工工资时，应当经职工代表大会或者全体职工讨论，经工会或职工代表同意后，方可做出降薪决议。公司通过总经理办公会讨论的形式就做出降薪决议，这显然不符合法律有关“民主程序”的规定。

同时，《劳动合同法》第二十九条规定，用人单位与劳动者应当按照劳动合同的约定，全面履行各自的义务。第三十五条规定，用人单位与劳动者协商一致，可以变更劳动合同约定的内容。变更劳动合同，应当采用书面形式。据此，劳动合同变更的前提是协商一致，变更的形式是书面形式。本案中，某软件开发公司与张先生的劳动合同中明确约定：张先生年薪为 80 万元，每月发放 4 万元，剩余的 32 万元在年底发放。公司未经过协商一致就变更工资标准，不符合法律规定。

根据上述分析，某软件开发公司做出降薪决定，无论是从民主程序角度，还是从劳动合同变更的要求来看，都存在法律上的瑕疵，那么，是否就可以得出“降薪无效”的结论呢？

《最高人民法院关于审理劳动争议案件适用法律若干问题的解释（四）》第十一条规定，变更劳动合同未采用书面形式，但已经实际履行了口头变更的劳动合同超过一个月，且变更后的劳动合同内容不违反法律、行政法规、国家政策以及公序良俗，当事人以未采用书面形式为由主张劳动合同变更无效的，人民法院不予支持。本案中，某软件公司虽然未就工资变更问题与张先生达成书面意见，但是在公司做出降薪决定时，张先生并未提出反对意见，事后公司按照降薪决议发放工资，张先生也没有提出自己的主张，其行为可以视为公司就工资标准问题与张先生达成了口头协议。因此，在工资变更的事实已经超过 1 个月的情况下，张先生再提出补发的主张，有关部门可以不予支持。

另外，《最高人民法院关于贯彻执行〈中华人民共和国民法通则〉若干问题的意见（试行）》第六十六条也规定，一方当事人向对方当事人提出民事权利的要求，对方未用语言或者文字明确表示意见，但其行为表明已接受的，可以认定为默示。某软件公司由于业绩下滑，向张先生提出降薪的主张，张先生并未表示反对，也可以就此认定张先生已经“默示”单位做出的决定。

当然，本案中，当公司做出降薪决议时，如果张先生明确表示反对意见，则该决议无效。

（二）依法单方变更

依法单方变更劳动合同是指劳动合同一方当事人在法定情形出现时，可以向另一方当事人提出变更劳动合同的动议，如另一方当事人不接受劳动合同变更，则一方当事人可获得劳动关系处置权或法律保护权。

用人单位行使依法变更权主要有三种情况：

1. 不胜任变更

案　例

不胜任员工拒绝调岗怎么办?

案情：

杨先生是上海某电子信息技术有限公司的员工，2010 年到该公司工作。由于该公司为高科技企业，所以对员工的要求极高，员工对于新的信息技术要有良好的学习和运用能力。近几年，杨先生所在的研发部门实行工作团队制度，由于杨先生研发能力欠缺，导致其所在团队几次研发项目进程延迟，杨先生还出现了几次技术性失误。2014 年 7 月，公司对研发部门进行半年考核，杨先生的考核结果为“不胜任”。由于研发部门的每个团队都不愿意杨先生加入，公司决定调整杨先生的工作岗位至售后服务部。调岗通知发出后，杨先生认为，自己在工作上虽然有待改进，但是其劳动合同约定的工作岗位为技术研发，单位将其工作岗位由研发调整为售后服务，属于单方变更其工作岗位，因此拒绝到售后服务部上班。公司人事部多次敦促杨先生报到，杨先生仍未到售后服务部上班，因此公司认定杨先生的行为构成了旷工，并依据公司规章制度解除双方的劳动合同。杨先生认为，公司违法调整其岗位在先，自己不上班的行为不属于旷工，于是将单位诉至当地劳动人事争议仲裁委员会。

问题：

不胜任员工拒绝单位做出的岗位调整决定，单位能按旷工进行处理吗？

点评：

《劳动法》第十七条规定，订立和变更劳动合同，应当遵循平等自愿、协商一致的原则，不得违反法律、行政法规的规定。劳动合同依法订立即具有法律约束力，当事人必须履行劳动合同规定的义务。《劳动合同法》第三十五条进一步明确，用人单位与劳动者协商一致，可以变更劳动合同约定的内容。变更劳动合同，应当采用书面形式。变更后的劳动合同文本由用人单位和劳动者各执一份。据此，用人单位与劳动者变更劳动合同应遵循三个原则：一是协商一致原则。任何一方不同意变更，当事人不得单方变更劳动合同。二是合法性原则。变更后的内容不得违法国家有关规定。三是书面形式原则。工作岗位（或工作内容）作为劳动合同的必备内容，当用人单位提出变更时，要征得劳动者的同意，在劳动者拒绝调整岗位的情况下，用人单位不得单方变更。

那么，劳动者不能胜任工作时，单位调整其岗位也需要协商一致吗?《劳动法》第二十六条第二款规定，劳动者不能胜任工作，经过培训或者调整工作岗位，仍不能胜任工作的，用人单位可以解除劳动合同，但是应当提前三十日以书面形式通知劳动者本人。《劳动合同法》第四十条第二款也规定，劳动者不能胜任工作，经过培训或者调整工作岗位，仍不能胜任工作的，用人单位提前三十日以书面形式通知劳动者本人或者额外支付劳动者一个月工资后，可以解除劳动合同。根据上述规定，当劳动者出现不能胜任工作的情形时，用人单位可以调整其岗位，也可以进行培训，如果仍然不能胜任，单位可以解除劳动合同。

对于调岗是否要征得劳动者同意的问题，《劳动部办公厅关于职工因岗位变更与企业发生争议等有关问题的复函》（劳办发〔1996〕100号）第一条“关于用人单位能否变更职工岗位问题”近一步明确规定，按照《劳动法》第十七条、第二十六条、第三十一条的规定精神，因劳动合同订立所依据的客观情况发生重大变化，致使原劳动合同无法履行而变更劳动合同，须经双方当事人协商一致，若不能达成协议，则可按法定程序解除劳动合同；因劳动者不能胜任工作而变更、调整职工工作岗位，则属于用人单位的自主权。对于因劳动者岗位变更引起的争议应依据上述规定精神处理。也就是说，客观情况发生重大变化而需要调整岗位时，用人单位需要与劳动者协商；劳动者不胜任工作而需要调整其岗位时，可以不征求劳动者的意见，由单位单方决定。如果不胜任工作的劳动者拒绝到新岗位上工作，将构成旷工或违纪，旷工或违纪达到单位规章制度规定的标准，用人单位可以解除其劳动合同，并且无须支付经济补偿金。

本案中，在杨先生不胜任工作的情况下，其所在的公司将其调整到其他岗位上是完全合法的。单位发出调岗通知后，杨先生拒绝报到已经构成了旷工，单位据此解除双方的劳动合同应当得到支持。

2. 情势变更

所谓情势变更，是指劳动合同有效成立后，因不可归责于双方当事人的原因发生情势变更，致劳动合同之基础动摇或丧失，若继续维持劳动合同原有效力则显失公平，因此允许变更劳动合同内容或者解除劳动合同。情势变更原则的意义在于，通过司法权力的介入，强行改变劳动合同已经确定的条款或撤销劳动合同，在劳动合同双方当事人订约意志之外，重新分配交易双方在交易中应当获得的利益和风险，其追求的价值目标是公平和公正。劳动合同法规定，劳动合同订立时所依据的客观情况发生重大变化时，用人单位可以向劳动者提出变更劳动合同的动议，劳动者拒绝变更的，用人单位可以做出解除双方劳动合同的处理。

3. 医疗期变更

根据法律规定，劳动者在医疗期期满后不能从事原工作的，用人单位可以提出变更工作岗位；劳动者不接受变更的，用人单位可以提出解除劳动合同。

（三）违法变更

所谓违法变更劳动合同，是指一方当事人未与对方协商一致即单方变更劳动合同且缺乏法定变更事由的情形。

用人单位违法变更劳动合同会导致以下后果：

第一，劳动者有权拒绝变更，并要求用人单位按照原劳动合同的权利义务继续履行劳动合同。

第二，在用人单位单方变更劳动合同的情况下，劳动者可以提出辞职，并且获得解除劳动合同的经济补偿金。

第三，用人单位因劳动者拒绝变更劳动合同而解除劳动合同的，将构成违法解除劳动合同。

（四）劳动合同变更的内容

1. 地点变更

《劳动合同法》第十七条规定，工作地点系劳动合同必备条款之一，在劳动者与用人单位签订劳动合同时，双方应当对具体的工作地点做出约定。工作地点是劳动者从事工作、进行生产的地方。所谓工作地点的变更，是指劳动者提供劳动的区域发生变化，具体来说就是劳动者实际工作的地点与劳动合同签订时约定的地点不一致。根据用人单位变更劳动者工作地点是否构成劳动者权利义务的实质性变更，可将工作地点的变更分为工作地点重大变更及工作地点临时变更两大类。所谓工作地点重大变更，是指工作地点的变更使得劳动合同当事人的法律关系变动甚大，已经无法从原合同中找到合意基础。例如，甲与乙公司在劳动合同中约定的工作地点是上海，现乙公司因公司迁移要求甲去北京工作。这使甲的工作地点与劳动合同约定的地点不一致，属由某一行政区域向行政区域外调动，且公司的迁移往往具有稳定性和长期性特点，若甲至北京工作将使得劳动者的权利义务发生实质性变更，因此上述情况即构成了工作地点的重大变更。

所谓工作地点临时变更，是指用人单位基于生产管理之需要对劳动者的工作地点进行暂时性的变更，且这种调动仅在某一确定的期间内有效。例如，丙与丁公司在劳动合同中约定的工作地点是上海市区，现丁公司因任务之需要，临时安排丙去北京工作 3 个月。

案　例

安排员工出差属工作地点变更吗?

案情：

2009 年 5 月，段先生入职北京某科技有限公司从事软件开发工作，月薪 26 000 元。2013 年，段先生与公司签订了为期 5 年的劳动合同。2015 年 4 月份，公司接到一个外地项目，一家杭州的企业提出购买意向，要求研发一套软件用于生产作业流程处理，购买标的为 168 万。于是，该公司成立了一个项目组进驻杭州这家企业，预计在 3 个月内完成系统的研发、调试、上线、投入生产等，段先生也是项目组的一员。

然而，段先生刚结婚不久，并且妻子也在北京工作，经过考虑，他向公司提出不同意到杭州工作，要求继续留在北京。由于段先生是该软件开发的中坚力量，并且也是公司的技术骨干，一旦段先生不加入项目小组，将直接影响到项目的进展，因此公司拒绝了段先生的要求。

段先生认为，自己与公司的劳动合同中约定的工作地点为北京，公司对其长期派驻杭州工作，构成了单方变更工作地点，他可以拒绝。但公司认为，这只是一次出差安排，属于用工自主权的范畴，待项目完成后，段先生仍回北京工作，不属于工作地点变更，段先生必须无条件服从，否则将按违纪对段先生做出相应处罚。

问题：

单位安排员工出差属工作地点变更吗?

点评：

《劳动合同法》第八条规定，用人单位招用劳动者时，应当如实告知劳动者工作内容、工作条件、工作地点、职业危害、安全生产状况、劳动报酬，以及劳动者要求了解的其他情况；用人单位有权了解劳动者与劳动合同直接相关的基本情况，劳动者应当如实说明。第十七条进一步规定，劳动合同应当具备以下条款：①用人单位的名称、住所和法定代表人或者主要负责人；②劳动者的姓名、住址和居民身份证或者其他有效身份证件号码；③劳动合同期限；④工作内容和工作地点，等等。根据上述规定，工作地点是劳动者从事工作、进行生产的地方，在劳动者与用人单位签订劳动合同时，双方应当对具体的工作地点做出约定。但是，实践中用人单位基于生产经营的需要，经常会变换员工的工作地点。《劳动合同法》第三十五条规定，用人单位与劳动者协商一致，可以变更劳动合同约定的内容。变更劳动合同，应当采用书面形式。变更后的劳动合同文本由用人单位和劳动者各执一份。按照这一规定，用人单位变更劳动者的工作地点应征求劳动者的同意。那么，单位安排员工去外地出差是否也要征求劳动者的同意?

关于“出差”的概念，在法律中并无相关的界定。在《现代汉语词典》中，“出差”的解释为“暂时到外地办理公事”。根据词典的解释，出差应具备以下特征：①出差是办理公事，是受到单位的委派。这里的“公事”是一个明确的任务或多个明确的任务，这些任务是出差的目标。②出差是外出办事，必须离开常驻工作地点。③出差是“临时”“暂时”外出。所谓“临时”，应有明确的归还日期，而且出差在外的时长应相对“合理”。关于“合理性”的把握，既要结合劳动合同期限的长短来判断，也要结合实际的“时长”来确定。比如，劳动合同期限6个月，安排“出差”3个月，这显然涉嫌变更工作地点；如果劳动合同期限3年，安排“出差”3个月，则相对合理；如果“出差”时间为1年，即使签订的是无固定期限劳动合同，仍涉嫌变更工作地点。

另外，在判断用人单位是变更劳动合同的工作地点还是安排出差时，还要结合以下因素：一是用人单位是否为劳动者提供了相应的条件。如果是出差，用人单位一般要承担劳动者在出差期间的交通、食宿费，但是属于工作地点变更的，用人单位无须提供相应条件。二是是否支付了出差补助。结合管理实践来看，员工出差期间，用人单位一般会根据出差的期限支付相应的出差补助，但是对于工作地点变更来说，单位无须专门支付补助。三是任务完成后，劳动者是否返回原工作地点。单纯的出差，在任务完成后，劳动者仍会返回劳动合同中约定的地点工作，但是工作地点变更的，如果不是再次变更工作地点，劳动者一般不能返回原劳动合同约定的地点工作。

本案中，北京某科技有限公司虽然安排段先生的出差时间较长，但是由于该期限相对比较合理，只要单位承担出差期间的交通、食宿费且支付了出差补助，就不能认定为劳动合同地点变更，段某应当接受单位的出差安排。

2. 岗位变更

岗位变更也叫岗位调整，是在劳动合同期限内，基于某种原因就劳动者的工作内容做出变化。

3. 工资变更

工资变更是指用人单位根据经营状况、发展需要和工作绩效考核结果，对员工工资级别进行调整。

案例一

待岗期间，按城镇居民最低生活保障标准发放待遇合法吗?

案情：

看到银行卡上显示的工资标准才300多元，熊先生感到沮丧又困惑。熊先生是某汽车制造公司的员工，由于受到车市不景气的影响，他所在的公司一再减产，直到2015年6月份，公司一条汽车生产线全部停产。于是汽车公司通知包括熊先生在内的100多名生产工人自2015年7月1日起回家待岗，等车市“回暖”后再通知大家回单位上班。

对于公司的这一待岗安排，熊先生虽然满腹牢骚，但是也表示理解。2015年8月5日，某汽车制造公司发放7月份工资，熊先生查询银行卡后发现，待岗第一个月起的工资仅有365元。熊先生向公司询问，公司的解释是，待岗期间是按照城镇居民最低生活保障标准发放待遇的。

问题：

待岗期间，公司按城镇居民最低生活保障标准发放待遇合法吗?

点评：

《工资支付暂行规定》第十二条规定：“非因劳动者原因造成单位停工、停产在一个工资支付周期内的，用人单位应按劳动合同规定的标准支付劳动者工资。超过一个工资支付周期的，若劳动者提供了正常劳动，则支付给劳动者的劳动报酬不得低于当地的最低工资标准；若劳动者没有提供正常劳动，应按国家有关规定办理。”据此，非因劳动者原因造成单位停工、停产的，在停工停产的第一个月仍然要发放原工资待遇，从第二个月开始，“按国家有关规定办理”。

这里的“国家有关规定”，对照《关于贯彻执行〈中华人民共和国劳动法〉若干问题的意见》（劳部发〔1995〕309号）第五十八条关于“企业下岗待工人员，由企业依据当地政府的有关规定支付其生活费，生活费可以低于最低工资标准，下岗待工人员中重新就业的，企业应停发其生活费”之规定，非因劳动者原因造成单位停工、停产，劳动者待岗后，从第二个月开始的待遇为“生活费”。

但是，关于“生活费”的标准，国家层面并未做出相关规定，具体标准一般是根据地方的规定来确定。比如，《北京市工资支付规定》第二十七条规定：“非因劳动者本人原因造成用人单位停工、停业的，在一个工资支付周期内，用人单位应当按照提供正常劳动支付劳动者工资；超过一个工资支付周期的，可以根据劳动者提供的劳动，按照双方新约定的标准支付工资，但不得低于本市最低工资标准；用人单位没有安排劳动者工作的，应当按照不低于本市最低工资标准的70%支付劳动者基本生活费。国家或者本市另有规定的从其规定。”《广东省工资支付条例》第三十五条则规定：“非因劳动者原因造成用人单位停工、停产，未超过一个工资支付周期（最长三十日）的，用人单位应当按照正常工作时间支付工资。超过一个工资支付周期的，可以根据劳动者提供的劳动，按照双方新约定的标准支付工资；用人单位没有安排劳动者工作的，应当按照不低于当地最低工资标准的百分之八十支付劳动者生活费，生活费发放至企业复工、复产或者解除劳动关系。”因此，北京市的生活费为最低工资的70%，而广东省的生活费为最低工资的80%。

城市居民最低生活保障标准又称为城市居民最低生活保障线，是国家为救济社会成员收入难以维持其基本生活需求的人口而制定的一种社会救济标准。城市居民最低生活保障制度的保障对象是家庭人均收入低于当地最低生活保障标准的持有非农业户口的城市居民，主要对象是以下三类人员：①无生活来源、无劳动能力、无法定赡养人或抚养人的居民；②领取失业救济金期间或失业救济期满仍未重新就业，家庭人均收入低于最低生活保障标准的居民；③在职人员和下岗人员在领取工资、基本生活费后以及退休人员领取退休金后，其家庭人均收入仍低于最低生活保障标准的居民。家庭成员收入是确定城市低保对象的关键。一般来说，城市居民最低生活保障标准低于生活费标准。比如，北京的生活费标准为1 204元，城市居民最低生活保障标准仅为650元，因此，在北京按城市居民最低生活保障标准发放待岗待遇是违法的。

当然，待岗期间的待遇，也不排除个别地方会适用城市居民最低生活保障标准。比如，《重庆市工资支付条例》第二十八条规定，非因劳动者本人原因造成用人单位停工、停产的，在一个工资支付周期内，用人单位应当按照提供正常劳动支付劳动者工资。超过一个工资支付周期的，可以根据劳动者提供的劳动，按照双方新约定的标准支付工资，但不得低于本市最低工资标准；用人单位没有安排劳动者工作的，可按照不低于当地城市居民最低生活保障标准支付劳动者生活费。也就是说，在重庆，待岗待遇可以按城市居民最低生活保障标准来支付。

本案中，熊先生待岗的原因是由于车市不景气导致的单位停产，某汽车制造公司安排其待岗的第一个月应当发放原工资待遇，但是该公司只发放相当于城市居民最低保障标准的待遇，这显然是违法的。至于从第二个月起的待遇，公司应当根据单位所在地的地方法规确定待岗工资标准。

案例二

职工因打架受伤，治疗休息期间需发放工资吗？

案情：

罗女士这几天很困惑，两名员工在工作中打架，双双受伤，他们都从医院开具了需要休息的诊断证明。他们休息期间，单位需要发工资吗？

罗女士是某信息技术公司人力资源总监。2016 年 9 月份，公司两名员工洪某和郑某因争抢操作台位置而大打出手，郑某被洪某打成轻度脑震荡，洪某被郑某推倒后也导致腿部擦伤。公司通过调查，确定洪某为斗殴事件的主要责任人，公司对其做出了严重警告处理，并且洪某也主动承担了郑某的医药费。事后，郑某出具了需要休息 15 天的诊断证明，洪某也向公司递交了需要休息一周的诊断证明。

对于郑某的情况，由于在这起打架事件中他并不是主要责任人，公司同意在其治疗期间发放病假工资，但是对于洪某的情况，给不给病假工资，公司内部则意见不一。

问题：

职工因打架受伤，治疗休息期间需发放工资吗？

点评：

《关于贯彻执行〈中华人民共和国劳动法〉若干问题的意见》（劳部发〔1995〕309 号）第五十九条："职工患病或非因工负伤治疗期间，在规定的医疗期间内由企业按有关规定支付其病假工资或疾病救济费，病假工资或疾病救济费可以低于当地最低工资标准支付，但不能低于最低工资标准的 80%。"据此，员工非因工负伤的，也可以享受病假工资。

当然，"非因工负伤"原因有很多：一是自残受伤；二是个人不慎导致受伤；三是因其他人致伤；四是因自然灾害受伤；五是因个人违法或犯罪而受伤。对于上述二、三、四种原因受伤的，由于职工在主观上不存在故意，行为上也不存在违法、犯罪，因此在治疗期间毫无疑问可以享受病假工资。但是对于职工打架斗殴致伤，由于其行为已经构成了违法，为此，中华全国总工会劳动保险部 1981 年 5 月 14 日下发的《关于工人在生产时间打架负伤医药费和工资如何处理的复函》（保险字 205 号）明确规定："为了维护法制和生产秩序，对职工在生产时间打架负伤的药费自理，未上班期间不发工资。”按照这一规定，洪某因主动挑起事端，打架导致自己受伤是不能享受病假工资待遇的。

但是，问题的关键在于，2009 年 1 月 21 日，中华全国总工会已经废止了《关于工人在生产时间打架负伤医药费和工资如何处理的复函》，并且国家现行法律、法规或政策性文件中也未对此问题做出明确规定，因此，“职工因打架受伤治疗期间能否享受病假工资”应当参照地方法规规定。地方法规有规定的，按地方规定执行；地方法规没有规定的，应当进一步看公司内部制度规定。如果公司对此有明确的制度规定，且制度经过民主程序制定并已经向员工公示的，按制度有关规定执行；如果制度未做相应规定，职工因违法而受伤，在治疗休息期间公司尚未解除劳动合同的，应当支付病假工资。

案例三

因工致残而调岗，能否降低工资待遇?

案情：

肖某是某运输公司的员工，1996 年到该公司工作，工作岗位为货车司机。2014 年 10 月，肖某在工作中不幸受伤，经当地人力资源和社会保障部门认定为工伤，并经劳动能力鉴定委员会鉴定为七级伤残。2015 年 3 月，肖某康复并上班，由于其在事故中手臂致残，已经不适合驾驶车辆，某运输公司决定将肖某的工作岗位调整为运输现场安全协调员。

但是在调岗后的工资待遇上，肖某和公司产生了分歧。肖某认为，自己是因工伤不能从事原工作的，调岗后的工资待遇仍应按原客车司机的工资标准，即每月 5 200 元发放。公司则认为，肖某被调到安全协调员岗位后，所从事的工作比货车司机轻松，付出劳动相对少，所得工资相应降低符合按劳分配原则，何况安全协调员的工资标准都是每月 3 500 元左右。

问题：

因工致残而调岗，能否降低工资待遇?

点评：

因工致残的职工在岗位调整后能否降低原工资待遇，实践中一直存在争议。一种意见认为，职工因工负伤是为用人单位利益而导致的意外伤害，不仅其身心受到严重损害，而且还会引起劳动能力和生活技能的明显下降。对工伤职工的工作岗位变动，不能简单地适用“随岗就薪”或“同工同酬”，而应根据其伤残程度和岗位要求，遵循合理性原则，安排工伤职工到力所能及的岗位，提供的工资福利待遇也不能使工伤职工降低原有的生活水平。另一种意见则认为，工伤职工已经因工伤获得了相应的权利，根据同工同酬的原则，在调岗后可以降低工资待遇。笔者同意第二种观点，理由如下：

第一，工伤或因工致残的职工已经因工伤获得了相应的补偿。《工伤保险条例》第三十七条规定，职工因工致残被鉴定为七级至十级伤残的，享受以下待遇：①从工伤保险基金按伤残等级支付一次性伤残补助金，标准为：七级伤残为13个月的本人工资，八级伤残为11个月的本人工资，九级伤残为9个月的本人工资，十级伤残为7个月的本人工资；②劳动、聘用合同期满终止，或者职工本人提出解除劳动、聘用合同的，由工伤保险基金支付一次性工伤医疗补助金，由用人单位支付一次性伤残就业补助金。上述待遇的支付，在一定程度上已经适当弥补了工伤职工因工致残后的收入水平降低。

第二，因工致残的职工已经获得了不同于普通职工的“额外权利”。《劳动合同法》第四十二条规定，劳动者在本单位患职业病或者因工负伤并被确认丧失或者部分丧失劳动能力的，用人单位不得依照本法第四十条、第四十一条的规定解除劳动合同。据此，因工致残的职工除存在《劳动合同法》第三十九条规定的情形，用人单位不得以其“不胜任工作”“医疗期期满”或单位“客观变化”“经济性裁员”等理由单方解除与因工致残职工的劳动合同关系。但是，如果是普通员工，当上述情况出现时则可以解除其劳动合同。

第三，“易岗易薪”本身就是为了实现分配公平。《劳动法》第四十六条规定：“工资分配应当遵循按劳分配原则，实行同工同酬。”由于在不同的岗位上，劳动者的付出以及对单位的贡献不同，因此，根据岗位确定工资待遇标准是工资分配的基本原则。如果工伤职工调岗后仍然享受高于新岗位的工资待遇，这对新岗位上的其他职工来说，也会构成另外意义上的“不公平”。

第四，现行法律并未规定“因工致残的职工在调岗后不能降低工资待遇或者需要维持某一标准的待遇”。原劳动部《企业职工工伤保险试行办法》第二十四条第二款曾规定，职工因工致残被鉴定为五级至十级的，原则上由企业安排适当工作，因伤残造成本人工资降低时，由所在单位发给在职伤残补助金，标准为工资降低部分的90%，本人技能提高而晋升工资时，在职伤残补助金予以保留。但是，该办法已经废止，《社会保险法》以及《工伤保险条例》中并未保留这一规定。新的法规取消这一规定，本身也说明其存在一定的不合理性。

当然，对工伤职工调岗降薪还必须遵循一定的原则：一是调岗的必要性原则。工伤职工因工致残后，如果仍然能够继续胜任原工作岗位，用人单位则不得因其伤残而调岗。二是合理性原则。工伤职工确实需要调整岗位时，应当结合其伤残状况以及专业特长，在合理范围内为员工提供工作岗位，避免新调岗位与原岗位存在太大的差异。三是同岗待遇就高原则。工伤职工调到新的工作岗位后，基于“同工同酬”的原因可能降低工资标准，但是，如果在同一岗位的工资标准上存在“级差”，用人单位应当按照同岗工资的“最高等级标准”确定工伤职工在新岗位上的工资标准。

4. 主体变更

关于劳动合同变更是否包括劳动合同主体的变更，一直存在着争议。劳动合同的双方主体都不能变更，这已经成为劳动法学界的共识。因为根据合同法的相关理论，具有人身性的合同，其主体不能变更。因为人身性合同的主体是具有特定性的，人身性合同的权利义务具有专属性，特定的主体是此类合同存续的基础。而劳动合同就是这样一种合同，它兼具人身关系和财产关系，所以就得出这样的结论，劳动法律关系主体任何一方的变更，都不属于劳动法律关系的变更，而是双方当事人的劳动法律关系的消灭和新当事人之间的劳动法律关系的产生。但是，笔者认为，劳动合同的人身属性是针对劳动者一方的，因为劳动者在劳动合同履行过程中享有的权利和应尽的义务是不能为他人所代替的。但是，对于用人单位一方则不同，比如实践中常发生的企业改革和产业结构调整等情况，都是市场经济环境下企业求得自身发展的重要手段之一。所以，这一说法考虑得不够全面，不能因为劳动者一方具有人身属性而直接推出劳动关系的另一方也具有相同的属性，用人单位是可以变更的。

实践中，引起劳动合同主体变更的情况主要是用人单位发生合并、分立等情况下的变更。在《劳动合同法》实施以前，《劳动法》对这一问题并没有明确的规定，只有原劳动部《关于贯彻执行〈中华人民共和国劳动法〉若干问题的意见》第十三条的规定，用人单位发生分立、合并、股份转让等情况变更劳动合同，且要遵循平等自愿、协商一致的原则。由此可见，法律将此种情况视为可变更的情况。《劳动合同法》对此做出了不同的规定，第三十四条规定：“用人单位发生合并或者分立等情况，原劳动合同继续有效，劳动合同由承继其权利和义务的用人单位继续履行。”由此可见，《劳动合同法》在用人单位合并、分立的问题上选择了劳动合同的承继而放弃劳动合同的变更或是解除，其立法目的在于保障劳动合同的延续性，这对劳动者权益保护是有积极意义的。

二、劳动合同变更风险防控

第一，必须在劳动合同依法订立之后，在合同没有履行或者尚未履行完毕之前的有效时间内进行。

劳动合同双方当事人已经存在劳动合同关系，如果劳动合同尚未订立或者是已经履行完毕，则不存在劳动合同的变更问题。

第二，必须坚持平等自愿、协商一致的原则。

劳动合同的变更必须经用人单位和劳动者双方当事人的同意。平等自愿、协商一致是劳动合同订立的原则，也是其变更应遵循的原则。劳动合同关系是通过劳动者与用人单位协商一致而形成的，其变更当然应当通过双方协商一致才能进行。劳动合同允许变更，但在缺乏法律依据的情况下不允许单方变更，任何缺乏依据单方变更劳动合同的行为都是无效的。

第三，必须合法，不得违反法律、法规的强制性规定。

劳动合同变更也并非是任意的，用人单位和劳动者约定的变更内容必须符合国家法律、法规的相关规定。

第四，变更劳动合同尽量采用书面形式。

劳动合同双方当事人经协商后对劳动合同中约定内容的变更达成一致意见时，必须达成变更劳动合同的书面协议。

第五，劳动合同的变更要及时。

提出变更劳动合同的主体可以是用人单位，也可以是劳动者，无论是哪一方要求变更劳动合同的，都应当及时向对方提出变更劳动合同的要求，说明变更劳动合同的理由、内容和条件等。如果应该变更的劳动合同内容没有及时变更，由于原订条款继续有效，往往使劳动合同不能适应变化了的新情况，从而引起不必要的争议。当事人一方得知对方变更劳动合同的要求后，应在对方规定的合理期限内及时做出答复，不得对对方提出的变更劳动合同的要求置之不理。根据《劳动法》第二十六条和《劳动合同法》第四十条的规定，劳动合同订立时所依据的客观情况发生重大变化，致使劳动合同无法履行，如果用人单位经与劳动者协商，未能就变更劳动合同内容达成协议的，则可能导致用人单位单方解除劳动合同。

参考文献

1. 亨利·西斯克. 工业管理与组织［M］. 段文燕，等，译. 北京：中国社会科学出版社，1985.

2. 亨利·西斯克. 工业管理与组织［M］. 北京：中国社会科学出版社，1985.

3. 彼得·德鲁克. 管理：任务、责任、实践［M］. 孙耀君，等，译. 北京：中国社会科学出版社，1987.

4. 斯蒂芬·P. 罗宾斯. 管理学［M］. 黄卫伟，等，译. 北京：中国人民大学出版社，1997.

5. R. 梅雷迪思·贝尔滨. 管理团队——成败启示录［M］. 郑海涛，译. 北京：机械工业出版社，2001.

6. 迈克尔·弗拉德特，史蒂夫·米肖. 能动型公司［M］. 上海：上海译文出版社，2001.

7. 赵曙明. 人力资源战略与规划［M］. 北京：中国人民大学出版社，2001.

8. 杜映梅，编著. 绩效管理［M］. 北京：对外经济贸易大学出版社，2003.

9. 张体勤. 知识团队的绩效管理［M］. 北京：科学出版社，2003.

10. 萧鸣政，编著. 人员测评与选拔［M］. 上海：复旦大学出版社，2005.

11. 罗伯特·D. 盖特伍德，休伯特·S. 菲尔德. 人力资源甄选（第 5 版）［M］. 薛在兴，等，译. 北京：清华大学出版社，2005.

12. 吉尔里·A. 拉姆勒，艾伦·P. 布拉奇. 绩效改进——消除管理组织途中的空白地带（第 2 版）［M］. 北京：机械工业出版社，2005.

13. 武欣，编著. 绩效管理实务手册［M］. 北京：机械工业出版社，2005.

14. 余兴安. 激励的理论与制度创新［M］. 北京：国家行政学院出版社，2005.

15. 王丽娟，编著. 员工招聘与配置［M］. 上海：复旦大学出版社，2006.

16. 尹隆森. 企业组织结构设计与部门职能划分［M］. 北京：北京大学出版社，2006.

17. 斯蒂芬·P. 罗宾斯，蒂莫西·A. 贾奇. 组织行为学［M］. 关培兰，译. 北京：中国人民大学出版社，2006.

18. 文跃然. 人力资源战略与规划［M］. 上海：复旦大学出版社，2007.

19. 丁吉槐，主编. 新世纪人才规划工程［M］. 北京：新华出版社，2007.

20. 王振，刘社建. 人才强国战略论［M］. 上海：上海人民出版社，2007.

21. 全国“十一五”人才规划［M］. 北京：中国人事出版社，2007.

22. 萧鸣政. 现代绩效考评技术及其应用［M］. 北京：北京大学出版社，2007.

23. 斯蒂芬·P. 罗宾斯，玛丽·库尔特. 管理学（第 9 版）［M］. 孙健敏，等，译. 北京：中国人民大学出版社，2008.

24. 赫尔曼·阿吉斯. 绩效管理［M］. 北京：中国人民大学出版社，2008.

25. 赵长红，郭京生，袁家海，朱国成. 定机构定岗定员［M］. 北京：中国劳动社会保障出版社，2009.

26. 范巍. 基于多层次匹配评价的人事选拔决策过程研究［M］. 中国人事出版社，2009.

27. 梁枫. 防火墙：人力资源法律风险提示全书［M］. 北京：法律出版社，2009.

28. 程向阳，等，编著. 人力资源操作与风险规避指引手册［M］. 北京：北京大学出版社，2009.

29. 简·巴贝切特，伊莱恩·碧柯，主编. ASTD 培训经理指南［M］. 顾立民，等，译. 南京：江苏人民出版社，2011.

30. 段海宇，编著. 人力资源法律风险管控操作实务［M］. 北京：北京大学出版社，2012.

31. 詹姆斯·唐纳德·柯克帕特里克，温迪·凯塞·柯克帕特里克. 柯氏评估的过去和现在未来的坚实基础［M］. 南京：江苏人民出版社，2012.

32. 冯颖. HR 招聘实务手册［M］. 北京：化学工业出版社，2012.

33. 詹姆斯·唐纳德·柯克帕特里克，温迪·凯塞·柯克帕特里克. 培训审判再造职场学习保持与时俱进［M］. 南京：江苏人民出版社，2012.

34. 杨河清，张琪. 人力资源管理［M］. 大连：东北财经大学出版社，2013.

35. 刘大卫. 人力资源管理中的风险防范［M］. 上海：上海交通大学出版社，2013.

36. 贺清君. 人力资源常见管理问题解决方案及风险防范：轻松应对 HR 管理那些闹心事［M］. 北京：中国法制出版社，2013.

37. 卡尔霍恩·威克，罗伊·波洛克，安德鲁·杰斐逊. 将培训转换为商业结果（第 2 版）［M］. 北京：电子工业出版社，2014.

38. 张明辉，薛行正. 从零开始学绩效指标设计 [M]. 北京：化学工业出版社，2014.

39. 何立. 人力资源风险控制与管理：图解版 [M]. 北京：人民邮电出版社，2014.

40. 余兴安主编. 人力资源服务概论. 北京：中国人事出版社，2015.

41. 田俊国. 上接战略下接绩效培训就该这样搞 [M]. 北京：北京联合出版公司，2015.

42. 齐振宏. 企业组织变革研究 [D]. 武汉：华中农业大学，2002.

43. 李慧. MS公司组织结构及业务流程调整的研究与再设计 [D]. 成都：四川大学，2006.

44. 李刚. 企业组织结构创新的治理与方法研究 [D]. 武汉：武汉理工大学，2007.

45. 向专. 工程机械企业国际化组织结构的创新与选择 [D]. 长沙：中南大学，2009.

46. 张芳茹. 基于企业战略的集团公司人力资源规划研究 [D]. 北京：华北电力大学，2012.

47. 汪濡. 横向整合企业分支机构权力机制研究：社会资本的调节 [D]. 广州：华南理工大学，2013.

48. 梁新良，黄牧怡. 企业衰退的七个信号 [J]. 通信企业管理，1998 (3)：72-72.

49. 徐芳. 团队绩效的有效测评 [J]. 中国人力资源开发，2002 (5).

50. 程贤文. 反“猎头”：一个企业高级人才管理的新视野 [J]. 中外企业家，2005 (1).

51. 田家华，张光进. 末位淘汰——管理中的一柄“双刃剑” [J]. 经济与管理，2006 (9).

52. 刘厚金. 中小企业人力资源规划的危机及其治理 [J]. 企业经济，2006 (8).

53. 周艳春. 信息技术环境下组织创新的模式选择 [J]. 科技管理研究，2007.

54. 陈威，袁胜. 论绩效管理中末位淘汰制的适用性及其改进方法 [J]. 中国电力教育，2007 (S2).

55. 李斌云. 参照人体组织规划企业组织初探 [J]. 经济师，2007 (5).

56. 宁本荣. 中小企业人力资源规划困境及其消解 [J]. 江淮论坛，2007 (5).

57. 魏新，曾志强. 关键岗位识别指标体系与方法［J］. 系统工程，2008（5）.

58. 王焕霞. 知识团队绩效考核指标的设计［J］. 内蒙古科技与经济，2008（20）.

59. 刘丽萍. 企业知识团队的绩效管理［J］. 武汉生物工程学院学报，2008（1）.

60. 魏宝兰. 末位淘汰制利弊思考［J］. 太原城市职业技术学院学报，2009（10）.

61. 吴春波. 华为的素质模型和任职资格管理体系［J］. 中国人力资源开发，2010（8）.

62. 黄国琴，陈丽娟. 末位淘汰制之法律风险的规避［J］. 中共乐山市委党校学报，2011（11）.

63. 刘林枭. 末位淘汰制在企业人力资源管理中的运用研究［J］. 当代经济，2013（24）.

64. 廖宇. 末位淘汰制刍议［J］. 人力资源管理，2013（7）.

65. 大联想学院：带着渠道商一起成长［J］. 中国远程教育，2013（12）.

66. 卢亮亮. 论招聘需求分析［J］. 市政技术，2013（1）.

67. 晏蕾，宏玲. 员工隐私泄漏途径、危害及保护对策［J］. 世界科技研究与发展，2013（8）.

68. 钱易，王亚萍. 基于心理资本的人力资源风险管理研究［J］. 重庆理工大学学报（社会科学版），2015（29）.

69. 曾双喜. 当任职资格体系遇见胜任力模型［J］. 人力资源管理，2015（01）.